영남대학교 인문학 육성총서 7

유학 연속성의 세계와 철학

• 이 책은 2010학년도 영남대학교 인문학육성기금의 지원을 받았음.

저자소개

정병석(鄭炳碩)

1981년 영남대학교 철학과를 졸업하고, 1983년 영남대학교 대학원 철학과에서 석사과정을 마치고, 1990년 타이완(臺灣)의 中國文化大學 哲學硏究所에서 박사학위를 받았다. 계명대학교 철학과 교수(1988-1994)를 지낸 후, 1995년부터 지금까지 영남대학교 철학과 교수로 재직하고 있다. 주된 관심 분야는 주역(周易)과 고대 유학 및 중국현대철학 등이다. 『傳統儒學的現代詮釋』(공저), 『인간과 자연』(공저), 『주역』(상·하), 『주역철학의 이해』, 『중국고대사상사론』, 『중국철학특강』(공역), 『인륜과 자유』, 『동양철학과 아리스토텔레스』 등의 저역서가 있다. 한국주역학회 회장을 역임하였고, 현재 國際易學聯合會(IAYS), 한국동양철학회, 한국유교학회 등의 부회장으로 활동하고 있다.

유학, 연속성의 세계와 철학

발행일 2014년 7월 10일 초판 2쇄
2013년 6월 20일 초판 1쇄

지은이 정병석
펴낸이 노석균
펴낸곳 영남대학교출판부

출판등록 1975년 9월 5일 경산 제16-1호

주소 경북 경산시 대동 214-1
전화 053) 810-1801~3 | FAX 053) 810-4722
홈페이지 book.yu.ac.kr

ISBN 978-89-7581-467-9
978-89-7581-445-7(세트)

이 도서의 국립중앙도서관 출판시도서목록(CIP)은
서지정보유통지원시스템 홈페이지(http://seoji.nl.go.kr)와
국가자료공동목록시스템(http://www.nl.go.kr/kolisnet)에서
이용하실 수 있습니다.(CIP제어번호: CIP2013007301)

영남대학교 인문학 육성총서 7

유학, 연속성의 세계와 철학

정병석 지음

영남대학교출판부

머리말

이 책은 '연속성'이라는 관점을 통하여 유가철학이 가지고 있는 본질적 성격과 내용들을 살펴보는데 목적이 있다. 어떤 하나의 철학이 가지고 있는 체계나 성격을 효과적으로 파악하는 방법은 여러 가지가 있을 수 있다. 필자는 유가철학 전체를 관통하는 어떤 모형적模型的 사유 구조 혹은 체계가 있을 것으로 보고, 그것을 연속 혹은 연속성이라는 것에서 찾았다. 이런 연속성의 관점을 통하여 유가철학의 구조와 내용들을 구체적으로 분석하는 작업이 바로 이 책의 주된 내용이다.

기氣가 중심이 되는 인간과 자연·만물 간의 연속이라는 이른바 연속적 존재론 혹은 세계관이야 말로 유가 철학의 체계를 형성하는 가장 뚜렷한 사유 기반이다. 이런 연속성의 세계관을 기반으로 하여 유가철학의 체계는 성립된다고 할 수 있다. 즉 연속성이 유가철학 전체의 모형적인 사유 체계가 되어 세계관·자연·도덕·정치·역사·종교적 관점을 형성하는 데에 결정적인 영향을 끼치게 된다는 것이 이 책의 주요한 흐름이다.

물론 연속성이라는 관점을 통하여 유가철학이 가진 핵심을 파악하는 것은 다양한 시도중의 하나라는 점에서 문제가 될 것이 없지만, 자칫 잘못하다가는 문제를 지나치게 유형화할 위험성과 더욱 본질적인 문제를 놓치거나, 지극히 주관적인 관점으로 모든 문제를 일반화하는 '일공지견一孔之見' 또는 '관견管見'이 될 위험성을 부정할 수 없는 것 역시 분명하다.

이 책은 필자가 그 동안 발표한 문장 중에서, 연속성이라는 주제와 관련된 글들을 한 군데에 모아 재구성한 것이다. 여기에서 연속성이라는 주제 아래 다시 재구성하였다는 말은 연속성의 문제를 다루는 책을 준비하기 위해 처음부터 모든 글들을 기획하여 쓴 것은 아니지만, 연속성의 사유 방식과 직접적으로 관련된 글들을 뽑아내어 체계적으로 정리하여 묶었다는 말이다. 이 책을 엮는데 있어서 적어도 기존에 발표된 논문에서 필자가 연속성이라는 관점을 의식하고 쓴 문장이 많기 때문에 그렇게 큰 어려움은 없었다.

위의 말은 최근의 전문적인 연구 서적의 출판이라는 것이 대부분 주제와는 무관하게 일정 기간 동안 쓴 글들을 끌어 모아, 제목과 내용이 정합성을 가지지 않은 채 출판되는 경우와는 분명히 차별성이 있음을 강변하고 있는 것으로 보아도 될 것이다.

이 책은 기존에 필자가 발표한 글 중에서 연속성과 관련되는 16편의 문장을 골라 전재轉載하거나, 대폭 수정하여 게재하고 있다. 이 중 10편은 한국철학회[1], 철학연구회[2], 동양철학연구회[3], 한국유교학회[4], 대

---

1) 「공자의 상고주의 및 주자철학에서 철학의 정체」『철학』별책, 한국철학회, 1999, 8. 제111-132쪽 수록. 이 논문은 한국철학회의 1998년 춘계 발표의 기획 주제인 "철학사와 철학"에서중국 철학 분야를 맡아 발표하였다. 이 논문을 수정 증보한 것이 바로 이 책의 제7장인 "온고지신과 유가의 철학적 전통 : 공자의 전통에 대한 상고주의적 관점과 주자에서 철학의 정체"이다.

2) 「덕치와 법치」『철학연구』제38집, 1996년 봄, 철학연구회, 제49-80쪽. 이 논문은 철학연구회가 기획한 "동서철학의 융합"이라는 주제 아래에서 서양의 법치는 이진우 교수가, 동양의 덕치는 필자가 맡아서 공동으로 쓴 논문이다. 나중에 필자가 쓴 부분을 따로 뽑아내어 수정 증보한 것이 바로 이 책의 제5장인 "고대 유가의 덕치주의에 보이는 법과 도덕의 연속"이다.

3) 동양철학연구회에서 발표한 글은 두 편이다. 하나는 2006년 추계발표회의 기획 주제인 "유교의 정체성을 다시 묻는다"에서 발표한 「동서 교섭에서 드러난 유학의 문화적 인지구조와 견고한 자아 의식」(『동양철학연구』, 제50집, 2007년, 제79-112쪽)이다. 이 글이 바로 이 책의 제8장인 "동서 교섭에서 드러난 유학의 문화적 인지구조와 견고한 자아의식"이다. 다른 하나는 2008년도 하계 학술대회의 기획 주제인 "잘 죽음"에서 발표한 「논어와 장자에 보이는 죽음관」(『동양철학연구』, 제55집, 2008년, 제45-78쪽)이다. 이 책에서는 제14장 "공자의 도덕적 생사관 : 장자와의 비교를 통하여"이다.

한철학회[5], 국제 당대當代 신유가 학회[6]와 동아시아 문화 포럼[7] 등의 학회의 기획 주제에 따라 발표한 논문들이다.

서론에 해당하는 「유가철학과 연속성」이란 논문은 이 책의 전체적인 논점을 정리하고, '연속성'이란 개념을 정리하기 위해 새롭게 쓴 글이다. 또 제 13장의 「유가의 죽음 담론을 통해 본 삶과 죽음의 연속」이란 글 역시 이 책을 내기 위해 새롭게 쓴 글이다.

제1장의 「천인합일의 연속적 세계관」의 경우는 기존의 「천인합일의 생명관」이라는 논문이 바탕이 되고 있으나, 대부분의 내용은 새롭게 고치거나, 대폭적으로 수정하고 증보한 문장이다. 제2장의 「생명관을 통해 본 유가의 연속적 세계관」과 제3장의 「생명 연속체로서의 우주대가정의 생태적 사유」 역시 대폭 수정되었다. 또 제12장의 「공교운동에 보이는 교화적 종교관」 역시 기존에 발표한 논문과 제목은 같으나, 강유위와 이승희 두 사람을 비교하여 다루었던 것에서 강유위와 박장현을 비교하는 내용으로 완전히 새롭게 바꾸었다.

필자가 '연속' 또는 '연속성'이란 말에 대해 구체적인 관심을 가지게 된 것은 「천인합일의 생명관」이라는 논문을 쓰면서 형성되었다. 연속

4) 한국유교학회에서 발표한 논문은 모두 두 편이다. 첫 번째 논문은 1998년도 한국유교학회의 기획 주제인 "유교 사상에서 본 환경 문제"에서 발표한 「우주대가정의 생태론적 사유와 천인합일의 생명윤리」(『유교사상연구』, 제10집, 1998년, 제25-44쪽)로 이 책에서는 제3장의 "생명 연속체로서의 우주대가정의 생태적 사유"이다. 두 번째 논문은 2009년도 한국유교학회의 기획 주제인 "한주학파와 조선 성리학"에서 발표한 「한계 이승희의 도덕적 종교관」(『유교사상연구』, 제39집, 2010년, 제61-88쪽)으로 이 책에서는 제11장의 "한계 이승희의 도덕적 종교관"이다.

5) 대한철학회에서 발표한 논문은 1993년 대한철학회 창립 30주년 기념 심포지움 "기술시대에 있어서 생명의 문제"에서 발표한 「천일합일의 생명관」(『철학연구』 제50집, 1993, 제25-42쪽)으로 이 책의 제1장에 해당한다. 그러나 이 책의 제1장과 「천일합일의 생명관」은 관련이 있으나, 대폭 수정 증보되어 있다.

6) 국제당대신유가학회의 논문은 2009년 타이완 중앙대학에서 열린 제8회 當代新儒學國際學術會議에서 발표한 「從牟宗三哲學看儒家的宗教性」이다. 이 논문을 수정 증보한 것이 이 책의 제 10장 "도덕적 종교 혹은 인문교 : 유학의 종교성에 대한 모종삼의 관점"이다.

7) 동아시아문화포럼에서 발표한 논문은 "새로운 생명관과 문명의 모색"이란 기획 주제에서 발표한 「유가의 생명관」으로, 이를 수정 증보한 것이 바로 이 책의 제 2장 "생명관을 통해 본 유가의 연속적 세계관"이다.

성이라는 관점에 개인적인 관심과 분명한 문제의식을 가지게 된 것은 우선 '천인합일'이라는 문제에 대한 개념적 불명확성 때문이다.

지극히 개인적인 이야기지만, 대만 유학에서 돌아와 처음 담당하였던 어떤 전공과목의 강의에서 모 학생이 "동양철학 수업만 들으면, 가장 많이 듣는 말 중의 하나가 천인합일이라는 개념인데, 무슨 말인지 쉽게 감이 오지 않는다. 이 문제를 좀 쉽게 해석해 달라"는 매우 진지한 질문을 하였다. 이 질문에 대해 필자는 당황하면서 흑판을 두 번이나 지워가면서 나름대로 열심히 설명하였으나, 스스로도 무엇인가 많이 부족하다는 느낌을 가지고 있었고, 듣는 학생들 역시 갈수록 더욱 미궁에 빠져 들어 가고 있었던 당시의 난처함이나 당황스러움은 지금도 생각하면 등에 땀이 날 정도이다. 20년도 더 이전에 그 질문을 한 학생의 이름과 당시의 교실 분위기는 지금도 분명하게 기억하고 있다.

그 학생 역시 독일에서 오랜 기간 유학을 한 뒤 귀국하여, 다시 만났을 때 필자가 당시의 상황을 말하면서 "자네의 질문이 오랫동안 내 공부에 많은 자극이 되었다"고 이야기하였다. 나의 말에 대해 그 제자는 크게 기억하지도 못하고 있다는 느낌을 받았고, 내가 가졌던 충격적인 감수感受와는 분명히 다른 반응을 보였던 기억이 난다.

제자가 던진 '천인합일'에 대한 질문에 시원한 답변을 하지 못한 사건은 내내 필자의 빈약한 내공內功과 무능함을 지속적으로 자책하게 만들었고, 늘 가슴 한 구석에 이 문제를 언젠가는 꼭 해결하여야 하는 일종의 부채의식으로 자리 잡게 만들었다. 그러던 차에 대한철학회 창립 30주년 기념 심포지움의 기획 주제인 "기술시대에 있어서 생명의 문제"에서 발표한 「천인합일의 생명관」이란 논문을 쓰면서 나름대로 약간의 단서와 출로出路를 발견할 수 있었다고 생각한다. 특히 이 논문을 쓰면서 유가철학의 가장 분명한 사유 구조의 특징으로 '연속성'이라는 것을 끄집어 낼 수 있었다. 여기에는 장광직張光直, 두유명杜維明이나 황

준걸黃俊傑 등의 관점에 영향을 받은 바가 적지 않았다.

이 책에서는 유가철학이 가지고 있는 연속의 여러 가지 형태들에 대하여 살펴보았다. 하지만 이 책을 출판하면서 늘 마음에 걸리는 것은 유가철학이 가지고 있는 가장 중요한 문제중의 하나인 인간과 인간 사이의 연속에 대해서 따로 다루지 않았다는 점이다. 이 문제를 다루지 않는 것은 어쩌면 마치 기본적 전제는 다루지 않고, 본론과 결론을 말한다는 느낌을 줄 수가 있기 때문이다. 필자 역시 이 점에 대해서 생각하지 않는 것은 아니지만, 여기에서 강조하려고 하는 것은 질적質的으로 완전히 상이相異한 영역간의 연속이 가지고 있는 유가철학의 특수성을 강조하려는 입장이다. 이런 점에서 이 문제를 다루는 것이 오히려 초점을 흐려 놓을 수 있다는 판단에서 과감하게 제외하여 버렸다. 필자 역시 이 문제를 의식하여 기존에 발표한 유가의 인륜질서를 말하는 예악禮樂의 문제와 국가론에 관한 세 편의 논문을 보태려는 생각을 한 것도 사실이다.

비록 보잘 것 없는 책이기는 하지만, 이 책을 만드는데 많은 사람들의 보이지 않는 배려와 도움을 듬뿍 받았다. 늘 가르침을 주시고 격려해 주신 은사님들, 항상 무한한 사랑을 주시는 부모님과 늘 한결같은 마음으로 곁을 묵묵히 지켜주는 내자 그리고 늘 함께 공부하여 온 동료들과 제자들의 도움을 여기에서 낱낱이 이야기하기는 어딘지 모르게 쑥스러운 것이 사실이다. 다만 지면을 빌려서나마 진심어린 사의를 표할뿐이다.

마지막으로 이 책을 출판하는데 애를 쓴 영남대 출판부에 다시 한 번 감사를 드린다.

2013년 6월

압량벌 연구실에서 정병석 씀

차 례

서 론

유학과 연속성

1. 들어가는 말

어떤 하나의 문화체계가 자신의 특수한 문화적 특징을 형성하는 과정에서 가장 중요한 역할을 하는 것은 그 문화체계가 가지고 있는 어떤 특수한 세계관이나 사유 체계일 가능성이 크다. 이른바 특수한 세계관이나 사유체계라는 말은 하나의 문화[1]로 하여금 독특한 철학 · 사회 · 역사 · 정치구조를 형성하게 하는 사상적 특수성 혹은 제한성을 의미한다. 이런 점에서 하나의 문화체계가 가지고 있는 성격을 가장 잘 이해할 수 있는 방법은 그 문화를 형성하는데 중심적인 역할을 하는 어떤 특수한 모형적[2] 세계관이나 사우구조를 찾는 것에서 시작하는 것도 하

1) 여기에서 말하는 문화의 의미는 현대적 편리성의 의미나 수준 높은 교양이나 세련된 생활 등을 말하기 보다는 철학이나 사회학적 전통에서 말하는 문화의 개념에 근거하고 있다. 문화는 어떤 사회나 지역의 주요한 행동 양식이나 상징 구조 즉 지식·신앙·예술·도덕·법·관습 등 인간이 사회의 구성원으로서 획득한 능력 또는 습관의 총체를 의미한다. 이런 점에서 문화는 구체적으로 인류의 가치적 소산인 철학·종교·예술 ·과학 등을 가리킨다고 할 수 있다.

2) 모형적(模型的)이라는 말은 사고의 구조나 단위를 찾는 작업에서 나온 말이다. '개념'은 인류의 사고 구조 속의 가장 기초를 이루는 단위라면, 보다 효율적으로 또는 폭넓은 사고 활동을 하기 위해 더 큰 사고의 구조를 사용하기도 한다. 여기에서 말하는 더 큰 사고의 구조가 바로 모형(模型)이다.

나의 유효한 방법이 될 수 있을 것으로 보인다.

하나의 문화체계가 가지고 있는 성격을 가장 잘 이해할 수 있는 방법은 그 문화를 형성하는데 중심적인 역할을 하는 어떤 문화적 특징을 찾는 것이다. 만약 이런 관점에서 중국문화의 특징을 찾아 볼 경우, 우리는 중국문화를 형성하는데 있어서 가장 중요한 구성 요소로 유학儒學을 제외하고서는 이야기가 성립되기 어려울 것이다. 물론 중국문화를 형성하는데 있어서 유가 이외에 도가철학의 역할이나 영향 역시 무시할 수는 없지만 역시 중국 문화의 가장 중요한 주류 혹은 핵심이 유가철학이라는 점에 대해서는 누구나 인정할 것이다.

이런 맥락에서 유가철학이 가진 어떤 특성들이 중국문화 더 넓게는 우리나라를 포함한 유가문화권 전체의 특성들을 만들어 내었는가? 이런 관점에서 유가철학이 가진 가장 뚜렷한 특징을 여기에서는 '연속성連續性' 혹은 '연속連續'이라는 세계관과 사유구조의 관점을 통해서 살펴보려고 한다.

왜냐하면 유가의 철학체계가 가지고 있는 자연관 · 도덕적 견해 · 정치적 · 역사적인 관점들은 대부분 인간과 자연 및 만물이 포함된 우주 전체가 상관적相關的으로 연결되어 조금의 단열斷裂도 없이 구성되어 있는 하나의 연속체continuum로 보고 있는 독특한 세계관이나 사유방식에 근거하거나 출발하고 있기 때문이다.[3] 이런 연속성의 세계관은 자연과 인문人文은 단열하지 않는 하나의 연속체이고, 자연적 연속성이 인문적 연속성으로 자연스럽게 전환한 것을 의미한다. '연속성'이라는 말은 자연과 인간의 연속과 조화를 말하는 기氣의 원시적 존재론을 바탕으로 전개되는 유학의 철학과 세계관이 가지고 있는 사유구조의 특징을 말한다. '연속성'은 유가철학이 가지고 있는 전체적인 구조와 본질적 특성들을 입체적으로 살펴볼 수 있는 주도적主導的인 특성들이다.

---

3) 순자(荀子)의 경우 천인지분(天人之分)을 말하지만 인간 역시 천인(天人)의 조화라는 큰 틀을 벗어나지는 못한다.

이런 맥락에서 우선 연속 또는 연속성에 대한 개념과 기원에 대해 살펴보고, 그것이 구체적으로 유학의 역사에서 전개된 기에 의한 인간과 자연의 연속성을 말하는 천인합일天人合一, 도덕과 정치의 연속, 고금古今의 역사적 연속성, 도덕과 종교의 연속, 도덕을 매개로 한 생사生死의 연속 등의 유학의 몇 가지 중요한 연속성의 유형들과 그 특징들에 대해 살펴보려고 한다. 아울러 유학의 연속적 세계관이나 상관적 사유방식을 단순히 인과적因果的 논리에 근거하고 있지 않다고 하여서, 저등底等한 문화라든가, 논리전論理前의 미분화未分化된 미개인의 사유로 보아 여전히 원시시대에 보편적으로 존재하였던 원시사유의 단계에 머물러 있다는 관점에 대해 비판적 논의를 전개하려고 한다.

특히 여기에서 관심을 가지고 살펴보려는 연속성의 문제는 크게 다섯 가지로 나누어 볼 수 있다. 물론 첫 번째 문제는 인간과 자연의 연속성을 말하는 천인합일과 생명력을 지닌 기이고 두 번째의 문제는 인간과 인간 간의 연속과 관계를 말하는 도덕과 정치의 관점, 세 번째의 문제는 역사와 전통에 대한 역사적 연속성의 문제, 네 번째는 도덕과 종교의 연속을 말하는 도덕적 종교관, 다섯 번째는 도덕적 죽음관을 통해 본 생사生死의 연속이라는 문제를 중점적으로 다루려고 한다.

첫 번째의 문제가 유가철학을 가능하게 만든 존재론적 바탕이라고 한다면, 두 번째의 문제는 유가 철학의 도덕과 정치의 구체적인 내용들에 해당하고, 세 번째의 문제는 유가의 철학적 전통과 역사에 대한 유가의 관점이고, 네 번째의 문제는 유가의 도덕적 종교 혹은 인문종교人文宗敎의 특성을, 다섯 번째의 문제는 유가의 생사生死 연속의 문제에 대한 관점이라고 할 수 있다.

2. 유가의 연속적 세계관

사전적인 의미에서 연속이란 말은 "끊이지 아니하고 죽 이어지거나 지속함" 이란 뜻이다. 즉 "존재나 과정 속에 간격이나 비약이 없는 것을 연속이라고 하고, 간격이나 비약이 있는 것을 불연속이라 한다. 공간, 시간, 장場, 활동 등은 연속이고, 서로 떨어져 있는 순간이나 점의 집합, 종자의 집합은 불연속이다. 그럼에도 불구하고 공간과 점이, 또한 시간과 순간이 서로 내적으로 연결되어 있고 서로 다른 것에 의해 규정되는 것처럼, 또는 소립자가 입자와 파동의 두 가지 성질을 갖고 있는 것처럼, 연속과 불연속은 서로 대립할 뿐만 아니라 통일되어 있다"[4]고 말한다.

서양에서 연속성의 문제를 본격적으로 제기한 철학자는 아리스토텔레스이다. 그가 연속성의 문제를 말하는 곳은 『자연학Physics』이고 이 중 제6권은 연속성의 문제에 관해 다루고 있으나 연속성의 개념에 관한 문제는 제5권 3장에서 집중적으로 나온다. 아리스토텔레스는 '연속적continuous'인 것과 관련된 '뒤따르는successive'과 '연이은/근접한consecutive/contiguous'을 비교하고 '함께하는together'과 '분리된apart 그리고 '연접하는in contact'의 의미를 규정하고 있다. 그는 '연속적'이라고 하는 경우는 연접連接하고 있는 두 대상의 경계가 동일할 때, 즉 앞의 접촉의 정의로부터 두 대상의 경계가 동일한 장소에 있을 때를 말한다. 따라서 연속은 두 대상의 접촉에 의해서 일체를 형성하는 경우에 한정된다는 말이다. 또한 연속적인 것은 모두 연접하고 있지만 연접해 있는 것이 모두 연속적인 것은 아니다. 어떤 사물의 경계가 함께하고 있다는 것, 즉 접하고 있다는 것이 필연적으로 그 사물이 하나라는 것을 의미하지 않기 때문이다. 이런 입장에서 본다면 사물의 연속성은 사

4) 임석진 외 편저, 『철학사전』, 2009, 중원문화

물의 일체성unity을 의미한다.

어떤 것이 다른 것과 연속적이라는 것은 근접성과 배열의 순서를 넘어 하나의 일체가 된다는 것을 의미한다.[5] 또 연속성continuity이란 말은 한 개별적 대상이나 과정의 요소 내지 상태들의 상호 연관을 말한다. 즉 연속성은 질적質的 통일성과 불가분성이라는 내용을 가질 뿐만 아니라 동시에 양적量的인 수다성數多性과 무한한 분할 가능성이라는 내용도 가지고 있다는 말이다. 연속성은 이처럼 운동과 발전의 연속성인 동시에 언제나 존재의 연속성이라고 말한다.[6]

아리스토텔레스가 연속적인 것으로 염두에 두고 있는 것은 기하학의 선線이고, 그의 관심은 분할 문제와 연속의 구성 요소에 있다. 그는 연속성을 일체성이라는 관점에서 보아 연속적이라는 것을 근접성과 배열의 순서를 넘어 하나의 일체가 된다는 것으로 말하고 있다. 동시에 일체를 구성하는 부분들은 서로를 구별해주는 경계를 가지고 있기 때문에 사물의 연속성은 사물의 일체성을 보장할 뿐 아니라 그 부분들은 각각 구별될 수 있다는 관점에[7] 주의를 기울이고 있는 것으로 보인다.

또 연속성에 대해 언급한 다른 대표적인 학자로는 라이프니쯔를 들 수 있다. 그는 연속성을 통한 유기체적 세계관에 대해 말한다. 라이프니쯔는 기본적으로 자연에는 어떤 비약도 없다는 즉 자연은 순수 연속적이라는 관점을 가지고 있다.[8] 그는 "연속은 무한하게 분할 가능하기 때문에, ... 세계 속에 무한한 세계가 존재한다"고 하여 무한하게 분할 가능한 연속 개념을 통해서 현재 세계를 입체적으로 관통하는 무한하게 많은 세계가 존재하는 세계상을 말하고 있다. 이런 세계에서 모든 것은 운동, 생명, 피조물로 가득 차 있는 것이며, 결국 유기체적 세계관으로 이어

---

5) 이상명, 「연속 합성의 미로」, 『철학』 111호, 2012 여름, 제63-4쪽 참조 바람.

6) 한국 철학사상연구회편, 『철학대사전』, 동녘, 1989, 제885쪽 참조 바람.

7) 이상명, 「연속 합성의 미로」, 제64쪽 참조 바람.

8) 한국 철학사상연구회편, 『철학대사전』, 제886쪽 참조 바람.

진다.[9] 그에게 있어서 연속의 개념은 형이상학적 사유체계를 주도한다. 즉 "세계 속의 무한한 세계"라는 관점을 통하여 사물간의 조화와 모나드 이론의 근간을 만들어 낸다.

유가에서는 아리스토텔레스나 라이프니쯔와 같은 연속성에 대한 치밀한 개념적 분석이나 논증보다는 대우주로서의 천지와 소우주로서의 인간 사이의 일체성을 기氣의 연속을 통하여 전제하고 난 다음에 연속적 상관관계가 가지고 있는 실천적 의미를 강조하는데 초점이 있는 것으로 보인다. 엄밀히 말하면, 유가가 강조하는 연속 혹은 연속성의 전제 혹은 핵심은 바로 인간과 자연의 연속, 만물의 연속이라는 기氣의 존재론적 측면의 확장擴張이라고 할 수 있다. 즉 존재하는 모든 형식 가운데에 있는 기의 연속적 존재를 바탕으로 하여 이것이 사유 구조와 모든 인문적 영역 속에 관통하고 있음을 의미한다.

세계 중의 많은 대응對應하는 양극兩極, 예를 들면 천인天人·심신心身 등은 결코 단절된 것이 아니고 상관相關되는 연속적 관계를 구성하고 있다는 것이다. 이런 사유 체계는 기에 근거한 연속적 세계관과 밀접한 관련을 가지는데, 이것이 바로 상관적 사유correlative thinking"[10]이다. 이런 사유방식은 크게 두 가지의 기본적인 성격을 가지고 있다. 첫째는 우주 및 세계의 각종 범주는 기본적으로 모두 동질적同質的이고, 우주 및 각종 범주는 서로 영향을 준다는 것이다. 그들은 이런 상관적 사유를 통하여 전체와 부분이 어떻게 연속되고 있는가하는 문제에 초점을 두고 있다.

유가의 연속적 세계관이 우선적으로 가정하는 것은 부분을 통하여

---

9) 이상명, 「연속 합성의 미로」, 제81쪽 참조 바람.

10) '상관적 사유'라는 이 개념의 기원은 Marcel Granet의 『중국인의 사유』이다. 여기에서 상관적 사유는 중국적 사유의 하나의 특징으로 간주된다. Joseph Needham은 『중국의 과학과 문명』에서 일반적 의미의 상관적 사유에 대해 토론하고 있다. John B. Henderson의 『중국 우주론의 발전과 쇄락』에서 상관적 우주론에 대해 매우 상세하게 말하고 있다. 벤자민 쉬월쯔는 『중국고대의 사상세계』에서 상관적 우주론에 대해 말하고 있다.

전체를 포괄할 수 있다는 점이다. 즉 부분의 현상 혹은 사물의 성질을 파악하기만 한다면, 이에 근거하여 전체 현상 혹은 사물의 성질을 파악할 수 있다는 것이다. 예를 들면 맹자의 "만물은 모두 나에게 갖추어져 있다萬物皆備於我矣"[11]는 말은 부분으로서의 나我와 전체로서의 만물이 서로 같은 본질을 가지고 있음을 가정하는 것이다. 이런 나와 만물이 같은 본질을 함께 가지고 있다는 가정에서 출발하여 인간과 자연 및 만물의 연속을 말한다. 말하자면 이 두 가지의 본질은 상호 소통하고 이로부터 부분으로서의 나를 관찰하기만 한다면 전체로서의 만물을 이해할 수 있다는 말이다.[12] 물론 역逆으로 말하면 부분의 의미가 드러날 수 있는 것 또한 전체의 맥락 속에서 설명되어질 수 있다. 이 때문에 부분과 전체의 사이에는 상호 소통의 관계가 성립된다. 이런 부분과 전체의 상호 관련 또는 소통이라는 상황에서 유가의 연속적 세계관과 상관적 사유체계가 형성되는 것이다.

유가들이 말하는 유기체적 연속성의 목적은 우주 본체와 인성人性이 보편적인 공통원리를 지니고 있어서 주객主客을 연속시키고 내외內外를 통합한다는 것이다. 이런 보편적인 공통원리를 그들은 태극太極·성리性理·심체心體 등의 이름으로 부른다. 이런 유기체적 연속성의 철학체계에서 핵심은 '동질이명同質異名'이라는 말에 있다. 즉 다른 이름의 개념 중에서 그 공통된 성질을 발견하는 것으로, 이런 공통된 성질을 지닌 보편성이 바로 만물을 통일하는 근본 원리가 된다. 예를 들면, 주자朱子는 "천지생생天地生生의 이치는 사람에게 있어서는 인仁이 된다"[13]고 하였다. 이처럼 생生과 인仁은 이름은 다르나 동질同質이다. 그 사이에는 공통된 보편성이 있는데 그것이 바로 리理이다.[14]

---

11) 『孟子』, 「盡心」

12) 黃俊傑, 『孟子』, 臺北, 東大圖書公司, 1993. 제103쪽 참조 바람.

13) 『朱子語類』 권94 "天地生生之理, 在人卽爲仁"

14) 姜允明 著, 『心學的現代詮釋』, 臺北, 東大圖書公司, 1988년, 제71쪽 참조 바람.

유가는 대부분 실천주의자로 만물을 정합整合하는 과정에서 또 다른 동일률同一律의 방법을 운용하여 즉卽 · 시是 · 위지謂之의 형식으로 두 가지 원래 다른 개념에 속하는 형이상학적 개념들을 연속시켜 등호等號15) 관계로 만들어 버린다. 이런 천지만물의 정합 작업 속에서 도덕실천의 단계를 하나로 만듦으로서 이런 연속성의 철학체계는 구체적이고 견실한 것으로 변하게 된다. 이런 즉卽의 등호 소통의 방법은 내성內省의 체험으로부터 얻은 결론이다. 예를 들면 송명宋明 심학心學의 이론체계는 심체心體라는 개념을 중심으로 하여 전개되어 심心이 바로 천인합일天人合一의 교량이 된다는 것이다. 정주程朱의 경우에서는 성性이 그런 역할을 한다. 이런 점에서 유가들의 내성공부는 완전히 소아小我와 대아大我 사이의 등호 소통위에서 구체화 되어서 천인天人 사이의 상관적 전체가 가진 의미를 파악하는데 있다.16)

유가철학의 핵심을 가장 분명하게 드러내는 이런 '연속'이라는 성격은 자연 뿐만 아니라 인간·사회·정치·도덕·역사 등의 측면에서 공통적으로 나타나는 특징들이다. 이런 유가의 특징을 처음으로 '연속'이라는 개념으로 명확하게 규정한 사람은 놀랍게도 바로 삼봉三峰 정도전鄭道傳이다.17) 그는 『불씨잡변佛氏雜辨』의 「불씨심성지변佛氏心性之辨」·「유석동이지변儒釋同異之辨」 및 「불씨자비지변佛氏慈悲之辨」 등에서 "유가는 연속이고, 불교는 간단이다吾儒連續, 釋氏間斷"라는 말을 하고 있다. 그

---

15) 두 식(式) 또는 두 수가 같음을 보이는 데에 쓰는 부호(符號)로 equal(=)의 표기를 말한다. 물론 여기에서 말하는, 예를 들면 "성즉리(性卽理)"의 '즉(卽)'이 완전히 수학적인 의미의 equal(=)이라는 말은 아니다.

16) 姜允明 著, 『心學的現代詮釋』, 제82쪽 참조 바람.

17) 정도전이 직접적으로 '연속(連續)'이라는 표현을 사용했다고 해서 최초로 유가의 특징을 '연속(連續)'으로 규정한 사람을 정도전이라고 주장하는 것은 어쩌면 문제가 될 수도 있다. 왜냐하면 중국의 주자를 비롯한 송명 유학자나 우리나라의 목은(牧隱)이나 퇴계, 남명 등도 '무간단(無間斷)'에 대해 언급하고 있다. 이 '무간단(無間斷)'은 사실 '간단(間斷)'과 대비되는 개념으로 여기에서 말하는 '연속(連續)'과 크게 다른 것은 아니다. 다만 용어 사용에 있어서 정도전이 직접적으로 '연속'이라는 말을 본격적으로 사용하였다는 의미이다.

는 다음과 같이 말한다.

> 선유先儒가 이르기를, "유가와 석씨釋氏의 도는 문자의 구절구절은 같으나 일의 내용은 다르다"고 하였다. 이제 또 이로써 널리 미루어 보면 우리[儒家]가 허虛라하고, 저들 역시 허라 하고, 우리가 적寂이라 하고 저들도 적이라고 한다. 그러나 우리가 허라는 것은 허하되 있는 것이요, 저들이 허라는 것은 허하여 없는 것이며, 우리가 적이라고 하는 것은 고요하되 느끼는 것이요, 저들이 적이라고 하는 것은 고요하여 그것으로 끝나는 것이다. ...... 하늘이 이 사람을 내어 만물의 영장이 되게 하고, 재성財成, 보상輔相의 직책을 준 이유가 과연 어디 있겠는가? 그 설이 반복되어 두서가 비록 많으나, 요컨대 우리는 마음과 이치가 하나라고 본 것이요, 저들은 마음과 이치가 둘이라고 본 것이며, 저들은 마음이 공空함으로써 이치도 없다고 보았고, 우리는 마음이 비록 공하나 만물의 이치를 갖추고 있다고 본 것이다. 그러므로 말하자면 우리 유가는 하나이고 석씨는 둘이며, 우리 유가는 연속이고 석씨는 간단間斷인 것이다.[18]

정도전은 "우리[儒家]가 허虛라하고, 저들[佛家] 역시 허虛라 하고, 우리가 적寂이라 하고 저들도 적이라고 한다. 그러나 우리가 허라는 것은 허하되 있는 것이요, 저들이 허라는 것은 허하여 없는 것"으로 말하는 것의 바탕에는 유가의 기氣를 통한 연속적 세계관이라는 관점을 염두에 두고 있는 것으로 보인다. 인간과 자연, 인간의 본성과 천도가 단절 없이 유기적으로 연속된 천인합일의 관계를 이루고 있는 것이 바로 유가라는 것이다. 정도전은 "하늘이 이 사람을 내어 만물의 영장이 되게 하고, 재성財成, 보상輔相의 직책을 준 이유가 과연 어디 있겠는가?"라는 의문을 던지고 있다. 이 말은 많은 문제들을 함축하고 있는데 이

18) 鄭道傳,『佛氏雜辨』,「佛氏心性之辨」"先儒謂儒釋之道. 句句同而事事異. 今且因是而推廣之. 此曰虛, 彼亦曰虛. 此曰寂, 彼亦曰寂. ...... 天之所以生此人, 爲靈於萬物, 付以財成輔相之職者, 果安在哉. 其說反復, 頭緖雖多, 要之, 此見得心與理爲一, 彼見得心與理爲二. 彼見得心空而無理. 此見得心雖空而萬物咸備也, 故曰, 吾儒一, 釋氏二, 吾儒連續, 釋氏間斷."

문제 역시 천인天人의 연속이라는 관점에서 말하고 있다.

이 중 "재성, 보상의 직책을 주었다"라는 말은 『주역』의 태괘泰卦의 「상전象傳」 "천지가 서로 사귀는 것이 태니 군자는 이것을 보고서 천지의 도를 마름질하여 천지의 마땅함을 보충하여 도움으로써 백성을 돕는다"[19]는 말에서 나왔다. "재성"은 "재성裁成"과 같다. "재裁"는 옷을 만들기 위하여 비단이나 베를 마름질한다는 의미이다. "재성천지지도財成天地之道"는 천지의 도를 마름질해서 돕는다는 것으로, 자연의 도 자체를 백성들이 이해하지 못하여 직접적인 도움을 주지 못할 가능성이 있으므로 백성들의 입장에 맞게 만들어 주어야 할 책임이 군주에게 있다는 의미이다. "보상"은 돕는다는 뜻으로 "천공대지天工代之" 즉 하늘의 일을 대신해서 할 뿐이다. 군주는 이 태괘의 상을 본받아 천지의 도를 마름질하여 지나친 것을 덜어내고, 천지의 마땅한 바를 구하여 그 부족하고 모자라는 부분을 채우도록 돕는다.

그러면 인간이 하늘의 일을 대신해서 할 수 있는 근거는 어디에 있는가? 이에 대해 정도전은 "우리는 마음과 이치가 하나라고 본 것이요, 저들은 마음과 이치가 둘이라고 본 것이며, 저들은 마음이 공空함으로써 이치도 없다고 보았고, 우리는 마음이 비록 공하나 만물의 이치를 갖추고 있다고 본 것이다"라고 말한다. 여기에서 그는 인간은 마음속에 이치理를 가지고 있어서 만물의 영장이 되고, 천지의 마땅한 바를 구하여 그 부족하고 모자라는 부분을 채우도록 도우면서 하늘의 일을 대신할 수 있는 근거를 확보하는 것이다.

정도전은 유가가 가지고 있는 특징을 '실實'·'일一'·'연속連續'의 세 가지로 말하고 있다. '실'이라 함은 심이 허령虛靈하다고 해서 없는 것이 아니라, 허령한 심 가운데 만물의 이치理가 모두 갖추어져 있기 때문이다. 말하자면 심心은 비록 일신一身의 주인이지만, 그 심체心體의 허령

19) "天地交泰, 后以財成天地之道, 輔相天地之宜, 以左右民."

함은 천하의 리理를 충분히 주관할 수 있다는 것이다. '일一'이라 함은 심과 리性는 둘인 것 같으면서도 리가 심 안에 갖추어져 있기 때문에 궁극적으로는 하나라는 것이다. '연속'이라 함은 '간단'과 상대되는 개념으로 인간과 만물은 연결된다는 것이다. 그러므로 그는 맹자의 "어버이를 친애하고서 백성에게 자애롭게 하고, 백성을 자애롭게 하고서 사물을 아낀다"[20]라는 말을 인용하여 자연계의 사물을 우리와 서로 대립하는 무관한 타자로 보는 입장이 아니라, 자기 자신에서 다른 존재로 이어지는 연속적인 체계 속에서 보여주고 있다.[21]

정도전의 이런 유가와 불교에 대한 대비적 관점이 절대 완벽하다는 의미는 아니다. 실제로 불교에 대한 그의 관점은 지나치게 주관적으로 규정하고 있는 것도 사실이다. 그러나 그의 유가가 가진 세계관의 특성을 '연속'이라고 규정하는 관점은 대체적으로 무난한 것으로 보인다. 삼봉이 유가철학의 특성을 '연속'이라고 말한 관점은 현대 학자들의 입장과 상당 부분 일치하고 있다.

3. 유가에서 연속적 세계관의 전개

유가철학이 가지고 있는 세계관의 특성을 '연속성'이라고 보는 관점을 고대 중국 문명의 기원과 관련해서 말하는 학자도 있다. 유명한 고고학자인 장광직張光直은 서양의 파열성破裂性 문명에 상대되는 것으로 중국 문명의 특징을 연속성으로 보고 있다.[22] 그는 중국 문명의 가장 주목받는 특징을 전일적全一的 우주 형성의 구조 속에서 나온 것으로 보

20) 『孟子』「盡心上」"親親而仁民, 仁民而愛物"

21) 鄭道傳, 『佛氏雜辨』, 「佛氏慈悲之辨」"親親而仁民, 仁民而愛物, 此儒者之道, 所以爲一·爲實·爲連續也."

22) 張光直, 『美術·神話與祭祀』, 稻香出版社, 1994. 제148쪽.

고 있다. 또 두유명杜維明은 "(유가철학은) 세 개의 기본적인 주제를 드러내는데 그것은 연속성, 전일성全一性과 동태성動態性이다. 존재의 모든 형식은 하나의 돌에서부터 하늘에 이르는 것으로 모두 연속체의 구성 부분이다. … 이런 연속체의 바깥에는 아무것도 없고 존재의 사슬은 끊어지는 것이 없다. 우주 속의 모든 사물 사이에서도 이런 연쇄적 관계를 찾을 수 있다."[23] 장광직은 분명하게 중국 고대의 문명을 하나의 연속성의 문명이라고 말한다.[24]

중국 고대의 상징과 신앙체계의 잔재 가운데에서도 분명히 이런 연속성의 입장들이 남아있다. 기원전 5000년에서 3000년 전의 앙소문화 중의 골격식骨骼式의 미술이나 기원전 3000년에서 2000년 전의 중국 동해안의 사전문화史前文化 속에 짐승의 얼굴무늬와 새들의 무늬를 가지고 있는 옥종玉琮과 옥규玉圭, 은상시대(B.C 1300년에서 1100년)의 갑골문에서 나타나는 자연신에 대한 봉공이나 세계의 사토四土와 사방四方의 봉鳳과 정령, 상주商周시대(B.C 1500년에서 2000년까지)의 제사에서 사용한 그릇 위의 동물 형상 등에는 분명히 이런 연속성의 입장들이 남아있다. 중국 고대인들의 '존재하는 모든 형식 가운데에 있는 기의 연속적 존재'[25]에 대한 신앙, 동주(기원전 450에서 기원전 200) 시기의 『초사楚辭』의 샤만 시가와 그 샤먼과 그들이 (하늘과 땅을) 오르내린 것에 대한 기록 및 도망가 버린 영혼을 불러들이는 문제 등을 들 수 있다. 이런 종류의 증거는 천지관통天地貫通을 중시하는 고대의 신앙과 의식체계의 핵심을 가리키는 중국 고대의 샤머니즘을 말한다.[26]

장광직은 상주商周시기의 상징과 신앙체계의 잔재 중에서 이런 연속

---

23) W. M. Tu. "The continuity of being : Chinese version of Nature," in his. Confucian Thought, Albany : State University of New York Press 1985, p.38.

24) 張光直, 『美術·神話與祭祀』, 제148쪽.

25) W, M. Tu. "The Continuity of Being: Chinese versions of Nature", p.38.

26) 『美術·神話與祭祀』, 제151쪽

성의 입장들이 남아있다고 말한다. 즉 그들은 기의 연속성이란 관점에서 모든 존재는 서로 연속되어 있고, 천지도 관통하고 있다는 중국 고대의 신앙체계를 형성한다. 이 관점은 신·조상·동물과 인간은 물론이고 이 세상에 존재하는 모든 것들은 서로 연결되어 있고 여기에서 무생물이라는 것은 발견하기 어렵다는 만물유령론萬物有靈論의 샤머니즘적인 관점이다.

중국의 고대 문명은 샤만Shaman식의 문명이라고 할 수 있다. 샤만식의 문명이 가지고 있는 가장 큰 특징 중의 하나가 바로 천지의 연속적인 교통, 인간과 자연의 연속형의 교통, 만물의 생명(영혼 혹은 정령)간의 연속적 교통交通이다. 여기에서 생명이 없는 사물이란 것은 생각할 수 없다. 이런 만물유령론을 바탕으로 하는 샤머니즘적인 원시적 존재론의 관점을 고대의 중국인들은 기라는 철학적인 관점으로 발전시켜 모든 존재 형식에 기가 내재하여 관통하고 있다는 세계관을 형성하게 된다. 여기에서 이른바 연속성의 우주관이 형성된다.[27] 이런 학설의 배후의 가설을 더욱 더 탐구해보면, 실은 인간은 하나의 대우주와 상호 관련되는 유기체 - 소우주라는 점을 발견할 수 있다. 왜냐하면 대우주와 소우주는 서로 소통하는 특질을 가지고 있고 양자의 관계가 상호 작용하고 있고, 이 둘이 상호작용할 수 있는 것은 바로 기를 소통의 매개로 보기 때문이다.

여기에서 인간과 우주는 연속적 상관관계를 형성한다. 이런 연속적 상관관계를 아래와 같은 몇 가지로 나눌 수 있다. 첫째, 인간과 천은 서로 상응하는 관계이다. 인간과 천의 구조는 상호 호응하고 있기 때문에 인체 내의 기관은 바로 천의 구조와 서로 비슷하다. 둘째, 인人과 천天은 또한 감응感應의 관계이다. 즉 천의 변화는 사람에게 영향을 주고 인

27) 장광직은 동양문명의 중요한 특징을 말하고 있는데 그것을 연속성의 사고 경향이라고 말한다. 張光直, 「連續與破裂 : 一個文明起源新說的草稿」, 『九州學刊』 第 一卷, 第 一期, 1988年 9月.

간세의 변화는 또한 천상의 변화에 영향을 줄 수 있다. 양자는 일종의 상호작용하는 관계이다. 셋째, 심신心身 사이에는 결코 절대적 분별이 없다. 비록 심신에는 그들 각자가 주관하는 기능은 있으나 이 둘은 본질적으로 같은 것이고 딱 잘라서 이 둘을 구분할 수는 없다.[28] 이런 상호호응相互呼應의 관계가 바로 연속성의 특징을 드러내고 있다. 왜냐하면 인간과 천은 서로 호응하는 것이기 때문에 인간과 천의 사이에는 결코 분리 되는 간격을 찾을 수 없기 때문이다. 이것은 서양철학에서 인간과 신을 분리하고 성聖과 범凡을 대립시키는 관점과는 매우 다르다.[29]

유가철학 속에 나타나는 자연과 인간의 관계는 존재 연속의 측면이다. 존재적 연속성이라는 유가식의 자연과 인간의 관계에 대한 기본적인 관점은 인간과 자연만물이 기본적으로는 동질(同質)인 어떤 것에 의해 연결되어 있다는 것이다. 유가들은 전체 세계를 무생물, 동식물, 인간 등의 다채로운 존재가 상호 연속되어 서로 영향을 주고받는 생명의 유행 속에 놓여 있는 것으로 표현하고 있다. 이런 변화를 가능하게 하는 것이 바로 기이다. 여기에서 인간과 자연은 연속적일 뿐만 아니라 초자연적인 세계 역시 따로 있는 것이 아니라 같은 연속체 속에 포함되어 있다.

코플스톤Copleston은 "전형적인 중국의 세계관은 끊임없이 변화하는 전체totality로서의 세계이다. (......) 중국의 형이상학 속에서 만물은 일자一者의 변형變形일 뿐이다. 오직 하나의 세계가 있을 뿐이다. 중국 철학자들이 주로 관심을 가지는 것은 바로 이런 세계이다. 진정한 의미에서 존재Being는 그들에게 있어서는 생성Becoming일 뿐이다"[30]고 말한

---

28) 楊儒賓, 『中國古代天人鬼神交通的四種類型及其意義』, 臺北, 國立臺灣大學中國文學研究所博士論文, 1986, 제94쪽.

29) 黃俊傑, 『孟子』, 東大圖書公司, 1993. 제53쪽 참조 바람.

30) Frederick C. Copleston, *Philosophies & Cultures*, Oxford, Oxford University

다. 그는 전형적인 중국의 세계관을 연속체로 보고 있고, 여기에는 자연·인간과 초자연이 연속되어 있고 기의 부단한 변화와 생성만이 있을 뿐이라고 말한다. 이런 점은 자연·인간과 초자연이 서로 분리되어 있는 서양의 철학체계와는 근본적으로 방향을 달리하고 있다고 말한다.

유가의 연속성의 철학적 특징은 자연과 인간은 단열斷裂되지 않는 하나의 연속체이고, 이런 자연적 연속성이 인문적 연속성의 체계로 자연스럽게 전환된다는 것에 있다. 이런 유학의 인문적 연속성 중에서 가장 분명하게 드러나는 부분이 바로 도덕과 정치의 연속이다. 즉 유가철학의 핵심에 해당하는 내성內聖과 외왕外王의 결합을 말하는 성왕聖王의 이념이다. 유가들의 기본적인 정치관점은 개인의 훌륭한 도덕수양이 있어야 이상적인 정치가 실현가능하고, 이상적인 사회의 구성이 가능하다는 내성과 외왕의 직통直通 혹은 일체적 연속이라는 도덕적 이상주의의 관점을 보여주고 있다. 즉 개인의 도덕성은 반드시 이상적인 사회를 구조構造하는데 봉사하여야 하고 동시에 개인의 도덕성이야 말로 이상적인 사회를 구성하는데 있어서 가장 중요한 기본 요소라는 것이다.31)

맹자는 정치를 도덕의 연장延長 또는 연속으로 보고 있다. "맹자가 말하기를 모든 사람들은 (다른 사람의 어려움에 대해) 참지 못하는 마음을 가지고 있다. 선왕이 차마 참지 못하는 마음을 가지고 (다른 사람의 어려움에 대해) 참지 못하는 정치를 시행하니, 이런 마음을 가지고 정치를 시행한다면, 천하를 다스리는 것은 손바닥위에 놓고 움직이는 것이나 마찬가지로 쉬울 것이다."32) 맹자는 개인과 사회, 도덕과 정치 사이에는 하나의 연속적인 일체一體 관계가 성립되는 것으로 보고 있다. 즉 개인,

---

Press,1980, p.57.

31) 정병석, 「유가의 성왕이념에 대한 비판적 검토」, 『철학연구』 제61집, 대한철학회, 1997, 제192-194쪽.

32) 『孟子』 「公孫丑篇」 上. " 孟子曰, 人皆有不忍人之心. 先王有不忍人之心, 斯有不忍人之政矣, 以不忍人之心,行不忍人之政, 治天下可運於掌上."

가정, 사회로부터 국가, 천하에 이르는 단계는 다만 범위상의 크고 작음이 있을 뿐이지 결코 본질적인 차이가 있는 것은 아니라고 말한다. 여기에서 개인은 바로 이들 각 단계가 전개해가는 핵심이다. 그러므로 맹자는 천하의 근본은 나라에 있고 나라의 근본은 가家에 있고 가의 근본은 신身에 있다[33]고 말한다. 여기에서 근본은 다름 아닌 개인의 수신修身을 의미한다. 맹자는 개인과 사회를 하나의 연속체로 보아 개인도덕의 사회 속에서의 확충을 강조한다. 말하자면 불인인지심不忍人之心이라는 도덕심을 사회 속에 확충한 것이 바로 불인인지정不忍人之政이라는 것이다.[34]

주자의 정치적 관점은 가장 전형적인 '내성외왕'식의 정치적 이상을 보여준다. "대학의 도는 천자에서 서민에 이르기 까지 하나같이 모두 수신을 근본으로 삼고 있는 것으로 알고 있습니다. 집이 가지런해지고, 나라가 올바로 다스려지고, 천하가 태평한 것은 모두 이것에서 나오지 않은 것이 없습니다."[35] "모든 천하의 일의 근본은 한 사람에게 달려 있습니다. 한 사람의 몸의 근본은 자신의 마음에 달려 있습니다. 그러므로 군주의 마음이 일단 바르면 천하의 일은 잘못될 일이 없으며, 군주의 마음이 바르지 못하면 천하의 일이 잘못되지 않는 것이 없습니다."[36] 이처럼 주자의 정치사상 역시 도덕과 정치의 연속이라는 접근방식을 보여주고 있다.

이런 내성內聖과 외왕外王의 결합이라는 유가적 정치 이념은 퇴계에서도 자주 발견된다. 퇴계는 수신의 공부가 다름 아닌 다스림(정치)의

---

33) 『孟子』「離婁」上, "天下之本在國, 國之本在家, 家之本在身."

34) 「유가의 성왕이념에 대한 비판적 검토」, 제192-193쪽 참조 바람.

35) 朱熹, 「癸未垂拱奏箚一」, 『朱文公文集』, 商務印書館, 1980, 卷十三. "臣聞大學之道, 自天子以至庶人, 壹是皆以修身爲本. 以家之所以齊, 國之所以治, 天下之所以平, 莫不由是而出焉."

36) 朱熹, 「己酉擬上封事」, 『朱文公文集』, 卷十二, "天下之事, 其本在於一人, 而一人之身, 其本在於一心. 故人主之心一正, 則天下之事無有不正, 人主之心一邪, 則天下之事無有不邪."

근본이기 때문에 정치의 근본은 다름 아닌 개인의 수신 공부에서 나온다고 말한다. 그러므로 "학문을 하고 덕행을 이루는 것이 다스림의 가장 중요한 근본이며"[37]라고 하여 퇴계 역시 정치의 근본을 개인의 도덕적 완성을 추구하는 수신에서 찾고 있다. 유가의 정치에 대한 이러한 관점은 정치를 도덕에 예속시켜 버리고, 오히려 유가 스스로는 정치적 이데올로기로 변형되어 버리는 결과를 초래하게 된다.[38]

유가철학이 가지고 있는 연속성이라는 특성은 역사와 철학사(사상사) 전반에 걸쳐서도 현저하게 나타난다. 역사적, 사상적 연속성이란 의미는 하나의 단계에서 다른 단계로 들어서는 과정 속에서 이전의 원시적 의식구조를 파괴하지 않은 상태로 계속 발전된 것으로 급격한 단열이 없는 연속성을 가지는 유기적 전체라는 기본구조를 말한다. 유가들은 시간과 역사를 과거와 현재라는 양극단兩極端을 하나로 연속시키는 가역성(可逆性, reversibility)[39]의 사유 특징을 통하여 옛날과 지금을 하나의 연속된 관계로 본다.

시간의 가역성이라는 말은 시간이 과거와 현재라는 양극단 사이에서 왕복운동을 하는 것을 의미한다. 유가의 역사에 대한 사유 속에서 시간은 결코 한 번 가면 돌아오지 않고 한 방향으로만 가는 시간은 아니다. 유가가 보는 시간관은 과거와 현재라는 양극 사이를 왕복 운동하는 변증법적인 것이다. 시간의 왕복운동에 의해서 과거와 현재는 분리되면

37) 李 退溪, 『陶山全書』 一, 「戊辰六條疏」, 퇴계학연구원, 1988, 제177쪽. "豈不以學問成德爲治之大本也, ..."

38) Julia Ching, Confucianism and Christianity, Kodhansa International Ltd., 1977, 임찬순, 최효선 번역, 『유교와 기독교』, 서광사, 1993, 제225쪽 참조 바람.

39) 가역성(可逆性)이란 말은 어떤 물체나 그 상태가 모양은 변하지만, 근본적인 성격은 변하지 않는다는 것을 의미한다. 예를 들면, 단진자는 일정한 진폭으로 단진동 운동을 하는데, 이 때 공기의 저항이나 마찰을 무시하면 에너지가 보존되므로 한 주기가 끝난 후에도 진폭이나 주기의 변화 없이 동일한 운동을 한다. 이렇게 외부에 아무런 변화를 남기지 않고 스스로 원래의 상태로 되돌아갈 수 있는 성질을 말한다. 즉 시간이 흐르는 동안 물체의 운동이 변화했을 때 만약 시간을 거꾸로 되돌릴 경우 처음의 물체 상태로 되돌아갈 수 있는 성질을 가지고 말한다. 『두피디아 두산백과』 참조 바람.

서 연속되는 관계를 형성한다. 이런 의미에서 고대 유가의 시간관은 일종의 가역적 시간이라고 할 수 있다.[40]

유가의 관점에서 보자면, 시간이 가역성을 가지게 되는 주요 원인은 시간의 발전이 일정한 방향을 따라서 발전하고, 역사와 문화는 일정한 방향에서 손익損益하기 때문이다. 공자가 자장子長의 "열 왕조 이후도 알 수 있습니까?"라는 물음에 대해 "공자가 답하였다. 은나라는 하나라의 예절과 법도를 따랐으니, 거기서 더하거나 뺀 것을 알 수 있고, 주나라는 은나라의 예절과 법도를 따랐으니 거기에서 보태거나 뺀 것을 알 수 있다. 그 누군가 주나라를 계승하는 자가 있다면 백 왕조 뒤의 일이라 할지라도 알 수 있을 것이다"[41]라고 말하는 것은 이러한 태도를 잘 보여주는 것이라고 할 수 있다.

시간의 연속성이라는 관점에서 보면, 지금은 옛날에 의해서 만들어진 것이기 때문에 옛 것은 그 자체로 의미 산출의 근거가 된다. 그러므로 유가가 말하는 '창조적 발전' 혹은 '창조적 해석'이란 문제는 '연속성'이란 배경 위에서 성립되는 것으로, 연속성을 벗어난 '창조적 발전'은 성립할 수 없게 된다. 이런 관점을 가장 잘 보여주는 말이 "옛것을 익힘으로써 그것으로 미루어 새로운 것을 아는 것(溫故知新)"이다. 이런 관점은 결코 단절된 역사의식에서는 드러나지 않는다. 유가는 역사의 누적 혹은 전통을 단순한 유산의 모음이나 갖가지 견해의 모음으로 보지 않고, 미래를 새롭게 연결시켜 주는 살아 있는 근거로 간주한다. 즉 역사적 연속성 속에서 유기적 상관성을 가지고 있기 때문에 고립되거나 단열된 철학을 발견하기는 힘들다.

중국 고대에 있어서 하나의 문명단계에서 더욱 발전된 다른 문명의

---

40) 楊儒賓 黃俊傑 編, 『中國古代思維方式探索』 臺北, 正中書局, 1996, 前言 제1-3쪽 참조 바람.

41) 『論語』, 「爲政」, "子張問十世可知也. 子曰, "殷因於夏禮, 所損益, 可知也, 周因於殷禮, 所損益, 可知也. 其或繼周者, 雖百世, 可知也."

단계로 들어서는 발전과정은 대브분 이전의 원시적 의식구조를 파괴하지 않은 상태 속에서 발전되어온 것으로 급격한 단열이 없는 연속성을 가지는 문화적 기본구조를 가지게 된다. 그러므로 중국문명은 고대의 의식구조를 파괴하지 않은 구조 속에서 발전하게 된다는 것이다. 이에 비해 파열성破裂性의 문화구조는 전체 우주의 파열을 의미하는 것으로 인간과 자연은 분리된다. 즉 인류와 다른 자연 자원 사이의 분할을 의미하는 것으로 이런 노선을 따라간 문명은 생산기술의 혁명과 무역 형식으로부터 새로운 자원을 수입하는 방식을 통하여 축적되어온 재부財富를 기초로 하여서 생겨난 것이다.[42]

유학의 종교성에 관한 논의가 가지고 있는 의미는 매우 중요하다. 왜냐하면 이 문제는 유학이 가지고 있는 종교성의 문제를 논하고 있는 것으로 보이지만 사실은 유가철학이 가지고 있는 가장 핵심적인 철학적 본질문제를 다른 방식에서 논의하고 있기 때문이다. 동시에 현재 유학이 처해 있는 과거·현재와 미래에 대한 의미와 가치에 대한 논의이기도 하다. 유학은 기독교와 같은 유형의 종교는 아니지만, 종교적 작용 혹은 종교성宗教性을 지니고 있기 때문에 이런 점에서 유학을 하나의 종교로 간주하는 학자들도 많이 있다. 여기에는 우리가 알고 있는 종교가 무엇인가 라는 정의에 대한 새로운 논의를 필요로 하는데 그것은 기독교와 같은 일신교一神教 중심의 종교에 대한 정의가 수정되면서부터 이다.

위의 관점에 따라서 현대의 많은 학자들은 유학 역시 종교의 특성을 지니고 있다고 말한다. 왜냐하면 유가들이 추구하는 것들은 대부분 종교성에 해당하는 궁극적 관심의 문제와 관련되는 것들이기 때문이다. 물론 유학은 기독교나 불교와는 구별되는 종교적 차원을 함유하고 있다. 이런 유학의 종교성이 가지는 가장 큰 특징은 바로 도덕적 관점을 중심으로 하는 도덕적 종교관이다. 즉 유학은 종교적 성격과 철학적 성

42) 『美術·神話與祭祀』, 제156쪽 참조 바람.

격을 함께 가지고 있는 학설체계라는 것이다.

유가전통에서 철학과 종교는 상즉相卽하여 불가분한 것으로, 도덕이면서 또한 종교인 '도덕종교道德宗教' 혹은 '인문교人文教'라는 것이다. 이것은 유가의 윤리도덕과 종교적 감정의 연속 혹은 일체를 강조하는 측면이다. 다시 말해 유가전통에서 종교와 철학은 상즉相卽해서 나눌 수 없고 철학(문화)인 동시에 종교라는 것이다. 만약 유가사상이 인문주의人文主義라면 이 또한 종교적 경향을 지니고 있는 인문주의로 그것은 종교와 통하는[43] 것이라고 말한다.

이런 관점에서 현대 신유가의 대표적 학자인 모종삼牟宗三은 유가의 윤리도덕과 종교정신을 일체로 하는 이런 종교적 특성을 인문교人文教라고 말한다.[44] 인문교는 바로 도덕적 종교道德的 宗教이고 도덕과 종교의 합일을 의미한다. 즉 모종삼이 말하는 인문교의 특징은 인문세계 안에서 인문가치와 종교적 신성감神聖感을 동시에 추구한다는 것에 있다. 이와 같은 종교가 바로 인문교로 "그 진실한 의미는 개인의 유한한 생명 가운데에서 무한하고 완벽한 의미를 얻는 것에 있다"[45] 여기에서

---

43) 당군의(唐君毅)는 인문(人文)과 초인문(超人文)의 화합(和合)을 주장한다. 종교정신은 초인문적인 것이고, 종교는 현실 생명 이상의 다른 생명을 추구하여 초인문 세계의 형이상학적 실체를 인정하고 초월적 신앙을 가지게 된다. 이로부터 종교의 신성(神聖)과 장엄을 맛보게 되는 것이다. 그러나 동시에 일체의 종교 사업은 또한 인간과 서로 관련되고 종교가들은 대부분 인문적 사업에 종사하게 된다. 唐君毅, 『中華人文與當今世界』 下冊, 『唐君毅全集』 卷8, 臺北, 學生書局, 1990年. 제58-94쪽 참조 바람.

44) 모종삼은 서양철학 중의 유심론(唯心論)은 도덕종교를 인정한다고 말한다. "서양철학 중의 유심론은 도덕종교를 인정하고 또 설명하고 있다. 일반적으로 도덕종교를 말하고 인정하는 사람들은 대부분 철학적으로 유심론의 입장을 가지고 있다."(『生命的學問』, 82쪽) 이명휘(李明輝)는 모종삼이 여기에서 말하는 유심론은 분명히 칸트철학을 포함하고 있고 주로 칸트철학을 가지고 말하는 것으로 보인다고 말한다. 왜냐하면 칸트 본인은 분명히 도덕종교에 대해 말하고 있기 때문이다. 칸트가 인정하는 종교는 이성(理性) 더욱 엄격하게 말해서 실천이성(實踐理性)이라는 기초위에서 성립되고 혹은 방식을 바꾸어 말하면 그것은 '이성신앙(理性信仰)' 혹은 '도덕신앙(道德信仰)'의 기초위에서 성립되기 때문이다. 칸트는 종교를 '도덕종교(道德宗教)'라고 말한다. 더 나아가 말하면 인간의 이성은 보편적 효력(效力)을 지니고 있기 때문에 이성의 기초 위에 성립된 종교 역시 분명히 보편적이다.(哈佛燕京學社 主編, 李明輝, 「從康德的"道德宗教"論儒家的宗教性」, 『儒家傳統與啓蒙心態』, 南京, 江蘇教育出版社, 2007年, 제200-201쪽 참조 바람.)

인문교도로서의 유자儒者들은 천도天道의 초월적 의미를 깨달은 후에 성인의 단계에 도달할 수 있는 신념을 가질 수 있다. "이런 신념은 바로 자아초월에 대한 신념이다. 마치 신과 같은 성인이 우주의 공동 창조자가 될 수 있는 이유는 결코 이 초월자가 모두 사람이라는 것이 아니라 이 사람이 초월자와의 진실하고 정성스런 대화對話를 통하여 궁극적인 전환을 실현하기 때문이다."46)

이 때문에 종교로서의 유학은 인륜일용人倫日用의 예악禮樂으로부터 출발하여 내성(內聖)의 수양을 기초로 삼아 후천적 수양공부를 통해 사람의 본성과 천도가 일체가 되는 경계에 도달할 수 있게 된다. 이런 경계는 현실속의 사람이 가진 유한성을 초월하는 완벽한 경계로 천인합일의 경계境界이고 도덕이면서 종교가 되는 경계이다.47)

근세(19세기 말과 20세기 초엽)에 중국과 한국에서 발생한 유학을 종교화하려는 공교孔教운동은 외세에 대응하려는 위기의식에서 출현한 자구책이라고 할 수 있다. 유학을 종교화하려는 시도가 노리는 목적은 역시 자신들의 정체성을 새롭게 확인하고 달라진 현실에 적응하려는 유학의 비판적 극복이라는 점에서 공통성을 가지고 있다고 할 수 있다. 유학을 종교화하여 공교운동의 기치를 가장 먼저 세운 사람은 중국의 강유위康有爲이다. 이러한 유학의 종교화 운동은 우리나라에서도 일어나게 되는데 대표적인 사람으로는 한계韓溪 이승희(李承熙, 1847~1916), 백암白巖 박은식朴殷植, 위암韋菴 장지연張志淵, 진암眞菴 이병헌李炳憲, 해창海窓 송기식宋基植, 중산中山 박장현朴章鉉, 성당誠堂 박인규朴仁圭 등이 있다.

이들 유학 종교화 운동 중에서 이승희의 경우는 강유위의 관점과는

---

45) 牟宗三, 『心體與性體』(第一冊), 臺北, 正中書局, 1968年, 제6쪽.

46) 杜維明 著, 段德智 譯, 『論儒學的宗教性』, 武漢, 武漢大學出版社, 1999, 제110쪽.

47) 정병석, 「유학의 종교성에 대한 모종삼의 관점」, 『유교사상연구』, 한국유교학회, 제44집, 2011년 6월, 제251쪽 참조 바람

다른 주자학적인 관점을 견지한 공자교의 관점을 말하고 있다. 그는 심즉리心卽理의 관점에서 인격적 주체성에 근거하는 종교성을 발휘하는 관점을 말하고 있다. 그는 태극-상제上帝-리理 -심心이 모두 일치하는 개념으로 파악하여 강유위의 기독교에 바탕한 유학의 종교화 운동을 추종하는 것이 아니라 오히려 주자학적인 전통적 규범을 공교 속에 계승하고 있다.[48] 이런 이승희의 공교운동을 도학자道學者의 공교운동[49] 또는 주자학적 공교운동[50]이라고 말하기도 하고 또 공교의 종교화라는 인상보다는 교학화敎學化라는 인상을 더 강하게 비춰 주는 것으로 말하기도 한다.[51] 이승희와 박장현는 이른바 도덕적 종교관을 보여주고 있다. 이른바 도덕적 종교道德的 宗敎 또는 도덕종교道德宗敎라는 말은 도덕이면서 종교이고 종교이면서 도덕이라는 의미이다.

이승희와 박장현이 말하는 종교적 특성은 일종의 '도덕적 종교'道德的宗敎로 도덕이면서 또한 종교이다. 그들이 말하는 종교는 도덕적 기초 즉 도덕신앙道德信仰의 기초 위에 세워져 있는 것으로 유가의 윤리도덕과 종교정신의 일체성一體性을 강조하고 있다. 유가 전통 중에서 종교와 문화(유학)는 서로 상즉相卽하면서 분리될 수가 없고, 하나의 문화 또는 철학이면서도 또한 종교라는 것이다. 이런 점에서 그들은 유가사상을 종교 성향이 강한 정신체계이며 이것은 곧 바로 종교와 통할 수 있다고 본 것이다. 여기에서 이승희는 '상제' 개념의 형기적形氣的 인격화人格化를 비판하고 그것은 다만 주기적主氣的인 관점이라고 말하고 자신과 한주학통寒州學統의 성리학적인 바탕위에서 도덕종교적인 형태의 유교종교화 작업을 전개해 나가는 것이다.

---

48) 금장태 저, 『한국유학사의 이해』, 서울 : 민족문화사, 1994년, 제228-229쪽 참조.

49) 금장태 저, 『한국유학사의 이해』, 제227쪽.

50) 홍원식, 「한국 공자교 운동과 이승희」, 『공자학』 3, 한국공자학회, 1998, 제180쪽.

51) 신귀현, 「한말 영남 유학계의 유교 종교화 운동」, 『민족문화논총』 21, 영남대 민족문화연구소, 1998, 제448쪽.

유가는 생生을 통하여 죽음死을 보고, 또 죽음을 통하여 생을 살피는 이른바 연속적連續的 관점에서 생사生死의 문제를 말하고 있다. 즉 유가에서 죽음의 의미는 그가 생전生前에 행하였던 것으로부터 평가되어지기 때문에 유가들의 이상적 처세處世 방식은 바로 "하늘의 운행이 굳건하니, 군자는 그것을 본받아서 스스로 힘쓰고 쉼이 없는(天行健, 君子以自彊不息)" 것처럼 끊임없는 도덕적 자성自省과 실천에 있다. 유가의 이상적인 인생의 과정은 바로 수신제가치국평천하(修身齊家治國平天下)이고 그들이 가지고 있는 생사에 대한 태도는 바로 낙천지명樂天知命52)이다.

유가들은 죽음이라는 자연적 필연성必然性의 실존實存 문제를 당위성當爲性을 포함하고 있는 도덕적 필연성必然性의 문제로 전환시켜 놓고 있다. 여기에서 삶과 죽음은 도덕적 필연성 혹은 사명이라는 관점을 통하여 연속連續된다. 왜냐하면 생사生死의 명命은 비록 인력人力으로 바꿀 수 있는 것은 아니지만, 이런 관점은 사람들이 살아있을 때 인륜도덕을 깨달아 온몸으로 실천하도록 만드는 작용을 하게 만들고 또 죽음을 맞이하여서도 도덕적 사명使命을 완성하는데 조금의 어떤 두려움도 없어야 한다. 여기에서 자연의 필연성은 당연의 필연성으로 변하여 유가들로 하여금 살아있을 때의 충실함과 죽을 때의 당당함을 얻게 만들어 준다.

유가, 특히 공자는 죽음 자체나 죽음 이후에 대한 존재론적 관심이나 본질 규명 보다는 죽음이 가지고 있는 '의미적'인 측면에 초점을 두고 있다. 먼저 죽음을 단순한 지식의 문제가 아니라 의미의 문제로 전환시키고 죽음이 우리의 삶에서 어떤 의미를 가지고 있는가 하는 문제를 다시 집중적으로 부각시켜 죽음을 삶의 완성으로 승화시키려고 하기 때문이다. 이런 점에서 죽음은 결코 생명활동의 끝이 아니라 도道나 인仁의 추구 과정에서 맞이하게 되는 신체의 종결일뿐이다.

이처럼 유가에서 죽음에 대한 관심은 존재론적인 관점이 핵심이 아

52) 『주역』「계사전」의 말

니다. 그 보다는 죽음을 삶과의 연속성에서 보고 있다는 점일 것이다. 여기에서 유가들이 강조하는 것은 자연 생명의 보존뿐만 아니라 도덕 생명의 구현을 통하여 생사의 의미를 추구하는데 있다.

유학의 이런 연속적 세계관은 분명히 중국만이 가지고 있는 독특한 관점은 아니다. 기본적으로 그것은 원시사회 속에서 광범위하게 출현하는 인류 세계관의 기층基層을 대표하는 원시사유原始思維에 속하는 것이라고 레비-브륄(Levi-Bruhl, 1857~1939)53)은 말한다. 그러면 레비-브륄의 말처럼, 유가의 이런 연속성의 사유체계는 단순한 원시사유의 단계에 머물러 있는 것인가?

4. 연속적 세계관과 원시사유

인류학이나 사회학 영역에서 중요하게 다루는 것 중의 하나가 바로 사유양식이라는 개념이다. 이를 가장 본격적으로 다룬 사람이 바로 레비-브륄이다. 그는 『원시인의 사유Les Fonctions mentales dans les sociétés primitives』54)라는 책에서 뒤르캠Durkheim의 집체의식(集體意識, primitive classification)의 관점에 근거하여 지중해와 원시인(또는 未開人)이라는 두 가지의 서로 다른 사유 유형을 구분하였다. 원시인의 사유는 크게 두 가지 요소를 가지고 있는데 그 중 하나는 신비(神秘, mystique)이고, 다른 하나는 '논리전(論理前, pre-logic)'이다. 미개인의 사유는 논리가 없다는 것이 아니고 모든 부호, 기억의 체계와 사회제도는 모두 신비한 집체의식에 의해서 형성된다는 것이다. 원시인의 사유에는 '수數'라는 개념이 결핍되어 있다. 원시인은 집단적으로 생각하고 행동하는 데 있

53) 列維-布留爾 著, 丁由 譯, 『原始思維』, 商務印書館, 北京, 1985, 제1장 참조 바람.

54) 우리말로는 '미개인의 사유'로 번역하지만, '원시인의 사유'라는 말이 레비-브륄이 말하려는 원의에 더 적확한 것으로 보인다. 이 때문에 여기에서는 '원시인의 사유' 또는 '원시사유(原始思惟)'라는 말로 사용하려 한다.

어서 개개의 표상을 객관적 ·논리적으로 결부시키지 않고, 신비적인 논리 이전의 것과 관계를 맺게 된다는 것이다.

레비-브륄에 의하면, 원시적인 사람들에게 있어서는 모든 것이 기적奇蹟이다. 혹은 오히려 아무것도 기적이 아니다. 그러므로 당연히 모든 것을 믿는다. 따라서 불가능한 것이거나 부조리한 것이란 아무 것도 없다고 말한다. 논리 전의 사람들은 논리적 내지는 물리적 부조리의 어느 것에도 둔감하다. 모든 것이 다른 어떤 것의 원인이 될 수 있다. 큰 굴뚝을 가진 기선汽船이 아프리카의 어떤 마을을 방문했을 때 그곳에 마침 전염병이 돌자, 전염병의 원인을 기선이 출현하였기 때문이라고 보기도 한다. 이처럼 전염병의 원인을 미분화未分化한 현상에서 무차별하게 원인을 선택하는 것을 참여參與의 법칙이라고 말한다. 즉 원시인에 의하면 경험되는 환경은 모두가 빠짐없이 설명에 기여, 즉 참여參與한다. 이 경우 진정한 인과적 결합이나 모순적 원리는 고려되지 않는다.[55] 레비-브륄의 이런 연구 방법은 후대에 많은 영향을 주었다.

레비-브륄의 『원시인의 사유』가 가지고 있는 유럽 중심주의적이라는 한계와 단점에도 불구하고 중국인의 사유양식 혹은 사유방식을 연구하는데 있어서 이런 관점에 근거하여 사유양식을 유형화類型化하는 연구내용이 많은 것은 사실이다. 그러나 사유양식을 유형화하는 관점이 완벽하지 못하다는 것을 레비-브륄 자신도 인정하고 있다.

『원시인의 사유』를 출판한 20년 후에 쓴 「러시아어 번역판의 서문」에서 그는 "인류에게는 논리전 사유와 논리적 사유를 엄격하게 구분하는 큰 장벽이 존재하는 것은 아니다. 그러나 동일한 사회 속에서 항상(아마도 시종일관) 동일한 의식 중에서 다른 사유구조가 존재한다"[56]고

55) 조셉 니담 저, 이석호· 이철주 · 임정대 역, 『중국의 과학과 문명』 II, 서울, 을유문화사, 1986, 제394쪽 참조 바람.

56) 列維-布留爾 著, 丁由 譯, 『原始思維』, 「作者給俄文版的序」 참조 바람. 商務印書館, 北京, 1985

하였다. 왜냐하면 그는 '지중해 문명'이 속한 민족의 사유와 '지중해 문명'에 속하지 않는 민족의 사유에 대한 비교를 통하여 근대 서구에서 발달한 자본주의 사회의 백인 문명을 고등高等한 것으로 보고, 그 외의 지역을 '원시인'·'야만인'·'저등低等민족'으로 나누어 이들의 지적知的 작용이나 과정이 다르다는 결론을 말하기 때문이다.

다른 한편으로 인류사회가 출현한 이래로 사유의 발전 역시 진화의 과정이라고 할 수 있다. 물론 막 동물의 상태를 벗어난 원시적 단계의 인류는 당연히 논리적 사유를 할 수 없었을 것이다. 이후 노동을 통하여 점점 언어를 필요로 하게 되고 간단한 언어와 어법語法을 통하여 논리적 사유가 점차적으로 시작되는 것이다.

원시사회에서 논리적 사유는 여전히 맹아萌芽의 상태에 머물러 그들의 사유 속에는 직관적直觀的 요소와 비논리적 요소가 오랜 역사 시기 동안 여전히 압도적 우세를 차지하고 있었다. 그러나 사회와 인지능력의 발전을 통하여 논리적 사유가 점차적으로 형성되기 시작하면서 서양은 물론이고 동양 역시 찬란한 문화를 형성하게 되는 것이기 때문에 논리적 사유는 오직 지중해 문명권의 산물이라는 결론은 쉽게 받아들이기 어려운 것이 사실이다.

이러한 한계에도 불구하고 우리가 레비-브륄의 관점에 대해 관심을 가질 수밖에 없는 이유는 유가철학을 구성하는 중요 부분들에 '원시사유'를 연상시키는 연속적인 상관적 사유방식이나 체계들이 존재하고 있기 때문이다. 어쩌면 이런 것들이 서구인들이나 서양철학을 전공하는 사람들이 유가철학 자체를 원시사유의 단계에 머물고 있는 비논리적인 체계로 간주하는 이유일수도 있다. 그러나 유가의 사유체계를 '원시적'인 것으로 보고 전혀 논리적 사유를 하지 못하는 '논리전'의 사유라고 규정하는 것은 문제가 있다.[57] 문제는 유가의 사유체계가 인과적

57) 安樂哲, 『和而不同: 比較哲學與中西會通』, 北京大學出版社, 2002, 제60-62쪽 참조 바람.

사유가 아니라 연속적 혹은 상관적(相關的 혹은 連繫的, co-relative) 사유이기 때문이다.[58] 이것은 동양과 서양의 사고방식의 차이를 말하는 것이지, 어떤 사유체계는 높고, 어떤 사유체계는 낮다는 차이를 유형화하는 것은 문제가 된다.

예를 들면 리처드 니스벳Richard E. Nisbett은 서양인들이 동물, 사람을 포함한 사물의 행동을 설명할 때 아주 분명한 규칙들에 의거한다고 가정한다. 서양인들은 범주화範疇化에 큰 관심을 가지고 있고, 범주를 알게 되면 어떤 사물이 속하는 특정 범주를 지배하는 규칙을 사용하여 그 사물의 행동을 설명할 수 있다고 믿는다. 그리고 문제 해결 과정에 형식논리를 사용하는 경향이 강하다. 이에 비해 동양인들은 사물들을 전체 맥락 속에서 파악하려고 한다. 그들에게 세상은 매우 복잡한 곳으로 간주되기 때문에 어떤 사건을 이해하기 위해서는 수없이 많은 관련 요인들을 함께 고려해야 한다. 이런 문제 해결에서 형식논리는 거의 사용되지 않는다. 실제로 지나치게 논리적으로 문제를 해결하려는 사람은 심지어 미성숙未成熟한 인간으로까지 간주된다고 말한다.[59] 즉 서양이 인과적 사유라면, 동아시아는 이와는 다른 연속성의 상관적 사유에 근거하고 있다는 말이다.

분석 · 변증법 · 유추類推 논증에 기초한 이성 혹은 논리적 사유는 물질성의 인과관계의 해석 능력을 강조한다. 이에 비해 상관적 사유는 물질성의 인과관계로부터 연접連接하여 일어나는 이미지 혹은 개념간의 상호 관련을 말하는 것은 아니다. 연속적 혹은 상관적 사유는 자연적 사유에서 나온 것으로 그것은 자유로운 유추과정에 기반하고 있고 이런 과정은 연속과 구별이라는 것을 전제로 삼고 있다. 연속적 또는 상관적 사유는 주로 평면적인 것이라고 할 수 있다. 그것은 각각의 구체

58) 安樂哲, 『和而不同: 比較哲學與中西會通』, 제59쪽 참조 바람.

59) 리처드 니스벳 지음, 최인철 옮김, 『생각의 지도』, 김영사, 2004년, 제16쪽 참조 바람.

적이고 경험한 사물을 연속시켜 고찰하지만 결코 어떤 초세간적超世間的 차원에 호소하지 않는다. 연속성의 상관적 사유 양식은 현상과 실재의 분리를 가정하지 않기 때문이다.[60]

인간의 사고는 동양과 서양의 사고 구조에서의 차이, 그리고 동양인들과 서양인들의 자기 개념에서의 차이는 그들의 사고과정과 사고내용에서 보이는 차이와 일치한다. 즉, 동양 사회의 집합주의적이고 상호의존적인 특성은 세상을 보다 넓게 종합적으로 보는 시각과 일치한다. 같은 논리로, 서양 사회의 개인주의적이고 독립적인 특성은 개별 사물을 전체 맥락에서 떼어내어 분석하여 공통의 규칙을 발견할 수 있고 따라서 사물의 행동을 통제할 수 있다는 그들의 신념과 통한다. 이런 사고의 체계는 단순한 심리적인 차이가 아니라 세상을 이해하는 데 사용하는 생각의 구조가 차이를 가지기 때문이다.[61] 이런 각도에서 보면 상관적 사유 구조의 근본적인 배경은 바로 유가의 독특한 연속적 세계관에서 기인하고 있다는 것이지 결코 문화의 고등과 저등의 차이나 문명과 원시적 사유의 차이가 아니라는 사실이다.

중국의 사유 구조를 원시적 사유로 보는 레비-브륄의 관점에 대해 조셉 니담은 연대적年代的인 면에서는 원시적일지 모르지만 결코 참여적參與的 사고의 일부분은 아니라고 말한다. 오행五行과 같은 범주화의 체계가 확립되고 나면, 어떤 일의 원인을 아무것이나 마음대로 말할 수는 없게 된다. 이런 원시적인 참여적 사고에서 한 걸음 더 발전하기 위해서는 두 개의 방법이 있다고 말한다.

그 중 하나는 데모크리토스Democritos적인 자연 현상의 설명으로 인도하도록 인과율의 개념을 세련되게 하는 일이다. 다른 하나는 우주의 사물과 사상事象을 어떤 패턴의 구조로 체계화하고, 각 부분의 상호 영

---

60) 安樂哲, 『和而不同: 比較哲學與中西會通』, 제62쪽 참조 바람.

61) 리처드 니스벳 지음, 최인철 옮김, 『생각의 지도』, 제19-20쪽 참조 바람.

향이 모두 그 패턴에 의하여 요구되어지도록 하는 일이다. 앞의 세계관에 따르면, 한 개의 물질입자가 시간-공간 중 특정한 점을 차지한다고 할 경우 다른 입자가 그것을 그 곳으로 밀어 붙였기 때문이다. 뒤의 세계관에 따르면 동일한 응답을 하는 다른 입자와 함께 힘의 장場에 있어 그것이 그 위치를 차지한 것으로 된다. 이처럼 인과율은 입자적이 아니며 환경적인 것이었다. 뒤의 세계관에 따른 것이 바로 화이트헤드적인 유기체적 우주관이다.62) 결론적으로 조셉 니담은 중국의 유기체적인 상관적 사유 구조가 유럽의 인과적 사고와 다르다고 하여, 또 17세기의 이론적 과학을 낳지 못했다고 하여서 그것을 원시적이라고 부르는 것은 옳지 않다고 말한다.63)

에임즈Ames 역시 유가의 상관적 사유가 단순히 원시사유에 속하는 것으로, 논리적이라는 것과는 관계가 없거나 비논리적이라는 말이 아님을 강조한다. 연속성의 상관적 사유는 한 마디로 말하여 일종의 임의적任意的인 유추과정으로 주위 환경과의 연계에서 출발한다. 이런 임의적인 유추과정은 근본적으로 분석사유와 변증법적 사유의 기초이다. 과학자들은 이것에 근거하여 가설假設을 제기하는데 이런 가설을 제기하는 영감은 의미관계에 대한 자각적 의식으로부터 생기고 이들 유의미적有意味的 관계는 은유화隱喻化되지 않은 형식을 통하여 실증된다. 그러나 가설을 제기할 처음 시기에는 예견할 수는 없는 것이기 때문에 과학자들은 유추에 기초한 은유적인 관점을 종종 제기한다. 그 후 이런 은유적인 관점을 수정한 것이 과학적 이론이 되는 것이다. 즉 이런 식의 은유는 더 오래된 은유에 대한 상세한 설명이라고 할 수 있다.64)

분석이나 변증법에 의해서 은유가 가지고 있는 가치가 함몰되어 잘 드러나지 않지만, 그것이 언어의 기초라는 지위는 결코 동요되지 않는

62) 조셉 니담 저, 이석호·이철주·임정대 역, 『중국의 과학과 문명』 II, 제394-5쪽 참조.
63) 조셉 니담 저, 이석호·이철주·임정대 역, 『중국의 과학과 문명』 II, 제397쪽 참조.
64) 安樂哲, 『和而不同: 比較哲學與中西會通』, 제63-6쪽 참조 바람.

다. 철학과 과학 개념의 주요한 술어들이 언어속의 비유에서 기원하고 있다는 사실을 망각해서는 곤란하다. 이처럼 은유를 단순히 시적 상상력과 수사적 풍부성의 도구로만 생각해서는 곤란하다는 점이다. 왜냐하면 더욱 중요한 것은 은유가 우리의 일상적 삶--단지 언어뿐만 아니라 사고와 행위--에 넓게 퍼져 있다는 사실이다. 우리가 생각하고 행동하는 관점이 되는 일상적 개념 체계의 본성은 근본적으로 은유적이기 때문이다.[65] 은유의 본질은 한 종류의 사물을 다른 종류의 사물의 관점에서 이해하고 경험하는 것이다.[66] 이런 유추에 기초한 은유의 본질이 바로 연속성의 사유방식이 가지고 있는 특성 중의 하나로 중국 고대의 유가 경전에서 많이 발견된다.[67]

유가들이 전체 세계를 무생물, 동식물, 인간 등의 다채로운 존재가 서로 연속되어 있고 상호 영향을 주고받는 대생명체大生命體로 해석한 것은 결코 인간이 아직 뚜렷한 자아의식을 가지지 못하거나, 집체의식의 차원에서 인간과 외재세계를 분리하지 않고 "자연을 자연주의자의 관점에서 보지도 않고, 단순히 실용적 혹은 기술적 관심에서 접근하지 않는"[68] '원시사유'의 단계에 머물러 있기 때문은 아니다. 만약 유가가 인간과 자연만물을 동일한 하나의 생명으로, 일체적인 존재 연속이라는 관점에서

---

65) G. 레이코프, M, 존슨 지음, 노양진, 나익주 옮김, 『삶으로서의 은유』, 서광사, 1995, 제21쪽.

66) G. 레이코프, M, 존슨 지음, 노양진, 나익주 옮김, 『삶으로서의 은유』, 제23쪽.

67) 黃俊傑, 『孟學思想史論』, 東大圖書公司, 臺北, 1991, 제10쪽 참조 바람. 유추 사유방식 중에는 매우 중요한 사유원칙이 포함되어 있는데 그것은 바로 부분은 전체의 비례한다(pars pro toto)는 말이다. 즉 부분적인 현상 혹은 사물의 성질을 파악하기만 한다면 이에 근거하여서 전체 현상 혹은 사물의 성질을 파악할 수 있다는 것이다. 예를 들면 맹자가 말하는 "만물은 모두 나에게 갖추어져 있다"라는 것은 바로 부분으로서의 나와 전체로서의 만물은 공통된 본질을 가지고 있음을 가정하는 것이다. 이 때문에 한편으로는 我(부분)로부터 만물(전체)의 본질을 파악할 수 있다. 다른 한편으로는 만물(전부)의 특징 또한 我(부분)에 드러난다. 그러므로 부분과 전체는 일종의 상호소통의 관계이고 양자의 관계는 매우 밀접하다.

68) Ernst Cassirer, *An Essay on Man* (New Haven, Yale University Press, 1944), p.82.

해석하는 것을 단순히 "존재하는 모든 생명형식은 친족관계親族關係를 가지고 있고, 개별적인 생명들은 서로 소통하는 일체이고 인간은 결코 자연계에서 특권적인 지위를 가지고 있지 못하고 있다"[69]는 원시적 사유의 단계에 머물러 있다고 단정하는 것은 잘못이다.

이런 인간과 자연의 '생명의 일체'라는 원시 존재론의 잔영이 중국문화의 연속성이라는 특징에 의해서 천인합일天人合一의 형태로 남아 있는 것은 사실이다. 그러나 유가들은 우주속의 모든 존재들이 생명을 가지고 있다는 만물유령론萬物有靈論이나 인간과 자연이 혈연적인 친족관계라는 등의 원시 존재론의 관점들을 이미 철학적인 우주론과 심성론心性論의 차원으로 끌어 올려 내성內省과 수양을 통하여 존재하는 모든 생명 형식 중에서 인간이 가장 귀한 존재가 될 수 있음을 강조하는 철학체계를 구성하고 있다.

5. 소결

위에서는 유가철학이 가지고 있는 모형적 사유 구조 혹은 특징을 연속성이라는 관점에서 살펴보았다. 물론 이런 시도가 유가철학을 어떤한 측면으로 유형화하여 왜곡할 가능성이 존재하는 것은 사실이다. 또 어떤 측면에서는 초점이 불일치할 가능성도 분명히 있다. 이런 위험성에도 불구하고, 유가철학이 가지고 있는 특징을 전체적으로 총괄하는 동시에 그것이 가지고 있는 장점과 단점을 동시에 입체적으로 살펴 볼 수 있다는 점에서는 나름대로의 의미가 충분히 있을 것으로 생각한다.

연속성이라는 말은 분명히 유가철학이 가지고 있는 전체적인 구조와 본질적 특성들을 고스란히 드러내는 중요한 관점에는 틀림이 없다. 연속

---

69) Ernst Cassirer, *An Essay on Man*, p.82.

성이라는 유가의 철학적 특성은 현대의 고고학적인 성과들을 통해서도 그 근거를 확인할 수 있었고, 특히 정도전은 불교와의 대비적 관점에서 유학의 특성을 연속이라는 관점에서 규정하고 있다. 유가가 우주를 하나의 연속체로 해석한 것은 결코 인간이 뚜렷한 자아의식을 가지지 못하여 인간과 외재세계를 분리하지 못하는 원시적 존재론의 단계에 머물러 있는 것은 아니다. 만약 유가가 인간과 자연만물을 동일한 하나의 생명으로, 일체적인 존재 연속이라는 관점에서 해석하는 것을 단순히 원시적 사유라고 단정하는 것은 문제가 됨을 분석하였다. 비록 인간과 자연의 일체라는 원시 존재론의 잔영이 천인합일의 형태로 남아 있는 것은 사실이지만, 유가들은 우주 속의 모든 존재들이 생명을 가지고 있다는 만물유령론이나 인간과 자연이 혈연적인 친족관계라는 등의 원시적 사유의 관점들을 이미 철학적인 우주론과 도덕적 심성론의 차원으로 끌어 올려 논의하고 있다.

자연과 인간의 연속·도덕과 정치의 연속이나 옛날과 지금의 연속이라는 측면이 가지는 유가철학의 특성은 여전히 보편적 철학 속에서도 나름대로의 지위를 차지할 수 있는 것은 분명하지만, 이 두 가지 항목 사이에 존재할 수밖에 없는 긴장과 분리 역시 중요하다는 사실을 인정하여야 할 것이다. 더욱 중요한 것은 자연과 인간·도덕과 정치·옛날과 지금 사이의 조화와 종속적 연속이 중요한 것이 아니라 둘 사이의 대등한 조화와 분리를 전제로 하는 기능적functional 연속성이 더욱 중요하다는 사실을 파악하여야 할 것이다.

제1부

천인합일의 생명관을 통해 본 유가의 연속적 세계관

유가철학의 가장 분명한 사유구조의 특징으로 볼 수 있는 '연속성'이 가장 현저하게 드러나는 곳이 바로 인간과 자연의 연속성, 만물의 연속성을 의미하는 연속적 세계관이다. 이런 연속성의 바탕에는 기氣의 관점이 자리하고 있다. 중국 고대의 철학 체계는 기에 대한 이해 위에서 대부분 성립된다고 하여도 지나친 말은 아닐 것이다. 우선적으로 고대 중국인들은 천지天地 사이에 기가 존재하고 있다는 것을 믿었고 아울러 이를 통하여 인간과 자연은 연속된다는 것이 당시 사람들의 보편적 생각이었다. 이것이 바로 존재의 연속성이다.

이른바 존재의 연속성이란 말이 기초하는 것은 바로 기이다. 이 기는 우주를 구성하는 가장 기본적인 재료이다. 그러나 기는 단일한 정신도 아니고 또한 단일한 물질도 아닌 그 둘 모두를 겸하고 있는 일종의 생명력生命力이라고 말할 수 있다. 이런 생명력을 육체와 유리遊離되어 있는 순수한 정신이나 순수한 물질로 보아서는 곤란하다. 유가들은 이런 기의 생명력을 통하여 세계의 연속, 형이상의 세계와 형이하의 세계가 단열되지 않음을 말한다.

여기에서는 인간과 자연의 유기적 연속성을 가능하게 하는 기의 생명관을 통하여 '천인합일의 생명관', '유가의 생명관' '생명의 연속체로서의 우주대가정宇宙大家庭'의 문제들에 대하여 살펴보려고 한다.

제1장

천인합일의 연속적 세계관

1. 들어가는 말

일반적으로 유가철학의 자연관은 인간과 자연이 상호 연관성을 가지는 유기적 자연관으로 불린다. 인간과 우주를 포함하는 일체 만물 자체를 하나의 큰 유기적 생명체로 파악하여, 인간과 자연이 서로 교감하고 영향을 주는 유기적 연속체를 이루고 있는 천인합일天人合一의 우주관을 말하고 있다.

천인합일의 관점을 통하여 드러나는 자연은 근본적으로 죽어 있는 정태적靜態的인 세계로만 남아 있을 수 없을 뿐만 아니라, 또한 자연과 인간이라는 양자의 충돌과 긴장이라는 것은 쉽게 생각할 수 없게 되는 것이다. 이것은 바로 유가의 철학자들이 자연을 단순히 표면적인 물질세계로 보지 않고 생명이라는 관점을 통하여 그것을 바라보는 지극히 조화로운 천인합일의 자연관을 가지고 있음을 말하는 것이다. 심지어 그들에 있어서 자연은 당연히 자체의 생명력을 가지고 있을 뿐만 아니라 인간이 본받아야 할 모범의 대상으로 까지 간주하여, 궁극적 이상으로서의 천인합일 혹은 천인합덕天人合德을 말한다.

2. 연속성의 원시 존재론과 氣

모든 문화체계는 각자 나름대로의 독특한 문화를 형성하고 있다. 하나의 독특한 문화체계를 형성하는데 있어서 결정적인 역할을 하는 것은 그 문화체계가 가지고 있는 문화적 기본형 혹은 사유구조이다.

중국 문화의 특징을 가장 분명하게 드러내 주는 문화적 기본형 혹은 사유구조는 아마도 '연속성'이라는 측면에서 찾을 수 있을 것이다. 그것은 자연과 인간, 사회, 정치, 도덕적인 여러 측면에서 공통적으로 나타나는 특징들이다. 현대의 고고학적인 성과에 의하면, 중국 고대 문명 중의 가장 중요한 관념 중의 하나는 세계를 몇 개의 단계로 나눌 수는 있지만, 그런 여러 개의 단계들이 결코 완전히 분리되어 지는 것이 아니라, 서로 왕래가 가능한 연속적인 전체로 보고 있다.[70]

상商대와 이전 사람들에 있어서 세계는 상제上帝가 존재하는 천신天神의 세계, 그 아래에 죽은 조상신祖上神이 존재하는 조선祖先의 세계와 살아 있는 사람들의 세계로 나누어져 있었다. 그러나 이들 세계는 결코 엄격하게 분리되어 있는 것이 아니라 중첩되어 있었다. 기본적으로 상호 교통交通할 수 있을 뿐만 아니라 또한 서로 조화하고 협조할 수 있는 상호 연관된 체계로 말하고 있다. 이러한 각각 다른 세계와의 상호 교통작용은 사람이면 누구나 할 수 있는 것이 아니라 무격巫覡에 의해서 가능한 것으로 말하고 있다.

즉 중국의 고대 문명은 샤만Shaman[71] 식의 문명이라는 것을 말하고

---

70) 張光直, 「中國古代史在世界史上的重要性」, 臺北, 『考古學專題六講』, 稻香出版社, 1988. 제4쪽.

71) 무(巫) 혹은 샤만(shaman)이라는 말은 당연히 shamanism과 관련된다. 일반적으로 shamanism이란 말은 동북 아시아와 시베리아의 알타이어 계통의 민족들이 가지고 있는 원시 종교를 말한다. 무를 말하는 shaman이라는 말은 만주-퉁구스의 말로 "흥분하여 미친 듯이 날뛰면서 춤추는 사람"이라는 뜻을 가지고 있다. shaman이라는 말이 중국의 문헌에 처음 출현하는 시기는 약 12 세기 무렵이다. 이 말이 가장 먼저 출현하는 문헌은 남송(南宋) 시기 서몽신(徐夢莘)의 『삼조북맹회편(三朝北盟會編)』인데 이 책에

있다. 샤만 식의 문명이 가지고 있는 가장 큰 특징 중의 하나가 바로 천지의 연속적인 교통, 인간과 자연의 연속형의 교통, 만물의 생명(영혼 혹은 精靈)간의 연속적 교통이다. 여기에서 생명이 없는 사물이란 것은 생각할 수 없다. 그러나 이후의 동주東周시대의 해석에 의하면 인간과 신의 세계와의 직접적인 교통이 불가능하게 되어 버린다. 이것이 바로 '절지천통(絶地天通, 인간과 하늘의 직접적인 교통을 막음)'이다. 『상서尙書』의 「여형呂刑」편에 다음과 같은 말이 있다.

> 옛날에 이러한 가르침이 있었으니 치우가 처음 난을 일으키자 그 영향이 평민에까지 미쳐 도적질과 약탈 그리고 의를 가벼이 여기고 반란과 난동을 일삼지 않는 자가 없어 서로 도둑질하고 혼란을 일으켰다. 묘苗의 백성이 선이 아닌 형벌로 도둑들을 제재하였다. 즉 다섯 가지 잔악한 형벌을 만들어 법이라 하여 무고한 자들을 살육하였다. 그래서 처음으로 코를 베고, 귀를 베고, 거세를 하고, 얼굴에 글자를 새기는 짓을 자행하여 형법으로 다스려 억누르고 변명의 말이 있는 자라도 모두 형벌한 것이다. 백성들이 일어나 서로 속이고 어지럽히고, 진실되게 마음을 쓰지 않고 거짓 맹세를 반복하니 사나운 정사로 인해 여러 형벌을 받은 무고한 이들이 상천上天에 고하였다. 상제께서 백성들 살펴보시니 아름다운 미덕은 없고 형벌의 비린내뿐이었다. 황제인 순임금께서 이들의 무고함을 불쌍히 여겨 위엄으로 포악함을 갚고 묘민苗民의 후세를 끊어 버렸다. 이에 중重과 여黎에게 명하여 인간과 하늘 간의 통로를 단절하여 내려오는 일이 없었다. 여러 제후가 지상에 있어 명백하게 상도에 어긋나는 것만 하게 되어 홀아비와 과부들조차 감싸 주지 않았다.[72]

서는 다음과 같은 말을 하고 있다. "산만(즉 사만)이라는 것은 여진어의 무당을 말하는 것이다.(珊蠻者, 女眞語巫嫗也.)" shamanism이 가지고 있는 일반적인 특징은 무축(巫祝) 즉 무당을 인신(人神) 교감(交感)의 매개로 삼는 다는 점이다. 이런 사만이라는 용어를 중국 문헌에서는 무(巫), 무격(巫覡), 무사(巫師) 등의 말과 통용해서 쓰고 있다. K. C. Chang, *Art, Myth and Ritual: The Path to political Authority in ancient China,* Massachusettes Havard University Press, 1983, pp.49-50 주석 1)을 참조하기 바람.

72) 『상서(尙書)』의 「여형(呂刑)」 "若古有訓, 蚩尤惟始作亂, 延及于平民, 罔不寇賊, 鴟義姦

인간세계와 천상天上의 세계를 연결하는 통로를 막은 이유는 치우蚩尤라는 악신惡神이 천상의 세계에서 내려와 사람들을 선동하여 상제에게 반란을 일으키는 과정에서 사람들이 착한 본성을 잃어버리게 되어서 세상에 죄악과 혼란이 가득 차게 된 것을 본 상제가 인간과 신人神이 섞이는 것을 구별하려 한 것이다.[73] 천인天人의 분명한 한계를 설정함으로 인하여 비록 인간의 자유가 희생되기는 하지만 전체 세계의 질서와 안전을 유지하기 위해서는 어쩔 수 없는 것으로 상제는 생각한 것이다.

그러나 이런 것으로 인하여 인간과 천의 관계가 결코 완전히 분리된 상태에서 서로 대립되고 긴장의 상태로 변한 것은 아니다. 오히려 인간과 천의 직분職分을 분명히 구별하여 본분本分을 다하는 가운데에서의 합일合一을 강조하고 있다. 즉 "지상의 인간이 선한 일을 하였을 때는 상제가 그것을 드러내 주고, 악한 일을 하였을 때에는 징벌하는"[74] 도덕적 색채가 강한 상호 연관적인 관계가 지속되기 때문이다.

'절지천통' 이후로 천상의 신선神仙세계는 살아 있는 사람이나 죽은 조상 모두 쉽게 도달하기 힘든 세계로 변하여 버리게 되고, 천상의 세계는 미화된 파라다이스로 변하여 살아 있는 사람들의 이상으로 자리잡게 되는 것이다. 여기에서 전형적인 중국철학의 천인관계의 기본적 틀이 갖추어 지게 되는 것이다.

앞에서 말한 것처럼 '절지천통'이란 것은 결코 인간과 자연의 단절을 위한 것이 아니라, 오히려 전체 우주의 질서와 화합을 위한 고려에서

宄, 奪攘矯虔. 苗民弗用靈, 制以刑, 惟作五虐之刑曰法, 殺戮無辜. 爰始淫爲劓刵椓黥, 越茲麗刑幷制, 罔差有辭. 民興胥漸, 泯泯棼棼, 罔中于信, 以覆詛盟, 虐威庶戮, 方告無辜于上. 上帝監民, 罔有馨香德, 刑發聞惟腥.. 皇帝哀矜庶戮之不辜, 報虐以威, 遏絶苗民, 無世在下. 乃命重黎, 絶地天通, 罔有降格. 羣后之逮在下, 明明棐常, 鰥寡無蓋.."

73) '절지천통(絶地天通)'은 신화적 요소를 많이 함유하고 있는데, 동주시대에 재해석 되어진 것으로 추정된다. 이것은 『상서(尙書)』의 「여형(呂刑)」편과 『국어(國語)』의 「초어(楚語)」편에도 수록되어 있다. 특히 '절지천통'에서 '절(絶)'의 의미를 왕부지(王夫之)는 『상서인의(尙書引義)』에서 완전히 단절(斷絶)한다는 의미가 아니라, 인간과 신의 직분을 구분하여 한계를 지운다는 의미의 절한(絶限)이라는 뜻으로 해석하고 있다.

74) 『상서』 「여형」편, "德威惟畏, 德明惟明"

나온 것이다. 즉 천지간의 모든 존재가 전체로서 연결되어 있다는 기본적인 구조 속에서 천인天人의 직분을 나누면서도 대립의 공존과 변증법적 통일을 강조하고 있다.

고대에서 이러한 자연과 인간의 자연적 연결 상태를 해석하고 관통貫通하는 임무는 오로지 무巫즉 샤만Shaman에게만 부여되어져 있었다. 왜냐하면 무는 통신通神의 능력을 가지고 있으며, 상대商代 왕실에서 중요한 지위에 있었기 때문이다. 이러한 무는 천지를 아는 지자智者이며, 성자聖者였다. 무가 지자이며 성자라면, 무는 통천통지通天通地의 능력을 가진 통치자의 통칭通稱으로 보인다. 무함巫咸, 무현巫賢과 무팽巫彭은 무였고, 은상 왕실의 사람들은 모두 무라고 할 수 있다.[75]

자연과 인간의 관통貫通과 해석권解釋權의 독점이라는 것은 고대에 있어서 자연적으로 샤만 계급에 정치적 통치권을 부여하는 것이나 마찬가지였다.[76] 중국 고대에 있어서 천인관계 즉 자연과 인간의 관계에 대한 해석과 변화라는 것은 대부분 정치적 요소인 인간과 인간간의 변화에 의한 것이었고, 인간과 자연간의 변화 즉 기술상의 변화에 의한 것은 아니었다. 바꾸어 말하면 새로운 하나의 문명이 형성되는 계기는 결코 기술 혁명이나 자원 무역에 의한 것이 아니라, 정치적 질서의 변화에 의하여 조성된다는 것이다.

이 때문에 하나의 문명 단계에서 더욱 발전된 다른 문명의 단계로 들어서는 발전 과정은 대부분 이전의 원시적 의식 구조를 파괴하지 않은 상태 속에서 발전되어온 것으로 급격한 단열斷裂이 없는 점차적인 연속성을 가지는 문화적 기본 구조를 가지게 된다. 그러므로 중국문명은 여전히 고대의 의식 구조를 파괴하지 않은 구조 속에서 발전하게 되는 것

75) 張光直,「商代的巫與巫術」, 臺北, 『中國青銅時代』, 1999, 제256-257쪽.

76) 이에 대해 진몽가(陳夢家)는 "무(巫)와 사(史)에 이르기까지는 왕들의 행정관리들이고 왕 자신은 정치의 수령이면서 동시에 군무(群巫)의 장(長)이기도 하였다" 陳夢家, 「商代的神話與巫術」, 北京, 『燕京學報』, 1936 第20期, 제535쪽 참조 바람.

이다.

위와 같은 입장에서 중국식의 자연과 인간의 관계 역시 샤만식의 문화 전통 아래에서 배태되어진 것으로, 기본적인 관점을 자연과 인간이 연속성을 가지고 있다는 천인합일이라는 존재 연속의 관점과 인간과 자연 만물이 기본적으로는 동질同質인 생명 혹은 정령精靈에 의해서 연결되어져 있다는 가치 내재적內在的인 만물의 관점에다 두게 되는 것이다. 이러한 기본적인 관점에 따라서 대부분의 철학자들은 전체 우주의 모든 구성 부분을 동일한 유기적 전체에 속하는 것으로 간주하여, 기氣 혹은 생生의 개념으로 통합시키고 있는 것이다.

중국 고대의 철학자들 특히 유가들은 상고上古시대의 원시적 존재론의 기본적 의식 형태에 따라서 인간과 세계를 유기적 연속성의 관점에 따라 구조하고 있다. 물론 유가라는 특정한 하나의 철학적 유파가 체계적인 성립을 이루기 이전에도 비록 단편적이기는 하지만 이미 나름대로 연속적인 우주에 대한 해석을 하고 있다. 그 중 대표적인 것이 바로 자연 현상으로서의 '기氣' 개념이다.

사실상 중국 철학에서 기라는 개념의 변천과 해석의 역사는 바로 자연관과 인간관의 변천과 해석의 역사라는 말과 동의어로 사용되는 것이나 마찬가지이기 때문이다. 기의 개념이 처음 발생하게된 것은 아마도 인간의 생활 경험을 통한 즉 대기大氣나 기후의 관찰을 통하여 그것을 추상화하고 이론화한 것으로 보인다. 즉 기후나 대기가 가지는 생명과 물질의 근원적 활동력은 농작물을 생육生育시키는 바람이나 비, 토양의 생명력을 신앙의 대상이던 바람의 신과 토지의 정령과 연결시켰다. 대지의 정령精靈이라는 개념과 기의 개념이 결합하고 있는데, 그것은 바로 대지에 생명력의 근원이 있음을 인정하는 것으로 이미 그들은 기를 생명력으로 간주하고 있는 것으로 보인다.

기의 개념은 중국철학 자체가 농경 민족이라는 특수한 상황과 분명히 관련되고, 밀접한 관련을 가지는 것으로 보인다. 말하자면 고대 중국인에게 있어서 비, 구름, 바람 등은 단순한 자연현상 이상의 것이었다. 왜냐하면 그것은 무엇보다도 먼저 그들의 생존과 밀접한 관계를 가지는 것이기 때문에 심지어 상제신앙帝信仰과 연관되는 신격神格으로 이해하고 있는 것으로 보인다.[77] 나중에 이 기의 개념을 의학과 철학적인 입장에서 체계화한 것이 바로 춘추시대의 '육기설六氣說'[78] 이다.

육기설에서 말하는 입장은 크게 두 가지 관점으로 나눌 수 있다.

첫째는 자연의 질서와 인간의 질서는 상호 영향을 주는 것으로, 기에 의해서 자연과 인간의 세계는 단열斷裂되어 있지 않는 연속체continuum를 구성하고 있다는 입장이다.[79] 두 번째의 특성으로는 기가 자연과 인간 세계의 동태적動態的 평형平衡을 가능하게 해 준다는 것이다.[80] 이러한 여섯 가지의 기에 의한 자연과 인간 세계에 대한 해석 역시 이전의 샤머니즘적인 관점을 계승하고 있고, 아울러 후대의 입장들에 결정적인 영향을 주게 되는 것이다.

인간과 자연의 유기적 연속성을 기의 개념을 통하여 설명하는 방식은 중국 철학자라면 누구나가 다 공통적으로 논의하는 공론公論 영역이라고 할 수 있다. 앞에서 말한 기의 입장을 통해서도 알 수 있듯이, 자연 내의 개별적 사물物들은 모두 기의 다양한 응결凝結 방식에 따라 여러 종種으로 분화分化된다. 인간 역시 고유한 방식에 따라 기에 의해서 형성된 것으로 보고 있다. 그러나 고대의 육기설에서 말하는 '기'의 개념은 비록 활동력을 가지고 있고, 유기적 존재를 가능하게 하는 의미는

---

77) 小野澤精一, 福永光司, 山井湧 編, 전경진 역, 『기의 사상』, 원광대학교 출판국, 1987, 제21-3쪽 참조 바람.

78) '육기(六氣)'라는 것은 『春秋左傳』에서 말하는 음(陰), 양(陽), 풍(風), 우(雨), 회(晦), 명(明) 등의 여섯 종류의 자연 현상의 변화를 말한다(물론 『莊子』에게 말하는 것과 「洪範」에서 말하는 입장이 약간 다르지만).

79) 楊伯峻 『春秋左傳注』(下), 昭公 元年, 臺北, 源流出版社. 1982, 제1222쪽.

80) 楊伯峻 『春秋左傳注』(下), 昭公 25년, 제1457. 左丘明 撰, 韋昭 注, 『國語』 「周語」 上, 臺北, 漢京文化事業公司, 1983, 제26-27쪽.

가지고 있으나, 아직은 가치를 함유하는 의미로는 사용되지 않고 있다.

자연과 인간의 연속적인 구조를 설명하는데 있어서 기의 개념은 아주 유효하게 사용된다. 말하자면 자연에 대한 이러한 일체감 내지 자연의 유기체론은 동아시아의 대표적 세계관인 기氣의 사유에 잘 나타나 있다. 기의 사유는 연속적인 세계로서의 천인天人의 우주 도식을 설명하는 핵심이라고 할 수 있다. 여기서 기는 단순히 물질적인 것이 아니고 심리적 요소까지 함축하는 것으로, 일종의 능동적 힘, 혹은 에너지(원래의 의미는 피나 숨과 연결되어 있는 생명력이다)로 이해되었다. 이런 기의 사유에 있어서 중요한 것이 바로 음양陰陽과 오행五行이다.

기氣는 일반적인 보통 어휘로부터 가장 중요한 철학적 개념으로 변화하는 데는 매우 오랜 시간을 필요로 하였던 것 같다. 이런 중요한 철학적 개념으로 변신變身하는데 있어서, 가장 중요한 역할을 한 것은 기와 음양의 결합이라는 사건이었다.

『좌전左傳』과 『국어國語』에서는 기론氣論과 음양 이론이 결합되어 있는 것이 보인다. 또 『관자管子』에서도 기가 이미 철학의 본원적本源的 범주로 격상하여 있다. 『역전』의 음양론은 한 걸음 더 나아가 철학적 사변의 각도로부터 기가 만물을 화생化生하는 것이 어떻게 가능한가 라는 문제에 대해 언급하고 있다.

현재까지 나온 문헌과 고고학적 자료로 추론하면, 기가 하나의 보통의 명사에서 철학개념으로 격상한 것은 아마도 『국어』를 기준으로 삼아야 할 것이다. 주周나라 유왕幽王 2년(기원전 780년) 호경鎬京 일대에서 지진이 발생하자, 태사太師 백양보伯陽父는 다음과 같이 말한다.

> 무릇 천지의 기는 그 질서를 잃지 않으니 만약 그 질서에 맞지 않는 것이 있다면, 그것은 사람들이 어지럽힌 것이다. 양기陽氣가 잠복하여 나타나지 못하고, 음기陰氣가 압박하여 올라가지 못하기 때문에 지진地震이 생기는 것이다.[81]

여기에서 음양은 자연 변화 중의 두 가지 작용 혹은 힘으로 표현되는데, 이를 통하여 지진地震의 발생을 합리적으로 설명하려는 시도를 하고 있다. 백양보의 이 말은 매우 특기할 만한 두 가지 관점을 보여주고 있다.

첫째로, 전통적인 원시 종교의 각도로부터 지진 현상을 해석하지 않고 있다. 즉 지진을 천재天宰나 신의 경고로 돌리지 않고, 원시 종교 세계관과는 확연히 구별되는 합리적 해석을 하고 있다.

두 번째, 중국철학 발전사에서 음양과 기가 처음으로 결합하고 있다. 백양보는 처음으로 음양의 교감交感과 상호작용의 각도로부터 우주 만물의 생성과 변화의 내재적 근거를 논증한다. 이로부터 음양과 기는 서로 결합하여 하나가 된다. 이처럼 음양과 기가 서로 결합함으로써 기의 함의는 더욱 풍부하게 되고, 아울러 기의 철학적 사변성思辨性은 더욱 증가되었다.[82]

『역전』에 이르면 음양은 이미 만물 변화를 가능하게 해주는 두 가지 기능 혹은 힘의 작용이란 의미틀 가지게 된다. 「역전」은 최초로 기 개념을 정기精氣로 끌어올려, 정기를 천지 만물을 화육化育하는 미세하고 원초적인 기원으로 보았다. 「계사전」에서 말하기를, "사물의 처음 시작되는 것으로 거슬러 올라가 살피고 사물의 마치는 것으로 돌이켜 보기 때문에 삶과 죽음에 대한 이치를 알 수 있다. 정精과 기氣가 응취凝聚하여 물物의 형체形體가 되고, 혼魂이 떠돌면서 변화變가생겨난다. 이 때문에 귀신의 실제 상태를 아는 것이다"[83]라고 하였다.

정기가 자연 만물과 인류를 화육하고, 또한 유혼遊魂은 정기로부터 변화해서 이루어진 것이다. 『역전』의 작자는 자연·인류의 정신 의식과

---

81) 『國語』「周語上」"夫天地之氣, 不失其序 ; 若過其序, 民亂之也. 陽伏而不能出, 陰迫而不能烝, 於是有地震"

82) 曾振宇 著, 『中國氣論哲學研究』, 濟南, 山東大學出版社, 2001년, 제27-8쪽 참조 바람.

83) "原始反終, 故知死生之說, 精氣爲物, 遊魂爲變, 是故知鬼神之情狀."

혼백 사이에서 하나의 공통된 원초적 기원을 탐색하려고 하는 것으로 보인다.

그러면 『역전』은 왜 정精으로 기를 해석하는가? 그 철학적 목적은 크게 세 가지로 나누어 볼 수 있을 것이다. 첫째, 순수하고 미세微細하여 형태가 없는 점으로 기 개념을 해석하여, 기의 미세하고 무형적인 것을 논증하려 한 것으로 보인다. 두 번째는 능히 변화하고 취산聚散하는 성질을 표현한 것으로 보인다. 세 번째는 정신이나 의식을 설명하려는 것으로 보인다.

『역전』은 음양으로 『주역』을 해석하여 완벽하고 체계적인 음양이론을 세우고, 아울러 정기精氣로 천지 만물을 화생하는 내재적 동력과 음양 운동 및 변화의 법칙 등을 말하여 정기가 철학의 첫 번째 개념이 될 수 있는 가능성을 논증하고 있다.[84)]

전국 시대에 이르면 이른바 기일원론의 세계관이 탄생한다. 여기서는 기를 '현상계 중 일체 존재 내지 기능의 근원'이라는 것으로 본다. 현실 세계 중의 모든 존재물은 하나 같이 기로부터 형성되고, 기를 만물을 구성하는 가장 미세한 요소로 본다. 그러나 기는 결코 물질적 근원일 뿐만 아니라 또한 생명의 근원과 정신의 원천이다. 미세한 기가 신체 내에 취집聚集되면, 순수하고 정미한 기는 다양한 각도에서 순회巡廻하여 끊임없이 순환하여, 생체 기능이 움직여서 생명을 보존한다.

한 걸음 더 나아가 말하면, 인류의 정신 활동이나 심리적 작용도 심지어 기가 담당한다고(意氣, 志氣, 心氣 등)도 말한다. 말하자면, 물질· 생명· 정신의 세 가지 세계는 모두 기가 드러낸 것이다. 이렇게 본다면, 기는 본질적으로 만물의 기원이 되어서 비연속적非連續的인 원자原子와는 서로 구별된다. 이 외에 서양의 심물(심신) 이원론은 여기에서 나올 수 없다. 유물론과 유심론과는 다른 독특한 유기론이 고대 중국에서 출

---

84) 曾振宇 著, 『中國氣論哲學研究』, 제28-32쪽 참조 바람.

현하는 것이다.85)

철학적 범주로서의 음양은 순수하게 추상적인 사변적思辨的 부호도 아니며, 또 순수하게 구체적인 실체(susbstance) 혹은 요소(elements)는 아니었다. 그것들은 특정한 성질을 가지고 상호 대립하고 상호 보완하는 개괄적인 경험적 기능(function)과 힘(forces)이라고 할 수 있다.

개괄적인 현실 경험의 성격을 가지는 '음양' 간의 대립·의존·삼투滲透·보완·전환도 각각 상이한 구체적 조직 방식을 가지게 되며, 그 중 '음양'에는 주요한 것과 부차적인 것 혹은 주도하는 것('양')과 기초가 되는 것('음') 등의 구체적인 구별이 있었다. 이것이 바로 음양이라는 철학적 범주가 가지는 특징이며, 동시에 중국 철학과 중국의 전통적 사유방식의 특징이기도 하다. 오행 역시 마찬가지 이다.86)

오행의 기원은 대단히 이른데, 복사卜辭에서도 오방(五方 : 동·남·서·북·중)이라는 글자가 보인다. 「홍범洪範」의 구주九疇에는 오재(五材 : 수·화·금·목·토)에 대한 규정이 있다. 춘추시대에는 이미 오미(五味 : 신맛·쓴맛·단맛·매운맛·짠맛), 오색(五色 : 청·적·황·백·흑색), 오성(五聲 : 궁·상·각·치·우), 오칙(五則 : 天·地·民·時·神), 오성五星, 오신五神 등의 관념이 보편적으로 사용되고 있다.

이 당시에 이미 '오五'라는 숫자를 사용하여 천문·지리·역산曆算·기후·형체·생사生死·등급·관제官制와 복식服飾 등 인간이 접촉·관찰·경험 할 수 있는 사회·정치·생활·개체적 생명의 이상과 현실들까지도 모두 하나의 가지런한 도식圖式 속에 집어넣고 있다.87)

초기의 오행 학설은 자칫 이 세계 만물은 모두 목·화·토·금·수의 오재五材를 융합하여 이루어진 것으로 보기 쉽다. 그러나 오행은 결코 고대 희랍 혹은 고대 인도의 유물주의 철학자가 말하는 다섯 종 혹은

85) 楊儒賓 主編, 『氣論及身體觀』, 臺北, 巨流圖書公司, 1993, 제159쪽 참조 바람.

86) 리쩌허우 저, 정병석 역, 『중국고대사상사론』, 제334쪽 참조 바람.

87) 리쩌허우 저, 정병석 역, 『중국고대사상사론』, 제330-1쪽 참조 바람.

여덟 종의 물질 요소는 아니다.

『상서』「홍범」편에서는 “1은 물, 2는 불, 3은 나무, 4는 쇠, 5는 흙이다. 그 성질을 말할 것 같으면 물은 적시면서 흘러내려가는 것이요 불은 타서 올라가는 것이요 나무는 굽거나 꼿꼿하게 자라는 것이요 쇠붙이는 열에 따라 여러 가지 모양으로 변하는 것이요 흙은 곡식을 심거나 거두는 것이다”[88]라고 하였다. “적시면서 흘러내려가는 것”, “타서 올라가는 것”, “굽거나 꼿꼿하게 자라는 것”, “열에 따라 여러 가지 모양으로 변하는 것”, “곡식을 심거나 거두는 것” 등은 모두 오행의 동적(動的)인 기능으로 오재가 드러내려고 하는 상징적 의미象라고 할 수 있다.

여기에서 다섯 가지의 새로운 의미와 상징이 부가되면서 오행의 중요한 의미가 형성된다. 즉 오재설에서 오행으로 발전하는데 있어서 가장 의미 있는 것은 원래 의미인 다섯 가지 인간의 삶에 필요한 재료나 또는 세계를 구성하는 다섯 가지 물질 재료(오재)가 아니라, 다섯 가지 동적 속성 혹은 상징적 의미를 만들어 내었다는데 있다.

비록 다섯 가지의 기능적 속성이 오재가 표현한 것에서부터 나왔지만, 그것들은 의미적 정리 과정을 거친 후에 점차적으로 독립적인 의미를 가지는 방향으로 발전하게 되면서, 세계를 다섯 가지로 분류하여 보는 표준 또는 모형적模型的 체계를 만들어 내게 된다. 구체적으로 말하면 오행, 오방五方, 오계五季, 오색五色, 오음五音, 오미五味 등이 나온다. 이러한 오행 학설의 과정 중에서 인식의 중심은 오재로부터 다섯 가지의 기능적 속성으로 전이되었으나 오행의 원래 명칭은 변경되지 않았다.[89]

---

88) “五行, 一曰水, 二曰火, 三曰木, 四曰金, 五曰土. 水曰潤下, 火曰炎上, 木曰曲直, 金曰從革, 土爰稼穡. 潤下作鹹, 炎上作苦, 曲直作酸, 從革作辛, 稼穡作甘.”

89) 오재(五材)에서 오행(五行)이라는 다섯 가지 기능적 속성(屬性)의 발견 또는 부가(附加)라는 관점은 劉長林, 「易傳的類概念和模型思想」『中國哲學史』, 中國哲學史學會 32期, 1988, 제12쪽을 참조하여 정리한 것임.

『춘추좌전』에서는 "하늘이 오재五材를 낳아 백성들이 그것을 사용하니 하나라도 없앨 수는 없다"[90]고 하였으며, 『상서대전尙書大傳』에서도 "수·화는 백성들이 먹고 마시는 데 소용되는 것이다. 금·목은 백성들이 살아가는 데 소용되는 것이다. 토는 만물이 바탕하여 생명을 얻는 것이다. 이것들은 사람들의 소용이 된다"[91]고 하였다. 연료로서 또 각종 도구의 재료와 건축 재료로서 '목'과 또 제련과 관계가 있는 '금'은 사회 생활에서 당연히 중요한 위치를 차지한다. 그리고 '토'가 오행 중에서도 특수한 지위를 점하는 이유가 "선왕은 토를 금·목·수·화와 섞어서 많은 물건을 만들었고."[92] "오부五部와 비교해 볼 때 가장 존귀한 것"[93]이기 때문이라고 한다면 그것은 또 생활의 근거로서 농업 생산과 관련이 있다.

오행은 생활 경험의 종합에서부터 출발하는 것이지 자연 현상에 대한 해석을 기술하려는 의도에서 출발한 것은 아니다. 이와 같은 이유에서 중국의 오행 관념이 중시하는 것은 다섯 가지 물질적 요소나 재료 혹은 실체라기보다는 다섯 가지 작용과 기능, 힘, 순서 그리고 효과라고 말하는 편이 나을 것이다.[94]

음양오행에 바탕한 기의 사유는 한漢나라 시기를 거치면서, 우주를 해석하는 포괄적 도식의 중심에 자리하게 된다. 도가 계열의 문헌들은 최초 천지의 탄생은 기의 분화分化 곧 "가볍고 맑은輕淸 기는 하늘을 이루고, 무겁고 탁한重濁 기는 땅을 이룬다"는 천지 개벽을 말한다. 우주의 탄생 즉 천지의 탄생은 혼돈의 기에서 분화分化되어 생겨난 것으로 가정하고 있다. 즉 이런 천지 개벽을 일으킨 동인動因을 외부의 초월자

90) 『左傳』「襄公二十七年」 "天生伍材, 民並用之, 廢一不可"

91) 『尙書大傳』 "水火者, 百姓之所飮食也. 金木者, 百姓之所興作也. 土者, 萬物之所資生也, 是爲人用"

92) 『國語』「鄭語」 "先王以土與金木水火雜, 以成萬物"

93) 『太平御覽』 권17 「時序部二」에 수록된 「樂記」의 佚文

94) 리쩌허우 저, 정병석 역, 『중국고대사상사론』, 제334-5쪽을 정리한 것임.

혹은 더 상위上位의 원리에 의한 개입介入으로 간주하지 않고, 기의 자체적 분화에 따라 이루어진 것으로 보고 있다.

천지는 기의 자기 분화에 의해서, 경청자와 중탁자라는, 실질적인 중력重力을 유비類比로 한 이항적 대립에 의해서 설명되고 있는 것이다. 이러한 이항적 대립을 동아시아인들은 음양론으로 체계화했다. 다시 말해, 천지 개벽은 기의 실재, 음양론 등이 결합되어 생겨난 중국의 고유한 우주발생론이라고 할 수 있을 것이다.[95] 여기에서 중국의 독특한 사유방식인 "상관적 사유correlative thinking" 방식이 나오는 것이다.

그러나 여기에는 더욱 근원적인 입장에서 인간과 자연의 연속적인 관계를 통일적으로 설명하여야 할 필요성이 제기된다. 즉 단순한 생물학적인 혹은 생리학적인 단계의 기에 의한 연결성을 심성론心性論과 형이상학적인 측면에서 기를 가치 내재적인 것으로 구조하고 해석하는 경향을 의미한다. 인간의 심리까지도 포함해서 자연계의 모든 사건은 이런 기의 상태와 움직임으로 이해되었다. 가치 내재적인 기에 근거한 자연관 또는 세계관은 송대宋代에 이르러 이기심성론理氣心性論으로 체계화된다.

송명宋明의 이기심성론이 가지는 가장 중요한 과제는 무엇보다도 천인天人 즉 생동하는 우주와 감성적 존재로서의 인간의 실재성과 자발적인 도덕가치의 창조라는 것을 인정하고 긍정하는데 있었다. 이것을 위해서 송명 유가들은 그 문제가 가지는 합당한 소이(所以, reason)와 근거들에 대한 이론적 설명을 필요로 하게 된다. 그것은 바로 우주가 단절되지 않고 생생生生하는 까닭과, 인간이 감성적 존재이면서도 도덕적 이상을 창조하고 실현할 수 있는 원천을 철학적인 이론 체계를 통해서 확인시켜야 하는데 있다. 송대의 유학자들은 태극으로부터 음양, 오행, 그리고 만물로 이어지는 기존의 우주 생성론에 태극이 바로 리理라는

95) 이창일, 「동아시아 우주론의 해체와 통합」, 『동양고전연구』, 서울, 동양고전연구회, 44권, 2011, 제250-252쪽 참조 바람.

관점을 더한다.

이기론理氣論에 따르면, 자연 사물은 아무런 목적이 없는 존재가 아니라, 성취해야 될 목적을 가지는데 그것은 바로 '리' 때문이다. 이 '리'는 바로 개개의 사물에 내재된 태극이기도 하다. 이런 이론들을 통하여 그들은 인간과 사물간의 친화성 내지 친밀감을 계속 유지시킨다.

특히 주돈이周敦頤는 형이상학적인 본체로 부터 우주 전체의 구조 문제를 『태극도설太極圖說』에서 우주 본체로부터 만물이 발생하여 나오는 우주발생론Cosmology을 전개하고 있다. 이 『태극도설』이 가지는 철학적 의미는 바로 인간과 우주를 일원적一元的으로 설명하여, 인간의 가치 창조와 존재의 의미를 하나의 이론으로 체계화하여 설명하려는 형이상학적 탐색에 있다.

주자朱子는 태극과 리 등의 형이상학적 개념으로 만물의 생성 작용과 연관된 하나의 보편적 원리를 해석하고 있다. 이런 태극과 리理의 형이상학적 본체는 우주에 가득 차 있어서 만물을 화생化生시키는 근원이 된다. 이 리는 모든 것을 포함하고, 존재하지 않는 곳이 없다. 이런 리의 총체를 태극으로 규정하였다. 말하자면, 주자는 주렴계의 『태극도설』에서 태극을 리로, 음양오행을 기로 해석하여, 우주의 모든 생성과 변화를 일원적으로 설명한다. 그러므로 더욱 중요한 것은 사실 세계와 인간의 가치 세계를 연결해 주는 인성론人性論이 강조되어 질 수 밖에 없는 것이다.

> 태극에서 만물의 변화생성에 이르기 까지 단지 하나의 도리가 포괄할 뿐이다.[96]

> 리는 정의가 없고, 어떤 계탁計度도 없고, 조작도 없다. 다만 이 기가 엉

96) 朱熹, 『朱子語類』上, 臺北, 漢京文化事業公司, 1980, 卷94. "自太極至萬物化生, 只是一個道理包括 ...."

기어 모인 그 속에 리가 있다.97)

> 천지의 사이에는 리도 있고 기도 있다. ......인간과 사물이 생함에는 반드시 이 리를 품수한 후에 성을 가진다. 반드시 이 기를 품수한 후에 형체를 가지는 것이다.98)

주자는 가치 세계의 법칙Sollen=우주 규율Sein이라는 공식을 통하여 우주론과 도덕적 가치가 연결되어 있음을 설명하여, 천인합일의 연속적 세계를 그리고 있다. 이처럼 주자를 정점으로 하는 송명 유가들은 심성心性의 문제를 통하여, 위로는 천도天道와 연결하고 아래로는 도덕적 질서를 연결시키고 있다. 우주를 생명의 흐름이 역동적으로 살아 움직이는 것으로 보고, 인간의 도덕 본성 역시 그 우주와 서로 내적 연관성을 가지고 있다는 송명 유학의 근본적 방향은 천인합일에 있다. 그들은 천인관계라는 전체성을 리의 보편성이라는 논리적 근거를 통하여 설명하고 있다.

3. 중국철학의 자연관과 천인합일의 이념

앞에서 말한 것처럼, 자연과 인간의 연속적인 구조를 설명하는데 있어서 출발점은 기氣이다. 자연과 인간의 연속적인 세계를 설명하는데 있어서, 기의 개념은 매우 중요할 뿐만 아니라 아주 유효하게 사용된다. 그러나 더욱 근원적인 입장에서 인간과 자연의 연속적인 관계 즉 천인합일의 관점을 체계적, 일원적으로 설명하여야 할 필요성을 가지게 되면서 단순한 기에 의한 연결성을 심성론心性論과 형이상학적인 측면으로 끌어

97) 朱熹, 『朱子語類』上, “理無情意, 無計度, 無造作. 只此氣凝聚處, 理便在其中.”
98) 朱熹, 『朱子語類』上, “天地之間, 有理有氣. ......人物之生, 必稟此理然後有性, 必稟此氣然後有形.”

올려 해석하는 경향 중의 하나가 바로 이기 심성론을 중심으로 하는 성리학이다. 그러나 이 말은 결코 유가철학의 핵심이 이기 심성론에 있다는 말은 결코 아니다. 유가철학의 기본이념은 어디까지나 이기 심성론을 통하여 해석하려는 천인합일에 있다.

중국 전통 사상 속에서 가장 쉽게 볼 수 있는 개념들이 있는데, 예를 들면 천인합덕天人合德·천인불이天人不二·천인상응天人相應 등이다. 이것들은 모두 인간과 자연의 연속적인 관계를 통일적으로 말하는 천인합일을 의미한다. 중국 철학의 기본문제는 천인의 관계를 탐구하는 것이기 때문에, 중국 철학의 기본이념은 천인합일론이다. 문화의 관점으로 보면, 그것은 문화의 전체적인 형식을 대표하기 때문에 중국 문화의 각기 다른 부분을 탐색할 수 있는 출발점이 된다.

심리학적인 입장으로 보면, 천인天人의 사상 양식은 또한 개인과 공동체 행위의 기본적 태도를 지배한다. 또, 인식적 의미로 보면 그것은 하나의 세계적 가설이다. 비록 이것은 과학적 문제는 아니나, 이를 통하여 인생과 우주를 이해하는 데 없어서는 안 되는 명제 혹은 가설이 된다.[99] 이 때문에 중국 문화 중의 철학·정치·역사·문학과 예술 등의 영역을 통하여 천인합일은 중국 문화의 기본적 사유양식이 된다.

중국 철학에서 천인합일이 중심 개념이라는 것은 중국 철학의 발전이 이것이 지배하고 있다는 말이다. 이것은 중국인들의 존재와 세계를 이해하고 바라보는 관점을 의미하며, 또한 우주라는 하나의 전체에 대한 관점을 체계적으로 형성한 것이라고 할 수 있다. 비록 중국 철학의 기본 이념은 천인합일론이지만, 이 이념에 대한 이해는 모두 다르다. 천인합일은 분명히 다른 관점의 내용들을 포함하고 있고, 다른 철학 유파와 철학자들은 각기 다른 해석을 할 수밖에 없는 것이다. 예를 들면, 도가는 자연自然이라는 측면을 더욱 강조하고, 유가는 인문人文이라는

99) 楊慧傑 著, 『天人關係論』, 臺北, 水牛出版社, 1989년, 서론 제2쪽 참조 바람.

측면을 중시한다.

중국 고대에 다양한 자연관 혹은 천인관계론이 출현하는 것은 천天이 가진 의미가 다르기 때문이고, 여기에서 각기 다른 유형의 천인합일론이 발생한다. 중국 철학에서 말하는 자연관을 통틀어 하나로 말하기는 힘이 든다. 대체적으로 말하여 중국 철학 속에서 우리는 인간과 자연의 부조화와 대립의 양상을 찾기는 힘이 든다. 그들이 천天 혹은 천지天地로 표현하는 자연계는 인간과 만물을 포함하고 있고, 또한 그것은 그 아래 혹은 그 사이에 존재하는 만물을 생성 변화 시키는 근원적인 것으로 보고 있다. 특히 대부분의 중국 철학자들은 자연계 자체가 스스로 끊임없이 살아 움직이고 있고, 인간과 같은 보편적인 이치理를 가지고 있는 것으로 본다.

이런 자연관에 대해서 중국의 철학자들은 나름대로의 강조점과 지향점에 따라서 그들의 논지를 약간씩 달리 한다. 이런 입장들은 크게 셋으로 나눌 수 있다. 공자와 맹자를 중심으로 하는 정통 유가의 관점, 노자와 장자의 도가적 관점, 이 둘의 비판적 종합으로서의 순자荀子의 관점 등으로 크게 나눌 수 있다. 물론 이들 사이에는 공통점도 있고, 또한 다른 점도 있을 수 있다.

보통 중국 철학에서는 자연을 천 혹은 천지라는 개념을 통하여 말한다. 물론 자연계라는 개념으로 말하면 천지와 그 사이에 존재하는 일체 가운데 인간에 의해서 조작되어 지지 않은 모두를 포함한 것을 지칭한다. 중국인들은 자연을 창조주로서의 신이나 혹은 그 자연을 있게 해주는 궁극적 실체에 대한 관심이 없다는 입장에서 천 혹은 천지로서의 자연은 인간의 어떤 순수한 이론적 전제보다도 앞서서 존재하는 것이었다. 왜냐하면 그들의 자연이나 자연 현상에 대한 사유 방식이라는 것이 결코 순수한 이성적 추론이라는 입장에서 출발한 것이 아니라, 직접적인 경험이나 사실에서 근거한 것이기 때문이다. 그러므로 그들에게 있어서 천지는 어떤 다른 것보다 앞서서 존재하고 있는 것이기 때문에, 그들이 다루는 형이상학적 혹은 우주론적 사유는 모두 천지라는 배경 내에서만 다루어지는 것이 일반적이다.

중국적 우주 발생론은 한마디로 말해서 유기체적有機體的 과정의 우주 발생론이다. 이것은 전체 우주의 모든 부분들이 하나의 유기체 전체에 속하며, 그 모든 부분들은 스스로 자기 발생하는 생명의 역정process 속에서 참여자로서 상호 작용하고 있는 것을 의미한다. 이런 유기체적 생명의 역정歷程은 개방된 체계로서, 여기에서 종말終末은 생각할 수가 없다. 이 자연적 우주는 무한히 영구히 확대되고 있으며, 변화는 부단히 이루어지고 있다.

이 때문에 중국인들에 있어서 자연은 바로 저절로 발생하는 생명의 과정이다. 이 살아 움직이는 거대한 변화의 구체적인 표현이 바로 자연이다. 한 개의 돌이나 한 그루의 나무, 하늘에 이르는 모든 존재의 양식들은 연속된 통합적 부분으로서 어떠한 단절도 발견되지 않는다.

이런 입장에서 중국인에게 있어서 자연을 이해하고 사고하는데 사용된 모형model은 물리학이라기보다는 오히려 생물학이라고 말하여야 옳을 것이다. 왜냐하면 그들의 자연에 대한 주된 사고의 내용은 바로 생명력生命力을 가지고 생성生成 변화해 가는 역동적dynamic인 구조이기 때문이다. 자연계 내에 존재하는 만물의 생성 변화 원리를 그들은 순수한 물리적 물질 에너지matter energy르 처리하지 않았다 .즉 그들은 우주의 보편적 이치를 생리(生生不息之理)로 간주한다. 이런 보편적 이치로서의 자연율은 모든 사물 속에 내재한다. 이것이 바로 만물의 본성性이다.

이러한 생기生機 즉 생명력으로 충만해 있는 것이 바로 자연 세계이다. 여기에서 우리는 인간과 자연의 대립적 구조를 발견할 수는 없을 것이다. 인간과 자연은 피차간의 상호 감통感通의 관련 속에서 각자의 본성을 표현한다. 즉 자연과 인간의 내적 연결성과 상호의존성이라는 입장에서, 자연은 유가들에게 있어서 단순한 기술적 지배의 대상은 아니었다. 그것은 도리어 인간 발전을 위한 규범이나 모범을 제시해 주는 본받음의 은유적隱喩的 대상이었다. 사실상 여기에서 자연의 정복이나 파괴라는 가능성은 거의 발견할 수는 없다.

중국철학에서 발견되는 자연관의 특징을 몇 가지로 나누어 정리해 보면 다음과 같다.

가) 자연은 생명력으로 가득 찬 유기적 통합체로서 정신 물리학적 혹은 생물학적 모형과 기능function을 가지고 있다.

나) 자연과 인간은 서로 조화하는 관계를 가지는 상관적 존재 체계로서, 인간 역시 전체 우주의 생성 변화에 공동으로 참여하는 유일한 존재로 간주된다.

다) 자연은 인간이 본받아야 할 모범 혹은 규범의 상징적象徵的 은유의 성질을 가지고 있다.

다시 정리하면 위의 세 가지 입장들 중 가)는 자연에 대한 모형과 기능에 대하여 말하였고, 나)는 자연과 인간의 관계에 대한 정립定立 문제를, 다)는 자연이 가지고 있는 상징적 은유성에 관한 문제에 대해 말하다. 위에서 말한 세 가지 특징들은 바로 자연세계에 대한 그들의 관심이 독립적, 실체적, 객관적 각도나 관점에 대해서는 크게 관심을 두고 있지 않다는 것을 의미한다.100)

천인합일은 결코 간단한 문제가 아니고 그 원류源流 역시 위에서 보듯이 매우 오래되었다. 이것은 기본적으로 신석기 농경 시대 이래 인간이 사계절과 기후 변화, 지형과 수리水利를 의미하는 '천시天時'와 '지리地理'라는 자연에 순응하여 생존하여 온 것과 밀접한 관련이 있는 것으

100) 傅佩榮, 「儒家思想的演變 下」, 제16권, 10기, 臺北, 『哲學與文化』, 1989. 제19쪽.

로 보인다. 동시에 천인합일이 발생할 수 있었던 배경으로는 당시의 사회가 아직은 인간들이 절대적인 신권神權이나 절대적인 왕권王權에 굴종屈從하는 현상이 일반적이지 않고 원시 씨족체제하의 경제 정치 구조와 혈연血緣 종법宗法 제도가 씨족과 부락 내부에 일종의 자연적 조화관계('인화人和'는 곧 원시적인 인도, 민주 관계)를 유지할 수 있도록 만들었기 때문인 것으로 보인다. 이 두 측면은 대체로 '천인합일(인간과 자연·개체와 집단의 순종·적응의 협조관계)' 관점의 현실적 역사기초를 탄생시킨 것으로 볼 수도 있다.

상고上古 시대로부터 오늘날까지 한자漢字의 일상적 활용 가운데, '천天'이란 개념에는 결정된 운명·주재主宰의 뜻과 자연自然의 의미라는 두 차원의 함의가 줄곧 있어왔다. 고대에 이 둘은 섞여서 구분되지 않았다. 따라서 중국에서 '천'과 '인'의 관계는 실제적으로 인격적인 절대 주재 같은 것도 아니고, 자연물에 대한 정복이나 개조 같은 것도 아닌 어떤 불확정한 모호성을 가지고 있다. 그러므로 '천'은 이미 '인간'이 엎드려 머리를 조아리며 예배하는 신성한 천일수도 없고 '인간'이 정벌, 개조하여야 할 대치對峙의 대상일 수도 없었다. 따라서 '천인합일'이란 인간이 자연법칙에 대해 능동적으로 적응하고 준수하는 의미를 포함하고 있을 뿐만 아니라, 또한 천의 주재, 정해진 운명에 대한 피동적被動的인 순종과 숭배를 의미하기도 한다.[101]

천은 상제上帝가 아니고, 또한 절대 초월적인 정신 실체도 아니다. 천은 자연계의 총칭이지만 동시에 형이상학적인 측면도 가지고 있다. 형이상자形而上者라는 것은, 천도天道이고 천덕天德으로 이것이 바로 초월적 측면이다. 형이하자形而下者라는 것은 형태가 있는 하늘과 대지大地로서 물질적 측면이다. 그러나 중국 철학 중에서 형이상자와 형이하자는 분리된 두 개의 세계가 아니다, 통일된 하나의 세계이다.

---

101) 천인합일의 역사적 현실기초와 의미에 대한 논의는 리쩌허우 저, 정병석 역, 『중국고대사상사론』, 제607-8쪽을 정리한 것임.

인간은 자연계의 산물이고, 또한 자연계의 일부분으로 자연계를 넘어서는 주재자는 절대 아니다. 사람은 문화를 창조함으로서 주체가 되지만, 그러나 이 주체는 자연과 인간을 조화하여 통일시키는 것을 실현하는 목적을 가진 도덕적 주체이지, 자연을 조절하고 정복하는 것을 목적으로 삼는 지성적知性的 주체도 아니고, 또한 자아를 중심으로 하고 자연을 비아非我나 타자로 보는 가치 주체는 아니다. 자연계는 인류의 생존 발전에 일체의 자원과 조건을 제공하지만, 더욱 중요한 것은, 그것은 사람에게 내재적 덕성德性과 신성한 사명使命을 부여하여 실천 중에서 생명의 최고 가치인 천지와 그 덕을 합하는 것을 실현하게 만든다. 말하자면 천인합일 이념의 기본적 함의는 모두 인간과 자연의 내재적 통일이다.

'천인합일'이란 관점은 선진先秦시대에 이미 성숙하였다. 『좌전左傳』 가운데의 많은 논술과 공자·맹자·노자·장자 등은 서로 다른 각도, 다른 측면에서 이런 관점을 말하고 있다. 적극적이거나 소극적인 것을 막론하고, 그들은 모두 '인간'이 반드시 '천'과 동일하고 일치하며 조화해야 할 것을 강조한다. 이러한 천과 인간의 동일성同一性은 당시 만들어진 시대 조류의 이성주의적理性主義的 흥기興起와 종교 신앙의 쇠퇴에 즈음하여 발생한 것으로 보인다.102)

만약 한유漢儒들이 말하는 '천인합일'이 인간의 외적外的 행동의 자유를 세우기 위한 우주론의 모델이고, 여기에서의 '천'은 실질적으로는 '기氣'이며, 자연이며, 신체身體라고 한다면, 송유宋儒의 '천인합일'은 내적 윤리의 자유를 세우기 위한 인성人性의 이상이며, 여기에서의 '천'은

---

102) 니담(Joseph Needham)과 보드(Derk Bodde)는 중국사상의 근본특징의 하나로 창조주의 관념이 없다는 것을 강조하고 있다(니담의 『중국과학기술발전사』2권, 보드의 『*Essays an Chinese Civilization*』 New Jersey, 1981을 참조 바람).이것은 대체로 '천'의 이중적 함의가 서로를 제약하면서 동시에 병존(竝存)하였기 때문에 생긴 결과이다. 그러므로 한편으로는 자연적 인격신을 벗어나지 못하였고 다른 한편으로는 인간사와 무관한 독립적인 자연법칙(Law of Nature)도 없었다.

주로 '리理'이며 정신이며 심성心性이다. 그러므로 전자는 우주론, 즉 자연 본체론이고, 후자는 윤리학, 즉 도덕 형이상학이다.

전자의 '천인합일'은 현실의 행동 세계이며 '낳고 낳아 끊임없음(生生不已)'이라는 말이 가리키는 것은 감성感性 세계의 존재, 변화, 발전(혹은 순환)이다, 후자의 '천인합일'은 마음의 도덕적 경지이고, '생생불이'는 단지 온 세계가 만든 마음속의 정감情感에 대한 긍정이며, 실제로는 단지 주관의식 투사의 일종이지만 이것을 투사하여 도덕본체에까지 끌어올리는, 즉 윤리가 본체와 우주 자연을 서로 통하여 합일케 만드는 것이다.

주목하여야 할 것은 한유漢儒나 송유宋儒를 막론하고, 또 '천'을 '기'로서의 자연 혹은 '이理'로서의 정신으로 보는 것을 막론하고, 원래 가지고 있었던 주재主宰, 운명運命의 함의를 완전히 없애지 못했지만 이런 함의가 확실히 크게 퇴색되었음은 분명하다는 사실이다.

한대漢代 유가의 음양오행적 우주론과 송유의 심성이기적 본체론은 안팎 양면으로 '천'이 인격신적인 종교 방향으로 발전하는 것을 차단하고 있다.[103]

유가들은 결코 천天을 인간과는 상관없는 초월적 존재나 인격적인 신에 의해 창조된 대상으로 보지 않았다. 즉 고대에 인격적 신의 개념이었던 천이 후대로 오면서 초월적인 성격이 약화되면서, 다만 지地와 상대되는 천지天地나, 혹은 자연이나 자연의 이법 정도로 비인격화되어간 것도 자연계와 인간계, 자연적인 것과 초월적인 것을 분명하게 구분하지 않았기 때문이다. 더 심하게 말하면 이것은 한마디로 유가들이 말하는 천이나 자연은 어디까지나 인간 밖의 영역에 대해서 말하는 것이 아닌, 인간의 어떤 특정한 기도企圖에 의해서 기획된 것이라고 하여도 틀린 말은 아닐 것이다. 즉 인간의 도덕적 관심 또는 인간적 질서에 의해

103) 천인합일 개념의 성격에 대한 논의는 리쩌허우 저, 정병석 역, 『중국고대사상사론』, 제 609-10쪽을 중심으로 정리하였음.

심성心性은 물론이고 천지와 만물까지도 그려지는 것이다.

이 때문에 유가철학에서 말하는 사물의 궁극적 기원 혹은 목적으로 생각되었던 태극太極이나 리理도 사실은 사물의 운동 법칙이나 존재 구조의 원리 측면을 말하기 보다는, 그들의 궁극적 관심인 인륜 도덕의 측면을 이야기하고 있는 것으로 보인다.

4. 천인합일과 유기체적 세계관

인간과 자연을 하나의 총체적인 상관적相關的 관계 속에서 파악하려는 철학적 관점을 유기체적 사상이라고 한다. 유가에서 '사물들의 총합'에 해당하는 의미인 자연을 가리키는 용어로는 '천지'나 '만물'이 있다. 이러한 천지와 만물은 대체로 생명력을 가지고 존재하는 유기체로서 받아들여졌다. 여기서 자연은 생명 자체, 활동 그리고 발전으로 이해되며, 이 자연 속에는 다른 것들로부터 완전히 고립된 물질은 없으며 죽은 유기체도 없다. 그 이유는 만물이 일정하게 상호 작용 속에 있기 때문이다. 즉 일종의 신진대사 과정에 있다는 뜻이다. 따라서 이러한 자연은 인간의 의식 속에서 순수 사변적으로 이해된 객체, 즉 주체에 대해 고립되고 개별적으로 파악되는 객체가 아니다.[104)]

유가들은 우주 전체를 마치 하나의 몸으로 보고, 사람은 물론 동식물, 나아가 돌멩이와 같은 무생물을 포함한 자연계의 사물들에 동질감을 느껴온 것이 사실이다. 이는 자연을 정복의 대상으로 보는 근대의 기계론적 세계관과는 분명히 다른 관점이다.

기계론적 자연관 혹은 세계관은 세계가 어떤 외부의 힘에 의해서만 움직이는 물체들로 이루어져 있고, 세계를 생명력 없는 물체들의 집합

---

104) 박상환, 「천인합일적 사유의 인식론적 고찰」, 동서철학연구, 53집, 대전, 한국동서철학회, 2009, 제6쪽 참조 바람.

으로 이루어진 하나의 커다란 기계처럼 생각하는 관점이다.

자연의 운동과 변화를 기계적 인과因果 관계로 파악할 수 있다는 것은 자연을 생명이 없는 물질적 재료로만 간주한다는 것을 전제로 하므로, 자연을 스스로 성장과 발생을 거듭하는 하나의 생명체처럼 파악하는 유기적(有機的, organic) 자연관과 대립된다. 기계론(機械論, mechanism)이란 세계의 모든 현상을 기계적 운동으로 환원해 설명하려는 관점으로, 목적론(目的論, teleology)과 대립된다.

목적론은 자연의 변화를 사물의 본질 안에 내재되어 있거나 혹은 초자연적 정신이 설계해 놓은 목적을 실현하는 과정으로 이해하지만, 기계론은 세계는 물체들이라기보다는 물리적 사건들로 이루어졌고, 각각의 물리적 사건들은 다른 물리적 사건에 의해 촉발되었으며, 그것은 다시 또 다른 물리적 사건에 의해 촉발되는 일련의 연쇄, 즉 원인과 결과의 필연적 인과 관계에 따라 나타나는 것으로 이해한다. 이 연쇄 속에서 시간상 앞서는 물리적 사건이 원인이고, 시간상 뒤에 있는 물리적 사건이 결과이다.

유기체적 세계관은 세계 전체를 살아있는 것으로 보는 세계관으로, 세계도 그 내부의 사물도 탄생과 성장 과정에 있으며, 무정형의 혼돈에서 질서 있는 것으로 형성되어 분화 발전을 이루는 것으로 본다. 따라서 세계를 목적론적인 것, 역사적인 것으로 보는 세계관이다.

유기체 사상에서 자연은 모든 존재자들로 이루어진 우주적인 공동체로 이해되며, '포괄적인 보편자'로서의 자연은 상호 모순적 경향을 포함한다. 이런 인식 과정에서는 형식 논리에서 성립되는 것과 같은 일자一者와 타자의 대립이라는 형이상학적 차원의 모순이 작동하지 않는다. 세상이 하나의 전체로 파악되고 하나가 모든 것으로 여겨지면, 이때 개별적인 것들은 마치 신체의 일부가 몸 전체와 관계하듯, 전체에 대하여 각기 '다른 것'이 아니라 단지 '구별되는' 대상이 된다.[105)]

유가의 천인합일에서 자연과 인간은 상호의존적인 관계를 가지고 있고, 인간은 결코 자연을 지배와 이용의 대상으로 이해하지 않는다. 도리어 인간은 자연을 그들의 관조적觀照的 관심의 대상으로 남겨 놓고 있다. 대부분의 유가나 도가 모두 공통적으로 자연을 그들이 따르고, 본받아야할 모범으로 간주한다. 특히 노자는 자연이 모든 것을 내포하여, 어떤 것도 배제하지 않고, 스스로 생화生化하여 가는 과정으로 보아서 무위無爲를 강조하여, 인간으로 하여금 자연(seif-so, 스스로 그러한)하라고 말한다.

중국 철학에서 말하는 '자연'의 개념은 문자 그대로 '스스로 그러한'의 의미로서, 어떠한 다른 존재나 원인이란 것이 바깥에 있어서 그것을 주재하고 지배하는 것이 아닌, 그 자체가 스스로의 존재 근거와 원인을 가지고 있음을 말한다. 이 때문에 우리가 자연개념에 대해서 가지는 일반적인 해석인 '근원으로서의 자연'과 '대상으로서의 자연'이란 관점으로 볼 때, 중국철학에서 말하는 자연의 개념은 전자의 경우에 속한다. 즉 자연은 인간을 포함한 만물로서, 존재하는 모든 것을 생성시키고 변화시키는 근원으로 보는 입장이다. 그러므로 중국 철학자들은 자연이란 개념을 우주, 천지, 만물의 개념으로 말하고 있다. 여기에서 말하는 우주나 천지, 만물이란 개념들은 모두 하나같이 존재의 총체로서 자연계를 가리켜 말하는 것들이다.

중국의 고대 철학자들은 무생물, 식물, 동물, 인간과 영혼 등을 모두 서로 관계하면서, 서로 상대하는 유기적인 통합적 존재 체계로 보고 있다. 기본적으로 그들은 모든 생명의 근원은 자연으로 부터 나왔으며, 인간과 다른 모든 존재들은 제 각기 분열되어 있으면서 동시에 상호 연관성을 가지고 존재하고, 서로 감응하고 영향을 주면서 연대連帶하고 있는 하나의 생명 연속적인 공동체로 표현하고 있다. 이런 중국의 자연

---

105) 박상환, 「천인합일적 사유의 인식론적 고찰」, 제8쪽 참조 바람.

관이 가지고 있는 특징을 '모든 존재가 생명을 가지고 상호 연관적인 관련을 가지고 있는 유기체'로 규정한다.

여기에서 말하는 유기체적 우주관은 인간과 자연의 존재를 하나의 몸一體으로 간주하여, 인간과 우주를 모두 포함하는 일체를 하나의 큰 유기적 생명체로 파악하는 천인합일天人合一의 관점을 의미한다. 그러므로 중국 철학자들에게 있어서 존재계存在界를 신의 영역과 세속적인 영역의 둘로 나누는 신속이분神俗二分의 구도로 그리거나, 또는 어떤 '창조 신화'를 찬송하는 식의 관점들은 거의 출현하지 않는다. 이것은 바로 그들이 지금 바라보고 있는 존재의 통합체인 자연계를 참된 실재로 파악하고 있음을 보여 주는 것이다. 즉 그들은 제일 원인이나 최후의 본질 등 추상적인 답안을 추구하지 않고, 초점을 자연계 자체에다 놓아두고 있다. 이러한 우주 자연에 대한 관점이 가장 분명하게 드러나는 곳이 바로 『역전』이다. 『역전』은 이 문제에 대해 다음과 같이 말한다.

> 주역이란 책은 말하는 범위가 매우 넓어서 모든 것을 다 포함하고 있다. 인도人道도 있고, 천도天道도 있고, 지도地道도 있어서 삼재三才를 합하여 두 배로 하면 여섯이 된다. 6효라는 것은 다른 것이 아니라 삼재의 도이다. 이 때문에 하늘의 도를 세워서 음과 양이라 하고, 땅의 도를 세워서 유柔와 강剛이라 하고, 사람의 도를 세워서 인仁과 의義라고 한다.106)

위의 인용문에서 말하는 하늘. 땅. 사람의 천지인天地人 삼재는 사실은 우주 내의 만사만물을 모두 포함하여 말하는 것이다. 『역전』은 삼재를 통하여 천지인 삼자三者가 통일되어 있는 세계관을 말하고 있다. 그런데 천지인 삼자는 단순히 공간적 위치만을 공유하는 것이 아니라, 조화로운 생명의 유기적 관계로 연결되어 있다는 사실이다. 즉 천지라는 자연계는 단순한 물리적 공간이 아니라, 생명으로 연결되어

106) 「說卦傳」 "是以立天之道, 曰陰與陽, 立地之道, 曰柔與剛, 立人之道, 曰仁與義."

있는 것으로 말한다. 공자는『논어』에서 다음과 같이 말하고 있다.

> 공자께서 말씀하셨다. 하늘이 무슨 말씀을 하시는가? 사시四時가 운행되고 온갖 만물이 생장生하는데, 하늘이 무슨 말씀을 하시는가?[107]

공자는 사계절이 조금의 차질도 없이 질서 있게 운행하고 만물 또한 때에 맞추어 생장하는 것이 예나 지금이나 여전한 것은 바로 하늘의 이치天理가 있기 때문으로 보는 것 같다. 그러므로 하늘이 이에 대해 무슨 말씀을 하실 때 까지 기다릴 필요가 없다고 말한다. 사시를 운행하고 온갖 만물을 생장시키는 역할을 담당하는 것은 바로 천(즉 자연계를 의미)이다. 바꾸어 말하면 인간을 포함한 만물의 생명 활동과 천의 활동은 밀접하게 연관되어 있다는 것이다. 이것은 인간과 자연 만물이 기본적으로 동질同質인 생명에 의해서 연결되어 있다는 유기적인 생명 연속체連續體의 관점을 잘 보여주는 관점이다. 이런 기본적인 관점에 따라서 유가들은 대부분 전체 우주의 모든 구성 부분을 동일한 유기적 전체 즉 생명의 연속체에 속하는 것으로 간주하여 그것을 기氣 혹은 생生의 개념으로 해석한다.

중국인들은 천지를 생기生機로 충만한 생명체로 보고 있다. 결코 자연을 기계적이고 죽어 있는 것으로는 보지 않는다. 이런 이유에서 그들에게 있어서 우주와 자연에 대한 탐구 방향은 우주의 근본 원인과 그 구조를 탐색하여 소박한 유물론이나 추상적인 답안을 추구하는 방향으로 나아가지는 않는다. 예를 들면, 유물론자나 자연주의자들은 물질세계에는 오직 물리적 또는 화학적 변화만 있고 생명은 없다고 말한다. 이른바 물物이란 것은 일종의 복잡한 화합물에 지나지 않기 때문에 물질은 있으나 생명은 없다고 본다.

---

107)『論語』「陽貨」"天何言哉, 四時行焉, 百物生焉, 天何言哉."

중국 철학자들이 말하는 물物의 의미는 존재하는 모든 것이 바로 물이기 때문에 서양에서 말하는 Being과 마찬가지로 그 범위가 매우 넓다. 이런 관점에서 보자면 중국 철학의 개념 중 서양의 물질이란 개념과 가장 비슷한 것은 바로 기이다. 그러나 기에는 물질과 생명 에너지 두 가지 의미를 모두 포함하고 있다. 말하자면 "확실히 정신과 물질의 이분법은 근본적으로 이런 정신 생리학 구조에 적합하지 않다. 우주를 구성하는 가장 기본적인 자료는(즉 기는) 단일한 정신도 아니고 또한 단일한 물질도 아니고, 그 둘 모두이다. 이것은 일종의 생명력이다"[108]라고 말하는 것이다.

그러므로 중국 철학자들에게서 순수 물질적인 천지는 없고, 천지는 다만 생생生生의 근원일 뿐이다. 이 때문에 관심의 무게는 어디까지나 천지가 가지고 있는 생명의 의미에 놓여 있다. 그러므로 자신을 제외한 다른 존재들 역시 의미 있는 타자들로, 자아의 참된 실현을 위해서는 배격되어지는 것이 아니라, 모두 의지해야 하고 포용하여야 하는 것들이다.

기는 결코 단순한 물질이 아니고, 정신성을 충만하게 가지고 있는 생명력이다. 기의 학설들은 순수 자연적인, 무가치적無價値的인 세계를 창조해 내지 못한다. 여기에서 관심을 두고 보아야 할 문제는 차별이 없는 기라는 이 개념이 어떻게 통일적인 우주론의 이론적 기초가 되는가라는 문제이다. 여기에서 동시에 우리는 돌과 천 및 사람이 어떻게 똑같은 기로 구성되어 있는가 하는 문제를 던질 수 있다.

존재의 일체 형식은 돌에서부터 사람과 천에 이르기 까지 모두 끊임없이 변화하는 대화大化의 연속체 속에 존재한다. 모든 존재는 이 연속체 속에 존재하고, 존재의 사이는 영원히 단열斷裂될 수 없다. 우주 사이의 모든 사물 속에서 우리는 이런 연계성을 찾을 수 있다. 우주 사이

108) 杜維明 著, 曹幼華, 單丁 譯,『儒家思想新論』南京, 江蘇人民出版社, 1996, 제32쪽 참조 바람.

의 모든 사물은 정지적 구조가 아니라, 생장生長과 전환轉換의 동태적動態的 과정으로 하나의 연속체이고, 그것의 모든 구성 부분들은 서로 내재적內在的으로 관련되어 있어서, 모든 복잡한 층차層次 속에서 완전히 일체화된 유기체적 통일체라는 것을 말하고 있다.109)

천지를 상징하는 건곤乾坤을 기본적 인자因子로 삼아서 방통旁通의 개념으로 설명하고 있는 『주역』의 기본적인 관점은 '생生'이라는 관점을 통하여 전체 우주의 상관성을 통일시키고 있다. 이 때문에 "천지의 큰 본질을 일러서 생이라고 한다(天地之大德曰生)"고 하는 것이다. 이 생生을 가능하게 해 주는 것은 물론 음양의 교감交感이라는 합合의 보편적 작용에 의해서 가능하다. 바로 『주역』의 관점에 근거하여 장재張載가 말하는 입장이다.

> 천지가 가지고 있는 가장 보편적 성질은 건곤乾坤과 음양陰陽이라는 (두 가지 반대되는) 성질이다. 이 두 가지의 반대되는 것은 서로 감통感通함이 있고, 본래 하나이기 때문에 합合할 수 있다. 천지가 만물을 생하는 것은 비록 부여 받은 바가 각각 다르지만 잠시라도 서로 교감交感하지 않은 때가 없다.110)

장재는 천지간의 모든 존재는 보편적으로 음양의 감응관계에 의해서 공통의 유기체를 구성하고 있음을 말하고 있다. 장재를 비롯한 대부분의 유가들은 다채로운 자연계 자체를 본체로 보고, 그것들이 서로 연관되어 있고, 상호 영향을 주는 존재 연속의 본체관이라는 관점을 말하고 있다. 그것은 바로 유기체적 과정의 발생론이며, 전체 우주의 모든 부분들이 저절로 자기 발생하는 생명의 전개 과정이라는 점이다.

송명 이학理學은 자연의 생명의 의미를 우주의 본질과 도덕적 근원으

---

109) 杜維明 著, 曹幼華, 單丁 譯, 『儒家思想新論』 제35-6쪽 참조 바람.

110) 張載, 『正蒙』 「乾稱」 "天性乾坤陰陽也. 二端故有感, 本一故能合. 天地生萬物所受雖不同, 皆無須臾之不感."

로 보는 동시에, 인간과 자연 만물은 일체로 보고 있다. 바로 인간과 자연 만물은 존재상으로 본래 일체이기 때문이다. 그러므로 사람은 반드시 만물 일체의 정신 경계를 가지고 있어야 한다.

우주를 구성하고 움직이게 하는 생명력은 순전히 정신적이거나 물질적이지 않고 둘 모두이다. 즉 생명이라는 것을 단순히 육체와 구분되는 영혼이나, 순수한 물질로만 파악해서는 안 된다. 이런 입장에서 유가들은 순수 물질과 정신의 두 가지 가치 영역을 구분하는 것을 무시한다. 그러나 이것은 결코 중국 철학이 현실 세계의 도덕, 예술, 정치와 사회 문제를 강조하기 때문에 순수 물질과 정신의 두 가지 가치 영역을 무시한 것은 아니다. 그것은 오히려 "생명세계 가운데에 뿌리를 가지고 있기 때문에 서양 철학에서 말하는 유물과 유심, 주관과 객관, 범속凡俗과 신성神聖 사이에서 왔다 갔다 하는 그런 현상은 나타나지 않았다. 중국 철학의 사유 방법은 확실히 물物에도 속하고, 심心에도 속하고, 천天에도 속하고, 인간에도 속하는 존재 연속의 형식으로 표현되고 있다."111)

유기체적 연속성을 가진 우주를 생명으로 해석하는 관점은 가치적인 '생'의 개념으로 인간과 만물을 통일적으로 연결시키려는 것이다. 이것을 통하여 만물의 보편적인 발전뿐만 아니라, 개체로서의 인간의 창조적 가치 역시 고양되어질 가능성을 강하게 부여하고 있는 것이다.

또 하나 중요한 문제는 우주의 생성과 변화라는 것은 어디 까지나 유한한 공간 속에서 하나의 전체를 이루어 동적動的 균형을 가지면서 무한히 발전하고 있다는 것이다. 유한한 공간적 구조 속에서도 생명의 방통과 상호간의 교감은 무한히 이루어지고 있다는 무한 시간을 강조하고 있다는 점이다. 바꾸어 말하면 시간을 영원히 순환하면서도 발전하는 생명의 연속적 발전과정으로 바꾸어 놓고 있다.

---

111) 杜維明, 「試探中國哲學中的三個基調」, 『鵝湖』71號, 臺北, 1981, 鵝湖雜誌社, 제2쪽.

5. 천인합일과 연속적 세계 질서관

서양 철학이 실체를 발견하는데 관심을 기울이고 있을 때, 중국 철학은 관계 속에서 실재를 발견하려는데 온 힘을 쏟고 있다. 서양의 철학자들이 기계론적 세계관에 관심을 기울일 때, 중국에서는 유기론적인 자연관이 발전되었다. 이런 유기론적 관점에 의하면 우주는 만물이 교감交感하는 세계이고, 학문하는 사람의 임무는 자연 현상·사회 현상과 정신 현상을 일관一貫하는 이론적 해석을 형성하는데 초점을 두고 있다. 그것은 부분과 전체·내재와 외재·원元과 류流·구조와 기능 및 천天과 사람人 간의 여러 가지 미묘한 관계를 강조하여 사람과 만물은 생멸하고 순환하는 과정 중에 있지 않는 것이 없다고 보았다.

모든 구체적인 사물은 하나같이 독립적 실체의 의미를 지니지 못하지만, 모든 개별 사물은 또한 천도天道를 품수하여서 서로 상통相通할 수 있다고 말한다. 이런 유기체적 철학의 이론적 기초는 바로 천인합일, 천인감응天人感應에서 나온 것이다.

인간과 천은 같은 구조를 가지고 있고, 인도人道와 천도天道는 같은 이치를 가지고 있는 것으로, 천은 대우주大宇宙이고 인간은 소우주小宇宙이다. 소우주는 대우주를 비추어 드러내고, 인간과 천지 만물의 동구성同構性은 사람으로 하여금 아래로는 만물을 변화시키고, 위로는 천지의 화육化育에 참여하여, 자신의 행위를 통하여 천인합일에 도달하려 한다.[112] 이런 시각에서 유가의 세계관과 인식 방식은 전일적(全一的, holistic) 연속성의 특질을 가지고 있는데, 기본적으로는 일체 사물을 더 이상 나눌 수 없는 전체로 본다. 이 때문에 인간 세계의 질서·심성지리心性之理·우주 질서는 사실은 하나로 묶여져 있는 연속적 전체라고 할 수 있다.

---

112) 劉大椿, 「中國有機論思維與西方科學思維的互補性」, 哲學與文化, 22권 제1기 1995. 1, 제55쪽 참조 바람.

더 구체적으로 말하면, 우주 질서 · 심신성명心身性命의 도리 · 도덕적 질서 및 현실의 정치사회 질서가 하나로 묶여서 서로 연속되어 있다.113) 이렇게 되는 주된 이유는 천인합일의 연속적 세계관이라는 기본 가정에서 출발하기 때문이다.

일반적으로 신유가의 질서관을 우주적 질서(자연법)와 인간 세계의 질서 두 개의 범주로 나누지만, 실은 우주 질서 · 심신心身 성명性命의 도리 · 윤리 질서 · 정치사회 질서 등의 네 측면을 모두 포괄한 것이라고 할 수 있다. 엄밀히 말해서 신유학이나 주자의 입장에서 말하면, 우주와 인생 및 위에서 말한 네 측면은 실제로는 일체로서 분리할 수 없는 관계가 된다. 그 분류할 수 없는 이유는 기본적으로 인간과 천지는 상동相同 구조로서 일체一體로 서로 상응相應한다고 보기 때문이다. 다른 말로 하면 천인합일 혹은 천인일리天人一理이기 때문이다. 『주자어류朱子語類』에서 주자는 제자가 "천은 인간이 아니고, 사람은 천이 아니다"는 물음에 대해 다음과 같이 말한다.

> 대답하기를 천은 바로 사람이고, 사람이 바로 천이다. 사람이 처음 태어났을 때는 하늘로부터 받은 것이다. 이미 태어난 이후에도 천은 또한 사람

---

113) 여기에서 말하려는 '질서(秩序)'라는 개념을 리(理)와 대응시키려는 관점은 분명히 위험성이 있다. 왜냐하면 주자(朱子)나 신유학자들이 말하는 리의 원래 의미는 물리(物理)나 조리(條理)를 가리키는 것이다. 이런 리의 개념은 천지의 변화에 근거하기 때문에 천리(天理)라고 말한다. 그러나 현대 중국어에서 질서라는 말은 그 함의가 대부분 서양의 order로부터 나온 것이다. 이것이 가진 의미는 주로 인위(artificial, logical or comprehensive) 혹은 상제(上帝)의 안배(arrangement)로 모두 의지를 가진 규제적인 행위에 속한다. 그러므로 현대의 질서라는 개념으로 유가의 리의 개념을 해석하는 것은 자연을 인위로 변화시킬 위험성이 있다. 즉 현대적 의미의 질서라는 개념을 통하여 리를 해석할 경우, 주자의 사상을 인위적이고 의도적인 인간 질서의 안배로 해석할 가능성이 높다. 그러나 유가 원래의 사상은 천지인생(天地人生)의 자연적 도리에 치우쳐 있다. 이럴 경우, 질서라는 말은 사용할 수 없는 것이다. 사실 중국어에는 본래 질서라는 말이 있는데 그것의 고의(古義)는 자연과 인문의 차서(次序)와 등급의 뜻을 포함하고 있다. 만약에 우리가 질서라는 말을 order라는 뜻으로 한정하지 않고 보다 광의적인 의미로 사용한다면, 리를 일종의 질서로 간주하여도 큰 문제는 없을 것으로 보인다. 이 문제에 대해서는 吳展良, 『東亞近世世界觀的形成』, 臺北, 臺灣大學出版中心, 2007년, 제269-70쪽 참조 바람.

에게 있다. 무릇 말하고, 움직이고 보고 듣는 것은 모두 천이다. 다만 지금 내가 말하고 있는 동안에도 천은 바로 여기에 있다.114)

여기서 주자가 강조하려는 것은 결코 천과 인·자연과 인문 내지 초월과 실존 등의 개념을 나누려고 하지 않는다는 것이다. 반대로 그는 끊임없이 이들 측면은 일체이기 때문에 분리하기 어렵다는 관계를 강조한다. 다시 말하면 주자가 천을 볼 때, 그는 결코 사람을 잊어버리지 않고, 또 사람을 천의 일부분으로 보고 있다. 그는 인간사를 관찰할 때, 천을 잊어버리지 않고 일체의 인간사와 자연을 관통하는 도리를 인식하려 한다. 위의 인용문에서 주자는 인간의 도리를 포함한 인간의 모든 것은 전부 천에서부터 온 것이기 때문에 사람의 심신心身 내지 인간 세계의 모든 것은 천天에서 근원하지 않는 것이 없다고 말한다. 그는 이어서 다음과 같이 말한다.

천인天人은 본래 하나의 이치일 뿐이다. 만약 이 뜻을 깨닫는다면 천은 어찌 크고 사람은 어찌 작다고 할 수 있겠는가?115)

우주와 인간 세계 혹은 자연계와 인문계의 도리는 본래 하나의 도리로 나누어서 둘로 할 수 없다. 이른바 천과 인은 이름으로는 구별이 있으나 그 도리와 본성은 하나이다. 본래 하나의 도리이기 때문에 주자는 세계의 질서를 천과 인, 두 개의 범주 혹은 우주 질서·심신 생명 도리·윤리 질서·정치사회 질서 등의 네 측면으로 나누지 않았고, 더더욱 그 사이의 기본 관계가 무엇인가를 물으려하지 않았던 것으로 보인다. 주자가 이렇게 말하는 배경에는 분명히 유기체적(organismic) 혹은 생

114) 『朱子語類』, 臺北, 正中書局, 1970, 권17, 제14-5쪽 "問: 天未始不爲人, 而人未始不爲天." 曰: "天卽人, 人卽天. 人之始生, 得於天也; 旣生此人, 則天又在人矣. 凡語言動作視聽, 皆天也. 只今說話, 天便在這裏."

115) 『朱子語類』, 권17, "天人本只一理, 若理會得此意, 則天下何嘗大, 人何嘗小也!"

명화生命化된 세계관을 표현하고 있는 것으로 보인다. 또 우주와 인간은 유사한 기본 성질을 지니고 있는 것으로 보는 것 같다. 즉 우주를 하나의 광의적廣義的인 대생명大生命으로 간주하고, 인간을 하나의 소우주로 보고 있다.[116] 주자는 다음과 같이 말한다.

> 우주의 사이에는 하나의 이치가 있을 뿐이다. 하늘은 그것을 얻어서 하늘이 되고 땅은 그것을 얻어서 땅이 되니 무릇 천지 사이에 생하는 것은 또한 각각 그것을 얻어서 성性으로 삼는다. 이것을 크게 나누면 삼강三綱이 되고, 이를 세분하면 오상五常이 되는데 대개 이 모두에는 리가 유행流行하여 가지 않는 곳이 없다.[117]

여기에서 주자는 우주의 사이에는 하나의 성性만이 있을 뿐이라고 말한다. 여기에서 말하는 성의 의미는 만물일체 동원萬物一體同源의 성으로 우리들이 평상시에 사용하는 일물一物의 성과는 다르다. 여기에서 유행하는 하나의 이치가 바로 천리天理이고, 이 천리는 미분화未分化된 것으로 개체는 이를 얻어서 자신의 성으로 삼는다. 이런 미분화未分化된 전체의 이치에서 우주 질서 · 심신 생명의 도리 · 윤리 질서 · 정치사회 질서 등으로 분화分化되는 것이다. 주자의 만물일체 동원의 관점은 천인합일의 연속적 세계관에서 나온 것이다. 이런 관점은 이미 장재張載에서도 분명하게 나타난다. 장재는 『서명西銘』에서 만물본일萬物本一의 관점에 대해 말한다.

> 만물은 하나에 근본하기 때문에 하나는 능히 다름을 합할 수 있고, 그것이 능히 다름을 합할 수 있기 때문에 감感이라 하는 것이다. 만약 다름이

116) 吳展良, 『東亞近世世界觀的形成』, 제272쪽 참조 바람.

117) 『朱子大全』, 臺北, 臺灣商務印書局, 1980, 권70, 「讀大紀」. “宇宙之間, 一理而已. 天得之而爲天, 地得之而爲地, 而凡生於天地之間者又各得之以爲性. 其張之爲三綱, 其紀之爲伍常, 蓋皆此理之流行無所適而不在.”

있지 않으면 합한다는 것도 없다. 천의 성은 건곤이요 음양이다. 이단二段이므로 감응이 있고, 하나에 근본하므로 합할 수가 있다. 천지가 만물을 낳음에 받는 것이 비록 다르다고 할지라도 모두는 잠시라도 감응하지 않을 때가 없으니, 이른바 성은 곧 천도라는 것이다.118)

여기에서 장재는 "천지가 만물을 낳았다"라는 관점에서 만물은 비록 다르나 피차간에는 오히려 상호 작용하고 감응한다고 말한다. 이것은 바로 만물은 하나의 근원에서 나온 것으로 본래 일물一物과 일기一氣의 관계라는 것이다. 장재가 보기에 만약 이물二物을 끊어지고, 다른 근원에서 나온 것으로 설정한다면, 피차의 사이는 반드시 서로 관련되지 않게 될 것이다. 만물이 부여받은 성은 사실은 모두 천도天道로부터 나온 것이다. 사람이나 천 모두를 막론하고 궁극적 도리는 오직 하나일 뿐이다.

이런 관점은 바로 정주程朱가 말하는 이일분수理一分殊로 그 사상 노선은 분명히 인간 질서의 반영으로만 제한되지 않는다. 이는 고대인들의 만물 만사에 대한 표현으로 천지인天地人 세 방면의 세계의 기본 원리를 모두 포괄하는 입장으로 볼 수 있다. 이것은 만물 일체와 연속적 세계관의 특질을 그대로 표현해 주고 있다. 이 때문에 유비적類比的 방식으로 강건剛健한 성질을 지닌 사물을 건乾이라 칭하고, 성질에 순응하는 것을 곤坤이라 칭하는 것이다.119) 이런 관점을 주자는 이일분수의 관점과 관련하여 말하고 있다.

서명에 관해서 누가 물었다. 대답하기를 '더욱 자세하게 그가 말하는 리일분수를 살펴보아야만 한다. 그런데 지금 천지는 부모가 아니고 부모도 천지가 아니라고 말하는 것은 틀렸다. 이것은 분명히 하나의 이치이다. 건

118) 『正蒙』「乾稱篇」" 以萬物本一, 故一能合異; 以其能合異, 故爲之感; 若非有異則無合. 天性, 乾坤陰陽也, 二端, 故有感; 本一, 故能合. 天地生萬物, 所受雖不同, 皆無須臾之不感, 所謂性卽天道也."

119) 吳展良, 『東亞近世世界觀的形成』, 제285쪽 참조 바람.

도는 남자를 이루고 곤도는 여자를 이룬다는 것은 천하의 모든 남자는 건의 기이고 천하의 모든 여자는 곤의 기이다. 여기에서부터 상하를 모두 관찰하여 하나의 기일 뿐으로 모두 투과하고 있다. 또 말하기를 그것을 이은 것은 선이다.'라는 것은 바로 공공公共적인 것이고 '그것이 이룬 것은 성이다'라는 것은 스스로 얻은 것이다. 다만 하나의 도리일 뿐이지 이것은 맞고 저것은 아니다 라고 말하는 것은 아니다. 마치 물속의 고기에 있어 배 속에 있는 물은 다만 바깥의 물일뿐인 것과 같다.120)

주자는 사람은 천지로부터 말미암고, 또한 부모로부터 말미암는다고 생각하기 때문에 천지가 바로 사람의 부모이고 부모 또한 개인의 천지天地라고 보았다. 그러므로 인물人物을 생장시키고 발육發育시키는 도리는 다만 하나이다. 그것은 바로 『주역』에서 말하는 "건도가 남자를 이루고 곤도가 여자를 이루는 것(乾道成男, 坤道成女)"으로 만물을 화육하는 도리이다. 우주는 물과 같고, 사람은 고기와 같고, 고기는 물속에 있지만 내외內外가 모두 물이기 때문에 인간 세계의 질서는 사실은 우주의 질서로 "다만 하나의 도리일 뿐이다." 구체적으로 말하면, 리理는 바깥의 물이고, 성性은 뱃속의 물이다. 주자는 이 비유를 통하여 천지사이에 유행流行하는 리와 사람이 품수 받은 성은 다른 것이 아닌 하나의 이치임을 매우 분명하게 말하고 있다. 장재는 「건칭편」에서 다음과 같이 말한다.

건을 아버지라 칭하고, 곤을 어머니라 칭한다. 나는 여기에서 조그만 모습으로 이에 뒤섞여 그 가운데에 처한다. 그러므로 하늘과 땅에 가득 찬 것을 나는 몸으로 삼고, 하늘과 땅이 거느리는 것을 나는 성으로 삼는다.

---

120) 『朱子語類』, 권98 "問西銘. 曰: "更須子細看他說理一而分殊. 而今道天地不是父母, 父母不是天地, 不得, 分明是一理. '乾道成男, 坤道成女', 則凡天下之男皆乾之氣, 凡天下之女皆坤之氣; 從這裏便徹上徹下都卽是一箇氣, 都透過了." 又曰: "'繼之者善'便是公共底, '成之者性'便是自家得底. 只是一箇道理, 不道是這箇是, 那箇不是. 如水中魚, 肚中水便只是外面水."

백성은 나의 한 뱃속 형제이고, 만물은 나의 동료이다.[121)]

위에서 말하는 "나는 여기에서 조그만 모습으로 이에 뒤섞여 그 가운데에 처한다"라는 것은 나의 생명은 건곤 음양이 서로 섞인 것에서 나온 것이기 때문에 실은 천지의 아들로 천지와 연속하고 있음을 비유적으로 말하고 있다. "하늘과 땅에 가득 찬 것을 나는 몸으로 삼고, 하늘과 땅이 거느리는 것을 나는 성으로 삼는다"라는 말은 천지와 내가 하나의 이치를 가지고 있음을 말한 것이다. "하늘과 땅이 거느리는 것을 나는 성으로 삼는다"는 말은 나의 성정性情이 천지로부터 얻은 것임을 말한 것이다. 한 마디로 말하여 장재가 여기에서 말하려는 것은 바로 천인합일이고 만물일체의 사상이다.

오직 이런 천인합일의 사상 배경 속에서 인간은 비로소 천지를 가득 채운 것은 나의 몸이고 천지가 거느리는 것은 나의 성性이라는 방향으로 논리를 발전시킬 수 있다. 이런 사상을 만약 인간 질서만을 반영한 것이라고 말한다면 이것은 유학의 큰 배경을 완전히 무시한 것이고 또 천도가 송대 사상 중에서 가지는 의의와 중요성을 무시하게 되는 것이다.

장재는 인간의 수양과 정신 경계를 끌어올렸을 때, 소아小我의 각종 제한을 넘어서서 마음의 양은 날로 커져서 천지와 내가 일체라는 것을 느끼게 되고 천지가 미치는 것은 모두 나의 신체와 같다라고 말한다.[122)] 이런 장재의 사유는 분명히 『주역』에서 근원하는 송대 사람들의 생명화된 우주관의 성격을 보여주고 있다.

천지와 나는 동체임을 느끼는 것은 장재와 주자가 체득한 세계관의 기본 성질이다. 세계는 이미 나와 동체이고 세계 일체 사물은 나와 상관할 뿐만 아니라, 또한 내 생명의 일부분이다. 세계 운행 변화의 도리

---

121) 『正蒙』「乾稱篇」" 乾稱父, 坤稱母, 予茲藐焉, 乃混然中處. 故天地之塞, 吾其體; 天地之帥, 吾其性. 民, 吾同胞; 物, 吾與也."

122) 吳展良, 『東亞近世世界觀的形成』, 제288쪽 참조 바람.

와 나의 신체 운행 변화의 도리는 같은 하나의 도리이다.

『서명』은 천지를 부모에 비유하고 천자를 부모의 종자로 비유하여 천하 사람을 나의 동포로 여기고 만물을 나와 동류로 여긴다. 애친愛親과 사친事親의 마음을 미루어 나라를 사랑하고 천하의 사람들을 아끼고 군주를 섬긴다. 이렇게 본다면 신身·가·국·천하는 모두 일체이고 또한 한 단계 한 단계 확대한 동심원同心圓이 된다. 가인家人과 나는 일체이고 모두 혈육의 상관적 관계를 가진다. 그러므로 천하와 천지 만물과 나의 관계는 마치 확대된 가정과 같고 또한 확대된 신체이다. 이런 구조는 분명히 가정을 기본단위로 하는 인간세계의 질서를 반영하고 있고 또한 확충 후의 신체와 마음을 표현하고 있다.[123]

유가는 만물 존재의 혈연적인 유기적 연속성의 구조 위에 인격성人格性적인 도덕적 연결을 정초하고 있다. "먼저 그 가까운 혈친을 친애한 후에 백성을 사랑하고 다른 금수와 초목의 만물을 아낀다"(親親而仁民, 仁民而愛物)[124]라고 하여 유가는 친친과 같은 효제孝悌의 도를 인의仁義의 도덕으로 더욱 심화시켜 그것을 심성론과 형이상학적인 단계로 격상시킨다.

유한한 개체적個體的 생명이 무한한 우주적 생명과 하나로 합하여 구성되어진 인간의 현실적 생명 속에서 인간이 무한의 단계로 격상하려는 실천적 노력은 결코 경제인Homo economics의 물질적 노동력을 의미하는 것이 아니라, 전체와의 조화 가운데서의 자발적인 자기 창조적 행동을 말한다. 이것은 인간 자신이 전체적인 우주적 체계의 한 부분에 속한다는 것을 망각하지 말고, 또한 자신을 전체로서 고집하지 말아야 할 것을 말하는 것이다.

인간은 연속적인 존재의 상관적 체계 속에서 생명의 도리 즉 도道나

123) 吳展良, 『東亞近世世界觀的形成』, 제290쪽 참조 바람.

124) 『孟子』, 「盡心上」

리理가 있음을 발견하게 되고, 전체적인 도리의 영역 안에서만 존재의 의미와 근거를 발견할 수 있기 때문이다.

우주의 존재적 연속성 안에서 다른 존재자와는 달리 인간은 유한한 개체의 제약성과 한계를 넘어서서 우주 전체의 이치를 현시할 수 있는 능력을 가진다.

> 만물이 일체라고 말할 수 있는 것은 모두 이런 이치를 가지고 있고, 오로지 (하나의 동일 근원인) 그곳에서 나오는 것이기 때문이다. 생하고 또 생하는 것을 일러 역易이라고 한다는 것은 생한 것은 모두 동시에 생명을 가지고 있고 또 이런 이치를 가지고 (자신의 본성으로 삼아 가지고)있다. 인간은 (자각적으로) 미루어 헤아릴 수 있는 능력을 가지고 있고, 다른 물의 존재는 기에 어지럽혀져 미루어 헤아릴 수 있는 능력을 가지고 있지 못할 뿐이다. ....[125)]

위에서 말하는 일체라는 의미는 마치 동일한 조상으로 부터 같은 혈맥血脈을 이어 받아서 일가一家를 이루고 있는 것처럼 말하고 있는데, 바로 앞에서 말한 혈연적 연속성이다. 즉 "만물이 하나로 똑 같은 동일 본체라는 의미에서의 일체가 아니라, 동일한 근원에서 나와서 서로 연속하여 일체를 이룬다는 의미이다."[126)] 이러한 연속성과 일체를 가능하게 하여 주는 것은 바로 생리生理 혹은 동리動理이다. 이것은 인간과 만물을 창조하여 주재하는 창조자는 아니지만, 인간과 만물이 각자의 기능에 따라서 존재하고 활동하게 하여 주는 것이다.

그러나 생명적 존재로서의 인간과 다른 만물의 구별은 기의 제약성을 초극하여 인간 자신의 근원과 우주적 전체성을 미루어 헤아릴 수 있

---

125) 二程撰, 『二程集』 『河南程氏遺書』 卷第二上, 臺北, 漢京文化事業公司, 1983, 제33쪽. "所以謂萬物一體者, 皆有此理, 只爲從那裏來. 生生之謂易, 生則一時生, 皆完此理. 人則能推, 物則氣昏, 推不得,...... ."

126) 牟宗三, 『心體與性體』(一), 臺北, 正中書局, 1985, 제68-69쪽 참조 바람.

는 심心의 정립 여부에 있다. 인간은 심을 통하여 전체적인 사물의 세계를 통일적으로 이해하여 참된 인식의 영역에 도달할 수 있다. 여기에서 인간은 천지와 같이 우주의 창조와 발전에 참여할 수 있는 가능성을 가지게 되는 것이다.

인간에 있어서 참여의 의미는 결코 평면상에서의 분리와 독존獨存을 위한 대립과 모순의 확대가 아니라, 전체적 관계 속에서의 직상직하直上直下의 합습의 경향을 가진다. 여기에서의 합은 어디 까지나 전체 중의 활동으로 자아의 개방과 현시顯示의 추진력이 되는 것이다. 즉 인간은 우주 생명의 창조와 발전에 참여하여, 창조의 한부분이 될 뿐만 아니라, 또한 중심이 되는 것을 의미한다. 여기에서 자아의 개방과 현시의 추진력으로서의 '합'은 천과 인人, 이론과 실천의 문제를 조화시키는 완전성의 의미를 가지게 되는 것이다.

6. 직분의 통일로 본 천인합일

유가철학에서 가장 중요한 문제 중의 하나가 바로 '천인합일'이다. "천인합일 이라는 관점은 직접적으로는 유가 철학의 발전을 지배하였고, 간접적으로는 중국의 모든 사회, 정치와 문화체계들을 지배하였다. 이 때문에 그것은 천인합덕天人合德, 천인불이天人不二, 천인지제天人之際, 천인무간天人無間, 천인일기天人一氣 등의 말로서 줄 곧 유행해온 것이다."127) 하지만 현대의 과학기술 문명의 발전에 따라 이런 오래된 전통적 관념은 설득력을 잃어 버렸지만 과학기술이 가지고 있는 자기 파괴적 역기능에 의하여 천인합일이라는 문제는 새로운 측면에서 또 다른 해석을 요구받게 되었다.

---

127) 唐君毅, 『中西哲學思想之比較研究』, 臺北, 宗淸, 1978, 제111쪽.

천인합일이라는 문제를 유기론적인 자연관에 근거하여 단순히 연속성을 가지고 전체적인 상호 발전을 하는 것으로 간주하여 자연은 만물의 생성을, 인간은 자신의 정언적 명법에 따라서 도덕적 생명의 육성에만 전념하면 인간과 자연 사이에는 어떠한 대립이나 충돌은 생기지 않는다는 안이한 관점에서만 문제를 다룰 수는 없다.

자각적인 이성 혹은 지성을 가진 인간은 자신의 존립存立과 기능을 위해서 자신을 전체로 단정하여 천지로 부터 분리될 가능성을 항상 가지고 있다. 즉 인간은 천지와 관계하면서도 자신의 존재를 자기 방식에서 묻는 유일한 존재이기 때문이다. 이 때문에 자연과 인간의 실질적實質的인 통일substantial unity을 요구하기는 힘이 든다.

천인합일의 진정한 의미는 실질적 동질성同質性에 대한 일치conformity를 말하는 것이 아니라, 개별적 생명이 기능적機能的으로 통일되는 '이질적 통일성異質的 統一性'을 말한다. 여기에는 기능의 조화로운 통일을 의미하는 인문세계와 자연세계의 기능적 통일functional unity을 요구한다. "기능적 통일이라는 것은 결코 여러 가지 다양한 원소들의 동질성을 구성하려고 하지 않는다. 여러 구성 부분의 다양성과 다른 형식을 허용할 뿐만 아니라 필요로 하고 있다. 왜냐하면 이것은 일종의 변증법적 통일이고 대립의 공존共存이기 때문이다."128)

천인합일에서 말하는 합일合一이란 말은 결코 어떤 원소의 동일성이나 일치를 말하는 것은 아니다. 만약 합일이라는 말을 그런 식으로 사용하였다고 한다면 인간과 세계는 통일될 수 없는 이원적二元的인 것으로 변하였을 것이다.

유가들이 말하는 합일이란 말은 결코 분화分化되어 지지 않은 연속성을 추구하는 것이 아니라, '화이부동和而不同'이다. 즉 서로 조화하면서도 각각 기능의 자유를 발휘하는 전체적인 조화Harmony를 말하는 사유

---

128) Ernst Cassirer, *An Essay On Man,* New Haven and London, Yale University Press, 1944, p.223.

방식을 가리킨다.

조화는 하나의 동적動的인 개념으로, 전체적인 완형完形의 개념으로, 부분으로 잘라서 보는 관점이 아니다. 여기에서는 자신 이외에 다른 존재 역시 모두 의미 있는 타자일 뿐만 아니라, 모두 가치 있는 영역에 속한다. 이른바 "(만물은 개별적으로는) 각각의 타고난 성명을 바르게 하고, (전체의 측면에서) 진정한 조화를 이루고 보존하여야 한다(各正性命, 保合大和)"129)는 말이다. 이런 맥락에서 천인합일의 의미는 바로 어떻게 각자의 생명 활동을 서로 인정하며, 권리와 의무를 공유하고, 조화하는가? 라는 윤리적인 문제로 변하게 되는 것이다.

유가 철학은 '생명'이라는 관점을 매우 강조한다. 서양 철학이 자연이나 외재적 대상을 중심 되는 문제로 취급하는데 비해 중국인들은 그들의 관심을 생명의 의미와 실현이라는 곳에 집중시키고 있다. 그들은 생명이라는 문제를 단순히 개체적 존재에만 한정시키는 것이 아니라, 전체 우주로 까지 확장하여, 삶의 질서를 우주의 전체적 질서와의 조화적 관계 속에서 파악하려고 한다. 그것은 바로 우주의 보편적 진리라는 것은 항상 구체적인 개체 속에서 표현되고 구현된다는 사실을 그들은 말하려 하기 때문이다.

중국의 철학자들이 처음으로 발견한 보편적 진리는 '도道'이다. 도라는 개념은 부단히 생성 변화하는 천도天道에서 부터 나온 것으로 결코 추상적인 개념만은 아니다. 즉 인간은 자연 속에서 났고, 오직 자연의 양분을 흡수하여야만 비로소 자신의 생존을 유지할 수 있다. 이것들은 부인할 수 없는 사실로서 인간과 자연의 조화적 구조를 가설할 수밖에 없는 것이다. 그것은 바로 천인합일天人合一의 생생生生 구조로 나타난다.

'생하고 또 생한다'는 생생이란 말의 의미는 생명의 창생創生과 생명의 연속連續이란 것을 동시에 말하고 있다. 창생은 천지 혹은 천도의 기

---

129) 『주역』 건괘(乾卦), 「단전(彖傳)」

능을 말하는 것이고, 생명의 연속은 인류의 책임에 해당하는 것이다. 생명의 연속을 담당하는 인류의 책임은 인간이 천지의 화육化育에 참여하는 방식에 의하여 결정된다. 인간만이 유독 천지와 같이 만물의 화육에 참여할 수 있는 것은 인간이 다른 사물과는 달리 의식과 정신을 가지고 있는 지혜로운 존재이기 때문이다. 바꾸어 말하면 인간은 자기 의식과 정신을 가지고 스스로 존재하고, 행위 할 수 있는 존재이기 때문이다.

여기에서 인간은 자신이 가진 지혜에 근거하여 인간을 둘러싸고 있는 자연의 환경에 참여하게 된다. 유가들은 인간이 천지의 화육에 참여하는 데에는 두 가지 조건을 필요로 한다고 생각하였다. 하나는 인간의 이성적인 지혜이고 또 다른 하나는 인간의 도덕이다. 이성적 지혜와 도덕의식을 겸비하여야 인류는 우주속의 참된 주역으로서 자연을 이용하고 개발할 수 있는 것이다. 왜 인간은 두 가지 조건을 겸비하여 천지의 화육에 참여하여야만 하는가?

근대의 이성에 근거한 과학 기술의 진보는 인간이 염원하던 모든 문제를 해결하지도 못했을 뿐만 아니라 오히려 더욱 많은 문제 예를 들면 환경의 파괴, 생태계의 파괴, 핵전쟁의 위험 등의 인류 문명의 지속성을 의심하게 하는 문제들을 야기시켰다. 바꾸어 말하면 과학 기술이 진보하는 것과 비례해서 과학 기술의 역기능적인 한계성이 더욱 노출되는 결과를 초래하게 된 것이다. 이것은 바로 인간이 가지고 있는 다양한 여러 능력 가운데에서 "특정한 인간능력이 이상적으로 발전하였기 때문이다."[130] 여기에서 인간이 가지고 있는 다양한 능력을 전체적으로 발전시켜야 하고, 인간이 자연을 대하는 태도가 어떠해야 하는 가는가 하는 문제는 자명해 진다. 유가는 인간이 자연을 대하는데 있어서 지성뿐만 아니라 도덕적인 태도를 가지고서 자연을 대하여야 한다고

130) 이진우, 「기술시대의 환경윤리」, 대구, 『문화비평』, 1992, 겨울호, 제57쪽.

말한다.

인간이 도덕의식을 가지고 자연의 화육에 참여한다는 의미는 단순히 인간이 천지를 덕화적德化的으로 보아서 초월과 내재라는 방식을 통하여 인간의 도덕적 상승과 실현이라는 의미 속에만 머물러 있지 않다. 여기에서 말하는 자연에 대한 도덕의식이라는 것은 첫째로는 모든 사물이 자신의 기능을 다 발휘하여 완성되도록 하는(開物成務) 생명 연속성의 책임감이다. 두 번째는 천지로서의 자연이 인간을 낳아 주고 길러 주는 것에 대한 보은報恩의식이다. 또 하나는 인간에 의한 인위적인 기술과 제작은 모두 자연의 것을 인간이 빌리거나 대신하는 것에 지나지 않는다(天工代之)는 무위無爲131)의 겸손함을 가져야 하는 것이다.

위에서 말한 생명의 연속성에 대한 인류의 책임감, 생양生養에 대한 보은 의식과 자연에 대한 무위의 겸손이라는 것은 모두 미래 혹은 다음 세대의 인류를 생각하는 윤리적 태도를 가정하고 있다. 이른바 미래의 윤리학으로서의 천인윤리 즉 환경윤리적 사유와 관점을 제공하고 있는 것이다. 유가들은 생명의 무궁한 시간적 흐름을 통하여 유한 공간에 대한 무분별한 작위성作爲性을 가하는 현대의 기술문명에 대해 '무후無後'132)라는 부모로서의 천지에 대한 죄를 예로 들어 인간들에게 경계하고 있는 것이다.

131) 여기에서 말하는 무위(無爲)는 작위(作爲)하지 않는다는 의미가 아니라, 『주자어류(朱子語類)』에서 인용된 정이천(程伊川)이 말하는 "천지는 마음이 없으면서도 변화를 이루고, 성인은 마음이 있으면서도 작위하지 않는다(天地無心而成化, 聖人有心而無爲)"에서 말하는 "무위"이다.

132) 무후(無後)라는 말은 "불효에는 세 가지가 있는데, 그 중에서 후손이 없는 것이 가장 크다(不孝有三,無後爲大"는 말에서 나온 것이다.

7. 소결

동적動的인 시간요소를 제거한 평면적 각도를 통하여 외재세계를 보면 세계는 생기가 없는 객관적 물리세계에 지나지 않는다. 이러한 자연에 대해서는 어떠한 신비감이나 가치라는 것은 생각할 방법이 없게 되고, 다만 수학적인 양에 의해 충분히 측정 가능한 영역으로만 남아 있게 된다.

근대 기술의 논리는 "진보의 이념을 수평화水平化하여 인간적 삶의 개선을 현재의 세계에서 성취하는데"133) 두고 있다. 여기에 비해서 중국의 유가들은 천인합일이라는 연속의 관점을 통해 자연을 보기 때문에 자연을 결코 단순한 물리적 연장계延長界가 아니라 인간 자신의 현재와 미래의 투영投影으로 보고 있다. 이른바 인간과 자연을 전일적全一的 조화의 연속체란 관점에서 보고 있다.

전일적 조화라는 것은 결코 이성적 대화를 통한 인간과 자연간의 일정한 고정 방식이 아니라, 생명의 동적인 흐름에 의한 모종의 관계이다. 바로 양자의 동적 균형관계이다. 여기에서의 균형은 동등한 힘에 의해 고정된 정태적靜態的 균형이나 동질성同質性의 일치가 아니라, 부단히 움직이면서 조화하는 동태적動態的 균형을 말한다. 이것은 자연과 인간이 각자가 가진 기능을 자유롭게 실현하는 가운데에서도 전체와의 조정 능력에 의해 가능한 것이다.

인간과 우주의 관계에 관해서 중국사상과 서양의 전통사상은 대비된다. 서양사상에서 인간과 우주는 신의 산물이다. 신의 지위는 어떤 다른 것보다도 높고, 신 및 인간과 자연의 삼자는 분립 되어있다. 그러나 『주역』 속에 표현된 중국사상의 천지인 삼자는 하나의 조화로운 전체를 구성한다. 인간은 우주의 공동창조자이다. 이것은 인간의 자연에 대한 실천

---

133) 이진우, 「기술시대의 환경윤리」, 제62쪽 참조 바람.

방식參贊化育을 통하여 나타난다. 자연에 대한 인간의 역할은 조역자助役者 혹은 보조자補助者로서 천지의 화육化育에 합작合作하는 것이다.

인간의 자연에 대한 실천방식을 조역적 합작이라고 하여서 인간의 실천방식이 소극적이거나 천도에 의하여 일방적으로 지배받는 것은 아니다. 오히려 인간이 윤리적 책임감을 인간 자신에서 벗어나 자연에 까지 확대시켜야 한다는 입장에서 본다면, 오히려 인간은 세계 내에서 더욱 중요한 주역主役으로 되는 것이다. 왜냐하면 천인조화적 공존의 도리를 실천하고 넓히는 주체는 도리 자체가 아니라, 결국 인간 자신에게 있기 때문이다(人能弘道, 非道弘人).

유가들은 인간의 생명과 자연적 생명을 함께 관련시켜, 자연세계의 존재들을 가치적 색채를 띄고 있는 것으로 만들고 있다. 그러므로 인간의 입장에서 자신에게 내재해 있는 생명과 외재外在의 생명을 동시에 완성시켜 주는 것이야 말로 완전한 생생生生의 실현이 되는 것이다. 여기에서 유가들은 생명 충돌의 문제 즉 인간과 만물, 인간과 자연간의 모순과 충돌의 문제를 결코 회피하거나 놓아두면 저절로 해결되는 과정으로 놓아두지 않고, 인간 자신의 노력에 의해서만 가능한 것으로 말하고 있다. 이러한 노력은 인간 자신에 대해서는 구체적 생명에 대한 수직적인 체증體證의 방식이고, 외부 사물에 대해서는 이용후생利用厚生이라는 공통적 생명의 조화적인 체험의 방식으로 나타난다. 이것이 바로 '절지천통'의 진정한 의미이다.

제2장

생명관을 통해 본 유가의 연속적 세계관

1. 왜 생명이 문제되는가?

현대는 인류에게 인간과 자연의 관계를 다른 관점에서 재조정하기를 요구하고 있다. 인류는 뛰어난 과학지식을 통하여 자연을 임의로 개조하고 조절하여 인간의 복리를 엄청나게 향상시켰지만 동시에 이제까지 쌓아온 문명뿐만 아니라 인간 자신의 생존마저도 위협당하는 곤경에 빠지게 만들었다. 이런 상황에서 개조와 조절이라는 인간의 행위방식은 더 이상 자연에 가해져야 할 것이 아니라, 오히려 인간의 무한정한 욕심과 오만을 조절하고 개조하는 쪽으로 방향을 선회하여야 할 것이다. 그것은 바로 인간이 자연에 대해 가져 왔던 태도를 다른 관점으로 재조정하는 것이다.

인간의 자연에 대한 관점을 개조하고 조절하여야 한다는 말은 기본적으로 인간의 생존이라는 당위성과 위기감에서 출발한다. 인간의 자연에 대한 관점을 재조정하여야 한다는 반성적 태도에서 가장 중요한 항목은 무엇보다도 인간 자신의 생존이라는 문제를 좀 더 입체적이고 거시적인 안목에서 조절하여야 하는 것이다. 인간의 생존이라는 문제를 입체적이고 거시적인 안목에서 보아야 한다는 말은 인간의 생존을 단순히 자연과 구별되는 개별적 우類로서의 인간이나 혹은 다른 존재자와 구별되는 인간이라는 관계적 설정을 벗어나야 한다는 의미이다. 만약 이런 방식의 관계적 설정 속에만 머무는 경우, 인류의 생존이라는 문제는 보장될 수가 없는 것인지도 모른다.

인류는 생존이라는 문제를 항상 '전체'를 배제한 '개체'라는 지평 속에서만 생각하여 온 것이 사실이다. 사실상 이런 배타적인 개체의식의 무한한 확장과 그로인한 끝없는 분열이 인류를 위기 속으로 몰아넣어 왔다. 이런 곤경에서의 탈출이 가능하기 위해서는 인간의 사회적 공동체는 물론이고 자연을 포함한 거시적이고 입체적인 생존의 공동체 혹은 생명의 공동체라는 새로운 생태적인 관계 설정이 필요하다. 지금까지 인간이 생각해 온 생존의 공동체는 지극히 불충분한 것으로 그것은 전체를 배제한 배타적인 자아의식의 좁은 울타리 속에 만 머물러 있었다. 여기에서 우리는 생존의 근거에 대한 새로운 접근 즉 생존의 근거인 '생명'이라는 문제에 대한 논의를 필요로 하게 된다.

인류의 생존이라는 문제를 '생명'이라는 관점에서 접근하는 시도야말로 가장 당연한 것인지도 모른다. 특히 이런 관점에서 모든 생명의 근원을 자연으로 보고, 모든 개체 생명이 분열되어 있는 것이 아니라, 상호 영향을 주면서 연계되어 있는 생명의 공동체를 말하는 유가의 생명에 대한 관점은 매우 시사적이다.

유가는 인간과 모든 자연을 포함하는 우주 자체를 하나의 큰 생명체로 파악하여, 인간과 자연이 상호 교감하고 영향을 주는 연속체로 말하고 있다. 여기에서는 중국의 유가철학에서 말하는 생명 중심의 연속적 세계관을 중심으로 하여 '생生'의 의미, 우주의 보편생명과 개체생명, 생명과 우주 공동체 등의 문제를 살펴보려고 한다.

2. 유가의 연속적 세계관과 생명의 의미

유가들이 세계를 바라보고 해석하는 기본적인 관점은 인간과 자연(天 혹은 天地)이 한 몸을 이루고 있다는 일체一體 혹은 합일이라는 전제에서 출발하는 경우가 대부분이다. 인간을 포함한 모든 존재들이 제 각기 자생自生하면서도 동시에 상호 연관성을 가지고 존재하고, 서로 감응하면서 하나의 공동체가 될 수 있는 것은 '생명의 흐름'이 연속되어 존재간의 상호 모순과 단열斷裂을 허용하지 않기 때문이다. 이런 생명의 흐름이 관통하고 있는 존재 연속의 공동체를 유가들은 일체("以天地萬物爲一體")134), 일신(一身, "天地爲一身"135)), 일가(一家, "天下爲一家"136)) 등으로 표현한다.

유가들은 천지와 인물人物을 포함한 전체 우주를 설명하는 경우, 그것의 개별적 구성 부분이 제 각기 분열되어 대립하고 있는 것이 아니라, 개별적 구성 부분이 하나의 유기적 전체에 속하는 동시에 개별적인 참여자로서 상호 연계되어 있는 것으로 보고 있다. 이런 존재의 연속성 혹은 연계聯繫를 유가는 하나의 자명한 진리로 간주한다. 이런 존재의 연속과 연계를 가능하게 해 주는 것이 바로 '생명'이라고 유가들은 말한다.

존재의 연속성 혹은 연계라는 유가식의 자연과 인간의 관계에 대한 기본적인 관점은 인간과 자연 만물이 기본적으로는 동질인 어떤 것에 의해 연결되어 있다는 것이다. 이러한 기본적인 관점에 따라서 유가는 전체 우주의 모든 구성 부분을 동일한 유기적 전일체全一體에 속하는 것으로

---

134) 『二程遺書』 二上, "仁者以天地萬物爲一體, 莫非己也.. 認得爲己, 何所不至. 若不有諸己, 自不與己相干; 如手足不仁, 氣已不貫, 皆不屬己."

135) 『二程遺書』 二上, "若夫至仁, 則天地爲一身; 而天地之間品物萬形, 爲四肢百體. 夫人豈有視四肢百體而不愛者哉."

136) 王陽明, 『陽明全書』 二十六, "大人者, 以天地萬物爲一體者也. 其視天下猶一家, 中國猶一人焉, ..."

간주하여 그것을 '생生'의 개념으로 통합시켜 표현하고 있다. 즉 유가가 말하는 우주는 유기적 전일체이고 그 속에 존재하는 만물은 일체로 통합되어 있고, 이런 일체를 연결시켜 주는 교통망交通網을 생명이라는 것으로[137] 비유하여 전체 우주를 생생불이生生不已하는 대동체大動體로, 항상 살아서 움직이고 변화하는 대생명체大生命體로 표현한다. 이런 관점을 가장 분명하게 보여 주는 책이 바로 『역전易傳』이다. 『역전』은 부단히 살아서 움직이고 변화하는 대생명체인 우주를 "생하고 생하는 것을 일러 역이라고 한다(生生之謂易)"[138]란 말로 요약하고 있다.

『역전』을 포함한 유가가 우주를 하나의 생생불이하는 대생명체로 해석한 것은 결코 인간이 아직 뚜렷한 자아의식을 가지지 못하여 인간과 외재세계를 분리하지 않고 "자연을 자연주의자의 관점에서 보지도 않고, 단순히 실용적 혹은 기술적 관심에서 접근하지 않는"[139] '원시사유'의 단계에 머물러 있기 때문은 아니다.

만약 유가가 인간과 자연만물을 동일한 하나의 생명으로, 일체적인 존재 연속이라는 관점에서 해석하는 것을 단순히 "존재하는 모든 생명 형식은 친족 관계를 가지고 있고, 개별적인 생명들은 서로 소통하는 일체이고 인간은 결코 자연계에서 특권적인 지위를 가지고 있지 못하고 있다"[140]는 원시적 자연관의 단계에 여전히 머물러 있다고 단정하는 것은 잘못이다.

사실 이런 인간과 자연의 '성명의 일체'라는 원시 존재론의 잔영은 중국 문화의 연속성이라는 특징에 의해서 천인합일의 형태로 남아 있는 것은 사실이다. 그러나 유가들은 우주속의 모든 존재들이 생명을 가

137) 羅光, 『新儒家論叢』,, 臺北, 學生書局, 1979, 제32쪽

138) 「繫辭上傳」 제5장

139) Ernst Cassirer, *An Essay on Man* , New Haven, Yale University Press, 1944), p.82.

140) Ernst Cassirer, *An Essay on Man,* p.82.

지고 있다는 만물유령론萬物有靈論이나 인간과 자연이 혈연적인 친족 관계라는 등의 원시 존재론의 관점들을 이미 철학적인 우주론과 심성론의 차원으로 끌어 올려 논의하고 있다.

『역전』은 생명이라는 문제를 남녀의 결합 등의 간단한 생물 현상으로 비유하는 것에 머물지 않고, 음양陰陽이라는 철학적인 개념을 통하여 생명의 본질과 현상을 해석하는 동시에 우주의 대생명과 인간의 심성을 연결시키고 있다.141)

『역전』은 '생명'이라는 개념을 단순히 생물학적인 개체 생명의 발생과 활동을 서술하는데 머무르지 않고, 생명의 영역을 우주 전체로 까지 확대하여 생명의 근거를 설명하는 동시에 그것과 개체생명과의 연관성을 철학적으로 설명해 주고 있다. 유가의 세계관이 가지고 있는 가장 큰 특징 중의 하나가 바로 '연속성'이라는 측면이다.

유가들은 자연과 인간이 결코 파열破裂되어 있지 않는 하나의 유기적 연속체를 구성하고 있는 것으로 보고 있는데, 이런 관점은 자연과 인간, 정치, 역사, 도덕적인 여러 측면에서 공통적으로 나타나는 특징들이다. 유가들은 자연과 인간 세계의 유기적 연속을 가능하게 해 주는 것으로 기를 말한다. 즉 그들이 가지고 있는 세계관은 기본적으로 "존재의 모든 형식 중에 기의 연속적 존재가 있음을 믿는"142) 것에서 출발하고 있다고 하여도 지나친 표현은 아닐 것이다.

자연과 인간의 연속성적인 구조를 설명하는데 있어서 기의 개념은 아주 유효하게 사용된다. 유가들은 천지 만물과 인간이 원래 '일기一氣'에 의해서 구성된 일체임을 말하여 전체 우주를 하나로 묶어 주고 관통하는 근거로서 '일기'를 말하고 있다.

---

141) 「說卦傳」 제2장. "昔者聖人之作易也, 將以順性命之理, 是以立天之道曰陰與陽, ..."
「繫辭上傳」 제5장. "一陰一陽之謂道, 繼之者善也, 成之者性也."

142) 張光直, 「連續與破裂 : 一個文明起源新說的草稿」, 『九州學刊』, 第1卷 第一期, 1988年 9月, 제1쪽.

한대漢代의 유가들이 말하는 재이설災異說이나 천인감응설天人感應說, 송대의 성리학이 말하는 천인합일설 등은 결코 일기설이라는 근거를 벗어나지 않고 있다. 유가들은 음양의 기라는 관점을 통하여 우주의 유기적 연속성을 동적으로 잘 설명할 뿐만 아니라, 우주내의 개별적 사물들이 어떻게 생성하고 변화生化하는가 라는 측면들을 잘 보여준다. 특히 『역전』은 생명이라는 측면에서 기를 해석하고 있다.

『역전』은 전체 우주 혹은 자연계를 천지天地 혹은 천天으로 말하는데 우주의 변화를 모두 음양이라는 기의 작용에 의한 것으로 보아 "한번 음하고 한번 양하는 것을 도라고 한다(一陰一陽之謂道)" "강과 유가 서로 밀쳐서(서로 번갈아 가면서 자리를 옮겨) 무궁한 변화를 낳으니(剛柔相推而生變化)"143)라고 말한다. 음양 운동의 결과로서 나타나는 변역變易의 과정을 『역전』은 생명의 유행流行 혹은 생생生生으로 표현하고 있다.144)

'생생'은 천지와 일체 사물의 생성과 발전 과정을 생명이라는 관점에서 표현한 말이다. 그러므로 『역전』은 전체 우주 혹은 자연계를 지칭하는 천지 혹은 천의 가장 중요한 작용을 아예 '생명'이라는 관점에서 말하고 있다. 바로 "천지의 가장 큰 공덕을 생이라고 한다"145) "천지가 감응하여 만물이 화생한다."146)고 말한다. 이런 음양 혹은 건곤乾坤의 상반상성相反相成에 의해서 천지는 생명력으로 가득차고, 만물은 생하고 또 생하는 것이다(生生之謂易). 『역전』은 '생명'이라는 개념을 통하여 일체의 모든 존재가 전일적인 대생명체를 구성하여 부단히 활동하고 있는 것으로 표현하고 있다.

유가는 왜 존재 연속의 관점을 "생명의 총체적인 단일체單一體 혹은 전일체"라는 관점에서 보려고 하는가? 이것은 단순히 존재간의 양적인

---

143) 『繫辭上傳』 제2장

144) 「繫辭上傳」 제5장. 生生之謂易

145) 「繫辭下傳」 제1장. 天地之大德曰生

146) 咸卦「彖傳」. 天地感而萬物化生

연계나 심미적審美的인 관조觀照의 경계境界를 강조하려는 것은 아니다. 유가는 생명을 동태적으로 살아 움직이는 흐름流行으로 간주하여 우주를 정지적 구조가 아니라, 생장과 전환轉換의 동태과정動態過程으로 보려 한다. 우주가 하나의 연속적인 생명의 흐름이고, 그 속의 모든 구성 부분은 내재적內在的으로 연결되어 있다는 관점을 통하여 존재의 모든 형식들이 어떻게 상호 의존하고, 경쟁하는가라는 문제를 설정하면서 자연스럽게 인간의 당위적인 삶의 양식이 도출되기 때문이다.

유가는 '생'의 개념을 통하여 천지와 인간을 포함한 만물 존재가 보편적인 생명의 과정 속에 함께 놓여 있음을 말하고 있다. 구체적으로 말하면 우주는 근본적으로 보편적 생명이 살아 숨 쉬는 과정으로, 물질 조건과 정신 현상이 서로 관통하고 융합하는 생기적生機的 광장이다. 그러므로 인간의 모든 행위와 도덕적 문제까지도 보편적 생명의 문제와 유기적으로 연결되어 있게 된다.

중국 철학에서 말하는 생명이라는 말은 단순하게 인간의 현실적, 생물학적 단계의 살아 있는 목숨만을 의미하지 않는다. 생명을 '가치'라는 측면에서 해석하고 있다. 비록 우주의 변화 속에 가치가 내재內在해 있는가? 라는 문제는 사실상 과학적, 이성적인 방식에서 풀 수 없는 신비적인 사유일 수도 있다. 다만 여기에서 중요한 것은 천지의 보편적 생명 정신이 가지는 조화와 변동變動이라는 기본적인 행위 방식을 나의 것으로 동일화同一化하는 데 있다. 여기에서 천인합일의 생명관이 가지는 진정한 의미와 목표가 드러나는 것이다.

이런 의미에서 중국철학에서는 최고의 이상 경계에 도달하는 목적과 방법을 '생명'이라는 개념을 통하여 하나로 보여주는 것이다. 바로 '생명'이라는 말은 방법과 목적이 하나로 합일되어 있는 실천적 개념이고 전체적 활동의 개념으로 볼 수 있다.

'생명이라는 말에서 '생'이라는 말의 의미가 가지고 있는 뜻은 앞에서 논의한 것처럼, 나와 타인 혹은 우주의 모든 존재가 공통적으로 가지고 있는 보편적, 전체적인 의미에서의 생명 가치를 말한다. 여기에 비해서 '명'이라는 의미는 본질은 전자와 동일하지만 각각의 개체에게 부여된 제한성과 한계성을 가진 개체적 생명을 의미한다.

천지 사이의 모든 존재는 이미 보편적인 음양 감응의 관계를 통하여 공통적인 유기체와 생명을 구성하고 있다. 이 때문에 생명 있는 모든 개체는 타자 혹은 외부 세계와 관계하고 있다. 개체간의 상호 관계는 단순히 배제와 모순의 관계가 아니라 하나의 개체가 외재 사물을 흡수吸收하고 또 타자에게 흡인吸引되는 상호 연관적 관계를 구성하고 있다. 여기에서 외계 사물을 흡수하는 것은 개체 생명의 유지를 위해서 필요한 것이고, 외부 사물에 흡인된다는 것은 더욱 높은 단계의 통일성에 정합하려는 것을 의미한다. 그러므로 여기에서 말하는 생명은 무한적인 우주적 생명과 유한한 개체적 생명이 서로 결합되어져 이루어진 개념이다.

그러나 유가들은 생명의 개념이 무엇인가를 묻지 않는다. 그들이 『역전』을 통하여 줄 곧 말한 '생'의 의미는 결코 생명에 대한 정의가 아니다. 우주의 '생생불이生生不已'와 강건함만 묘사하고 있다. 생명은 다만 의미 있고 가치 있다는 사실만을 보여 주고 있을 뿐이다. 생명의 고귀함을 어떻게 이해하고 어떻게 고양시킬 수 있는 가를 인간 스스로 체득하여 자기의 것으로 만드는 실천만을 요구하고 있기 때문이다.

유가에서는 인간의 궁극적 이상을 항상 천인의 합일이라는 데에 두고 있다. 그것이 가지고 있는 의미는 바로 인간의 제한적이고 유한한 생명을 무한한 우주의 창조적 덕과 거의 같은 경계에로 끌어 올리려 하는 것을 말한다. 생명은 방법이자 또한 목적이기도 한 것이다. 무한한 우주적 생명과 유한한 개체적 생명의 합일 이라는 목적은 바로 '천행건天行健'을 본받은 '자강불식自強不息'147) 이라는 방법에 의하여 비로소 가능하기 때문이다.

3. 생명에 대한 유가적 해석

유가는 우주의 모든 존재 양식들이 하나의 전일적 유기체에 속하고, 각각의 부분들 역시 스스로 생생生生하는 생명의 과정 속에 놓여 있는 것으로 말한다. 이런 생명을 유가들은 기氣, 생生, 인仁 등의 다양한 개념들을 통하여 표현하고 있지만 구체적으로 생명이 어떠한 의미를 가지고 있는가에 대한 명확한 정의는 하고 있지 않다.

다만 유가들이 '생명'에 대해 행한 언급은 주로 그것의 양태를 은유적으로 표현하고 있을 뿐이다. 이른바 생명의 철학을 말한다고 하는 『역전』에서 조차도 우리는 '생명' 개념에 대한 분명한 정의를 찾기가 힘이 든다. 구체적으로 『역전』의 구절들을 통하여 그들이 말하고 있는 관점들을 살펴보도록 하자.

1) "위대하도다 건원이여! 만물이 이에 바탕 하여 시작하니"[148]
2) "지극하다 곤원이여! 만물이 이것에 바탕 하여 생겨나니"[149]
3) "천지가 감응하여 만물이 화생하고"[150]
4) "하늘은 베풀고 땅이 낳아서"[151]
5) "천지의 큰 작용을 일러 생이라 한다"[152]
6) "천지가 있은 연후에 만물이 생하고"[153]

---

147) 『주역』의 건괘(乾卦) 「상전」에 나오는 말로서 자연의 운행이 끊임없이 이루어지는 것을 보고서, 인간이 그것을 본받아 반성적으로 수용하여 동일화하려는 태도를 말한다.
148) 乾卦 「彖傳」 "大哉乾元, 萬物資始"
149) 坤卦 「彖傳」 "至哉坤元, 萬物資生"
150) 咸卦 「彖傳」. "天地感而萬物化生"
151) 益卦 「彖傳」 "天施地生"
152) 「繫辭傳」 "天地之大德曰生"

위에서 인용한 『역전』의 문장에서 말하는 '생生'의 뜻은 대부분 만물의 생산 혹은 발생이라는 동사적인 의미에 한정되어 있고, 생명을 구체적으로 정의하는 말은 보이지 않는다. 특히 '생'의 개념을 『역전』은 '천지의 작용'과 '만물의 발생 혹은 생성'이라는 측면에서 주로 말하고 있다는 사실은 『역전』이 말하려고 하는 의미가 무엇인가를 함축하고 있는 것으로 보인다. 그것은 우선 만물을 포함한 전체 우주가 생명의 유행 속에 있고, 또 그런 생명의 활동은 건곤과 천지라는 음양의 합덕合德에 의해서 가능하다고 말하여 '생경의 과정'을 강조하는데 초점이 있는 것으로 보인다.

『역전』에서 말하는 우주 만물은 모두 유행과 변동의 과정가운데 있기 때문에 부동不動하는 어떤 것도 존재하지 않는 것으로 말하고 있다. 만약 어떤 부동의 동자動者가 존재하여 우주 만물의 변화를 가능하게 하였다고 한다면 유가가 강조하는 존재의 연속성이란 문제는 성립할 수 없을 것이다.[154] 그러므로 『역전』은 전체 우주가 균질적(均質的)인 전일체로서 끊임없이 변화하는 생명의 유행 속에 놓여 있는 것으로 표현하고 있다. 이런 변화를 가능하게 하는 것이 바로 기이다.

이런 맥락에서 '생명' 개념의 유무有無나 자의적字義的인 분석에 치중하는 것은 오히려 문제의 본질을 흐리게 할 가능성이 높다, 다시 말하면 '생명'이란 개념을 음양의 합덕合德이란 관계를 통하여 기술하고 있기 때문에 오히려 '기' 개념에 대한 분석을 통하여 생명의 본질에 접근하는 방식이 더욱 효과적인 것으로 보인다.

유가는 '생명'을 역동적인 에너지로 보아 '생명의 흐름' 혹은 '생명력'이란 개념으로 주로 서술하고 있다. 그러므로 유가들은 "물질로부터 생명의 유행을 보는 관점에 매우 친숙하여 자연계를 보는 경우에도 물

---

153) 「序卦傳」 제1장, "有天地, 然後萬物生焉"

154) 高懷民 저, 정병석 역, 『주역철학의 이해』, 서울, 문예출판사, 1995, 제151-152쪽

질은 보지 않고 물질에 표현된 생명의 유행만 본다"[155]고 말한다. 유가들이 말하는 물질物의 의미는 범위가 매우 넓다. 모든 것이 물物이기 때문에, 물을 기로 해석하는 것은 문제가 된다. 기는 물질의 근원일 뿐만 아니라, 동시에 생명의 근원이다. 그러므로 유가의 입장에서 순수 물질적인 천지 또는 우주는 존재하지 않고, 천지는 만물 생성의 근원이면서 동시에 그 자체는 하나의 거대한 생명체로 표현된다.

유가들은 객관적 천지 자연 자체를 생기生機가 유행하는 장場으로 보아, 물질을 생명화하고 물질과 생명을 일체화한다. 이런 관점에서 "생명은 일종의 에너지로 표현된다."[156] 그러므로 니담은 중국의 우주 모형을 "명령자命令者 없는 의지意志들의 질서 정연한 조화"라고 말하고, 이런 유기적 우주를 동적動的인 에너지의 장으로 보아 정지된 물질적 실체에 의해 구성된 것으로 보지 않는다. 확실히 정신과 물질의 이분법은 근본적으로 유가의 우주론에 적용시키기는 적합하지 않다.[157] 그러므로 생명력의 실체는 결코 단순한 물질이 아닌 정신성을 충만하게 가지고 있는 기이다.

진영첩(陳榮捷, Wing-Chit Chan)은 중국철학에서는 에너지와 물질을 구별하지 않았다고 말하고 덥스Dubs가 이런 기본 요소를 지칭하는 술어인 기를 'matter-energy'로 번역했는데 이 번역을 기본적으로 정확한 것이라고 평가한다.[158] 진영첩 자신은 기를 material force로 번역하는데 그는 강조하여 말하기를 "11세기 신유가들이 출현하기 이전에 기는 대체로 생명의 흐름과 관련되는 정신 생리학적生理學的 힘을 가리

---

155) 唐君毅, 『中西哲學思想之比較論文集』, 『唐君毅全集』 卷11, 臺北, 學生書局, 1988, 제118쪽.

156) 唐君毅, 『中西哲學思想之比較論文集』, 제119쪽.

157) 杜維明, 「試談中國哲學中的三個基調」, 北京, 『中國哲學史研究』, 1981, 제2期, 제21-22쪽.

158) Wing- Chit Chan, *A Source Book in Chinese Philosophy,* New York, Princeton : Princeton University, 1969, p.784.

키는 것이었다. 이 때문에 그것은 Vital force 혹은 Vital power生命力로 번역해야 한다"[159]고 말한다.

이처럼 우주를 구성하는 기본적인 재료인 기는 순수한 정신도 아니고 또한 단일한 물질도 아닌, 단순한 물질이 아니고 정신성을 충만하게 가지고 있는 일종의 생명력이다. 이런 이유에서 기의 학설은 순수 자연적인, 무가치적인 세계를 창조해 내지 못하는 것이다.

유가들은 우주의 총체적인 모습을 기의 흐름인 생명력으로 표현하고, 우주의 모든 만물은 연속적, 역동적, 상호 의존적인 상태에 있음을 말한다. 기를 '생명력'으로 번역하였을 때, 위에서 말한 것처럼 유가가 말하려고 하는 '생명의 흐름'이라는 의미를 더욱 분명하게 이해할 수 있을 것이다. 유가는 이런 '생명의 흐름'을 음양이라는 기의 상반상성相反相成이라는 운동과정을 통하여 설명하고 있다.

『역전』은 이런 생명과정을 "한번 음하고 한번 양하는 것으로"[160] 표현하고 있다. "한번 음하고 한번 양하는 것"은 바로 우주의 실상을 표현하는 말이다. "한번 음하고 한번 양하는" 과정을 벗어나서 생명을 이해하는 것은 어렵다. 『역전』에서 말하는 '한번 음하고 한번 양한다"는 우주의 실상을 후대의 유가들은 '일기一氣'로 규정한다. 주자는 "'음양'이라는 것은 다만 하나의 기일 뿐이다"[161]라고 말한다. 음양을 하나의 기로 규정하는 주자의 말은 기의 연속성과 천지의 끊임없는 생성과정生生을 근거로 한 것으로 보인다.

> 음양은 하나로도 볼 수 있으며 두 개라고 하여도 좋다. 두 개라는 입장으로 본다면 음으로 나뉘고 양으로 나뉘어 양의兩儀가 서게 된다. 하나라는 입장에서 본다면 다만 하나의 사라짐과 자라남일 뿐이다.[162]

---

159) Wing- Chit Chan, *A Source Book in Chinese Philosophy*, p.784

160) 「繫辭上傳」 제5장. "一陰一陽之謂道, 繼之者善也, 成之者性也"

161) 『朱子語類』 卷六十五. "陰陽只是一氣"

주자는 생명의 연속성과 부단한 생성과정을 '일기一氣'와 '음양의 감응感應'이라는 관점을 통하여 해석하고 있다. 만약 일기와 음양의 관계를 가지고 말한다면 일기 이외에 따로 음양의 기가 존재하는 것은 아니다. 일기를 소장消長과 동정動靜의 관점에서 볼 것 같으면 동動과 장長의 성격을 가진 것이 양陽이고, 소消와 정靜의 성격을 가진 것이 음이다. 결코 음양의 존재가 음이나 양으로 고정되어 있는 것이 아니라 상호 비교적인 것이다. 그러므로 일기와 음양은 질적으로 다른 것이 아니라, 동질적同質的인 것으로 연속성을 가지고 있다.

> 하늘과 땅은 다만 일기일 뿐이다. 그것이 스스로 음양으로 나누어진다. 음양의 두기가 서로 감응하여 만물을 화생하므로 대립물을 갖지 않는 사물은 결코 존재하지 않았다.[163)]

하늘과 땅 역시 동질적인 연속성을 가지고 있는 동시에 대립적이다. 만물의 생성과 변화를 설명하기 위하여 주자는 천지의 대립을 말한다. 여기에서 "천지가 있은 다음에 만물이 있는"[164)] 것이다. 음양 운동의 결과로서 나타나는 생생의 과정은 천지 자체의 생명 운동의 과정일 뿐만 아니라, 또한 현상계에 존재하는 일체 사물의 생성과 발전 과정이다.

생명의 연속성을 말하는 우주의 전일적인 생명 혹은 보편생명은 일반적으로 말하는 개체 생명과는 구별되어야 한다. 이른바 우주의 전일적인 생명 혹은 보편 생명은 "전체 생명 현상을 하나하나의 개별적 생명체로 구분하지 않고 그 자체를 하나의 전일적 실체로 보는"[165)] 관점

---

162) 『朱子語類』 卷六十五. "陰陽,做一箇看亦得, 做兩箇看亦得. 做兩箇看, 是分陰分陽, 兩儀立焉. 做一箇看, 只是一箇消長."

163) 『朱子語類』 卷五十三. "天地只是一氣, 便自分陰陽. 緣有陰陽二氣相感, 化生萬物, 故事物未嘗無對."

164) 『序卦傳』, 有天地然後有萬物

165) 장회익, 『삶과 온생명』, 서울, 솔, 1988, 제180쪽

이다. 이런 우주의 전일적인 생명 혹은 보편 생명은 물의 개체 생명들과 일체로 융합되어 있다.

우주와 융합하여 일체가 된다는 의미는 일체의 존재 형식은 모두 같은 생명력을 공유하고 있고 우주 만물과 인류는 동원同源이라는 사실을 말하는 것이다. 그러므로 "천지가 있고 난 후에 만물이 생기고, 천지에 가득 찬 것은 모두 만물이다"[166]는 『역전』의 말에 주목할 필요가 있다. 이것은 바로 천지가 존재의 시발점이고, 만물의 부모라는 사실을 말해주는 것이다. 이런 천지부모설天地父母說 혹은 건곤부모설乾坤父母說의 관점은 「설괘전說卦傳」과 장재張載의 『서명西銘』에서 잘 나타나고 있다.

모든 존재자가 생성 변화해 가는 유기적 전체임을 체계적으로 설명하는 우주 원형原型에 대한 설명 방식은 『역전』의 「설괘전」을 통하여 가장 구체적으로 나타난다. 특히 『역전』에서는 유가의 전형적인 자연과 인간의 관계를 끊임없는 생명의 생성과 변화라는 관점에서 해석하고 있다. 여기에서 말하는 전체 우주의 모습은 무한한 생명이 살아 숨쉬는 유기적인 통합체 혹은 연속체이다.

「설괘전」에서는 하나의 유기적 원형으로서의 체계적인 우주의 모습을 기본적인 모델model을 통하여 분명하게 제시하고 있다. 그것은 '가정家庭'을 모형으로 하여, 천지를 부모로, 그 외의 모든 존재하는 만물을 자식으로 삼는 하나의 거대한 생명의 전개 과정을 묘사하고 있다.

> 건乾은 하늘을 상징하는 것이므로 아버지라고 한다. 곤坤은 땅을 상징하여 어머니라고 부르는 것이다. 진震은 곤의 음이 첫 번째로 건의 양과 결합하여 장남長男이 된다. 손巽은 건의 양이 첫 번째로 곤의 음과 결합하여 장녀長女가 된다. 감坎은 곤의 음이 두 번째로 건의 양과 결합하여 둘째 아들이 된다. 이離는 건의 양이 곤의 양과 결합하여 둘째 딸이 된다. 간艮은 곤의 양이 세 번째로 건의 양과 결합하여 셋째 아들이 되고, 태兌는 건

166) 「繫辭上傳」 제12장. "有天地然後萬物生焉, 盈天地之間者, 唯萬物."

의 양이 세 번째로 곤의 음과 결합하여 셋째 딸이 된다.[167]

위의 인용문은 바로 전체 우주 속에는 어떤 고립된 사물의 존재란 있을 수 없고, 모두 혈연적인 연결성 혹은 상관성을 가지고 있음을 설명하고 있다. 『역전』에서는 일체의 만물은 모두 음과 양을 대표하는 건(☰)과 곤(☷)을 부모괘父母卦로 하여, 건곤乾坤 두 괘의 교배交配를 통하여 만물이 같은 혈통을 가지고 생겨 나온 하나의 혈연적인 연결 계통을 이루고 있음을 말하고 있다.

팔괘八卦는 가정의 기본 구성원으로서 우주라는 대가정의 가장 원시적 상태를 보여 주고 있다. 비록 기본적 분자가 여덟 개에 지나지 않지만 이것을 다시 중첩하여 64괘를 만들어 전체 우주의 모든 존재자가 혈친血親의 관계를 가지는 일가一家임을 묘사하고 있다.

『역전』에서 묘사하고 있는 전체 우주는 천지와 인간을 포함한 만물이 공통의 혈친관계血親關係를 통하여 결합된 전체임을 상징적으로 말하고 있다. 즉 천지의 부모와 여섯 자식으로 상징되는 작은 가정에서 부터 시작하여 하나의 지방에서 나라, 우주 전체로 확대되는 생명의 유기적 전개 과정을 동태적으로 설명하고 있다. 이러한 만물의 혈연적 상관성을 가장 단적으로 보여 주고 있는 것이 바로 방통(旁通, extensive connectedness 혹은 extensive relatedness)이다.

방통이란 개념은 『주역』에서 서로 다른 괘의 부분을 흡수하여 기타의 다른 괘로 파생하여 확장되어 가는 것으로, 여섯 효가 서로 관계하여 상호 섭취하고 파생하는 육효六爻의 발휘發揮를 말한다.[168] 이 때문

167) 「說卦傳」 제10장 "乾天也, 故稱乎父. 坤地也, 故稱乎母. 震索而得男, 故謂之長男. 巽一索而得女, 故謂之長女. 坎再索而得男, 故謂之中男. 離再索而得女, 故謂之中女. 艮三索而得男, 故謂之少男. 兌三索而得女, 故謂之少女."

168) 이 말은 『주역』 건괘(乾卦) 「문언전(文言傳)」의 "여섯 효로 발휘함은 실정을 두루 사방으로 통함이요(六爻發揮, 旁通情也)"라는 말에서 나왔다. 여기에서 말하는 "발휘(發揮)"라는 개념은 그 기능을 응용하여 펼친다는 의미로 하나의 관점을 다른 방면으로 확대하여 적용하는 것을 말한다. "방(旁)"은 '광(廣)'의 뜻으로 두루 가지 않는 곳이

에 모든 각각의 괘는 다른 괘의 도든 부분들을 상호 흡수하여 다른 63괘와 서로 관계를 가지게 되는 것이다. 이런 방통의 가장 기본적인 괘는 말할 것도 없이 건과 곤이다. 바꾸어 말하면 64괘는 건곤의 조합 즉 천지의 조화에 의하지 않는 것이 없는 것으로 건곤이야 말로 기본적인 인자(因子, gene)이다. 건곤을 기본 인자로 하여 방통하는 우주 속의 무생물, 동식물, 인간 등이 상호 연관 속에서 존재의 연속을 이루는 것이다.

우주의 생명이 가지고 있는 성격은 가정, 동포同胞, 일신一身 등의 은유적隱喩的인 방식을 통하여 적절하게 표현되고 있다. 그러면 우주의 보편생명 혹은 총체적인 전일체로서의 생명은 현실의 다층적, 개별적인 개체 생명, 예를 들면 인간, 금수, 돌 등과 어떤 차이와 연계를 가지고 있는가?

4. 우주의 보편생명과 개체 생명

유가는 무생물, 동식물, 인간 등의 우주의 모든 존재 형식들이 하나의 전일적 대생명체에 속하여 있고, 전체 우주의 모든 부분들은 저절로 자기 발생自生하는 생명의 과정 속에 있는 것으로 본다. 여기에서 우주를 구성하고 움직이게 하는 생명력은 순수한 정신이나 물질이 아닌 기이다. 이 기는 그저 물질이 아니라 모든 것에 존재하는 정신성이 부여된 생명력이다. 전체 우주를 생명력의 흐름으로 표현하여, 모든 존재가 연속적, 역동적, 상호 의존적인 상태에 있음을 말한다.

없음을 말한다. 이 때문에 주자는 『주역본의』에서 "방통은 곡진하다고 말하는 것과 같다(旁通, 猶言曲盡)"고 말한다. "정(情)"은 실정(實情) 혹은 실제의 뜻이다. 그러므로 "실정을 두루 사방으로 통한다(旁通情也)"는 말은 "옆으로 확대하여 만사만물의 실정과 뜻을 모두 통하게 한다"는 의미이다. 구체적으로 건괘에서 6효의 발휘는 "잠(潛)"·"현(見)"·"척(惕)"·"려(慮)"·"비(飛)"·"회(悔)"로 이를 통하여 모든 만물의 사태를 설명하려는 데 적용하고 있다.

만물을 구성하는 이 생명력이 인간과 자연을 내적으로 연결하여 생명의 통일체를 이룬다. 우주내의 모든 존재 양식들은 같은 생명의 흐름 속에 놓여 있기 때문에, 인간의 생명 역시 우주의 보편 생명과 혈액과 호흡을 같이 하는 일체로 융합되어 있다. 유가가 우주를 이해하는 합당한 은유 혹은 모형은 물리학적이라기보다는 생물학적이다. 유가가 개체 생명을 대하는 태도는 영원불변한 혹은 정지적 구조에서가 아니라, 자유로운 창생創生과 주체적 전환轉換이라는 동태과정動態過程에 초점을 두기 때문에 우주의 보편적 생명의 흐름 속에서 개별적인 생명 존재가 가지고 있는 자기 창조, 자기 발전과 자기 완성이라는 성격을 강조한다.

『주역』이 강조하고 있는 '생生'의 의미는 총체적인 생명의 유행인데, 그것을 '일음일양一陰一陽'으로 해석한다. '일음일양'을 벗어나서는 총체적 단일체로서의 보편 생명이나 개체 생명 어느 것도 이해할 수 없다.

> 한번 음하고 한번 양하는 것을 일러 도라고 한다. 그것을 잇는 것은 선이고, 그것을 이루는 것은 성이다.[169]

'일음일양'이 바로 생명의 현상이다. 바꾸어 말하면 생명은 일음일양의 실현이다. '선善'이란 생명의 흐름을 간단間斷없이 잇는 것繼이고, 이러한 생명의 흐름이 완성된 것을 '성性'이라고 하는데, 선이나 성 모두 '일음일양'하는 도의 다른 표현에 불과하다. 특히 여기에서 말하는 성은 우주의 보편적 생명이라는 의미와 개체 생명인 본성本性의 의미를 동시에 가지고 있는 것으로 이른바 "건도乾道가 변화하니 각기 성명을 바르게 하고 크게 조화한 것大化을 보존하고 합하는 것이 이롭고 바른 것이다"[170]라는 건괘乾卦 「단전」의 '성(性)'의 의미에 해당한다.

비록 개체 생명의 생존은 필연적으로 우주의 보편 생명에 근거하고

169) 「계사상전」 제5장. "一陰一陽之謂道, 繼之者善也, 成之者性也."

170) 乾卦 「彖傳」. "乾道變化, 各正性命, 保合大化, 乃利貞."

있지만 개체 생명의 자유로운 창생과 주체적 전환은 언제든지 가능하다. 『주역』은 이런 우주의 보편 생명과 만물의 개체 생명의 관계를 "건도가 변화하여 각각 성명을 바르게 하니 큰 조화를 보전하고 모으니 이에 바름이 이로울 것이니라(乾道變化, 各正性命, 保合大化)"라는 입장에서 말한다. 이 말에 대해 정이천은 다음과 같이 말한다.

> 건도가 변화하여 만물을 생육하니 크고, 작고, 높고 낮은 것은 각각 그 무리로 성명을 바르게 한다. 하늘이 부여한 것이 명命이고, 만물이 받은 것이 성性이다. '크게 조화한 것大化을 보존하고 합하는 것이 이롭고 바른 것이다'라는 말에서 보保는 항상 보존하고, 합合은 항상 조화하니 이로써 이롭고 바른 것이다. 천지의 도道는 영원하여서 끝이 없는 것은 대화大化를 보존하고 합하는 것保合大化이기 때문이다.[171]

건도乾道 즉 천도의 변화를 통하여 만물들은 각자의 성명을 획득하고 자기 존재의 가치와 의미를 얻게 된다. "제각기 성명을 바르게 한다(各正性命)"라는 말은 만물의 다양성과 차별성을 의미한다. 즉 사람은 사람의 성명을 가지고 있고 초목은 초목의 성명을 가지고 있다. 이런 다양한 개별 존재의 출현에 대해서 장재張載는 "유행하는 기가 어지럽게 뒤섞이고 합하여서 형질形質을 이루어 사람과 사물의 다양함을 낳는다"[172]고 하였다.

주자는 장재의 이 말에 대해서 "유행하는 기(游氣)가 어지럽게 뒤섞여"[173] 개별적인 만물이 각각 하나의 성명性命을 얻으면 바로 하나의 형질을 얻는데 이것은 모두 기가 합하여 이루어진 것이고, "합하여서

---

171) 程頤, 『易程傳』 乾卦 「彖傳」. "乾道變化, 生育萬物, 洪纖高下, 各以其類, 各正性命也. 天所賦爲命, 物所受爲性. 保合大化乃利貞, 保謂常存, 合謂常和, 保合大化, 是以利且貞也. 天地之道, 常久而不已者, 保合大化."

172) 張載, 『正蒙』 「大和篇」. "游氣紛擾, 合而成質者, 生人物之萬殊."

173) 『性理大全』 『正蒙』 「大和篇」 附朱子語. "游, 流行之意. 紛擾者, 參錯不濟."

형질을 이루는" 것이 바로 '제각기 성명을 바르게 한다(各正性命)'라고 말한다.174)

천지의 기는 마치 맷돌로 밀가루를 갈 때 사방으로 가루가 흩어져 나오듯이, 끊임없이 돌아가면서(運轉) 여러 다양한 사물들, 예를 들면 큰 것, 미세한 것, 바른 것, 치우친 것 등의 다양한 것들을 사방으로 만들어 낸다.175) 이런 다양한 개별 존재가 출현하면서도 전체 우주는 서로 조화되는 것이다.

그러므로 유가들이 주장하는 전체와 개체의 상호관계는 개별적인 다수多數가 없는 일체도 없고, 일체가 없는 개별적인 다수도 존재하지 않는다. 연속체라는 것 역시 미분화된 동질同質의 것이 아니고, 충분히 구별 가능한 합일체合一體인 것이다.176) 이처럼 우주속의 해와 달로부터 땅위의 산천초목이 모두 개별적인 그 나름대로의 마땅한 존재의 의미와 가치, 역할을 가질 수 있는 것은 바로 "제각기 성명을 바르게 하기(各正性命)" 때문이다. 이 때문에 이런 각각의 성명을 조화롭게 만드는 통일성을 필요로 하게 되는데 그것이 바로 '대화大和'이다.

"제각기 성명을 바르게 한다(各正性命)"라는 말은 이미 세계의 다양성과 차별성을 의미하고, '대화大化를 보존하고 합하는 것'은 세계의 다양성과 차이를 조화하는 통일성을 말한다. 이런 세계의 다양성과 차이를 일체로 조화하고 융합하는 것이 바로 우주의 보편 생명이다.

우주의 보편 생명과 물의 개체 생명은 일체로 융합되어 있지만, 만물은 각각 자기의 독특한 본성을 가지고 있고 자유로운 생명 활동을 한다

174) 『性理大全』『正蒙』「大和篇」附朱子語. "一物各得一箇性命, 便有一箇形質, 此皆氣合而成之也. ......合而成質者, 各正性命也."

175) 『性理大全』『正蒙』「大和篇」附朱子語. "如麵磨相似, 其四邊只管層層散出. 天地之氣, 運轉無已, 只管層層生出人物. 其中有麤有細, 如人物有偏有正."

176) Wing- Chit Chan : *The Concept of Man in Chinese Thought,* edited by S. Radhakrihnan and P.t. Raju, *The Concept of Man*(Lincoln, Nebraska : Johnen Publishing Company, 1966, p.203.

는 의미이다. 개체 생명의 자유로운 창생과 주체적 전환은 특히 다른 존재와의 감통感通 가운데에서 더욱 활발하다. 왜냐하면 감통과 조화를 가능하게 해주는 총체적인 전일체로서의 보편 생명이 우주 사이에 존재하는 모든 만물 사이를 관통하고 있기 때문이다.

우주의 보편 생명이 의미하는 것은 인간과 우주 만물이 공동으로 하나의 신체를 구성한다는 말이다. 신체의 각 부분은 당연히 각자의 독특한 직분이 있기 마련이다. 이 문제에 대해 동중서董仲舒는 매우 흥미 있는 말을 하고 있다.

> 천지인天地人은 만물의 근본이다. 천은 만물을 생장시키고, 땅은 만물을 양육養育하고, 사람은 만물을 성취한다. ...... 이 셋은 서로 수족手足이 되어 합하여 몸을 이루니 이 중에서 어떤 하나도 없을 수 없다.177)

우주내의 모든 존재 양식들은 단일한 보편 생명의 흐름 속에 놓여 있기 때문에, 개체의 생명 역시 우주의 생명 과정을 구성하는 연속적인 흐름의 일부분일 뿐이다. 만물을 구성하는 이 생명력이 인간과 우주 만물을 내적內的으로 연결하여 하나의 유기체적인 통일체 혹은 일체一體를 구성한다.

동중서는 이른바 '일체'의 의미를 우주의 모든 존재들이 합하여 하나의 신체를 이루고, 각자가 자신만의 독특한 직분을 실천하여 유기적으로 상호 의존하는 상황을 말하고 있다. 그러므로 동중서는 그 중의 어떤 하나도 없어서는 안 된다는 사실을 강조하고 있다. 여기에서 우리는 또 하나의 중요한 생명 개념을 발견할 수 있다. 그것은 바로 우주의 보편 생명을 함께 구성하는 어떤 개체 생명에 대한 다른 개체 생명을 지칭하는 말이다.

---

177) 董仲舒, 『춘추번로』「立元神」. "天地人, 萬物之本也. 天生之, 地養之, 人成之. ...... 三者相爲手足, 合以成體, 不可一無也."

이른바 "우주의 보편 생명을 함께 구성하는 어떤 개체 생명에 대한 다른 개체 생명을 지칭하는 말"을 보생명co-life이라고 정의하는 것이 가장 적절할 것으로 보인다. "개체 생명의 생존은 필연적으로 온생명의 생존과 함께 이루어지는 것이며, 자신의 생존이 자신을 제외한 온생명의 나머지 부분에 결정적으로 의존하는 것이 된다. 그러므로 하나의 개체 생명 입장에서 볼 때 자신의 생존에 결정적인 영향을 미치는 온생명의 이 나머지 부분을 개념화하여 여기에 대한 적절한 명칭을 부여할 필요가 있다. 그리하여 한 개체 생명을 기준으로 했을 때 '온생명에서 이 개체생명을 제외한 그 나머지 부분'을 이 개체 생명의 '보생명'이라 부르기로 한다."[178] 어떤 면에서 유가들이 관심을 두고 있는 생명관의 핵심은 어쩌면 보생명의 중요성과 그 관계의 설정에 두고 있는지도 모른다. 그 핵심은 바로 보생명과의 경쟁보다는 협동과 감통感通에 초점을 맞추어 보생명과의 종적/횡적인 관계망의 설정에 온 힘을 기울이는 것이다.

5. 생명과 우주 공동체

송대宋代의 유가들은 기본적으로 인간과 자연을 일체로 간주하고 생명의 의미를 우주의 본질과 도덕의 원천으로 보고 있다. 이런 각도에서 송대의 유학자들은 동식물과 자연계를 우주의 보편 생명의 의미가 구현된 것으로 간주하여, 관물觀物을 통하여 우주의 보편생명의 의미生意를 체험하려고 한다. 이런 태도는 생生의 의미를 인仁이라는 관점과 불가분의 밀접한 관계를 맺게 만든다.

178) 장회익, 『삶과 온생명』, 제190쪽.

'천지의 가장 큰 공덕을 일러 생이라고 한다.' '하늘과 땅의 기운이 쌓여 만물이 화합해서 엉킨다.' '생한 것을 일러 성性이라고 한다.' 만물에서 가장 볼 만한 것은 생의生意이다. 이것은 바로 '원元이 선善의 우두머리이다'라는 것의 의미인데 이른바 인仁이다. 인간과 천지는 일물一物인데 사람들은 스스로를 왜소화하려는 이유가 무엇인가?[179]

송명 이학자들은 생生을 인仁의 관점에서 해석한다. 『역전』의 "천지의 큰 작용을 일러 생이라 한다(天地之大德曰生)" "낳고 또 낳는 것을 일러 역이라고 한다(生生之謂易)"에서 말하는 자연적인 생生과 도덕적인 인仁을 연결시켜, 생은 우주론적 의미를 가지고 있을 뿐만 아니라, 또한 인류의 도덕적 근원으로 간주하여 인간과 우주 자연을 일체라고 말한다. 바로 인간과 우주 자연은 일체이기 때문에 사람이 만물일체의 정신경계를 가지고 있어야 하는 것은 당연하다고 보는 것이다.

이런 인간과 우주 자연에 대한 일체의 요구는 만사만물에 대하여 인仁의 태도를 가지게 만든다.

인자仁者는 천지만물을 한 몸으로 삼으니 자기가 아닌 것이 없다. 만물을 자기라고 여긴다면 이르지 못할 곳이 어디 있겠는가? 만물이 자기에게 속하는 것이 아니라면 저절로 자기와는 아무 상관이 없을 것이다. 마치 수족이 마비되어 기가 통하지 않으면 그것은 모두 나에게 속하는 것이 아니다.[180]

인자仁者가 천지만물을 '일체'로 삼았다는 사실은 자연계의 모든 사물은 자기와 밀접한 관련을 가지고 있을 뿐만 아니라, 심지어 신체의

---

179) 程顥, 『二程集』 卷11. "'天地之大德曰生' '天地絪縕, 萬物化醇' '生之謂性', 萬物之生意最可觀, 此元者善之長也, 斯所謂仁也. 人與天地一物也, 而人特自小之何也."

180) 程顥, 『二程集』 卷二. "仁者以天地萬物爲一體, 莫非己也. 認得爲己, 何所不至? 若不有諸己, 自不與己相干. 如手足不仁, 氣已不貫, 皆不屬己."

일부분으로 보아 인간과 자연이 하나의 신체를 함께 구성하고 있다는 말이다. "천지만물을 한 몸으로 본다"는 것은 인류는 물론이려니와 자연세계의 모든 존재를 제 몸처럼 아낀다는 것을 의미한다.

정명도程明道가 우주 만물을 일체로 보는 근거는 일체의 존재 형식이 모두 우주의 보편 생명 속에 존재하고 있다는 점에서 찾을 수 있다. 특히 정명도는 수족의 마비라는 비유를 통하여 우주의 보편 생명의 존재를 말하고 있다. 수족의 마비(手足不仁)라는 비유가 너무 소박하게 보일지 모르지만 여기에서 말하는 인仁은 생명력life force을 의미한다. 즉 인은 단순한 지각(feeling)이 아니라 우주의 생생生生을 가능하게 하는 원동력이다.[181] 말하자면 인간과 타자 존재의 일체성과 이런 일체성의 자각이라는 것 역시 '기'라는 우주의 보편 생명의 관점을 통하여 말하고 그것을 '인'이라는 전통적인 관점과 연결시키고 있다.

인仁이라는 개념은 송대 이전의 선진先秦 시기나 당대唐代에는 주로 사람에 대한 애정(孔子의 '愛人'과 韓愈의 博愛)을 표시하는데 사용된 말이지만, 송대에 들어오면서 이것은 적용범위에서 엄청난 변화를 보여준다. 즉 인의 개념은 인간의 친애親愛에서 만물에 대한 애정으로 까지 확장된다. 장재와 이정二程은 인이 가지는 기본적 성격을 만물을 성장시키고, 창생創生하는 생생生生의 개념으로 규정하여, 인의 이러한 성격은 전체 우주를 덮을 때까지 멈추지 않는 것으로 보는 것이다.[182] 이런 인이 가지는 '생의生意'의 관점을 가장 정밀하게 만든 사람이 바로 주자朱子이다.

> 인仁자는 아마도 다만 생의生意인 것 같다. 그러므로 그것이 발하여서 측은惻隱이 되고, 수오羞惡가 되고, 사손辭遜이 되고, 시비是非가 된다.[183]

---

181) Wing- Chit Chan : *The Concept of Man in Chinese Thought*, pp.200-201.

182) Wing- Chit Chan : *The Concept of Man in Chinese Thought*, p.201.

183)『朱子語類』卷1, 「理氣上」. "仁字恐只是生意, 故其發而爲惻隱, 爲羞惡, 爲辭遜, 爲是

천지는 만물을 생하는 것을 마음으로 삼는다. 인물人物의 생生은 또한 각기 천지의 마음을 얻어서 마음으로 삼는다.[184]

'심心'이라는 글자를 분명하게 드러내고자 하면 군말 없이 한마디로 말하여 '생'일 뿐이다. '천지의 큰 공력을 일러서 생이라고 한다.' 사람이 천지의 기를 받아서 생하기 때문에 이 심은 반드시 인仁이고 인은 생이다.[185]

주자를 비롯한 유가는 인간이 원래 돌, 초목, 동물과 서로 연계되어 있는 근거를 동일한 기로 구성되었다는 사실에서 찾는다. 이런 존재의 일체성을 자각하여 이로부터 자기 이외의 다른 개체 생명에 대하여 인의 태도를 가져야 하는 것이다. "이런 세계관과 태도 속에서 자연계의 사물은 결코 우리의 타자他者가 아니고, 우리와 서로 대립하는 무관한 타자가 아니고, '기己' 자체의 일부분이다. 이런 세계관 중에서 기己는 이미 '구각軀殼'의 소기小己가 아니라, 자연 세계와 유기적으로 관련된 하나의 전체가 된다."[186]

그러나 만물일체의 인仁이 말하려고 하는 목적이 단순히 수양된 자들의 심미적 관조 경계를 강조하거나 혹은 우주를 구성하고 있는 동일한 기의 발견에 만족하는 것으로 그치는 것은 아니다. 오히려 이 문제는 인간의 본성과 그 조건을 탐색하고 자각할 수 있는 기회를 제공하고 있다는 점에서 중요한 의미를 지닌다.

일단 천지 만물이 일체라는 관점에서 보면 인간은 매우 의존적인 존재이고, 천지 만물에 대한 행위 방식 역시 규정될 수밖에 없다. 즉 아무

非."

184) 『朱子文集』, 卷67, 「仁說」. "天地以生物爲心者也. 而人物之生, 又各得乎天地之心以爲心者也."

185) 『주자어류』 卷4, 「性理二」. "發明心者, 曰一言而蔽之, 曰生而已. 天地之大德曰生, 人受天地之氣而生, 故此心必仁, 仁則生矣."

186) 陳來, 「道德的生態觀」, 『中國哲學史』, 1999年 第二期, 北京, 中國哲學史學會, 제 5쪽.

리 빼어난 개체 생명이라 하더라도 근본적으로 일체의 생명권을 벗어나 존재할 수 없다는 사실이다. 여기에서 개체 생명은 불가피하게 보생명에 의존하고 협동하여야 하는 것이다. "생명을 이해함에 있어서 개체 생명 중심으로가 아니라 개체 생명과 보생명의 관계를 중심으로 이해하게 됨으로써 종래의 생명 개념이 지녔던 많은 문제점들이 자연스럽게 해소된다는 사실이다. ...... 개체생명은 그 보생명과의 관계에서 개체 생존에 유리한 그 무엇을 얻어내려 함과 동시에 이와의 공존 유지를 위한 생태적 배려도 함께하는 이중적인 성격을 지니는 것이다."[187)]

여기에서 우리는 개체 생명의 보생명에 대한 행위 방식을 두 가지로 나누어 볼 수 있다. 그 중 하나는 '보생명과의 관계에서 개체 생존에 유리한 그 무엇을 얻어내려는 것'이고 다른 하나는 '공존 유지를 위한 생태적 배려'이다. 물론 가장 이상적인 상황은 둘이 적절하게 조화되는 것이다. 그러나 현실적으로 이런 조화는 상당히 어렵다. 이 문제에 대해서 유가들은 상당히 흥미있는 표현을 하고 있다. 만약 사람이 자기중심적인 관점에서 자신의 개별적인 욕심이나 호오好惡로부터 자연만물을 대하는 태도를 정명도는 "자기 몸뚱이에서 생각하는(自家軀殼上頭起意)"[188)] 것이라고 비판하고, "천지만물을 일체로 보는" 인자의 관점에서 자연만물을 대할 것을 말한다.

이런 맥락에서 인학仁學은 인류 공동체의 학문에서 인간이 자연을 어떻게 대하여야 하고, 어떻게 공존하여야 하는가라는 우주 공동체의 학문으로 확장된다. 그러나 유가는 인류와 우주 자연을 하나의 가정으로, 같은 보편적 생명을 가진 혈친관계血親關係로 설정하면서도 이론적으로 차별적인 애정을 보여주고 있는 것이 아닌가?

맹자는 "어버이를 친애하고서 백성에게 자애롭게 하고, 백성을 자애

187) 장회익, 『삶과 온생명』, 제193-194쪽.

188) 『二程遺書』 二上. "人只爲自私, 將自家軀殼上頭起意, 故看得道理小了些."

롭게 하고서 사물을 애중한다(親親而仁民, 仁民而愛物)"[189]라고 하여 사랑의 단계적 확장과정을 보여주고 있다. 이것은 결코 자연계의 사물을 우리와 서로 대립하는 무관한 타자로 보는 입장이 아니라, 그 확장의 방향을 자기 자신에서 다른 존재로, 긴밀한 중요성을 가진 것에서 비교적 긴밀성이 떨어지는 것으로 나아가는 일종의 '방법적 차별애差別愛'라고 할 수 있다. 바로 "한 개체생명의 입장에서는 그 보생명의 여러 부분 가운데서도 특히 긴밀한 연관을 지닌 인접 부분이 직접적인 중요성을 지니며, 개체 생명과의 상호 관계가 멀어짐에 따라 그 중요성의 정도가 감소한다"[190]는 말로 설명 가능할 것이다.

유가가 말하는 인간과 자연의 일체는 개체생명들의 관계를 부모와 자식, 동포, 친구 등으로 표현한다. 이런 물아일체物我一體의 관점을 인仁의 실현이라는 차원으로 끌어 올릴 때, 물物과 아我의 일체는 단순히 심미적인 관조경계(直觀的 物我一體)에만 머물지 않고 자아의 타인에 대한, 자연 만물에 대해 마땅히 가지고 있어야 할 도덕적 의무의 근거들을 제시하여 현대가 해결하여야 하는 여러 중요한 문제들에 많은 단서들을 제공해 줄 수 있으리라 본다.

6. 소결

일반적으로 유가들은 세계나 인간, 사물을 바라보는 관점을 '현실적'이라는 성격으로 규정한다. 유가들이 강조하는 '현실적'이라는 개념은 시야가 좁다는 의미가 아니라, 다분히 '살아서 활동하는 과정 속에 있는 것'을 전제하는 것으로 그들의 시야에서 '살아서 활동하지 않는 비

189) 『孟子』「盡心上」
190) 장회익, 『삶과 온생명』, 제228쪽.

현실적인 것들'은 대부분 제거되어 버린다. 유가들이 세계 혹은 우주에 대해 가지는 관심은 우주의 근본 원인이나 구조 등의 추상적 답안을 찾아내어 이념 세계나 다른 외재적 동인動因을 설정하려는 것에 있는 것은 아니다. 그들은 현상의 본원을 현실세계 자체라고 생각한다.

유가들이 바라보는 전체 우주 역시 하나의 '살아서 활동하는 천지'라는 범위 속에서 한정하고 있다. 그러므로 그들이 우주에 대해서 가지는 관심은 근본적 동인이나 구조 등을 찾는데 힘을 기울이기 보다는 오히려 인간이 그 속에서 어떻게 생존하고 조화할 것인가 라는 의미를 탐색하는데 온 힘을 기울인다.

그들은 세계 속에서 자신을 제외한 나머지 부분이 자신에 대해서 가지고 있는 직접적 중요성을 우선적으로 인식하였기 때문이다. 그들의 시야에서 '살아서 활동하지 않는 비현실적인 것들' 즉 직접적인 연관성이나 중요성을 지니지 않는 것들과는 소원해지기 마련인 것이다. 유가들이 세계와 사물을 바라보는 관점은 철저하게 자신과의 연관성이라는 시각에서 출발한다는 점에서 유가는 다분히 '현실적'이다. 그러므로 유가는 가장 긴밀한 연관성을 가진 가정이란 사유모형을 통하여 세계와 인간을 이해한다.

중국의 유가들이 이해하고 있는 가정의 핵심적 실체는 혈연적 관계이다. 유가의 도덕, 국가와 자연세계에 대한 기본적 시각 역시 가정이라는 혈연적 관계를 철학적으로 가공하여 확대한 것들이다. 유가는 생리적/생물학적인 의미의 초보적 혈연/생명을 보다 차원 높은 철학적인 생명론/심성론으로 체계화하여 왔다. 혈연적인 관계를 근거로 하여 그들은 초목에서 천에 이르는 존재의 일체 형식들을 모두 살아서 활동하고 있는 연속체로 구성한다. 이러한 혈연적 연속체인 우주라는 대가정大家庭을 설명하는데 필요한 철학적 개념이 바로 기이다.

기는 결코 생명력이 없는 단순한 물질이 아니라 오히려 정신성을 충만하게 가지고 있는 생명력이다. 생명력으로서의 기는 존재하지 않는 곳이 없는, 심지어 광활한 허공太虛속에도 충만하다. 오히려 유가들은 광활한 허공의 기야 말로 참된 존재라고 생각한다. 이런 까닭에 유가들이 세계를 이해하는 합당한 은유적 모형은 다분히 생물학적이다. 왜냐하면 그들은 인간은 물론이고 우주와 그 속의 모든 존재와 그 관계를 분열된 정지적 구조가 아니라, 끝없이 생장하고 전환하는 연속적인 생명의 역동적 과정으로 보고 있기 때문이다.

바깥 세계의 역동적 변화는 결코 나와 관련이 없는 타자가 아니라 내재적 관련성을 충만하게 가진 또 다른 자아의 모습이다. 여기에서 우주의 보편 생명이 만물을 구성하고, 인간을 구성한 개체 생명 역시 만물을 구성한 생명이기 때문에 인간을 포함한 만물은 보편적 생명으로 연결되어 있다.

우주의 보편적 생명은 우주내의 모든 개체 생명들을 연결하고 있다. 인간과 만물, 자연은 상호 공존하고 있을 뿐만 아니라, 또한 일체, 일신 등으로 표현하여 물아일체의 관점을 유가들은 인仁의 실현이라는 차원으로 끌어 올린다. 만물일체의 인을 말하는 목적을 단순히 수양된 자들의 심미적 관조 경계나 도덕적 차원을 강조하는 것으로 평가절하 하여서는 곤란하다. 왜냐하면 이 문제는 인간의 생존 조건을 탐색하고 자각할 수 있는 기회를 제공하고 있다는 점에서 많은 시사를 주기 때문이다.

특히 '개체'의 무한한 분열과 극심한 경쟁으로 야기된 인류의 생존위협이라는 문제에 직면하여 보편 생명과 개체 생명, 개체 생명과 보생명 간의 조화와 협동이라는 문제를 유가는 분명히 말해주고 있다.

제3장

생명 연속체로서의 宇宙大家庭과 생태적 사유

1. 들어가는 말

현대의 인류는 과거의 어느 시대에도 직면하지 못하였던 새로운 형태의 위기를 맞고 있다. 그것은 과거의 인류가 생각할 수도 또한 바라지도 않았던 삶의 터전인 자연 세계에 대한 인간의 무분별한 개발과 그로 인한 생태환경의 파괴라는 인류의 위기로 나타난다. 소위 생태 환경의 위기는 결코 다른 원인이 아닌 인간 스스로 자초한 것이다. 이것은 인간의 생명을 기술문명을 통하여 구원하고자 하였던 본래의 목적이 도리어 인류 생존의 위기라는 정반대의 결과를 낳았기 때문이다.

인간의 생존과 발전을 위한 기술 문명은 이미 인간의 통제를 벗어나 절대적인 권력을 가지고 오히려 인간을 수동적인 존재로 전락시켜 버렸다. 또한 더욱 문제가 되는 것은 인간의 손을 벗어나 권력화權力化된 과학기술이 자연세계에 대해 가공할 만한 폭력을 행사하여 그 자체의 자연스런 순환과 자기조정 능력을 단절시켜 생태 환경의 위기를 초래한다는 사실이다. 그것은 바로 자연의 파괴를 의미하는 것이고 그렇게 된 근본 원인은 '생명에 대한 일반적인 이해'에서 생긴 것으로 보아야 할 것이다.

물론 생태 환경의 위기를 근본적으로 해결하기 위한 첫 번째 과제는 그것을 초래한 과학기술 문명과 형이상학의 구조를 정확히 파악하여 생태적生態的 관점에서 그것을 수정하고 재정립하는 것에 있다. 그러나 여기에서 말하려고 하는 문제의 핵심은 결코 환경 위기의 정신사적 근원을 파헤쳐 현대 과학기술의 성립과정과 그것의 성립을 가능하게 만든 철학적 흐름들을 하나하나 분석하여 비판하는 방법을 취하려는 것은 아니다.

본 논의에서 강조하려는 방향은 현대의 인류가 불변의 진리체계로 간주하여 온 서양 근대철학의 자연관이 아닌 중국의 고대 유가(공자를 중심으로 한 선진유가와 한초(漢初) 이전의 『역전』 등의 유학사상을 포함한 의미)의 자연관과 생명관을 통하여 현대가 절실하게 요청하고 있는 환경윤리에 하나의 가능성을 제공하려는데 있다.

기본적으로 고대 유가들은 모든 생명의 근원은 자연으로 부터 나왔으며, 인간 이외의 다른 존재들은 제 각기 분열되어 있으면서도 동시에 상호연관성을 가지고 존재하고 있으며, 서로 감응하고 영향을 주면서 연대連帶하고 있는 하나의 연속적인 생명 공동체로 보고 있다. 일반적으로 중국 유가의 자연관이 가지고 있는 특징을 '모든 존재가 생명을 가지고 상호 관련성을 가지고 있는 유기체'로 규정한다.

인간과 자연의 존재를 하나의 몸一體으로 간주하여 인간과 우주를 모두 포함하는 일체의 만물 자체를 하나의 큰 유기적 생명체로 파악하는 천인합일天人合一의 생명 세계를 말하고 있다. 이것은 바로 고대의 유가들이 자연을 생명이 없는 물질세계로만 보지 않고 있다는 사실을 말해 줄 뿐만 아니라, 심지어 '생명'을 공유하고 있는 '우주대가정宇宙大家庭' 이라는 독특한 우주가설宇宙假設을 통하여 같은 생명으로 관통貫通되고 있다는 생태적 사유의 관점을 보여주고 있다.

그러나 여기에서 제시하려는 '우주대가정'이라는 생태적 사유체계와 천일합일적인 생명관을 현대가 직면하고 있는 자기 파괴적인 기술문명의 권력과 그것에 의해서 야기된 위기를 극복할 수 있는 완벽한 대안이라고는 주장할 수는 없을 것이다. 다만 현대가 극복하여야 하는 환경위기가 단순히 과학기술의 차원에서 처리하거나 해결할 수 있는 문제가 아니라, 인간과 자연의 관계를 재정립하여야 하는 새로운 윤리적 문제의 정립이 요청된다는 관점에서 보자면 고대의 유가가 강조하는 '천인합일'의 관점 역시 새로운 각도에서 재조명해 볼만한 충분한 가치를 가지고 있을 것으로 보인다.

이런 측면에서 고전적 의미의 천인합일적인 유가의 세계관과 생명에 대한 논의들을 환경윤리학적인 각도에서 새롭게 해석할 가능성과 여지를 조명할 수 있으리라 생각한다.

2. 생명 연속체로서의 자연

자연 생태계의 파괴라는 위기 상황의 가장 근원적인 배경은 분명히 자연관의 변천이 가져온 결과로 보아야 할 것이다. 현대의 이러한 자연 생태계의 파괴라는 결과는 분명히 전통적인 동양사상에서 말하는 자연관의 영향이기보다는 서양에서 도입된 자연관의 결과인 것은 분명하다. 서양 근대의 자연관이 인간의 자연에 대한 일방적인 제어와 지배라는 입장에 서 있는데 비하여, 중국 유가의 관점은 대체적으로 인간과 자연의 유기적有機的, 공존적共存的, 상보상성相補相成이라는 성격을 가지고 있다는 점에서 분명히 구별된다.

비록 중국 고대 유가의 자연관을 어떤 특정한 하나의 관점으로 규정하기는 힘들지만, 적어도 우리는 그곳에서 인간과 자연의 부조화不調和

와 대립이라는 양상은 찾아보기 어려울 것이다. 그들은 천天 혹은 천지天地로 표현하는 자연계 자체를 자기 스스로 살아 움직이고 있는 '생명의 연속체'로 표현하고 있다.

앞에서 말한 것처럼, 중국 유가 문화의 특징을 가장 분명하게 드러내주는 문화적 기본형은 '연속성連續性'이라는 측면이다. 그것은 자연 뿐만 아니라 인간, 사회, 정치, 도덕적인 여러 측면에서 공통적으로 나타나는 특징들이다. 이런 연속성의 문화유형文化類型이 가지고 있는 특징이 바로 인간과 자연의 연속성, 만물의 연속성이다. 유가철학 속에 나타나는 자연과 인간의 관계는 기본적으로 자연과 인간이 연속성을 가지고 있다는 존재 연속의 측면이다. 특히 『역전』은 이 문제에 대해 다음과 같이 말한다.

> 역易이란 책은 말하는 범위가 매우 넓어서 모든 것을 다 포함하고 있다. 인도도 있고, 천도도 있고, 지도도 있어서 삼재를 합하여 두 배로 하면 여섯이 된다. 육효라는 것은 다른 것이 아니라 삼재의 도이다.191)

> 이 때문에 하늘의 도를 세워서 음과 양이라 하고, 땅의 도를 세워서 유와 강이라 하고, 사람의 도를 세워서 인과 의라고 한다.192)

위의 인용문에서 말하는 천지인天地人의 삼재는 사실은 우주내의 만사만물을 모두 포함하여 말하는 것이다. 『역전』은 삼재를 통하여 천지인 삼자三者가 통일적인 세계관을 가지고 있는 것으로 말하고 있다. 그런데 천지인 삼자는 단순히 공간적 위치만을 공유하는 것이 아니라, 생명을 주고받는 조화로운 관계로 연결되어 있다는 사실이다. 즉 천지라는 자연계는 단순한 물리적 공간이 아니라, 인류의 생명과 모든 생명의

---

191) 「繫辭傳」 "易之爲書野, 廣大悉備, 有天道焉, 有人道焉, 兼三才而兩之, 故六, 六者非它, 三才之道."

192) 「說卦傳」 "是以立天之道, 曰陰與陽, 立地之道, 曰柔與剛, 立人之道, 曰仁與義."

근원이기 때문에 생명으로 연결되어 있는 것으로 말하고 있다. 공자는 『논어』에서 이런 관점에 대해 다음과 같이 말하고 있다.

> 공자께서 말씀하셨다. 하늘이 무슨 말씀을 하시는가? 사시가 운행되고 온갖 만물이 생장生하는데, 하늘이 무슨 말씀을 하시는가?[193]

위의 말은 공자가 도를 전하는 문제에 대해 말하지 않겠다고 하자, 이에 대해 자공子貢이 "선생님께서 말씀하지 않으시면 저희들이 어떻게 도를 전할 수 있겠습니까?"라고 말에 대한 답변이다.[194] 즉 공자는 사계절이 조금의 차질도 없이 질서 있게 운행하고 만물 또한 때에 맞추어 생장하는 것이 예나 지금이나 여전한 것은 바로 하늘의 이치天理이기 때문에, 하늘이 이에 대해 무슨 말씀을 하실 때 까지 기다릴 필요는 없다는 의미로 말하고 있다. 마찬가지로 공자 자신이 전하는 도나 진리 역시 행동을 통해 나타나기 때문에 언어를 통해 표현할 필요가 없다는 말이다.[195]

그런데 여기에서 공자는 매우 중요한 언급을 하고 있다. 그것은 바로 사시를 운행하고 온갖 만물을 생장시키는 역할을 담당하는 것이 바로 천(즉 자연계를 의미)이라는 사실이다. 바꾸어 말하면 인간을 포함한 만물의 생명 활동과 천의 생명은 밀접하게 연관되어 있다는 점이다. 이것은 인간과 자연 만물이 기본적으로 동질同質인 생명에 의해서 연결되어져 있다는 생명 연속체의 관점을 잘 보여주는 관점이라고 할 수 있다.

이런 기본적인 관점에 따라서 중국의 철학자들은 대부분 전체 우주의 모든 구성 부분을 동일한 유기적 전일체全一體 즉 생명의 연속체에

193) 『論語』「陽貨」"天何言哉, 四時行焉, 百物生焉, 天何言哉."

194) 『論語』「陽貨」, "子曰, 予欲無言. 子貢曰, 子如不言, 則小子何述焉. 子曰, 天何言哉, 四時行焉, 百物生焉, 天何言哉."

195) 朱熹『四書集注』"四時行, 百物生, 莫非天理發見流行之實, 不待言而可見. 聖人一動一靜, 莫非妙道精義之發, 亦天而已."

속하는 것으로 간주하여 그것을 기氣 혹은 생生의 개념으로 해석하고 있다[196].

위에서 말한 것처럼, 중국 고대의 유가들은 인간과 세계를 유기적 연속성의 관점으로 해석하고 있다. 그들은 우주를 연속적인 창조 활동의 전개 과정으로 간주하여[197] 기의 개념을 통하여 인간과 자연의 유기적 연속성을 설명하고 있다. 자연과 인간의 연속성적인 구조를 설명하는 데 있어서 기의 개념은 아주 유효하게 적용된다. 물론 중국 철학에서 기라는 개념의 변천과 해석의 역사는 바로 자연관과 인간관의 변천과 해석의 역사이다.

기의 개념이 처음 발생한 것은 아마도 인간의 생활 경험을 통한 즉 대기大氣나 기후의 관찰을 통하여 그것을 추상화하고 이론화한 것으로 보인다. 기의 개념을 의학과 철학적인 입장에서 체계화한 것이 바로 춘추시대의 '육기설六氣說'이고, 이 '육기설'을 형이상학적, 심성론心性論적인 측면에서 해석하면서 기철학이 성립한다.

이른바 기철학에서 말하는 주요 관점은 우선적으로 자연의 질서와 인간의 질서가 상호 영향을 주고 있으며, 기에 의해서 자연과 인간의 세계는 단열斷裂되어 있지 않는 생명의 연속체를 구성하여 자연과 인간 세계의 동태적動態的 평형을 가능하게 해 준다는 점이다. 그러므로 여기에서 기는 단순한 물질이 아닌 하나의 살아있는 생명력을 의미한다.

중국의 유가들은 전체 세계를 무생물, 동식물, 인간 등의 다채로운 존재가 상호 연관되어 있고 서로 영향을 주고받는 생명 연속체로 묘사하고 있다. 그들은 우주 전체를 관통하고 있는 기의 흐름을 생명력으로 표현하여 모든 존재를 연속적, 역동적, 상호 의존적인 생명의 동일체에 속해 있는 것으로 말한다. 중국 고대의 유가들은 만물을 구성하고 있는

---

196) 『周易』「繫辭傳」"生生之謂易" "天地之大德曰生"

197) 杜維明 著, 曹幼華, 單丁 譯, 『儒家思想新論』, 南京, 江蘇人民出版社, 1996, 제33쪽.

생명력을 통하여 인간과 자연을 내적으로 연결하여 하나의 유기체적인 통일체를 구성한다.

유가의 우주론은 한마디로 유기체적 과정過程의 우주론이다. 이것은 전체 우주의 모든 부분들이 하나의 유기체 전체에 속하며, 그 모든 부분들은 스스로 자기 발생하는 생명의 과정 속에서 상호작용하는 것을 의미한다. 이런 유기체적 생명의 과정은 개방된 체계로서, 종말은 있을 수가 없고 자기발생自己發生의 생명과정으로, 이런 살아 움직이는 거대한 생명의 연속체가 바로 자연계이다.

한 개의 돌이나 한 그루의 나무, 하늘에 이르는 모든 존재의 양식들은 연속된 통합체의 한 부분으로 여기에서는 어떠한 단절도 발견할 수 없다. 자연에 대한 유가의 주된 사고의 내용은 바로 생명력을 가지고 생성 변화해 가는 생명 연속의 역동적인 구조 속에서 나온다. 자연계 속에 존재하는 만물의 생성 변화 원리를 그들은 순수한 물리적 물질에너지matter energy로 처리하지 않았다. 유가들은 만물의 생성 변화 원리를 본체론이 아닌, 일종의 생성론生成論과 생명철학의 관점에서 논의하고 있다.

'생生'의 문제는 중국 철학의 핵심문제로 중국 철학의 근본정신을 구현한다. 도가나 유가를 막론하고 예외가 없다. 중국 철학은 바로 생의 철학이라고 말할 수 있다. 공자나 노자로부터 시작하여 송명시기의 철학자에 이르기까지 모두 생의 관념 속에서 혹은 생의 문제를 중심으로 하여 그 철학체계를 세우고 이론들을 전개해나간다. 생의 철학은 적어도 세 가지의 함의를 포괄하고 있다.

첫 번째 함의 : 생의 철학은 생성론 철학이지 서양식의 본체론 철학은 아니다. 도가가 말하는 "도생만물道生萬物"이든지 유가의 "천생만물天生萬物"을 막론하고 모두 세계의 본원(도 혹은 천)과 자연계 만물(사람을 포함하여) 사이의 생성관계를 말하는 것이지 본체와 현상의 관계를 말하

는 것은 아니다.

생의 의미는 바로 생성으로 시간적 차원을 가지고 있다. 후대의 도가, 특히 현학자와 후대의 이학자들은 모두 체용관계를 말하는데, 이것이 이른바 본체론 철학이다. 그러나 이런 본체론과 서양본체론은 근본적으로 구별된다. 서양의 본체론에서 말하는 본체는 바로 실체이고 실체는 정태적靜態的인 것으로 본질(즉 형식)로서의 본체와 현상은 영원히 통일될 수 없는 것이다. 중국 철학에서 말하는 본체는 결코 실체가 아니라 만물 존재의 근본과 본원本源으로 기능과 작용을 통하여 그 존재를 드러낸다. 만물은 생장하고 발전하는 과정 중에서 존재하는 것이기 때문에 만물의 본체는 만물 중에서 존재한다.

근본적으로 말하면 체용 관계는 본말本末 관계로부터 발전해온 것으로, 그 속에는 본말 관계, 예를 들면 같은 나무의 뿌리와 지엽으로 비유할 수 있다. 지엽은 뿌리로부터 생장하는 것이고, 지엽 중에는 뿌리의 생명이 있고 뿌리와 지엽은 하나의 생명의 전체이지 이원二元 대립식의 두 개, 세 개는 아니라는 것을 말한다.

두 번째 함의 : 생의 철학은 일종의 생명철학으로 기계론적 철학이 아니다. 생의 또 다른 의미는 바로 생명과 생명 창조이다. 자연계는 하나의 생명 유기체로 자연계는 생명이 있을 뿐만 아니라 부단히 새로운 생명을 창조하는 역할을 담당한다. 바로 이와 같기 때문에, 자연계는 내재內在 가치적인 것을 가지고 있는데, 이른바 천도와 천덕天德이 바로 자연계의 내재 가치이다.

유가철학은 천도 유행과 생생불식을 강조한다. 즉 자연계는 내재적 생명력을 지니고 있어서 부단히 생명을 창조하고 자연계의 만물 또한 생명의 활력을 충만히 가지고 있다고 말한다. 인간과 자연계의 관계로서 말하면, 자연계는 인간의 생명의 근원일 뿐만 아니라 또한 인간의 생명 가치의 근원이다. 인간 자체는 창조 능력을 가지고 있다. 그러나 인간의 창조 능력은 전제가 있다. 인간은 결코 자연계의 입법자가 아니라, 자연계의 내재가치 실현자와 집행자이다. 인간의 생명은 고귀하지만, 인간이 고귀한 까닭은 천덕을 실현하고 천지와 덕을 합하는 데 있다.

중국 철학은 생명 존재를 말할 뿐만 아니라 또한 생명 존재의 의미와 가치를 말한다. 도가가 자유의 가치를 강조한다면, 유가는 도덕적 가치를 강조한다. 그러나 유가가 결코 부인하지 않는 사실이 있는데, 우주론적으로 말하면 인간의 생명 가치는 자연계의 생명 창조로부터 근원한다는 점이다. 이런 의미로 말하면, 이른바 자연계의 내재가치는 절대로 인간의 바깥에 외재하는 것이 아니라 인간의 생명과 상관하고 있는 것으로 볼 수 있다. 인간과 자연계의 관계는 내재적이지, 외재적인 것이 아니다.

세 번째 함의 : 생의 철학은 바로 생태철학으로 인간과 자연계의 조화 관계를 생명이라는 차원에서 말한다. 인간과 자연계는 전체 생명에 속하는 것으로 인간은 절대로 자연계와 분리되어 생존할 수 없다. 마찬가지로 자연계 또한 인간이 가치를 실현하는 것을 필요로 한다. 인간과 자연계의 조화와 공생공영共生共榮은 바로 중국 철학의 일관된 주장이다. 한편으로, 인간은 자연계로부터 삶의 유지에 필요한 것들을 얻어서 인류의 생명을 보존하고, 다른 한편으로 인류는 자연을 보호할 의무와 책임을 지고 있다. 이것은 인류 생존 발전의 필요를 위한 것일 뿐만 아니라, 또한 자연계 자체의 생명 가치를 위한 것이다. 즉, 인류의 공리적 목적을 위한 것이 아니라 초공리적超公利的인 도덕과 심리적 가치를 위한 것이다.[198)]

이러한 생의 관점을 바탕으로 하는 자연관 속에서 인간과 자연의 대립적 구조를 발견하기는 쉽지 않다. 오히려 인간과 자연은 서로간의 감통感通이라는 상호 관련 속에서 각자의 본성을 표현한다. 자연과 인간

---

198) '생'의 세 가지 함의에 대한 논의는 蒙培元, 北京, 『人與自然』, 人民出版社, 2004, 제 4-5쪽 내용을 정리한 것임.

의 내적 연결성과 상호 의존성이라는 입장에서, 자연은 중국인들에게 있어서 단순한 기술 지배의 대상이 아니라, 오히려 그것은 인간의 창조적인 발전을 위한 규범規範이나 모범模範을 제시해 주는 본받음의 대상이었다.

기를 생명력으로 해석하여 우주와 자연을 바라보는 방식은 실증주의적인 경험과학이 생겨날 수 있는 가능성을 저해한다. 이런 맥락에서 순수 가치중립적인 자연에 대한 탐구 방식이나 자연과학은 나올 수 없고, 자연과 인간의 관계가 가지고 있는 생명적 유대의 의미에 모든 주의를 집중할 뿐이다.

중국의 유가들이 말하는 자연과 인간의 관계는 "우주의 근본 원인과 구조를 탐색하는데 있는 것이 아니라, 중요한 것은 바로 우주의 진리를 이해하는데 있다. 인간으로 하여금 그 중에 생존하게 하고 우주와 조화의 관계를 유지하여 서로를 성장하게 하는 것 이것이 바로 천인합일天人合一이다."[199]

자연은 결코 물질적, 기계적인 대상이 아니라 생명력과 가치를 내함內含하고 있는 것으로 묘사된다. 이런 이유에서 중국 고대의 유가들은 자연을 순수 이론적인 방식이나 경험과학적으로 인식하지 않고, 은유隱喩 혹은 암시적인 방식을 통하여 설명하고 있다.[200] 이러한 인간과 자연의 특수한 관계가 가지고 있는 사유형태를 가장 분명하게 드러내 주는 부분이 바로 『주역』의 「설괘전說卦傳」에서 말하는 우주대가정宇宙大家庭이라는 은유적 형식이다.

---

199) 吳怡,『中國哲學的任務』, 臺北, 中央圖書供應會, 1976, 제26쪽

200) 杜維明, 『儒家思想新論』, 제35쪽

3. 우주대가정의 생태적 사유

생태계와 환경의 급격한 변화를 야기한 주요 원인은 물론 인간의 무분별한 자연개발에서 찾을 수 있지만, 더욱 근본적인 원인은 자연관 혹은 생명에 대한 이해와 관련이 있다. 생태계의 위기를 야기한 자연관의 문제점은 한마디로 인간의 자연 지배라는 큰 맥락에서 이해되어야 할 것이다.

자본주의적 경제체제와 생산구조에 의한 극심한 환경 파괴의 배후에는 무엇보다도 하나의 특정한 자연관이 자리하고 있다. 서양의 근대 자연과학은 자연관을 완전히 변화시켜 놓았다. 자연이란 인간의 복리福利를 위해 사용되고, 지배되어야 할 대상으로 전락하고, 인간과 자연의 관계는 주종主從, 지배와 피지배라는 관계를 형성하게 된다. 인간의 자연에 대한 탈신비화脫神秘化와 물질적 대상화라는 결과로 말미암아, 자연은 침탈, 훼손되어 결과적으로는 인류 존립의 위기라는 상황에 이르게 되는 것이다.

만약 인간이 자신과 자연이 통합적이고도 상호 의존적이라는 체계 속에 공존하여야 한다는 사실을 망각하고 일방적으로 자연에 대해서 자기 주장적인 폭력을 행사한다면, 인류의 미래는 더 이상 기대할 수 없을 것이다. 이러한 환경 위기를 벗어나기 위해서는 인간과 자연간의 관계를 새롭게 전환할 수 있는 새로운 관점을 필요로 하게 된다. 여기에서 우리의 주목을 끄는 것이 바로 중국 고대 유가들의 인간과 자연의 조화로운 관계이다.

중국 고대의 유가들은 우주가 무생물, 식물, 동물, 인간 등이 서로 관계하면서, 서로 상대하는 생명의 연속체를 구성하고 있는 것으로 묘사하고 있다. 그러므로 그들에게 있어서 세계를 신속神俗 이분二分의 구도로 그리거나, '창조신화'에 대한 찬송이라는 것은 출현하지 않는다. 이것은 바로 그들이 파악하고 있는 존재의 통합체로서의 자연계를 참된 실재로 파악하고 있음을 보여 주는 것이다.

유가들은 제일원인이나 최후의 본질 등 추상적인 답안을 추구하지 않고, 초점을 자연계 자체에다 놓아두고 있다. 이러한 우주나 자연에 대한 유가의 관점을 가장 체계적으로 드러내어 설명해 주는 곳이 바로 『주역』이다. 『주역』의 관점에서 본다면, 우주 속에는 어떤 고립된 사물의 존재를 발견할 수는 없다. 왜냐하면 한 사물의 독특한 존재적 성격이란 것 역시 다른 사물과의 상대적相對的 상관성相關性에 의해서 드러나기 때문이다.

고대의 유가들은 현상 세계를 벗어나서 존재하는 다른 존재를 말하지 않는다. 외재적 현상의 근본원인이나 절대적 존재라는 것은 더욱 생각하지 않고, 다만 우리가 감각하는 천지를 현상의 본원으로 본다. 천지가 만물을 생성하지만 그 생성 변화는 또한 천지의 모습이기 때문에, '생生'은 결코 이념세계의 투영도 아닌 천지 속의 음양 운동에 의해서 생겨난 변화와 생성이다. 즉 존재의 상관성을 통하여 일체 존재의 무한한 배경인 우주와 자연계를 설명한다.

우주 속의 모든 존재는 상대적 상관성을 가지고 하나로 통일되어 있으나, 개별적인 존재의 양상들은 또한 각각 다른 성격과 존재방식을 가지고 있다. 존재의 무한한 배경과 환경을 가장 근원적으로 설명하는 것이 바로 천지天地이다. 하늘과 땅의 상대적 상관성은 바로 다른 모든 상대적 상관성의 근원이 된다. 천지의 상대적 상관성을 근간으로 하여 『주역』에서 말하는 자연계는 상관적 통합체 혹은 우주 생명의 통일체를 구성한다. "천지가 있고 난 후에 만물이 생기고, 천지의 사이에 가득 찬 것은 모두 만물이다."[201] 이것은 어떤 의미에서 우주발생론을 설명하고 있는 것으로도 볼 수 있다. 여기에서 주독해야 할 것은 바로 천지라는 것이 존

---

201) 『주역』「계사전」상전 12장 "有天地然後萬物生焉, 盈天地之間者, 唯萬物."

재의 시발점이 된다는 것이다.

일체의 존재는 천지에 의하여 생기는 것으로 말하고, 우주라는 것은 무한한 천지를 의미하는 별칭別稱으로 사용된다. 『주역』에서 말하는 천天 지地 인人 삼자는 서로 상호 관계하는 존재로서 전체 우주를 구성한다. 만물의 존재가 자리하고 있는 전체 우주로서의 천지는 바로 무한한 생명이 살아 숨 쉬는 생명의 연속체 혹은 통일체이다.

생명이 살아 움직이는 자연계의 모습은 천지 자체의 생성활동일 뿐만 아니라, 현상계에 존재하는 모든 만물 존재의 생성과정이기도 하다. 중국 고대의 유가들은 광대무변한 자연계속에서 천天과 지地라는 것보다 더욱 뚜렷한 상대성과 관련성을 가진 것을 찾기는 힘들었을 것이다. 여기에서 말하는 '상대성'이라는 것은 바로 부단한 생성과 변화라는 유기적 과정 즉 생명을 생기게 하는 근거를 제시하는 것으로 보인다. 생명의 연속체인 자연은 거대한 생명의 전개과정을 드러내고 있다. 자연계 속의 모든 존재는 생명을 가지고 있고, 사물의 발생에는 반드시 부모에 해당하는 근원이 있다.

『주역』 속에서 우리는 건곤乾坤, 천지, 음양, 남녀 등의 서로 상대되는 많은 개념들을 발견할 수 있다. 여기에서 가장 대표적인 창생은유(創生隱喩, creativity metaphor)로 나타나는 것이 바로 건곤부모설乾坤父母說에 의한 우주대가정의 사유모형이다.

> 건(乾,☰)은 하늘을 상징하는 것이므로 아버지라고 한다. 곤(坤,☷)은 땅을 상징하여 어머니라고 부르는 것이다. 진(震,☳)은 곤의 음이 첫 번째로 건의 양과 결합하여 장남長男이 된다. 손(巽,☴)은 건의 양이 첫 번째로 곤의 음과 결합하여 장녀長女가 된다. 감(坎,☵)은 곤의 음이 두 번째로 건의 양과 결합하여 둘째 아들이 된다. 리(離,☲)는 건의 양이 곤의 양과 결합하여 둘째 딸이 된다. 간(艮,☶)은 곤의 양이 세 번째로 건의 양과 결합하여 셋째 아들이 되고, 태(兌,☱)는 건의 양이 세 번째로 곤의 음과 결합

하여 셋째 딸이 된다.[202)]

『주역』이 건곤, 음양, 천지 등의 상대적 개념을 통하여 생원적 은유(生源的 隱喩, life metaphor) 혹은 근원적 은유(根源的 隱喩, root metaphor)[203)]의 방식으로 세계를 가설world hypothesis하는 입장은 확실히 유기론적이다. 페퍼Stephen C. Pepper는 근원적 은유론Root Metaphor Theory을 말하고 있는데, 이 이론은 어떤 우주관의 배후에는 어떤 하나의 근원적 은유가 있다는 관점이다. 왜냐하면 철학자가 전체 우주를 이해할 때 어쩔 수 없이 간단한 것으로 복잡한 것을 해결하는 방법을 쓸 수밖에 없다. 이런 방법을 사용해야만 하는 것은, 우선적으로 보통 경험세계로부터 하나의 단서를 찾아내어야만 하는데, 이를 통하여 철학자들은 종종 경험세계로부터 하나의 쉽게 알 수 있는 사실을 끄집어내어 전체 우주를 이해하는 열쇠로 삼는다. 이런 우주를 이해하는 열쇠에 해당하는 경험 혹은 사실이 바로 페퍼가 말하는 근원적 은유이다.[204)]

철학자는 자신의 근원적 은유를 선택한 후에 다시 사실 혹은 경험을 정밀하게 분석하고, 분석한 결과에 의해서 성립되는 범주가 바로 그가 우주 전체를 해석하는 청사진이 되는 것이다.

예를 들어 말하면, 기계적 우주론의 근원적 은유는 바로 기기器機이다. 페퍼 스스로의 우주론(그는 그것을 Contextualism이라고 말한다)의 근원

---

202) 「說卦傳」 제10장 "乾天也, 故稱乎父. 坤地也, 故稱乎母.震索而得男, 故謂之長男. 巽一索而得女, 故謂之長女. 坎再索而得男, 故謂之中男. 離再索而得女, 故謂之中女. 艮三索而得男, 故謂之少男. 兌三索而得女, 故謂之少女."

203) 근원적 은유 또는 근본비유(根本比喩, root metaphor)라는 말은 Stephen C. Pepper, *World Hypothesis,: Prolegomena to Systematic Philosophy and a Complete Survey of Metaphysics*, (Berkeley, University of California Press, 1970) pp.71-114에서 나온 말이다. George C, H. Sun, *Chinese Methaphysics and Whitehead*, (Southern Illinois University, 1971) pp.85-88와 程石泉의 『易學新探』(臺北, 黎明文化事業公司, 1989)의 pp.58-64에서도 인용하고 있다.

204) Stephen Pepper, World Hypotheses: *Prolegomena to Systematic Philosophy and a Complete Survey of Metaphysics*, p.91.

적 은유를 역사적 사태histoical event로 본다. 여기에서 쉽게 이해할 수 있는 예는 기계론이다. 기계론의 근원적 은유는 기기이고, 기기는 본래 일상생활 속에서 쉽게 발견할 수 있는 것이다. 그것은 기중기나 모터 등이 될 수 있고, 또 와트가 말하는 전기일 수도 있다. 결론적으로, 기계론자는 기기를 전체 우주를 이해하는 열쇠로 삼고 있다. 우주를 바로 하나의 큰 기기와 같은 것으로 보고 있다. 이런 우주관에 근거하면, 우주의 특성은 한 대의 기계와 같다. 기기는 생명이 없는 것이고 생장할 수 없는 것이다. 이런 관점으로 우주를 보면, 우주는 생명도 없고 생장할 수도 없다.

그러면 『주역』 우주관의 근원적 은유는 무엇인가? George C, H. Sun은 페퍼의 근원적 은유를 이용하여 『주역』의 우주 철학에 대해 이야기하고 있다. 그의 관점에 따르면 『주역』 우주론의 근원적 은유를 남녀의 성교sexual intercourse로 보고 있다. 이런 해석은 비록 분명한 논거, 즉 음양 교감交感이 있으나 『주역』 우주론의 전체적 정신은 올바로 해석하지 못한 것으로 보인다.

남녀의 교구交媾는 확실히 우리들 경험 속에서 쉽게 볼 수 있는 일이지만, 중국 문화는 결코 성교 자체를 하나의 자족적 행위로 보지 않는다는 것이다. 다시 말하면, 성교를 위한 성교라는 관점은 중국사상 중에서 어떠한 지위도 가질 수 없고, 또한 성교라는 이 관점은 다만 건곤 두 개의 교감행위만을 해석할 뿐이고, 기타의 다른 방면에 대해서는 어떤 것도 설명해줄 수 없기 때문이다.[205)]

여기에서 오삼吳森은 『주역』 우주관의 근원적 은유를 가정family에서 찾고 있다. 즉 건곤의 두 괘는 부모의 상징이고 그 나머지 여섯 개는 세 아들과 세 딸이다. 페퍼의 학설로 보면, 『주역』은 가정의 조직·구조·속성과 이상을 전체 우주 속에 투사하여 하나의 우주대가정의 철학을

205) 근원적 은유에 대한 문제는 吳森 著, 『比較哲學與文化』, 臺北, 東大圖書公司 1978, 제151-3쪽을 요약 정리하였음.

만들어낸다. 가정 속에서 부모는 가정의 주인이고, 『주역』의 체계 속에서 건곤의 두 괘는 만물의 본원을 상징한다. 가정 속에서 양성兩性의 교감으로 말미암아 자손이 번연蕃衍한다. 마찬가지로 우주 속에서 음양의 교감을 통해 만물이 생겨난다. 가정의 기본 구성원은 부모와 자녀이다.

『주역』의 팔괘는 우주 대가정의 기본 성원을 대표한다. 가정의 기본 구성원은 비록 많지 않으나, 상호 교감하여 계속적으로 자손을 번연한 후에 끊임없이 이어진다. 즉 건곤이라는 기본적 메타퍼로 부터 태어난 모든 만물은 자체의 생명을 가지고 있어서 결코 기계적인 기제에 의해서 움직이는 것이 아니라, 스스로의 조리를 가지고 스스로 운동하고 활동하는 가치적 존재로 표현하고 있다.

여기에서 인간과 만물은 피차 상관相關하고 교감할 수 있는 것으로 표현된다. 마찬가지로 우주대가정의 기본 분자는 비록 여덟 개이지만, 이것이 서로 합하여 64괘가 되어 생생불식하는 우주 만물을 상징한다. 그러나 우주 만물의 생생불식은 결코 우연한 것이 아니라 우주간의 기본 원리에 근거하고 있다.

페퍼의 관점으로 『주역』을 이야기하면 『주역』 우주관의 인문정신을 엿볼 수 있다. 『주역』의 우주관은 실제로는 가정관의 확대이고, 『주역』의 작자들은 가정관을 우주 속에 투사하여 우주를 하나의 대가정과 같은 것으로 간주하고 있다.[206]

모든 존재자가 유기적 전체성을 가지고 하나의 생명의 통일체를 구성하고 있는 우주에 대한 설명 방식을 『주역』의 「설괘전」은 '가정'이라는 모형을 통하여 매우 적절하게 표현하고 있다. 우리가 어떤 모형으로 우주를 보는가 즉, 기계적으로 혹은 생물학적으로 보느냐에 따라 인간과 자연의 관계 뿐만 아니라 정치, 사회 문제, 도덕의 문제에 대한 결론도 동시에 달라진다. 그러므로 우리는 하나의 사유모형을 통하여 실제

---

206) 吳森 著, 「比較哲學與文化」, 제154쪽 참조 바람.

의 원형에 대한 관점을 유비적類比的으로 추리할 수 있다.

이런 이유에서 사유모형은 암암리에 우리의 사고를 제한하여 각각의 독특한 사상체계를 형성한다. 「설괘전」에서 말한 것 처럼, 세계와 인간에 대한 가장 기본적인 사유모형이 가지고 있는 특성은 천인의 조화天人調和 혹은 합일이라는 전일성적holistic인 사유방식이다. 이것을 가능하게 하는 형이상학적 바탕은 우주를 하나의 대생명이 통합적으로 전개하고 있는 과정으로 보고 있다는 관점에서 찾을 수 있다.

「설괘전」은 유가의 전형적인 자연과 인간의 관계를 서로 같은 혈통血統을 가지고 있는 우주 대가정이라는 생명의 내재적 통일성을 통하여 매우 설득력 있게 보여 주고 있다. 그것은 '가정家庭'을 모형으로 하여, 천지를 부모로 그 외의 모든 존재하는 만물을 자식으로 삼고 있는 자연과 인간의 생명의 통일체, 하나의 거대한 혈연적인 공통체로 묘사하고 있다.

「설괘전」은 팔괘八卦를 통하여 전체 우주와 자연계의 현상을 설명하고 있다. 「설괘전」의 작자는 '가정'이라는 관점을 우주에 투영하여 전체 우주를 하나의 가정과 같은 화기애애한 것으로 묘사하고 있다. 「설괘전」이 묘사하고 있는 세계관 혹은 우주관이 말하고 있는 것은 한 마디로 말하여 지극히 생태론적ecological인 관점이라고 할 수 있을 것이다.

이른바 '생태론적 사유'란 말이 가지고 있는 기본적 의미는 모든 현상이 서로간의 관련 속에 뒤얽혀 있는 것이며, 이 모든 것이 우주의 질서 속에 자리잡고 있음을 통찰하는 것이다. '생태론적'이라는 말의 영어 ecological은 그리스어의 oikos라는 말에서 파생되어 나왔다. oikos라는 말이 가지고 있는 본의는 '집'이라는 뜻으로 삶이 깃들인 세계, 인간이 사는 영역이라는 뜻을 함축하고 있다.

중요한 것은 '오이코스'라는 말 속에 지구를 하나의 가정으로 보는 통찰력이 숨어 있다는 점이다. 한 마디로 말하여 '오이코스'라는 말에는 '지구가정earth household'이라는 뜻이 함축되어 있다.[207] 이와 같은 관점에서 보자면 '지구가정'이라는 말과 「설괘전」에서 말하는 '우주 대가정'의 사유양식은 매우 흡사하게 일치하고 있다.

「설괘전」에서 말하는 전체 우주 속에는 어떤 고립된 사물의 존재란 없고, 모두 혈연적인 통일성 혹은 상관성을 가지고 있다. 이 전체 우주 속에서 자신 이외의 다른 존재들 역시 배격되어지는 것이 아니라 모두 의지하고 포용하여야 하는 것들이다. 일체의 만물이 모두 음과 양을 대표하는 천지를 부모괘로 하여 같은 혈통을 가지고 생겨 나온 혈연적인 하나의 대가정을 이루고 있음을 말하고 있다. 건곤을 기본 인자因子로 하여 우주 속의 무생물, 동식물, 인간 등이 존재의 연속을 이루고 있다.

팔괘는 대가정의 기본 구성원으로서 우주라는 대가정의 가장 원시적 상태에 해당한다. 비록 기본적 분자가 여덟개에 지나지 않지만 이것을 다시 중첩하여 64괘를 만들어 전체 우주의 모든 존재자가 혈친血親의 관계를 가지는 일가一家임을 묘사하고 있다. 여기에서 묘사하고 있는 전체 우주는 천지와 인간을 포함한 만물이 공통의 혈친관계를 통하여 결합된 하나의 대가족임을 말한다.

고대의 유가들은 만물 존재의 혈연적인 생명 통합체의 연결구조 위에서 다시 도덕적 연결을 정초하고 있다. 즉 우리를 있게 해 준 부모의 은혜에 대해서 효도해야 하는(報恩意識) 것처럼, 인간이란 존재를 있게해 준 인류의 부모(天地)의 은혜에 대해서도 마땅히 도덕적 의무를 다해야 하기 때문이다.

---

207) F.카프라, D.슈타인들-라스트, 좌담 「과학과 종교의 대화」, 김기협 번역, 『과학사상』, 서울, 범양사출판부, 1997년 봄호, 제56쪽 참조

4. 천인합일의 생명윤리

과학기술의 발전에 따른 인간 중심의 자연에 대한 무분별한 개발은 자연 생태계가 가지고 있는 자체의 순환을 단절시켜 버렸다. 이것이 이른바 생태위기이다. '생태계'라는 말의 본래 의미는 다만 생물 군집群集 사이의 상호 관계와 상호 순환성이라는 좁은 의미였으나, 현대에 이르러서는 생물 및 비생물적 물질의 총체적 상호 관계라는 의미까지 포함하고 있다.

이러한 생태계는 두 가지 중요한 속성을 가지고 있다. 첫째, 생태계는 그 구성 요소들 사이에 밀접한 상호 의존성이 있으며 상호 순환의 구조를 갖는다. 생태계가 가지고 있는 두 번째의 특성은 생태계의 평형 보존능력 또는 자기 조정self regulation 능력이다.[208]

생태계의 위기는 바로 상호 작용과 평형 보존의 능력이 무너진 것을 의미한다. 이것은 생태계 중 한 구성 요소가 급격히 변화하면 나머지 구성 요소도 따라서 변화할 때, 자체적으로 그것을 평형되게 만드는 조절의 능력을 상실하여 생태계의 변화가 생긴 것을 말한다. 이런 자연의 생태위기는 곧 바로 인간의 위기를 초래하게 되는데 그것은 바로 인류가 자연과 더불어 상호 호혜적인 관계에서 서로를 아끼고, 보호해야 한다는 사실을 망각하였기 때문이다.

"오늘날의 생태학적 위기는 한 생물과 다른 생물 그리고 모든 생물과 지구 전체를 유지시켜 주는 동적 상호작용이 비틀거리기 시작한 것을 의미한다. 이것은 생태학의 과제일 뿐만 아니라, 바로 사회윤리와 인간학의 과제이다."[209] 생태학은 자연보존과 인간의 생존에 직접적으로 관련되어지기 때문이다. 이런 생태학적 위기의 해결이라는 문제에 있어서도 접

---

208) 주광열, 『과학과 환경』, 서울, 서울대 출판부, 1986, 제91쪽

209) 진교훈, 「생태학적 위기와 윤리학의 상관성에 관한 연구」, 『철학논총』, 서울, 한양대 철학회, 1993년, 창간호, 제222쪽.

근 방법은 단순한 과학적 방법이 아닌 철학적인 작업이어야 한다. 더 구체적으로 말하면 생태학적 윤리학의 설정이 중요한 것이다.

생태윤리학이 가지고 있어야 할 우선적인 과제는 무엇보다도 윤리의 영역을 인간 중심의, 인간 상호간의 관계에서 인간과 자연의 관계까지 포함하는 범위 속에서 새롭게 정립하려는 것이다.[210] 여기에서 중국 고대의 유가들이 말하는 '천인합일' 이라는 철학적 명제가 새롭게 부각될 수 있는 가능성이 있다. 왜냐하면 '천인합일'이라는 철학적 이념은 우주관 또는 세계관일 뿐만 아니타, 동시에 윤리관으로 그 속에는 중국적 의미의 생태론적 윤리학 즉 '천인윤리天人倫理가 포함되어 있기 때문이다. 중국 전통의 '천인합일' 사상은 전체 생태환경 체계의 평형을 유지하고, 인간과 자연이 가지고 있어야 할 윤리적인 의미를 잘 보여주고 있다.

고대의 유가가 말하는 우주내의 모든 존재들은 하나의 전일적全一的인 생명 공동체에 속하고, 각각의 부분들은 각자의 생명 활동을 하는 과정 속에 있다. 만물을 구성하고 있는 생명력은 바로 인간과 자연을 내적으로 통일하여(天道와 人道의 合一), 생명이 약동하는 존재의 연속체를 이룬다. 우주내의 모든 존재들은 똑 같은 생명의 흐름 속에 통일되어 있기 때문에, 인간의 삶 역시 우주의 과정을 구성하는 혈액과 호흡의 연속적인 흐름의 일부분이다. 그러므로 각 사물은 다른 사물과의 상호 영향(交感, 感通)이라는 관계 속에서 오히려 어떤 특정한 기능을 발휘할 수 있다는 것이다.

인간을 포함한 사물의 생명 활동은 바로 상호 간의 감통과 포용包容을 통하여 생생生生하는 것이다. 이처럼 유가철학에서 말하는 자연계의 사물들이 가지고 있는 자기 본성은 바로 포용성과 상호 감통이라는 배경 속에서 발견된다. 그러나 이 말은 결코 개체가 자신의 주체성을 포

210) H.요나스 지음, 이진우 옮김, 『책임의 원칙 : 기술 시대의 생태학적 윤리』, 서울, 서광사, 1994년, 제33-36쪽 참조.

기하고 있다는 의미는 아니다. 각각의 사물이 가지고 있는 성性이나 생명의 이치인 생리生理는 무조건적인 순종을 강요하는 초월적인 필연 원칙에 따라야 하는 것이 아니라, 모든 만물이 스스로의 준칙에 따라서 자율적으로 자신의 행위를 행사할 수 있는 '자유 원칙'을 의미한다.

모든 사물이 가지고 있는 생명의 이치인 '자유원칙'은 다른 존재에 대해 자의적인 폭력을 마음껏 행사하여도 무방하다는 의미가 아니라, 보다 높은 차원의 '고도의 자유'를 요구한다. 이른바 '보다 높은 차원의 자유'는 타물他物과의 감통, 포용 가운데에서 더욱 창조적인 활동을 할 수 있는 가능성을 발견한다. '보다 높은 차원의 자유'는 '자신을 포기할 수 있는 자유' 이른바 '살신성인殺身成仁'[211] 이라는 높은 단계의 도덕적 실천을 요구하고 있다.

뒤에서 다시 논의하겠지만, 전체 우주의 통일적 생명을 위하여 인간 자신의 작위作爲를 포기할 수 있는 보다 차원높은 자유인 '살신성인' 이라는 공자의 도덕적 명제는 후대의 학자들이 '인仁'의 의미를 포괄적으로 해석하면서 생태론적 차원에서 새롭게 해석될 가능성을 분명히 보여주고 있다. 만약 공자가 말한 이 명제를 생태윤리학적인 표현으로 바꾸면 바로 "우리 자신의 생명을 내걸 수는 있으나 인류의 생명을 위태롭게 해서는 안된다"[212]는 명법命法으로 해석가능하다.

이 지구상에서 인류가 생존하여야 한다는 절대적 명제 앞에서 인간은 자신이 전체적인 우주적 체계의 한 부분에 속한다는 것을 망각하지 말고, 자신을 전체로서 고집하지 말아야 하는 것이다. 한스 요나스는 칸트가 말하는 "너의 (행위의 준칙인)격률이 동시에 일반적인 법칙이 되기를 원할 수 있도록 행위하라"는 인간의 자신과의 일치 가능성의 명법을 "너의 행위의 효과가 지상에서의 진정한 인간적 삶의 지속과 조화될

211) 『論語』「衛靈公篇」

212) H.요나스 지음, 이진우 옮김, 『책임의 원칙 : 기술 시대의 생태학적 윤리』, 제41쪽.

수 있도록 행위하라"는 인간과 자연과의 일치 가능성이란 형태로 표현하고 있다. 그것을 다시 부정적인 형태로 표현하면 "너의 행위의 효과가 지구상의 인간 생명의 미래의 가능성에 대해 파괴적이지 않도록 행위하라"는 것이 된다.[213]

우리는 『논어』나 고대 유가의 경전속에서 인간과 자연의 도덕적 일치를 생태론적인 자각이나 의식에서 직접적으로 언급하는 것을 발견하기는 쉽지 않을 것이다. 그러나 적어도 우리는 인간 중심적인 과학기술의 자연에 대한 폭력과 작위성作爲性을 수정할 수 있는 중요한 명제들은 비교적 용이하게 발견할 수는 있을 것이다.

지구상에서 인류가 생존하여야 한다는 생태론적인 절대적 명제 앞에서 인간이 가장 우선적으로 실천하여야 하는 첫 번째 조항은 자신이 전체적인 우주라는 하나의 큰 신체(萬物一體)의 한 부분에 속한다는 사실을 자각하고, 인간 자신이나 자연에 대한 폭력과 파괴를 포기해야 하는 것이다.

이런 관점을 공자는 『논어』에서는 "자신이 하고자 하지 않는 것을 남에게 베풀지 말아야 한다"[214]고 말한다. 이것은 곧 바로 "너의 행위의 효과가 지구상의 인간 생명의 미래의 가능성에 대해 파괴적이지 않도록 행위하라"는 생태론적인 명제로 전환 가능하다. 공자는 다른 곳에서 위의 부정적 형식의 명법을 더욱 적극적인 형식으로 표현하고 있다. 바로 "(仁하다는 것은) 자신이 서고자 함에 남도 서게 하며, 자신이 통달하고자 함에 남도 통달하게 하는 것이다"[215]라는 것이다. 이것은 바로 "너의 행위의 효과가 지상에서의 진정한 인간적 삶의 지속과 조화될 수 있도록 행위하라"는 생태론적인 명제로 해석 가능한 것이다. 위의 공자

---

213) H.요나스 지음, 이진우 옮김, 『책임의 원칙 : 기술 시대의 생태학적 윤리』, 제40-41쪽.

214) 『논어』「顔淵」"己所不欲,勿施於人"

215) 『논어』「雍也」"夫仁者,己欲立而立人, 己欲達而達人"

의 말을 주자의 해석을 빌려서 다시 한번 살펴보기로 하자.

> 자기가 원하는 것을 가지고 타인에게 비유하여 그의 원하는 바도 나와 같음을 안 다음, 자기가 원하는 바를 미루어 남에게 미쳐야 하니, 이는 서恕의 일로서 인仁을 행하는 방법이다. 여기에 힘쓴다면 인욕의 사사로움私을 이겨내어 천리天理의 공公을 온전히 할 수 있을 것이다.[216)]

이른바 '서恕'는 바로 '인仁'을 실천하는 가장 중요한 방법중의 하나이다. 공자가 사람들에게 실천하라고 하는 '자신이 서고자 하면 남도 서게 하는' '서'의 호혜적互惠的 공존 원칙은 다만 인간세계와 사회에 주어진 하나의 정언명법이다. 현대는 '서'의 호혜적 공존 원칙을 자연계에 까지 확대하여 적용하기를 요청하고 있다. 만약 이러한 요청에 대응하여 '인'의 개념을 분석해 보면 우리는 '인'이 내함內含하고 있는 생태론적 사유 체계를 매우 분명하게 발견할 수 있을 것이다.

주자는 '인'의 성취방법을 '인욕의 사사로움私을 이겨내어 천리天理의 공公을 온전히 하는 것'으로 말하고 있다. 그런데 주자가 말하는 '천리의 공'이라는 말이 무엇을 의미하고 있는지에 대해서 주목할 필요가 있다. 여기에서 우리가 쉽게 추측할 수 있는 것은 바로 『논어』에서 말하는 '극기복례克己復禮'의 관점과 거의 대동소이한 내용을 가지고 있다는 점이다.

'극기복례'의 '복례'가 의미하는 것이 주로 '사회적인 질서'에 따른다는 의미를 강하게 부각하고 있는 반면에 '천리의 공'이라는 말은 '인류의 초월적 가치와 공동의 선善'이라는 뜻을 말하는 것으로, 아마도 주자는 천도天道와의 관련성 속에서 논의를 전개한 것으로 보인다. 주자는 이 문제에 대해 직접적인 언급은 하고 있지 않지만, 자신의 주석 바

216) 朱熹, 『論語集註』 "以己所欲, 譬之他人, 知其所欲亦猶是也. 然後推其所欲, 以及於人, 則恕之事而仁之術也. 於此勉焉, 則有以勝其人欲之私而全其天理之公矣."

로 아래에 정명도程明道가 「식인편識仁篇」에서 말하는 '인'을 '만물일체'로 해석하는 관점을 인용한 것으로 보아 그러한 추론은 충분히 가능한 것으로 보인다.

> 의학 서적에 손발이 마비된 것을 불인不仁이라고 하니, 이것은 인仁을 가장 잘 형용한 말이다. 인자仁者는 천지와 만물을 한 몸으로 여기니 자기 아닌 것이 없다. 천지만물이 모두 자기와 한 몸임을 안다면 어떤 것인들 이르지 못하겠는가? 만약 자신에게 속하지 않으면 저절로 자기와는 상관없는 것이 되니, 마치 불인不仁해지면 기가 이미 관통하지 않아 모두 자신에게 소속되지 않는 것과 같다.217)

명도는 위의 인용문에서 인간과 자연의 관계는 결코 대립적인 관계가 아닌, 부분과 전체의 존재론적인 관계에 해당하며, 상호의존적이라는 입장을 매우 설득력 있게 말하고 있다. 또한 그는 '인'과 '불인'의 대비적인 관점으로 인간을 포함한 만물 존재가 하나의 같은 생명을 공유하고 있는 한 몸一體임을 매우 설득력있는 비유를 통하여 설명하고 있다.

여기에서 우리는 '인'이라는 인간과 인간간의 일치를 강조하는 전통 윤리학적 개념이 자연과 인간의 일치를 말하는 생태론적인 철학적 명제로 언제든지 전환할 수 있는 충분한 가능성을 도출해 낼 수 있을 것이다. 다시 말해서 인간의 개체 생명을 위주로 하는 '인'의 개념이 한 몸인 '천인합일의 대생명'이란 개념으로 확장되었을 때, 우리는 자신있게 '자신을 포기할 수 있는' '보다 높은 차원의 자유' 즉 '살신성인'의 생태론적인 요구를 정당화할 수 있는 것이다.

그러나 우리는 유가가 강조하는 '천인합일의 대생명' 이라는 유기론

217) 朱熹, 『論語集註』, "醫書以手足痿痺爲不仁, 此言最善名狀. 仁者以天地萬物爲一體,莫非己也, 認得爲己, 何所不至.若不屬己, 自與己不相干, 如手足之不仁, 氣已不貫,皆不屬己"

적인 관점에만 의지하여 인간과 자연사이에는 어떠한 대립이나 충돌은 생길 수 없다는 안이한 생각만 하여서는 곤란하다. 유가들이 말하는 '합일'이란 말을 단순히 분화되어지지 않은 연속성이란 의미로만 해석하는 것은 곤란하다.

'합일'의 진정한 의미는 '화이부동和而不同'으로 서로 조화하면서도 각자의 기능을 자유롭게 발휘하는 전일적인 사유 방식을 말한다. 이른바 "(만물은 개별적으로는) 각각의 타고난 성명을 바르게 하고, (전체의 측면에서) 진정한 조화를 이루고 보존하여야 한다."[218] 여기에서 천인합일의 의미는 바로 어떻게 자연과 인간이 각자의 생명활동을 서로 인정하며, 권리와 의무를 공유하고 조화하는가 라는 윤리적인 문제로 변할 수 있다.

인간이 이러한 사유와 자각을 가질 때, 우주적 대생명의 안에서 다른 존재자와는 달리 인간은 유한한 개체의 제약과 한계를 넘어서서 우주 전체의 이치를 현시하고 드러낼 수 있는 능력을 가지게 되는 것이다. 그것은 바로 인간이 천지를 도덕 공동체의 일원으로 간주하여 화육에 참여하는 방식(參天地化育)이다. 이것이 가능한 것은 자연과 인간의 감통과 조화를 연결시켜 주는 생명의 이치가 만물 사이를 관통하고 있기 때문이다. 이것이 바로 중국 유가들이 강조하는 '천인합일'이라는 생명윤리학의 관점이다.

5. 소결

앞에서 우리는 자연 파괴가 가져온 환경 위기에 대한 고대 유가의 자연관과 생태론적 사유 의식에 대해서 살펴보았다. 이런 논의를 통하여

---

218) 『주역』 乾卦「彖傳」"各正性命, 保合太和"

우리는 중국 고대 유가의 관점들이 단순히 원시적 범신론 혹은 자연숭배의 주관적 신비주의로만 간주할 수 없는, 현대가 요청하는 생태학적인 관점과 부합되는 여러 가지 관점들을 발견할 수 있었다.

유가의 자연에 대한 기본적인 가설은 '우주대가정' 이라는 생명 연속과 천인합일적인 공동체 혹은 통일체이다. 유가들은 인간과 자연 사이에 어떠한 긴장이나 대결을 놓아두지 않고, 피차간의 끊임없는 감통과 포용을 통한 조화를 강조한다. 그리고 그들은 자연의 위대한 창조의 작용을 존중하면서 그곳에 스스로 참여하고 있다. 바로 '생생生生'의 활동이다.

'생하고 또 생한다(生生之謂易)'는 '생생'이란 말의 뜻은 물론 부단한 생명활동의 연속성을 의미하기도 하지만, 생명의 창생創生이라는 측면과 생명의 연속이란 의미를 동시에 포함하고 있는 개념으로 해석할 수 있다. '생생'이란 말의 앞의 '생'인 창생은 천지 혹은 자연이 담당하는 역할에 대해 말하는 것이라면, 뒤의 '생'에 해당하는 생명의 연속이라는 역할은 인류의 책임이다. 생명의 연속과 미래를 담당하여야 하는 인류의 책임은 천지의 화육化育에 어떠한 방식으로 참여하는 가에 따라서 결정된다. 인간만이 유독 천지와 더불어 만물의 화육에 참여할 수 있는 것은 인간이 다른 사물과는 달리 이성과 정신을 가지고 있는 지혜로운 존재이기 때문이다.

인간은 자기의식과 정신을 가지고 스스로 존재하고, 행위할 수 있다. 만약 인간이 자신의 권리만 주장하고 자연도 마땅히 가지고 있는 권리를 무시한 채 의무만을 요구한다면 지상에 존재하는 인류의 미래는 더 이상 보장할 수 없게 될 것이다. 여기에서 우리는 분명히 기억하여야 할 몇가지 명제를 언급할 필요가 있다. 바로 "자연은 인간에 대해서 의무뿐만 아니라, 권리도 가지고 있다" "인류의 미래를 위해서 자연은 분명히 보호되어야 한다"는 것 등이다.

자연은 더 이상 인류를 위해서 봉사만 하는 권리와 주체성이 없는 대상이 아니라는 사실을 인간은 심각하게 인식하여야 한다. 인간의 자연에 대한 도덕의식이라는 것은 우선적으로 모든 사물이 자신의 기능을 다 발휘하여 완성되도록 하는(開物成務) 생명 연속성의 책임감과 천지가 인간을 낳아 주고 길러 주는 것에 대한 보은報恩의식이다. 또 하나는 인간에 의한 인위적인 기술과 제작은 모두 자연의 것을 인간이 빌리거나 대신하는 것에 지나지 않는다(天工開物)는 겸손함을 가지는 것이다.

인간의 자연에 대한 겸손함은 인간이 이룩한 모든 공적이 인간 자신만의 노력에 의한 것만이 아니라는 사실을 깨닫는 데 있다. 그것은 삼재三才의 결합에 의한 것이다. 만약 인간이 대자연의 적절한 지원이 없다면, 어떻게 생존할 방법이 있겠는가? 이 때문에 인간은 자연을 아끼고, 그 권리를 존중하고, 도덕적 책임의 대상으로 보아야 한다.

중국 고대의 유가들이 자연을 보호하고 심지어 존중해야 함을 강조하는 이유를 인간 자신의 후손들에게 물려주기 위한, 여전히 인간 중심주의적인 관점을 벗어나지 못한 관점에서만 찾지 않는다. 왜냐하면 자연에 대한 인간의 의무이자 책임은 인간의 후손에 대한 권리 존중이라는 의미뿐만이 아니라, 부모에 대한 자식의 도덕적 의무라는 관점에서도 이야기하기 때문이다. 「설괘전」에서 말하는 것처럼 우리의 모습을 준 부모의 은혜에 대해서 효도해야 하는 것처럼, 인간이란 존재를 있게 해 준 인류의 부모의 은혜에 대해서도 마땅히 도덕적 의무를 다해야 한다는 것이다.

제2부

유가의 내성외왕을 통해 본 도덕과 정치의 연속

앞에서 우리는 유가가 말하는 생명적 우주관의 내용과 그것이 가진 현대적 의미에 대해 살펴보았다. 당연히 서양에도 이런 관점이 있었다. 구체적으로 희랍 초기의 탈레스와 이오니아학파 및 근대의 라이프니츠·셸링·헤겔 뿐만 아니라 베르그송 등의 "이들 사상가는 모두 우주에는 생명이 있다고 주장한다. 그러나 유가의 생명우주관과 다른 것은 그들은 우주의 생명과 인간의 도덕의무를 하나로 연결하고 있지 않는 것 같다."[219] 이에 비해 유가는 처음부터 "인륜과 인덕仁德은 그 우주적인 의미와 가치를 그 속에 가지고 있다."[220]고 볼 수 있다. 이 말은 바로 우주론에서의 도덕성이 지니고 있는 연속성과 중요성에 대해 말한 것이라고 할 수 있다.

이런 맥락에서 유가의 세계관에서 사물의 궁극적 기원 혹은 목적의 함의를 지니고 있는 태극太極이나 리理도 사물의 운동법칙이나 존재구조의 원리 측면을 말하기보다는 인륜도덕 법칙의 성격을 더 많이 가지고 있다. 아울러 천天, 성性, 명命은 물론이고 천지와 만물까지도 인간의 도덕적 관심과 깊은 관련을 가진다. 이런 경향은 송대에 이르면 더욱 강하게 나타난다. 예를 들면 주자철학의 근본관념인 '리'의 성격은 리가 사물에 내재하여 동정動靜의 '원리'를 이룬다는 의미에서 자연법칙이지만 본연本然의 성으로서 인간에 내재될 때는 오히려 인간행위의 규범이 된다.

이런 관점으로 말하면 리는 물리임과 동시에 도리이고 자연임과 동시에 당연當然으로 자연법칙과 도덕 규범은 연속해있다. 그러나 이 연속은 대등한 연속이 아니라 물리가 도리에, 자연법칙이 도덕 규범에 완전히 종속되어 있다는 의미에서의 연속이다. 이런 유가 특히 주자학의 연속성의 합리주의는 자연을 도덕에 종속시키고 나아가 추상적인 합리

219) 項退結, 『現代中國形上學』, 臺北, 黎明文化公司, 1978, 제165쪽.
220) 唐君毅, 『生命存在與心靈境界』, 臺北, 臺灣學生書局, 1977, 제863쪽.

주의가 독특한 주자학적 이성이라는 테두리 안에 역사적 발전을 한정시킴으로써 역사적 개성을 잃고 역사마저 도덕에 종속되게 하는 '명분론名分論'을 만들어내기에 이른다. 따라서 유가의 연속성의 철학 체계는 자연, 역사, 문화를 도덕적인 지상명령 아래 자리하게 만든다.[221]

우주론에서의 도덕성이 지니고 있는 우위성이나 도덕의 지상명령 아래에 자연, 역사, 문화를 위치하게 만드는 종속적 연속성이 유가철학의 특징이라면, 도덕과 정치의 관계는 인과적因果的인 연속의 관계라고 할 수 있다. 달리 말하면 개인의 도덕적 수양이 모든 정치적 · 사회적 가치의 전제 조건이고, 도덕과 정치는 결코 분리되는 것이 아니고 다만 도덕의 직접적 실현이고 결과일 뿐이다. 이런 각도에서 아래에서는 유가가 말하는 도덕과 정치의 직접적 연속 및 도덕과 법의 연속이라는 문제에 대해 살펴보려고 한다.

221) 守本順一郎 지음, 김수길 옮김, 『동양정치사상사연구』, 서울, 동녘, 1985, 제26쪽 참조 바람.

제4장

성왕이념을 통해 본 내성과 외왕의 일체적 연속

1. 문제의 제기

현대의 유가철학 연구에 있어서 가장 관심을 끄는 문제 중의 하나는 바로 유가 철학을 어떻게 새롭게 해석하여 현대가 필요로 하는 민주주의와 과학 기술이라는 영역을 접목시킬 수 있을까 라는 문제이다. 이런 입장은 어쩌면 수 천 년 동안이나 논의되어온 유가문화와 철학 속에서 그러한 요소들을 찾기가 매우 힘이 든다는 사실을 반증하는 것이나 마찬가지이다.

물론 여기에서 다루려는 내성외왕內聖外王이라는 유가적 이상의 구조 속에서도 우리는 민본民本 혹은 귀민貴民 등의 민주주의를 연상하게 하는 비슷한 용어들을 어렵지 않게 발견할 수는 있다. 그러나 그것을 자세히 분석해 보면 그 초점은 완전히 다른 방향에 놓여 있음을 발견할 수 있을 것이다. 이 때문에 어떤 이들은 유가에서는 정치 혹은 정치철학이라는 독립된 영역을 전혀 생각할 수 없다고 말한다. 그러나 또 어떤 이들은 유가 철학의 전 체계는 오히려 하나의 완벽한 정치적 이론체계를 갖추고 있지만 올바로 표현되지 못하고 있음을 지적하기도 한다.

유가철학과 그것이 가지고 있는 민주주의적 성분에 대한 논의와 해결방안[222]에 대한 문제는 어쩌면 유가가 과거 도교와 불교에 대응하여 변신한 것처럼 20세기에 불어 닥친 서풍西風의 동점東漸에 대하여 또 다른 모습으로 전형轉型해야만 하는 피할 수 없는 과제가 되어 버렸다.

위의 논의를 통하여 우리는 본문이 해결하여야 할 몇 가지 문제들을 제시할 수 있다. 그것은 먼저 '전통 유가는 사회와 현실에 대응하는 이른바 경세적經世的 이념을 어떤 방향에서 정립하고 있는가?' '전통유가는 어떤 이유에서 서양의 민주주의와 같은 제도들을 만들어내지 못하였는가?' 라는 문제들이다. 이런 문제를 본문에서는 수신修身 혹은 내성內聖이라는 도덕적 차원의 문제와 경세 혹은 외왕外王을 일체적一體的인 연속성連續性 혹은 연계성聯繫性을 가지는 것으로 간주하는 유가적인 도덕적 이상주의moral idealism라는 관점에 대해 다루려 한다.

특히 유가는 도덕과 정치라는 엄연히 구별하여야 하는 문제를 하나의 같은 차원에 묶어 놓고 있을 뿐만 아니라, 또한 그들의 정치사상을 인민人民의 관점에서 정립하는 것이 아니라, 이상적인 군주 즉 성왕聖王에다 초점을 맞추어 놓고 있다.

유가들은 도덕과 정치를 완전히 합일된 것으로 간주하여, 정치활동

---

222) 참고로 장기간에 걸친 유가와 민주주의의 관계에 대한 논점들을 몇 가지로 나누어 보면 아래와 같다. 첫째 : 유가철학은 근본적으로 반민주, 반자유, 반인권적인 것이기 때문에 공자점(孔子店)을 파괴하고 유가적인 흔적들을 모두 박물관에 보내야 민주적인 헌정체제를 비로소 수립할 수 있다고 보는 입장. 둘째 : 민주, 자유와 인권의 범람은 동양의 상황에 들어맞지 않음에도 불구하고 그것을 무작정 받아들여서는 망국(亡國) 이외의 다른 결과는 있을 수 없다는 입장. 세 번째 : 유가철학 중에는 민주주의적 요소들과 완전히 부합하는 점들이 있기 때문에 만약 민주주의를 실행하려면 처음부터 유가적인 정신교육을 강화할 필요가 있다. 네 번째 : 유가철학 속에는 농후한 민주, 자유, 인권의 정신이 포함되어 있으나 장기간에 걸친 전제정치의 압제에 의해 반민주, 반자유, 반인권의 성분이 스며들어 유가는 오히려 전제의 수호자가 되어 버렸다는 입장 등이다. 위의 네 가지 입장 중에서 첫째, 둘째의 입장들은 모두 극단적인 경우에 속하는 것이고 현재의 대체적인 연구경향은 네 번째의 입장에 주로 관심을 두고 있다. 蕭欣義, 「一位不畏權勢的當代儒者對民主自由的探索」, 徐復觀 著, 『儒家政治思想與民主自由人權』, 臺北, 學生書局, 1988, 제11-14쪽 참조 바람.

을 도덕 실천의 일부로만 보고 있다. 이처럼 정통 유가는 경세적 의미의 외왕을 도덕적 인격의 수양이라는 내성이나 수신과 분리하여 생각하는 것이 아니라, 내성의 직선적 연장 혹은 연역으로 간주하여 도덕수양이라는 문제와 일체적 연속성을 가지는 것으로 말한다. 이러한 내성과 외왕의 결합과 실현이라는 문제는 바로 유가 특유의 도덕적 이상주의의 산물인 '성왕聖王'의 이념을 제기하게 만든다.

그런데 본문에서 말하는 이른바 '성왕'이념은 단순한 천자天子의 존칭尊稱인 성주聖主나 성군聖君이라는 통속적通俗的 의미의 성왕을 말하는 것이 아니라, 도덕적 의미의 내성과 정치적 의미의 외왕을 결합하려는 유가 특유의 도덕적 이상주의에 의해 생겨난 이념 혹은 정신 방향을 가리키는 말이다. 즉 성왕이란 말을 여기에서는 내성과 외왕이라는 유가가 추구하는 이상적인 두 측면의 결합과 실현이란 관점에서 다루고 있다.[223]

유가가 원래 의도하였던 성왕의 현실적 기능은 현실의 천자天子가 가지는 무소불위의 권력을 견제하려는 권위의 이원화權威二元化라는 관점에서 나온 것이다. 이 때문에 유가는 정치적 과정과 판단의 기준을 모두 도덕 정신에서만 찾는 즉 이상적 통치 혹은 정치를 도덕적 완전인完全人의 수중에 두는 도덕적 이상주의의 성격을 두드러지게 보여준다.

유가는 사회와 현실에 대한 문제를 도덕적 이상주의의 관점에서 접근하는 경향을 보여준다. 이런 관점은 곧 바로 유가가 사회와 현실을 올바로 진단하여 대처하지 못하는 곤경困境에 빠지게 만들 가능성이 높다. 이런 유가의 경세 이념에 대한 회의와 비판은 물론 송명 시대에도

223) 여기에서 말하는 성왕은 단순한 훌륭한 황제를 뜻하는 것은 아니다. 그 보다는 도덕적 완성으로서의 성(聖)과 이상적 정치인 왕도(王道)의 통일 또는 합일을 의미하는 말이다. 『논어』에서 공자가 동경하는 것은 여전히 고대 성왕의 성세(盛世)이고 그가 희망하는 것은 성덕(盛德)과 성왕이고 또 성왕을 통한 정치를 말하는 것이다. 이른바 "자기를 수양하여서 백성을 편안하게 한다(修己以安百姓)"라는 구절은 바로 이러한 의미를 가지고 있다. 성왕이라는 이 두 글자는 비록 『논어』 속에서 찾을 수 없지만 그러나 성왕정신은 여전히 암묵적으로 이 책의 주제임을 말하고 있다.

있었지만, 그것은 특히 서양 현대문명과의 조우를 통하여 더욱 결정적인 곤경에 처하여 유가가 전면적으로 부정되는 상황에 까지 이르게 만든다. 이런 비판은 유가의 내부와 외부에서 동시에 진행되는 현상이었다. 특히 유가의 이론 체계가 가지고 있는 한계에 대한 외부의 비판은 유가가 그 어떤 시대에도 직면하지 못하였던 가장 잔혹한 것이었다고 할 수 있을 것이다.224) 여기에서 유가적 이념에 충실하면서도 유가를 새롭게 해석하려는 경향 – 특히 경세이념이 가지는 한계를 새로운 입장에서 전개하려는 – 이 나타나는 것은 어쩌면 당연할지도 모른다. 이들이 이른바 현대신유가Contemporary Neo-Confucianism들이다.

현대신유가들은 유가의 경세 이념이 가지고 있는 한계와 문제들에 대한 반성과 비판적 검토를 통하여 어떤 새로운 방향을 제시할 수 있는 가능성을 찾아내려는 시도를 한다. 여기에서는 먼저 유가가 추구하고 있는 이상정치의 의미와 성왕의 개념이 추구하고 있는 궁극적인 이념은 무엇이고, 그것이 또 어떻게 왜곡되었는지를 살펴보려한다. 또한 성왕 이념에 대한 현대적 전환을 추구하는 현대신유가의 관점을 모종삼牟宗三을 중심으로 하여 살펴보고, 동시에 그들이 가지고 있는 난점과 한계가 무엇인지를 지적하여 보도록 하겠다.

---

224) 5.4. 운동 이후 중국의 지식인들이 가졌던 문제의식은 '서양 현대문명의 중국전통문화에 대한 충격과 도전' 이라는 주제로 부터 전개되는 것이다. 서양 현대문명이 가지고 있는 계몽적 특징들은 과학적 실증, 민주주의를 중시하여 개성의 해방, 인격의 존엄을 강조하고, 상품 경제와 시장의 기제(機制)를 통하여 생산력을 고취하는 문화를 강조한다. 이와는 달리 중국을 대표하는 유가적 전통문화는 봉건사회로서 가부장적 관료 제도를 핵심으로 하는 정치문화, 종법적(宗法的) 가족유대를 기저로 하는 사회문화, 소농(小農)의 자연생산을 기초로 하는 경제문화라는 세 가지의 상호의존적 체계로 구성되어 있다. 이 세 가지 체계가 만든 정치, 사회와 경제문화는 권위주의, 보수경향과 집체(集體)방식을 특색으로 하여 개체성과 창조성을 억압하고, 적극성을 해소하는 불량한 결과를 가지고 왔다. 여기에서 당시의 중국 지식인들은 어떻게 서양 현대문명을 흡수하고, 중국 전통문화의 단점을 해소하는가 라는 것이 그들이 가진 중요한 문제였다. 서양 현대문명의 중국 전통문화에 대한 충격과 도전은 중국의 지식인들에게 여러 가지의 다양한 모습을 연출하였지만, 그중에서도 유가적 전통을 완전히 단절하고 서구화의 방식만을 따르자는 경향이 매우 우세하였다. 즉 중국 전통문화를 완전히 부정하는 서화론(西化論)이 당시 중국 사상계의 주류로 등장하고 있었던 것이다.

2. 유가의 이상적인 정치와 聖王의 이념

유가의 이상적인 정치는 내성적內聖的인 도덕 실천의 문제와 연결된다. 즉 성왕聖王의 이념을 통하여 경세적인 정치를 도덕적 이상주의의 관점에서 말하는 것이다. 내성외왕內聖外王이라는 말은 『장자莊子』의 「천하天下」편에서 보이는 말로[225], 장자는 내성외왕이라는 말을 통하여 유가의 학문을 정리하고 있다. 그는 유가의 도道를 하나의 통일적인 전체로 보아 그것은 내외內外의 두 측면을 모두 포괄하고 있음을 말하고 있다. 즉 내적인 방면을 성聖이라 말하고, 외적인 방면을 왕王이라고 말한다. 구체적으로 말하면 내성의 도는 "신명神明과 일체가 되고 천지를 법칙으로 삼아 모든 존재가 본래의 성품에 따라 살게 하는"[226] 것이고 외왕의 도는 "만물을 기르고 천하를 평화롭게 하여 백성에게 은택이 미쳐"[227]라는 말로 표현하고 있다.

장자는 내성외왕이란 개념을 해석하여 내성은 인간의 정신적 생명 속에서 성인의 도를 충분히 실현하는 것으로 말하고, 외왕은 정치라는 왕자王者의 책임을 충분히 실현하는 것으로 말한다. 장자의 내성외왕에 대한 관점은 분명히 내성과 외왕이 각기 다른 표준을 가지는 것으로 보고 있는데 비해서[228], 유가 내부의 관점은 오히려 공통된 표준을 가지고 있을 뿐만 아니라, 그것을 인과적因果的으로 작용하는 관계로 본다.

---

225) 「장자」「천하편」"是故內聖外王之道, 闇而不明, 鬱而不發, 天下之人各爲其所欲焉以自爲方."

226) 「장자」「천하편」"配神明醇天地, ..."

227) 「장자」「천하편」"育萬物,和天下,澤及百姓."

228) 「천하편」에서 장자는 내성외왕이 두 가지의 분명히 다른 인격 표준임을 말하고 있다. 즉 내성은 인간의 내부 혹은 정신생명 속에서 성인의 도를 충분히 실현하는 것이고, 외왕은 현실사회의 정치적인 문제를 다루는 왕자(王者)의 책임을 온전히 하는 것을 의미한다. 여기에서 말하는 내성과 외왕의 사이에는 결코 체용(體用)의 인과(因果)관계가 성립되지 않고 병렬적(竝列的)인 대등(對等) 관계만이 성립하고 있다. 이른바 내성외왕은 내성과 외왕을 따로 말하고 있는 것이지, 내성이면서 외왕이거나, 혹은 내성이 바로 외왕으로 통한다는 것을 의미하지는 않는다.

유가 정치철학의 주류는 공자와 맹자의 정치철학에 근거하고 있다. 유가 정치철학의 기본적 내용은 무엇인가? 한마디로 말하면 '내성외왕'의 개념이다. 공맹에 있어서 내성외왕이 의미하고 있는 것은 왕王과 성聖 사이에 적본跡本 관계 즉 흔적과 근본의 관계가 존재한다는 것이다. 성性과 그 성을 완성할 수 있는 심성心性의 본체가 바로 근본이다. 이상적인 정치 사회질서는 다름 아닌 그 근본에서 나온 흔적이다. 그 둘 사이에는 직접적 인과因果관계가 성립한다.

바꾸어 말하면 유가의 기본적인 정치 관점은 개인의 훌륭한 도덕 수양이 있어야 이상적인 정치가 실현가능하고 이상적인 사회의 구성이 가능하다는 것이다. 여기에서 우리는 아래와 같은 명제를 도출해낼 수 있다. 즉 "개인의 덕성은 반드시 이상적인 사회를 구조하는데 봉사하여야하고 동시에 개인의 도덕성이야 말로 이상사회를 구조하는데 있어서 가장 유효한 기본 요소이다"라는 것이다.

공자는 『논어』에서 자로子路가 도덕적인 군자는 어떠해야 하는 것인가에 대한 물음에 답하기를 "경敬으로써 몸을 닦는 것이다"고 말씀하셨다. 자로가 이와 같을 뿐입니까? 하고 묻자 공자는 "몸을 닦아서 다른 사람을 편안하게 하는 것이다"하고 말씀하셨다. 다시 "이와 같을 뿐입니까?"하고 말하자 "몸을 닦아서 백성을 편안하게 하는 것이니 ..."라고 말씀하셨다.[229] 여기에서 말하는 자기 몸을 닦는 수신修身과 백성을 편안하게 하는 안백성安百姓이 바로 내성과 외왕에 해당한다. 비록 공자는 내성외왕이라는 말을 사용하고 있지는 않지만 분명히 내성과 외왕의 관계에 대해 언급하고 있다. 즉 '수기修己'는 하나의 출발점이고 '안백성'이라는 정치적인 사업事業은 도덕적 수기의 연장延長에 의한 것으로 외왕의 측면에 해당하는 것으로 볼 수 있다.

공자와 마찬가지로 맹자 역시 정치를 도덕의 연장이라는 관점에서

229) 「논어」「憲問」편 "子路問君子. 子曰, 修己以敬, 曰如斯而已乎. 曰修己以安人, 曰如斯而已乎. 曰修己以安百姓."

보고 있다. "맹자가 말하기를 모든 사람들은 (다른 사람의 어려움을) 차마 참지 못하는 마음을 가지고 있다. 선왕先王이 차마 참지 못하는 마음을 가지고 (다른 사람의 어려움에 대해) 참지 못하는 정치를 시행하니, 차마 참지 못하는 마음을 가지고 차마 참지 못하는 정치를 시행한다면, 천하를 다스리는 것은 손바닥 위에 놓고 움직이는 것이나 마찬가지일 것이다."230) 맹자는 개인과 사회, 도덕과 정치 사이에는 하나의 연속적인 관계가 성립되는 것으로 보고 있다. 즉 개인, 가정, 사회로부터 국가, 천하에 이르는 단계는 다만 범위상의 크고 작음이 있을 뿐이지 결코 본질적인 차이가 없는 것으로 말한다. 여기에서 개인은 바로 이들 단계가 전개해가는 핵심이다. 그러므로 맹자는 「이루離婁」편에서 천하의 근본은 나라에 있고, 나라의 근본은 가家에 있고, 가의 근본은 몸身에 있다231) 라고 말하는 것이다. 여기에서 말하는 근본本은 다름 아닌 개인의 수신修身을 의미한다. 이 때문에 주자는 『맹자집주孟子集註』에서 위의 구절을 설명할 때 『대학大學』에서 말하는 "천자에서 일반서민에 이르기까지 모두 수신을 근본으로 삼는다"라는 말을 인용하고 있다.232)

맹자는 개인과 사회를 하나의 연속체로 보아 사회 속에서 개인 도덕의 확충(擴而充之)을 매우 강조한다. 맹자는 사람이 태어나면서 가지는 불인인지심不忍人之心에 대해서 말하는데 이러한 도덕심을 사회 내에서 확충한 것이 바로 불인인지정不忍人之政이다.

공자와 맹자의 내성외왕에 대한 이상을 가장 구체적으로 드러내 주는 곳이 바로 『대학』의 삼강령三綱領 팔조목八條目에 관한 부분이다.

> 대학의 도는 명덕을 밝힘에 있으며, 백성을 새롭게 함에 있으며, 지선에

---

230) 『맹자』「공손추(公孫丑)」上. "孟子曰, 人皆有不忍人之心. 先王有不忍人之心, 斯有不忍人之政矣, 以不忍人之心, 行不忍人之政, 治天下可運於掌上."

231) 『맹자』, 「이루」상, "天下之本在國, 國之本在家, 家之本在身."

232) 주희, 「맹자집주』 "大學所謂自天子至於庶人,壹是皆以修身爲本,爲是故也."

이름에 있다. 이를 뒤를 안 뒤에 정함이 있으니, 정한 뒤에 능히 고요하고 고요한 뒤에 능히 편안하고, 편안한 뒤에 능히 생각하고 생각한 뒤에 능히 얻는다. 사물에는 본과 말이 있고 일에는 끝과 시작이 있으니, 먼저하고 뒤에 할 것을 알면 도에 가까울 것이다. 옛날에 밝은 덕을 천하에 밝히고자 하는 자는 먼저 그 나라를 다스리고, 그 나라를 다스리고자 하는 자는 먼저 그 집안을 가지런히 하고 그 집안을 가지런하게 하는 자는 먼저 그 몸을 닦고, 그 몸을 닦고자 하는 자는 먼저 마음을 바르게 하고, 그 마음을 바르게 하려는 자는 먼저 그 뜻을 성실하게 하고, 그 뜻을 성실하게 하려는 자는 그 지식을 미루어 지극히 하고, 지식을 미루어 지극히 함은 사물의 이치를 궁구함에 있다.233)

이른바 삼강령은 '명명덕明明德' '신민新民' '지어지선止於至善'이다. 이 중 '명명덕'은 내성에 속하는 행위이고, '신민'은 외왕의 영역에 속한다. '지어지선'이 말하려는 것은 내성과 외왕이라는 이상의 실현과 완성을 의미한다. 팔조목이라는 것은 격물格物, 치지致知, 성의誠意, 정심正心, 수신修身, 제가齊家, 치국治國, 평천하平天下로서, 앞의 다섯 가지는 개인의 도덕적 완성을 추구하는 내성에 속하고, 뒤의 세 가지 항목은 사회와 국가현실의 사업을 성취하는 외왕의 영역에 속한다.

『대학』에서 말하는 전체적인 맥락을 살펴보면 내성과 외왕이라는 것은 전혀 분리 가능한 것으로 보이지는 않는다. 즉 외왕은 내성이 출발점이고, 외왕의 실현이 바로 내성의 완성이라는 것이다. 내성에서 출발하여 외왕으로 직통直通하는 입장은 유가가 가지고 있는 기본적인 관점이다.

위에서 인용한 내성외왕에 대한 설명은 사실상 유가 정치철학의 결론이라고 말하여도 과언은 아닐 것이다. 그러면 왜 유가는 내성외왕이

---

233) 『大學』 經1장, "大學之道, 在明明德, 在新民, 在止於至善. 知止而后有定, 定而后能靜, 靜而后能安, 安而后能慮, 慮而后能得. 物有本末, 事有終始, 知所先後, 則近道矣. 古之欲明明德於天下者, 先治其國, 欲治其國者, 先齊其家, 欲齊其家者, 先修其身, 欲修其身者, 先正其心, 欲正其心者, 先誠其意, 欲誠其意者, 先致其知, 致知在格物."

라는 형태의 정치사상을 말하고 있는가? 이런 문제들에 대해서 공자는 대부분의 해답을 제공하고 있다. 공자는 정치가 가지고 있어야 할 가장 중요한 두 가지 기능 혹은 목적을 말하고 있는데, 그 중 하나는 백성의 기본적인 의식주 문제를 해결해 주어야 하는 양민養民이고, 또 하나는 백성을 도덕적으로 교화敎化하는 교민敎民이다.[234]

공자는 정치의 궁극적인 목적을 도덕원칙에 따라서 운용되는 공동체의 수립에 두고 있다. 즉 공자가 정치에 대해 관심을 가지는 부분은 결코 정치의 절차적 과정이라는 문제가 아니라, 사회속의 인간 관계가 마땅히 가지고 있어야 할 도덕적 내용에 두고 있다. 그러므로 그가 제기하는 정명正名의 이론은 사실상 도덕적 정륜正倫을 의미하는 것이나 마찬가지 이다.

이런 맥락에서 공자는 정치지도자의 도덕 자질을 매우 중시한다. 왜냐하면 정치의 최종목적을 실현하기 위해서 정치지도자는 반드시 도덕적으로 완전한 사람이어야 하기 때문이다. 공자가 말하는 가장 이상적인 정치 지도자는 인자仁者 즉 성인聖人이다. 공자가 꿈꾸고 있는 이상적 사회와 정치의 실현에는 반드시 인자의 통치가 필수적이다. 공자가 말하는 이런 형태의 정치사상이 바로 내성외왕식의 정치철학의 전형이다.

공자의 이런 정치사상은 줄곧 유가정치의 사유구조를 지배하는 기본적 요소로 자리하여 왔다. 맹자의 정치철학 역시 공자와 거의 일치하고 있는데 달라진 점은 내용이 아니라, 공자의 입장에 이론적 근거를 제시하고 논증을 보충하고 강화한데 있다.

맹자의 정치철학은 도덕적 행위와 정치적 행위의 동일성을 성선설性善說을 통하여 논증하고 있다. 즉 '불인인지정不忍人之政'은 '불인인지심不忍人之心'의 객관적 표현으로, '불인인지심'을 사회 내에 확충한 것이기 때문에 '불인인지심'은 '불인인지정'의 기초와 출발점이 된다. 이 때

---

234) 『논어』「子路」편 "冉有曰旣庶矣, 又何加焉, 曰富之. 曰旣富矣, 又何加焉, 曰敎之."

문에 치국평천하의 관건은 다만 개인의 도덕수양에 달려있고, 유가의 경세적인 정치문제는 거의 모두 내성적인 도덕실천의 문제에 속하게 된다. 바로 수신을 통한 '성聖'과 경세적인 '왕王'이 결합한 '성왕聖王'의 이념이다. 여기에서 성왕은 유가가 추구하는 도덕실천의 최고 단계일 뿐만 아니라, 이상적 정치의 전형적 모델이 된다.

3. 내성외왕의 일체적 연속성이 가지는 곤경과 왜곡

유가가 추구하는 정치 이상인 성왕聖王의 이념은 유가 특유의 도덕적 이상주의의 성격을 그대로 보여준다. 도덕적 이상주의가 의미하는 것은 정치의 표준은 도덕 정신이고, 도덕 정신은 각 개인의 인격 속에서 완성되어지기 때문에 정치 역시 이런 도덕적 완전인의 수중에 맡겨놓아야 사회가 올바른 질서를 가질 수 있다는 관점이다.

이러한 성왕의 덕치德治정신은 인간은 누구나 내재적인 선性善을 가지고 있고, 이 내재적인 선을 기초로 하여 현실의 문제에 접근하는 낙관적인 혹은 유토피아utopia적인 성격을 다분히 내포하고 있다. 즉 모든 사회와 국가의 발전 역시 내재적인 도덕을 기초로 하여야 한다는 것이다. 이른바 내內가 있으면 저절로 외外가 있고, 정심성의正心誠意하기만 하면 국가와 사회 또한 자연스럽게 다스려진다는 것이다. 바꾸어 말하면 외왕은 내성 혹은 정심正心의 직선적 연장 혹은 연역이다. 오로지 외왕만 말하는 것은 잘못이고 내성을 말하여야 외外가 비로소 따른다는 것이다.[235]

이처럼 개인의 내재적 도덕을 바탕으로 하여 이상적인 정치형태를 현실에 실현하려는 유가의 입장을 우리는 '도덕적 이상주의'의 정치적

---

235) 李澤厚, 『中國古代思想史論』, 臺北, 漢京文化事業公司, 1987, 제259쪽 참조.

이상이라고 말한다. 이른바 '도덕적 이상주의' 혹은 '도덕실천의 이상주의'가 의미하는 것은 개인 혹은 사회적 실천 활동은 반드시 이상을 근거로 하여야 하고, 이상은 도덕심(도덕이성)에 근거하여야 한다는 의미이다.[236] 그렇다고 하여 도덕적 이상주의가 도덕 이외의 다른 문화 활동을 인정하지 않는 것은 아니다. 예를 들면 민주주의나 과학 등이 고유의 영역과 독특한 발전의 법칙을 가지고 있다는 점에 대해서는 인정하지만, 도덕 이상 혹은 도덕 주체가 모든 문화 창조의 근원임을 인정하고 도덕 이외의 문화 활동은 반드시 도덕 주체를 그것의 초월적 근거로 하여야 가능하다고 말한다. 여기에서 내성외왕은 일종의 도덕적 인격의 이상을 대표하여 '수신경세' '명덕신민' 등의 개념과 동의어로 되어 버린다.

위에서 말한 것처럼, 내성외왕의 이념은 다분히 도덕적 이상주의의 요소를 포함하고 있다. 유가가 도덕이라는 지평을 통하여 인간, 사회와 세계를 보는 관점은 인간의 천부적 본성과 자연세계, 인간의 사회성이 불가분의 일체성一體性적인 연계를 가지고 있다는 관점에서 나온 것으로 볼 수 있다. 왜냐하면 유가는 개인의 신체를 다스리는 일과 나라를 다스리는 일은 도리 상에서 결코 이질적異質的인 것이 아니라고 보기 때문이다.

『논어』에서 "공자께서 말씀하시기를 자기 자신이 바르면 명령하지 않아도 행해지고, 자신이 바르지 못하면 비록 명령한다 하더라도 따르지 않는다."[237] 여기에서 공자는 개인을 다스리는 것과 국가를 다스리는 도리는 동질적homogeneity이고, 개인을 다스리는 수신이 국가를 다스리는 것의 출발점이 됨을 분명히 말하고 있다. 바꾸어 말하면 공자는 기본적으로 개인의 신체와 국가의 신체 사이에는 어떠한 이질적인 것

---

236) 牟宗三, 『道德的理想主義』, 臺北, 學生書局, 1985, 제24쪽.

237) 『논어』「子路」편 "子曰, 其身正, 不令而行, 其身不正, 雖令不從."

이 없기 때문에, 개인의 신체를 올바로 주재하면 국가 역시 올바로 다스려지는 것으로 본다.

이런 공자의 관점을 발전시켜 맹자는 육체적 신체의 정신화精神化와 그것의 확충擴充을 강조한다. 이 때문에 맹자에서 가장 중요한 것은 심心이다. 심은 육체의 주재主宰이고 그 심을 알면 그 본성性을 알 수 있고, 그 성을 알면 천天까지도 알 수 있는 것[238]으로 말한다. 맹자는 이것을 또 "천하의 근본은 나라에 있고 나라의 근본은 가家에 있고 가의 근본은 몸身에 있다"[239]라고 하여 도덕 행위와 정치 행위의 동일성을 기초로 하여 내성외왕이라는 구조 속에서 객관화되고, 독립적인 정치 행위를 분리시키지 않고 있다. 이렇게 본다면 인간이 자신의 천부적 본성을 충분히 발휘하여 사회에 확충하는 이른바 '외향적 참여外向的 參與' 즉 경세 혹은 정치 참여의 의무는 인격의 일부분일 뿐이다.

현실에 대한 유가의 참여와 관심은 다만 도덕적인 자기완성이라는 문제를 겨냥한 것에 불과한 것 같다. 유가의 정치에 대한 이러한 관심은 정치를 도덕에 예속되게 만들어 버리고, 오히려 유가 스스로는 정치적 이데올로기로 변형되어 버리는 결과를 초래하였다.[240] 그러나 이러한 예속이나 변형이 결코 공자나 맹자 스스로가 원하거나 의도한 것이 아니라는 사실이다. 도리어 유가가 의도하는 것은 개인의 도덕을 강조하여 천부적인 내재적 사명으로 해석하려는 천명내재화天命內在化의 구조를 정립하려는데 있다.

여기에서 유가는 천명내재화의 관점을 통하여 이른바 권위이원화權威二元化라는 독특한 유가 정치사상의 구조를 형성한다. 이것은 천자天子가 국가 원수의 자격으로 천명을 이어받아 정치와 사회의 권위 중심을

---

238) 『맹자』「盡心」 상, "盡其心者, 知其性也. 知其性則知天矣."

239) 주 231)에서 이미 인용하였음.

240) Julia Ching, *Confucianism and Christianity*, Kodhansa International Ltd., 1977, 임찬순, 최효선 번역, 서울, 서광사, 1993, 제225쪽.

수립하고 있다면, 다른 모든 개개인 역시 인격의 도덕적인 전환을 통하여 직접적으로 지천知天하여 천자天子와 사회 질서에 독립하는 하나의 내재 권위를 수립하는 것을 말한다.[241)]

모든 개인이 천부적 본성을 가지고 있다는 관점은 유가의 정치사상에 중요한 의미를 제공한다. 우선적으로 생각할 수 있는 것은 각 개개인의 내재적 도덕 본성은 초월적 기초를 가지고 있기 때문에 어떤 외부적 압력이나 다수에 의해서도 함몰되지 않는 독립자주적인 성격을 가지는 것으로 보고 있다. 바꾸어 말하면 이러한 도덕 본성의 초월적 기초는 사회의 어떤 정치적 권위나 천자天子에 대해서 독립적인 내재권위內在權威를 수립하게 되는 것이다.

이런 관점에서 보자면 유가가 주장하는 '성왕'의 기본적인 관점은 단순히 도덕속에 정치를 종속시키거나 부속시키려는 것이 아니라, 그것은 어디 까지나 실질적 통치력을 가진 황권皇權이 가지기 쉬운 무한권력을 견제하고 제한하려는 의도에서 나온 것이다. 이른바 견제성牽制性의 권위이원화權威二元化[242)]라는 방식이다.

위에서 우리는 성왕 이념이 가지고 있는 권위이원화의 비판정신과 치자治者의 도덕적 정당성을 묻는 문제에 대해서 이야기 하였다. 그러나 성왕 이념이 궁극적으로 의도하고 있는 견제성의 권위이원화라는 기능이 실질적으로 얼마나 올바르게 발휘되었는가? 만약 양자가 서로 긴장성과 평형을 가지고 그 기능을 올바로 발휘하였다면, 현대적 의미의 민주주의나 법치는 도출해 내지 못하였다 하더라도, 적어도 오직 왕王 일인一人만이 오직 자유로운[243)] 그러한 정치체제는 나오지 않았을

241) 張灝,『幽暗意識與民主傳統』, 臺北, 聯經出版社, 1992년, 제36쪽.

242) 중국에서 권위의 이원화는 초월적인 천명(天命)의 내재화라는 방식에서 세속적인 왕의 무한권력을 견제하는 방식으로 나타난다. 바로 '천명미상(天命靡常)'이나 '혁명'의 관점 등이다. 방향은 조금 다를지 모르지만 서양에서도 이런 관점이 보인다. 즉 성스러운 권력과 세속적인 권력의 분리를 주장하여 종교적인 권위 대 시민적 권위에 관한 문제를 둘러싼 논쟁을 벌였다. 서양의 이러한 권위의 이원주의는 정치적 자유-법 아래에서의 자유-의 성장에 기여하였다. 주 240)과 같은 책, 제224쪽.

것이다. 그렇다면 그 이유는 무엇인가?

이 문제는 도덕적인 내성과 현실적인 정치로서의 외왕이 어떻게 각자의 고유한 기능을 수행하고 상호긴장과 평형을 유지하면서 기능적으로 합일될 수 있는가? 라는 근본적인 문제로 환원할 수 있을 것이다.

유가의 성왕 이념은 궁극적으로 인간이 선한 본성을 가지고 있다는 완전성에 바탕을 둔 논리적 결론이다. 그러므로 누구나 성왕이 될 수 있다는(人人皆可以爲堯舜) 유가적 신념은 현실의 군주로 하여금 다만 권위를 대행代行하고 있을 뿐이며, 어떠한 군주도 완벽한 절대성을 가질 수 없음을 시시각각으로 일깨우는 영향력을 가지고 군주가 그 자격을 상실하면 실각할 수밖에 없는 '혁명'의 이론으로 무장하고 있다. 그러나 유가의 내재적인 도덕 권위를 통한 권위이원화의 방식이 실제로 얼마나 유효한가라는 것에 대해서는 의문을 가지지 않을 수 없다.

여기에서 먼저 생각해 볼 수 있는 문제는 유가가 인성의 선함이란 천부적 근거를 통하여 집정자의 정치적 행위를 견제하는 것이 가능하다고 보는 관점이다. 만약 인간 모두에게 주어진 선한 인성에 따른 정치적 행위는 선할 것이지만, 이것과 위배되는 정치적 행위는 천명을 위배하는 행위가 되어 버리기 때문에 스스로 교정해 나갈 수밖에 없다. 여기에서 가장 완벽한 도덕인道德人이 집정執政하여야 가장 훌륭한 정치를 행할 수 있다는 성왕의 이념을 도출해 낸다.

그러나 문제는 도덕적 가능성이 실제의 현실 속에서 훌륭한 정치를 이끌어낸다는 어떤 명확한 논리적 결론도 찾아낼 수 없다는 점이다. 가령 아무리 선한 도덕적 동기에서 나온 정치적 행위라 할지라도 그것은 얼마든지 좋지 못한 결과를 가져와 많은 사람들에게 피해를 줄 수도 있기 때문이다. 또 이것은 유가가 드덕과 정치가 가지고 있는 본질적 영역과 행위 방식을 구별하고 있지 않거나, 인간의 본성과 그것의 표현을

243) Hegel, *Philosophy of History*, trans., J. Sibree (New York, 1956), 서문, p. 18 참조.

너무 낙관적으로만 취급하고 있다는 증거이다.

사실상 개인의 자아를 실현하려는 도덕 행위와 모든 사람의 행복한 삶과 복지를 우선적으로 생각하여야 하는 정치 행위는 여러 가지 면에서 구별되어야 한다. 만약 맹자처럼 모든 사람들이 다 같이 가지고 있는 자족적自足的인 도덕 자질을 실현해내기만 한다면 모든 정치적인 문제가 해결될 것으로 생각하는 이런 구조는 현실적으로 먼저 해결하여야 하는 전제 조건을 무시하고 있는 것이다. 즉 국민들의 기본적인 물질생활이 먼저 충족되어야 한다는 전제가 성립되어야 정치의 궁극 목적인 도덕 원칙에 부합하는 사회질서를 조성하는 것이 가능하게 되는 것이다. 이런 물질 생활의 충족함은 결코 도덕이나 윤리 문제에 의해 해결되는 것이 아니라, 정치나 경제 등의 실제 문제를 해결하는 영역의 도움을 받아야 하는 것이다.

이런 의미에서 유가가 그들의 이념을 실현하기 위해서는 도덕과 정치가 서로 다른 독립적 영역을 가지고 있으며, 서로 상대적인 연계성을 가지고는 있지만 어느 한쪽이 중심이 되어 일체화될 때 가지는 위험성을 분명하게 인식하는 것이 필요하다. 다시 말하면 유가가 지향하는 내성과 외왕의 이상적인 결합은 반드시 어떤 하나로의 종속을 강요하는 실질적 합일이 아니라, 각자 고유의 본질을 침식당하지 않고, 고유의 기능이 서로 조화하면서 결합하는 기능 간의 통일이 되어야 하는 것이다.

유가는 모든 인간이 성인이 될 수 있고(滿街皆是聖人), 또한 그들은 모두 성왕이 될 수 있다는 (人人皆可以爲堯舜) 평등의 신념과 사회정의와 현실에 대한 비판과 참여(爲仁由己)244)라는 자유 전통을 가지고 있음에도 불구하고 객관적인 정치적 성취는 실현하지 못하였다. 심지어 보기에 따라서는 마치 유가가 그들이 동경하는 성왕의 태평성대를 결코 현실에 대한 내재권위의 비판과 저항을 통하여 성취하려는 것보다는 오

244) 『논어』 「顔淵」편 참조.

히려 일정한 간격으로 성왕이 나타난다는 순환적인 시간이 제공해 주는 것으로 기대하는 안이한 태도를 가지고 있는 것 같다.[245] 아마도 이는 중국의 지식인 계층(士)이 대표하는 도통道統으로서는 정통政統을 견제하기는 역부족이었던 것 같다. 왜냐하면 유가가 말하는 도통은 서양의 기독교처럼 조직화된 권위를 가지지 못하였기 때문에 직접적으로 황권皇權에 도전할 수는 없었기 때문이다.[246]

어떠한 권위도 완벽한 절대성을 가질 수 없다는 권위이원화의 성왕이념은 이미 그 자체로도 상당한 이론적 곤경을 가지고 있지만, 특히 한대漢代의 동중서董仲舒를 중심으로 전개된 '천인감응론天人感應論'의 출현은 그것이 원래 의도하였던 본질적 의도를 퇴색시켜 버린다. 천인감응설은 인간세계의 질서라는 것은 기본적으로 신성불가침한 우주질서에 근거하고[247] 있기 때문에 천경天命에 의해 인정된 천자의 황권皇權은 신성 불가침하다는 것이다.

적어도 공자와 맹자의 주장에 의하면 "君君, 臣臣, 父父, 子子"라는 것은 분명히 서로 상대적인 관계 속에 놓여있었다. 그러므로 만약 아무리 군주라 하더라도 그 자격을 가지지 못하면 언제든지 축출당할 가능성이 있는 것이다. 예를 들면 맹자가 "주紂라고 하는 한 사내를 베었다는 소리는 들었어도, 군주를 시해하였다는 소리는 듣지 못하였다"[248]라는 말을 통해서 주가 자신의 직분을 올바로 수행하지 못하여 죽음을 당했음을 충분히 짐작하게 만들어 준다.

그러나 이런 상대적 대대對待관계는 한대 이후가 되면 황권은 완벽한

---

245) 『맹자』「공손추 하」"五百年必有王者興, 其間必有名世者. 由周而來, 七百有餘世矣. 以其數則過矣, 以其時考之則可矣. 夫天未欲平治天下也, 如欲平治天下. 當今之世, 舍我其誰也."

246) 余英時, 『從價值系統看中國文化的現代意義』, 臺北, 時報文化, 1992, 제93쪽.

247) 董仲舒, 『 春秋繁露』「順命」편, " 天者, 萬物之祖, 萬物非天不生."
「郊語」편 "天者, 百神之大君也."

248) 『맹자』「양혜왕」 하, "聞誅一夫紂矣, 未聞弑君也."

절대성을 가지는 무소불위無所不爲의 힘을 가지는 것으로 변하게 되면서, 개개인에 내재하고 있는 도덕적 자주성과 독립성에 의한 견제 가능성은 완전히 상실되어 버린다. 오직 군君, 부父, 성聖의 일체화一體化라는 대일통大一統의 논리에 의한 순종적, 타율적 도덕만이 강조되었다.

심지어 당시의 유가들은 음양가陰陽家와 법가의 관점을 이용하여(天尊地卑, 君臣之義) 유가의 윤리를 절대화하는 이른바 '유가사상의 법률화法律化'249)를 시도하여 존군尊君의 의도를 달성하려고 까지 하였다. 한마디로 말하여 이는 공자와 맹자가 의도하지도 않았을 뿐만 아니라, 감히 상상하지도 못한 결과였던 것이다. 이러한 결과로 인하여 수신은 더욱 내재화된 경향을 띄게 되고, 성왕의 이념이 가지고 있는 비판과 참여정신은 겨우 '군주의 마음을 바로 잡는(格君心之非)' 제왕학帝王學이라는 소극적인 방식에만 머무르게 되는 것이다. 이것을 그들은 '성학聖學'이라고 하여 경세 혹은 외왕의 이상을 실현 시키는 가장 유효한 도구 혹은 수단으로 간주하게 된다.

4. 내성외왕에 대한 현대 신유가의 평가와 新外王理論의 전개

앞에서 우리는 성왕 이념이 가지고 있는 본질과 한계, 그리고 그것이 어떻게 왜곡되어졌는지에 대해 살펴보았다. 그러나 아이러니하게도 비록 성왕 이념이 현대적 의미의 민주주의와 법치라는 결과를 도출해 내지 못했다고 하여서 무조건 평가절하 하여서는 곤란하다는 사실 또한 발견할 수 있었다. 그렇다고 하여 결코 성왕 이념이 가진 장점에 의해

249) '유가사상의 법률화'라는 말은 오경웅(吳經熊)이 말한 영문의 'Legalization of Confucianism'에 해당하는 말로서 형법으로 유가의 윤리를 관철하려는 시도를 의미한다. John C. H. Wu, *"The Individual in Chinese Political Trandition"* In Charles A Moore, Ed., *The Status of the individual in East and West*, Honolulu, University of Hawaii Press, 1968, p.394.

서 그것이 가진 한계와 약점이 모두 덮여질 수 있는 것은 아니다.

왜냐하면 그것은 근본적으로 도덕 행위와 정치 행위를 구별하지 못하였고, 내성을 외왕의 필요 충분한 조건으로 인식하여 도덕만을 너무 과도하게 강조하여 다른 방향의 발전가능성을 억압하는 결과를 낳았을 뿐만 아니라, 스스로 왜곡되어 권위적인 이데올로기로 변형되어 버렸기 때문이다. 이것은 한대漢代 이후의 전통 유가가 계속적으로 걸어온 잘못된 길이었지만, 그들은 서학西學의 동점東漸 이후에야 비로소 근본적인 착오가 있음을 스스로 자각하게 되는 것이다. 구체적으로 이 문제는 5.4운동 이후에 출현한 현대신유가[250]에 의하여 본격적으로 다루어지기 시작한다.

현대 신유가의 기본적인 관점은 전통적인 유가철학을 바탕으로 하여 서양의 사상과 문화를 흡수하고 회통會通하여 현대화된 유학으로 재건再建하려는 관점을 보여준다. 그것은 바로 유학을 현대의 조건하에서 계속 발전시키기 위하여 전통 유학 속에서 사상적 자원을 발굴하여 현대적인 형태로 재정립하려는 시도이다.

그러면 유학의 현대화에 있어서 가장 필요한 것은 무엇이고 그 방법은 무엇인가? 바꾸어 말하면 전통유가의 장점과 그것이 결핍하고 있는 요소가 무엇인지를 살펴서 살릴 것은 살리고 부족한 것은 새롭게 다듬어나가는 이른바 손익損益의 방식이다. 이 때문에 현대 신유가들은 전통 유학 특히 송명 유학이 가지고 있는 내성심성학內聖心性學의 보편적 가치는 높이 평가하지만, 외왕학外王學은 부족하기 때문에 유가철학의

250) 현대 신유가의 발생이 5.4운동 이후라는 사실은 결코 우연이 아닌 분명한 배경을 가지고 있다. 즉 서양과학의 유입과 충격은 총체적인 문화와 사상의 위기를 초래하여 존재와 현실에 대한 비관의식이 팽배하던 시대였다. 그들은 새로운 역사조건하에서 유학 전통을 새롭게 재건하기 위해서는 반드시 서양문화의 도전에 대한 적절한 대응을 필요로 함을 자각하였다. 그 중에서 양수명(梁漱溟), 장군매(張君邁), 풍우란(馮友蘭), 하린(賀麟), 웅십력(熊十力) 등으로 대표되는 철학자들은 중국의 전통문화 특히 유가사상을 기초로 하여 서양사상을 회통하는 방식을 통하여 중국과 서양을 융합하려 하였다. 일반적으로 이런 관점을 가진 학자들을 일러 현대신유가라고 말한다.

전체적 의미를 모두 다 드러내지 못하였다고 비판한다. 여기에서 말하는 부족한 점을 구체적으로 말하면 바로 민주주의와 과학기술의 결핍이다.

이런 관점에서 대부분의 현대신유가들은 전통 유학을 평가하기를 '내성은 강하지만 외왕은 약하다(內聖强而外王弱)'라고 하여 외왕의 현대적인 전환을 통한 신외왕론新外王論의 전개를 적극적으로 주장한다.

현대 신유가의 관점을 넓은 의미에서의 중국 현대화라는 맥락에서 볼 경우 국수國粹적인 수구파守舊派와 자유주의의 전반적 서화파全般的西化派와는 전혀 다른 접근 방식을 보여준다. 왜냐하면 현대 신유가는 현대화의 문제를 전통적인 '내성외왕'의 구조 속에서 다루고 있기 때문이다. 그들은 전통 속의 사상적 보고寶庫를 외면하지 않고 그것을 바탕으로 하여 부족한 점을 보충하는 '반본개신返本開新' 즉 근본으로 돌아가서 새로움을 전개해 내는 방식을 취하고 있다.

그중 1950년대 이후의 대만과 홍콩에서 활동한 현대신유가 특히 모종삼牟宗三을 중심으로 하는 학자들은 이를 '내성개출신외왕(內聖開出新外王: 내성으로부터 현대적 의미의 새로운 외왕 이론을 전개해 낸다는 말)'이라는 표현으로 요약하고 있다. 그들이 말하는 외왕은 더 이상 전통 유학에서 말하는 '제가齊家', '치국治國', '평천하平天下가 아니라, 서양 근대의 민주주의와 과학기술을 말하는 것으로 바로 '신외왕'이다.

'내성외왕'의 현대적 전형轉型을 실현하기 위하여 모종삼은 전통 유가가 가지고 있는 '내성외왕'의 한계를 지적하고 새로운 방향을 제시하려고 한다. 여기에서 모종삼은 중국 문화 특히 유가 문화의 특징을 '종합적인 이성 실현의 정신(綜合的盡理之精神)', '이성의 운용적 표현(理性之運用表現)', '이성의 내용적 표현(理性之內容的表現)'이란 말로 규정하고 있다. 이에 비해 서양문화는 '분석적인 진리 실현의 정신(分解的盡理之精神)' '이성의 구조적 표현(理性之架構表現)', '이성의 외연적 표현(理性之

外延的表現)'으로 말하고 있다. 모종삼은 위에서 말하는 유가와 서양문화의 비교를 통하여 유가가 가지고 있는 성격과 부족한 점을 특히 '내성외왕'이라는 관점에서 분석하고 있다.

먼저 모종삼은 '이성의 내용적 표현'과 '이성의 구조적 표현'이라는 두 개념을 통하여 유가와 서양의 정치 문화가 가지고 있는 기본 방향과 특징을 구별하고 있다. 이른바 이성의 내용적 표현이라는 말에서 '내용'이라는 말은 이성의 내용을 말하는 것이 아니라, 내용적으로 표현하는가, 외연적外延的으로 표현하는가라는 뜻으로 사용하고 있다. 다시 말하면 유가의 정치 사상은 내용적으로 이성을 표현한다는 의미로서 여기에는 정치를 객관적, 외연적으로 표현하지 않고 생활 속의 사리事理를 통하여 덕치를 행하는 인자仁者가 그것을 판단하는 것을 말한다.251) 사실 이것은 보통의 삶속에서는 전혀 부족함을 느끼지 않을 수 있을지 모르지만, 객관적 의미의 현실 정치의 과정 속에서는 당연히 부족함을 느낄 수밖에 없다.

여기에 비해서 서양의 정치 문화는 외연적 표현이라는 노선에 속한다. 이런 노선에 의해서 서양은 권리의 투쟁과 쟁취라는 과정을 통하여 법률, 계약, 민주 정체政體를 형성한 것으로 본다. 중국의 정치 사상은 바로 이런 점을 결핍하고 있다는 것이다.

다음은 '종합적인 이성 실현의 정신'이란 표현에 대해서 살펴보도록 하자. 이른바 '종합적진리지정신綜合的盡理之精神'에서 '종합적 진리'란 말은 모두 가치 세계에 속하는 실천적인 의미를 가지는 것으로, 단순한 사실 세계의 문제인 인식認識에 관련되는 문제가 아니라, 도덕과 정치의 통일을 말하는 것이다. 중국의 문화 생명은 완전히 이 노선을 따라 발전해 온 것으로 보고 있다.252) 그러므로 엄밀한 의미에서 여기에서

251) 牟宗三, 『政道與治道』, 臺北, 廣文書局, 1979, 제143-144쪽.

252) 牟宗三, 『歷史哲學』, 臺北, 學生書局, 1984년, 제166-167쪽 참조.

말하는 '리理'는 이론적이거나 논리적인 것이 아니라, 실천이성 혹은 도덕이성으로 공자가 말하는 '인仁'이나 맹자의 '측은지심惻隱之心'에 해당하는 것으로 보인다.

여기에 비해 서양문화를 규정하는 '분석적인 이성 실현의 정신'에서 말하는 이성은 '이론이성', '인식론적 의미의 심心' 혹은 ' 지성주체知性主體'로 서양문화는 지적인 체계가 돋보이는 문화적 성질을 가지고 있다고 말한다.[253] 여기에서 모종삼은 유가가 논리학, 수학, 과학 그리고 민주정치를 만들어 내지 못하는 이유를 다음과 같이 말하고 있다. 즉 "인성의 전체적인 표현 속에서 지성知性적인 측면의 많은 부분을 결핍하고 있다. 이 때문에 논리학, 수학과 과학이 출현하지 못하였다. 객관적 실천방면에서는 또한 (정치적인 원칙인) 정도政道의 확립이란 문제를 결핍하고 있다. 이 때문에 민주 정치가 출현하지 않았고, 근대화된 국가 정치와 법률 역시 출현하지 않았다"[254]는 것이다.

즉 정치 방면에 있어서는 객관적인 정치 원칙에 근거하는 정도는 없고 다만 성왕 혹은 성군현상聖君賢相의 신치神治의 형태에만 의존하고 있다. 이는 마치 신神 즉 상제上帝가 세계를 다스리는데 국가의 정치와 법률을 통하여 통치할 필요를 느끼지 못하는 것과 마찬가지로 중국의 과거 2000년 동안 시행되어온 군주제는 이런 신치神治의 경계를 지향하여 온 것이라고 말한다.[255] 이런 맥락에서 모종삼은 과거 유가가 강조하는 외왕의 이상은 여러 가지 면에서 부족하다고 말한다. 과거 유가가 외왕을 내성에서 직접 도출해 내고, 정심성의正心誠意가 직접 외왕을 포괄하는 직접형태식의 외왕은 문제가 많은 것이라고 지적한다.[256]

모종삼은 『정도政道와 치도治道』에서 '이성의 운용적 표현과 구조 표

253) 모종삼, 『歷史哲學』, 제169쪽.

254) 모종삼, 『歷史哲學』, 제191쪽.

255) 모종삼, 『歷史哲學』, 제191쪽

256) 모종삼, 『歷史哲學』, 제191쪽.

현', '이성의 내용 표현과 외연 표현'에 대해서 말하고 있다. 이른바 '이성의 운용적 표현'에서 말하는 '이성'은 실천이성을 말하고 '운용적 표현Functional Presentation'에서 말하는 운용運用이란 말은 작용 혹은 기능의 뜻이기 때문에 '이성의 운용 표현'이란 말은 바로 덕성의 감화나 덕성의 지혜로운 사용을 의미하는 말이 된다.[257] 그러나 이성의 운용 표현은 인격이라는 측면에서는 합당한 것이지만, 지식이나 정치방면에서는 많은 문제를 야기하게 된다.

유가가 결과적으로 행할 수밖에 없었던 황제에 대한 감화感化라는 것은 국가의 법률과 객관적 정치 형태를 갖추지 못한 조건에서는 왕이나 황제를 결코 견제할 수 없다는 말이다. 또한 지식이라는 측면에서 이성의 운용적 표현은 다만 '지적직각智的直覺'의 형태인 비경험적인 초월지超越智의 의미를 가지고 있기 때문에 근대적 의미의 과학을 성취하기는 힘든다.[258]

왜냐하면 이른바 '운용 표현'이라는 것은 모두 대상과 주체의 대립을 해소시키는 것으로, 대상을 자기의 주체 속으로 가지고 들어오거나, 혹은 주체를 대상 속으로 밀어 넣어 하나의 절대적인 즉 어떤 하나에 종속되는 상태로 만들어 버리는 성격을 가지고 있기 때문이다. 만약 이런 주체와 대상의 관계를 억지로 구분하여 말하면 이른바 예속隸屬관계subordination가 되어 버린다.[259] 전통 유가의 정치적 형태는 바로 이런 점을 잘 보여주고 있다. 군주의 일반백성에 대한 관계를 마치 부모의 자녀에 대한 관계로 보기 때문이다.

여기에 비해서 "이성의 '구조적 표현constructive presentation'은 상대적 대대관계對待關係인 대열관계(對列之局, co-ordination)를 형성하여 이로부터 비도덕적인 이론이성理論理性 혹은 관해이성觀解理性의 성격을 잘

257) 모종삼, 『政道與治道』, 제46쪽.

258) 모종삼, 『政道與治道』, 제50쪽.

259) 모종삼, 『政道與治道』, 제52쪽.

드러내주고 있다. 이른바 지성知性적 측면에 속하는 것으로 민주정치와 과학은 이성의 구조적 표현에 의해서 성취된 것"[260]이라고 말한다.

여기에서 모종삼은 어떻게 "(이성의) 운용 표현을 구조적인 표현으로 전환할 수 있는가?"라는 문제 제기를 한다. 즉 이 문제는 과거 유가들이 외왕은 내성에서 직접적으로 도출되는 것으로 보아서 외왕을 내성의 직접적인 연장延長으로 보는 관점에 대한 반성이라고 볼 수 있다. 그는 분명히 내성內聖의 운용 표현 속에서는 직접적으로 과학이나 민주주의를 도출해 낼 수 없다고 말한다. 비록 내성의 영역과 외왕의 영역이 통通하고 있다는 점에서는 인정하지만, 통에도 직통直通과 곡통曲通의 구별이 있다고 말한다.

직통은 과거 유가들이 말하는 관점이고, 곡통은 일종의 전환轉換의 돌변突變을 의미하는 곡전曲轉을 의미한다.[261] 직통의 방식은 외왕이 특수한 개별적 본질을 가지고 있다는 사실을 무시한 것으로 형식적 필요조건만 말하였지, 실제적인 충분조건을 갖추지 못하고 있다는 것이다. 바꾸어 말하면 만약 덕성德性이 없으면 과학과 민주정치 제도를 가지는 것은 힘들지만, 그러나 덕성이 있다고 하여 직접적으로 과학과 민주정치가 형성되는 것은 아니기 때문이다.[262] 모종삼은 내성적인 덕성과 과학, 민주주의가 직접적인 관계를 가지고 있는 것으로 보아서는 안 되고, 과학과 민주주의가 독립적인 특성을 가지고 있는 것임을 말하려 하는 것이다.

이런 맥락에서 유가의 심성학心性學이 과학과 민주주의를 이끌어내기 위해서는 '곡통' 혹은 '전환의 돌변'이 필요하게 되는데 이것을 모종삼은 도덕이성의 자아감함自我坎陷 혹은 자아부정이라는 관점에서 말하고 있다. "동태적動態的으로 덕성을 이루는 도덕이성을 정태적靜態的으로

260) 모종삼, 『政道與治道』, 제52-53쪽.

261) 모종삼, 『政道與治道』, 제56쪽.

262) 모종삼, 『政道與治道』, 제56쪽.

지식을 구성하는 이론이성으로 전환하는 것을 도덕이성의 자아감함(자아부정)이라고 말한다. 동태적인 것을 정태적인 것으로 바꾸고, 무대無對를 유대有對로 전환하여 실천상의 직접적인 관통直貫을 이해理解상의 횡렬橫列로 전환하는 것을 말한다. 이런 전환을 통하여 이론이성의 자성自性은 도덕과 상관없는 것이 되고 이성의 구조적 표현과 그 성과(즉 지식) 역시 도덕과 상관하지 않게 되는 것이다. 여기에서 이론이성의 활동과 성과는 모두 비도덕적(反道德이나 非道德을 말하는 것이 아님)인 것이 된다. 이른바 도덕중립道德中立이 성립한다."263)

도덕이성의 자아부정설은 유가 자체가 가지고 있는 본질적 정신과 민주주의, 과학 사이의 관계를 특정한 방식으로 처리하려는 이론을 말한다. 이것은 도덕을 비도덕 즉 도덕중립으로 만들어 과학과 정치를 그것에서 분화分化시켜 과학의 독립성과 정치의 독립성을 가능하게 만든다는 관점이다. 도덕이성의 자아부정이란 전환을 통하여 과학과 근대화된 국가, 정치, 법률이 모두 여기에서 정립되는 현대화된 신외왕 이론을 전개하려는 시도이다.

도덕이성의 자아감함 이론은 유가의 내성적인 심성학心性學이 이론적 진리정신과 형식을 바탕으로 하는 서양식의 과학과 민주주의를 직접적으로 도출해내지 못하기 때문에 나온 이론이다. 이 이론은 한편으로는 유가의 내성적 심성학을 여전히 그 본원本源으로 삼아 주도적인 위치를 유지하는 한편, 동시에 외왕의 부족한 점을 현대화하는 두 가지 필요성에 모두 적응하기 위한 고충에서 나온 이론이다.

이런 모종삼의 입장에 대해서 그 이론을 지지하는 사람들은 '도덕이성의 자아감함良知自我'설은 전통적인 의미의 내성과 현대의 외왕을 연결시킨 것으로 간주하여 유학 제3기의 발전이 해결하여야 하는 시대적 과제를 적절하게 대응한 것으로 보고 있다. 그러나 도덕자아감함 이론

263) 모종삼, 『政道與治道』, 제58쪽.

이 전통적인 내성 심성학에 근거하여 신외왕 이론을 전개하는 방식은 현실적으로 적지 않은 이론적 난점을 가지고 있다.

5. 내성이 新外王을 전개해 낸다는 이론의 현실적 난점

현대 신유학이 새롭다는 이유는 그들이 특별히 외왕 문제를 강조하여, 유학이 현대에서도 여전히 살아남기 위해서는 현대적 의미의 외왕 이론 즉 신외왕론을 전개해야 한다는 사명을 자각하여 실천하려는데 있다. 어떤 의미에서는 유학이 다시 새롭게 발전할 수 있는가의 여부는 바로 여기에 있는지도 모른다.

외왕의 문제를 강조할 수밖에 없는 이유는 유학이 한대와 송대 이래로 보여준 한계와 난점 때문이다. 이 때문에 유학이 현대에 있어서 외왕이라는 하나의 큰 문제를 다시 새롭게 재건하여야 한다는 공통적 인식은 과거에서는 결코 볼 수 없었던 현상이다. 이런 이유에서 현대 신유가는 유학의 발전사에 있어서 결코 무시할 수 없는 커다란 공적을 가지고 있음은 분명하다. 그러나 현대 신유학 역시 외왕 문제에 있어서 적지 않은 난점을 가지고 있다.

현대 신유학은 자아 폐쇄적自我閉鎖的이 아닌 자기 비판적인 태도를 가지고 서양 문화의 도전과 현실 정치의 자극을 거울삼아 전통 문화에 대해 깊은 반성을 하고 있다. 이런 반성을 통하여 유가는 외왕 방면이 매우 부족하다는 사실을 인정한다. 외왕 방면의 부족함을 현대 신유가 특히 모종삼은 '내성이 새로운 외왕이론을 전개해 낸다는 이론(內聖開出新外王論)'을 '도덕자아의 부정(良知自我坎陷)'이라는 관점에서 해결하려고 한다. 이 관점이 가지고 있는 내용을 요약하면 아래와 같다.

민주정치는 유학의 내재적인 필연요구이다. 그러나 전통유학은 이성의 구조적 표현을 가지고 있지 못하기 때문에 유학은 객관적인 민주제도를 전개해내지 못하고 정치를 현대화시키지 못했다. 유학이 민주제도를 전개해내기 위해서는 반드시 이성의 운용적 표현을 이성의 구조적 표현으로 전환시켜야만 한다는 것이다.

어떻게 전환할 것인가라는 문제에 대해 그는 전통 유학이 도덕심道德心의 직통을 통하여 내성외왕을 말하는 것과는 달리, 민주정치와 과학을 도출導出하기 위해서는 반드시 도덕심을 인식심認識心으로 전환시켜야 한다고 주장한다. 즉 도덕주체를 지성주체로 전환시키고 양지의 결합을 경험계에서 구체화시켜 다른 것과 병렬하여 하나로 하는 구조적 이성을 표현해 내어야 한다고 말한다.

그러나 여기에서 우리가 현대 신유가의 이론에 대해서 가장 먼저 제기하여야 하는 문제는 "어떻게 전통적인 내성을 보존하면서 그 바탕위에서 서양의 민주주의와 과학기술로 대표되는 현대적인 신외왕을 도출해 낼 수 있는가?"라는 문제이다.

만약 그들의 관점대로 전통적인 내성 즉 인간의 심성心性에서 현대적 의미의 민주주의와 과학기술이라는 것이 전개되어 나올 수 있다면, 이것은 논리적으로 민주주의와 과학기술이라는 자원이 이미 그 속에 내재되어 있어야 한다는 결론이 나온다. 이것은 그들이 내성적인 심성을 어떤 것도 빠뜨리지 않고 이미 모두 가지고 있는 완벽한 것으로 가정하고 있는 관점이다. 그러나 실질적으로 전통 유가는 이런 민주주의와 과학을 실현해내지 못하고 있는데, 이 이유를 모두 외왕의 결실缺失로만 돌리고 내성적인 심성은 전혀 문제가 없는 것으로 말하는 것은 분명히 따져 볼 필요가 있다.

현대 신유가들이 심성心性 유학으로 신외왕 이론을 전개해 내려는 시도는 오히려 심성 유학의 난점을 더욱 강화시켜 심성 유학이 가지고 있는 본성을 위배하는 것 같다. 현실의 도구적인 이성 발전을 내용으로 하는 외왕의 문제를 가치 이성을 위주로 하는 심성 유학에 근거하여 해결하라고 하는 것은 어쩌면 매우 가혹한 요구일지도 모른다. 왜 현대 신유가들은 고집스럽게 내성으로 부터 신외왕을 전개해 내어야 한다고 말하는가?

현대 신유가가 걱정하는 문제는 만약 전통적인 내성의 구조를 유지하지 않고 완전히 이성의 구조적 표현과 대열관계의 사유방식만을 가지려고 하는 것은 다름 아닌 유학의 변질을 의미하는 것이 된다. 이것은 더 이상 유학이 될 수 없기 때문에 현대 신유학은 심성 유학의 내성에 근본하여 외왕을 전개해내는 입장을 강력하게 견지하려고 하는 것이다.

그러나 문제는 이런 입장 때문에 이른바 이성구조와 대열관계를 모두 내성적인 심성으로 통제하려는 것이다. 즉 도덕주체가 여전히 우선적인 주도권과 통제력을 가지는 것이다. 현대 신유학의 이러한 관점은 분명히 모순된다. 왜냐하면 도덕 주체가 일단 우선적인 통섭統攝의 지위에 위치하면 이성의 구조적인 표현, 대열관계의 사유방식은 모두 자기 기능을 온전히 발휘할 수 없게 되기 때문이다. 비록 모종삼이 주체가 뒤로 한걸음 물러나서 잠시 자신을 잊어버리는 도덕 양지良知의 자기부정과 곡통의 방식을 이용하여 이러한 모순을 해결하려 하지만, 이 모순은 실제로는 여전히 존재하고 있다.

신외왕론이 이러한 이론상의 난점에 직면하는 것은 전통적 내성의 본질은 근본적으로 가치를 추구하는 학문이지 형식성의 학문이 아니기 때문이다. 여기에서 모종삼은 내성의 도덕주체를 '곡통'이라는 간접적 형태를 통하여 신외왕이 실현되도록 만들려고 하였다. 그의 이런 입장은 결코 현실의 문제를 도구적 합리성을 통하여 해결하는 것이 아니라, 가치 합리성적인 해석을 하는 것이라고 할 수 있다. 즉 일종의 정신이념과 사상 구조 측면의 형이상학적인 이해를 하고 있을 뿐이라는 것이

다.[264)]

이른바 도덕자아감함 이론을 통하여 내성적인 심성학이 신외왕을 전개하는 것은 현실적 곤란함을 가질 수밖에 없다. 이런 모종삼의 입장은 덕성주체와 지성주체, 도덕과 지식의 관계가 하나의 체용體用, 본말本末이라는 전통적인 관계와 여전히 내성은 강하고 외왕은 약한 전통적 한계를 벗어나지 못하고 있다. 또한 이것은 중체서용中體西用 혹은 서구화 이론의 표절에 불과한 현대판 중체서용이라는 비난을 받게 되는 것이다.

위에서 우리는 유가가 가지고 있는 내성외왕의 구조와 그것이 가지고 있는 한계를 살펴보았고, 동시에 현대의 신유가 특히 모종삼을 중심으로 한 신외왕 이론에 대하여 논의하였다. 여기에서 우리는 결코 유가의 정치사상과 민주주의가 서로 모순되고 상호 인정할 수 없는 것이 아님은 충분히 인식하였다. 그러나 서양에서 출현한 민주주의의 출현 배경에는 도덕의 현실 속에서의 무기력과 인성人性의 유한성과 부정적인 요소 등의 문제와 깊은 관련이 있음에 주의하여야 한다.

여기에 비해서 유가사상은 인성에 대하여 지나치게 과분한 낙관적 태도를 견지하여 인성의 현실적 측면에 대해서는 크게 관심을 기울이지 않고 있다. 그러나 여기에서 더욱 중요한 것은 유가의 내성외왕의 합일이라는 이념이 현실적으로 무용無用하다는 현실적 자괴감을 단순히 외왕이라는 측면만의 조정을 통해서 해결하려는 시도는 어떤 의미에서는 초점불일치일 수밖에 없다는 점이다. 왜냐하면 내성외왕의 이념이 도전받는 것은 현실적 측면에서 뿐만 아니라, 초월적 측면 역시 위기 속에 빠져있기 때문이다. 즉 내성의 인간 심성과 천인합일天人合一이라는 유가의 종합력 역시 조정의 화살을 더 이상 피할 수는 없기 때문이다.

결론적으로 말하여 이른바 현대의 신유가들이 유가가 유가일 수 있

264) 張立文, 「內聖心性之學與科學民主-新外王所面臨的困境」, 濟南, 『孔子硏究』, 1993, 제39쪽.

는 심성 철학의 뿌리에다 억지로 서양철학의 구조를 접接하는 방식은 분명히 신중하게 접근할 문제이다. 오히려 그런 방식보다는 지금까지 주의하지 않았던 외왕적 자원들을 무시하지 말고 또한 유가의 본질인 심성철학 역시 다시 새로운 관점에서 재조명하고 재조정하는 태도가 오히려 더욱 필요한 것이 아닌가 생각해 본다.

6. 소결

위에서 우리는 전통 유가가 가지고 있는 내성외왕의 구조와 그것이 가지고 있는 한계를 살펴보았고, 아울러 그것을 현대적으로 계승한 신외왕론에 대하여 논의하였다. 여기에서 우리는 유가의 정치사상과 민주주의가 서로 모순되고 상호배척적인 관계는 아니라는 사실을 파악할 수 있었다. 동시에 정치와 사회 현실에 대한 도덕 제일주의라는 이상주의적 접근방식을 재고하지 않는 어떠한 개량改良도 한계를 가질 수밖에 없다는 사실 또한 인식할 수 있었다.

물론 유가가 강조하는 도덕 체계가 규제적規制的 원리로서 무의미하다고 말할 수는 없지만, 그것이 최고한도 혹은 최대도덕maxima moralia으로서 기능한다면 곤란하다. 왜냐하면 민주주의와 법치가 요구하는 것은 최저한도 혹은 최소도덕minima moralia으로 법규와 공공도덕을 준수만 하면 되는 것으로 유가가 표방하는 성덕성성成德成聖이라는 궁극적 관심의 성취라는 최대도덕과는 구별되어야 하기 때문이다. 내성이라는 측면에서 말하자면 당연히 최대도덕을 말해야 하지만, 외왕의 민주주의라는 측면에서 조차 도덕적 이상주의를 말할 수는 없기 때문에 인성과 정치현실에 대해서 합리적으로 최소도덕을 요구하여야 하는 것이다. 그러므로 개인 도덕인 내성에서 외왕을 끌어내려는 어떠한 시도도

모두 실패할 수밖에 없는 것이다.265)

여기에서 우리는 전통 유가의 외왕과 그것의 현대화라는 문제는 어디까지나 탈도덕적 이상주의脫道德的 理想主義라는 배경에서 다루어져야 가능하다는 사실을 인식할 수 있었다. 구체적으로 말하자면 외왕과 내성 사이에는 어떤 필연적인 관련이 없다는 현실을 직시하여야만 한다. 동시에 서양에서 출현한 민주주의의 출현배경에는 도덕의 현실 속에서의 무기력과 인성人性의 유한성과 부정적인 요소라는 문제와 깊은 관련을 가지고 있다는 점에 주의하여야 한다.

여기에 비해서 유가는 인성에 대하여 지나치게 과분한 낙관적 태도를 견지하여 인성의 현실적 측면에 대해서 너무 안이한 태도를 가지고 접근하고 있다. 그러므로 더욱 중요한 것은 유가의 내성외왕의 합일이라는 이념이 현실적으로 무용하다고 하여 외왕의 조정을 통해서 해결하려는 시도는 오히려 더욱 많은 문제점을 야기하게 된다. 왜냐하면 내성외왕의 이념이 도전받는 것은 현실적 측면뿐만 아니라, 초월적 측면 역시 위기 속에 빠져있기 때문이다. 이른바 인간의 심성心性과 천인합일天人合一이라는 유가의 종합력綜合力 역시 조정의 화살을 더 이상 피할 수는 없기 때문이다.

현대의 신유가들이 전통 유가의 본질인 심성 철학의 뿌리에다 서양 철학의 민주주의와 과학기술이라는 구조를 억지로 접목하려는 시도는 분명히 신중하게 접근하여야 할 문제이다. 그런 방식보다는 지금까지 주의하지 않았던 중국 철학 내부의 외왕적 자원(예를 들면 公羊學 등의 정치유학적 자원)들을 재조명하거나 유가의 본질인 심성철학속의 유암幽暗한 측면들을 다시 새로운 관점에서 재조정하는 태도가 오히려 더욱 필요한 것이 아닌가 생각해 본다.

265) 傅偉勳, 『批判的繼承與創造的發展』, 臺北, 東大圖書公司, 1986, 제4-5쪽.

제5장

고대 유가의 덕치주의에 보이는 법과 도덕의 연속

1. 덕치는 하나의 위대한 신화인가?

유명한 동양학자인 페어뱅크Fairbank는 중국은 공자孔子가 창제한 위대한 정치적 허구인 덕치의 신화The Myth of Rule by Virtue에 의하여 수천 년 동안 통치되어 왔다고 말하였다. 즉 공자는 인간 본성에 대한 믿음을 근거로 하여 덕치德治를 말하였는데, 이를 현실 정치에 대해서 말하면 단순한 신화일 뿐이라고 그는 지적한다.

법치국가라는 토대위에서 민주주의가 실현 가능하고 인간의 권리가 최대로 보장될 수 있기 때문에 현대의 국가들이 모두 법치를 이념으로 삼고 있는 현실 상황에서 덕치에 대한 환상은 어쩌면 하나의 신화로 보일 수도 있을 것이다. 또한 진정한 덕치의 이념이 지금까지 실제로 한 번도 실현된 적이 없기 때문에 신화라고 말한 것은 아주 적절한 표현이라고 할 수도 있다.

그러면 유가의 이런 덕치의 이념은 진실로 서구의 현대적 민주주의로 대체하고, 폐기처분하여야 하는 정치적 허구일 뿐인가? 유가가 말하는 법法에 대한 관점들은 대부분 덕치 혹은 예치禮治를 말하는 것으로, 군주 혹은 유덕자有德者에 의해 마음대로 규정되고 적용되는 인치人治로써 도저히 법치와는 양립할 수 없는 배타적인 개념으로 규정하여 왔다. 이런 덕치개념에 대한 매우 부정적인 관점은 법치국가가 보편화된 오늘날의 현실에서 더 이상 쓸모없을 뿐만 아니라, 그것에 대한 언급은 어쩌면 시대착오적이고, 심지어는 봉건적 여독餘毒을 완전히 해소하지 못한 사유 구조를 드러내는 것으로 보일지도 모른다.

그렇다면 왜 현실적으로 실현성도 없을 뿐만 아니라, 민주주의를 실현시키기 위해서 필수적인 전제로서의 법치가 보편화된 현실에서 덕치가 문제되는 이유는 무엇인가? 또한 '덕치'가 설령 다시 우리의 논의의 영역 속에 들어왔다 하더라도 유가의 덕치 개념은 어쩌면 이런 문제의 본질 혹은 핵심을 벗어난 것은 아닌가?

오늘날 우리는 법치국가라는 체계가 가장 온전하게 인간성을 실현할 수 있고, 인간다운 삶을 충분히 구현할 수 있는 이상적인 절차와 제도로 믿어왔다. 그러나 이런 인간성의 실현과 자의적 통치에 대한 조절과 통제기능으로서의 법치가 오히려 법이 가지는 절차적 형식주의에 의해서 인간을 배제해 버리는 결과를 초래한 것 역시 사실이다. 여기에서 우리는 법이 목표로 하는 이성적 내용과 법의 형식적 작용의 문제를 근본적인 입장에서 재조명하는 시도를 요청하게 된다. 이것은 바로 '상호관계를 맺는 바람직한 인간 관계가 무엇인가?' 라는 근본적인 물음으로 나타난다.

그렇다면 이런 물음에서 우리는 유가의 덕치 역시 이런 논의에 참여할 수 있는 가능성을 충분히 발견할 수 있다. 왜냐하면 유가적 덕치의 관점은 결코 법에 의한 통치를 반대하거나 순전히 통치자의 의지에 따라 마음대로 조작하는 정치 형태를 위하여 봉사하는 것만은 아니기 때문이다. 유가가 덕치를 통하여 참으로 말하려는 것은 오히려 정치의 출발점과 귀결점을 통치자에서 피통치자의 입장으로 전환하고, 인간의 믿음이라는 전제하에서 인간과 인간간의 관계를 조화harmony라는 이념을 통하여 실현하려 하기 때문이다. 단순한 징벌懲罰 기능에 의한 형치적刑治的 질서나 법률이 자칫 가지기 쉬운 법률 형식주의를 경계하고, 좀 더 근원적인 차원에서의 교화敎化를 말하여 참된 인간의 관계맺음이 무엇인가를 강조하고 있기 때문이다.

이러한 관점에서 본문은 유가의 정치적 이념으로서의 덕치가 가지는 기본적 성격을 유가의 법 사상 즉 예치와 연관하여 살펴보고, 인륜적 보편주의로서의 인仁과 법률의 객관적 보편주의를 통하여 법과 도덕의 관계를 분석하려 한다.

특히 유가가 도덕을 근본으로 하고, 법이나 형을 보조 수단으로 하는 '덕주법보德主法輔'의 도덕법道德法의 관점에 나타난 도덕과 법의 연속에 대해 살펴보려 한다. 아울러 법가의 실정법주의의 입장을 논의하고 법가의 법치가 가지고 있는 한계에 대한 유가의 비판을 살펴보려 한다. 이러한 입장의 분석을 통하여 유가가 말하는 덕치와 법치의 이념이 어디에 있으며, 그들이 주장하는 '조화로운 인간 관계와 공동체'의 의미에 대해 논의하려고 한다.

2. 유가의 덕치주의와 도덕적 정치공동체

유가 정치철학의 주류는 공자와 맹자이다. 그들의 정치철학이 바로 유가 정치철학의 전형이 되는데, 그 내용은 한마디로 말하면 '내성외왕內聖外王'으로 표현할 수 있다. 이런 내성외왕의 통치 형식이 바로 다름 아닌 '덕치주의'이다. 그들이 말하는 이상적 사회는 바로 도덕원칙에 근거하고 있는 인간과 인간 사이의 조화로운 질서에 의해서 가능하게 된다. 이런 이상적 사회의 완성을 위해서는 특히 정치지도자 개인의 도덕적인 자질이 매우 중요하다. 이 때문에 인仁하거나 성聖한 사람의 집정이야말로 정치와 사회 문제를 해결해내는 가장 유효한 방법이 된다.

이른바 치국평천하治國平天下의 관건은 바로 개인의 도덕 수양에서 출발한다. 유가의 기본적인 정치 관점은 개인의 도덕 수양을 통하여 이상적인 정치와 사회적 기초를 구성한다. 이러한 관점은 동시에 아래와 같은 분명한 명제 즉 '개인의 도덕성이야 말로 올바른 정치공동체를 구조하는 가장 중요한 기본 요소이다'라는 것이다. 정치의 최종 목적을 실현하기 위해서 정치지도자는 반드시 도덕적으로 완전한 사람이어야 하기 때문이다. 공자를 위시한 고대 유가는 그들의 정치사상의 구조 속에서 가장 이상적인 정치 영도자는 모두 인仁한 사람이어야 함을 강조한다.

국가와 사회질서를 유지하는 정치는 사람에 달려있고, 사람을 발탁하는 표준은 그 사람의 수신修身 여부에 달려 있다. 수신하려면 반드시 도에 입각하여야 하고, 수도修道하려면 반드시 인仁에 근거하여야 한다. 인이라는 것은 사람의 본성을 가리킨다. 자신의 가까운 사람을 친하게 지내는 것이 가장 중요하다. 이른바 의義라는 것은 마땅함을 말하고, 현인賢人을 존경하는 것이 중요하다. 가까운 사람을 친하게 지내는데도 차등이 있고, 현인을 존경하는데도 차등이 있어야 한다. 예라는 것은 바로 여기에서 나온다.266)

공자는 인을 위정爲政의 근본으로 삼고 예禮라는 구체적인 규범 체계를 통하여 정치를 펴면 정치나 사회적 질서가 충분히 확립될 수 있을 것으로 보고 있다. 그러나 인을 인간 세계의 보편적 법칙으로 보기 때문에 개인의 덕성과 정치적 행위는 사실상 원칙적으로 구별되지 않는다. 이상적 정치는 인문적 도덕 이상에 근거해서 관리되어야 하고, 군사주의나 엄격한 형벌로서 관리하는 정치에 대해서는 반대하고 있다.

---

266) 『中庸』 제20장 "爲政在人, 取人以身. 修身以道, 修道以仁. 仁者人也, 親親爲大. 義者宜也, 尊賢爲大, 親親之殺, 尊賢之等 禮所生也"

인이나 예는 본래 친소親疏와 존비尊卑라는 차등적 질서에서 근원하는 것인데, 공자는 어떻게 국가와 사회의 질서를 유지해 나가는 보편적 규범으로 성립할 수 있다고 주장하는가? 공자는 현실의 정치공동체가 마치 '집家'과 같기를 희망한다. 마치 통치자와 일반 국민간의 관계를 후천적, 인위적인 학습에 의해서가 아닌, 천성적으로 우러나오는 부모와 자식 간의 관계로 간주하려고 한다. 여기에서 '집'이 가지고 있는 의미로서의 정치공동체에 대한 공자의 이상은 어쩌면 하나의 유토피아적인 상념에 불과할 지도 모른다. 공자의 정치사상의 근본이념과 그가 살았던 실제 환경은 사실상 서로 부합하지 않았다. 여기에서 그는 자신의 관점과 부합하지 않는 현실 환경을 개조하려고 한다. 특히 공자가 관심을 가졌던 고대 문화에 대한 반성과 개조의 방향은 바로 예에 관한 철학적 근거와 그것의 보편적 객관화라는 것에 있었다.

유가가 말하는 예는 본래 인간의 행위에 적용되는 행위 규범의 총체로서, 도덕과 법률, 종교와 습속 등이 복합적으로 결합되어 있다. 공자는 혈연적血緣的 혹은 종족적種族的 특수성을 강하게 가지고 있는 예를 누구나가 인정하고, 준수하는 보편적 질서와 보편적 의미를 가진 행위 준칙으로서의 예로 전환하고 하였다. 다시 말하면 예 개념의 재해석을 통하여 혈연적 공동체를 도덕적 정치공동체로 전환시키려는 것에 공자의 의도가 있었던 것으로 보인다.

여기에서 공자와 맹자를 중심으로 하는 고대 유가는 인성人性과 천도天道에 근거하여 생물학적인 혈연血緣 혹은 종족적 단계의 예를 인성론과 존재론의 단계로 끌어 올리려 한다. 특히 유가는 그것을 인간 덕행의 기초인 '천天' '천도天道'의 문제와 연결시킨다. 이런 천 혹은 천도라는 보편적인 법칙성에 근거한 인과 예를 통하여 사회와 국가를 통일적으로 질서화 하여 세계를 하나의 도덕적 정치공동체로 만들려는 것이다. 그러므로 여기에서 요구되는 정치적 통치 형식은 당연히 '덕치'이다.

일반적으로 고대 유가의 정치적 통치 형식에 대한 평가는 덕치로 표방되는 전제적인 일인一人의 통치에 편중하여 있고, 비인격적 법치는 거의 전무한 것으로 말한다. 그러나 유가가 비록 덕치를 강조한다고 하여서 그들이 법이나 법치를 무조건 반대하였다는 뜻은 아니다. 유가 역시 법의 규칙이나 조직의 필요성을 인정하고 있지만 그것을 지나치게 강조하여 인간의 행위를 조작하고 인간의 도덕적 자주성을 박탈하는 것에 대한 우려를 강하게 표현하고 있다. 말하자면 유가는 법을 적당한 용도에 두고 그것을 인문적人文的 가치와의 내재적 연속을 유지하려고 한다.

어떤 의미에서 그들은 정부와 사회 조직 속에서의 책략적인 체제나 엄밀한 입법立法에 관심을 두기 보다는, 우주의 보편적 이법, 자연적 인성과 도덕적 정의에 의해 제정된 일반원칙이라는 절대 가치와의 연결을 굳게 견지하고 있다. 또한 성군법의 제정 역시 가능한 것으로 말한다. 그러나 이들 법은 반드시 자연적 인성과 우주의 보편적 원리에 근거하여야 하는 것으로 말한다.267)

공자는 인간 개개인의 중요성과 사회 속에서의 가치가 정부나 통치자의 이익보다 우선하여야 하는 것으로 보아 국가나 제도는 "널리 사람들을 사랑하는"268) 하나의 도구로 볼 것을 강조하고 있다. 이런 것이 충족될 때에 국가나 제도는 그 존재 가치를 가지게 되는 것으로 보고 있다.

나라를 다스려나가는 정치적 활동은 단순히 강제적 힘을 사용하여 질서를 확보해나가는 방식이 아니라, 덕에 의한 정치적 교화와 지도를 기본 원칙으로 삼는다. 그러므로 정치적 행위는 '인'을 표현하는 행위이고, 정치적 행위가 실천되는 공간은 도덕적 행위를 표현하는 하나의

267) 成中英, 『知識與價値』, 臺北, 聯經出版社, 1986, 제438쪽.

268) 『논어』「학이」"汎愛衆而親仁"

공동체가 된다. 인이라는 개인적인 도덕적 감정을 실천이란 관점에서 말하면 그것은 또한 사회와 정치의 원칙이 되는 것으로 공자는 도덕, 인륜, 정치와 다른 사람, 자기, 국가를 인이라는 도덕적 개념으로 관통貫通하고 있다.269) 즉 인이란 것은 개인의 내면적 덕과 정치적 공동체의 질서를 일관一貫하고 조화시키는 근본개념이다.

공자는 "정치政라는 것은 바로잡는 것正이다"270)라고 하였다. 여기에서 말하는 '바로잡음'은 바르지 못한 것不正을 시정是正하는 것으로 사회의 공동체적 덕을 실현해 나가는 과정을 의미한다. 그것은 구체적으로 정신正身과 정명正名으로 나타난다. 공자는 사회의 공동체적 덕을 실현하기 위해서는 단순히 강제적인 힘에 의지하려는 방법에 대해서는 반대하고, 개인의 자발적인 참여를 통한 가능성에 대해 말한다. "자기 자신이 바르면正身 명령하지 않아도 행해지고, 자신이 바르지 못하면 비록 명령한다 하여도 따르지 않는다"271)는 것이다. 자기 자신을 바르게 하기 위해서는 '정명正名'이라는 원칙과 방법이 전제되어야 한다. 정명은 각각의 개인들이 각각의 직책과 신분에 맞는 의무를 다하여야 하는 것을 말한다. 그러므로 공자가 정치를 하는데 있어서 가장 중요한 첫 번째의 일이 바로 정명이라고 말하는 것은 바로 이런 이유 때문이다.272)

공자가 군신부자(君君, 臣臣, 父父, 子子)를 예를 들어서 말한 것은 공동체 속에 각각 다른 직분이 있음을 말한다. 만약 각자가 주어진 직분에 따라서 그 직분을 성실히 수행하는 행위를 통해 사회에 참여할 수 있는 기회를 가지게 될 때, 그 사회는 비로소 조화가 이루어진 정의로운 정치공동체가 될 수 있다. 여기에서 말하는 조화의 의미는 단순히 차별을

---

269) 蕭公權 著, 崔明 譯, 『중국정치사상사』, 서울, 법문사, 1988, 제91쪽.

270) 『논어』, 「顔淵」 "政者, 正也"

271) 『논어』 「자로」 "其身正, 不令而行. 其身不正, 雖令不從."

272) 『논어』 「자로」 참조.

제거하려는 것이 아니라, 차별 혹은 구별 속에서의 조화를 실현하려는 것이다. 여기에서 필요한 것이 바로 인이 가지고 있는 상호 이익과 상호 이해恕의 원칙이다.

공자는 정치의 두 가지 주요한 목적에 대해 말하고 있다. 그 두 가지는 형법 등의 다스리는 도구가 아니라, 먼저 백성을 돌보아 주고(養), 그 다음에 백성을 가르치는(敎) 것이 더욱 중요하다고 말한다. 즉 하나는 양민養民이고 또 다른 하나는 교민敎民이다. 공자는 정치의 궁극적인 목적을 도덕 원칙에 부합하는 사회 질서를 창조하는 것에 두고 있기 때문에 중요한 것은 결코 정치 과정 자체의 문제가 아니라, 공동체 속의 인간 관계가 마땅히 가지고 있어야 할 도덕적 내용에 있다고 본다.

여기에서 그는 '정명'의 관점을 제시하고 있는데, 정명은 정륜正倫아닌 것이 없다. 그러므로 덕과 예에 의한 인정仁政이 중요하고 정치적 명령이나 형법은 부차적인 것이 되어 버린다. 특히 공자는 백성을 돌보는 방법 중에서 가장 중요한 것은 백성을 풍족하게 하고 동시에 재화가 균등하게 분배되는 것을 강조하여 정치의 목적과 국가의 존립 이유가 어디에 있는가를 분명하게 말한다.

> 나라와 집을 다스리는 사람은 백성의 수가 적은 것을 근심하지 않고, 재물이 고르지 못함을 걱정한다. …… 재물이 고르게 분배되면 가난함이 없을 것이고, 조화로우면 백성이 적은 일은 없을 것이고 안정되면 나라가 기울어질 일은 없을 것이다.[273]

공자는 백성을 돌보는데 있어서 중요한 것을 경제적인 균부 즉 분배分配라고 생각하였다. 이는 당시의 제후들이 국가의 부강만을 우선적인 정책으로 생각하여 생산의 절대적 수량에만 관심을 두는 것과는 달리 공자는 '분배의 상대적인 평균'[274]이라는 문제에 관심을 두고 있다. 이것이

---

273) 『논어』「季氏」"有國有家者, 不患寡而患不均. …… 蓋均無貧, 和無過, 安無傾.

바로 전체 속에서 통일적 질서를 가지게 하고, 동시에 모든 개인들이 스스로의 질서를 가질 수 있는 조화로운 정치적 공동체의 이념이다.

3. 유가의 도덕법 사상과 德主法輔의 예치

유가가 비록 '덕치'를 주장하고 있지만 그것은 결코 일반적 의미의 '법'의 존재와 중요성을 부정하고 있다는 뜻은 아니다. 유가 역시 법의 규칙과 조직이 없이는 사회는 무질서할 수밖에 없고, 국가 역시 올바른 기능을 발휘할 수 없다는 사실을 알고 있다. 그러나 유가의 기본적인 관점은 어떤 법률이나 제도를 사회에 적용할 때 그것들은 분명히 기본적인 인문적 가치의 실현이라는 근본 목적에 합치하는가 라는 문제에 초점을 맞추고 있다는 사실이다. 이런 관점에서 유가는 기본적 인문 가치를 실현할 수 있으면서 각각의 개인이 스스로의 자아 조절을 통하여 전체의 이익과 공공公共행위에 부합하는 규범 체계를 만들고 있는데 이것이 바로 예禮이다.

유가는 예라는 규범체계를 통하여 형식적 절차주의에 의한 인간 행위의 조작과 도덕 자주성의 박탈이라는 법이 가지기 쉬운 단점을 우려하여 그것을 인간의 궁극적 가치를 실현하는 범위 속에만 놓아두는 법의 제한적 적용을 주장한다. 이 때문에 유가에서 법은 도덕과 마찬가지로 반드시 인성의 실현이라는 절대적 가치와의 연결성을 굳게 견지하고 있다.

서양의 도덕, 법률이 신이나 무상無上명령 등의 선험적 이념 위에서 성립된 것과는 달리 중국의 도덕, 법률은 모두 인류가 가지는 기본 특징인 인성에 근거하여 성립되었다. 만약 인성이 객관성과 보편성을 가지고 있

274) 蕭公權 著, 崔明 譯, 『중국정치사상사』, 제97쪽.

음을 가정한다면, 인성에 근거하는 인간 사회의 인위적 규범이나 규율規律이라는 것도 분명히 보편성과 필연성을 가지고 있어야 할 것이다. 이런 의미에서 천도의 규율과 인위적 규율은 결코 둘이 아니다. 공자를 비롯한 유가가 설정하고 있는 인위적 규범의 총체인 예에 의한 이상적 정치관 역시 이런 규율에 근거하여 나온 것으로 볼 수 있다.

예가 가지고 있는 성격을 구체적으로 나누어 말하면 그것은 습속, 도덕 이념과 법률적 성격들로 구성되어 있다. 유가는 인위적 규범으로서의 예를 통하여 법이나 정치적 규범을 구조하는 경우에도 그것을 단순한 지배의 기술로 보지 않고, 일종의 생활방식으로 간주한다. 생활방식으로서의 예는 기본적으로 인간의 실천 활동 중의 보편적 공통성과 상호 이해에 바탕을 두고 있는 질서이다.

"예의 작용은 화和를 가장 귀한 것으로 여긴다. 선왕의 도는 이것을 가장 훌륭한 것으로 보았고, 작은 것이건 큰 것이든 모두 이것에 근거한다."[275] 여기에서 말하는 화和는 바로 개인 간의 조화와 중용을 의미하는 '조화'를 의미한다. 유가가 이상으로 삼고 있는 이른바 선왕先王의 도는 바로 조화의 원칙에 근거하고 있다. 그리고 "작은 것이건 큰 것이든 모두 이것에 근거한다"는 말은 조화를 모든 인위적 규범을 실천하는 하나의 원칙으로 간주하고 있다는 의미이다.

예의 주요 작용으로서의 조화가 강조하는 것은 바로 중용이다. 이것이 의미하는 것은 단순한 중간 혹은 중도中道, 주체적 의견이 없는 순종과 타협을 말하는 것이 아니라, 공동체 속에서 각 개체 사이를 조화하고 이해하려는 가장 원초적, 가장 기본적인 소통의 형식으로, 누구나가 다 수용 가능한 생활방식 혹은 논리로 나타난다.

유가가 말하는 인의仁義, 예나 법은 바로 조화의 논리에 기초하고 있고, 그것은 동시에 천도의 규율과 발전이라는 것과 맥을 같이한다. 이

---

275) 『논어』「학이편」"禮之用, 和爲貴. 先王之道, 斯爲美, 小大由之."

때문에 인위적 규범이 천도의 자연적 방식에 접근하면 할수록 더욱 완전한 것으로 된다. 그러므로 유가의 입장에서 법가의 실정법적인 법률체계는 자연지도自然之道의 올바른 발전과 진보를 파괴하는 것으로 간주되어, 법을 오히려 예라는 도덕적 범주 속에 놓아두고 사용하려는 것이다. 여기에서 예는 도덕법적인 성격을 가지고 있다는 것으로 볼 수 있다.

일반적으로 예를 단순한 도덕규범으로 인식하여, 법치와는 양립불가兩立不可한 것으로 말하지만, 사실상 예는 법률 규범도 동시에 포함하고 있는 모든 행위 규범의 총체이다. "나라를 다스림은 예로써 한다"276) "예를 어기면 바로 형벌의 제재를 받게 된다."277) "예를 벗어난 행동을 하면 법이 없는 무법천지가 된다."278) 이것이 이른바 예치 혹은 예치주의이다.

유가가 예와 예치를 중시한다고 하여서 법과 형을 반대하는 것은 결코 아니다. 왜냐하면 예는 법률의 성질을 동시에 가지고 있기 때문이다. 즉 예는 법을 포함하고 있고, 법은 예 속에 있고, 예의 사상 속에 법의 사상이 삼투滲透되어 있다. 그러므로 위에서 말하는 '예'의 의미는 결코 단순한 도덕적 규범의 성질만 가지고 있는 것이 아니라, 강제적 규범을 포함하는 법의 성격까지도 포함하고 있다. 이런 의미에서 예는 법률 규범과 도덕 규범이 결합되어 있는 중층적重層的 구조라고 할 수 있다.

유가가 말하는 예는 법을 포함하고 있고, 예의 사상 속에 법의 사상이 스며들어 있기 때문에 예치禮治는 실질적으로는 법치의 의미까지도 그 속에 포함한다고 할 수 있다.

앞에서 말한 것처럼, 유가가 말하는 예는 모든 인간의 행위에 적용되는 행위 규범의 총체일 뿐만 아니라, 도덕과 법률, 종교와 습속 등이 하

---

276) 『논어』, 「先進」 "爲國以禮"

277) 『禮記』, 「曲禮上篇」 "失禮則入乎刑"

278) 『荀子』, 「禮論篇」 "故非禮, 是無法也"

나로 결합되어 있는 유가 문화의 정수라고 할 수 있다. 이 때문에 예는 가정, 사회, 국가의 전체적 질서를 유지하는 보편적 규범으로 자리 잡게 된다. 보편적 규범으로서의 예는 국가와 사회의 보편적인 행위법칙이기 때문에 개인의 덕성과 정치의 행위는 사실상 원칙적으로 구별하기가 어렵다.

유가의 이상적 정치는 인문적인 도덕적 이상에 의해서 관리되어야 하고, 군사주의와 엄격한 형벌로서 관리하는 것에 대해서는 반대한다. 이런 의미에서 보편적 세계의 법칙과 인간의 본성에 근거하는 유가의 예에 의한 통치는 사실상 군사주의와 형벌에 근거하는 법가의 법실증주의적 입장에 반대하고, 도덕률에 근거하는 법 혹은 자연주의적 법 이론을 주장하고 있는 것으로 볼 수 있다.

중국 고대에 법法이라는 글자는 여러 가지 다양한 의미를 가지고 사용되었다. 『설문해자說文解字』는 다음과 같이 말한다.

> 법法은 형刑이다. 물처럼 수평하다 해서 물 수변水에 쓴다. 뿔이 하나인 영특한 양羊은 죄를 범하고도 정직하지 않는 사람에게 가서 들어 받기 때문에 거去로 쓴다.279)

여기에서 법이 가지고 있는 의미는 무력을 동원하여 올바르지 못한 것을 바르게 만드는 시정是正의 뜻을 가지고 있다. 즉 공평한 질서 혹은 정의를 확립하기 위하여 어떤 일을 하지 못하게 하는 '명령' 혹은 '금지'의 의미를 가진 형벌의 뜻으로 사용된다.

후대의 경전 속에서 사용된 법法의 의미는 단순히 형벌이란 의미에만 한정되지 않고, 오히려 근본적 법칙이나 도리에 따라 어떤 전형적인 모델을 본받아 자신의 것으로 만들어 나가는 의미(模範으로 삼아 따르거나

279) 『說文解字』 "法, 刑也, 平之如水, 從水. 羊, 所以觸不直者去之,從去."

본받는다는 뜻인 效法으로 쓰임)로 사용되어 "어떤 하나의 가치를 달성해가는 객관구조와 형식"280)으로 나타난다.

법이라는 개념의 전통적 의미는 주로 공평한 질서의 확립과 근본적인 보편법칙에 근거하여 하나의 모범을 만들어 나가는 객관 구조와 형식의 의미로 이해된다. 만약 위에서 말한 법의 두 가지 문자적 의미와 그것을 통하여 드러나는 성격을 구분하여 말하면, 중국의 법가는 아마도 전자의 의미에 집중하고 있고, 유가는 후자의 의미를 더욱 중요하게 보는 경향을 가지고 있다. 이런 입장을 통하여 우리는 유가가 말하고자 하는 법의 기본적 관점들을 발견할 수 있다. 그것은 바로 법을 포함한 인류의 모든 규범은 반드시 인간의 천성天性과 이성에 부합하고 근거해야만 한다는 것이다.

유가의 법은 천도天道, 천리天理라는 형이상학적인 이법과 깊은 연관을 가지고 있다. 기본적으로 유가의 법에 대한 관점은 도덕률과 제정법이 혼합되어 이루어진 입체적인 체계를 가지고 있는 도덕화道德化된 법의 체계를 보여준다. 여기에서 입법立法의 주요 원칙 혹은 근거는 바로 도덕적 천성 혹은 천도이다

유가는 법의 제도적 측면에 대해서 토론하지 않고, 주로 그것의 도덕적 기초에 대해 관심을 기울이고 있는 것 같다. 이런 의미에서 유가의 법의 원칙과 그것의 이성적 기초인 'Jus'의 표준은 실제로는 도덕의 근거와 배경 속에서 성립된다. 법이라는 말에 해당하는 라틴어 'Jus'와 'Lex'에서 'Jus'라는 말은 위에서 말한 것처럼 법의 원리와 이성적 기초를 말한다. 반면 'Lex'는 'Jus'를 집행할 경우 반드시 가지고 있어야 하는 강제력을 말하는 것으로, 바로 법률의 구체적, 기술技術적 표현 형

280) 유가의 경전 속에서 법은 주로 모델, 전형(典型), 법도(法度)의 의미로 사용되어 동사적인 의미가 강하다. 즉 '무엇을 본받는다'는 의미의 효법(效法)의 뜻으로 사용된다. 여기에서 가장 중요한 효법의 대상은 자연계의 법칙인 천도(天道)이다. 법에 대한 이런 의미를 가장 잘 풀이한 것이 바로 『주역』의 「계사전」에서 말하는 "制而用之謂之法"이란 말이다.

식을 가리킨다. 'Jus'라는 말은 법과 권리라는 뜻 이외에 공평, 정의正義라는 말을 포함하고 있어서 서양의 법이라는 개념이 권리와 정의에 기초하고 있음을 말하고 있다.281)

여기에 비해 『설문해자』에서 말하는 법의 어원적 의미는 금지와 명령을 의미하는 법의 기능적 측면만을 강조하는 형법이라는 의미를 근원으로 삼고 있다. 법이라는 문자가 단순히 형법적 기능만 가지고 있다는 점에 대해 유가는 매우 부정적인 입장이다.

법을 단순히 형법刑法으로만 해석한다면 유가는 확실히 법을 강조하지 않는다. 만약 법을 사회 속에서 마땅히 지켜야 할 객관적 원칙 혹은 인류의 행위 규범으로, 또 이런 원칙을 통하여 제도가 형성되는 것이라고 한다면, 유가 역시 법치의 중요성에 대해 결코 소홀히 할 수는 없을 것이다. 이런 원칙을 통하여 형성된 것이 바로 예에 의한 통치방식이다.

유가는 인간에 의해서 만든 현실의 실정법實定法은 모두 보편적인 인간 본성이나 도덕적 양심에 근거하는 평가 표준에 합치되어야 함을 말한다. 그러므로 유가의 법에 대한 기본적인 관점은 법의 강제 규범적 성격과 도덕 규범적 성격의 일치를 강조하는 자연법주의 혹은 도덕법의 경향을 가지고 있다. 특히 그들은 법과 도덕 간의 연속성을 매우 강조하여 법의 기초를 보편적인 도덕 준칙 가운데에서 찾고 있다. 이 때문에 법과 도덕 간에는 원칙적인 분계分界가 드러나지 않고 연속되어 있다. 즉 법의 원칙에 대한 표준은 실제로는 도덕의 표준위에서 성립하는 도덕률에 근거하는 법체계를 가지고 있다.

유가의 이상적인 도덕률에 근거한 법의 근거는 '선왕지법先王之法' 혹

---

281) 梁治平, 『尋求自然秩序中的和諧』, 上海, 上海人民出版社, 1991년, 제28쪽. 라틴어의 Jus, 불어의 Droit, 독일어의 Recht 등은 모두 법과 권리의 의미를 함유하고 있다. 이외에 정의와 평형이라는 의미도 가지고 있다. 그러나 하나의 분명한 예외는 영어 중의 Law인데, 이 말은 권리라는 말은 아니다. 이것은 아마 Law라는 말이 지중해 문명권이 아닌 북구(北歐)에서 나온 것이기 때문으로 보인다. 그러나 영어 중에서 Jus와 비슷한 말이 있는데 바로 Right이다. 이것의 기본적 함의는 권리이고, 일체의 권리를 기초로 하는 추상적 의미의 법에 해당하는 것으로 보인다.

은 '선왕지도先王之道에서 찾을 수 있다.[282] 왜냐하면 선왕의 도나 법은 천리와 천도를 바탕으로 하고 있고, 천도를 실현 혹은 구현한 사람이 바로 선왕이기 때문이다. 선왕지법의 실제 내용은 인륜人倫 즉 인의仁義에 근거하는 것으로 이른바 도덕법 혹은 도덕률에 근거하는 법이다.

중국 고대의 유가들이 견지하고 있는 법의 특징은 한마디로 도덕화된 법률 혹은 도덕법, 즉 도덕과 법의 연속이라는 성격에서 찾을 수 있다. 즉 도덕률과 제정법制定法이 함께 섞여있는 입체적인 체계이다. 유가는 천리 혹은 천도를 법을 만드는 이론 근거로 삼아 예법병중禮法幷重의 도덕법적인 특성을 드러내 주고 있다. 그러므로 '예'는 자연법칙과 사회규범의 결합이라고 할 수 있다. 이른바 '예'로 대표되는 유가의 도덕법이 가지고 있는 가장 큰 특성은 종법가족윤리宗法家族倫理를 그 연원으로 하고 있다는 점이다. 이 때문에 전통적인 인륜이 어떠한 보편적 이념보다 높은 가치를 가지게 되는 것이다.

고대의 유가들은 이상적인 '법'을 '구장舊章, '선왕지도先王之道 혹은 선왕지법先王之法 등으로 표현하여 인륜적 도덕체계와 법률을 일체화된 것으로 간주한다. 특히 순자荀子는 법을 예법禮法이란 말로 규정하여 예를 법률 규범과 도덕 규범의 이중적 속성을 가지고 있는 도덕법으로 말한다.

유가가 도덕체계와 법을 일체화된 것으로 간주하지만, 유가는 어디까지나 도덕을 근본으로 하고, 법이나 형을 보조 수단으로 하는 '덕주법보德主法輔'의 관점을 보여준다. 이런 유가의 관점은 '예치'라는 형식을 통하여 매우 구체적으로 나타난다. 사실상 예치는 유가적 입장에서 말하는 '법치'로서, 공자나 고대 유가가 말하는 예치는 실제로는 모두 법치를 가지켜 말하는 것이다. 다만 여기에서 덕에 의한 통치가 주主이고, 형이나 법은 덕치를 통하여 부족한 점을 보완하는輔 것에 해당한다.

---

282) 『맹자』 「離樓上」 "遵先王之法而過者, 未之有也." "爲政不因先王之道, 可謂智乎?"

하지만 여기에서 말하는 주보主輔관계는 결코 일방적인 주종관계를 강조하려는 것이 아니라 상호 보완의 관계로 나타난다. 즉 유가가 덕치를 강조한다고 하여서 그들이 법치를 필요로 하고 있지 않다는 의미는 아니다. 그것은 어디까지나 상보적인 입장에서 덕치는 법치를 필요로 하고 있다는 점이다. 특히 맹자는 "단순한 선善만으로는 정치를 펴기에는 충분하지 못하고, 단순히 법만으로는 그것은 제 구실을 다하여 저절로 행해지는 것은 아니다"283)고 하였다. 이것은 덕치만으로는 정치를 잘 할 수 없기에 법치를 또한 필요로 하고, 동시에 법은 자동으로 실현되는 것이 아니라 반드시 덕이 있는 사람을 통하여야 한다는 것이다. 결코 어느 한쪽으로만 치우쳐서는 안 된다.

유가의 입장에서 법이나 형은 여전히 통치의 도구나 수단이고, 더욱 중요한 것은 도덕과 예의 실천 혹은 실현이다. 이 때문에 유가가 형이나 법에 대해서 가지는 기본적인 관점은 우선적으로 덕에 근거하지만 동시에 형법의 현실적 수요와 유효성에도 주의를 기울인다는 점이다. 바로 '덕주법보'이다. 이런 '덕주법보'의 관점에 따라서 유가들이 구체적으로 실천하는 통치방법이 바로 예치이다.

중국 고대 철학 중에도 법에 의한 통치를 이상적인 정치형태로 보는 견해가 있는데, 바로 법가法家의 법치이다. 그러나 법가의 법치는 법에 의한 통치rule by law로 보이지만, 실질적으로는 통치자 중심 혹은 국가 중심의 인치rule by man로서 군주를 입법立法의 근원으로 보고 있다. 여기에서 유가가 반대하는 법치는 바로 이런 법가식의 법에 의한 통치rule by law이지 진정한 법치rule of law에 대해서는 기본적으로 반대하지 않는다. 유가는 법률을 단순한 국가의 강제력인 형법으로만 보지 않고 사회 공동체에 봉사하여 실질적인 정의의 이상을 실현하는 하나의 수단으로 간주하려 한다.

---

283) 『孟子』「이루」, "徒善不足以爲政, 徒法不能以自行"

4. 법가의 법치에 대한 유가의 비판

중국 고대의 법가가 주장하는 '법치'는 유가가 주장하는 '예치'와 '덕치'에 상대되는 정치형태이다. 유가는 정치공동체로서의 국가가 가지고 있는 가장 큰 존재 기능을 사람들에게 도덕적 환경을 제공하는 것으로 보아, 현재의 국법國法의 근거를 과거 성왕聖王의 법률에서 찾고 있다. 여기에 비해 법가들은 국가를 전통적 사회공동체에 뿌리를 두고 있는 것으로 보지 않고, 인민들이 현실적으로 존재하고 살아가는 인위적人爲的 구조물로 간주하고 있다.

법가들이 유가의 통치방법에 반대하는 구체적인 이유는 크게 두 가지로 나눌 수 있다.

첫째로는 유가의 인륜성人倫性에 근거한 예禮의 친소親疎와 귀천貴賤의 별(別, 구별)에 반대하여 법의 제(齊, 똑 같이 대하는 평등성)를 주장한다. 그러므로 『사기史記』에서는 "법가는 친소를 구별하지 않고, 귀천을 나누지 않으며, 항상 법으로 판단한다"[284]고 말한다. 이것은 법률의 범위와 적용이 보편적임을 말하는 것이다.

둘째로는 유가가 말하는 덕치나 예치가 현실적으로 효용성을 가지지 못한다는 주장이다. "한 나라가 항상 강하고 항상 약한 것은 아니다. 법을 받드는 사람이 강하면 나라 또한 강해지고, 법을 받드는 사람이 약하면 나라가 약해진다."[285] 국가의 부강과 치란治亂의 여부는 법의 제정과 준법의 태도에 달려 있다고 말한다. 또한 "법과 술術을 놓아두고 마음으로 다스린다면 요임금도 한 나라를 바르게 할 수 없을 것이다"[286]라고 하여 유가의 덕에 의한 정치를 비판하고, 법치의 효용성을

284) 『史記』「 太史公自序」, 臺北, 新象書局, 1985, 제3291쪽. "法家不別親疏, 不殊貴賤, 一斷於法, ..."

285) 『韓非子』「有度篇」"國無常强, 無常弱. 奉法者强則國强, 奉法者弱則國弱."

286) 『韓非子』「田人篇」"釋法術而心治, 堯不能正一國 ...."

강조하고 있다. 즉 법가가 법치를 시행하는 경우에 있어서 가장 관심을 두는 문제의 초점은 바로 법이 가지는 객관적인 공정성公正性과 효용성效用性에 있다.

법가는 법을 제도의 연속성과 관료를 통제하는 가장 유효한 수단으로 보고 있고, 또한 제한된 국가의 자원을 유지하기 위해서는 법은 필수적인 것으로 본다. 사실 법가의 철학은 인간의 덕행의 박약성에 대한 철학적 인식에서 나온 것만은 아니다. 그것은 다분히 자원의 결핍과 생산력의 향상이라는 공리성功利性에 바탕을 둔다.

법가가 법에 의한 통치를 말하는 가장 큰 이유는 유가의 예치와 덕치로서는 해결할 수 없는 당시의 현실적 필요성 때문이다. 그것은 인구의 팽창과 자원의 상대적 부족으로 인한 인간의 본능적 욕망과 그것의 분출로 인한 사회의 불안정이라는 문제이다.

법가는 개인과 개인, 집단과 집단 간의 이익의 충돌을 해소하고 사회의 공동 생존과 자원의 불평형不平衡 관계를 실정법적實定法的인 도구를 빌려와 규정하려고 한다. 이것은 단순한 혈연적 종족 질서에 근거하고 있는 예를 통한 통치로는 더 이상 사회적 질서를 유지할 수 없었기 때문이다. 여기에서 필요한 것은 종족 국가를 군주 국가로 변형시키고, 귀족정치를 군주정치로 바꾸는 것이다. 바로 정치의 객관화 작업이다.287)

법가의 법률과 정치이론은 위에서 말한 이런 전제하에서 인간의 행위를 상벌賞罰이라는 수단을 통하여 통제하려 하였다. 여기에서 법전法

287) 비록 이런 공공(公共)적이고 객관적인 표준인 법에 근거한 이른바 정치적 객관화(客觀化) 작업을 통하여 농민과 군주의 허방은 가능하게 되었지만 여전히 군주 자체는 객관화되지 못하고, 무소불위(無所不爲)한 군주 한 사람의 전제정치가 생기게 된다. 즉 객관적인 법을 넘어서서 그것을 마음대로 조종할 수 있는 황제의 주관적인 술(術)이 하나 더 추가된다. 여기에서 입법자로서의 군주는 법을 결코 자신의 위에 두지 않을 뿐만 아니라, 법 규범의 정당성이나 입법과정의 절차성을 정당화할 필요성을 느끼지 못하게 된다. 법은 다만 피지배자인 개인을 약화시키고, 군주의 강력함과 국가의 부강을 성취하는 도구로서만 기능하였던 것이다.

典을 통하여 그것을 상세히 규정할 필요성이 생겨나는 것은 너무나 당연하다. 즉 한비자韓非子를 비롯한 법가가 말하는 법이란 실정법에 근거하고 있는 성문법成文法에 해당한다. 한비자는 법을 "도서와 서적으로 편찬하여 관부에 진열해 놓고 널리 백성에게 알리는 것"[288]으로 말하고 법의 명문화名文化와 공개성을 강조한다.

법치의 중요한 요건중의 하나는 법률은 범위와 적용에서 보편적이어야 한다는 점이다. 아울러 한비자는 법이 가지는 강제성과 제재력制裁力을 강조한다. 이 강제성과 제재력을 통하여 백성들이 선한 행위를 하기만을 앉아서 기다릴 것이 아니라, 악을 범하지 못하게 억제하여야 한다고 말한다. 이것이 가능하기 위해서 통치자는 법을 공개적, 성문적이고 보편적인 것으로 제정하고, 이것을 운용하기 위한 방식으로 상벌이라는 두 가지 핵심적인 손잡이(二柄)를 가져야 한다고 말한다.

> 법이란 관부에서 명시되어 있는 법률과 명령이며 백성의 마음에 반드시 지켜야 한다는 생각을 가지게 하는 형벌이다. 법을 지키는 자에게는 상을 주고, 법령을 어기는 자에게는 벌을 주는 것이다.[289]
>
> 군주가 그 신하를 인도하고 조종하는 것은 이병뿐이다. 이병이란 형刑과 덕이다. 살륙殺戮을 형이라 하고, 상을 덕이라 한다.[290]

상과 벌의 두 가지 핵심적인 손잡이(이병)를 가지지 못하면 이빨과 발톱을 뺏겨버린 호랑이에 불과하여 군주는 즉시 권세를 잃어버리게 된다는 것이다. 한비는 유가가 강조하는 '덕에 의한 정치(以政爲德)'를 비판하고, 법과 도덕의 관계를 완전히 분리하여 '법이 가지는 효력'에

---

288) 『韓非子』, 「難三篇」 "法者, 編著之道籍, 設之於官府, 而布之於百姓者也."

289) 『韓非子』, 「定法」 "法者, 憲令著於官府, 賞罰必於民心, 賞存乎愼法, 而罰加乎姦令者也."

290) 『韓非子』, 「二柄篇」 "明主之所導制其臣者, 二柄而已矣. 二柄者, 刑德也, 何謂刑德? 曰 殺戮之謂刑, 慶賞之謂德. "

의한 통치를 주장하고 있다.

> 현명한 군주가 나라를 다스리는 데는 국민들이 스스로 선을 행하는 것에 의존하지 않고, 나쁜 짓을 하여서는 안 된다는 것에 의존한다. 국민들이 스스로 선을 행하는 것에 의존하면 경내에 그것을 이룰 사람은 극히 적을 것이다. 나쁜 짓을 하여서는 안 된다는 것을 이용한다면 나라는 고르게 잘 다스려질 것이다. 다스리는 자는 나쁜 짓을 하여서는 안 된다는 법을 이용할 것이며 소수의 현자라는 기준은 버려야 한다. 이 때문에 그들은 덕에 힘쓰지 않고 법에 힘쓴다.[291]

여기에서 한비자는 인간의 본성에 대한 기본적 관점을 성악性惡으로 규정하여 국민들의 선행은 믿을 수가 없기 때문에 악을 범하지 못하도록 강제성과 제재력을 가지고 있는 강력한 법률의 제정이 필요함을 역설한다. 즉 법가는 인간의 인성에는 결코 적극적인 가치 내용이 없으며, 인간의 이성은 선악 혹은 시비의 문제를 내재적으로 구별할 수 있는 능력을 가지지 못하기 때문에 법과 도덕은 완전히 분리되어야 한다고 말한다. 이런 의미에서 법가가 말하는 법은 법실증주의Positive Law의 경향을 보여주고 있다.

모든 실정법은 도덕적 원칙에 근거하여 제정되어야 한다는 유가의 주장과는 대조적으로 법가는 법과 도덕의 내재적 연속성을 철저하게 차단하고, 도덕적 원칙에 위반하는 악법도 분명히 법적 효력을 가지고 있으므로 반드시 준수되어야 한다고 말한다.[292] 법가의 법은 실정법實定法으로 볼 수 있고, 유가는 고대의 습관, 관례와 예의 등을 중시하는 예에 근거하는 자연법이다.[293]

---

291) 『韓非子』, 「顯學篇」 "夫聖人之治國, 不恃人之爲吾善也, 而用其不得爲非也. 恃人之爲吾善也, 境內不什數. 用人不得爲非, 一國可使齊. 爲治者用衆而舍寡, 故不務德而務法."

292) 『愼子』 「내편」 "法雖慘而不可不行"

293) Joseph Needham, *Science and Civilization* Vol.2, Cambridge : Cambridge

유가법의 기초는 보편적인 도덕준칙이다. 예가 보편적 효력을 가질 수 있는 것은 그것이 인성과 우주질서에 근거하여 창제되었기 때문이다. 이에 비해 법가의 법은 도덕적 효력이 없다. 왜냐하면 그것은 사람이 제정한 인정법人定法 혹은 실정법이기 때문이다.

『논어』에서 우리는 섭공葉公과 공자의 대화를 통하여 법과 도덕적 인륜의 충돌에 대한 유가의 전형적인 입장을 발견할 수 있을 것이다. 섭공이 공자에게 아버지가 양을 훔치자 아들이 그것을 공개적으로 증명하는 것을 '정직直'이라고 말하자, 이에 대해 공자는 다르게 해석한다. 즉 "아버지가 자식을 위하여 숨겨주고, 자식이 아버지를 위하여 숨겨주니 정직함은 오히려 그 가운데에 있다."[294] 여기에서 공자와 섭공은 '정직直'이라는 개념을 다른 관점에서 해석하고 있다.

공자가 말하는 '정직'은 인륜질서라는 관점 속에서 말하는 것이고, 섭공은 객관적 보편주의로서의 법이라는 관점에서 합법성合法性과 시비를 따지는 '정직'을 말하고 있다. 이런 양자의 충돌 속에서 공자를 비롯한 유가들은 대부분 인륜적 보편주의의 입장을 취하고, 법률 속의 객관적 법률주의를 부차적副次的인 것으로 보는 경향을 보여준다. 여기에 비해 『한비자』의 「오두五蠹」편에서는 같은 고사故事를 더욱 드라마틱하게 인용하고 있다.

초楚나라에 정직하기로 이름난 직궁直躬이라는 사람이 그의 아버지가 양을 훔친 사실을 관리에게 보고하자 책임자인 영윤令尹이 오히려 그를 죽였다. 왜냐하면 비록 직궁은 군주에 대해서는 정직하고 충성스럽지만 자기 아버지에 대해서는 대역무도大逆無道하기 때문에 그의 죄를 물어 처벌하였다는 것이다.[295]

University Press, 1956, p.544 .

294) 『논어』「子路篇」"葉公語孔子曰, 吾黨有直躬者, 其父攘羊而子證之. 孔子曰, 吾黨之直者異於是, 父爲子隱, 子爲父隱, 直在其中矣."

295) 『한비자』「오두편」"楚之有直躬, 其父竊羊, 而謁之吏. 令尹曰 殺之! 以爲直于君而曲于

또 다른 하나의 예는 노魯나라의 병사가 전쟁에서 매번 싸울 때마다 도망가는 이야기이다. 공자가 그 이유를 추궁하자, 그 병사는 "저는 집에 연로한 부친을 모시고 있기 때문에 제가 죽으면 그를 봉양할 사람이 없게 됩니다. 이 말을 들은 공자는 그를 효자로 취급하여 오히려 승진까지 시켰다는 것이다."[296]

위에서 인용된 고사는 모두 인륜적 보편주의와 객관적 보편주의로서의 법이 충돌하는 경우에 도덕적으로 정당성이 확보만 된다면 언제든지 법을 어길 수도 있음을 보여주는 경우들이다. 여기에 대해 한비자는 이런 것이 국가를 혼란하게 만드는 원인이라고 비판하고 법률을 위반하는 자는 모두 당연히 죄를 물어야 한다고 말한다.[297] 왜냐하면 이런 범죄를 그냥 둘 경우 초나라에는 나쁜 범죄에 대해 더 이상의 고발이나 신고가 없을 것이고, 탈영병에게 오히려 상을 주는 노魯나라는 어떠한 나라와 전쟁을 하여도 연전연패할 것이 너무나 뻔하기 때문이다.

법가는 실정법이란 것은 그것이 아무리 도덕적 동기나 도덕적 원칙에 근거하여 나온 행위라 할지라도 분명히 지켜져야 하는 것이라고 말한다. 이에 비해 인이나 그것을 근거로 한 실천규범인 예는 모두 인간과 인간의 대등한 상호관계 속에서 말하는 것이 아니라, 차등差等을 가지는 인륜관계에 근원하고 있다. 즉 인이나 예는 차서성(差序性, 親親之殺와 尊尊之等의 차등)을 가지는 인륜적 보편주의의 성격을 가지고 있다. 사실 법가의 이런 태도는 혈연적 인륜성을 바탕으로 하는 인륜적 질서 체계를 통하여 객관적 법을 다루는 유가의 관점에 대한 반동反動에서 나온 것으로 볼 수 있다.

법가의 법치에 관한 입장들 역시 나름대로의 장점을 가지고 있지만,

父, 報而罪之 ..... ."

296) 『한비자』 「오두편」, "魯人從軍戰, 三戰三北. 仲尼問其故, 對曰 : 吾有老父, 身死莫之養也. 仲尼以爲孝, 擧而上之."

297) 『한비자』 「오두편」, "而人主兼禮之, 此所以亂也. 夫離法者罪 ...."

그것을 오늘날 우리가 이해하고 있는 근대적 의미의 '법치'와 동일한 범주 속에 넣어서는 곤란하다. 왜냐하면 근대적 의미의 법치는 기본적으로 국민 개개인의 기본적 권리와 자유를 보장하기 위해서 입법立法의 근원을 국민의 대의기관인 의회를 통하여 구성한다. 이에 비해 법가의 법치는 단순히 법에 의한 통치만을 강조하지 실질적으로는 통치자 중심 혹은 국가 중심의 전제적인 법치인 인치人治로서 군주를 입법의 근원으로 보고 있다. 이런 의미에서 법가의 법은 근대적 의미의 법과는 상당한 거리가 있다.

> 법은 형일 뿐이다. ... 전통적 관점에 의하면 법은 다만 진압의 도구로서 무수한 통치수단 중의 하나일 뿐이다. 치인자治人者가 마음대로 운용, 조합할 수 있다. ... 치인治人만 있고 치법治法은 없다. 중국 고대 정치를 인치人治라고 말하는 것은 이것 때문이다.[298)]

사실상 법가는 법률을 단순한 국가의 강제력인 형법으로 보아 엄벌과 중형重刑을 강조하는 경향을 보여주고 있다. 법가가 죄에 비해서 무거운 형벌을 가하려는 중형주의임에 비하여, 유가는 "형벌이 적절하지 않으면 백성들은 손발조차 마음대로 둘 곳이 없어진다"[299)]고 하여 형벌과 죄질이 서로 상응相應하고 부합符合되어야 함을 강조한다.

형벌의 적용에 있어서 유가는 도덕적 교화敎化를 중시하고, 법가는 중형과 엄벌을 말한다. 즉 유가는 죄를 지은 사람에게 형벌을 부과하고, 나쁜 버릇이나 성격 자체를 교화시켜 범죄 행위를 근원적인 차원에서 교화하려는 특별예방주의를 표방한다. 바로 "예는 어떤 사태가 발생하기 전에 금지하는 것이고, 법은 어떤 사태가 발생한 뒤에 억지시키는 것"[300)]에 핵심이 있다. 이에 비해 법가는 형벌을 통하여 일반인들에게

---

298) 梁治平, 「法辨」, 北京, 『中國社會科學』, 北京, 1982년 제4기, 제81쪽.

299) 『논어』 「자로편」, "刑罰不中則民無所措手足"

공포감과 경각심을 불러 일으켜 범죄 예방의 효과를 얻으려는 일반예방주의를 택하고 있다.301)

기본적으로 유가는 예와 덕을 근본으로 하고, 법과 형을 보조 수단으로 간주하고 있다. 이처럼 유가는 형벌에만 의존하는 정치를 비난하여 덕에 의한 교화를 중시하고, 중형 위주의 형치刑治주의만이 능사能事가 아니라고 본다.

> 윗사람이 잘못하고서 아랫사람을 죽일 수 있는가? 백성을 교화는 안하고 죄를 범했다고 판결함은 무고한 백성을 죽이는 것이다. ...... 죄가 백성에게만 있는 것이 아니기 때문이다.302)

위에서 공자가 한 말의 진의는 범죄의 발생이 단순한 한 사람의 잘못만이 아니라 국가가 교화를 다 하지 못한 책임까지도 생각하여야 한다는 말이다. 무조건적인 실정법에 근거한 법 집행이나 형벌의 부과만이 능사가 아니라, 더욱 중요한 것은 법 집행이나 형벌의 부과라는 것은 분명히 한계를 가져야 하고, 교화로서 더 이상 도달할 수 없는 영역에 한해서만 보완하는 역할만을 하여야 한다는 말이다. 이는 법가의 실정법주의가 법과 도덕의 관계를 완전하게 탈절脫節시켜 분리하고 있는데 비해, 공자는 법과 도덕의 관계를 결합하여 연속시키려는 경향을 강하게 보여주고 있는 하나의 예이다.

공자를 비롯한 유가는 비록 법률 자체를 부정하는 것은 아니지만, 법률이 진정한 도덕적 기초와 권위를 가지지 못하면 법이 가지는 진정한 의미를 발휘할 수 없을 것으로 보고 있다. 여기에서 말하는 법의 진정

---

300) 『大戴禮記』「禮察篇」"禮者禁於將然之前, 而法者禁於已然之後 ...."

301) 이 승환, 「유가는 법치에 반대했는가?」, 서울, 『철학과 현실』, 1992년 여름호 통권 제13호, 제273쪽 참조.

302) 『荀子』「宥坐篇」"上失之, 下殺之, 其可乎? 不敎其民而聽其獄, 殺不辜也. ...... 罪不在民故也 ."

한 기초와 권위는 다름 아닌 도덕적인 기초와 법이 추구하고 있는 궁극적 관심 문제인 '진정으로 바람직한 인간관계를 구현하기 위한 수단'으로서의 이념에 있다. 이런 이유에서 공자와 맹자는 법률로서의 예는 반드시 도덕적 원칙과 부합되게 제정되어야 함을 강조한다. 특히 맹자는 역성혁명易姓革命이란 관점을 통하여 그것의 도덕적 정당성을 말하고 있다.[303]

법률로서의 예는 반드시 도덕적 원칙과 부합되게 제정되어야 함을 강조한다고 하여서 맹자나 유가가 강제적 법률의 필요성을 부정하고 있다는 의미는 아니다. 덕에 의한 교화敎化만으로는 사회적 질서와 정치를 유지할 수 없고, 반드시 강제적 규제성을 가진 법에 의한 통치 역시 필요하다고 생각한다. 더욱 중요한 것은 법이라는 것이 단순히 저절로 자동적으로 실현되는 것이 아니라 반드시 덕이 있는 사람을 통하여 시행되어져야 한다는 점이다.

여기에서 법이 가지기 쉬운 바람직하지 못한 형식주의와 그것에 의해 야기되는 인간 배제의 상황들에 대해 유가는 우려하고 있다. 이런 입장을 순자는 "법을 숭상한다고 하지만 실제로는 법이 없다"[304]라고 비판한다. 여기에서 순자가 말하는 법은 바로 법의 진정한 기초와 이념에 충실한 법을 가리키는 말이다. 즉 법의 정신, 원리, 원칙인 법의法義에 충실하지 않으면서 형식적인 실정법의 규정 혹은 법률 조문法數만을 고집하여 법이 가지는 진정한 의미를 상실한 법가의 실정법주의를 비

303) 『맹자』「양혜왕」하, "齊宣王問曰: 湯放桀, 武王伐紂有諸, 孟子對曰, 於傳有之 曰臣弑其君可乎.曰賊仁者謂之賊,賊義者謂之殘, 殘賊之人謂之一夫. 聞誅一夫紂矣, 未聞弑君也." 제선왕(齊宣王)이 탕(湯) 임금이 걸 왕을 죽인 일에 대해 묻자 맹자는 "인을 해치는 사람을 도적이라 하고 의를 해치는 사람을 잔악한 자라고 한다면 도적과 잔악한 사람을 보통의 한 사내(一夫)라고 부르니, 보통의 한 사내를 해쳤다는 소리는 들었어도 군주를 시해하였다는 소리는 듣지 못하였습니다"고 하였다. 여기에서 맹자는 탕 임금의 행위가 비록 국법을 위반하고 혁명을 일으켰지만, 그것은 충분히 도덕적으로 정당화된다는 말이다. 이른바 악법은 법으로서의 가치가 없고 그런 법을 넘어서서 지도하는 도덕원칙에 따르고 있음을 말하고 있다.

304) 『순자』「非十二子篇』 "尙法而無法"

판하고 있다.[305]

순자는 제도화된 실정법 자체에만 형식적으로 얽매이지 않고, 법이 가지는 본뜻을 이해하여 그것을 환경에 따라 올바르게 적용시킬 수 있어야 함을 말한다. 이 때문에 순자는 법의는 확실히 '인도人道의 표준(人道之極)'[306] 혹은 "도덕의 표준(道德之極)"[307]으로 말하는 예禮 혹은 예의禮義에 근거하여야 하고, 그것을 지도원칙으로 삼아야 한다고 말한다.

인간은 이런 예의에 근거하여야 비로소 인간 사이의 이익과 충돌을 올바로 조정할(明分) 수 있다고 본다. 개인 간의 이익과 충돌을 적절하게 나누어야 사회(群)가 올바로 유지되는 이른바 명분사군明分使群의 단계에 이를 수 있는 것이다.[308] 이 명분사군이 올바로 확립되는 상태가 바로 순자가 말하는 진정한 '군거화일지도群居和一之道'[309] 즉 더불어 사는 조화로운 공동체를 가능하게 하는 이념이 실현가능한, 진정한 법의가 올바로 실현된 사회라는 것이다.

5. 덕치와 유가의 조화로운 정치공동체의 이념

유가는 정치 영역을 하나의 도덕적 공동체moral community로 간주하고 있다. 이 때문에 정치적 활동의 목적은 정치 자체를 위해 존재하는 것이 아니라, 도덕적 목적을 위해 존재한다. 유가는 도덕 영역의 정치 영역에 대한 우선성을 강조하여 정치의 독립성을 파괴하고 만다. 이런 결과로 유가가 주장하는 덕치는 오히려 인치人治의 가장 좋은 명분이

305) 『순자』 「君道篇」 "不知法之義而正法之數者"
306) 『순자』 「禮論」 "禮者, 人道之極也'
307) 『순자』 「禮論」 "禮者, 法之大方, 類之綱紀也, 故學至乎禮而止矣, 夫是之謂道德之極"
308) 『순자』, 「富國篇」 "離居不相待則究. 君而無分則爭. ...... 救患除禍, 則莫若明分使群矣."
309) 『순자』, 「王制篇 」

되어 전제 정치를 더욱 가속화시키는 결과를 초래하기도 한다. 이런 후과後果는 유가들이 결코 처음부터 의도하였던 문제는 결코 아니다.

유가들은 도덕과 법의 결합체인 덕치를 통하여 서로간의 모순과 충돌을 조화라는 통일적 논리 속에서 해결하려 한다. 조화가 가지고 있는 중용과 화해和諧의 논리야 말로 유가들에 있어서는 삶의 방식이자 하나의 목표이기도 하다. 조화를 통하여 전체 속에서 통일적 질서를 이끌어 낼 수 있을 뿐만 아니라, 동시에 각각의 모든 부분들이 스스로의 질서를 가지게 만든다. 이것이 바로 이른바 '이일분수理一分殊'의 논리이다. 이것이 인간 세계의 통일적 질서로 나타나는 것이 바로 인仁과 예이다.

조화和가 추구하는 목표는 충돌이 없는 삶으로, 공자는 이것에 근거하여 정치를 이상화하려 한다.

> 소송訴訟에 관해서야 나도 남만큼은 하지만 (가장 좋은 것이야) 소송을 일으키지 않게 하는 것이지![310]

공자는 인간 사회의 가장 이상적이고 행복한 삶을 조화롭고, 충돌이 없는 세계에 두고 있다. 즉 공자나 유가는 법과 형벌의 존재를 잠정적暫定的 혹은 제한적制限的인 입장에서 인정하거나 동의할 뿐이고, 그것 대신에 도덕적 교화를 주장한다. 그러나 현실적으로 어떻게 모든 인간이 다툼 없이 자신의 도덕적 자율성自律性에 의지하여 요순堯舜처럼 살아가겠는가?

유가가 말하려는 이상으로서의 조화는 실제로는 인류의 이익이 서로 조화하는 경우 비로소 가능한 것이다. 인간 간의 이익문제를 다루지 못할 때에 조화는 통일성統一性과 전체성全體性에 봉사만하는 지배의 논리로만 기능하기 때문이다. 그러나 이것은 조화라는 의미의 오해에서 생

310) 『논어』 「顔淵篇」 "聽訟吾猶人也, 必也使無訟乎"

겨난 문제가 아니라, 그것의 운용運用 방식에서 나온 결과이다.

유가는 조화를 조화 속에서만 이해하려고 하지 말고 조화의 충돌 속에서 그것을 이해하려는 노력을 하여야 한다. 즉 이일理一 속의 조화만을 보지 말고, 분수分殊 간의 조화 역시 중요하다는 사실을 분명히 파악하여야 한다. 우리가 조화에 대해 우려하는 것은 조화가 가지고 있는 지배의 논리라는 도구화 될 위험성에 대한 것이지, 조화가 가지고 있는 본질적 의미와 유효성 자체를 부인하려는 것은 결코 아니다. 조화의 진정한 의미를 밝히기 위해서는 반드시 충돌의 핵심인 인간의 이익이라는 문제에 대해서 상세하게 다루어야만 한다. 즉 조화를 인간 본성의 실현이라는 수직적인 천인관계天人關係속에서만 안주하여 추구할 것이 아니라, 인간의 이해관계, 권리를 말하는 상호주체와 사회의 관계라는 수평적인 관계 속에서 살펴보아야 한다. 조화가 이러한 본래적 의미를 획득할 때 그것은 주체 사이를 서로 이해하게 만들고, 각자의 이익을 보호해주는 조화로운 공동체를 형성할 수 있게 되는 것이다.

유가들이 조화에 기초한 덕치의 이념을 통하여 참으로 주장하고자 하는 것은 결코 법이나 법치의 무용성을 말하는 것이 아니라, 법치가 가지기 쉬운 위험과 한계성을 지적하는데 있다. 이 때문에 유가의 법이나 법치에 대한 기술은 다분히 부정적이다. 이런 문제에 대한 그들의 문제 제기는 "법이 가지는 징치懲治 기능과 형식적 절차만으로 사회가 진정한 안정과 질서를 가질 수 있는가?" "법에 의한 통치를 말하여도 사람의 요소가 없을 수 있는가?" "형식적 법률의 관계만으로 인간의 관계가 유지될 수 있는가" 라는 것들이다.

유가는 법률의 징벌 기능을 통한 질서의 확보라는 문제에 대해서 매우 회의적이다. 그것은 바로 처벌 기능이 강화될수록 일시적인 안정을 주는 것처럼 보일지 모르지만, 오히려 더욱 강력한 범죄가 생겨나는 경우들 때문이다. 여기에는 인간이 지향하고 있는 잠재적인 공동의 가치를 끄집어낼 수 있는 교화의 기능을 강화하는 노력이 필요하다고 말한다.

또한 법치가 의미하는 것은 결코 법률 자체가 통치하여 사회질서를 유지하여 간다는 것이 아니라, '사람이 법에 근거하여 통치하는 것'으로 결코 사람의 요소가 없을 수 없다. "좋은 법을 가지고 있으면서도 국가와 사회가 어지러운 경우는 있어도, 지혜로운 통치자가 있으면서도 나라가 어지러운 경우는 보지 못했다"311)는 순자의 말처럼, 법이나 제도는 인간의 지도 즉 도덕적 인격자에 의해 법이 운용되는 이른바 '인치人治'의 요소가 상당부분 요구된다. 이는 오늘날 우리사회에서 발견할 수 있는 현상들 속에서 쉽게 발견할 수 있다.

현대의 법치가 가지고 있는 가장 중요하고 의미 있는 요소는 바로 인간 개개인의 권리 보장이다. 그러나 현대의 인간관계라는 것은 어쩌면 이런 권리와 권리간의 충돌과 권리 보장의 방법인 소송訴訟으로 지탱되고 있다는 인상을 버릴 수가 없다. 법치가 비록 빼어난 장점을 가지고 있고, 원활한 인간관계를 성립시키기 위해서 법의 존재성이 인정되지만, 법률이 가지는 규제와 지도의 기능은 사실상 보조적 역할에만 머물러야 한다.

법이 가지는 자기 권리의 주장과 소송의 성격은 기본적으로 대치對峙라는 불신과 폐쇄성에 근거하는 것으로, 권리의 '보호'라는 것은 바로 '탈취'라는 것과 연결되어 버린다. 보호와 탈취라는 것이 완전히 법률의 형식적 절차주의에 의해서 결정되면서 인간은 오히려 법률에 의해서 철저히 배제되어 버린다.

법치가 목표하는 진정한 인간 관계의 성립이 가능하기 위해서는 줄곧 배척되어온 인간의 믿음과 감정의 교류交流라는 진정한 인간간의 관계맺음을 다시 한 번 돌아보아야 한다. 앞에서 말한 공자의 '부자가 서로 숨겨주는' 고사에 대해 주자朱子는 다음과 같이 말한다.

---

311) 『순자』「왕제」"故有良法而亂者, 有之矣. 有君子而亂者, 自古及今, 未嘗聞矣."

> 아버지와 자식이 서로 숨겨줌은 천리天理와 인정人情으로서 ...... 정직이란 것이 바로 그곳에 있다.[312)]

여기에서 우리는 단순한 천리天理라는 철학적 이론이나 불고지죄라는 법률적 설명을 필요로 하지는 않는다. 간단히 말하면 아버지와 아들의 사이는 부자간의 사랑이 우선하는 것이지, 결코 인류 행위를 규정하는 다른 외재적 요소에 의해서 결정되는 것은 아니기 때문이다. 그리고 만약 아들이 아버지를 고발해야만 하고, 아버지가 아들을 고발해야만 하는 그런 사회가 어떠할 것인지를 우리는 충분히 상상할 수 있기 때문이다.

결론적으로 말하여 유가들이 조화에 기초한 덕치의 이념을 통하여 참으로 주장하고자 하는 것은 결코 법이나 법치의 무용성을 말하는 것이 아니라, 합법성을 도덕적 정당성의 영역 안으로 끌어들이려는 노력으로 보아야 할 것이다. 그러므로 여기에서 말하고자 하는 논점은 문제있는 법치를 포기하거나 부정하고 덕치를 대신에 끌어오자는 입장은 결코 아니었다. 왜냐하면 민주정치라는 제도와 법치라는 것이 전제된 상황 하에서만 유가가 말하려는 덕치의 의미는 제자리를 찾을 수 있기 때문이다. 결국 법치의 형식주의를 극복하기 위해서는 덕치가 추구하는 구체적 정의사회를 구현해야 하지만, 덕치가 하나의 대안으로 기능하기 위해서는 무엇보다도 덕치에 내재하고 있는 민주주의적 요소와 합리성을 밝히는 것이 우선적이다.

---

312) 朱熹, 『四書集注』『논어』「자로」"父子相隱, 天理人情之至也 ...... 而直在其中矣."

6. 소결

유가에서 정치적 통치의 합리성에 대한 해석은 도덕본체론道德本體論 위에서 성립된다고 할 수 있다. 그들은 이 본체를 유일한 원천으로 간주하여 무소불포적無所不包的인 도덕 질서의 체계를 짜고 있으며, 이런 기초위에서 정치적인 통치 체계를 만들어 낸다. 말하자면 유가의 도덕 질서 체계는 다른 정치와 사회 규범까지도 모두 자신 속에 종속시키고 있기 때문에 덕치 또는 예치가 출현하는 것이다.

유가는 사람과 사람, 국가와 국민, 통치자와 피통치자간의 모순의 발생은 대부분 각기 다른 행위표준을 가지기 때문이라고 본다. 이러한 모순을 해결하기 위해서 각자가 가지고 있는 표준이나 근거를 일방적으로 주장하거나 형식적인 법률을 통하여 해결하려는 것은 곤란하다고 본다. 왜냐하면 공자가 말하듯이 형법으로만 바로 잡으면 사람들은 피하기만 하면 된다는 생각을 가지기 때문에 덕으로 인도引導하고 예로 바로 잡아야 함을 매우 강조한다.

유가의 덕치가 가지는 주요한 내용은 바로 '덕에 의한 인도' 즉 도덕적 교화주의敎化主義와 '예에 의한 바로 잡음'이라는 도덕법 혹은 자연법주의적인 예치禮治로 구성된다. 여기에서 예는 교敎라는 개념과 결합하게 된다. '교'는 교육이고 그 방법은 계발啓發, 훈도訓導이고, 내용은 도덕적인 것으로 이른바 도덕으로 교화하는 덕교德敎의 개념이 출현한다. 즉 도덕적 교육으로 정치를 대신하고, 도덕적 교육으로 정치를 해소하는 것이 바로 덕치의 주요 내용이다.

그러므로 국가나 통치자가 우선적으로 행하여야 할 일은 하나의 도덕적 환경을 제공해 주는데 있다. 도덕적으로 모범적인 군주만이 가장 올바르고 유효한 통치수단을 제공할 수 있다. 여기에서 도덕과 법이 어떻게 유효하게 결합하여야 하는가라는 관점이 출현하게 된다.

유가가 말하는 덕치는 결코 서양의 현대적 민주주의로 대체되어져야 할 현실성을 상실한 신화만은 아니다. 유가의 덕치 이념은 역사 속에서 실현되지도 못하였고, 또 지나치게 심성心性 철학적인 차원에만 경도傾倒되어 있었기 때문에 다분히 현실을 벗어나 있는 비현실적인 이념으로 간주된 것은 사실이다. 그러나 유가가 강조하는 덕치의 관점은 결코 현실을 무시하거나, 법을 반대하여 통치자 한 사람의 의지에 따라 마음대로 하는 통치를 의미하는 것은 아니다. 더욱 중요한 것은 덕치가 강조하려는 궁극적 의도가 단순히 군주 한 사람의 통치에 봉사하기 위해 나온 것이 아니라, 적어도 정치의 출발점과 귀결점을 통치자의 관점에서 피통치자의 입장으로 전환시켜 놓았다는데 있다는 점이다. 그것은 군주의 입장에서는 무위지치無爲之治이고, 인민의 입장에서는 자치自治이다.

유가가 말하는 덕치의 이념이 도덕적 교화를 말하는 '덕교德敎'라는 문제로 귀결된다면 이것은 실제로 너무 이상적이지 아닐 수 없다. 여기에는 방법적으로 다른 하나의 단계를 필요로 한다. 그것은 바로 제도화된 민주주의의 정착화라는 문제이다. 이를 위해서는 먼저 도덕과 법의 분리가 전제되어야 한다. 사실상 이 문제는 다름 아닌 내성과 외왕을 기능적으로 분리하여 보라는 말이나 마찬가지이다.

제6장

퇴계의 「무진육조소」에 보이는 정치와 도덕의 일체적 연속성과 성학의 이념

1. 들어가는 말

이 퇴계의 「무진육조소戊辰六條疏」는 그가 68세 되던 무진년(1568)에 올린 시무봉소時務封疏이다. 계속적으로 관직을 사퇴하고 교학教學에만 힘을 쏟고 있던 퇴계가 이 소를 올리게 된 데에는 그럴만한 현실적 이유와 배경이 있었다. 무진년은 바로 어린 선조宣祖가 명종明宗의 뒤를 이어 즉위한지 겨우 두해가 되는 때였다. 퇴계는 어린 임금에게 경세經世의 참된 본질과 의미가 무엇인가를 분명히 가르쳐야 한다는 신념에서 이 글을 올리게 된 것이다. 그러므로 이것은 단순한 시무소 이상의 깊이 있는 의미를 담고 있다고 할 수 있다. 실제로 퇴계는 여기에서 유가가 가지고 있는 정치 사유와 경세 이념을 '성학聖學'의 배경 속에서 고스란히 보여주고 있다.

퇴계는 이 소를 통하여 성학聖學의 이념을 제시하고 있는데, 이것은 얼마 뒤에 올린 『성학십도聖學十圖』를 통하여 더욱 구체적으로 체계화된다. 「무진육조소」에서 우리가 특히 주목하여야 하는 문제는 도덕과 정치의 일체, 국가와 군주, 신하, 백성이 일체성一體性을 가지면서 고유한 직분을 기능적機能的으로 합일合一하는 퇴계의 유기체적인 정치적 사유이다. 그는 이런 관점들을 성학이라는 전체적인 배경 속에서 말하고 있다.

『성학십도』가 성학의 완성을 위한 철학적 체계를 구체적으로 말하는 것이라고 한다면, 「무진육조소」는 성학의 이념적인 방향과 유가의 정치 혹은 경세에 대한 기본적인 사유 방식을 보여준다고 할 수 있다.

퇴계는 기본적으로 정치와 도덕을 일체적一體的인 연속성連續性을 가지는 것으로 보고 있는데, 이런 관점은 전통 유가의 관점과 일치한다. 전통 유가는 이상적인 인격자인 도덕 군주를 통하여 경세의 이념을 실현하는 것을 말하는데, 그것은 바로 내성과 외왕內聖外王의 결합인 성왕聖王의 이상이다. 퇴계 역시 이런 관점을 계승하여 이상적 정치를 '성학'이란 관점에서 규정하고 있다.

여기에서 말하는 '성학'은 단순히 이상적인 왕을 실현하려는 학문의 뜻 뿐만 아니라, 동시에 성인을 완성하는 학문이란 뜻도 가지고 있다. 전자는 주로 제왕帝王에게 적용되는 말이다. 비록 제왕지학帝王之學을 의미하는 '성왕의 학문'과 '성현지학聖賢之學을 의미하는 '성인의 학문'은 개념상에서 구별되지만, '성왕 역시 도덕적 권위와 정당성을 가져야만 한다'는 관점에서 볼 경우 '성인지학聖人之學'과 '성왕지학聖王之學'은 내용적으로 큰 차이가 없는 것으로 보인다.

여기에서는 우선 「무진육조소」의 중요한 내용을 분석하여 퇴계가 추구하고 있는 이상적인 정치이념이라고 할 수 있는 성학이념에 대한 퇴계의 관점을 살펴보려고 한다. 아울러 「무진육조소」에서 보이는 신체身體에 대한 은유방식隱喩方式을 통하여 도덕과 정치가 일체적 연속성을 가지고 있다는 퇴계의 정치 이념과 사유 방식을 파악할 수 있을 것으로 보인다.

퇴계는 왜 정치와 도덕의 영역을 분리하지 않고 상호 연속성을 가지는 것으로 보는가? 이 문제는 '천인감응론天人感應論'에 대한 퇴계의 독특한 해석과 '견제성牽制性의 권위이원화權威二元化'라는 관점을 통하여 그가 말하려는 진의를 살펴볼 수 있을 것으로 보인다. 이런 몇 가지 문제의 논의를 통하여 우리는 퇴계의 정치적 사유가 함의하고 있는 궁극적 이념을 충분히 이해할 수 있을 것으로 기대한다.

2. 정치의 근본으로서의 성학 : 敦聖學以立治本

만약 퇴계가 「무진육조소」를 통하여 일관되게 주장하려고 하는 문제가 무엇인가를 지적하라고 한다면, 그것은 바로 세 번째 조에서 말하는 성학聖學이 올바른 다스림의 근본이라는313) 관점일 것이다. 퇴계가 비록 '성학이 정치의 근본이다'라는 사실을 육조六條 가운데에서 세 번째 조에서만 명시적明示的으로 말하고 있지만, 실제로는 육조의 전 부분을 통하여 성학의 내용을 일관되게 주장하고 있다.

특히 첫 번째 조의 '계통을 중히 여겨 인효를 다함(重繼統以全仁孝)'과 두 번째 조의 '참언을 막아 양궁을 친하게 함(杜讒間以親兩宮)'이란 내용은 표면적으로 보기에는 성학이란 문제와는 전혀 관계가 없는 것처럼 보인다. 그러나 자세히 살펴보면 이 소를 읽어야 할 선조가 처해있는 현실적 문제들과 관련시켜 보면, 성학의 실천문제 가운데에서 가장 중요한 효孝와 인仁의 구체적 실천이란 관점과 직접적으로 연결되어 있음을 발견할 수 있을 것이다.

퇴계는 첫 번째와 두 번째 조에서 다 같이 강조되는 생가生家와 양가養家를 대하는 태도를 군위君位의 일통一統이란 관점에서 말하고, 선조가

---

313) 李退溪, 『陶山全書』 一, 「戊辰六條疏」, 서울, 퇴계학연구원, 1988, "敦聖學以立治本"

선왕先王의 선택을 받아 대통大統을 계승한 것은 단순한 인위적인 계후繼後가 아닌, 하늘의 뜻과 사람의 뜻이 합치된 것이기 때문에 그것이 가지는 대의大義를 파악할 것을 강조하고 있다.[314] 여기에서 말하는 '대의'는 사사로이 생가를 생각하는 마음을 멸쇄滅殺하고, 양가의 은혜를 높여서 군주의 입장에서 종묘 사직에 대해 가져야 할 책임과 천명天命의 의미가 무엇인가를 알아야 백성들이 비로소 우러러 볼 것이라고[315] 말한다.

물론 나머지의 넷째 조에서 말하는 '도술을 밝혀서 인심을 바로 잡음(明道術以正人心)', 다섯 번 째 조의 '복심을 미루어 이목을 통한다(推腹心以通耳目)'와 여섯 번째 조의 '수양과 반성을 성실히 하여 하늘의 사랑을 받음(誠修省以承天愛)' 등의 문제들은 성학의 실질적 내용을 구체적으로 잘 설명해 주는 것들이다.

그러면 퇴계가 여기에서 말하고자 하는 성학의 내용은 무엇인가? 퇴계는 정치의 근본을 다른 것에서 찾는 것이 아니라, 성인을 이루는 도덕적 학문인 '성학聖學'에서 찾고 있다. 여기서 말하는 성학이란 보통의 선비나 학생이 다 같이 추구하고 배우는 학문인 '성인지학聖人之學'을 의미하는 것으로, 제왕帝王이 갖추어야 할 성학 즉 '성왕지학聖王之學과는 내용적으로 크게 구분되지 않는다. 퇴계는 이에 대해 다음과 같이 말한다.

> 어떤 이가 말하기를 제왕의 학은 선비나 학생들의 학문과는 다르다고 하오나, 그러나 그것은 문의에 얽매이고 사장에만 구속되는 자들에게 하는 말입니다. 경敬을 근본으로 삼고 궁리하여 치지하고, 스스로를 반성하여 행동을 실천하는 것은 오직 심법心法의 오묘함이며 도학道學을 전하는

---

314) 李退溪, 『陶山全書』 一, 「戊辰六條疏」 "入承大統, 天人響合, … ."

315) 李退溪, 『陶山全書』 一, 「戊辰六條疏」 "是以聖人秉義以殺本生之恩, 隆恩以完所後之義, … 受天命而踐寶位宗社之付託如何, 臣民之仰戴何因乎?"

요체要諦이기 때문에 제왕帝王과 일반 사람이 무슨 다를 것이 있겠습니까?[316]

여기에서 퇴계는 일반 선비나 제왕의 학문은 모두 "경敬을 근본으로 삼아, 궁리치지窮理致知하고 자신을 반성하여 참된 행동을 실천하는" 것을 주된 내용으로 삼는다고 말한다. 즉 퇴계는 성인을 이루는 학문인 수신의 공부가 다름 아닌 다스림(정치)의 근본이기 때문에 제왕학帝王學의 근본 역시 개인의 수신 공부에서 나오는 것이라고 말한다. 퇴계는 아래와 같이 말한다.

학문을 하고 덕행을 이루는 것이 다스림의 가장 중요한 근본이며[317]

성현의 중화의 경지에 들어서게 되면 ... 도와 덕이 성립되고 나아가서는 다스리는 근본도 서게 됩니다.[318]

이른바 정치 혹은 경세經世의 근본을 퇴계는 개인의 도덕적 완성을 추구하는 수신의 영역에서 찾고 있다. 퇴계의 정치에 대한 기본적 관점을 한마디로 말하면, 경세와 수신修身을 적본跡本 관계 즉 자취와 근본의 관계로 보는 입장이다. 퇴계가 생각하는 이상적인 정치와 사회 질서는 근본인 수신에서 나온 자취이기 때문에 개인의 훌륭한 도덕 수양이 있어야 이상적인 정치가 실현 가능하고, 이상적인 사회의 구성이 가능하다고 말한다.

퇴계의 이런 관점은 정치와 경세에 대한 전통 유가의 기본적인 관점

316) 李退溪, 『陶山全書』 一, 「戊辰六條疏」 "或曰帝王之學, 不與經生學子同, 此謂拘文義工綴緝之類云耳. 至如敬以爲本而窮理以致知, 反躬以踐實, 此乃妙法心法而傳道學之要, 帝王之與恒人豈有異哉?"

317) 李退溪, 『陶山全書』 一, 『戊辰六條疏』 "豈不以學問成德爲治之大本也, ..."

318) 李退溪,, 『陶山全書』 一, 「戊辰六條疏」 "忽不自知其入於聖賢中和之域矣. 其實踐之孝至此則道成德立而爲治之本."

과 일치한다. 예를 들면 공자는 『논어』에서 자로子路가 도덕적인 군자는 어떠해야 하는 것인가 라는 물음에 답하기를 "경敬으로써 몸을 닦는 것이다"고 말씀하셨다. 자로가 겨우 이와 같을 뿐입니까? 하고 묻자 공자는 "몸을 닦아서 다른 사람을 편안하게 하는 것이다" 하고 말씀하셨다. 다시 "이와 같을 뿐입니까?" 하고 말하자 "몸을 닦아서 백성을 편안하게 하는 것이니 ... "라고 말씀하셨다.[319)]

자기 몸을 닦는 수기修己와 백성을 편안하게 하는 안백성安百姓의 관계를 가지고 말하면, '수신'은 하나의 출발점이고 '안백성'의 정치적인 경세經世 행위는 도덕적 수신의 연장이다. 맹자는 「이루離婁」편에서 천하의 근본은 나라에 있고 나라의 근본은 가家에 있고 가의 근본은 몸身에 있다[320)] 라고 말하여 가장 근본이 되는 것(本)을 개인의 수신으로 보고 있다. 공자와 맹자뿐만 아니라, 퇴계 역시 수신을 정치의 근본으로 여기고 있다. 이런 유가의 정치적 이상이 가장 구체적으로 표현된 곳이 바로 『대학』이다.

> 옛날에 밝은 덕을 천하에 밝히고자 하는 자는 먼저 그 나라를 다스리고, 그 나라를 다스리고자 하는 자는 먼저 그 집안을 가지런히 하고 그 집안을 가지런하게 하는 자는 먼저 그 몸을 닦고, 그 몸을 닦고자 하는 자는 먼저 마음을 바르게 하고, 그 마음을 바르게 하려는 자는 먼저 그 뜻을 성실하게 하고, 그 뜻을 성실하게 하려는 자는 그 지식을 미루어 지극히 하고, 지식을 미루어 지극히 함은 사물의 이치를 궁구함에 있다.[321)]

---

319) 『論語』「憲問」"子路問君子, 子曰修己以敬. 曰如斯而已乎. 曰修己以安人. 曰如斯而已乎. 曰修己以安百姓."

320) 『孟子』, 「이루」상 "天下之本在國, 國之本在家, 家之本在身."

321) 『大學』經1장 "古之欲明明德於天下者, 先治其國, 欲治其國者, 先齊其家, 欲齊其家者, 先修其身, 欲修其身者, 先正其心, 欲正其心者, 先誠其意, 欲誠其意者, 先致其知, 致知在格物."

위의 『대학』의 전체적인 맥락을 살펴보면, 수신과 경세라는 측면은 본질적으로 다른 차원 혹은 단계로 분리할 수 없는 것으로 보인다. 즉 경세는 수신의 출발점이고, 경세의 실현이 바로 수신의 완성이다. 수신에서 경세의 이념이 직접 도출된다는 입장은 전통적 유가나 퇴계가 공통적으로 가지고 있는 관점이다. 그러므로 정치의 중심이 되는 지도자 즉 제왕의 도덕적 자질이 가장 중요한 문제가 된다. 왜냐하면 유가의 논리에 따르면 이상적 정치를 실현하기 위해서는 정치 영도자는 반드시 도덕적으로 완전한 사람이어야 하기 때문이다. 여기에서 제왕지학帝王之學이 출현하는 것은 매우 자연스런 귀결이라고 할 수 있다.

퇴계 역시 이상적 사회와 정치의 실현에는 반드시 도덕적으로 완전한 성인의 통치가 필요하다고 생각하였다. 그러므로 그는 「무진육조소」에서 성학聖學이 정치의 근본이라고 말하여, '제왕의 학문'은 일반 선비의 학문과 본질적인 구분이 없는 것으로 보고 있다. 퇴계는 「무진육조소」에서 순舜임금이 우禹임금에게 명한 『서경書經』의 「대우모大禹謨」편에 나오는 "사람의 마음(人心)은 위태롭기만 하고, 도를 지키려는 마음(道心)은 희미하기만 하니, 오직 정일精一하게 하여 그 중中을 잡으라"[322]는 말을 제왕학帝王學의 가장 중요한 명제로 보고 다음과 같이 말한다.

> 무릇 천하를 전하는 것은 천하를 편안하게 하려는 것이므로 그 부탁하는 말이 올바로 다스리라는政治 말보다 더 급한 것이 없었을 것입니다. 그러므로 순임금이 우에게 정중히 타이른 말이 다만 이와 같은 몇 마디에 지나지 않으나 어찌 학문과 성덕을 다스림의 근본으로 삼은 것이 아니겠습니까? 정일精一과 집중執中은 학문을 하는 가장 중요한 방법大法이고 이러한 중요한 방법으로서 가장 중요한 근본大本을 세우면 천하의 바른 정치는 모두 이것에서 나오는 것입니다.[323]

322) 『書經』, 「大禹謨」 "人心惟危, 道心惟微, 惟精惟一, 允執厥中, … ."

순舜임금이 우禹에게 이런 말을 전달하는 목적은 다름 아닌 천하를 올바로 다스리는 '정치'의 문제에 있다. 여기에서 천하를 편안하게 다스리는 근본을 퇴계는 학문과 성덕成德에서 찾고 있다. 그러면 천하를 올바로 다스리기 위한 학문의 구체적인 방법을 무엇으로 보고 있는가? 그것을 퇴계는 정일精一과 집중執中의 방법이라고 말한다.

마음을 바르게 하는 정일과 집중의 방법을 국가와 사회에 실현할 때 올바른 정치가 가능하게 되는 것으로 보고 있다. 이 때문에 퇴계는 올바른 정치는 올바른 마음에서 나오는 것으로 보았고, 이것을 '성학'이란 개념으로 규정한다.

퇴계는 이상적인 정치의 실현은 정치 지도자가 어떤 마음에 근거하고 있고, 그의 인격적인 수신이 어느 정도인가에 따라서 결정되는 것으로 보고 있다. 이런 이유에서 퇴계가 말하는 '성학'의 기본적인 방향은 철저하게 인격적인 수신을 바탕으로 한 '내성內聖'과 그것의 경세적經世的 실현인 '외왕外王'을 결합한 '성왕聖王'이라는 정치적 이념에 있다.

성왕의 이념은 퇴계가 추구하는 도덕실천의 최고 단계일 뿐만 아니라, 이상적 정치의 전형적 모델이라고 할 수 있다. 그는 신체적인 은유隱喩를 통하여 이런 관점들을 적절하게 설명하고 있다. 아래에서는 신체 은유를 통한 퇴계의 정치적 사유를 고대 철학의 관점과 비교하여 설명하고, 그가 강조하려고 하는 핵심이 어디에 있는지에 대해 살펴보도록 하자.

---

323) 李退溪, 『陶山全書』 一, 「戊辰六條疏」 "夫以天下相傳, 欲使之安天下也. 其爲付囑之言, 宜莫急於政治,而舜之於禹, 丁寧告戒, 不過如此者, 豈不以學問成德, 爲治之大本也, 以大法而立大本則天下之政治皆自此而出乎."

3. 신체은유를 통하여 본 퇴계의 정치적 사유 : 推腹心以通耳目

중국 고대 유가들은 종종 그들의 정치적 사유를 인간의 신체身體를 통하여 은유적으로 표현한다. 이러한 은유 방식은 단순히 설명을 쉽게 하기 위하여 인간의 신체를 끌고 오는 경우도 있지만, 이것보다 더욱 중요한 것은 '몸을 다스리는 행위(治身)'와 '국가를 다스리는 행위(治國)'가 공통적인 이치를 가지고 있음을 은유적隱喩的으로 표현하는데 있다. 개인 자신의 올바른 다스림이 국가 혹은 세계를 다스리는 기초인 동시에 출발점이다. 이것은 바로 위에서 말한 내성외왕內聖外王의 연속적連續的인 일체성을 은유적으로 설명해 주는 것이다.

'자아의 신체'와 '국가의 신체'는 질적質的으로 전혀 분리되지 않는 연속체連續體 즉 한 몸一體이기 때문에 자아의 올바른 다스림 혹은 전환(修身)이 있어야 국가에 대한 올바른 다스림 역시 가능하다. 중국 고대의 철학자들은 신체를 빌려와 국가의 통치 이념과 군주와 그를 보필輔弼하는 신하의 역할을 은유적으로 표현한다.

중국 고대의 철학자들과 마찬가지로 퇴계 역시 「무진육조소」의 다섯 번째 조에서 신체의 은유를 통한 국가의 올바른 모습과 통치 방향에 대해 설명하고 있다. 퇴계는 제5조에서 다음과 같이 말한다.

> 한 나라의 국체國體는 마치 한 사람의 몸과 같습니다. 사람의 한 몸에 머리元首는 위에 자리하여 통솔하고, 배와 가슴은 가운데에서 이어 받아 일을 맡고, 귀와 눈은 사방으로 뻗어서 지키고 깨우쳐 주어야 몸이 비로소 편안해질 수 있는 것입니다.[324]

퇴계가 말하는 이러한 신체 은유 역시 중국 고대 철학에서 말하는 신

---

324) 李退溪, 『陶山全書』 一, 「戊辰六條疏」 "一國之體猶一人之身也. 人之一身, 元首居上而統臨, 腹心承中而幹任, 耳目旁達而衛喻, 然後身得安焉."

체 은유의 방식에서 그 근원을 찾을 수 있다. 비록 다 같이 신체 은유를 통한 정치사상을 말하지만, 중국 고대에서 말하는 관점과 퇴계의 입장은 분명히 차이가 있다.

중국 고대 정치사상사에 나타난 신체 은유는 크게 두 부류로 나눌 수 있다. 하나는 군주를 심心으로, 신하를 신체의 오관五官 혹은 사지四肢로 보는 경우로, 이른바 심체心體에 의한 은유이다. 두 번째의 경우는 군주를 원수元首로, 신하를 다리와 팔(股肱)로 보는 관점으로, 원수고굉元首股肱을 통한 은유이다.

심체에 의한 은유는 여러 곳에서 보이는데 그 중 몇 개의 예를 들어보면 아래와 같다.

> 사람의 몸에서 심心은 마치 군주와 같은 지위를 가지고 있다. (눈, 귀, 코, 입 등의) 아홉 개의 구멍이 각각 자신의 기능을 가지고 있는 것은 마치 모든 관리들이 자신의 직분을 가지고 있는 것과 같다. 심의 활동은 상도常道에 따라 행하고, 아홉 개의 구멍이 하는 활동은 정해진 이치를 따른다.[325)]

> 백성들은 군주를 심心으로 여기고, 군주는 백성을 몸으로 여긴다. 심이 잘 풀리면 신체 역시 편안해지고, 심이 엄숙해지면 용모와 행동거지가 모두 공손하게 된다.[326)]

> 맹자가 제선왕齊宣王에게 말하기를 군주가 신하를 수족手足같이 본다면 신하는 군주를 복심腹心 같이 여길 것이다.[327)]

위에서 인용한 심체心體의 은유를 통하여 우리는 그들이 군주와 신하

---

325) 『管子』「心術」上 "心之在體, 君之位也, 九竅之有職, 官之分也. 心處其道, 九竅循理, … ."

326) 『禮記』「緇衣」 "民以君爲心, 君以民爲體. 心莊則體舒, 心肅則容敬."

327) 『맹자』「離婁」下 "孟子告齊宣王曰: 君之視臣如手足, 則臣視君如腹心. … ."

의 관계를 어떻게 보고 있는가하는 것을 대체로 짐작할 수 있을 것이다. 이른바 심체에 의한 은유는 대부분 군주의 신하에 대한 우선성優先性 혹은 우위성優位性을 강조한다. 왜냐하면 사지四肢나 다른 감각기관은 모두 심의 지휘를 받아야 하기 때문이다. 다음은 원수고굉의 은유에 대해 살펴보자.

> 군주의 경卿이나 보좌하는 사람을 군주의 팔다리股肱라고 하는데, 팔이나 다리의 한쪽이 혹 없어지게 된다면 이것보다 더 고통스러운 것이 어디에 있겠는가?[328]

> 임금元首이 밝으시니 신하股肱도 어질구나! 만사가 모두 편안하도다.[329]

> 신하가 군주를 대하는 것과 아래에 있는 사람이 윗사람을 대하는 것은 마치 아들이 아버지를 모시는 것과 같이 하고, 동생이 형님을 대하는 것처럼 한다. 이는 마치 손을 들어 머리나 눈을 가려 막듯이 아랫사람이 윗사람을 보호하고 … .[330]

위의 말들은 모두 군주와 신하의 관계를 신체상의 머리와 팔다리의 관계로 비유하고 있다. 여기에서도 마찬가지로 군주의 신하에 대한 우선성을 말하고 있다. 그것의 정도로 말하면 원수고굉의 은유가 심체의 은유에 비해서 군주의 신하에 대한 우선성을 더욱 더 강조하고 있는 것으로 보인다.

퇴계 역시 신체 은유를 말하고 있는데, 그것을 고대 유가가 말하는 신체 은유와 비교한다면 어떤 특수한 차이점이 있는가? 퇴계와 고대 유

---

328) 『左傳』 昭公9年 "君之卿佐, 是謂股肱, 股肱或虧, 何痛如之."

329) 『書經』 「益稷」편 "元首明哉, 股肱良哉, 庶事康哉."

330) 『荀子』 「議兵」편 "臣之於君也, 下之於上也, 若子之事父, 弟之事兄, 若手臂之扞頭目而 … ."

가의 신체 은유를 통한 정치사상의 문제를 비교하여 보자. 「무진육조소」의 다섯 번째 조에서 말하는 '복심을 미루어 이목을 통한다(推腹心以通耳目)'는 것은 신체 은유를 통하여 올바른 국체國體가 어떠해야 하는가라는 문제를 말하려는데 초점이 있는 것으로 보인다.

> 나라에 있어서 군주는 머리元首이며, 대신은 나라의 배腹이자 심心이고, 대간臺諫은 귀이자 눈입니다. 이 셋이 서로 받들고 합심하여야 각자의 일을 완성할 수 있으니 이는 나라의 본래의 모습으로 천하의 고금이 모두 다같이 알고 있는 바입니다.331)

퇴계는 한 나라의 국체를 한 사람의 몸으로 비유하고 있다. 즉 사람의 몸에 머리元首는 위에 자리하여 통솔하는 역할을 담당하고, 배와 가슴은 가운데에서 머리의 명령을 이어 받아 일을 수행하고, 귀와 눈은 주위의 말을 전하고 살펴보는 역할을 올바로 수행하여야 몸이 비로소 편안해지는 것처럼, 나라 역시 정상적인 모습을 갖출 수 있다고 말한다.

우선 퇴계나 유가가 신체 은유를 통하여 드러내고자 하는 첫 번째 관점은 정치체계를 인간의 신체와 같은 유기체有機體로 본다는 점이다. 신체의 각 기관들(心, 耳, 目, 口, 鼻, 手, 足)이 서로의 역할을 담당하여 하나의 몸一體을 구성하고 각자의 역할을 수행하는 것처럼, 정치체계 역시 모든 부분들이 각자의 역할을 올바로 수행하여 국가 전체가 하나의 몸처럼 유기적으로 작용하는 상호의존적인 관계라는 사실을 표현하려 하는 것 같다.

하나의 부분만으로는 그 기능을 모두 발휘하지 못하고, 오직 전체 속에서 모든 부분들이 각자의 역할과 기능을 충분히 발휘하였을 때 부분들은 하나의 부분으로서 그 존재의미를 가질 수 있고, 전체 역시 의미를

---

331) 李退溪, 『陶山全書』 一, 「戊辰六條疏」, "主者, 一國之元首也. 而大臣其腹心也. 臺諫其耳目也. 三者相待而相成, 實有國不易之常勢, 而天下古今之所共知也."

가지게 된다. 이것은 전체만 의미가 있고, 부분은 중요하지 않거나 혹은 부분만이 실제 의미가 있고, 전체는 다만 헛된 이름에 지나지 않는다는 것을 의미하는 것은 결코 아니다. 이것은 오히려 전체 속에서 부분을 말하고, 부분을 통하여 전체를 말하려는 입장이라고 할 수 있다. 그런데 위에서 이미 말하였지만 부분들 간에 있어서 어떤 부분이 다른 부분에 대해서 우선성을 가지는가 하는 문제는 또 다른 차원의 문제로 뒤에서 상세하게 말하도록 하겠다.

그들이 신체 은유를 통하여 정치를 말하는 중요한 의도는 인간과 사회, 국가와 세계가 근본적으로 상관적相關的인 동질성同質性을 가지고 있다는 점이다. 인간과 사회, 국가는 하나의 연속체이기 때문에 인간의 질서와 사회, 국가의 질서 사이에는 결코 어떠한 단열斷裂이나 긴장관계가 존재하지 않는다. 이런 이유에서 '치국治國'이라는 경세적 사업은 마땅히 자아의 신체에 대한 수양에서부터 시작하여야 하는 것이다. 다시 말하면 자아에 대한 수양과 올바른 정립이라는 것은 '치국평천하'라는 정치의 출발점이고 기본전제가 된다는 의미이다.

고대 유가와 퇴계는 국가에 대한 개인의 신체가 가지는 관계와 인간 신체에서 심과 원수 등이 가지는 관계를 유비적類比的으로 처리하여 정치에 있어서도 역시 군주가 마음과 뜻을 어떻게 가져야 하는 가라는 것이 가장 중요하다는 사실을 강조한다.

> 성의誠意는 반드시 기미機微를 잘 살펴 조금의 헛됨도 없게 하시고, 정심正心은 반드시 동정動靜을 살펴 한 가지의 잘못된 일도 없게 하시고, 수신에는 어떤 편벽에도 빠지지 마시고, 제가齊家에는 어느 한 쪽에만 치우치지 마시고, 삼가고 두려워하고, 홀로 계실 때도 성실히 하시어 항상 자강불식自强不息하셔야 합니다. 이것들이 바로 역행力行의 조목들입니다. 이 중에서도 심心과 의意가 가장 중요한 것입니다. 심心은 천군天君이며, 뜻은 심에서 발發하는 것입니다. 먼저 그 발한 것을 진실 되게 하면 하나

의 진실 됨이 만 가지의 잘못을 씻어내는 것이 되고, 또한 천군을 바르게 하면 몸 전체가 잘 따르고 명령에 따르는 것 중에 하나의 헛된 것도 없을 것 입니다.[332]

위의 인용문에서 우리가 먼저 파악하여야 할 사실은 퇴계가 말하려는 것이 단순히 고대의 유가들에서 볼 수 있었던 신체의 각 기관 속에서 어느 하나의 기관이 우선성을 가지고 있는가라는 것을 말하려는 것이 아니라는 점이다. 퇴계가 말하려고 하는 것은 국가와 사회에 대한 경세 역시 자아의 올바른 전환轉換 즉 수신에서 시작하여야 한다는 점을 강조하는데 있다. 단순히 신체의 어떤 다른 기관에 비해 심이 가지는 우선성 즉 국가라는 정체政體 속에서 왕이 다른 신하보다 우선성을 가지고 있다는 입장을 말하려는 것 보다는, 경세 혹은 정치는 다름아닌 도덕의 수양에서 출발하여야 함을 드러내려는데 초점이 있다.

퇴계는 『주역』과 『맹자』의 관점을 빌려와 군주가 가지고 있어야 할 수신의 중요성에 대해 말한다. 즉 "『역易』에 말하기를 '성인이 바른 도를 오래 지키니 온 천하가 착하게 변화한다.' 『맹자』에 말하기를 '군자는 바른 줄기에 돌아갈 뿐이다. 첫 줄기가 바르면 서민이 흥하고, 서민이 흥하면 사악함이 없어지게 마련이다'"[333]라고 말한다.

마음을 바로 하는 것을 일신一身을 바로잡는 출발점으로, 동시에 경세와 올바른 통치의 출발점으로 보아야 한다는 것을 신체의 은유를 통하여 표현하는 퇴계의 관점은 중국 고대사상사에 나타난 신체은유와는 어떻게 다른가? 또 어떤 특수성을 가지고 있는가?

---

332) 李退溪, 『陶山全書』 一, 「戊辰六條疏」 "誠意必審於機微, 而無一毫之不實, 正心必察於動靜, 而無一事之不正, 修身則勿陷於一辟, 齊家則無狃於一偏, 戒懼而謹獨, 强志而不息. 數者力行之目也. 而數者之中, 心意爲最關, 心爲天君, 而意其發也. 先誠其所發, 則一誠足以消萬僞, 以正其天君, 則百體從令而所踐無非實矣."

333) 李退溪, 『陶山全書』 一, 「戊辰六條疏」 "易曰聖人久於其道, 而天下化成. 孟子曰君子反經而已矣. 經正則庶民興, 庶民興則思無邪慝矣."

먼저 주의하여야 할 문제는 군주와 신하 사이의 관계이다. 중국 고대 철학에서 보이는 신체 은유의 관점들, 예컨대 '심체은유'와 '원수고굉'의 은유를 통하여 우리는 심心의 원수元首에 대한 즉, 군주의 신하에 대한 우선성 혹은 우위성이라는 관점을 발견할 수 있었다. 그러나 퇴계의 「무진육조소」 속에서는 그런 관점은 크게 강조되지 않았다. 퇴계가 강조하려고 하는 방향은 군주의 신하에 대한 우선성의 문제가 아니라, 각각의 기능적 통일(機能的 統一)이라는 관점에 있다.

> 옛날 임금 중에서 대신을 신임하지 않고, 대간大諫의 말을 듣지 않는 자가 있었는데, 이것은 비유하자면 사람이 자신의 배와 심心을 갈라놓고 그 이목을 스스로 막는 것과 같으니 머리만으로는 홀로 사람이 될 수 없는 것과 같습니다. 혹 대신을 신임하여도 올바른 정도로서 하지 않으면 또 인재를 구함에 있어서 바르게 보필輔弼할 사람을 찾지 않고 다만 아부와 순종만을 하는 자를 등용하여 그 일을 이루려고 한다면 결국 간사하여 정치를 어지럽히는 사람이 아니면 반드시 흉악하여 권력을 마음대로 휘두르는 자가 되고 마는 것입니다. 임금이 이런 사람으로서 자기 욕심을 채우는 복심腹心으로 삼으면, 신하는 이런 임금으로써 자기 욕심을 채우는 원수元首로 삼아서 아래와 위가 서로 결탁하여 엉키게 됩니다.334)

군주와 신하가 자신이 가지고 있는 고유한 기능을 망각하고, 각자의 사욕에 치우쳐 마음대로 하는 것은 마치 같은 몸에 있는 머리와 배, 이목이 자기 마음대로 움직여 육신이 편안하지 못하게 되는 상황과 같은 것임을 비유하고 있다. 사람의 몸이 편안하여 정상적인 기능을 발휘하려면 머리는 위에서 통솔하고, 배와 가슴은 가운데에서 활동하고, 귀와

334) 李退溪, 『陶山全書』 一, 「戊辰六條疏」 "古之人君, 有不信任大臣, 不聽用臺諫者, 譬如人自決其腹心, 自塗其耳目, 固無元首獨成人之理, 其或有信任大臣, 而不由其道, 其求之也不求其能匡濟輔弼之賢, 而惟求其阿諛順旨者, 以謀遂其私, 是其所得者,非奸邪亂政之人則, 必凶賊擅權之夫, 君以此人爲濟欲之腹心, 臣以此君爲濟欲之元首, 上下相互締結盤固, … ."

눈은 바깥의 상황들을 파악하여 자기 기능을 올바로 발휘하여야 한다. 그러므로 한 나라에 있어서도 임금은 머리의 역할을, 대신은 배와 가슴의 역할을, 대간은 귀와 눈의 역할을 올바로 행하여야 하는 것이다.

퇴계는 여기에서 가장 중요한 역할을 하여야 하는 머리로서의 군주가 가지고 있어야 할 올바름이란 문제에 대해 역설한다. "원수가 번덕이 많으면 팔다리가 게을러서 만사가 다 타락한다고 말하였는데 만사 타락의 책임은 원수에게 있다"[335] 라고 하여 군주가 가져야 할 역할과 자세에 대해 말하고 있다. 퇴계는 한걸음 더 나아가 군주가 가지고 있어야 할 책임과 자세가 어떠해야 하는가라는 문제를 '견제성牽制性의 권위이원화權威二元化'라는 관점을 통하여 설명한다.

4. '천인감응론'에 대한 성학적 해석과 견제성의 권위이원화 : 誠修省以承天愛

퇴계는 마지막 여섯 번째 조에서 '수양과 반성을 성실히 하여 하늘의 사랑을 이어받음(誠修省而承天愛)'이란 말을 하고 있다. 퇴계가 여섯 번째 조를 통하여 임금에게 올리려는 진의가 무엇인지는 자신의 말을 통하여 분명하게 드러난다.

> 군주는 여기에서 마땅히 천심天心이 나를 사랑하는 이유가 무엇인가를 알아야 하며, 또 마땅히 내가 천심을 받드는 것이 어떠해야 하는가를 알아서 심사숙고하고 몸소 실천하여야 합니다. 그래야 비로소 천심을 향수享受하고 임금의 도리를 온전히 다할 수 있을 것입니다.[336]

---

335) 李退溪,『陶山全書』一,「戊辰六條疏」"元首叢脞哉, 股肱 墮哉, 萬事墮哉. 言萬事之墮, 責在元首也."

336) 李退溪,『陶山全書』一,「戊辰六條疏」"雖然人主於此, 又當知天心之所以仁愛我者何故而然, 又當知我所以奉承天心者何道而可. 無不深思熟講而實體行之, 然後庶可以享天心

위에서 퇴계는 군주가 가지고 있어야 할 자세와 책임이 어떠해야 하는가 라는 문제를 민심民心이 천심天心이라는 '천명내재화天命內在化'의 관점을 통하여 말하고 있다. 그것은 군주가 가지고 있어야 할 본분과 책임을 다하지 못하면 천명은 즉시 그를 떠나서 충분한 자격을 갖추고 있는 사람에게 다시 찾아간다는 입장을 분명히 말한다.

> 그러나 하늘은 백성을 사랑하는 이 마음을 가지고 있으면서도 스스로 사랑을 베풀지 못하고, 반드시 영명한 존재 중에서도 가장 성스럽고, 명철明哲하고, 으뜸이 되고, 착하고, 또한 덕이 신神과 사람에 협화協和한 사람을 선택하여 그를 임금으로 삼고, 그에게 백성을 사목司牧하는 일을 부탁하여 그 인애仁愛의 정치를 행하게 하는 것입니다.337)

위에서는 하늘이 군주에 대해 내리는 명命은 다른 어떤 것이 아니라, 개인이 가지고 있는 도덕적 성취가 어느 정도인가라는 기준을 통하여 결정되는 것이라고 말한다. 천명天命은 모든 사람에게 다 같이 갈 수 있는 것으로, 즉 모든 사람이 다 왕이 될 수 있다는 이런 논리적 귀결이 가지는 궁극적 목적은 "현세의 군주로 하여금 이상을 추구하게 만들고 통치에 책임감을 지니도록 하며 왕국이 개인의 소유물이 아닌 신탁된 것이라는 사실을 기억하도록 강력하게 일깨우는 역할을 하게 하는"338) 것에 있다. 이것이 바로 '권위의 이원화'이다.

'권위의 이원화'는 초월적인 천명天命의 내재화라는 관점을 통하여 세속적인 왕의 무한권력을 견제牽制하려는 의도에서 나온다. 이것은 주로 '천명미상天命靡常'이나 '혁명革命'의 관점을 통하여 나타난다. 만약 천자天子가 국가 원수의 자격으로 천명을 이어받아 정치와 사회의 권위

而盡君道矣."

337) 李退溪, 『陶山全書』 一, 「戊辰六條疏」 "然天有是心而不能以自施, 必就夫最靈之中而尤眷其聖哲元良德協于神人者爲之君, 付之司牧以行其仁愛之政, ..."

338) 줄리아 칭 지음, 임찬순, 최효선 옮김, 『유교와 기독교』, 서울, 서광사, 1993, 제 228쪽.

중심을 수립하고 있다면, 다른 보통의 개개인 역시 인격의 도덕적인 전환을 통하여 천명을 직접적으로 받을 수 있는 근거를 가지는 또 하나의 내재권위內在權威를 가지게 되는 것이다.[339]

모든 사람이 천명을 받을 수 있다는 사실은 각 개개인의 내재적 도덕본성은 초월적 기초를 가지고 있기 때문에 사회의 어떤 정치적 권위나 천자天子에 대해서 독립적인 내재적 권위를 수립할 수 있다는 관점이다.

위의 입장에서 보자면 퇴계나 유가가 주장하는 이런 관점은 단순히 도덕 속에 정치를 종속시키거나 부속시키려는 것이 아니라, 실질적 통치력을 가진 왕권王權이 가지기 쉬운 무소불위의 무한 권력을 견제하고 제한하려는 의도에서 나온 것이라고 할 수 있다. 이것이 바로 견제성牽制性의 권위이원화[340]라는 개념이다.

어떠한 권위도 자신의 도덕적 본분을 다하지 못할 때는 완벽한 절대적 권위를 가질 수 없다는 '견제성의 권위이원화'의 관점을 통하여 퇴계는 군주들이 시종여일始終如一 자신의 본분을 다하여 그것을 사회와 국가에 충분히 실현되어 확대되어야 할 것을 강조한다. 이 때문에 퇴계는 임금노릇 하기의 까다로움에 대해 말하고 있다.

> 진실로 임금 된 자로서 하늘이 나를 이렇게 사랑하는 것이 헛된 것이 아님을 안다면, 반드시 임금노릇 하기가 쉽지 않다는 것을 알 것이고, 또한 천명을 받들기가 쉽지 않다는 것을 알 것이고, 또한 하늘이 높고 높은 곳에서 내려다보고 감시하며 조금의 속임수도 용납하지 않는다는 것을 알 것입니다.[341]

---

339) 張灝, 『幽暗意識與民主傳統』, 臺北, 聯經, 1992년, 제36쪽.

340) 줄리아 칭 지음, 임찬순, 최효선 옮김, 『유교와 기독교』, 제224쪽.

341) 李退溪, 『陶山全書』 一, 「戊辰六條疏」 "誠使爲人君者知天之所以仁愛我者如此, 其不徒然也, 則其必能知爲君之難矣, 其必能知天命之不易矣, 其必能知高高在上而日監于玆, 不容有毫髮之可欺矣."

퇴계는 여기에서 군주는 천명을 받은 자이고, 하늘의 아들이며, 백성의 아버지이기 때문에 만사에 모범을 보여주어야 한다는 것에 대해 말하고 있다. 즉 왕은 신의 대리인代理人임과 동시에 통치자이고 인격의 모범을 보여주어야 하는 백성의 스승이라는 위치에 놓여 있기 때문에 사실상 임금노릇하기가 매우 힘이 들 수밖에 없다는 것이다. 만약 군주가 자신의 역할을 다하지 못하고 방심하여 덕을 지키지 못하면, 하늘은 군주에 대하여 천재지이天災地異로 경계하고 견책한다. 이것은 한대漢代의 동중서董仲舒를 중심으로 전개된 '천인감응론天人感應論'의 이론과 연관된다.

천인감응설의 내용은 인간 세계의 질서라는 것은 기본적으로 신성불가침한 우주질서에 근거하고[342] 있고, 천명에 의해 인정된 군주 역시 절대적 권위를 가질 수 있다는 것이다. 기본적으로 동중서가 말하는 '천인감응설'은 인간사의 정치 문제와 하늘이 가지고 있는 변화 현상의 상호호응相互呼應을 말하는 것으로, 이 이론은 두 가지의 중요한 목적에서 나온 것이라고 할 수 있다.

첫째는 '백성을 억압하고 군왕을 부추기는 것'이다. 이 말은 황제의 권력을 하늘이 부여했다는 이른바 '군권신수君權神授'의 사고를 표현한 것으로, 인민으로 하여금 황제에 복종하게 하여 대일통大一統의 통치를 유지하려는 것이었다.

둘째는 '군왕을 억압하고 하늘을 부추기는 것'이다. 이것은 하늘의 권위로 황제를 제약하려는 것이다.[343] 위에서 동중서가 제기한 '천인감응'의 관점들을 통하여 보면 천天은 두 가지의 성격을 동시에 가지고 있다. 즉 천은 인애仁愛의 화신化身이면서 동시에 위엄과 권위를 가지고 있는 인격적人格的인 의미로 표현되고 있다. 그러므로 천이 가지고 있는 이런 두 가지의 성격은 각각 군권천수君權天授 속에서 드러나고, 또한 천

342) 董仲舒, 『春秋繁露』「順命」"天者, 萬物之祖, 萬物非天不生." 「郊語」편 "天者, 百神之大君也."

343) 周桂鈿 지음, 문재곤 외 옮김, 『강좌 중국철학』, 서울, 예문서원, 1992, 제22-23쪽.

의 재이현상을 통한 견책과 경고 속에서도 나타난다.

동중서가 '천인감응 이론'을 통하여 말하려고 하는 두 가지 의도에 대하여 퇴계 역시 분명하게 파악하고 있는 것으로 보인다. 그 중에서도 특히 두 번째의 관점, 즉 천의 군주에 대한 감독과 견제적 기능이란 점에 강조점이 놓여 있는 것 같다.

퇴계가 「무진육조소」에서 동중서의 '천인감응론'을 통하여 말하는 것은 결코 그 이론을 전폭적으로 인정하고 지지하고 있다는 의미는 아니다. 그 보다는 '천인감응론'을 비판적으로 수용하여, 상황에 맞게 재해석하려는 의도가 숨어 있다. 퇴계 역시 '천인감응론'이 가지고 있는 이론적 한계와 난점을 이미 파악하고 있을 뿐만 아니라, 동시에 그것의 왜곡 가능성에 대해서도 의식하고 있는 것으로 보인다.

퇴계가 이 관점을 빌려와 말하고자 하는 것은 현실적으로 군주가 가지기 쉬운 무한권력을 견제하고 감독하려는 것으로, 이 점에 있어서 퇴계와 동중서의 입장은 기본적으로 일치하고 있다. 특히 퇴계가 강조하고 있는 사실은 군주로 하여금 '성학'의 진의를 파악하여 올바르게 실천하게 만드는데 있다. 퇴계는 다음과 같이 말한다.

> 전하께서는 장차 어떻게 수양하시어 하늘의 뜻에 맞게 하시고 또한 환난患難의 싹을 지우실 것인지 궁금합니다. 옛날에 공광孔光은 천도를 반드시 겁낼 필요 없다고 했으며, 왕안석王安石은 천변天變은 두려워 할 것 없다고 하였는데, 이들의 말은 모두가 기만과 아첨을 일삼는 간사한 말이며, 하늘에 죄를 짓는 바가 큰 것입니다. 동중서董仲舒와 유향劉向 같은 사람들은 어떤 재앙은 어떤 잘못에 대한 대응이라고 결정하여, 지나치게 막히고 좁게 구속하고 있습니다. 따라서 혹 어떠한 실책을 범했는데도 그에 대한 대응이 없으면 도리어 임금으로 하여금 하늘을 겁내고 두려워해야 할 필요가 없게 하는 길을 열어주게 되니 이러한 생각도 옳지 않다고 생각합니다. 어리석은 신하의 생각으로 임금이 하늘에 대하는 태도는 마치 자식이 어버이를 대하는 태도와 같다고 여깁니다. 어버이가 자식에게 노했을 때,

> 자식이 겁내고 두려워하고 반성하고 수양함에 있어, 어버이가 무슨 일로 노했으며 자기가 노여움을 샀는가를 묻지 말고, 오직 모든 일을 효성을 다해서 받들 것 같으면 마침내 어버이도 그 자식의 효성을 기뻐하게 되고, 노여워 했던 일도 함께 후련히 지워지고 흔적도 남지 않게 될 것입니다. ...... 전하께서 어버이를 섬기는 마음을 미루어 하늘 섬기는 도를 다하시고, 매사에 대하여 반성하시고, 언제나 두려운 마음으로 처하십시오.[344)]

위에서 퇴계는 동중서나 유향 등이 어떤 하나의 재앙은 어떤 구체적인 잘못에 대한 대응으로 간주하는 점에 대해서도 분명하게 비판하고 있다. 왜냐하면 혹 어떠한 실책을 범한 경우에 그것에 대한 재이災異 현상이 나타나지 않게 된다면 군주는 그런 잘못에 대해서 자책하지도 않을 뿐만 아니라, 더 이상 하늘을 겁내고 두려워하지 않는 길을 열어주는 것으로 생각하기 때문이다.

군주가 천에 대해서 가져야 할 태도는 마치 자식이 어버이를 대하는 태도처럼 오직 모든 일을 효성을 다해서 받들고, 어버이를 섬기는 마음을 미루어 하늘 섬기는 도를 다하여 모든 일에 반성하고, 언제나 두려운 마음으로 대처하여야 할 것을 말한다. 여기서 말하는 하늘 섬기는 도리는 백성을 대하는 태도로 바로 연결된다. 즉 군주의 천天에 대한 태도는 결국 자신의 몸을 닦는데 한 시도 게을리 하지 않는 이른바 "경敬으로 시작하여 경으로 끝내는" 태도가 필요하다. 퇴계는 계속해서 다음과 같이 말한다.

> 평시에 마음을 바로 잡고, 몸을 삼가고 공경과 정성으로써 하늘로부터

344) 李退溪,『陶山全書』一,「戊辰六條疏」"殿下將何修, 而可以當天意, 消禍萌乎, 昔者孔光以爲天道不必憂, 安石以爲天變不足畏, 皆誣諛姦罔之言, 固大得罪於天矣. 董仲舒劉向之徒, 又以某災爲某失之應, 亦太拘拘滯陋, 而其或有不相應者, 則適啓人君不畏不憂之端, 亦非也. 故臣愚以爲, 君之於天猶子之於親, 親心有怒於子, 子之恐懼修省, 不問所怒與非怒, 事事盡誠而致孝, 則親悅於誠孝, 而所怒之事幷與之渾化無痕矣. ...... 殿下推事親之心, 以盡事天之道,無事而不修省, 無時而不恐懼."

받은 천명을 받들어 도를 다할 것이며, 한편 재난이나 견책을 받으면 반드시 잘못을 반성하고 바르게 다스려서 신중하고 성실하게 천의天意를 감응하여 더욱 정성을 다하여야 할 것입니다.[345]

자신의 근본을 세우지 않고 세상이 올바로 다스려지기를 바라거나, 그 덕을 변함없이 지니지 않으면서 하늘에 보응報應이 있기를 구하거나, 평상시에는 천을 공경할 줄도 모르고 백성을 구휼하는 일에 무심하면서 재난을 만나면 형식적으로만 대하는 것들은 ...... 나라의 일이 걱정스럽게 되고 오늘의 폐단이 더욱 배가 될 것이며 또한 천심天心이 전하를 인애仁愛한 것을 도리어 전하를 스스로 버리시는 결과가 될까 두렵습니다.[346]

오직 전하께서는 하늘이 자신을 인애하는 이유가 앞에서 말한 것처럼 막연한 것이 아님을 깊이 아시고, 안으로는 몸과 마음을 반성하시어 오직 끝까지 경건敬虔하시고, 밖으로는 정치를 잘 닦으시어 오직 꾸밈없는 정성을 드리시고 또한 하늘과 사람 사이에서 앞에 말한 바와 같이 극진한 태도로 처하시면, 비록 홍수와 한발의 재난이 있고 견책이나 경계를 내린다 할지라도 어디까지나 두려움과 반성과 수양에 힘을 쓰시어 하늘이 주신 인애의 마음을 받들어 섬기면, ... 교화敎化의 힘이 뻗어나 다스림이 평안하게 될 것 입니다.[347]

천이 군주를 세운 것은 군주를 통하여 자기의 의지天意를 실현시키고 관철시키기 위한 것이기 때문에 간약 군주가 천의 의지를 위반하면 천은 여러 가지의 재이災異를 통하여 그것을 표현한다는 것이다. 여기에

345) 李退溪, 『陶山全書』 一, 「戊辰六條疏」 "其在平日必有以秉心飭躬, 克敬克誠以昭受上帝者, 無不盡其道矣, 其遇災譴必有以省愆修政, 克愼克實以感格天意者, 盆能盡其心矣."

346) 李退溪, 『陶山全書』 一, 「戊辰六條疏」 "不本於身而望治於世, 不恒其德而責報於天. 平時則不知敬天而恤民, 遇災則但擧文具而泛應, ... 國事之可憂, 將日倍於今時之弊, 而天心之仁愛 殿下者, 反爲 殿下之自棄也."

347) 李退溪, 『陶山全書』 一, 「戊辰六條疏」 "惟 殿下沈知天所以仁愛己者若是, 其非徒然也. 內以自反於身心者, 一於敬而無作輟. 外以修行於政治者, 一於誠而無假飾. 所處於天人之際者, 無所不用其極, 如前所云云, 則雖有水旱之災, 譴警之至, 猶可施恐懼修省之力而承天與仁愛之心. ...... ,亦將以次而消除更化, 以臻於治平矣.

서 말하는 '재災'는 하늘의 경고이고, '이異'는 하늘의 위협으로 괴이한 일을 드러내어 위협하는 것을 말한다. 그럼에도 불구하고 만약 군주가 당연히 행하여야 할 책임과 본분을 회피하여 그 자격을 가지지 못하면 당연히 축출되어야 한다. 그러므로 맹자는 "주紂라고 하는 한 사내를 베었다는 소리는 들었어도, 군주를 시해하였다는 소리는 듣지 못하였다"[348]고 하였다. 이 말은 주紂라는 군주가 군주로서의 직분을 올바로 수행하지 못하였기 때문에 천명이 주를 떠나 다른 사람에게로 옮겨갔다는 것을 말한다.

이런 맥락에서 보자면 군주에게 내려진 천명은 절대적인 권위를 가지지 못하고 다만 상대적인 대대對待 관계 속에서 견제되고 있음을 말하는 것으로 보인다. 중국의 역사 속에서 이러한 '견제성의 권위이원화'라는 관점 역시 후대에 황권皇權이 무소불위의 힘을 가지는 절대적인 것으로 변하게 되면서 개개인에 내재하고 있는 도덕적 자주성과 독립성을 통한 견제 기능은 완전히 상실되어 버린다.[349]

여기에 비하여 퇴계는 동중서가 주장하는 '천인감응' 이론을 '성학' 이라는 관점을 통하여 비판적으로 새롭게 해석하여 유가가 본래 의도하고 있는 '견제성의 권위이원화'의 입장을 분명하게 보여주고 있다.

퇴계는 몇 번이나 하늘이 임금에게 인애仁愛를 베푸는 이유에 대하여 말한다. 그것을 퇴계는 하늘이 군주를 인애하는 이유가 막연한 것이 아니라, 군주 스스로 자신의 위치와 본분을 자각하여 안으로는 몸과 마음을 반성하여 끝까지 경건敬하고, 밖으로는 정치를 잘 닦아 오직 정성誠을 다하여 하늘과 사람 모두에게 극진히 하여야 함을 강조한다. 그런데 만약 군주가 하늘이 자신을 인애하는 이유를 알지 못하고 자기 본분을 다하지

348) 『孟子』「梁惠王」下 "聞誅一夫紂矣, 未聞弑君也."

349) 중국 역사 속에서 한대(漢代) 이후가 되면 군(君), 부(父), 성(聖)의 일체화(一體化)라는 대일통(大一統)의 논리에 의하여 군주에 대한 일반 백성의 순종적, 타율적 도덕만이 강조된다. 심지어 당시의 유가들은 음양가와 법가의 관점을 이용하여(天尊地卑,君臣之義) 유가의 윤리를 절대화하는 이른바 '유가사상의 법률화(法律化)가 진행된다.

않으면서 세상이 잘 다스려지기만을 바라는 것은 결코 있을 수 없기 때문이다. 이런 관점이 바로 퇴계가 특히 여섯 번째 조에서 말하려는 '수양과 반성을 성실히 하여 하늘의 총애를 받음'이란 말의 진의이다.

5. 소결

퇴계는 '성학'을 '진지실천의 학문(眞知實踐之學)'으로 규정하여, '진지'와 '실천'을 하나로 통일하고 있다. '성학'을 '진지실천의 학문'이라고 표현한 것은, 퇴계의 입장에서 유가라는 철학체계의 본질과 특징을 전체적으로 규정한 것이라고 할 수 있다.

퇴계철학의 학문과 실천을 관통하고 있을 뿐만 아니라, 이른바 '성학'을 '성학'답게 만들어 주는 것이 바로 '경敬'을 중심으로 하는 수신의 체계이다. 그는 '경'으로 근본을 삼아, 궁리치지하고, 수신하여 참된 행동을 국가와 사회에 실천하는 것이야 말로 성학의 궁극적 이념임을 강조한다.

퇴계철학에서 성학은 주로 두 가지 측면에서 표현된다. 하나는 개체성 도덕의 의미로 개인의 수신을 근본으로 삼는 것이고, 다른 하나는 국가와 사회를 다스리는 군주가 치국治國의 기본원리로 삼는데 있다. '성학'을 치국의 근본으로 삼는 퇴계의 정치이념은 그 사유양식에서 개체로서의 인간과 국가가 근본적으로 동질적인 연속성을 가지고 있다. 이 때문에 '치국'이라는 경세적 사업은 자아의 신체에 대한 수양이라는 행위방식에 여전히 유비적으로 적용된다. 그러므로 자아에 대한 수양이 바로 '치국'의 출발점이고 기본전제가 된다. 이런 내성과 외왕의 연속과 결합의 문제를 퇴계는 「구진육조소」에서 신체의 은유를 통하여 잘 설명해 주고 있다.

퇴계는 개체가 자기 신체에 대해서 가지는 관계와 군주가 국가의 신체에 대해 가지는 관계를 유비적으로 보고, 정치에 있어서도 역시 군주가 마음과 뜻을 어떻게 가져야 하는가 하는 문제에 대해 적절하게 잘 표현하고 있다. 여기에서 요청되는 것은 다름 아닌 '경'을 기본원리로 하는 '성학'의 실천이다.

퇴계는 '성학'의 근원에 천명天命을 두어 개체로서의 인간과 인군으로서의 군주가 가지기 쉬운 편벽과 사사로움(私)을 경계하고 있다. 그는 「무진육조소」의 제4조에서 "도술道術이란 천명에서 나와서 떳떳한 인륜으로 행해지는 것이요, 고금의 천하가 다 같이 가는 길이다"고 하여, 수신과 치국의 기본원리가 모두 천명 혹은 천도에서 근원하고 있음을 말하고 있다.

퇴계는 동중서의 '천인감응' 이론을 '성학'이라는 관점을 통하여 다시 비판적으로 새롭게 해석하여 유가가 본래 의도하고 있는 '견제성의 권위 이원화'의 입장을 분명하게 제기하고 있다. 그러므로 군주는 스스로 자신의 위치와 본분을 자각하여 사사로움을 버리고 경敬하여야 하고, 정성誠을 다하여 하늘과 사람 모두에게 극진히 하여야 함을 강조한다.

퇴계의 「무진육조소」가 그렇게 길지 않는 문장으로 구성되어 있긴 하지만, 그가 여기에서 논의하고 있는 것들은 유가의 경세 혹은 정치적 이념의 문제를 가장 핵심적으로 정리하고 있다. 예를 들면 신체 은유를 통하여 군주와 신하가 각기 가지고 있는 기능간의 통일을 강조하고, '천인감응론'의 입장을 '성학'의 관점에서 비판적으로 해석하고 재구성한 점은 매우 빼어난 탁견이라고 할 수 있다.

위의 관점들을 통하여 퇴계는 현실적으로 국가 원수가 가지기 쉬운 무소불위의 권력을 견제하고, 현실정치의 부조리와 제도의 모순에 대하여 강렬한 비판정신과 항의抗議정신을 표현할 수 있게 만드는 이론적 근거를 제시해 주고 있다.

제3부

역사적 연속성을 통해 본 유가의 철학적 전통

제7장

온고지신과 유가의 철학적 전통
: 공자의 전통에 대한 상고주의적 관점과 주자에서 철학의 정체

1. 들어가는 말

자신만의 특별한 관점으로 철학을 연구하거나, 진리를 존중하고, 자기 독립적인 연구를 수행하는 어떤 철학자라도, 결코 과거의 전통 속에서 진리를 연구한 결과나 유산과 분명한 단절 관계를 가질 수는 없을 것이다. 철학을 하는 사람이라면 누구나 과거의 철학적 유산들을 섭렵, 이해, 평가하지 않을 수 없다. 이것이 바로 철학적 전통 또는 철학사가 가지고 있는 중요성이다.

기본적으로 철학자가 말하는 철학적 내용들은 모두 다른 사람 혹은 다른 것에서 얻은 것을 기초로 하고 있다. 말하자면 다른 사람들에 의해 연구된 철학사의 내용이 자기 철학을 하는 자료와 전제가 된다는 말이다. 그러나 철학사가 진리를 연구한 과정들을 논의한 것이기는 하지만, 철학사 혹은 철학적 전통이 진리 자체는 아니다. 왜냐하면 모든 철학자는 각각 자기의 관점에서 진리를 구하기 때문이다. 여기에서 우리는 '철학적 전통'과 현재의 '철학함'이라는 둘 사이의 긴장과 조화의 관계를 생각하지 않을 수 없게 된다.

여기에서는 위에서 제기한 '철학적 전통'과 현재의 '철학함'이라는 문제를 중국의 유가철학의 경우에 적용하여 살펴보려고 한다. 어떤 의미에서 이러한 시도는 단순한 '철학적 전통'과 '철학함'이란 문제에 대한 유가적 이해에만 그치지 않을 것으로 보인다. 또한 이 문제에 대한 분석은 오히려 공자孔子에서 시작하여 주자朱子에 이르는 유가의 철학적인 전통과 본질을 더욱 선명하게 보여 줄 가능성이 있다. 왜냐하면 우리가 유가철학사의 연구에 있어서 주의하여야 할 문제 중의 하나가 바로 유가철학이 가지고 있는 특유의 철학적, 문화적 연속성連續性에 대한 인식과 해석의 문제이기 때문이다.

이른바 철학적, 문화적 연속성이란 의미는 하나의 단계에서 다른 단계로 들어서는 과정 속에서 이전의 의식구조를 파괴하지 않은 상태로 계속 발전된 것으로, 급격한 단열斷裂이 없이 연속성을 가지는 유기적 전체라는 기본구조를 의미한다. 그러므로 유가 철학사 속에서 말하는 '창조적 발전' 혹은 '창조적 해석'이란 문제는 하나의 '연속성'이란 배경 위에서 성립되는 것으로, 연속성을 벗어난 '창조적 발전'이란 말은 성립할 수 없게 된다. 여기에서 모든 유가 철학자들은 스스로의 전통에 대한 '역사적 책무歷史的 責務'와 '승담정신承擔精神'을 자임自任하고, 그 바탕 위에서 손익損益이라는 방식을 통하여 '창조적 발전'을 시도한다.

'철학적 전통'과 현재의 '철학함'이라는 긴장과 대립의 관계를 공자의 전통에 대한 상고주의적尙古主義的 시각과 신유학新儒學을 집대성集大成한 주자의 철학적 성격을 통하여 분석해 보도록 하자. 이러한 분석을 위하여 여기에서 우선적으로 논의하여야 할 문제는 전통문화에 대한 공자의 기본적인 시각을 '술이부작述而不作', '온고지신溫故知新'의 관점을 통하여 점검하고, 공자가 '전통'과 스스로의 창조적인 철학활동을 어떤 식으로 조화하고 있는지를 살펴보려고 한다.

아울러 공자의 이런 관점을 주자는 어떻게 평가하고 어떤 방식으로 계승하고 있는지를 '도통道統'이 가지고 있는 철학적 의미와 '사서四書'의 강조라는 문제를 통하여 논의하려고 한다. 이런 분석을 통하여 주자의 신유학新儒學이 가지고 있는 새로운 측면이 무엇인가를 살펴보고, 동시에 주자철학이 말하려고 하는 철학적 정체가 무엇인가를 규명해보려고 한다.

2. '전통'에 대한 공자의 기본관점 : '역사적 연속성'과 '述古'

공자가 생존하였던 혼란의 시기 즉 춘추春秋 시대로 지칭되는 중국 고대 철학의 시작은 첫 걸음부터 냉혹한 문화적 선택을 강요받는 운명 속에 처해 있었다. 그것은 기존의 질서를 유지하여 왔던 주周나라의 예禮가 형식화되면서 시의성時宜性과 실효성實效性을 상실하면서 생겨난 결과이다. 유가, 묵가, 도가, 법가라는 중요한 제자백가의 직접적 출현 배경 역시 주나라 문화의 병폐에 대한 해결방식에서 그들의 정체성을 형성하였던 것으로 보인다.

예악禮樂의 붕괴에 따른 기존 질서의 혼란은 전체적인 문화의 위기를 초래하여, 자신의 역사적 선견先見을 형성하여 온 전통 문화를 포기하거나 혹은 새로운 형태의 문화를 취하여야 하는 두 가지 방식 가운데에서 어느 하나를 선택하여야 하는 기로에 서게 만들었다.

그러나 그들은 스스로의 선택을 포기하거나 외면할 수도 없었다. 왜냐하면 선택을 두려워하여 그것을 회피하거나 지연시킬 수 없는 역사적 긴박성이 그들을 짓누르고 있었기 때문이다. 그들이 역사와 사회적 환경의 변화에 따라 어쩔 수 없이 하나의 선택을 하여야 한다는 사실은 단순한 문화적 형태의 선택에만 한정되지 않았다. 그것은 다름 아닌 세계관, 도덕, 인생관을 포함하는 전체 철학과 문화의 패러다임을 선택하는 중요한 결단이었기 때문이다.

공자의 철학이 가지고 있는 근본적 문제 의식 역시 주대周代의 예악 문화의 붕괴에 따른 사회적 혼란(無道之世)을 구제하는 데 있다. 공자가 이런 역사적 상황 속에서 제기한 문화적 선택 혹은 전환의 논리는 무엇인가? 전통 문화를 보는 관점은 제자백가들을 상반된 두 가지의 모습으로 갈라놓았다.

하나의 관점은 전통 문화를 인정하고 받아들이자는 보수적인 입장이고, 다른 하나의 관점은 전통 문화를 더 이상 실효성이 없는 유물로 간주하여 그것을 폐기하고 완전히 새로운 패러다임을 구축하자는 입장으로 나눌 수 있다. 그러나 관점이 그렇게 달라도 어떤 면에서 그 둘은 똑 같은 공통점을 가지고 있다. 그것은 바로 혼란의 충격을 창조적으로 전환시키려는 노력일 것이다.

만약 위의 두 가지 경향 중에서 공자가 어느 편에 속하는가를 묻는다면 공자는 분명히 보수적인 전통주의자에 속한다고 대답하여야 할 것이다. 그러나 공자는 결코 그렇게 단순한 전통주의자가 아니었다. 왜냐하면 공자가 취한 방식은 전통 문화의 옹호와 철저한 변혁이라는 두 가지 선택 가운데에서 어느 하나를 선택하는 양자택일兩者擇一의 방식이 아닌, 그 둘을 모두 선택적으로 취하는 '비판적 계승'의 방식을 택하였기 때문이다. 이런 관점에 대한 공자의 논리는 지극히 해석학적解釋學的이다.

공자는 양자택일의 방식으로는 현실을 위기에서 근본적으로 탈출시킬 수 없을 것으로 보았다. 왜냐하면 공자는 인간의 문화를 하나의 유기적 연속체로 보아, 옛날 사람과 오늘날의 사람이 문화의 흐름 속에 있으면서 시간적으로는 선후先後가 다른 공동의 작업을 하는 것으로 보기 때문이다. 그러므로 공자는 수시로 옛날 사람을 찬미하였고, 결코 고금古今을 단절하려는 생각을 하지 않았다.350) 문화는 연결된 흐름 속에서 계속적으로 성장하고 자기 변혁을 하고 있다고 보았다.

> 공자가 말하였다. 은나라는 하나라의 예를 이어 받았다. 거기엔 빼버린 것과 보탠 것이 있음을 우리는 알 수 있다. 주나라는 은나라의 예를 이어 받았다. 거기에도 빼버린 것과 보탠 것이 있음을 우리는 알 수 있다. 아마도 주나라를 이어갈 나라는 그것이 비록 백 세대 이후라 할지라도 우리는 알 수 있다.351)

위에서 인용한 공자의 말에 근거하면, 하나라에서 은나라를 거쳐 주나라로 이어지는 예제禮制는 발전과정 중에 있는 하나의 유기적 과정이다. 공자의 입장에서 전통 문화 혹은 사상은 단순한 과거의 사장물死藏物이 아니라, 현재도 여전히 살아 움직이며 영향影響을 주면서 작용하고 있다. 어느 누구도 전통의 영향을 벗어나 독립적으로 존재할 수는 없다. 바로 하나라에서 은나라를 거쳐 주나라로 이어지는 예제의 유기적 발전과정은 단절이 없는 역사적 연속성을 표현하고 있다.

그러나 역사적 연속성을 통하여 공자가 말하려는 것은 결코 앞선 고대 문화와 역사를 무조건적, 무비판적으로 수용하여야 한다는 의미는 아니다.

이러한 공자의 전통에 대한 역사 의식을 가장 분명하고도 적절하게 보여주는 것이 바로 『주역』의 「계사전」에서 말하는 "역의 도리는 궁하면 변화하고, 변화하면 통하고, 통하면 항구한다(易窮則變, 變則通, 通則久)"는 구절이다. 이 말은 시간 혹은 역사가 가지고 있는 변통무궁變通無窮한 특성을 통하여 하나의 역사적, 문화적 전통이 성립되어 가고 있는

---

350) 勞思光 著, 鄭仁在 譯, 『中國哲學史』, 「古代篇」, 탐구당, 서울, 1990, 제103쪽.

351) 『論語』, 「爲政」, "子曰, 殷因於夏禮, 所損益可知也. 周因於殷禮, 所損益可知也. 其或繼周者, 雖百世可知也."

과정을 매우 적절하게 설명하고 있다.

'궁하면 변한다'의 궁窮은 역사의 끊임없는 흐름을 말하는 것으로 한 시대를 풍미한 문화가 계속적으로 발전하여 거의 정점에 도달한 상태를 의미하고, "변하면 통하고"의 변화變는 창신創新의 성격을 말한다. 변화 즉 창신이 의미하는 것은 결코 기존의 전통적인 것과는 근본적으로 다른 단열적斷裂的인 혁명적 변화를 의미하는 것이 아니라, 연속성이라는 범위 속의 손익損益을 말한다. '손익'이란 말이 가지고 있는 의미는 '가감加減한다'는 뜻으로 현재의 시점에서 손질을 가한다는 말이다. 예를 들어 말하면, 어떤 물건이 고장 나면 바로 그것을 버리고 새것을 마련하는 것이 아니라, 고장 난 것을 다시 수리하거나 개조改造하여 다시 사용하는 경우로 비유할 수 있다.352)

'변하면 통하는' '통通'이 바로 역사적 연속성을 형성한다. '통하면 항구한다'의 '구久'는 바로 역사 혹은 시간의 계속적인 누적累積에 의해서 형성된 '전통'을 의미한다. 역사는 궁하지 않을 수 없고, 또 변하지 않을 수 없고, 통하여 다시 궁하지 않을 수 없는 窮→變→通→窮→變→通의 반복을 보여주고 있다.

공자는 한 시대가 지나가고 나중의 다른 한 시대가 뒤이어 오는 것은 비록 차이가 있을지 모르지만, 그것은 분명히 연속성을 가지고 있는 것으로 보고 있다. 이런 근거에서 공자는 앞선 시대뿐만 아니라 비록 백세대 이후라 할지라도 충분히 알 수 있다고 말하는 것이다. 여기에서 우리는 유가들이 가지고 있는 특수한 시간관 또는 역사관을 발견할 수 있다.

공자와 맹자를 비롯한 고대 유가들이 말하는 시간은 과거와 현재라는 양극兩極 사이를 마치 왕복 운동을 하는 것으로 묘사한다. 즉 시간의 왕복운동에 의해서 과거와 현재는 분리되면서도 결합되는 관계를 형성

352) 謝大荒, 『易經語解』, 大中國圖書公司, 臺北, 1986, 제39쪽.

한다. 이런 의미에서 말하면 고대 유가가 말하는 시간관의 특성은 일종의 가역성(可逆性, reversibility)을 지닌 시간이다.

유가의 역사에 대한 사유 속에서 시간은 결코 한 번 가면 돌아오지 않고 한 방향으로만 가버리는 시간은 아니다. 유가가 보는 시간관은 과거와 현재라는 양극 사이를 왕복 운동하는 변증법적인 것이다. 시간의 왕복 운동에 의해서 과거와 현재는 분리되면서 연속되는 관계를 형성한다. 이런 의미에서 고대 유가의 시간관은 일종의 가역적可逆的 시간이다.[353]

고대 유가가 보기에 시간이 가역성을 가지는 주요한 원인은 시간의 발전이 일정한 방향을 따라서 발전하고, 역사와 문화는 일정한 방향에서 손익損益하기 때문이다. 그러므로 "비록 백 세대 이후라 할지라도 알 수 있다"고 말하는 것이다.

유가들은 기본적으로 역사는 어떤 이성적 요소를 합류하고 있고 역사의 발전에는 모종의 필연성이 있다고 보는 낙관주의적인 태도를 가지고 있다. 길게 보면 역사는 기본적으로 어떤 이성적 성분을 함유하고 있고, 인류의 역사는 항상 이성적인 궤적위에서 진행되어 가고 있는 것으로 본다. 유가가 역사에 대해 이런 낙관적 태도를 가질 수 있는 가장 중요한 사상 근거는 바로 역사 속의 시간이 가역성을 가지고 있다고 믿기 때문이다.

위에서 말한 관점들은 결코 단절된 역사 의식에서는 드러나지 않는다. 공자는 역사의 누적累積 혹은 전통을 단순한 유산遺產의 모음이나 갖가지 견해의 모음으로 보지 않고, 미래를 새롭게 연결시켜 주는 살아있는 근거로 간주하고 있다. 즉 과거의 전통은 '그 자체 어떤 새로운 것으로'[354] 계속적으로 살아서 움직여(生生) 새로운 것을 만들어 낼 수

353) 楊儒賓 黃俊傑 編, 『中國古代思維方式探索』, 前言 제1-3쪽 참조 바람.

354) Karl Jaspers(translated by Ralph Meinheim), *Socrates, Buddha, Confucius, Jesus* (New York, A Harvest Book, 1962) p.43.

있는 창신성創新性을 담고 있다. 그러므로 공자가 배우려는 대상은 "(선인의 말씀을 본받아서) 서술하여 밝히되 창작하지는 않으며, 믿어 옛것을 좋아한다."355) 또 "나는 태어나면서부터 아는 사람이 아니라 옛것을 좋아하며 힘써 그것을 구하는 사람이다."356)라고 말하는 고대의 전통 바로 그것이었다.

여기에서 공자의 전략은 매우 분명하다. 그것은 단순한 고대의 전통을 파기하고 다른 새로운 것을 추구하는 방식이 아니라, 오히려 전통을 올바로 인식한 바탕 위에서(述古) 그것을 다시 새롭게 해석하여 현실에 새로운 이념을 제공하는 방식이다. 그러므로 공자가 과거의 전통을 강조하여 술고述古하는 이유는 전통을 현재를 반성하는 잣대로 삼고, 의식의 원천으로 전환하여 과거와 동일한 새로운 철학을 정립하려는357) 의도에서 찾아야 한다.

공자는 전통의 철저한 해체에 대해서는 당연히 반대하지만, 동시에 맹목적인 답습에 대해서도 반대한다. 전통에 새로운 생명력의 주입을 요구하여, 여전히 현재에서도 살아 숨쉬는 것으로 만들어 내려 한다. 여기에서 필요한 것은 단순한 재생再生이나 뜻풀이가 아니라, 해석자의 상황에 따라 나오는 창의적이고 생산적인 해석이다. 그러므로 공자가 전통을 중시하는 의도는 바로 역사적인 전통 속에서 현실의 시대적 요구와 미래의 전망을 찾아내고, 아울러 시대적 요구와 미래의 전망 속에서 역사와 전통을 밝히려는 것에 있다.

---

355) 『論語』, 「述而」, "述而不作, 信而好古."

356) 『論語』, 「述而」, "我非生而知之者, 好古敏以求之者也."

357) Karl Jaspers, *Socrates, Buddha, Confucius, Jesus*, 제43쪽.

3. 공자의 '온고지신'의 철학적 태도와 진리의 완결성에 대한 지향 : 尙古主義와 聖人之道

공자는 자신이 생존하고 있었던 현실을 올바른 도가 실현되지 못하는 '혼란의 시대'로 규정한다. 그는 이런 시대적 상황을 "군주가 군주답지 못하고 신하가 신하답지 못하고...... 아들이 아들답지 못하다"358) 는 말로 형용하고 있다.

공자는 이런 혼란의 원인을 상고上古시대에 완벽했던 원래의 예禮가 시간이 흐름에 따라 올바른 기능을 발휘하지 못하여 도덕적, 정치적인 혼란을 가중시켰기 때문이라고 보았다. 이런 상황 속에서 공자는 현실을 구제하는 해법을 상고시대의 완벽한 예를 현실에 그대로 복원시키는 단순한 복고復古가 아닌, '술고述古'를 통한 '창신創新'의 방식에서 찾고 있다.

공자가 '술고'를 말하는 의도가 '창신'에 있다면, 그러면 '술이부작'에서 말하는 '작作'의 내용은 무엇인가?

'술述'의 의미를 주자는 옛 것을 전술傳述하는 것이고, '작作'은 성인聖人이 아니면 불가능한 것이기 때문에359) 공자가 겸손하여 감히 '창작'하지 않았다고 말한다. 주자의 관점이 완전히 방향을 달리하고 있는 것으로 비판할 수 없지만, 이런 분석은 매우 피상적일 뿐만 아니라, 어떤 점에서는 공자가 말하려는 본질적 의도를 완전히 간파하지 못하고 있다는 느낌을 준다.

이 문제는 역시 공자 자신의 직접적인 언급을 통하여 분석하는 것이 가장 분명할 것이다. 다행스럽게 「술이述而」편에서 이런 단서가 나타난다. "대개 모르면서 그것을 (멋대로) 지어내는 사람이 있으나, 나는 그런

---

358) 『論語』, 「顏淵」, "君不君, 臣不臣, 父不父, 子不子."

359) 朱熹, 『朱子集註』, 「述而」, "述傳舊而已, 作則創始也, 故作非聖人不能, 而述則賢者可及."

것이 없다"[360]라는 구절이 있다. 공자가 여기에서 말하는 "잘 모르면서 (멋대로) 짓는다"는 뜻은 결코 인간의 창작 혹은 창조성을 부정하는 것이 아니라, 오히려 어떤 문제에 대해 올바른 앎知을 가지고 있으면 언제든지 새로운 창작이 가능하다는 의미이다. 공자의 이 말은 그의 철학함의 태도와 학문에 대한 진지한 자세를 매우 잘 보여주는 관점이다.

공자가 『논어』 속에서 말한 '앎知'에 관한 언급 중에서 가장 대표적인 언급은 "유야, 너에게 앎이 무엇인지를 가르쳐 줄까? 아는 것을 안다고 하고, 모르는 것을 모른다고 하는 것, 이것이 앎이다"[361] 라고 말하는 부분이다. 공자가 여기에서 말하는 '지'의 의미는 단순히 '아는 것'과 '모르는 것'을 구분할 수 있는 능력으로만 한정되지 않는다. '지'의 의미를 그런 의미로만 한정한다면 지식의 확대는 불가능할 것이기 때문이다.

공자가 여기에서 말하려고 하는 '지'의 본질을 분명하게 파악하기 위해서 우리는 자로子路와 공자 사이에 진행된 '지'에 관한 일련의 대화들을 분석하여야 한다. 자로가 공자에게 귀신 섬기는 문제에 대해 묻자 공자는 다음과 같이 말하고 있다.

> 아직 살아 있는 사람을 잘 섬기지도 못하는데 어떻게 죽은 조상의 신을 섬기는 일을 잘 할 수 있겠는가 라고 대답하였다. 자로가 다시 죽음에 관해서 묻자 공자는 아직 삶조차 알지 못하는데 어떻게 죽음을 알겠는가?라고 하셨다.[362]

360) 『論語』, 「述而」, "蓋有不知而作之者, 我無是也." 이 문장에서 말하는 '작(作)'의 의미는 '행동을 마음대로 한다(妄作)'는 의미로도 볼 수도 있으나, 여기에서는 『십삼경주소(十三經注疏)』의 "時人有穿鑿妄作篇籍者, 故云然."의 '妄作篇籍'의 뜻으로 해석하였다. 이 문제에 대해서는 양백준(楊伯峻)의 『論語譯注』(中華書局香港分局, 1987, 홍콩)의 제73-74쪽과 래가홍(來可泓)의 『논어직해(論語直解)』(復旦大學出版社, 1996, 上海) 제194-195쪽에서 잘 설명하고 있다

361) 『論語』, 「爲政」, "由, 誨女知之乎, 知之爲知之, 不知爲不知, 是知也."

362) 『論語』, 「先進」 "季路問事鬼神, 子曰未能事人, 焉能事鬼, 敢問死, 曰未知生, 焉知死."

자로의 질문에 대한 공자의 이런 대응방식을 단순한 즉답을 회피하려는 수단으로만 볼 수 없다. 공자의 이런 대답 속에서 우리는 그가 위에서 자청하여 자로에게 말한 "아는 것을 안다고 하고, 모르는 것을 모른다고 하는 것, 이것이 앎이다"라고 말하는 '지'에 대한 기본관점을 조금도 벗어나지 않고 있을 뿐만 아니라, 또한 그의 '지'에 대한 깊은 성찰을 발견할 수 있다. 공자가 자로에게 참으로 하고 싶은 말은 '지'란 '이미 알고 있는 것', '알 수 있는 것'을 근거로 하여 '알지 못하는 영역의 것'을 탐구하여 나가는 단계가 있음을 강조하는데 있다. 공자는 당연히 이런 단계를 무시한 자로를 비판할 수밖에 없었을 것이다.

위의 분석을 통하여 우리는 공자가 강조하고 있는 '술고'의 목적을 이해할 수 있는 단서를 발견할 수 있었다. 공자가 말하려는 '술이부작'은 결코 창조 혹은 창작을 무조건 반대한다는 의미가 아니라, '이미 알고 있는 것', '알 수 있는 것'을 근거로 하여 '알지 못하는 영역의 새로운 것'을 탐구하여 나가는 하나의 방법적 과정을 말하는데 그 목적이 있는 것으로 보인다.

공자가 "옛것을 더듬어 되살려 새것을 알 수 있는 사람은 참으로 스승이라 할 수 있다"[363]고 한 것은 바로 우리가 이미 알고 있는 고대의 전통을 반성하고 추론함으로써 현대와 미래에 새로운 관점을 발견하여 제공하는 일이라는 뜻으로 해석하는 것이 옳을 것으로 보인다.

여기에서 공자가 좋아했던 '전통古'의 내용은 무엇인가? 물론 그것은 『시詩』와 『서書』 등의 고전과 예禮이다. 그러나 공자는 단순히 고전과 그것을 생활화한 세계에만 머무르지 않고, 이를 만든 성인들의 위대한 인격을 흠모하고 있다. 말하자면 그의 '옛 것을 존중하고 높이는' 상고주의尙古主義는 결코 골동품 애호가의 취미같은 것도 아니고, 죽은 고대문화의 단순한 부활이 아니라, 위대한 인간성에 대한 존경이었다.[364]

---

363) 『論語』, 「爲政」, "溫故而知新, 可以爲師矣."

공자는 역사 발전을 무시하고 현실과는 동떨어진 고대 문화로 돌아가려고 하는 복고주의復古主義적인 입장에 선 것은 물론 아니며, 전통에 맹종하지 않고 오히려 전통에 비판을 가함으로써 진정한 앎知이 성립한다고 생각하였다.

공자의 전통에 대한 관점은 비판적批判的이다. 공자의 비판은 결코 자신의 주관적 판단에서 나온 것이 아니라, 고대로부터 연속되어 온 역사적 발전을 통하여 추론할 수 있는 현재와 미래의 발전에 관련해서 이루어진다. 그러므로 여기에서 말하는 '비판적'이란 의미는 '좋은 것과 나쁜 것을 구별하고 가치 있는 것을 선택하는 손익損益의 방식을 통하여 현실화現實化하는' 것이라고 할 수 있다.

'현실화'의 구체적 방법은 감춰진 고대 문화를 만든 성인의 정신과 진리를 발견하여 지금의 자신들의 생활방식으로 표현하려는 것이다. 왜냐하면 실제로 아무것도 외적外的인 형식에 있어서 고대와 동일하게 회복될 수는 없기 때문이다. 그렇게 하려는 자는 마치 "오늘날의 시대에 태어나서 옛날의 길로 거꾸로 돌아가려는 자는 (어리석은 자로) 불행하게 되는"[365] 사람과 같다.

공자가 주장하려는 것은 "과거의 것을 그대로 모방하는 것이 아니라, 영원한 진리를 반복하려는 것이다."[366] 이른바 '영원한 진리'는 인간 구제의 길인 성인의 정신과 인격을 담고 있는 성인지도聖人之道를 말한다.

이런 '성인지도'의 전형을 공자는 주공周公에서 찾았다. 공자는 주대周代의 예禮의 창시자로 알려진 주공에 대한 존경을 잠시도 버리지 않았다. 이런 사실은 "심하구나! 나의 노쇠함이여! 오래 되었구나, 내가 꿈에서 주공을 보았는지가?"[367]라는 탄식을 통하여 짐작할 수 있다. 그

364) 카이즈카 시게키 지음, 박연호 옮김, 『孔子』, 서광사, 서울, 1991, 제69쪽 참조.

365) 『中庸』, "生乎今之世, 反古之道, 如此者. 災及其身者也."

366) Karl Jaspers, *Socrates, Buddha, Confucius, Jesus*, 제44쪽.

367) 『論語』, 「述而」, "甚矣, 吳衰也. 久矣, 吳不復夢見周公."

러나 공자가 좋아했던 주공에 대한 애정과 존경은 결코 예악에 대한 절대적 지지에만 한정되어 있지 않다. "사람이 인仁하지 아니하면 어떻게 예를 대할 것이며, 사람이 인하지 아니하면 어떻게 악樂을 대할 것인가?"368) 라고 하여 공자는 주공이 제창한 예악을 오히려 부차적인 것으로 말하고 있기 때문이다.

공자가 주공을 흠모한 것은 단순히 예악 문화만을 사랑하고 이해하는 것에 그치는 것이 아니라, 한 걸음 더 나아가 이 예악의 창시자인 주공이 가진 정신과 인격을 흠모한다. 즉 고대의 주공에 있어서 더욱 명료하게 실천되었던 예악이 이런 혼란의 결과를 빚은 것은 올바른 정신과 인격의 갖춤이 없이 형식적으로 예악을 실천하였기 때문이라고 공자는 보았다. 여기에서 공자는 인간이 실천하는 모든 문화 활동과 덕목은 정신적이고, 인격적인 '인仁'을 전제 조건으로 삼아야 한다는 사실을 강조한다.

자하子夏와의 대화 중에서 "공자께서 그림 그리는 일은 흰 비단을 마련하는 것보다 뒤에 하는 것이라고 말씀하시자, 자하가 그러면 예가 뒤겠군요 라고 말했다."369) 위의 인용문에서 말하는 '예보다 앞서는 것' 즉 '예보다 더욱 본질적인 것'은 무엇인가? 그것은 인간의 바탕을 이루는 '인'을 말하는 것으로 보인다.370) 인仁은 인간에 내재한 가치 있는 인문 활동의 근거이다. 가치 있는 인문 활동은 모두 '인'에 근거하고 있다.

공자의 상고주의는 단순한 고대의 전통을 복구하는 것이 아니라, 전통이 가지고 있는 영원한 진리와의 연속성을 통해 자기 자신을 원만하게 실현하고, 동시에 자기 자신을 통해 그것들을 새로이 빛나게 하려는

---

368) 『論語』, 「八佾」, "人而不仁如禮何, 人而不仁如樂何?"

369) 『論語』, 「八佾」, "子曰, 繪事後素. 曰, 禮後乎, 子曰, 起予者, 商也, 始可與言詩已矣."

370) 『四書集註』에서 주자는 그것을 "마치 사람이 아름다운 자질이 있어야 장식을 할 수 있음과 같은 것이다. 예는 반드시 충신(忠信)을 바탕으로 삼으니, 이는 그림 그리는 일에 반드시 흰 비단을 우선으로 삼는 것과 같다(猶人有美質然後可加文飾, 禮,必以忠信爲質, 猶繪事必以粉素爲先)."라고 하였다.

것에 핵심이 있다. 이처럼 공자에서 전통은 "인간의 본성과 그의 자율적, 능동적인 능력에 대한 근본적으로 새로운 통찰에 근거를 둔 새로운 이념을 제시함에 있어서 하나의 신화적인 과거의 이야기로 사용되고"[371] 있다.

공자는 성인지도의 현실화라는 영원한 진리의 완결성에 대한 지향을 통하여, 전통을 새로운 의미를 산출産出해 내는 앎의 대상으로 간주한다. 이처럼 공자의 상고주의에서 말하는 '전통'은 결코 '과거'로의 완벽한 복귀를 요구하지 않고, 오히려 혼란한 현재를 인간답게 하고 조화롭게 할 수 있는 새로운 해석과 참신한 영감을 제공해 주고 있다.

4. 유가의 '철학적 전통'에 대한 朱子의 관점 : 도통과 사서

중국유학사 속에서 주자의 철학체계가 가지는 중요성을 종종 하나의 큰 호수로 비유하는 경우가 있다. 왜냐하면 이전의 유학 사상들은 모두 주자라는 큰 호수에 유입流入되어 정리와 소화消化, 비판을 통하여 다시 새로운 생명을 부여받아 조리와 체계를 형성하기 때문이다. 또한 주자 이후의 중국유학 역시 그의 입장에 찬동을 하던 반대를 하던 모두 여기에서부터 출발한다.

주자는 유학을 다시 새롭게 해석하여 집대성集大成하는 데 있어서 가장 중요한 인물이기도 하지만, 중국철학사 속에서 유일하게 공자에 비견할 수 있는 뛰어난 철학자이다. 왜냐하면 그가 없었다면 유학은 자신의 본질을 고스란히 가지면서 새로운 모습으로 부흥할 수도 없었고, 주자 이전의 여러 유학자들을 하나의 역사적 초점 속에 가지런하게 모아놓은 하나의 새로운 전통을 정립할 수도 없기 때문이다.[372]

371) 허버트 핑가레트 저, 송영배 옮김, 『공자의 철학』, 서광사, 서울, 1993, 제108쪽.

주자철학의 기본적인 성향 역시 '전통적'이다. 주자가 말하는 '전통'의 의미는 전통의 인습因襲에만 머무는 것이 아니라, 그것을 현실에 맞게 흡수, 소화하고 재현再現하여 공자가 말하는 '손익損益'의 관점을 그대로 계승하고 있다.

주자는 공자가 말하는 '손익'의 관점을 매우 중시하여, '철학적 전통' 혹은 '역사적 전통'이라는 문제에 대해 말하고 있다. 주자는 삼대三代 문화에 대해 다음과 같이 말한다.

> 삼대三代가 서로 이어받은 것은 서로 인습因襲하여 변할 수 없는 것도 있고, 서로 손익하여도 불변할 수 없는 것도 있다. 그러나 또한 오직 성인만이 그 이치의 소재所在를 관찰하여 그것을 변화시킬 수 있다. ......[373)]

주자는 위의 인용문을 통하여 '변하여야 하는 것'과 '절대 불변하는 것'을 구별하고 있다. '변하여야 하는 것'은 시대와 현실의 변천에 따라 변하여야 하는 것이고, 시대와 현실이 변천하여도 '절대 불변하는 것'은 여전히 계속적으로 이어 가야 한다는 것이다. 그러면 구체적으로 주자는 '변하여야 하는 것'과 '절대 불변하는 것'으로 어떻게 나누어 말하고 있는가? 이 문제에 대한 주자의 관점을 매우 분명하게 보여주는 곳이 있다.

> 처음 옛날 사람들이 살았던 때에는 물론 예의의 형식禮義之文이란 것은 없었다. 그러나 낳아주고 길러주는 부자의 관계가 생기면서 상애相愛의 은恩이 있음을 알게 된다. 그들이 서로 보호하고 함께 살게 되면서 군신의 관계가 생기고 여기에서 서로 공경하는 의義가 있음을 알게 되는 것이다. 이런 입장에서 보자면 어찌 예의의 본질禮義之實이 없다고 말할 수 있겠는가?[374)]

---

372) 韋政通, 『中國思想史』, 水牛出版社, 臺北, 1986, 『下册』, 제1154-1155쪽 참조.

373) 朱熹, 『朱子大全』, 卷七十二, 「古史餘論」 "三代相承, 有相因襲而不得變者, 有相損益而不可常者. 然亦唯聖人爲能察其理之所在, 而因革之, ..."

주자가 말하는 '예의지문禮義之文'이라는 것은 예의의 형식적인 측면 혹은 제도를 의미하고, '예의지실禮義之實'은 예의의 형식 체계가 가지고 있는 예문정신禮文精神 혹은 예가 가지고 있는 본질을 지칭한다. 여기에서 말하는 예의의 형식적인 측면 혹은 제도라는 것은 위에서 말한 '변하여야 하는 것'으로 시대적 상황에 따라 변통되는 것이다. 예문정신 혹은 예가 가지고 있는 본질적인 의미는 시대가 변하여도 '절대 불변하는 것'으로 여전히 계속적으로 이어가야 하는 것이다.

주자는 우선적으로 전통 문화 혹은 전통 철학이 가지고 있는 개방적 성격과 폐쇄적 성격을 구분한다. 이른바 폐쇄적 성격은 특정한 역사 배경에만 한정된 성격을 가리키는 것이고, 개방적 성격은 상대적으로 보편성을 가지고 있는 것을 의미한다. 이러한 '전통'에 대한 주자의 기본적 관점은 공자의 관점을 그대로 계승하고 있다. 특히 주자의 이런 관점은 도통道統의 확립과 사서四書에 대한 새로운 의미 부여라는 것을 통하여 분명하게 나타난다.

주자는 신유학자들 중에서 '도통'이라는 말에 본격적으로 철학적 의미를 부여한 학자이다. 주자가 '도통'을 강조하는 이유는 역사적인 권위나 불교에 대한 모방에서 나온 것이 아니라, 신유학이라는 하나의 새로운 철학적 체계의 형성과 발전에 요청되는 매우 필요한 요소이기 때문이다. 이것은 정통성의 계승道統相承이라는 표면적인 의미에만 머무는 것은 아니다.

만약 '도통'이라는 문제를 단순한 역사적 권위나 정통성의 권위라는 측면으로만 본다면, 그것은 스스로의 한계만을 보여줄 가능성이 크다. 주자는 도통이 전수되는 과정을 언급하면서 '도통'은 이미 『상서尙書』에 기록되어 전해지고 있고, 『상서』에서 말하는 '도통'의 핵심 내용인

374) 朱熹, 『朱子大全』, 卷七十二, 「古史餘論」, "民生之初, 固未始有禮義之文. 然自其相生養而有父子, 則知有相愛之恩矣. 自其相保聚而有君臣, 則知有相敬之義矣. 是則禮義之實, 豈可謂之無哉."

16자 심전十六字心傳은 요堯임금이 순舜임금에게 전하고, 순이 다시 그것을 우禹임금에게 전하여 문文, 무武, 주공과 공자를 거쳐 맹자에까지 전하지만 맹자 이후 실전失傳되었다고 말한다. 그 후 이정二程 형제가 출현하여 천 년 동안이나 전해지지 않았던 도道가 다시 연결되었다는 것이다.[375]

만약 이 문제를 실증적인 측면에서 볼 경우 이런 도통 전수의 이론은 상당히 많은 문제점을 가지고 있다. 왜냐하면 16자심전이 기록된 『상서』의 부분은 『위고문상서僞古文尙書』의 부분이고, 요순 또한 역사 이전의 신화 시대의 인물이기 때문에 '도통'을 역사적 정통성正統性이라는 관점으로 말하는 것에는 여러 가지 한계가 있을 수 밖에 없다. 그러나 '도통'의 관점을 통해서 이야기하려는 것은 '도통설'이 가지고 있는 철학적 정신의 연속이라는 문제가 핵심이다. 그것은 바로 주자가 선진유가 특히 공자의 철학적 정신을 그대로 계승하려 하기 때문이다.[376]

주자가 정립하려고 하였던 도통의 단서는 기본적으로 철학의 정신과 그 체계이지 역사 혹은 경전 등의 전수 체계를 말하는 것은 아니다. 공자가 자신의 시대적 상황에서 요청하였던 '전통'에 대한 '술고'와 '창신'을 말한 것과 마찬가지로, 주자 역시 신유학 발전에 필요한 철학성의 내재적 수요를 '도통'이란 관점을 통하여 해결하려고 한 것이다.

즉 주자는 멀리로는 공자와 내재적 관련을 맺어 성인들이 서로 이어가고 있는 마음心 혹은 도道의 본질을 파악하고, 가까이로는 이정二程을 통하여 그의 새로운 이理의 철학을 정립하는 데 필요한 것들을 가져오려 하였다. 이를 통하여 주자는 전통을 계승하여 술述만 한 것이 아니

375) 『朱子大全』, 卷七十六, 「中庸章句序」, "道統之傳有自來矣. 其見於經, 則允執厥中者, 堯之所以授舜也. 人心惟危, 道心惟微, 惟精惟一, 允執厥中者, 舜之所以授禹舜也. ...... 自是以來, 聖聖相承, 若成湯文武之爲君, ... 若吾夫子則雖不得其位, 而所以繼往聖開來學, 其功反有賢於堯舜者. ...... 又再傳以得孟氏. ...... 故程夫子兄弟者出, 得有所考, 以續夫千載不傳之緒."

376) 劉述先, 『朱子哲學思想的發展與完成』, 學生書局, 臺北, 1982, 제420-421쪽 참조.

라, 작作도 하여 유학을 새롭게 해석하고 있다.

주자의 도통전수道統傳授의 관점은 표면적으로는 마치 역사적 권위에 기초하고 있는 것 같지만, 실은 철학적 요청으로 이루어진 것이다. 여기에서 주자는 한 걸음 더 나아가 유가의 경전 역시 이런 방식으로 처리하고 있다. 주자가 전통적인 '오경五經'이 아닌 『논어』와 『맹자』 등의 '사서'를 강조하여 주석한 것은 주자 자신의 철학적 성격과 직접적으로 관련된다. 특히 어떤 학자들은 주자 철학에서 가장 큰 혁명적인 사건을 '사서'의 편찬과 주석에서 찾기도 한다.377)

주자가 '사서'를 강조한 이유는 단순한 개인적 기호나 주관에서 나온 것이 아니라, '오경'과는 분명한 철학적 차이가 있기 때문이다. 그 이유 중의 하나는 『논어』나 『맹자』는 공맹의 말을 직접 기록하여 성인의 본의를 직접 얻을 수 있는데 비해 '오경'은 어디까지나 간접 자료일 뿐이다. 또 '사서'는 주자가 정립하려고 하는 이철학理哲學의 원천으로 성性, 심心, 인仁, 의義 등의 중요한 철학적 개념이 모두 여기에서 출현할 뿐만 아니라, 새로운 하나의 철학적 방법을 제공해 주고 있다. 그 중 대표적인 것이 바로 격물格物이다. 주자는 그의 철학의 핵심인 수신치학修身治學의 근본 모델을 격물을 통하여 말한다. 이런 이유로 그는 『대학』을 '사서'중에서도 제일 앞에 두고 있다.378)

이전의 학자들이 '오경'을 연구하는 목적이 다분히 특정한 정치 주장을 하기 위한 것이기 때문에 경전은 주로 치세治世를 위해 사용되었다. 이에 비해 주자가 '사서'를 중심으로 경전을 연구한 목적은 성덕성성成德成聖의 치심治心에 있었다.

이처럼 경전을 대하는 방법이나 목적에 있어서 주자는 근본적으로 변화된 혁신적 관점을 보여준다. 이런 주자의 근본적인 혁신은 결코 전통을

377) Wing-Tsit Chan, *A Source Book in Chinese Philosophy*, p.589.

378) 陳榮捷, 『朱學論集』, 學生書局, 臺北, 1982, 제22쪽 참조.

벗어나려는 시도라기 보다는 오히려 유가의 정통을 올바로 계승하여 고대 유가 철학자들이 말하려고 하는 철학적 의미를 있는 그대로 해석하려는 것이었다. 말하자면 주자가 '사서'를 '오경'보다 강조한 것은 '오경'을 부정하려는 것이 아니라, '사서'가 '오경'보다 철학적으로 중요할 뿐만 아니라 선행先行되어야 한다는 의미이다.

5. 주자철학에서 철학의 정체 : 理學과 聖人之道의 현실화

주자가 '사서'를 주석하고 체계화하여 새로운 의미를 부여하였다는 사실은 단순히 주목받지 못했던 경서를 주석하였다는 사실에 그치는 것은 아니다. 그것은 오히려 유학을 새로운 관점에서 해석하는 새로운 철학의 수립을 '선언宣言'하는 것이라고 말하는 편이 더 나을 것이다. 왜냐하면 주자가 '오경'이 아닌 '사서'를 선택하였다는 의미는 다름 아닌 주자 철학이 가지고 있는 철학의 정체와 방향을 스스로 선택한 것을 말하는 것이나 마찬가지이기 때문이다.

주자가 '사서'를 선택하였다는 사실은 내용적으로는 형이상학적인 이기심성理氣心性의 철학적 체계를 세우려는 그의 의도가 숨어있는 것으로, 바로 주자 '자신의 독특한 전통'을 창조해 나가는 첫 걸음이라고 할 수 있다.

주자를 비롯한 송대의 유학자들이 현실적인 요청에 의해 전통적인 유가 사상을 하나의 형이상학적인 체계를 갖춘 철학 체계로 세우려고 하였을 때, 가장 먼저 해결하여야 하는 일은 전통적인 '경학經學'과 자신의 독창적인 '철학'을 어떤 방식으로 모순 없이 연결하는가라는 문제였다. '경학'은 주로 경전을 주해注解하고 이 경전의 주해를 통하여 자신의 철학 사상을 발휘하는 학문 체계이다.

'경학'은 기본적으로 경전의 테두리를 벗어나지 못하기 때문에 개인의 자유로운 철학적 활동은 다분히 제한될 수밖에 없다. 주자가 세우려고 하는 전통 유학의 형이상학적 체계화가 공자의 철학적 진수를 드러내려는 것이기는 하지만, 그것은 기본적으로 경학과는 방향과 내용을 달리하는 자유로운 철학적인 입장에서 다룰 수밖에 없는 것이다. 여기에서 주자는 경학과 철학의 모순이라는 딜레마에 빠지게 된다. 사실상 이것은 공자를 위시한 모든 유가 철학자들이 해결하여야 하였던 '상고尙古'와 '창신創新'의 문제이기도 하다.

주자가 부딪칠 수밖에 없었던 딜레마는 만약 유가의 경전을 벗어나서 그가 의도하고 있는 형이상학적인 철학만을 말한다면, 사람들에게 확실한 근거나 믿음을 주지 못할 가능성이 크다. 그렇다고 경학의 태두리 속에서만 그의 철학을 말한다면 논리적이고 체계적인 설득력을 갖지 못하게 될 것을 주자는 우려한 것이다. 주자는 결과적으로 이 딜레마를 성공적으로 해결한다. 주자가 이 문제를 해결하는 방식은 '사서'라는 경서의 권위를 빌려 오는 동시에 자신의 독특한 철학을 발휘할 수 있는 근거들을 찾아내어 새로운 해석을 가하는 것이다.

주자가 의도하고 있는 '이기심성'의 형이상학은 기본적으로 당시 지식인들의 정신적 요청에 적응하여 출현한 것으로, 불교와 도교의 체계적인 형이상학적 이론들을 넘어설 수 있는 것이어야 한다. 이런 이유에서 주자는 형이상학적인 이론들을 심지어 불교와 도교에서도 빌려올 뿐만 아니라, 동시에 유가의 경전을 통하여 연역해내려고 하였다.

그러므로 주자가 『논어』와 『맹자』 등의 '사서'를 주석한 것은 다만 경서의 형식을 빌려 자신의 철학사상을 발휘한 것으로, 사실상의 '자득自得'379)이라고 할 수 있다. 심지어 주자는 경전의 절대적 필요성에 대

379) '자득(自得)'이란 관점은 송대 유학자들이 경전과 주석에 대한 새로운 경향으로, 이것은 주자에게 많은 영향을 준 것으로 보인다. 이 문제에 대해서는 陳榮捷의 『朱學論集』, 제21쪽 참조 바람.

해 회의적인 관점을 보여주기도 한다.

> 경전을 빌려서 이치에 통할 뿐이다. 이치를 얻으면 더 이상 경전에 기댈 필요가 없다.[380]

> 만약 이치를 완전하게 이해하면 경전은 비록 없어도 될 것이다.[381]

표면적으로 보면 주자의 이런 언급은 전통적인 유학과 유가의 모든 경전을 부정하는 것으로 보일지 모른다. 그러나 주자가 여기에서 말하려고 하는 의도는 결코 전통적인 유가 경전을 부정하려는 것이 아니라, 성인이 말하려고 하는 진정한 의리義理를 이해하며, 유가가 말하려고 하는 핵심을 계승하려는데 있다. 주자가 비판하려고 하는 대상은 진한秦漢 이래의 경학적 전통이다. 그는 진한 이래의 경학적 전통이 본질을 오도하고 있는 것으로 비판하고, 경전이 가지고 있는 본질적 의미는 분명히 스스로의 '자득'을 통한 이해에 있음을 강조한다.[382]

위에서 말한 이치(理)는 결코 주자가 새롭게 창조한 것이 아니고, 공자와 맹자 등의 성인이 말한 이치이다. 주자는 성인들이 수많은 말들을 하지만, 그 말하는 내용들을 한마디로 압축해서 말하면 다만 하나의 마땅한 이치(當然之理)로 요약 가능하지만, 혹시 사람들이 그것을 이해하지 못할까 우려하여 문자를 빌려 책으로 기록하였다[383]고 말한다. 중요한 것은 어떻게 고대 유가의 성인이 말하는 핵심적인 뜻을 끄집어내어 바르게 해석할 것인가에 있다고 보았다.

주자 철학의 '자득'적 성격은 결코 전통을 벗어나려고 기도하는 것이

---

380) 『朱子語類』, 卷11, "借經以通乎理耳, 理得則無俟乎經."

381) 『朱子語類』, 卷103, "若曉得理, 則經雖無亦可."

382) 『朱子語類』, "讀書, 不可只專就紙上求理義, 須反來就自家身上推究. 秦漢以後無人說到此, 亦只是一向去書册上求, 不就自家身上理會. ...... 自家只借他言語來就身上推究, 始得."

383) 『朱子語類』, 卷11, "聖人千言萬語, 只是說箇當然之理. 恐人不曉, 又筆之於書."

아니라, 오히려 정통 유가가 말하고 있는 핵심적인 내재적 의미를 끄집어내어 '현실화現實化'하는 데 초점이 놓여 있다.

주자는 고대 유가의 핵심적인 철학 문제를 "어떻게 자아의 노력을 통하여 성인이 되는가"라는 것에서 찾고 있다. 즉 성현들의 수많은 말들, 예를 들면 '극기복례克己復禮', '존덕성尊德性', '명명덕明明德' 등은 하나같이 모두 '천리를 밝히고 인욕을 없애는' 것을 가르치는 것이기 때문이다.[384] 주자의 위의 말은 유가의 가장 핵심은 도를 밝히고 도를 올바르게 실천하는 '성인지도의 완성成聖'이라는 문제에 집중되어 있음을 말한다. 그러므로 주자는 인성의 최고, 가장 완벽한 구현인 '성성'成聖을 자신의 철학적 중심으로 삼는다.

그러나 주자는 결코 고대의 '성인지도聖人之道' 혹은 '성덕지교成德之教'를 무조건 옮겨놓는 것이 아니라, 그것을 현실화하여 스스로의 '생활방식'으로 표현해낸다. 여기에서 말하는 "현실화하여 스스로의 '생활방식'으로 표현한다"는 것은 무슨 의미인가? 이것은 송대의 유가들이 가지고 있었던 문제 의식 및 현실적 요청과 밀접히 연관된다.

이른바 '송명이학宋明理學' 혹은 '신유학新儒學'이 가지고 있었던 일차적인 과제는 정미精微한 형이상학적인 철학 체계를 갖추어 불교의 출세적出世的 관점을 이론적으로 비판할 수 있는 '천인합일'의 일원론적 인극人極을 확립하는 것에 있다. '인극'의 확립을 통하여 인간의 가치 창조와 존재의 의미를 하나의 체계적인 이론 속에서 설명해내어야 하는 것이다. 이런 철학적 요청에 대해 주자는 우주의 본체와 인성의 근원에 대한 하나의 보편적 원리를 설명해야 하는 책임을 자각하고 '성리학' 혹은 '이학理學'을 정립하려는 것이다.

'리理'를 중국철학사에서 가장 중요한 지위로 만든 사람은 이정二程 형제지만, 이정의 '리'를 받아들여 체계적인 철학으로 완성한 것은 주

384) 『朱子語類』, "孔子所謂克己復禮, 中庸所謂致中和尊德性道問學, 大學所謂明明德, 書曰人心惟危, 道心惟微,惟精惟一, 允執厥中, 聖賢千言萬語, 只是教人明天理, 滅人欲."

자이다. '리' 뿐만 아니라, 북송 시기의 신유학자들이 말한 태극, 리, 기, 성性, 격물과 인仁의 관념은 주자의 손을 통하여 철학적으로 체계화되고 종합된다.

주자는 주돈이周敦頤의 '태극' 개념과 이정의 '리' 개념을 결합하여 방대한 형이상학적 체계를 구조한다.[385] 이러한 철학적 구조는 만물의 생성을 본체론적 차원에서 정립해 줌과 동시에 인간의 마음에서 인간된 소이所以인 성性을 확인하고[386], 성의 근원인 천리天理를 확립하여 우주 안에서의 인간의 지위와 의미를 일원론적 견지에서 체계화하려는 것이다. 이것은 바로 우주가 단절되지 않고 생생生生하는 까닭과 인간이 생물적 존재이면서도 도덕적 이상을 창조하고 실현할 수 있는 근거를 형이상학적인 체계를 통하여 확립하는 것이다. 특히 우리는 이런 관점을 그의 「인설仁說」을 통하여 가장 분명하게 발견할 수 있다. 주자는 다음과 같이 말한다.

> 천지는 만물을 낳는 것을 그 마음으로 삼고, 사람과 만물이 생겨나는데 있어서 그들은 각각 천지의 마음을 받아서 자신의 마음으로 삼았다. 그러므로 마음의 특성은 ... 한 마디로 말하여 인仁이라고 할 수 있다.[387]

주자는 마음心의 특성을 인이라고 말하고 인의 본질을 생生하는 것으로 규정하고 있다. 물론 마음의 본성을 인으로 규정하는 것은 공자 이래의 전통적인 관점이다. 그러나 주자는 여기에서 한 걸음 더 나아가 마음과 인을 우주의 생생지리生生之理로 구체화하여 인성론과 윤리학을 고도의 형이상학적인 체계위에서 논의하고 있다. 이러한 주자의 윤리

---

385) Wing-Tsit Chan, *A Source Book in Chinese Philosophy*, pp.589-590 참조.

386) 『朱子語類』卷5, "性便是心之所有之理, ... "

387) 朱熹,『朱子文集』卷67, "天地以生物爲心者也, 而人物之生, 又各得夫天地之心爲心者也, 故言心之德, ... 然一言以蔽之曰仁而已矣."

학 즉 '사람됨의 방식'은 고도의 형이상학적인 기초 위에서 해석되어 종래의 것들과는 매우 큰 차별을 가지게 된다.

이런 주자의 시도는 선진 유가와 초기 신유가의 관점을 계승하는 한편, 또한 '인'에 형이상학적인 근거를 부여하는 새로운 관점을 보여준 것이라고 할 수 있다. 말하자면 주자가 유가 윤리에 형이상학적 근거를 제공하고 있다는 의미는 유학을 새로운 유학新儒學으로 만들고 동시에 신유학의 완성이라는 단계로 나아감을 의미하는 것이라고 볼 수 있다.

주자가 '이학'이라는 형이상학적 체계를 세운 것은 결코 사변적이거나 경험 과학적 체계를 세운 것이 아니라, 시종일관 '인극人極의 확립' 혹은 '성인지도의 실현'이라는 목표를 벗어나지 않는다. 왜냐하면 주자철학에서 가장 중요한 위치를 차지하고 있는 '격물치지格物致知'의 개념은 얼핏 보면 사변적이거나 경험과학적 앎知으로 보일 가능성이 매우 크다. 그러나 이것은 경험 과학적 개념이라기보다는 도덕적 개념에 더 가깝다. 주자는 "격물은 이 마음을 밝히기 위한 것이다"[388]라고 누차 말한다. 또 '치지'는 사물 속의 '리'를 알려는 것이고 궁극적인 목표는 바로 '도체道體' 혹은 '본체'를 아는 것에 있다.

주자 철학에서 말하는 '앎'은 순수 이론 혹은 개념 지식을 지향하지 않는다. 이것은 전통적인 유가철학의 앎 혹은 지식이 가치나 실천과 연관되는 것과 맥을 같이하고 있다. "치지致知는 어떤 하나의 목적을 가지고 있다. 그것은 가치, 자아 완성 심지어 전면적인 진리로 이끌어져 궁극적인 진실을 깨닫게 한다.

유학의 전통은 지식 문제를 인류 가치와 자아 완성의 문제로 집중하게 만드는"[389] 작용을 한다. 즉 주자 철학의 출발점은 인간이 만약 자신의 본성을 안다면 자연히 진리를 알 수 있다는 것으로, 이것은 '지인

388) 『朱子語類』, 卷118, "格物所以明此心."

389) 成中英, 『知識與價值』, 聯經出版社, 臺北, 1986, 제275쪽.

知仁' 혹은 '지성知性'에 해당하는 것이다. 이런 종류의 지식을 '원초적 지primary knowledge'390)라고 말한다.

우리가 주자의 철학을 '이학'으로 규정하는 것은 주자의 철학적 방법 혹은 체계가 '리'와 '격물'을 중심으로 해석하고 있다는 의미이지, 그의 철학적 주제가 '리'의 확립을 궁극 목표로 하고 있다는 의미는 아니다. 주자 철학의 궁극적 목표와 근본 성격은 어디까지나 '성인지도聖人之道의 실현'에 있다. 다만 주자는 '성성지도成聖之道'라는 영원한 진리를 '리'라는 형이상학적인 성격을 통하여 현실화함으로써 스스로의 '전통의 창조자'가 되는 것이다.

6. 소결

표면적으로 보면, 공자를 위시한 유가들은 전통 문화만을 변호하는 복고주의자로 보일 가능성이 많지만, 실제로 그들은 하나같이 모두 위대한 개혁가들이다. 공자가 예禮의 기존 개념을 새롭게 해석하기 위해 '인仁'의 이념을 제기하였듯이, 주자 역시 '리理'의 형이상학적 체계를 통하여 중국철학을 변혁시켰다는 점에 우리는 주목해야 한다.

그들은 이런 점에서 새로운 창조자이지 결코 낡은 이상의 변호인은 아니었다. 그들은 철학적 전통을 새로운 의미 산출의 근거로, 새로운 해석을 얻어낼 수 있는 원천으로 간주하는 '온고지신溫故知新'의 태도를 보여주고 있다.

공자는 학문하는 태도에 대해서 "단지 공부만 하고 사고하지 않으면 어둡고, 단지 생각만 하고 공부하지 않으면 믿음이 부족하게 된다(學而

390) 成中英, 『知識與價值』, 제275쪽.

不思則罔, 思而不學則殆)"라고 하였다. 공자의 이 말은 바로 철학적 전통을 어떻게 대하여야 하고, 철학을 어떻게 하여야 하는가 라는 문제를 잘 말해준다. 즉 철학적 전통을 잘 전수받음과 함께 그 의미를 스스로 생각하고 사색하여 자기화하지 않으면 안 되는 것으로, 배움과 사색의 양쪽이 종합되어야 진정한 철학이 성립된다고 생각한다.

공자는 전통에 맹종하는 일 없이 오히려 전통에 비판을 가함으로써 진정한 지식이 성립한다고 생각했다. 전통에 대한 공자의 비판은 자기의 주관적 판단에 따라서 행해진 것이 아니라, 고대로부터 이어져 온 연속적 발전 과정 속에서 행해지는 진리의 완결성에 대한 지향志向이어야 한다는 것이다.

중국의 유가 철학은 모두 역사적 연속성 속에서 서로 호응呼應하고 상관하는 유기적 연속성을 가지고 있기 때문에 고립된 철학을 발견하기는 힘들다. 유가의 이런 역사적 연속성을 가장 분명하게 보여주는 것이 바로 '도통道統'이다.

주자는 도통 개념에 하나의 철학적 구조를 제공하여 자신과 공자와의 철학적 연속성을 확인하고 있다. 주자가 철학적 연속성을 확인한다는 의미는 단순한 계승의 차원에만 머문다는 의미가 아니라, 그 도道의 계속적인 발전을 자임하는 것을(自任於道) 의미한다. '자임'이라는 말의 뜻은 일단 상속된 전통이라는 '유산遺產'에 대한 권리 행사를 의미하여, 전통적 유산을 더욱 풍요롭게 보존하려는 것을 말한다.

주자의 이런 도통에 대한 '자임'은 유가철학을 혁신적으로 발전시킨다. 그는 '오경'의 지위를 '사서'로 대치하고, '리'를 통하여 유학을 해석하는, 이전과는 매우 다른 독창적인 경향을 보여준다. 보통 주자철학을 '리理의 철학'으로 규정한다. 그러나 '이학理學'이라는 말이 상징하는 것은 결코 주자의 철학적 성격이 고전 유가와 전혀 다른 본질을 가지고 있다는 것을 말하는 것이 아니라, 다만 고전 유가의 이념을 계승하면서도 방법적으로 철학적 체계화 혹은 이론적인 보충을 하고 있다는 것을 의미한다.

기본적으로 '신유학'의 '신新'이 뜻하는 것은 본질적인 변화라는 의미가 아니라, 새로운 이론의 체계화 혹은 보완을 의미한다. 이것은 바로 주자의 철학적 전통에 대한 '자기화自己化'이고 '현실화'로, 종래의 유학체계에 우주론과 형이상학을 가미하여 철학적인 이론화, 체계화를 지향한 것이라고 할 수 있다.

그러나 주자의 철학적 전통에 대한 혁신은 여전히 "어떻게 자신의 노력을 통하여 성인이 되는가"라는 절대 불변의 유가적 진리에 충실하고 있다. 주자의 혁신은 결코 전통을 벗어나려고 기도한 것이 아니라, 다만 전통적인 유가 철학을 자기화하여 더욱 진지하게 그것의 참된 의미를 해석하고 이해하려는 것에 있다. 또한 주자는 유가의 철학적 전통(철학사)에 대한 전술傳述과 해석 방법을 절묘하게 형성하였기 때문에 어떤 의미에서 그는 동시에 '전통의 창조자'인 것이다.

제8장

문화심리 구조와 실용이성으로 본 유학의 철학적 전통 : 李澤厚의 중국철학사의 기술문제와 관련하여

1. 들어가는 말

이택후李澤厚[391]는 중국철학사의 방법론 문제에 대해서 전문적으로 토론한 경우는 없지만, 『중국고대사상사론(中國古代思想史論, 1985)』 · 『중국근대사상사론(中國近代思想史論, 1979)』·『중국현대사상사론(中國現代思想史論, 1987)』 등 일련의 중국사상사론을 통하여 중국 철학의 특징과 발전의 문제에 대해 이야기하고 있다. 여기에서 그는 중국철학사의 연구 방법에 대해 이야기하고 아울러 중국철학이 가지고 있는 기본적

391) 이택후는 1930년에 중국 호북(湖北)성 무한(武漢)에서 태어났다. 그는 호남성 성립제일사범학교(省立第一師範學校)를 졸업하고 난 뒤 시골에서 소학교 선생을 잠시 하다가 1950년 북경대학 철학과에 입학한다. 북경대학 졸업 후 사회과학원 철학연구소에서 『철학연구(哲學硏究)』의 창간 작업을 맡기도 하였다. 이 시기에 그는 『강유위담사동사상연구(康有爲譚嗣同思想硏究, 1958)』라는 책을 출판하여 학계의 주목을 받는다. 그 후 그는 『비판철학적비판(批判哲學的批判, 1979)』·『미적역정(美的歷程, 1981)』·『중국근대사상사론』·『중국고대사상사론』·『중국현대사상사론』·『미학사강(美學四講, 1989)』·『논어금독(論語今讀, 1998)』·『기묘오설』·『역사본체론(歷史本體論』·『실용이성여락감문화(實用理性與樂感文化』 등의 저작들을 내놓았다. 우리 학계에도 이택후의 사상사론을 중심으로 하여 대부분의 책들이 이미 번역되어 있다.

특징에 대해 분석하고 있다.[392)]

이택후는 세 권의 사상사론을 집필한 후에 다시 최근에 『기묘오설』(己卯五說, 1999)·『역사본체론』(歷史本體論, 2002)·『실용이성여락감문화』(實用理性與樂感文化, 2005) 등의 저술을 통하여 이전 사상사론에서 간단하게 언급하였던 철학사 연구 방법과 기술에 관련되는 문화심리구조文化心理構造와 실용이성實用理性에 대한 문제들을 보다 더 발전시켜 심화시키고 있다.

이택후는 철학사를 기술할 경우 직접적이고 논리적 형식을 통하여 주된 철학적 흐름이나 필연성을 표현하고, 비필연적非必然的인 요소들, 예를 들면 인물의 생애나 활동이나 사상 자체와 무관한 세세한 고증 등의 문제는 모두 제외되어야 한다고 보았다. 이 때문에 그의 철학사상사론 연구의 중심은 어디까지나 주요한 사조와 인물의 사상에 대해 논의하는 것이지, 모든 세세한 사상이나 내용들을 빠짐없이 연구하는데 있지는 않다.

말하자면 한 시대나 사조를 대표하는 인물을 중심으로 서술하는 것이지 활동한 모든 철학자를 일일이 빠트리지 않고, 개별 사상가가 가지고 있는 철학적 내용이나 의의에 대해서 모두 분석하는 작업은 현실적으로 어려운 것으로 보고 있다.[393)] 그렇다고 하여서 그는 자신의 사상사론이 단순한 통사通史가 아닌 전사專史라고도 말하지 않는다. 그는 분명히 자신의 사상사론 역시 여전히 통사에 속하는 것이라고 말한다.[394)]

이택후는 중국철학사에 관한 논의들을 '철학사'라고 하지 않고 '사상

392) 그러나 엄밀히 말해서 『중국고대사상사론』이 중국인의 문화심리 구조를 분석하는데 초점이 있다면, 『중국근대사상사론』과 『중국현대사상사론』은 계몽(啓蒙)에 초점이 있는 것이라고 말한다. 이런 관점은 『走向未來』 창간호에 실린 「啓蒙與救亡的雙重變奏」에 보인다.

393) 李澤厚, 『中國近代思想史論』, 人民出版社, 北京, 1979, 제473-474쪽 참조.

394) 리쩌허우, 정병석 옮김, 『중국고대사상사론』, 한길출판사, 서울, 2005년, 제570쪽.

사론思想史論'이라는 명칭을 쓰고 있지만, 여전히 철학과 철학사의 내용을 다루고 있다고 말한다. 그는 "내가 쓴 이 글들을 감히 철학사라고 스스로 말하지는 않겠다. 하지만 철학사를 '자아 의식의 반성사'로 규정한다면, 문화 사상에서 전개된 중국 민족의 심리구조心理構造에 대한 자아 의식 역시 철학과 철학사의 제목 가운데 하나로 될 수 있을 것이다"395)라고 말하였다.

그는 철학사의 연구에서 중요한 것은 철학적 흐름이나 필연성의 문제 이외에 또 문화심리文化心理 구조를 연구하는 것이 대단히 중요하다고 말한다. 이른바 문화심리 구조는 문학·예술·사상·풍습·의식 형태·문화 현상으로 전개되는데 이것을 민족적 지혜라고 말한다. 그는 철학사 연구에서 마땅히 주의를 기울여야 할 것은 사람들의 심리구조 속에 퇴적堆積되어 있는 고대 사상과 문화 전통을 깊이 있게 연구하여, 고대 사상이 중국 민족의 성격이나 특징을 형성하고, 만들어가고 영향을 준 심리 구조와 사유 양식의 관계를 탐구하는데 있는 것이라고 말한다.396)

이택후는 문화 심리구조를 통하여 정체적停滯的이거나 단열적斷裂的이지도 않고, 계속 발전적으로 연속連續되어 온 유학이 중국 민족의 사유 구조와 문학·예술·사상·풍습·의식 형태·문화 현상에 끼친 영향력에 대해 분석하려는 시도를 하고 있다.

유학은 하나의 유기체가 새로운 환경에 적응하는 것처럼 그 구조와 내용을 끊임없이 손익損益하고 재구성하여 진화하고 발전해왔다고 할 수 있다. 이런 연속적이고 발전적인 역사 속에서 유학은 점점 진화하여 체계적인 철학의 틀을 만들어 내었다.

만약 문화심리 구조가 이택후가 연구하려고 하는 중국 전통 사상의

---

395) 리쩌허우, 정병석 옮김, 『중국고대사상사론』, 제570쪽.

396) 리쩌허우, 정병석 옮김, 『중국고대사상사론』, 제571쪽 참조 바람.

주요 대상이라고 한다면, 실용이성實用理性은 바로 중국 전통 사상 자체의 성격이 지니고 있는 특색이다. 그는 실용이성을 "일종의 현실 생활을 긍정하는 세계관"[397]의 의미로 사용한다.

이택후는 문화심리 구조를 통하여 중국의 사상사를 종횡으로 분석하고 있다. 그가 다루고 있는 범위나 자료들은 역시 기존의 통사와 크게 다른 점은 없다. 그러나 이택후의 독특한 시각이나 관점은 기존의 철학사나 사상사와는 확연히 구별된다. 그는 문화심리 구조와 실용이성의 관점을 이용하여 중국의 사상사와 전통 문화를 해석하는 한편 동시에 그것이 현대에서 가지고 있는 의미가 어디에 있는가를 제시하고 있다.

본문은 이택후가 사상사론에서 제기한 문화심리 구조와 실용이성의 관점을 구체적으로 분석하여 살펴보려는데 초점이 있다. 또 문화심리 구조와 실용이성의 분석을 통하여 유가 철학의 전통이 어떻게 단절됨이 없이 연속되고 있는가 하는 문제를 살펴보려고 한다. 동시에 중국철학사의 기술記述 및 성격 문제를 살펴보고, 아울러 이런 문제들이 『중국고대사상사론』을 중심으로 하는 사상사론에 구체적으로 어떻게 적용되고 있는지를 중점적으로 분석하려고 한다.

2. 중국인의 문화심리 구조

이택후는 문화심리 구조를 연구하는 것이 사상사 연구의 가장 중요한 주제 중의 하나라고 주장한다. 그가 제기하고 있는 문화심리 구조라는 개념은 『중국고대사상사론』에서 처음으로 언급되고 있다.[398] 그는

397) 李澤厚 著, 『實用理性與樂感文化』, 三聯書店, 北京, 2005, 제325쪽.

398) 문화심리 구조라는 말은 직접적으로 『중국고대사상사론』에서 언급되지만 앞서 출판된 『중국근대사상사론』에서도 이미 그 필요성에 대해 언급하고 있다. 그는 여기에서 문화심리 구조라는 개념을 지식인 운동이나 하층 농민운동에 나타나는 전통 문화의 강한 영향이란 의미로 사용하고 있다.

"내가 관심을 두는 과제는 중국 고대 사상에 대한 스케치라는 거시적인 조감鳥瞰을 거쳐서 중국 민족의 문화심리 구조 문제를 탐구하는 것이다"[399] 라고 하였다. 그는 사상사에 보존된 과거의 정신적 유산 속에는 지금도 충분히 참고할 만한 것이 분명히 있다고 말한다.

> 미국의 저명한 학자인 조셉 레번슨Joseph R. Levenson은 일찍이 사상사를 박물관에 비교하였다. 그는 사상사가 이미 현실에서의 작용과 실용적 가치를 상실했으며, 사람들에게는 다만 감상이라는 정서적 의미만을 지니고 있다고 생각하였다. 레벤슨은 이성으로는 서방을 받아들이고 감정적으로는 전통을 향하는 모순을 통하여 중국 근대 지식인들의 사상을 묘사하고 해석하였다. 미국에서 중국사상사를 연구하는 다른 전문학자인 슈워츠Benjamin I. Schwartz는 사상사가 박물관으로 비교될 수 없으며 도서관에 비유되어야 한다고 생각하였다. 즉 그는 도서관에 보존된 과거의 것도 어느 날 참고할 만한 것으로 쓰일 수 있을 것이라고 생각한 것이다. 내 의견에 비추어 본다면 사상사는 박물관도 아니고 도서관도 아니다. 사상사 연구에서 주의해야 할 것은 인간들의 심리구조 가운데 침전되어 있는 문화전통 속으로 깊이 파고들어 탐구하는 것이다. 그리고 고대 사상이 중국민족의 여러 가지 특징(국민성·민족성), 즉 심리구조와 사유 모델을 형성하고 구조하고 영향을 주었는가 하는 관계를 탐구하는데 있다.[400]

위의 인용문은 이택후 자신이 사상사론을 쓰는 목적과 방향이 어디에 있는가 하는 문제를 분명하게 말하고 있다. 그것은 일련의 사상사론의 집필을 통하여 중국인의 심리구조 속에 침전되어 있는 문화 전통 즉 문화심리 구조를 발굴하여 토론하는데 그 목적이 있다는 말이다.

그는 사상사 연구에서 가장 중요한 것은 사람들의 심리구조 중에 축적되어있는 문화 전통을 깊이 있게 연구하여 중국 민족의 심리구조와

---

399) 리쩌허우, 정병석 옮김, 『중국고대사상사론』, 제570쪽.

400) 리쩌허우, 정병석 옮김, 『중국고대사상사론』, 제571쪽 참조 바람.

사유 양식의 문제들을 탐구하는데 있는 것으로 보았다. 이것은 중국 민족이 생존하고 발전하면서 누적해 온 내재적 존재와 문명으로, 정체성을 매우 견고하게 계승하고 유지하는 힘이다. 이것은 견고한 지구력을 가진 자아 의식으로 직·간접적으로 오늘날의 중국인들에게 영향을 주면서 심지어 지배하는 것이라고 할 수 있다.

이택후는 문화심리 구조라는 개념을 '민족성의 문화심리'라는 특정한 의미로 사용한다. 이런 관점은 중국인과 일본인의 의식과 심리를 장악하고 있는 문화심리를 분석하고 있는 문장[401]에서 매우 분명하게 드러난다.

그는 문화심리나 심리구조는 일단 만들어지면 끝내 불변하는 어떤 선험적인 존재가 아니라, 장구한 역사에 의해 서서히 조성된 산물로 보고 있다. 즉 문화심리 구조는 항상 살아서 움직이는 과정 중의 구조 원칙 혹은 창조 원칙이다.

'문화심리 구조'의 구조라는 말은 영어의 구성이나 조직의 의미인 'structure'가 아니라, 형성 또는 중층적重層的인 퇴적을 의미하는 'formation'이라는 말에 해당한다.[402] 즉 구조라는 말의 정확한 의미는 'shaping'이나 'forming'이라는 말에 해당하는 것으로, 더 이상 변화하지 않고 고정되어 있는 것이 아니라, 끊임없이 계속적으로 발전하면서 형성되어 가는 개념을 말한다.[403]

말하자면 문화심리 구조는 결코 폐쇄적인 개념이 아니라, 살아있는 과정 중의 구조적 원칙 혹은 창조적 원칙을 가리킨다. 이것은 문화가 인간의 심리 중에서 발휘하여서 침적(沈積, sedimentation)되고 형상되

401) 李澤厚,「中日文化心理比較試說略稿」『原道』, 貴州人民出版社, 1999年 4月, 第5輯, 제150-210쪽 참조

402) 이런 의미에서 이택후는 문화심리 구조를 'Cultural-Psychological Formation'으로 번역하고 있다. 『역사본체론』, 三聯書店, 2002, 제130쪽 참조.

403) 李澤厚,「再談實用理性」『原道』, 社會科學出版社, 1994年 10月, 第1輯, 제156쪽.

는 침적과정sedimentating[404]이라는 말로도 표현 할 수 있다.

이처럼 역사를 통하여 누적하고 침적하여서 이루어진 문화심리 구조는 인류만이 가지고 있는 존재 형식으로 '내재적 자연의 인간화' 즉, 자연 생리나 심리 기초에서 문화의 침적으로부터 생성된 인성人性의 형식[405]이라고 할 수 있다.

이 문화심리 구조의 체계는 마치 생물들이 자연환경에 적응하여 살아남는 것처럼, 외부 환경에 적절하게 적응하면서 장기적으로 자신의 존재를 지속시켜 온 놀라운 생존력을 지니고 있다. 여기에서 이택후가 주목하고 있는 것은 '문화심리 구조'의 '전통 문화에 대한 강한 영향' 혹은 '문화심리 구조'가 지니고 있는 보수성에 있다.[406]

이택후가 문화심리 구조를 강조하는 이유는 단순한 전통 문화의 보수성과 강한 영향이라는 문제를 기술하는 것으로 그치지 않는다. 그는 문화심리 구조를 민족심 또는 민족적 지혜로 간주한다.

> 문학·예술·사상·풍습·의식 형태·문화 현상으로 드러나는 것이 바로 민족심의 대응물이고 또한 민족심의 현실적 구체화이자 결정체이며, 일종의 민족적 지혜라고 나는 생각한다. 여기에서 사용한 '지혜'라는 개념은 단순한 사유 능력이나 오성을 지칭하는 것은 아니다. 그것은 지혜wisdom나 지성intellecture일 뿐만 아니라, 지혜와 지성을 그 속에 포함한 전체 심리구조와 정신 역량을 가리키는 것으로 또한 그 속에 윤리학과 미학적 측면, 예를 들면 도덕적 자각, 인생에 대한 태도, 직관 능력 등을 담고 있다.[407]

404) 李澤厚 著, 『實用理性與樂感文化』, 제329쪽 참조.

405) 李澤厚 著, 『實用理性與樂感文化』, 제19쪽 참조.

406) 이 문단은 리쩌허우, 정병석 옮김, 『중국고대사상사론』의 제25쪽에서 제42쪽에 있는 「리쩌허우의 중국고대사상사론과 문화심리 구조」라는 제목의 해제를 참조 바람. 본 논문은 이 글의 내용들을 상당 부분 참조하고 인용하였는데 특히 IV장 부분에서 많이 인용하였음.

407) 리쩌허우, 정병석 옮김, 『중국고대사상사론』, 제571-572쪽.

중국인의 사유 특징은 바로 여기에 있다. 그것은 중국 민족이 생존하고 발전하면서 축적하여 온 내재적 존재이면서 문명이며, 매우 강한 계승의 힘, 지구력, 상대적 독립성을 지니고 있으면서 직·간접적으로나 의식·무의식적으로 내용으로부터 형식에 이르기까지, 도덕 표준이나 진리관념에서부터 사유 모델, 심미적審美的인 측면 등에 이르기까지 오늘날의 인간들에게 영향을 주고 지배하여 온 것이라고 할 수 있다.[408]

문화심리 구조의 범위는 내용에서부터 형식으로, 도덕 표준·진리관련으로부터 사유 양식·심리 등등에 까지 미치고 있고 또 이런 문제들을 과학적으로 탐구하고 그것들을 현대 생활에 적용할 경우의 장점과 약점 또는 긍정과 부정의 요소들을 살펴보는 것이 무엇보다도 중요하다. 또 현대적인 관점에서 중국의 문화심리 구조를 살펴보고 21세기의 사회에서 어떻게 이런 문화심리 구조를 변화시키고 개선해야할 것인지 철저하게 비판적으로 살펴 볼 필요가 있다. 이것이 바로 오늘날의 중국철학이 반드시 주의를 기울여 볼 만한 시대적 과제라고[409] 그는 분명하게 말하고 있다.

3. 실용이성과 半哲學으로서의 유학

이택후는 서양철학과 분명하게 구별되는 중국철학의 특성을 "일종의 현실 생활을 긍정하는 세계관 혹은 생활 태도"에서 찾고 있다. 유가 사상을 대표로하는 중국철학 속에서 이런 현실 생활을 인정하는 세계관이 주목하는 것은 현실적·윤리적 실천이거나 또는 이것과 긴밀하게 서로 연계되어 있는 것들이다. 이런 현실적·윤리적 실천을 벗어난 세계관이나 생

---

408) 리쩌허우, 정병석 옮김, 『중국고대사상사론』, 제571-572쪽.

409) 리쩌허우, 정병석 옮김, 『중국고대사상사론』, 제571-572쪽.

활태도는 의미가 없다. 이에 대해 이택후는 다음과 같이 말한다.

> 이런 이성은 현실적 실용을 매우 중요하게 여기는 특징을 가지고 있다. 즉 그것은 이론적인 측면에서 해결하기 힘든 철학적 과제를 토론하고 논쟁하려는 것에 초점을 두지 않으며, 또한 순수한 사변적 추상을 진행할 필요가 없다고 생각하는 것이다. ..... 중요한 것은 현실 생활 속에서 어떻게 그것을 적절하게 처리할 것인가 하는 문제이다.[410)]

이택후는 중국 철학, 특히 유학은 모든 일에 실용·실제와 실행을 강조하여 문제를 해결하는 경험 중시의 사유 방식 혹은 생활 태도를 보여준다고 말한다. 서양철학이 이지적 사변이나 분석을 강조하여 실용과는 무관하게 발전하여 매우 치밀한 철학 체계를 구성한 것과는 달리, 중국철학은 현실 세계의 실용적 측면에 더욱 치우쳐 온 것이 사실이다. 이런 현실 생활을 긍정하는 중국철학의 특성을 실용이성이라고 말한다.

그는 『중국고대사상사론』에서 실천(용)이성이라는 말을 주로 현실 생활에 깊은 관심을 기울이고 순수 추상적인 사변을 일삼지 않는 것으로 말한다. 이택후는 처음부터 '실용이성'이란 말을 사용하지 않고 '실천이성'이라는 말을 사용하였다. 칸트가 말하는 실천이성practical reason이라는 개념과의 혼란을 피하기 위해 나중에 실용이성pragmatic reason이라는 말로 바꾼다.[411)]

이택후가 '실천이성'이라는 말을 처음 사용한 경우는 『중국고대사상사론』의 「공자와 맹자의 철학」 부분이다. 그는 공자의 인학仁學 사상이 중국인의 문화심리 구조를 형성하는데 결정적인 영향을 끼친 것으로 보고 있다. 이런 공자의 인학 사상은 네 가지의 측면 혹은 요소에 의해서 구성되어 있는데 그것은 혈연기초血緣基礎, 심리원칙心理原則, 인도주

---

410) 리쩌허우, 정병석 옮김, 『중국고대사상사론』, 제94쪽.

411) 李澤厚 著, 『實用理性與樂感文化』, 제325쪽.

의, 개체인격個體人格이다. 이것들을 종합적으로 아우르는 전체의 특징이 바로 실천이성이다.[412]

혈연적 기초·심리적 원칙·인도주의·개체 인격이라는 네 가지 요소의 기계적 합이 인仁의 유기적 전체와 같은 것은 아니다. 전체라는 것은 위에서 말한 네 가지 요소가 상호 작용하여서 생겨난 것으로 이것들을 지배하는 공통적 특성이 있는데 이런 특성을 이택후는 '실천이론' 혹은 '실용이성'의 경향 혹은 태도라고 부르고 그것이 유학, 심지어 중국 전체 문화 심리의 중요한 민족적 특징을 구성하고 있다고 말한다.[413]

이택후는 실용이성을 '경험적 합리성empirical reasonableness'을 총괄하고 체계화한 것이라고 말한다. 이런 관점을 말하는 이택후의 입장은 기본적으로 인류의 경험은 실천에서 나온 것이라고 보기 때문이다.[414] 그러면 이택후가 말하는 '실천'이라는 개념은 어떤 의미를 가지고 있는가?

> 인류의 가장 근본적이고 기초적인 실천은 도구를 사용하여 물질을 만드는 노동의 조작操作 활동이고 또한 사회적인 생산 활동이다. 인간은 이것을 기초로 삼아 어떠한 다른 동물의 무리와는 구별되는 사회적 언어·질서·조직·각종의 부호, 예를 들면 의식·문자·예술 등을 형성하는데 이들을 통칭하여 인문human culture이라고 부른다. 이런 문화로부터 축적되어 심리적인 구조 형식을 형성하는데 이것이 바로 인성human nature이다.[415]

이택후는 실천을 노동의 조작 활동으로 보고 이를 기초로 하여 생물성生物性을 넘어서서 문화를 이루는 행위나 활동을 가능하게 하는 것으

412) 리쩌허우, 정병석 옮김, 『중국고대사상사론』, 제68쪽.
413) 리쩌허우, 정병석 옮김, 『중국고대사상사론』, 제92쪽.
414) 李澤厚 著, 『實用理性與樂感文化』, 제3쪽 참조.
415) 李澤厚 著, 『實用理性與樂感文化』, 제3쪽 참조.

로 간주하고 있다. 물론 인간 역시 기본적인 생물성의 활동 예를 들면 밥을 먹거나·성교·수면 등을 필요로 한다. 실제로 인류의 실천 활동 중에서 초생물성과 생물성은 항상 중첩되고 뒤섞인다. 그러나 중요한 것은 역시 실천의 기초적 의미는 인류가 물질 생산 활동에 근거하여서 생존을 유지하고 있음을 강조하기 위한 것이고, 기타의 언어 교류·과학기술·종교 등의 인문적 실천 활동은 모두 이것을 근거로 하고 있다. 실용이성의 핵심인 '경험적 합리성'은 이런 실천의 기초적인 의미에서 생긴 것이다. 여기에서 말하는 합리성은 이성과 관련된다.416)

실용이성이 말하고 있는 것 역시 기본적으로 이성 정신 또는 이성적 태도와 관련된다. 그러나 실용이성의 이성이 강조하는 측면은 서양철학에서 말하는 순수 사변적이거나 논리적인 이성의 관점과는 초점이 다르다.

> 이른바 실천(용)이성이 우선적으로 가리키는 것은 이성정신 또는 이성적 태도이다. 이것은 당시에 무신론과 회의론의 관점들이 일어난 것과 거의 일치하는데, 공자가 인을 통하여 예를 해석한 입장 역시 기본 경향에서는 이런 사조와 일치한다. 실천이성은 어떤 신비적인 열광이 아니라 냉정하면서도 현실적·합리적인 태도로 사물과 전통을 해설하고 처리한다. 금욕적인 태도나 또는 욕망을 억압하거나 방임하는 것이 아니라, 이지적으로 정욕을 바르게 인도하고, 만족시키고, 절제한다. 자신이나 다른 사람에 대한 이기주의 혹은 허무주의가 아니라 인도人道와 인격의 추구 속에서 어떤 균형을 추구하려고 했다.417)

실용이성은 기본적으로 이성 정신 또는 이성적 태도이지만 사변적 논증이나 엄밀한 논리적 추리·체계적 이론 수립 등은 중시하지 않는다. 반대로 그것은 실천적이거나 실용적인 성격을 지니고 있다. 특히

---

416) 李澤厚 著, 『實用理性與樂感文化』, 제4쪽 참조.

417) 리쩌허우, 정병석 옮김, 『중국고대사상사론』, 제92쪽.

중국인들은 인간 사이의 관계를 주요 대상으로 하는 인륜人倫을 중심으로 하는 유학의 도덕 체계와 문화 전통을 만들어 내고 있는데, 실용이성은 본래 자신과 다른 사람과의 관계에 있어서의 도구적이고 실용적인 기능을 중시하여 순수 사변에 대한 관심을 결핍하고 있다.

이런 점에서 이택후는 중국의 전통적인 실용이성의 가장 큰 결함과 약점을 추상적인 의미에 대한 충분한 인식과 발전을 결핍하고 있다는 것에서 찾고 있다. 이것은 바로 유학이 고도의 추상적이고 사변적인 순수 철학을 결핍하고 있는 중요한 원인이 되기도 한다.

중국문화는 '이론은 실제에 연계되어야 한다'는 점을 지나치게 강조하여 유클리히드 기하학이나 피타고라스 학파를 출현시키지도 못했고, 그럴 수도 없었던 것으로 보고 있다. 중국 전통의 실용이성은 지나치게 현실의 가능성을 중시하고 논리적 가능성을 경시함으로서 무용(無用)한 추상적 사유를 항상 경시하고 배척하였기 때문에[418] 엄밀한 의미의 서양철학과 같은 것은 출현하지 않았다고 말한다.

> 중국철학 특히 유가학설은 대체로는 다만 반철학半哲學일 뿐이다. 반철학이기 때문에 추상적인 사변논증·엄밀한 논리적 추리·체계적 이론 수립 등은 중시하지 않았다. 반대로 이론은 반드시 실천적인 것과 실용적인 품격을 지니고 있어야 함을 강조하고 있다. 유가는 보통 사람들의 일상생활과 그들의 행동 및 활동에 대해서 직접적인 영향을 끼치려고 시도한다. 서양 사람들의 입장에서 말하면 이것은 종교이지 철학의 임무가 아니다. 전통 중국사회에서 특히 사대부 사이에서 유학이 발휘하는 작용이라는 것은 일종의 준종교적인 작용이다.[419]

물론 이택후가 여기에서 유학을 '반철학'이라는 것으로 규정하는 것

418) 李澤厚 著, 『實用理性與樂感文化』, 제11쪽.
419) 李澤厚 著, 『實用理性與樂感文化』, 제326쪽.

은 결코 유학이 철학의 자격을 갖추고 있지 못하거나, 또는 유학을 폄하하려는 의도를 가지고 말하려는 것은 아니다. 다만 유학 속에는 순수한 철학적 요소 이외에 종교적인 성분이 함께 섞여 있다는 점을 강조하려는데 있다.

유가사상을 중심으로 하는 중국철학 속에는 분명히 어떤 종교적 품격을 포함하고 있어서 이것은 서양적 의미의 철학과는 다르다는 점을 분명하게 이야기하고 있다. 즉 철학이라는 말은 서양에서 온 것이고 이 술어를 이용하여 중국 문화를 토론하는 것은 결코 정확하지 않기 때문에 주의를 기울일 필요가 있음을 말하고 있다.420)

그는 유가철학을 중심으로 하는 중국 철학의 특징을 "현실생활을 긍정하는 세계관 혹은 생활 태도"에 있다고 말하였다. 중국에서 유가를 중심으로 하는 대부분의 철학 체계는 보통 사람들의 일상적인 생활, 그들의 행위와 활동에 직접적인 영향을 발휘하려는 것을 궁극적 목적으로 삼고 있다. 서양의 경우라면 이것은 종교이지 분명히 철학이 가지고 있는 임무는 아니다. 전통 중국사회에서, 특히 사대부들 속에서 이른바 철학이 발휘하는 작용은 분명히 준종교準宗教적이다.421)

특히 유가들이 실현하려고 하는 최고의 대상인 천도天道·천명天命·인성人性의 내용은 근본적으로 선한 것이고, 미적美的인 것이고, 활력적인 것으로 이에 대한 규정은 결코 과학적인 것도 아니고 또 사변적·철학적인 것이 아니라, 완전히 실천적·정감적이고 심리적이다. 그러므로 이것의 궁극적 실현이나 구현 즉 천인합일天人合一의 과정이나 경지는 단순히 사변적·철학적인 것이라기보다는 거의 종교적인 실천이나 경험에 가깝다고 할 수 있다.

이런 점에서 이택후는 유학은 비록 종교가 아니라할지라도 그것은

---

420) 李澤厚 著,『實用理性與樂感文化』, 제326쪽.

421) 李澤厚,「再談實用理性」『原道』, 社會科學出版社, 1994年 10月, 第1輯, 제153쪽.

윤리를 초월하여 종교적 경험에 상당하는 최고 경계를 가지고 있는데, 이런 경계를 심미적 경계라고 말한다. 유가의 심미의식은 단순한 감성적인 기쁨만이 아니라 또한 마음의 만족 혹은 구원으로 인간이 하늘로 향하는 정신적 회귀를 의미한다.[422] 이처럼 이택후는 중국철학이 가지고 있는 독특한 특성을 준종교적인 성격이 포함된 '실용이성'에서 찾고 있다.

중국인의 문화심리 활동의 구조 원칙인 '실용이성'은 '문화심리 구조'와 마찬가지로 결코 정지되어 불변하는 형식은 아니다. 오히려 이것이 강조하려는 것은 변화, 확대, 갱신과 발전에 있다. 그러므로 중국의 전통사상, 유학과 실용이성은 현대화에 결코 장애만을 일으키는 것은 아니다. 왜냐하면 실용이성에는 이성뿐만 아니라 정감 역시 그 속에 포함되어 있고 그 둘의 관계를 적절하게 조절할 가능성이 있어서 비이성적인 정감을 제한하고 새로운 사물을 받아들이는 것이 큰 장애가 되도록 하는데 이르지는 않게 만들 수 있기 때문이다.

다른 종교와 비교하면 실용이성은 감정과 이성의 관계를 적절하게 조화하고 역사적 경험을 더욱 강조하고 흡수하여 사회생활의 현실적 이익에 봉사하게 만든다. 비록 유학 전통은 항상 추상적인 사변·논리적 추리와 과학기술의 발명을 중시하지 않지만, 현대 과학기술이 서방에서 중국으로 와서 그 효용성을 증명한 후에 중국인들은 재빨리 그것을 받아들이고 또한 형식적 논리학으로부터 각종 철학적 이론에 이르는 서양적인 사유양식을 받아들이고 있다.[423]

422) 李澤厚 著, 『實用理性與樂感文化』, 제330쪽.
423) 李澤厚 著, 『實用理性與樂感文化』, 제332쪽 참조

4. 문화심리 구조의 원형인 인학 모체구조와 중국철학사의 기술

이택후는 구조 분석의 방법으로 중국철학의 기본 구조와 발전 법칙을 이야기하고 있다. 그는 이런 실용이성을 담고 있는 문화심리 구조의 원형을 공자의 인학仁學 사상에서 찾고 있는데, 그것을 중국인의 '문화심리 구조'의 원형으로 보았다. 이것이 바로 인학仁學의 모체구조母體構造이다.

그는 우선 공자가 세운 인학 모체구조를 분석하여 이것이 문화심리 구조를 구성하고 민족적 성격을 형성하였다고 말한다. 공자 사상은 중국의 봉건제 사회 속에서 사람들의 관념 · 행위 · 사유 방식 속에 침투되어 어떤 공통된 심리상태와 성격 특징을 구성하는데 결정적인 역할을 하였다. 이것은 바로 하나의 철학적 이론이 하나의 문화적 심리구조로 누적되어 이루어진 것을 말한다.

이택후는 인학 모체구조가 역사를 통하여 변형과 굴절을 거치지만 그 원형적인 형태가 고스란히 유지, 보존되어 계속 지속되어 왔음을 논증하고 있다. 공자와 유가학설로 대표되는 전통적 유학 문화가 사람들의 현실 생활과 관습 가운데 스며들어 시대를 초월하여 '문화심리 구조'를 형성하였는데, 그 구체적인 연원을 따져 보면 그것은 바로 혈연적 기초에서 나온 것이라고 할 수 있다. 중국의 '문화심리 구조'는 혈연적 기초 즉 원시 씨족 사회를 연원으로 하는 종법제와 농업 소생산을 기초로 하는 경제 구조에 근거하여 성립된 것이라고 할 수 있다.[424)]

비록 공자 이후 유가는 많은 발전과 변천을 하면서 특정한 어떤 시기에는 혈연기초, 심리원칙, 인도주의, 개체인격 중의 어떤 한 요소에 편중하여 새로운 사상 체계 혹은 파생적 구조를 만들어내기도 하였지만 결국은 인학 모체구조에 의해 흡수되거나 또는 모체구조의 보충적인

---

424) 리쩌허우, 정병석 옮김, 「리쩌허우의 중국고대사상사론과 문화심리 구조」 『중국고대사상사론』, 제31쪽 참조.

존재로 발전한다.

> 공자의 인학仁學 사상은 바로 이러한 (유기적) 전체의 양식과 거의 흡사한 것 같다. 그것은 네 가지의 측면 혹은 요소에 의해서 구성되어 있는데, 이런 제 요소들은 상호 의존하고 있으면서 상호 침투하고 있고 또한 동시에 서로 제약하는 관계 속에 놓여 있다. 이로부터 인학 사상은 스스로를 조절하는 자기 조절 기능과 상호 전환하여 상대적 안정을 기할 수 있는 적응 능력(기능)을 갖추게 된다. 바로 이런 이유에서 인학 사상은 늘 바깥에서 들어와서 침범하거나 간섭하는 외래적外來的 요소들을 소화해 버리거나 배척해 버리고, 자신을 계속적으로 연속시켜 매우 특색 있는 사상의 모형模型과 문화 심리구조를 구성하여 중국 민족의 성격을 형성하는 데 매우 중요한 흔적을 남긴다.[425)]

이택후는 인학이라는 모체구조가 스스로를 조절하는 자기 조절 기능과 상호 전환하여 상대적 안정을 기할 수 있는 적응 능력(기능)을 갖추고 있기 때문에 외래적 요소들을 소화하거나 배척해 버리고, 견고한 자신의 정체성과 자아 의식을 계속적으로 연속시켜 나간다고 말한다. 이것이 유학을 중심으로 하는 중국철학의 사유 모형模型과 문화 심리구조를 구성한다고 말한다.

예를 들면 증자曾子는 혈연 관계와 등급제를 중요하게 보기 때문에 매우 보수적인 이미지를 가진다. 안연은 개체 인격의 완성을 추구하는 것을 강조하여 후대에 도가의 장자학파로 발전하게 된다. 그러나 도가는 전체 중국 고대사회 속에서 항상 유가의 대립적인 보충으로서 나름대로의 강한 생명력을 가진다.

순자는 특별히 치국평천하의 외재적 측면을 발휘하여 인을 예에 종속하게 하여 직접 법가의 한비자가 그것을 이어 최고도로 발전시키도

---

425) 리쩌허우, 정병석 옮김, 『중국고대사상사론』, 제66쪽.

록 하였으나, 결국 한대漢代에 이르게 되면 모체구조의 의해서 흡수되고 소화되어버린다.

사맹思孟학파는 분명하게 심리원칙을 과장하여 인의예지를 선천적인 인의 본성과 정치 이론으로 삼지만 동시에 혈연관계를 중시하고 또 인도주의와 개체의 인격을 함께 강조하여 공자 인학의 정통이 된다. 이들은 모두 공자 사상의 실용이성의 기본정신을 보존하고 있다.

사변적 흥미(예를 들면 名家) 혹은 열광적인 신앙(예를 들면 墨家)은 근본적으로 인학구조의 양식에 부합하지 않기 때문에 끝내 중국문화의 주류主流에서 배척된다. 후대 사람들은 현실적 이익과 요구로부터 출발하여 각각 그 필요한 것을 취하고 또는 그 보수적인 측면을 과장하거나 또는 그 합리적 요소를 강조하여 다시 새롭게 그것들을 해석하고 평가하여 이로부터 동중서董仲舒 적인 공자가 있고, 주자朱子적인 공자가 있고 또 강유위康有爲적인 공자가 출현하게 되는 것이다.

전체 중국 철학 사상의 흐름을 중요한 몇 단계로 나누어 살펴보아도 마찬가지이다. 선진 시기의 유가·묵가·도가·법가 등의 제자백가들은 모두 당시 사회의 기본 문제와 사회적 문제들에 대해 관심을 기울였다. 진한秦漢 시기에 이르면 그것은 우주론宇宙論의 철학으로 변한다. 위진魏晉 철학의 핵심은 본체론本體論의 철학이다. 송명宋明은 심성론心性論의 철학이다. 근대에 이르러 비로소 담사동譚嗣同·장태염章太炎의 인식론의 철학이 출현한다. 그런데 이 다섯 단계 중에서 비록 각각 편중된 부분들이 있지만 기본적으로는 '내성외왕內聖外王'을 중심으로 하는 '실용이성의 기본 정신은 시종 버려지지 않고 있다.

원형 그 자체는 아니라 하더라고 여전히 '인학 모체구조'를 완전히 벗어나지 못하고 실용이성을 근간으로 하는 중국의 민족 문화심리 상태는 줄곧 연속되고 유지되어 왔다. 아울러 이런 구조 형식이 장기간의 봉건사회 속에서 봉건주의적인 각종 내용과 하나로 섞여서 구분되지 않게 되었다고[426] 말한다.

『중국고대사상사론』에서 이택후는 모든 제자백가들에 대해 상세하게 다루지 않고 몇 몇 주요한 유파와 사조들에 대해서만 이야기하고 있다. 그는 다음과 같이 말한다.

> 왜냐하면 이러한 개략적인 주제에 집중했기 때문에 나는 다만 가장 대표적이고 실질적인 영향력이 큰 몇몇 인물과 사조만을 취했을 뿐이고 비교적 덜 중요한 많은 인물과 학파, 사상에 대해서는 거의 논술하지 않았다. 예를 들면, 선진先秦의 명가名家와 그 밖의 매우 유명하고 심지어는 매우 중요한 사상가들과 또한 논술된 인물, 사조 가운데 이 주제와 관계가 먼 부분이나 내용, 단계들은 내버려두었다. 특히 고증考證 범위에 속하는, 예컨대 인물의 생존 년대, 사료의 원류, 판본의 진위眞僞 등의 문제들에 대해서는 철저하게 다루지 않았음은 물론이다.[427]

이택후가 중국사상사를 분석하는 의도는 결코 유학을 높이려는데 있는 것은 아니다. 그 목적은 유학이 중국인들에게 어떠한 흔적을 남기고 있고 중국의 문화심리 구조에 어떤 장점과 약점을 주었는가 하는 것을 살펴보는데 있다. 그는 유가가 수 천 년의 사회적 통치의식으로서 이미 계급적 사상이 아니라 중국인의 민족성 혹은 문화심리 구조 중의 중요한 구성 부분이 되었음을 지적한다.

유학에는 우량한 것도 있고 또한 나쁜 것도 있다. 그것은 문화심리적인 현실 존재이기 때문에 이미 무의식적인 심층 속에 침투되어있기 때문에 이것을 끄집어내어 제거하려고 하여도 함부로 버릴 수 있는 것도 아니다. 그것이 얼마나 좋은가를 찬양하여 그것을 지키려하거나 또는 나쁘기 때문에 버려야한다고 극단적으로 주장하는 것 모두 전혀 의미

426) 리쩌허우, 정병석 옮김, 「리쩌허우의 중국고대사상사론과 문화심리 구조」 『중국고대사상사론』, 제31쪽 참조.

427) 리쩌허우, 정병석 옮김, 『중국고대사상사론』, 제572-573쪽.

가 없다. 중요한 것은 냉정한 자아의식과 역사적인 구체적 분석을 통하여 우선적으로 그것을 이해하고 그것을 올바로 해석하여 창조적으로 혁신하고 전환하도록 촉진하는데 있다.[428]

이택후가 관심을 기울여 언급한 주제들은 '문화심리 구조'를 구성하는 것 중에서 가장 결정적인 작용을 일으키는 그런 내용들이다. 『중국고대사상사론』에서 보이는 것처럼, 그가 주의를 기울여 논의한 문제들은 공자와 묵자, 맹자와 순자, 노자와 한비자, 『주역』과 동중서, 장자와 선종 및 이른바 '내성' '외왕'의 학學들이다.

제자백가 가운데에서도 그는 묵가와 손자孫子 등에 대해 많은 관심을 기울이고 있다. 손자의 사상을 중요하게 다루고 있는 이유는 아마도 이택후 본인이 강조하고 있는 '실용이성'과의 관련성에서 살펴볼 수 있다. 병가兵家인 손자의 사상에서 중국의 변증법이 근원하고 있는 것으로 보고, 이런 변증법은 분명히 개념적 변증법과는 다른 특성을 지니고 있다고 말한다. 「순자·역전·중용의 철학」에서 『순자』와 『역전』이 공유하고 있는 문제들을 분석하고 있는 관점은 대단히 빼어난 견해로 평가할 수 있다.[429]

여기에서 우리가 주의를 기울여야 할 점은 진한 시기의 음양오행설을 중심으로 하는 우주론 철학과 '문화심리 구조'와의 관련성이다. 이택후는 '문화심리 구조'의 견고성은 대부분의 중국철학자들이 무시하는 한대에 와서 비로소 확실해진다는 사실을 강조하고, 한대의 우주론 철학이 오히려 중국의 문화심리 구조를 형성하는데 결정적인 역할을 하였다고 말한다. 왜냐하면 한대에 이르러 천인天人이나 고금古今 등의 문제들이 하나의 체계 속에서 형성되기 때문이다. 이택후는 다음과 같

---

428) 李澤厚 著, 「關於儒家與現代新儒家」, 『走我自己的路』, 谷風出版社, 臺北, 1987. 제237-238참조.

429) 리쩌허우, 정병석 옮김, 「리쩌허우의 중국고대사상사론과 문화심리 구조」 『중국고대사상사론』, 제33쪽 참조.

이 말한다.

> 한대漢代에 중국의 독특한 문화심리 구조가 최종적으로 형성된다. 이 문화심리 구조의 연원은 먼 고대까지 소급되지만, 한대에 이르러 그것은 비로소 성숙된다. 공자가 고대의 정신을 계승하여 새롭게 제시한 인학仁學의 구조는 주로 한대에 존재하였던 일련의 행정 규정, 예를 들면 유학에 대한 존중·효도의 제창·종법 질서에 대한 존중을 통해서, 동시에 또한 동중서의 유학을 대표로 하는 '천인감응天人感應'의 우주 도식을 통해 구체적으로 실현되었다. 비록 동중서의 유학이나 오행五行 도식은 공자의 학설과는 많은 차이를 가지고 있지만 공자가 제시한 원시유학의 기본 정신-혈연적 기초, 심리원칙, 치국평천하의 이상, 실용이성, 중용 관념 등은 모두 이 음양오행 체계론의 도식을 통해서 보존되고 확대되었다. 이처럼 신앙 또는 종교적 기능을 가지고 있는 우주 도식을 이론적 기초로 삼게 되면서 유학은 도리어 더욱 강화된 것으로 보인다. 유학은 여기에 이르러 다시 새로운 단계로 진입한다. 그것은 과거를 총결하여 도가와 법가, 음양가 등의 여러 학파를 흡수하고 포용하였을 뿐만 아니라 점차 전체 사회 생활 속으로 깊숙이 침투하기 시작하여 민족 심리와 민족 성격에서 지우기 어려운 흔적을 만들어 놓으면서 여기서 나중에 외래세력에 의해서도 쉽게 동요되지 않는 것으로 성립된다.430)

이택후는 중국의 전통 사회가 장구한 세월 동안 유지될 수 있었고 심지어 오늘날까지도 그렇게 견고하게 자리 잡을 수 있었던 것은 바로 한대의 음양오행의 우주 도식의 체계가 있었기 때문에 가능한 것이었다고 말한다. 한대 사상은 음양오행을 중심으로 하는 우주론의 체계를 통하여 모든 것을 통일하고 있다.

우리가 오늘날 말하는 한족漢族, 한어漢語 등도 바로 이 시기에 형성된다. 진한 사상은 대일통大一統 제국의 성립에 필요한 새로운 상부구조의

430) 리쩌허우, 정병석 옮김, 『중국고대사상사론』, 제354-355쪽.

필요성에 따라 구축된 것이라고 할 수 있다. 진한 사상은 물질 문명의 체계화뿐만 아니라 전체 '문화심리 구조'에서 중국 후대에 모형과 기초를 제공하는데 이것이야말로 원시 유학의 진정한 구체화라고 할 수 있다. "진한시대에 이르러서야 비로소 실질적으로 중국이라는 통일 국가가 등장한다는 점을 고려할 때, 중국인의 정체성을 갖는 심리 구조가 이 시기에 이르러 비로소 형성되었다는 주장은 형식적으로라도 매우 설득력을 갖는다는 점에서 이 충격은 그 동안 잊혀 졌거나 외면된 역사적 사실의 새로운 발견을 의미하기도 한다"431)

위진 이후 불교가 동전東傳하여 커다란 세력을 확보하고 제왕과 대중의 추앙을 받으면서도 여전히 중국의 정치, 문화, 사상의 면모를 근본적인 입장에서 변화시킬 수 없었던 이유는 아마도 진한시대에 확립된 관료 정치 체제와 체계론적 우주 도식의 의식 형태와 분명히 관계가 있을 것이라고 이택후는 말한다. 그는 「장자·현학·선종」에서 유학의 보충으로서의 도가와 선종을 이야기하고 있다.

> 수신·제가·치국·평천하를 말하는 유가와는 달리, 장자나 선종은 기본적으로 사회·정치철학이라기보다는 인격과 마음의 철학에 해당한다. ...... 장자와 선종은 기본적으로 사대부와 지식인의 생활·의식의 어떤 측면이나 모종의 정취로서 잔류하여 발전해왔다. 그러므로 장자와 선종이 중국 민족의 문화심리 구조에 미친 나쁘거나 좋은 작용과 영향은 모두 유가에 크게 미치지 못한다. 그러나 유가의 어떤 대립적 보충으로서 지식인 계층을 통하여 문화 영역 속에(예를 들면 문학·예술의 영역) 두드러진 흔적을 남겨놓고 있다.432)

장자나 선종의 사상은 분명히 중국인들의 영혼을 안위安慰하게 만든

431) 유인희, 「동아시아통합철학사 서술의 관점에 대한 반성의 문제 - 이택후의 『秦漢思想簡議』가 말해주는 동아시아철학사 서술의 문제」, 『한국사상사학』 제12집, 제310쪽.

432) 리쩌허우, 정병석 옮김, 『중국고대사상사론』, 제430쪽.

역할을 한 것은 사실이다. 그러나 이들은 유가가 가지고 있는 역할을 대신하지는 못했다. 장자와 선종을 대표로 하여 이상적 인격과 인생경계를 추구하는 본체론 철학은 중국 사상 발전 중의 또 다른 중요한 한 측면을 구성한다. 비록 선종이 중국인들에게 끼친 영향이 심대하지만 그것은 중국인의 '문화심리 구조'를 변화시키기에는 역부족이었다. 불교는 위진 시기 이후 수 백 년 이상 점유하고 있었던 자신들의 영역을 유학에 다시 넘겨주어야만 하였다.433)

송명 이학은 한대의 우주 법칙을 도덕적 자각의 심성이론으로 전환시킨 것에서부터, 또 우주 도식의 객관성을 윤리 주체의 주체성으로 전환시킴으로써 불교에 대해 이론적인 승리를 거두게 된다. 진한 시기의 우주론과 마찬가지로 송명 이학 자체 역시 종교가 아니었지만, 그것은 오히려 종교의 내용을 포함하고 있으며, 그 자체가 어떤 종교적인 성격과 기능을 가지고 있었기 때문에 다른 종교를 필요로 하지 않았던 것으로 보인다.

이택후는 전체 송명 이학 속에서 우주론이나 인식론은 하나의 시작을 위한 전주곡에 불과하고 핵심적 체계는 인성론이라고 보았다. 송·명·청의 시대를 거쳐서 편찬된 『근사록집주近思錄集註』『성리대전性理大全』『성리정의性理正義』 등의 책들은 처음부터 리理·기·무극無極·태극太極을 모두 포함한 우주관을 말한다. 그러나 이것은 여전히 전주前奏에 불과할 뿐이다. 전주는 주제를 끄집어내기 위한 것이다. 여기에서 연주하고 싶은 주제는 인간의 윤리 질서를 기본적인 주축으로 삼는 공맹의 도道를 재건再建하려는데 있다.434)

『중용』과 『대학』이 『주역』에 비해서 송명 이학의 더욱 중요한 경전

---

433) 리쩌허우, 정병석 옮김, 「리쩌허우의 중국고대사상사론과 문화심리 구조」 『중국고대사상사론』, 제38쪽 참조.

434) 리쩌허우, 정병석 옮김, 「리쩌허우의 중국고대사상사론과 문화심리 구조」 『중국고대사상사론』, 제39쪽 참조.

이 된 이유는 천 년 동안이나 냉담하게 방치하여 놓아두었던 인성 이론을 다시 새롭게 불러일으켜 선진시기와 서로 연결시키려고 하기 때문이다. 인성 이론이 중요한 이유는 그것이 바로 '천天' '인人'을 연결하고 소통시키는 축이기 때문이다. 말하자면 인성론은 바로 우주론에서부터 윤리학에 이르는 핵심 관건이다. 송명 이학의 핵심적 체계는 우주론·인식론이 아니라 인성론이다. 그러므로 다같이 '천인지제天人之際'를 말하지만 송명 이학이 말하는 것은 동중서나 한대 유학과는 근본적으로 다르다.

이택후는 송명 이학의 핵심적 체계를 우주론이나 인식론이 아니라 심성을 말하는 인성론에서 찾고 있다. 왜냐하면 인성 문제가 천과 인을 구성하고 연결하는 관건이 되기 때문이다. 이런 개체의 심성은 유한한 감성 존재를 초월하여서 형이상학적 본체가 된다. 그러나 지나친 인성에 대한 추구와 도덕 우위론적인 경향으로 말미암아 송명 이학이 지나치게 인간의 '내성內聖'에 편중되어 있다는 점을 이택후는 지적하고 있다.

이택후는 유학의 발전을 나누어 공자 - 맹자 - 중용 - 송명 이학의 체계로 발전한 유가를 내성학內聖學으로 보고, 공자 - 순자 - 역전 - 한유漢儒 - 경세 사상의 이 체계가 유가의 외왕학外王學으로 발전되었다고 보았다. 이 둘이 바로 유학 중의 가장 중요한 두 노선이다. 이 둘은 어떤 경우에는 서로 보충·통일되기도 하고 또 어떤 때는 상호 대치하고 각각 발전하기도 하였다. 송명 이학은 극단적으로 내성을 치우치게 발전시켜 외왕을 지배하여 심지어 유일한 이론적 내용이 되기도 하였다. 그러니 내성과 외왕은 각기 다른 방면에서 공자의 인학 모체구조를 풍부하게 하여 중국 문화 심리구조의 주체 부분을 구성한다.

5. 소결

이택후는 일련의 사상사론을 집필하였다. 『중국고대사상사론』이 중국 민족의 '문화심리 구조'의 특징에 대해 말하고 있다면, 『중국근대사상사론』과 『중국현대사상사론』에서는 주로 '계몽啓蒙'의 문제에 대해 이야기하고 있다.

그는 『중국고대사상사론』에서 공자와 유가를 주축으로 삼아 논의를 전개하고 있다. 이렇게 되는 이유는 이택후 개인의 유가에 대한 선호 문제가 아니라 유가는 확실히 중국의 '문화심리 구조'의 형성에 결정적인 역할을 하였기 때문이다.

공자의 인학 모체구조가 중국인의 문화심리 구조를 구성하고 민족적 성격을 형성하였다고 이택후는 말한다. 실제로 공자가 인생이나 현실생활을 대하는 정신, 이성적인 태도에 복종하는 깨어 있는 태도, 실용을 중시하고 있는 반면에 사변思辨을 강조하지 않고, 현실적인 인간사는 높이지만 귀신에 대해서는 관심을 두지 않고, 전체 공동체의 조화를 강조하여 일상적인 인간사 속에서 정욕의 만족과 평형을 유지하는 이런 경향들이 중국 민족의 무의식적인 집체원형集體原型 현상이 되어 민족성의 문화심리 구조를 구성하게 되는 것으로 보고 있다.

공자의 유가 철학이 거의 중국 문화의 대명사로 되는 것은 결코 우연이 아니다. 이런 '문화심리 구조'를 파악하여야만 비로소 중국 철학사상의 특징을 정확하게 이해할 수 있다. 이택후는 그가 공자를 연구하는 주된 이유를 2000년 이상 중국인의 사상, 의식, 습관 속에 융화融化되어 있는 공자의 흔적이 어떤 장점과 약점을 가지고 있는가를 살피는데 있다고 말한다.

이택후는 문화심리 구조와 실용이성을 통하여 유학과 중국의 사상사를 종횡으로 분석하고 있다. 이택후가 다루고 있는 범위나 자료들은 역시 기존의 통사와 크게 다를 바 없다. 그러나 그의 독특한 시각이나 관점은 기존의 철학사나 사상사와는 확연히 구별된다. 그는 '문화심리구조'와 '실용이성'의 관점을 이용하여 중국의 사상사와 유가의 철학적 전통을 해석하는 한편 동시에 현대의 중국이 가야할 길이 무엇인가를 제시하고 있기 때문이다.

제9장

동서교섭에서 드러난 유학의 문화적 인지구조와 견고한 자아 의식

1. 들어가는 말

유학의 역사는 결코 정체적停滯的이거나 단열적斷裂的이지도 않고, 발전적이고 연속적連續的이다. 유학은 마치 하나의 유기체가 환경에 적응하는 것처럼, 그 구조와 내용을 끊임없이 손익損益하고 재구성하여 진화하고 발전해왔다. 이런 연속적이고 발전적인 역사 속에서 유학은 점점 진화하여 더욱 고도의 철학적인 이론 체계를 갖추어 왔다.

이런 연속적인 발전 속에서 우리가 눈여겨 볼 점은 유학은 결코 다른 이학異學들에 대해서 무조건 배타적이거나 독선적이지 않았다는 것이다. 유가는 그들의 정체성을 결코 자신들의 것 속에서만 정립하거나 확인하지는 않았다. 늘 외부로부터의 도전에 대한 응전을 통하여 그들의 정체성을 확인하고, 새롭게 돌아보고 다시 조절하여 부단히 새로운 발전을 하여 왔다. 실제로 선진유학先秦儒學에서 송명宋明 유학으로의 발전 과정을 통하여 도교나 불교의 도전에 대한 유가의 흡수와 자기 혁신은 이런 점을 잘 보여주고 있다.

16세기 이후 유학은 또 다른 서학西學인 기독교의 도전에 노출되어 있었다. 그러나 당시 유가들은 그들의 정신적 세계를 교체하려는 선교사들의 시도에 대해 무관심하였다. 왜냐하면 너무나 확고하고 견고한 유가의 정신 세계를 교체하려는 기독교의 시도는 어쩌면 지나치게 무모한 것이었는지도 모른다. 다만 형이상학적인 천주학에 따라 들어 온 과학 기술은 당시의 유가들에게 큰 충격이었다.

아편전쟁 이후 중국은 서구 열강이 가지고 있는 빼어난 무기들과 그것을 만들 수 있는 과학기술의 능력과 서양의 문명에 대해 적극적인 관심을 가질 수밖에 없었고 뒤이어서 서양의 정치 제도 등의 문제에 점점 더 큰 관심을 보이기 시작했다.

이런 서학동점西學東漸의 엄청난 파도 속에서 유가들은 자신들을 다시 돌아보고 유학 속에서 '무엇이 더 필요하고' 또 '무엇을 버리고 조절하여야 할 것인가' 하는 보다 근본적이고 심각한 문제들에 직면하게 된다. 이런 고민은 19세기뿐만 아니라 20세기를 거쳐 현재까지도 지속적으로 진행되고 있는 문제라고 할 수 있다.

본문의 의도는 유학의 정체성의 내용이 무엇인가를 구체적으로 밝히려는데 있는 것은 아니다. 그것보다는 서세동점 시기에 강력한 힘을 가지고 있는 서학을 유가들이 어떻게 이해하고 대응하고 있는지를 문화적 인지구조(文化的 認知構造; cognitive structure)의 동화同化와 조절調節의 관점을 통해서 살펴보는데 있다. 이런 논의를 통해서 유학의 정체성의 위기와 그 위기를 생기게 하는 배경이 무엇인가를 분석하려고 한다.

이 문제의 분석을 위해서 구체적으로는 서양 기독교와의 만남과 교섭, 서양 과학 문명을 통한 유학의 자기 인식과 문화적 발전구상, 동아시아 근대 동서 문명 교섭에서 동아시아 각국의 대응 등의 문제들을 범위로 삼으려 한다. 특히 이런 내용들을 "서양 문화에 대한 평가와 수용에서 드러난 유학儒學의 견고堅固한 자아의식自我意識"이라는 각도를 통하여 살펴보려고 한다.

2. 동서철학의 만남, 유가 정신세계의 변환에 대한 서학의 도전과 실패 : 유학에 대한 서학의 만만디의 緩進政策과 과학기술

중국에 서양 학술이 본격적으로 유입되는 시기는 16세기 후반이라고 할 수 있다. 가장 초창기에 중국에서 선교 활동을 한 예수회 선교사인 미켈 루제에리[435](Michel Ruggierri, 1543-1607)와 마테오 리치[436](Matteo Ricci, 1552-1610) 등에 의해서 본격적인 선교가 이루어지면서 서학西學이 중국에 유입하게 된다. 그들은 중국어로 된 교리서를 편찬하여 포교에 전력을 기울였는데 당시에 나온 대표적인 선교사들의 출판물에는 미켈 루제에리의 『천주성교실록天主聖教實錄』이나 마테오 리치의 『천주실의天主實義』 등이 있다. 이들 예수회 선교사들 이전에도 이미 다른 기독교 선교사들이 중국에 와서 선교 활동을 하였다.

가장 일찍이는 7-8세기에 중국에 온 네스토리안 즉 경교景教를 들 수 있다.[437] 또 13세기에 프란시스코 수도사가 원元나라에 왔을 때, 경교

---

435) Louis Pfister의 『Notices biographiques et biographiques sur les Jesuites de l'ancienne mission de Chine』를 馮承鈞이 번역한 『在華耶蘇會士列傳及書目』(中華書局, 北京, 1995) 제15-30쪽에서 Ruggierri의 중국이름을 羅明堅으로 기록하고 있다. 그는 이탈리아 사람으로 1579년 7월에 마카오에 도착하였다.

436) Matteo Ricci는 이탈리아 사람으로 『在華耶蘇會士列傳及書目』에는 중국 이름을 리마두(利瑪竇)로 기록하고 있다. 그는 1583년 중국의 광동성의 짜오칭(肇慶)에 들어 왔다.

437) 경교(景教)에 대해서는 A.C.Moule, Christians in China before the Year 1550 (London, 1930)과 楊森富, 「唐元兩代基督教興衰原因之硏究」, 劉小楓 主編 『道與言』(上海三聯書店,1995) 등을 참고 바람, 당대의 경교는 정관(貞觀) 9년(635년)중국에 들어와 회창(會昌) 5년(845년)에 금단(禁斷)될 때 까지 모두 210년간 유행하였다. "大秦景教流行中國碑頌幷序"(즉 景教碑)에 의하면 전국의 대부분에 걸쳐 100여 곳 이상의 교회가 있었다는 기록이 있다.

는 활발한 활동을 하고 있지는 못하였으나 여전히 명맥을 유지하고 있었던 것 같다. 프란시스코 선교회에서는 약 6000명에 달하는 사람들에게 세례를 주었다. 프란시스코 선교회의 선교는 네스토리우스보다 더 짧은 기간 동안만 중국에서 활동할 수 있었는데 그것은 중국의 종교나 철학으로서의 유교에 대하여 주의를 기울이지 않았기 때문이다.[438] 이런 점들은 후대 예수회 선교사들의 선교 과정에서도 똑같이 반성되어야 하는 문제이다.

예수회의 중국 전교傳教는 프란치스코 사베리오(Francisco Xaverius, 1506-1552)로부터 시작된다. 그는 인도의 선교에만 그치지 않고 일본의 선교에 나서게 된다. 일본에서 선고하는 과정에서 가장 많이 받는 질문 중의 하나는 당시 일본의 지식인들이 던지는 물음이었다. 그것은 바로 "만약 기독교의 교리가 진실이라면 중국인들이 분명히 이야기하였을 텐데, 이 문제를 중국학자들이 언급하지 않은 것으로 보아 분명히 진실이 아닐 것이다"라는 말이었다.

이것은 중국 문화 특히 유학儒學의 권위가 얼마나 크고, 그 영향이 얼마나 견고하고 강인한가를 분명하게 보여 주는 것이라고 할 수 있다. 여기에서 사베리오는 중국을 선교해야만 동아시아의 선교가 가능하다는 사실을 파악하게 되고 이를 수행하기 위해서는 높은 학식과 인격을 갖춘 선교사가 필요하다고 생각하였다.

사베리오의 이런 유지를 받들어 알렉산드로 발리냐니(Alexandre Valignani, 1538-1606)[439]는 1579년 인도 고아로부터 미켈 루제에리를 마카오로 불러 중국어와 한문을 배우게 하고, 당시 고아에 와 있었던 젊은 신부인 마테오 리치를 불러 중국 전교 사업을 함께 담당하도록 하였다.[440]

---

438) 줄리아 칭 지음, 최효선 옮김, 『유교와 기독교』, 서광사, 1993년, 제38쪽 참조 바람.

439) Alexandre Valignani는 이탈리아 사람으로 『在華耶蘇會士列傳及書目』에는 범례안(范禮安)으로 기록하고 있다.

중국 기독교 교회의 실제적인 창시자인 마테오 리치는 그 후 유가 경전 속의 언어를 이용하여 천주교의 신학을 번역해 낸다. 마테오 리치는 당시 중국의 뛰어난 사대부들과 교유하면서 중국의 언어와 풍습 및 유가 경전을 습득하고 서양의 지식들을 그들에게 전달하였다. 이런 과정을 통하여 1603년에 『천주실의天主實義』가 출판되었다.

예수회 선교사들이 처음 중국에 왔을 때, 그들은 유학보다는 불교에 대하여 더 잘 알고 있었다. 그들의 선교가 중국인들에게 받아들여지게 하기 위한 최초의 시도로써 승려의 가사를 입었으며 불교에서 빌려 온 언어를 통해 복음을 전파하려고 하였다.

이에 비해 마테오 리치는 중국인들의 의식 세계를 지배하는 가치체계는 불교가 아니라 유학이라고 보았다. 기독교를 전파하는데 불교보다는 유학이 더 큰 역할을 할 수 있다고 생각한 마테오 리치는 불교 승려의 가사를 벗고 유가가 입는 관복을 입기 시작하였다. 이것은 물론 그의 유교와 기독교의 공존 가능성에 대한 확신의 표현이었으며 선교상의 방편이었다.[441] 이런 그의 결단이 바로 '보유역불補儒易佛' 즉 불교나 도교에 대해서는 격렬한 비판적 태도를 취하는데 비해서 유학에 대해서는 저자세의 영합적 태도를 보여주는[442] 동시에 수정과 비판적 태도를 암중모색하고 있었던 것으로 보인다.[443]

예수회 선교사들이 보는 관점에서 불교도들은 우상 숭배자들이고 유

440) 송영배, 『서양철학의 교섭과 동서양 사유 방식의 차이』, 논형, 2004. 제17-20쪽 참조 바람.

441) 『유교와 기독교』 제40쪽.

442) 마테오 리치는 『天主實義』에서 도가와 불가를 아예 "이씨(二氏)"라고 하여 폄하하는 느낌을 주고 있는 반면에 유가에 대해서는 긍정적인 관점을 보여주고 있다. 예를 들면 『天主實義』 上卷 第二篇 「解釋世人錯認天主」에서는 다음과 같이 말하고 있다. "二氏之謂,, 曰無曰空,, 於天主理大相刺謬, 其不可崇尙, 明矣. 夫儒之謂, 曰有曰誠, 雖未盡聞其釋, 固庶幾乎!"朱維錚 主編, 『利瑪竇中文著譯集』, 上海 復旦大學出版社, 2001년, 제15쪽.

443) 李天綱, 『中國禮儀之爭』, 上海古籍出版社, 1998, 제21쪽 참조 바람.

가들은 잠재적인 기독교도들이었다. 그는 수년간 중국어와 유가 경전들을 공부한 결과 기독교와 유학 사이에는 서로 공존할 수 있는 요소들이 많다는 것을 알았다. 마테오 리치는 이런 견해를 자신이 지은 『천주실의』에서 신이나 사후 세계의 삶과 같은 기독교적인 관념을 유가 경전의 문구들에 빗대어 설명하고 있다. 그러므로 동서철학의 본격적인 교류는 『천주실의』에서 시작되었다고 할 수 있을 것이다.

마테오 리치는 카톨릭의 천주(天主; Deus)를 유가에서 말하는'상제上帝'나 '천天'과 동일한 존재로 보는 가운데 중국의 유교적 문화 전통을 긍정적으로 보고 있다. 다만 후대 송명 시기 성리학의 무신론적 특성, 특히 이기론理氣論에 기초하는 우주의 생성 발전론이 결국 불교와 도교라는 우상 숭배의 영향을 받아서 왜곡되었다고 주장하며, 이를 아리스토텔레스의 기본적인 철학적 개념의 틀과 토미즘의 신학 사상에 기초하여 신랄하게 비판한다.[444] 이처럼 마테오 리치는 선진 유학에 대해서는 긍정적이지만 신유학의 형이상학적 관점에 대해서는 부정적이다.

비록 예수회 선교회에서는 마테오 리치를 최고의 중국통中國通으로 공인하였지만, 그가 광동廣東에서 보낸 십여 년 간은 언어의 장애, 환경의 불안정 및 문화적 차이를 쉽게 극복하지 못하여 중국이나 중국의 학문의 실상에 대해서 완전하게 이해하기는 어려웠던 것으로 보인다. 그 후 그는 1595년 6월에서 1598년 6월까지 강서성江西省 남창南昌으로 옮겨 생활하게 된다.

마테오 리치는 처음에 남창의 인문적人文的 환경에 대해서 매우 만족하였다. 그 이유는 그 쪽의 유학자儒學者들이나 사람들이 서양인인 그를 예상외로 매우 우호적으로 잘 대해 주었기 때문이다. 심지어 왜 이렇게 우호적으로 대해주는가에 대한 의문을 중요한 주제로 삼아 마카오나 로마에 있는 사람들과 편지를 몇 번씩이나 주고받을 정도였다.[445]

---

444) 『서양철학의 교섭과 동서양 사유 방식의 차이』 제49쪽 참조.

이런 우호적인 분위기에서 그는 남창에서 1년만 선교 활동을 한다면 아마도 이전 광동에서 보낸 14년의 시간보다 수확이 더 클 것으로 예상하기도[446] 하였다. 그러나 마테오 리치는 실제로 1년이 지나간 후에 기대가 큰 만큼 더 큰 실망을 하게 된다. 우호적인 분위기와 선교 활동의 효과는 결코 일치하지 않았기 때문이다. 그는 남창 사대부들이 왜 예수회 선교사들에 대해 그렇게 우호적인 가의 실상을 파악하지 못한 것으로 보인다.

마테오 리치는 '유학'을 피상적으로만 이해하여, 개방적인 양명학陽明學과 관학적官學的 의식 형태를 지니고 있는 주자학朱子學을 구별하지 못하였던 것으로 보인다.[447] 그는 남창南昌이 있는 강서江西 지역이 바로 왕양명王陽明이나 양명학陽明學과 밀접한 관계를 가지고 있다는 사실을 간과하고 있었던 것으로 보인다.[448]

육왕학陸王學의 관점에서 보자면 거리의 사람 누구든 우禹 임금과 같은 성인이 될 수 있기 때문에(塗之人皆可爲禹) 동서남북東西南北 어디에서든 모두 성인이 나올 수 있다. 그러므로 동해東海나 서해西海에서 나온 성인들의 심心도 같고 이理도 다른 것이 아니기 때문에[449] 남창의 사대부들에게 있어서 서양에서 온 천주교의 진리 역시 별로 이상할 것이 없었던 것이다.

마테오 리치는 왕문王門의 제파諸派들이 공통적으로 가지고 있는 이교異教와 이학異學에 대한 조건적인 관용 태도 즉 전면적 부정도 아니고 부분적으로 인정만하는 태도와 심리를 이해하지 못했다. 얼마 뒤 이런 사실을 깨달은 마테오 리치는 친구에게 보내는 편지에서 남창에서의

---

445) T. Venturi 編, 羅漁 譯, 『利瑪竇書信集』, 臺北, 輔仁大學出版社, 1986年, 上冊 제178-179쪽, 제208-210쪽, 제229-230쪽 참조.

446) 『利瑪竇書信集』, 上冊 162, 제179쪽 참조.

447) 『利瑪竇中文著譯集』 「導言」 제17쪽 참조.

448) 『明儒學案』 「江右王門學案序」 "陽明一生精神, 俱在江右".

449) 『象山先生全集』 「雜說」 "東西南北海有聖人出焉, 同此心同此理也".

영혼 구원이라는 사업은 결코 쉽지 않고 심지어는"오래도록 고생했지만 효과는 거의 제로였다"450)라는 고백을 하고 있다. 여기에서 그는 선교 전략의 수정 필요성을 생각한 것으로 보인다.

마테오 리치가 선교 전략을 수정하려는 생각을 가질 수밖에 없었던 이유는 여러 가지가 있을 수 있지만 그 중에서 가장 중요한 것은 유가의 정신세계를 변화시켜 영혼을 구원하는 일이 너무 어렵다는 것이다. 여기에서 그들은 한 걸음 물러나 선교의 방향과 방식들을 총체적으로 점검할 필요가 있었다. 그들은 먼저 설교를 통하여 형이상학적인 천주교의 교리를 주입하여 중국인들을 천주교에 귀의하게 하는 방식은 결코 효과적이지 못하고 도리어 위험한 것이라는 것을 점차적으로 자각하게 된다.

이 중에서 가장 큰 문제는 역시 중국인의 정신세계를 구성하는 유가적 세계를 이역異域의 신앙인 기독교적인 것으로 변환시키는 작업은 결코 쉽지 않다는 것이다. 이런 팽팽한 긴장은 처음부터 여러 가지 곤란함을 양산하면서 선교 전략을 크게 수정하지 않을 수 없었던 것으로 보인다. 여기에는 동시에 정치적인 문제까지도 고려하지 않을 수 없었던 것으로 보인다. 마테오 리치는 이 문제에 대해 다음과 같은 이야기를 하고 있다.

> 중국인들은 외국인을 좋아 하지 않고 심지어 서양인을 두려워하고 황제는 더욱 외국인을 무서워하여 경계하는 것 같습니다. ...... 만약 우리가 교우交友들과 함께 모여 대규모의 기도회를 개최한다면 조정朝廷이나 관리들의 의심을 받을 가능성이 큽니다. 이런 이유로 안전을 생각하여 반드시 천천히 일을 진행하여 차츰 차츰 중국 사회와 교류를 통하여 그들의 우리들에 대한 의구심을 제거한 후에 다시 그들을 선교하는 방법들에 대해 이야기하여 보도록 합시다.451)

450)『利瑪竇書信集』, 上册 162, 제179쪽 참조.

마테오 리치는 복음福音을 직접적으로 전달하는 이런 방식에는 잠재적인 위험이 따른 다는 사실을 나름대로 파악하고 있었던 것으로 보인다. 아마도 중국의 역대 통치자들이 대부분 민간 종교에 대해 공포심을 가지는 것이 어쩌면 너무나 당연한 것일지도 모른다. 그들이 두려워하는 이유는 그들의 교리教理가 아니라 종교를 이용하여 반란이나 역모를 도모하여 왔기 때문이다. 여기에서 예수회의 선교사들은 조용하고 간접적인 선교 수단을 강구하려고 한다. 이 전략의 수정 방향과 내용은 크게 '만만디慢慢地의 완진정책緩進政策'과 '선교 수단의 변경'으로 압축할 수 있다.

여기에서 말하는'완진정책'은 강연이나 설교를 통하여 사람들의 영혼을 조급하게 구제하려는 선교 활동을 자제하고, 오히려 저술을 통한 선교 방식이나 서양의 과학기술을 통하여 사람들을 흡인하는 방식 중국인의 정신 세계의 문을 열기 위해서는 종교 이외의 어떤 다른 수단이 필요하였는데 그 중의 하나가 바로 과학기술이다.

그들은 직접적으로 천주교의 교리를 선교하는 방식보다는 서양의 우수한 과학 기술을 소개함으로써 중국의 사대부들을 포섭하는 방향이 더욱 효과적임을 알게 된다. 왜냐하면 종교적 신앙과는 달리 과학은 보편성이라는 특징을 가지고 있어서 동양과 서양의 독특한 가치적 지향을 초월하여 어디에서나 보편적으로 적용 가능하기 때문이다.

과학의 이런 보편적인 성격이 중국과 서양의 가치 충돌로 인하여 발생하는 선교에 대한 심리적 거부감을 다소간은 완화시킬 수 있을 것으로 보았던 것이다. [452] 이런 점에서 이 시기의 서학西學과 과학科學은 결코 둘이 아니었다.[453]

---

451) 『利瑪竇書信集』下册, 제256쪽.

452) 楊國榮, 『科學的形上之維』, 上海 上海人民出版社, 1999. 「導論」 제11쪽.

453) 서학(西學)이라는 말을 사전적인 의미로 말하면 중국 고유의 학문인 중학(中學)에 대응하는 개념이다. 서학이라는 말은 넓은 의미로는 서양의 학술 전반을 지칭하는 것으

당시에 마테오 리치를 비롯한 예수회 선교사들이 노린 전략은 중국인들에게 과학적 진리를 통하여 계시적啓示的 진리로 나아가게 하고, 형이하形而下의 과학 기술로부터 형이상形而上의 천주교의 세계로 인도하고, 과학 기술의 용用을 통하여 천주교의 체體로 나아가려는 그런 전략이었다.

예수회 선교사들이 중국 선교에서 선택한 완진적緩進的 책략에서 가장 중요한 작업은 서양의 과학이나 문화 방면의 저서의 소개와 출판에 있었다. 이 때문에 당시에 선교사들이 지은 과학이나 문화 방면의 저서가 직접 종교를 전파하는 서적보다도 훨씬 더 많았다.454) 일종의 미끼로서의 과학기술 즉 수학, 천문학, 지리학 등이 발휘하였던 효용성은 한 마디로 대단하였다고 할 수 있다.

명말明末에서 청초淸初에 이르는 200년간 마테오 리치를 대표로하는 서양의 선교사들이 가지고 온 서양의 문화와 과학 기술은 전통적 유가사상에 새로운 바람을 일으켜 경학經學 연구와 실학實學의 학풍 진작에 많은 영향을 미쳤다. 이런 새로운 바람과 충격은 중국인들의 시야를 새롭게 하였으며 중국 학술계가 가지고 있는 폐단들을 교정할 수 있는 기회를 제공하였다는 점에서는 매우 고무적이다.

이처럼 선교라는 측면에서 과학 기술은 핵심이 아니라 단지 주변 또는 부산물副産物이었을 뿐이었다. 그러나 청말淸末에 다시 나타난 서학의 위력은 중국과 유가를 충격에 빠지게 만들어 그들로 하여금 새로운 문화적 인지구조와 사유 도식을 조절하지 않을 수 없도록 만들어 버린다.

로 사용하지만 그것을 좁은 의미로 사용할 경우에는 서양의 자연과학을 가리키기도 한다. 溝口雄三 · 丸山松幸 · 池田知久 편저, 김석근 · 김용천 · 박규태 옮김, 『중국사상문화사전』, 제779쪽 참조.

454) 陳義海, 「中西實學之辨」 『中國哲學』 2003년 4기, 제82쪽.

3. 서학동점에 대한 유가의 문화적 인지구조의 대응 : 동화와 조절

마테오 리치를 시작으로 하여 서양의 선교사와 상인 및 외교관들이 들어가려고 시도하였던 중국인의 정신세계의 문은 굳게 닫혀 쉽게 열리지 않았다. 형이상학적인 기독교의 세계관으로 유가의 정신세계를 교체하여 중국인의 영혼을 구원하려는 시도는 유가의 견고하고도 끈질긴 문화적 자아의 저항에 손을 들고 말았다.

서양의 선교사들은 중국인의 정신적 세계를 변환시키는 작업은 결코 하루아침에 이루어 지지 않는 다는 사실을 깨달아 천주교 교리를 직접적으로 주입하는 방식의 한계를 절감하고 과학 기술을 통한 이른바 만만디의 완진적緩進的인 전략을 구사한다.

용用을 통해 체體를 바꾸려는 예수회 선교사들의 시도는 유가들에게 상당한 관심과 반향을 일으키는 데에는 일단 성공한다. 그러나 유가 사대부들의 관심을 끌고 어느 정도의 반향을 일으켰을망정 그들이 보다 심각한 수준에서 서학을 생각하고 새로운 환경에 적응하기 위하여 그들의 문화적 인지구조를 완전히 조절調節하려는 시도나 노력은 완강하게 거부하였던 것으로 보인다.

근대 중국 유가들의 서양 과학문명에 대한 태도를 이해하기 위해서는 그들이 가지고 있는 문화적 인지구조에 대한 올바른 파악이 있어야 할 것으로 보인다. 문화적 인지구조라는 개념은 피아제Jean Piaget의 인지발달 이론에서 말하는 개념을 차용하여 문화적 현상을 분석하는데 사용한 것을 말한다.[455)]

문화적 인지구조라는 말은 피아제가 생물학에서 유기체가 환경에 적응하기 위해서 그 구조를 발전시켜 가는 것에 주목하여[456)], 이를 인간

---

455) 실제로 피아제의 인지발달 이론을 문화에 차용하여 부분적으로 유가 문화를 분석하는 경우로는 蕭功秦, 『儒家文化的困境』(四川人民出版社, 1986)이 있다. 본 논문 역시 이 책의 몇 몇 부분을 참조하였다.

에 적용시켜 인간이 환경의 요구에 따라 인지구조를 끊임없이 재구성해 간다는 이론인데 이것을 문화의 충돌에 적용한 개념이다.[457] 달라진 환경에 적응하기 위하여 인지구조가 어떻게 대응하고 재구성되는가 하는 문제를 설명하기 위해 피아제는 '도식scheme'이라는 용어를 사용한다.

도식은 기존에 존재하는 인지구조를 말하는 것으로 세계에 대한 '이해의 틀'을 가리킨다. 그러므로 문화적 인지 도식이라는 말은 어떤 하나의 문화가 가지고 있는 세계와 인간, 사물을 바라보는 '이해의 틀'이라고 할 수 있다. 이 도식은 태어나면서부터 가지고 있는 것이 아니라, 환경과의 접촉에서 반복되는 행동과 경험에서 형성되는 것이다. 환경과의 상호작용을 통해 이루어지는 적응 과정을 인간의 인지 발달로 보는데 여기에서는 특히 동화(同化 ; assimilation)와 조절(調節 ; accommodation)이라는 두개의 기제가 상호 유기적으로 작용한다.

동화는 인식 대상을 인식 주체 자신이 가지고 있는 기존의 인지구조나 도식에 부합시켜 해석하고 이해하는 것을 말한다. 새로운 자극이나 충격을 받았을 때, 자신이 기존에 가지고 있는 인지구조에 비추어 해석하는 경향을 동화라고 말한다.[458] 이에 비해 조절은 기존의 인지 구조로 새로운 대상을 받아들일 수 없는 경우에 기존의 구조를 변경시키는 과정을 말한다. 즉 어떤 주어진 인식 대상이 새로운 특성과 압력에 의

---

456) 피아제는 Hebert Spencer의 진화론의 관점을 수용하여 그의 이론을 전개하고 있다. 특히 피아제의 인지 발달이론의 핵심인 조절과 동화의 개념들은 바로 스펜서에서 나온 것이다. 박병기, 추병완 저, 『윤리학과 도덕교육』, 인간사랑, 2002년, 제207쪽 참조.

457) "인간의 삶에 대한 지적능력의 관계를 파악하기 위하여 유기체와 환경간의 관계를 정확히 진술하는 것이 필요하다. 인간의 삶은 〔일반 생물 유기체의 적응과정을〕더욱더 복잡한 형태로 계속적으로 창조해 나가는 것이며 환경에 대해 점진적으로 균형을 이루어 나가는 것이다." Piaget, *The origin of intelligence in children,*. London: Routledge & Kegan Paul Ltd 1966: pp.3-4.

458) "새로운 것이라 할지라도 완전히 처음 해보는 행동은 없다. 그것은 항상 이전의 도식에 접목되며, 따라서 이미 구성되어 있는 구조들에 새로운 요소들을 동화시키는 것과 같다." Piaget, *The development of thought : equilibration of cognitive structures.* New york: Viking 1975: p.17.

해서 기존에 가지고 있던 인지도식이 변형되는 과정을 말한다.459)

새로운 환경이나 세계에 직면하여 자신이 가지고 있는 인지도식과의 차이를 발견했을 때 그 자극을 수용할 수 있도록 기존의 도식을 수정하거나 새로운 도식을 마련하게 되는 것이다. 이처럼 서양 문화의 도전에 대한 유가의 문화적 인지구조의 대응 과정은 실제로 주어진 환경과의 상호작용을 통해 이루어지는 유기체의 동화同化와 조절調節의 작용 과정과 매우 흡사하다.

서양의 과학 기술 문명은 문화적 우월감을 가지고 있었던 중국의 유가들에게 있어서는 상상할 수 없을 만큼 큰 충격과 아픔을 주었다. 중국의 유가들이 가지고 있었던 이 문화적 우월감은 적어도 그들이 가지고 있었던 지리적 의식地理的 意識과 기본적으로 관련되어 있는 것으로 보인다.

그들이 가지고 있었던 지리적 의식 속에는 '천하天下'라는 관념은 있어도 '세계世界'는 없었다. 이런 관점은 천하天下의 중심이라는 의미를 가진 '중국中國'과 그 주위에 만이蠻夷들만이 존재하고 있다는 '화이적華夷的' 질서에 근거하여 나온 것이다. 유가 문화의 내용인 성인지도聖人之道와 예악적禮樂的 질서가 문명과 야만을 구분하는 유일한 척도이고, 이것이 유가의 근본적인 문화적 인지구조認知構造를 구성한다. 맹자는 다음과 같이 말하고 있다.

> 나는 중국의 문화로 오랑캐들을 변화시켰다는 말은 들었지만 오랑캐들에게 중국이 변화되었다는 말을 들은 적은 없다.460)

우월한 문화를 가진 중국이 만이蠻夷를 교화시키는 것은 너무나 자연스러운 것이기 때문에 문화의 전파는 당연히 중국이 다른 오랑캐들을

---

459) Piaget, *The origin of intelligence in children*, pp.3-4 참조.

460) 『孟子』「滕文公」上, "吾聞用夏變夷者, 未聞變於夷者也."

성인지학聖人之學과 예악禮樂으로 고화敎化하는 하나의 방향만이 있을 뿐이었다. 그러면 중국의 유가들은 서양 과학 기술 문명의 충격에 동화同化의 방식을 통하여 자신의 고유한 개념 체계 속에 흡수하고 포용하는가? 혹은 그 환경의 변화에 다라 그 고유한 인지구조를 스스로 조절調節하려고 하는가?

서학이 중국을 변화시키려 할 때, 근대 중국 유가들의 첫 번째 반응은 자신들이 가지고 있는 유가 문화의 고유 관념과 가치 척도를 표준으로 하여 서양의 문명을 자신들의 인지구조와 언어 개념으로 인식하고 이해하려고 하였다. 그들은 철저하게 기존의 인지구조나 도식圖式에 부합시켜 해석하고 이해하는 동화同化의 기제만을 작동시켰다고 할 수 있다.

어쩌면 사서오경四書五經만을 읽은 근대 중국의 사대부들의 입장에서는 부득불 자신들의 전통적인 인지구조와 언어 개념을 운용하여 서양의 문화와 사물을 인식하고 이해할 수밖에 없었을 지도 모른다. 강력한 서양의 과학기술 문명에 대해 유가들 역시 참으로 질기고도 견고한 그들의 유가적 자아의식과 문화적 인지구조를 보여 준다. 유가들은 지나치다 싶을 정도의 강제적强制的인 동화同化의 인지방법을 통하여 근대 서양의 여러 가지 이질적인 신기新奇 사물들을 그들의 전통적 범주, 개념 속에 나누어 집어넣고 이해하려고 한다.461)

아편전쟁 이전에는 서양 근대과학의 물리, 화학, 수학, 천문학 등의 명칭에 딱 들어맞는 개념들은 중국의 언어 관념 속에서는 찾을 수 없었다. 서양 선교사들의 영향과 실학實學의 영향으로 명청明淸 시기의 학자들은 '격물치지格物致知'를 과학적인 성격을 가지고 있는 것으로 보아 매우 제한적이기는 하지만 자연과학의 의미로 전용하여 사용하기 시작하였다.462)

---

461) 어쩌면 이런 강제적인 동화의 인지방법은 중국의 근현대사에서 지속적으로 암암리에 일관되게 나타나는 현상이라고 하여도 크게 틀린 말은 아닐 것이다.

462) 이런 관점은 왕정상(王廷相), 이시진(李時診), 서광계(徐光啓), 방이지(方以智), 육세

또한 방이지(方以智, 1611-1671)는 전체 학문을 질측質測, 재리(宰理; 사회정치), 통기(通幾; 철학)의 세 부류로 나누는데 그 중 질측학質測學을 자연과학에 해당하는 개념으로 사용한다.[463] 방이지의 이런 관점의 형성에는 서학西學의 영향이 매우 큰 것으로 알려져 있다.[464]

그러나 서양의 과학기술 문명에 비판적인 보수적인 유가들은 서양의 과학기술을 '술수術數', '기예技藝' '기교機巧' 등에 해당하는 것으로 분류하여 근본적인本 의리義理에 비하면 이것은 단지 말단末에 속하는 것으로 폄하해 버린다. 당시 보수파의 영수라고 할 수 있는 왜인(倭仁, 1804-1871)은 다음과 같이 말하였다.

> 나라를 세우는 도는 예의禮義를 높이는데 있지 권모權謀를 높이는 것에 있지 않다. 근본적인 도리는 인심人心에 있지 기예技藝에 있는 것은 아니다. 요즘 사람들이 어떤 말단적인 기량을 구하기 위해 오랑캐를 스승으로 모시는 경우가 있다. ...... 고금을 통해서 술수術數에 의지해서 쇠약함을 일으켜 진작시킨다는 말은 아직 들은 적이 없다. [465]

여기에서 서학西學은 권모權謀, 기예技藝나 술수術數 등으로 표현되는데 모두 말단적인 것으로 근본에 해당하는 올바른 인심人心이나 의리義理를 방해하고 해롭게 하는 소극적이고 부정적인 것으로 규정되고 있다. '술수術數'라는 말은 보통 점복占卜, 성상星相, 음양재이陰陽災異, 천문

의(陸世儀) 등에서 나타난다. 더욱 상세한 것은 葛榮晉, 「程朱的格物說與明淸的實測之學」『中國哲學』 1998년 12기, 제92-96쪽 참조 바람.

463) 方以智, 「文章薪火」 『通牙』 참조 바람.

464) Willard J. Peterson, *Fang I-Chih: Western Learning and the "Investigation of things"*, De Bary ed, *The Unfolding of Neo-Confucianism,* 1975, Columbia University Press를 참조 바람. 페터슨의 분석에 의하면 方以智, 『物理小識』에 인용된 것의 약 5%가 선교사들의 책으로 서양의 물리, 화학, 수리 등의 많은 내용들이 포함되어 있다고 말한다.

465) "立國之道, 尙禮義不尙權謀. 根本之道, 在人心不在技藝. 今求一技之末, 而奉夷人爲師. 古今未問有恃術數而起衰振弱者." 王之春, 『國朝柔遠記』 卷十六에서 인용함.

역산天文曆算 등을 말하는 것으로 보통의 유가들은 이런 것들에 대해 부정적이고 소극적인 시각을 가지고 있다.466)

여기에서 근대 중국의 유가들이 서학西學을 부정적인 것으로 대하는 이유를 어느 정도 발견할 수 있을 것이다. 물론 그 첫 번째 이유는 당연히 중국 중심의 문화적 인지 도식으로 새로운 서양의 근대 과학기술의 자극을 강제적 동화同化의 방식을 통하여 자신의 고유한 개념체계 속에 억지로 집어넣어 해석하였기 때문이다. 유가들은 서학을 철저하게 '용用'의 영역에 제한하고 '기교機巧'나 '술수術數'라는 것으로 대체하여 견강부회하여 버린다.

이런 상황에서 당시 정통 유가들의 인지 구조로는 술수術數를 통하여 중국을 변화시킨다는 사실은 도저히 용납하기 힘들었을 것이다. 그러나 이런 유가들의 견고한 문화적 자아의식의 강력한 저항에도 불구하고 점차적으로 새로운 환경의 도전에 자신들의 문화적 인지 도식을 조절調節하지 않으면 안 되는 불가피한 상황으로 점차 몰리게 된다.

왜냐하면 서학을 단순한 기교나 술수 또는 권모權謀로만 몰아붙이고 성인지도聖人之道의 유학적 가치 체계를 주장하면 할수록 중국의 위기는 더욱 더 깊어질 수밖에 없다는 사실을 깨달았기 때문이다. 여기에서 유가들은 문화적 정체성의 위기를 맞게 되면서 이런 위기를 벗어나기 위해서는 당연히 문화적 인지 도식의 조절調節까지도 생각하여야 하는 동시에, 새로운 문화적 발전구상文化的 發展構想을 도모하지 않을 수 없게 된다.

466) 중국에서는 20세기 초에 science를 '색인사(塞因斯)'라는 말로 음역(音譯)한 말이 출현하기 이전까지는 이 술수(術數)라는 말이 근대 과학을 표현하는 역할을 담당하였다고도 말한다. 蕭功秦, 『儒家文化的困境』 제67쪽 참조.

4. 유학의 정체성 위기와 문화적 인지 도식의 조절 가능성 : 취사선택의 체용관과 전면교체의 整體觀

아편전쟁(1840-1842)에서 영국 식민주의자들의 견고한 군함과 놀라운 성능의 대포는 중국 군대를 철저하게 격파하여 굳게 닫혀있었던 중국의 대문을 활짝 열어 놓았다. 이 사건은 엄청난 충격을 가하여 유학을 중심으로 하는 중국과 동아시아의 전통 문화를 구성하고 있는 유학의 역할과 효용성에 대한 의문을 제기하게 만들어 유학의 정체성 위기를 초래하게 만들었다.

아편전쟁 이후의 중국이 조우한 서양은 그 이전의 명말 청초에 그들이 만났던 것과는 완전히 구별되는 산업혁명과 정치 혁명을 거쳐 경제력과 군사력 면에서 중국을 완전히 능가하고 있는 서양이었다. 또한 그들은 결코 유가에 영합적인 친유파親儒派 예수회 선교사들과는 질적으로 다른 식민주의자들이었다. 이런 상황에서 중국이 수 천 년 동안 자랑스럽게 가지고 있었던 문화적 정체성 혹은 우월감의 유지는 둘째이고 더욱 긴박한 상황은 심지어 중국이란 나라 자체가 존립하기 어려운 상태에까지 이르게 되었다는 것이다. 여기에서 유가 문화의 정체성 위기는 바로 전통 문화의 위기인 동시에 국가의 위기를 의미하는 것이기 때문에 더욱 심각한 것이었다.

그러면 유가들은 이런 유학의 정체성 위기라는 문제를 어떤 방식으로 해결하려고 하는가? 이 문제는 실제로는 유학과 서학의 긴장 관계를 어떻게 처리 하는가 라는 물음으로 대체할 수 있을 것으로 보인다. 왜냐하면 그 정체성의 위기가 유학 내부보다는 외부의 서양 문화의 충격에 의해서 발생되었기 때문이다.

서학의 충격에 대한 반응은 우선 논리적으로 크게 두 가지로 나눌 수 있다. 하나는 전통 유학의 문화적 순정성純正性을 유지하여 서학을 완강하게 거부하는 것이고, 다른 하나는 서학을 전적으로 수용하여 전면적인 문화 변형變形 혹은 문화적 사유 도식을 조절하여야 하는 것이다. 이것은 두 가지 가운데에서 어느 것 하나를 양자택일兩者擇一하여야 하는 냉혹한 선택을 강요받는 상황이라고 할 수 있다.

이것은 마치 두 개의 전혀 다른 언어 중에서 어떤 하나의 언어를 자신의 언어로 선택하여야 하는 경우에 비유할 수 있다. 선택의 대상인 두개의 언어 중 하나는 자신의 역사적 선견先見을 형성하여 온 고향언어故鄕言語이고, 다른 하나는 현실적으로 유용하게 사용되는 외부세계의 언어이다. 여기에서 말하는 고향언어는 물론 유가의 문화 전통을 지칭하는 것이고, 외부 세계의 언어는 현대화로 상징되는 서양 문명이다. 만약 그들이 시대와 사회적 환경의 변화에 따라 어쩔 수 없이 하나의 선택을 하여야 한다는 사실은 단순한 언어의 선택이라는 의미에만 한정되는 것은 아니다. 여기에는 그들의 세계관, 도덕, 인생관을 포함하는 전체 문화의 도식이나 패러다임을 선택하는 결단이 요구되기 때문이다.467)

전통 유학의 문화적 순정성純正性을 유지하여 서학을 거부하는 입장에는 국수주의자國粹主義者나 위정척사론衛正斥邪論을 들 수 있다. 위정척사는 "전통적 문화 의식과 정치 제도를 계승하면서 서구 열강의 도전을 제국주의적 침략이라 규정하고 그들의 문명 일체를 배격함으로써 민족 보전의 길을 찾으려는"468) 관점을 가지고 있다. 이런 견해를 가지고 있는 대표적인 사람으로는 화서華西 이항노(李恒老, 1792- 1868)를 들 수 있다.

이항노는 병인양요丙寅洋擾 이후 서구 열강의 빈번한 도전에 대해 천주교뿐만 아니라 서양의 문명 전체를 비판하는 더욱 강경한 척양적斥洋的 입장을 보여 준다. 그는 조선에 들어온 서양의 문물이 여러 가지로 다양

467) 陳强立, 「論近百年來儒家的文化發展構想」, 台北『鵝湖』17권 제10기, 1992년 4월, 제25쪽 참조.

468) 오석원, 「華西의 義理思想과 斥邪衛正思想」 제14쪽, 華西學會, 『華西學論叢』 창간호, 2004년 11월.

하지만 그것은 하나 같이 모두 기괴하고 요상한 것으로 백성들의 일용日用 생활에 무익할 뿐만 아니라 큰 화를 불러일으킬 것이라고[469] 말하고, 서양의 기물을 받아들이지 않는 것이 서학을 거부하는 가장 효과적인 방법이라고 생각하였다. 물론 당시 서구 열강의 제국주의적 침탈로 자행된 무력 도발과 불평등한 통상 등에 의한 피해로 인해 서학 또는 서양을 사邪로 판단할 수 있는 여지는 충분히 있었던 것으로 보인다.

강력한 힘을 가진 외세를 부정함으로써 자기 정체성을 확보하려는 것은 매우 자연스러운 현상인지도 모른다. 그러나 현실의 상황은 문을 걸어 잠그고 전통 문화의 순정성만을 지키고 있을 수 없는 상황인 것은 너무나 분명하다. 여기에서는 새로운 현실적 환경에 맞추어 문화적 인지 도식을 조절調節하여 기존의 문화를 변형할 수밖에 없는 상황에 내몰리게 된다. 그러면 근대의 유가들은 어떤 방식에서 그들의 사유도식을 조절하거나 변형하여 문화적 발전 구상을 세우는가?

그러면 문화적 인지 도식을 어느 정도까지 조절하여야 하는가? 문화적 인지 도식의 조절은 크게 두 가지로 나누어 볼 수 있다. 우선 하나는 부분적인(심지어는 표면적인) 조절 혹은 낮은 단계에 속하는 것이 있고, 다른 하나는 부분적인 것뿐만 아니라 내부까지 전체를 모두 조절하는 높은 단계에 속하는 것으로 나눌 수 있다.[470]

전자의 경우는 일종의 취사선택取捨選擇 형태이고, 후자는 전면교체全面交替 형태의 조절이라고 할 수 있다. 이른바 취사선택형에는 자신은 보존하면서 다른 것의 장점을 흡수하는 형태로 이른바 장지동(張之洞, 1837-1909)이 말하는"구학위체舊學爲體, 신학위용新學爲用"[471]을 토대로

469) 『華西集』 卷3 「辭同義禁疏」 "夫洋物之來, 其目甚多, 要皆奇技淫巧之物, 而於民生日用, 不惟無益, 爲禍滋大者也."

470) 勞思光 著, 『中國文化路向問題的新檢討』, 臺北 東大圖書公司, 1993년, 제47-49쪽 참조.

471) 『張文襄公全集』 『勸學篇』 「設學」, 臺北 文海出版社. 1963.

하여 말하는 "중학위체中學爲體, 서학위용西學爲用"이 여기에 속한다.

후자의 전면 교체 형태가 주장하는 것의 핵심은 전체적인 조절로 내부를 개조하여야 하는 것은 당연히 필수적이다. 왜냐하면 서양의 과학기술이나 제도에는 당연히 그것을 가능하게 하는 정신적 주체가 있을 것이기 때문에 논리적으로 그것 역시 배워서 교체하는 것이 필요한 것으로 바로 전반서화全盤西化 하여야 한다는 입장이다.

그런데 당시 중국의 대부분의 유가들은 문화적 인지도식의 조절을 부분적, 낮은 단계로만 진행하려는 의식이 강한 것으로 보인다. 그 의도는 자신들의 전통 문화를 보존하는 동시에 서양의 새로운 문화를 끌어와 이식시키려는 것으로 결코 양자택일의 방식은 아니다. 그러나 이런 중학과 서학의 긴장을 완화시킨 절충론으로서의 '중체서용'에 대한 관점은 담사동(譚嗣同, 1865-1898)과 엄복(嚴復, 1854- 1921) 등에 의해서 근본적으로 논리적인 하자가 있다는 비판을 받게 된다.

담사동은 양무파가 강조하는 과학 기술 즉 '중체서용' 중의 '서용西用'에 속하는 선박, 기차, 전기나 제철 등의 기물이나 기술 등은 모두 서양 문화의 지엽적枝葉的인 것에 속하고 근본은 아니라고 말한다.472) 담사동은 기본적으로 '중체'와 '서용'의 이원론을 부정하고 서양 문화의 '체體'와 '용用'을 하나의 유기적 정체整體로 보고 있다.

엄복 또한'중체서용'은 마치 '소를 체로 삼고 말을 용으로 삼는'(以牛爲體. 以馬爲用)473) 것이나 마찬가지라고 말한다, 엄복의 이런 비판은 '중체서용'의 관점이 문화가 가지고 있는 정체적整體的인 성격을 무시하고 있다는 점을 지적하고 있다. 즉 중학中學에는 중학中學의 체용體用이 있고 서학西學에는 서학의 체용體用이 있다는 말이다.

---

472) 『譚嗣同全集』「報貝元征書」"所謂洋務, 第就所見之輪船已耳. 電線已耳, 火車已耳, ... 凡此皆洋務之枝葉, 非其根本."

473) 嚴復, 「與外交報主人論教育書」『嚴幾道詩文鈔』, 臺北, 文海出版社, 1969, 卷四, 제19쪽a 참조.

이런 점에서 일본의 후쿠자와 유키치(福澤諭吉, 1835-1901)는 문화를 단선 발전의 진화론적인 서열 속에 집어넣어 평가한다.

> 또한 문명은 죽어 있는 것이 아니라 살아 움직이는 존재이다. 움직이며 진보하는 존재는 반드시 순서와 단계를 거치는 법이다. 즉 야만野蠻은 반개半開로, 반개는 문명으로 진보하고 그 문명은 또한 지금 실로 진보하고 있는 중이다.[474)]

여기에서 후쿠자와 유키치는 문명을 진보하는 것으로 보고 문명의 가장 높은 단계에 있는 것이 서양 문명이고 일본은 이런 서양 문명을 배우는 것을 목적으로 삼아야 한다고 말한다.[475)] 또 그는 『문명론지개략文明論之概略』에서 서양을 배우려고 할 경우 가장 먼저 주의하여야 할 것이 하나가 있다고 말한다. 그것을 구체적으로 말하면 바로 '문명의 정신'이라고 할 수 있다. 그것이 유럽과 아시아의 차이가 생기게 되는 원인이라고 말한다. 그러므로 단순히 서양 문명의 외형만 배워서는 곤란하고 반드시 먼저 이런 문명의 정신을 지녀 외형과 서로 상응하여야 한다고 강조한다.[476)] 이것은 후쿠자와 유키치를 비롯한 일본 메이지明治 유신파들은 기본적으로 서양 문명을 하나의 불가분의 정체整體로 보고 있다는 사실이다. 이 때문에 그들은 서양의 기술 문명뿐만 그것을 가능하게 하는 문명의 정신까지도 배우고 모방하여야 할 것을 주장한다.

이런 후쿠자와 유키치의 주장에 비해 중국의 양무파洋務派나 조선의 동도서기론자東道西器論者들은 고유한 유학의 정신과 세계관을 본체로 유지하면서 다만 군사 기술이나 기계 제조 등의 물질적 방면에만 관심을 두고 있다는 점에서 분명하게 구별된다.

---

474) 福澤諭吉, 『文明論之概略』『福澤全集』第四卷, 東京, 國民圖書株式會社, 제10-17쪽 참조.

475) 『文明論之概略』 제10쪽.

476) 『文明論之概略』 제16쪽.

5. 유학의 견고한 자아의식과 문화적 발전구상 : 중체서용과 返本改新

서세동점西勢東漸 하에서 유가들은 근대의 새로운 형세에 적응하기 위하여 서학西學과 결합한 새로운 문화적 발전 구상을 제시한다. 처음으로 서학과 유학을 결합하려고 시도한 양무파洋務派는 "중학위체, 서학위용中學爲體, 西學爲用"이라는 원칙 하에서 '서예西藝' 즉 서양의 근대 과학 기술을 수용하고 뒤를 이어 출현한 초기 변법파變法派들은 '서정西政' 즉 서양의 정치 학설을 수용하려고 하였다. 그들이 서양의 과학기술이나 정치 학설에 관심을 두고 그것들을 끌어오려고 하는 근본적 의도에는 일관되게 서양의 '부강富强'을 가능하게 한 것이 무엇이었는가 라는 물음이 자리하고 있다.

이런 관점에서 아편전쟁 직후에 『해동도지海國圖志』를 간행하여 서양 정보를 소개한 위원(魏源, 1794-1856)은 "오랑캐의 장기長技를 스승으로 삼아서 오랑캐를 제압한다"477)는 사이설師夷說을 제창했다. 그가 배워야한다고 말하는 오랑캐의 장기라는 것은 아편전쟁에서 위력을 발휘한 대포와 군함이었다.

제2차 아편전쟁(1856-1860) 직후에 풍계분(馮桂芬, 1809-1874)은 『교빈려항의校邠廬抗議』에서 서학의 도입을 주장하였는데, 그 서학의 내용은 수학 · 물리학 등 자연과학이었다. 그는 중국의 인륜적 명교名教를 원본原本으로 하고 서양의 부강富强의 방법을 가져와 보충할 것을 주장하고 있다.478)

1880년대가 되면 왕도(王韜, 1828-1897)나 정관응鄭觀應 등 초기 변법파變法派로 불리는 지식인들은 서양 부강의 근거를 의회 제도나 학교 제

---

477) 魏源, 「海國圖志敍」『黙觚-魏源集』(遼寧人民出版社, 1994) 제270쪽에서 『海國圖志』라는 책을 쓰게 된 이유를 "오랑캐로 오랑캐를 치기 위해서 지었고, 오랑캐의 長技를 스승으로 삼아서 오랑캐를 制壓한다(爲以夷攻夷而作, 爲師夷之長技以制夷而作)"는 말에서 나왔다.

478) 馮桂芬,『校邠廬抗議』「採西學議」"以中國之倫常名教爲原本, 輔以諸國富强之術".

도에서 찾으려고 하여, 사회 제도 영역에 대한 학습으로 관심사를 옮겨 가고 있었다. 즉 청말의 서학은 기계 · 기술의 영역에서 자연과학의 영역으로 다시 사회 제도의 영역으로 옮겨가면서 그 내용을 확대시켜 나갔다.479)

기본적으로 양무파洋務派의 서학西學에 대한 관심은 대부분 서구 세력에 대한 자위自衛와 자기 보존이라는 목표에 맞추어져 있다. 그들은 성인지도聖人之道의 전통 가치 체계를 중심으로 하는 문화적 사유 구조에 약간의 부분적 조절調節을 하여 서학西學을 다만 '用(기능)'의 범위 속에 제한하여 서양처럼 부국강병富國强兵을 도모하는 중체서용의 관점을 보여주고 있다.

중체서용을 통하여 부국강병을 목표로 삼으려는 관점은 경세치용經世致用과 내성외왕內聖外王이라는 전통적인 유가의 이념에서 나온 것으로 중국의 도와 서양의 기器를 접합하려는 시도라고 할 수 있다. 다른 점이 있다면 과거의 경세치용과 내성외왕이 통경치용通經致用이나 수신제가修身齊家를 통하여 실현했다면, 중체서용의 관점은 서양의 과학기술이나 정치제도를 통하여 실현하려고 한다는 점이다.

실제로 중체서용의 관점에서 서학 혹은 서양 문명을 계속적으로 용用의 부분으로만 한정하는 입장은 그 역사가 매우 오래된 것으로 보인다. 보통은 '중체서용'의 관점이 장지동에서 시작된 것으로만 보는데 실제로 중체서용의 초보적 형태에 해당하는 내용은 그 보다도 훨씬 이전에 출현한 것으로 보인다.

구체적으로 말하면 건륭乾隆 47년(1782)에 초고가 완성되어 54년(1789)에 인쇄되어 나온 『사고전서총목제요四庫全書總目提要』는 서학西學

479) 『중국사상문화사전』, 제780-781쪽 참조. 1860년부터 1900년에 이르는 40년 간에 총 550종의 서양 서적의 번역이 이루어졌는데, 그 가운데 정치 · 역사 등 사회 관련의 서적이 22%, 수학 · 물리학 등 자연과학 관련의 서적이 29%, 철도 · 광산 등 응용과학 관련의 서적이 41% 그 밖의 잡저가 8%를 차지하고 있다고 추산하였다.

을 자부子部 잡가류雜家類로 분류하고 있다. 『사고전서총목제요』에서는 서학의 내용을 말단末端의 기술技術에 속하는 것들이고, 그것이 탐구하는 이치 역시 매우 지리支離하면서 기괴한 성질을 가지고 있지만 그 이치에 대한 비판을 용납하지 않는 이학異學으로 평가하고 있다.480) 그렇다고 하여서 서학西學의 가치를 전면적으로 무시하는 것은 아니다. 적어도 과학기술이라는 측면은 상당한 성취가 있는 것으로 인정하여 그 기능적技能的인 내용은 부분적으로 취하지만 서학의 학술적인 이치가 전달되는 것은 금하여야 한다는 내용을 말하고 있다.481)

아편전쟁이 발발하기 약 반세기 이전에 나온 이런 서학에 대한 관방官方의 평가와 대책은 나중에 청말淸末에 출현한 중체서용론이나 조선조 말엽의 동도서기東道西器482)론의 관점과 거의 일맥상통한다.

특히 서양의 과학기술은 받아들이지만 종교적인 부분에 대해서는 철저히 배격하고 있는 점은 조선의 동도서기론자들의 관점에서도 흔히 발견된다. 예를 들면 김윤식(金允植, 1835-1922)은 "서양의 종교는 배척하나 기술은 받아들인다"483)는 논리를 기반으로 하여 도道를 구하기 위해서는 기器를 함께 발전시켜야 한다고 주장하였다.

신기선(申箕善, 1851-1909)은 서양의 법法은 예수교인데 서양의 법을 본받는 것은 그 교敎를 본받는 것이다484) 라는 척사파의 비판에 대해 도기상분道器相分의 논리를 통하여 도道의 불가변성不可變性과 기器의 수시변역성隨時變易性을 주장한다.

---

480) 『四庫全書總目提要』 卷125, 「子部 · 雜家類 · 存目二」 "特所格之物皆器數之末, 而所究之理又支離神怪而不可詰, 是所以爲異學耳."

481) 『四庫全書總目提要』 卷125, 「子部 · 雜家類 · 存目二」 "歐羅巴人, 天文推算之密, 工匠制作之敎, 實逾前古, ... 國朝節取其技能, 而禁傳其學術, ..."

482) 동도서기라는 용어를 처음으로 사용한 것은 한우근(韓㳓劤)의 「개항 당시의 위기의식과 개화사상」(『韓國史硏究』 2, 1968)에서 나왔다고 말한다. 이 문제에 대해서는 연세대학교 국학연구원 편, 『서구문화의 수용과 근대개혁』 제27쪽을 참조 바람.

483) 金允植, 「曉諭國內大小人民」 『金允植全集』 貳, 제81쪽 "斥其敎 校其器".

484) 申箕善 『農政新編』 서문 "西人之法耶蘇之敎也, 其效法是服其敎也.

> 그것은 도道와 기器가 분리되어 있다는 것을 모르는 것이다. 고금과 우주宇宙에 걸쳐 변할 수 없는 것이 도이고, 수시로 변화하므로 고정할 수 없는 것은 기이다. 무엇을 도라고 하는가? 삼강오상과 효제충신이 이것이다. 요·순·주·공의 도는 해와 별과 같이 빛이 나서 비록 오랑캐의 땅에 가더라도 버릴 수 없는 것이다. 기는 어떤 것인가? 예악, 형정, 복식, 기용器用이 이것이다. 요·순·우의 은주 시기에도 여전히 손익損益이 있었는데 수 천 년 뒤에는 어떠했겠는가? 참으로 때에 맞고 나라에 이롭다면 비록 오랑캐의 법이라도 행할 수 있는 것이다.485)

신기선은 유가의 도덕과 지배 질서는 불변하는 것이기 때문에 그대로 유지한 채 서양의 발달한 기술·기계를 수용하여 부국강병을 도모한다는 논리를 주장하고 있다. 그는 도道의 내용을 구체적으로 삼강오상과 효제충신 등의 유가의 도덕적 체계로 말하고 있다. 이 도는 시·공간을 넘어서서 절대 변할 수 없는 보편적인 것이라고 말한다.

여기에 비해 기器는 때에 따라 변화하는 것으로 결코 고정된 것이 없기 때문에 만약 그것이 나라나 백성들에 이득이 된다면 오랑캐의 법이라도 수용하여야 한다고 말한다. 이런 일종의 유가적인 수시변통隨時變通의 관점으로 동도서기론을 주장하는 입장은 김윤식의 경우에도 발견된다.486)

동도서기론자들은 서기西器의 우수성을 익히 경험한 사람들로서 현실을 직시하였다. 그들이 서기 수용을 주장한 것은 현실적 대응책이었다. 그들은 유학적 세계관을 유지하면서 동시에 서양 문명을 수용하려

---

485) 申箕善『農政新編』서문 "是不知道與器之分也. 夫古窮宙而不可易者道也, 隨時變易而不可常者器也. 何謂道? 三綱五常孝悌忠信是已. 堯舜周孔之道炳如日星雖之蠻貊之邦不可棄也. 何謂器? 禮樂刑政服飾器用是已. 唐虞三代尙有損益於數千載之後乎. 苟合於時苟利於國, 雖夷狄之法可行也."

486) 金允植,「十六私議-第六 貢市」『金允植全集』壹, 제489쪽 "법이 궁하면 변화하며 변하면 통하니 자고로 변하지 않는 법이라는 것은 아직 없었다(法窮則變, 變則通, 自古未有不變之法)."

는 시도에서 '동도서기론'으로 논리적 해명을 시도한 것이라고 할 수 있다.487)

중체서용론이나 동도서기론을 주장하는 사람들은 완강하게 유학적 세계관을 버리지 않는 가운데에서 현실적으로 필요한 서양의 과학기술을 접목하려는 시도를 한다. 이런 상황을 달리 표현하면 견고한 유학의 자아 의식에 의해 문화적 인지구조가 환경의 변화에도 아랑곳하지 않고 조절의 기제가 크게 작동되지 않았다는 의미이다. 그러나 후대로 갈수록 이런 견고한 유학의 문화적 인지구조 역시 조절調節 즉 체體의 내용을 적극적으로 변경하려는 흐름이나 경향이 강해지기 시작한다.

이런 흐름은 사실상 강유위(康有爲, 1858-1927)와 양계초(梁啓超, 1873-1929) 등의 유신파들에서 시작되어488) 웅십력(熊十力, 1885- 1968), 모종삼(牟宗三, 1909-1995) 등의 현대 신유가들에서도 매우 뚜렷한 경향으로 나타난다. 그러나 아이러니하게도 이런 체體의 내용을 변경하는 뚜렷한 경향 속에서도 그들은 오히려 유학의 견고한 자아 의식을 더욱 더 강하게 표현하고 있다는 사실에 주목할 필요가 있다.

현대 신유가들은 전통 문화와 서양 문화 가운데에서 어느 하나를 선택하는 국수주의나 전반서화파의 양자택일의 방식과는 달리 그 둘을 선택적으로 모두 취하는 방식에서는 중체서용의 관점과 크게 다를 것이 없다.

현대 신유가와 중체서용파가 유가의 전통적 가치 체계와 문화 체계를 인정하고 있다는 점에서는 비슷하지만, 유학과 서양 문화를 바라보는 관점에서는 분명히 다르다. 즉 중체서용의 관점이 강제적强制的인 동

487) 박정심, 「신기선의 유학경위를 통해 본 동도서기론의 사상적 특징」『역사와 현실』60호 제316쪽 참조 바람.

488) 유신파의 서용(西用)의 범위가 더 확대되어 과학 기술 이외에 서양의 정치 제도를 포함하고 있다. 이에 비해 그들이 말하는 중체(中體)는 다만 예악교화(禮樂敎化)를 지칭하는 도덕 범주의 범위로 축소되어 있다. 이 문제에 관해서는 房德鄰, 『儒學的危機與嬗變』, 臺北, 文津出版社, 1991, 제82-83쪽 참조 바람.

화同化의 인지 방식을 통하여 서양 문명을 유학의 전통적 범주, 개념 속에 나누어 집어넣고 이해하려는 경향이 강한 입장인데 비해, 현대 신유가는 보편 의식을 강조하여 중국 문화가 가지고 있는 초월적 문화본성超越的 文化本性의 탐색에 주의를 기울이면서 문화적 인지 도식을 부분적으로 조절하려는 시도를 보여 준다.

서양의 과학기술을 용用의 부분에만 가두어 두고, 체體의 부분은 확고부동한 것으로 보는 중체서용의 입장과는 달리 현대 신유가는 체의 부분도 신중하게 조절할 필요가 있을 것으로 보고 있다. 그러나 그 방식 역시 서양의 것으로 전면적인 대체를 하는 것이 아니라, 유학의 자원 속에서 새롭게 발굴하거나 재인식하는 방법의 조절을 도모한다. 이것이 바로 '반본개신返本改新'의 관점이다. 즉 현대 신유가의 문화적 발전 구상은 유가의 철학적 범주와 세계를 유지한 채 현대화된 서구의 차원 높은 문화를 받아들여 자기화하려는 노력을 의미한다. 이 문제들을 웅십력과 모종삼을 통해 간단하게 살펴보도록 하자.

웅십력은 신해혁명의 실패 원인과 2000년간이나 영향을 준 유학이 왜 이렇게 몰락하게 되었는가라는 이 두 가지 문제를 해결하기 위해서는 정신적인 혁명을 가능하게 하는 주체 혹은 자아의 새로운 정립을 필요로 하고, 새로운 역사적 환경에 적응할 수 있는 창조적인 철학의 체계가 출현하여야 한다고 보았다.

이런 철학의 체계는 적어도 한편으로는 중국의 전통을 계승하고, 다른 한편으로는 당시의 중국이 직면한 현실 문제를 해결할 수 있는 그런 체계라야 한다는 것이다. 이것에 대한 웅십력의 해결 방안이 바로'체용불이體用不二'와 '즉체즉용卽體卽用'이라는 형이상학적 본체론의 정립을 통한 자아自我의 실현이라는 문제이다.

웅십력은 서양의 사상이나 문화 속에는 결코 실용과학實用科學만이 있는 것이 아니라 그 속에는 심오한 형이상학, 종교, 윤리 등이 있기 때문에 그것을 체계적으로 연구하여야 비로소 진정한 서양의 진수를 배울 수 있다고 말한다. 이것은 전반적 서화론자에 대한 비판일 뿐만 아니라 동시에 '중체서용론자中體西用論者'들에 대한 비판이기도 하다. 즉 중국 문화에 체용體用이 있는 것처럼 서양 역시 마찬가지로 용用 뿐만 아니라 체體도 있기 때문에 중국과 서양의 진정한 융합은 용이 없는 체(無用之體)와 체가 없는 용(無體之用)의 결합이어서는 안 된다는 주장이다.[489]

웅십력이 강조하는 체용의 관점에는 유가 자신들의 현존재와 정체성을 철저하게 되돌아보고 새롭게 규정하려고 하는 방법적 절차와 문화적 발전 구상을 암암리에 담고 있다. 말하자면 그가 의도하는 전통적 중국 문화 혹은 유학의 부흥이 가능하기 위해서는 오히려 전통 문화가 가지고 있는 맹목적인 우상偶像을 파괴하여야만 보편적 진리의 탐구가 가능한 전제가 성립된다고 말한다. 여기에서 그는 문화적 인지 도식의 조절이 필요함을 말한다.

그러나 웅십력은 중국 문화의 본체론적인 측면의 탐구를 통하여야 서양철학의 기초에 대한 비판적 고찰을 가능하게 되고, 또한 그것에 대한 진정한 학습과 탐색을 수행할 수 있는 기본적 토대가 만들어지는 것으로 보고 있다. 이렇게 하여야 진정으로 서양의 지혜를 섭취할 수 있다고 말한다.[490] 즉 웅십력은 서양을 배우기 위해서는 유학에 대해 철저한 분석과 인식이 전제되어야 함을 강조한다.

모종삼牟宗三은 전통적인 유가철학을 바탕으로 하여 서양의 사상과 문화를 흡수하고 회통하여 현대화된 유학으로 재건하려는 시도를 보여준다. 유학을 현대의 조건하에서 계속 발전시키기 위하여 필요한 것은 우선 전통 유가의 장점과 그것이 결핍하고 있는 요소가 무엇인가를 살

489) 熊十力, 『讀經示要』 臺北, 明文書局, 1984, 上卷, 卷1, 제8쪽.

490) 杜維明 著, 林鎭國 譯, 「探究眞實的存在:熊十力」 羅義俊 編, 『評新儒家』, 上海, 上海人民出版社, 1991, 제396쪽 참조.

펴서 살릴 것은 살리고 부족한 것은 새롭게 다듬어나가는 것으로 이른바 손익損益의 방식이다.

모종삼은 전통 유학이 가지고 있는 내성內聖의 심성학心性學의 보편적 가치는 높이 평가하지만, 외왕外王은 부족하다고 보고 현대 신유가의 임무는 현 시대가 요구하는 신외왕新外王 이론을 만들어 내는 것이라고 말한다.

> 유가학설의 제3기의 발전에서 유가가 마땅히 져야 할 책임은 이 시대가 필요로 하는 외왕外王이론을 전개하는 것이라고 할 수 있다. ...... 오늘날 이 시대가 요구하는 신외왕新外王은 바로 과학과 민주정치이다.491)

유가가 부족한 점을 구체적으로 말하면 바로 과학 기술과 민주주의의 결핍이다. 기본적으로 모종삼은 유가가 '내성은 강하지만 외왕은 약하다'고 하여 현대적 의미의 신외왕론을 전개하는 것이 필요하다고 주장한다. 여기에서 유명한 그의 내성으로부터 현대적 의미의 새로운 외왕이론을 전개해 낸다는 이른바 '내성개출신외왕內聖開出新外王'이론이 출현한다. 여기서 말하는 신외왕新外王의 내용은 더 이상 전통 유학에서 말하는 제가齊家, 치국治國, 평천하平天下가 아니라, 서양 근대의 민주주의와 과학 기술을 말한다.

그러면 "어떻게 전통적인 내성을 보존하면서 그 바탕위에서 서양의 민주주의와 과학 기술로 대표되는 현대적인 신외왕을 도출해 낼 수 있는가?" 모종삼은'내성개출신외왕론內聖開出新外王論'을 '도덕자아의 부정(良知自我坎陷)'이라는 관점을 통하여 해결하려고 한다. 간단하게 말하면 전통 유학이 도덕심道德心의 직통直通(직접적인 도출 혹은 확대)을 통하여 내성외왕을 말하는 것과는 달리, 민주 정치와 과학을 도출하기 위해

491) 牟宗三, 『政道與治道』, 臺北, 學生書局, 1970, 제12쪽.

서는 반드시 도덕심을 인식심認識心으로 전환시켜야 한다는 것이다. 즉 도덕 주체를 잠시 부정하여坎陷하여 인식 주체로 전환시켜 여기에서 객관적인 과학 기술과 민주제도를 전개해 낼 수 있다고 말한다.

> "이런 전환을 통하여 이론이성의 자성自性은 도덕과 상관없는 것이 되고 이성의 구조적 표현과 그 성과(즉 지식) 역시 도덕과 상관하지 않게 되는 것이다. 여기에서 이론이성의 활동과 성과는 모두 비도덕적(反道德이나 非道德을 말하는 것이 아님)인 것이 된다. 이른바 도덕중립道德中立이 성립하는 것이다."[492]

도덕 이성의 자아부정설은 유가 자체가 가지고 있는 본질적 정신과 민주주의, 과학간의 관계를 특정한 방식으로 처리하려는 이론을 말한다. 이것은 도덕을 비도덕 즉 도덕중립으로 만들어 과학과 정치를 그것에서 분화分化시켜 과학의 독립성과 정치의 독립성을 가능하게 한다는 것이다. 도덕 이성의 자아부정이란 전환을 통하여 과학과 근대화된 국가, 정치, 법률이 모두 여기에서 나올 수 있다는 관점이 바로 신외왕 이론이다.[493]

모종삼 역시 전통 유가의 본질인 심성철학의 뿌리에다 서양의 민주주의와 과학기술을 접목하여 현대판 중체서용이라는 비판을 자주 받는다. 왜냐하면 양지자아감함 이론을 통하여 내성적인 심성학心性學에서 신외왕을 전개하려는 것은 현실적 한계를 가질 수밖에 없다. 이런 입장은 덕성주체와 지성주체, 도덕과 지식의 관계가 하나의 체용體用, 본말本末이라는 전통적인 관계와 여전히 내성은 강하고 외왕은 약한 전통적 한계를 벗어나지 못하고 있기 때문이다.

---

492) 『政道與治道』, 제58쪽.

493) 정병석, 「儒家의 聖王理念에 대한 비판적 검토」『철학연구』 제61집, 제204-205쪽 참조.

모종삼이 말하는 신외왕 이론에 대한 학계의 평가는 매우 극단적으로 나누어져 있다. 그러나 여기에서 우리가 주의를 기울여 살펴보아야 할 점은 그가 표면적으로 전통 유가의 문화적 인지 사유 도식을 전면적으로 조절하는 것처럼 보이지만, 여전히 유학의 자아 의식 혹은 인지 도식을 전면적으로 조절調節하는 것에는 완강하게 거부하고 있다는 점이다.

6. 소결

앞에서 우리는 유학의 문화적 인지구조文化的 認知構造의 대응對應이라는 관점을 통해 서학西學이 동점東漸하던 청대 말엽에서 현대에 이르는 약 150여년의 시기에 유학이 자신의 자아의식自我意識을 완강하게 버리지 않으면서 서양의 우수한 과학 기술과 정치 제도를 수용하려는 상황들에 대해 분석해 보았다. 서양의 도전 앞에서 유가들이 가지고 있었던 역사적 사명使命은 어떻게 전통적인 유학의 문화적 인지 도식과 사유 패러다임들을 보존하면서 동시에 현대적인 서양의 문화를 흡수할 수 있는가 라는 것이었다. 여기에서 전통 유가들이 취한 방식은 양자택일의 전면적 교체가 아니라 취사선택의 체용體用의 문화적 구상이었다. 이런 방식은 기본적으로 유가들이 견고하게 가지고 있었던 문화적 우월감 또는 자존심에서 나온 문화적 발전 구상으로 보인다.

실제로 체용론體用論이라는 문화적 발전 구상이 가지고 있는 논리적 한계나 역사 속에서의 성공 여부는 이미 증명된 것이나 마찬가지이다. 중체서용의 논리적 한계는 엄복이 지적한 것처럼 '우체마용牛體馬用'에서 드러난다. 왜냐하면 만약 유신파가 주장하는 '서체중원론西體中源論'이나 서광계(徐光啓, 1562-1633)나 이지조(李之藻, 1565- 1630)가 말하는 서학중원론西學中源論 등의 관점이 사실이라면 몰라도, 그 외에는 중국

문화와 서양 문화는 분명히 어떠한 내재적 연계성이 없는 이질적異質的인 것이므로 중체中體와 서용西用을 함부로 결합시킬 수는 없기 때문이다. 역사적으로는 양무파를 중심으로한 중체서용론을 주장한 사람들의 관점은 성공하지 못하였다. 그것은 이미 여러 번의 전쟁 실패가 그것을 가장 효과적으로 증명해 준다.

그러면 어떻게 하여야 유학을 그대로 보존하면서 서양 문화를 온전하게 흡수할 수 있는가? 가장 유력한 방법은 유학과 서양 문화가 가지고 있는 내재적 통일성內在的 統一性을 찾아내는 방법일 것이다. 이것이 가능하기 위해서는 일단 유가에 대한 상세한 분석을 진행하여 현대에도 여전히 보편적으로 통용 가능한 유학의 전통 사상과 그 이외의 봉건적 여독封建的 餘毒(杜維明의 말)에 해당하는 부분을 가려내는 작업이 우선되어야 할 것이다.

중체中體나 동도東道를 구성하고 있는 내용을 윤상명교(倫常名教, 양무파의 풍계분), 삼강오상과 효제충신(신기선) 등의 유가의 봉건적 강상명교의 질서 체계 등으로 말하는데 비해 두유명은 유가의 정체성을 그들이 고유하게 가지고 있는 유가적인 의미의 합리주의나 인도주의 등의 자원들을 발굴하여 이야기하고 있다.494) 비록 과장되게 해석된 측면이 있기는 하지만 이런 시도들은 동서의 내재적 연계를 찾을 수 있는 문화적인 초월적 본성에 해당되는 것으로 볼 수 있다.

처음에 서양의 선교사들이 전래한 서양의 과학 기술을 유가들은 당시 저조한 의리학義理學의 곤궁困窮함을 제도濟度하는 방향에서 경세학經世學의 범위 속에 넣어 두었다. 아마 그 때는 그것이 유학의 정체성 자체를 전면적으로 위협하는 존재가 될 줄은 생각하지 못했을 것이다. 역사의 발전 속에서 서양 문명의 강력하고 지속적인 위협으로 말미암아 대부분의 사람들은 이미 유학의 고유한 사유 도식을 완전히 포기해 버

494) 杜維明 著, 林鎭國 譯, 「儒學第三期發展的前景問題」 羅義俊 編, 『評新儒家』, 上海, 上海人民出版社, 1991, 제122-126쪽 참조.

린 것으로 보인다.

그러나 과연 그들이 유학의 고유한 사유 도식을 포기하기에 앞서 현대에도 여전히 통용 가능한 유학의 가치 있는 부분들에 대해 진지한 분석과 연구를 하였는가 하는 문제만은 스스로 반문해 보아야 할 것이다.

제4부

유학의 도덕적 종교관을 통해 본 도덕과 종교의 연속

제10장

도덕적 종교 혹은 인문교
: 유학의 종교성에 대한 모종삼의 관점

1. 들어가는 말

본문의 목적은 대표적인 현대 신유가인 모종삼牟宗三의 관점을 통하여 유학 종교론과 유학의 종교성 문제를 논의하는데 있다. 여기에서 우선 논의하려는 논점 중의 하나는 모종삼의 종교 사상에 대한 초보적 정리이다. 그의 종교 사상은 도덕적 종교 및 인문적人文的 종교 즉 인문교人文教를 세우는 것을 근본 종지宗旨로 삼으면서 원선론圓善論으로 귀결된다.

여기에서 모종삼은 한 걸음 더 나아가 인간의 무한성無限性이라는 문제에 대해 토론한다. 말하자면 그의 종교 사상은 무한지심無限智心을 확립하는 것을 주요 핵심으로 하고 있다.

모종삼은 비록 종교 사상만을 전문적으로 다룬 저서는 없으나, 종교 문제에 관한 심도 있는 연구와 사색은 그의 방대한 철학 체계 중에 산견散見되어 있다. 그 중 그의 종교 사상을 잘 드러낸 저서로는 『생명적학문

生命的學問』, 『시대여감수時代與感受』, 『중국철학적특질中國哲學的特質』, 『심체여성체心體與性體』, 『현상여물자신現象與物自身』, 『원선론圓善論』 등이 있다.

모종삼의 관점에 의하면 전통 유가는 도덕적 관점을 통하여 우주, 사회와 인생의 문제를 이야기하고, 여기에서 한 걸음 더 나아가 성性과 천도天道가 상통相通하는 도덕 형이상학의 체계를 세우고 있는 것으로 말한다. 그는 이런 도덕 형이상학의 체계 이외에 종교적 차원에서 유학은 기독교나 불교와는 구별되는 특수한 도덕적 종교의 성격을 가지고 있는 것으로 보고 있다.

유학은 분명히 삶의 문제에 관심을 가지고 있다. 유학은 인간사의 모든 문제에 관심을 가지고 있을 뿐만 아니라, 전통적인 서양 종교가 지니고 있었던 기능과 거의 유사한 역할을 담당하였던 것으로 보인다. 이 때문에 모종삼은 종교적인 관점에서 유학을 새롭게 해석할 여지가 있는 것으로 보고 있다.

어떤 측면에서 보면, 유학은 분명히 기독교가 서양에서 행하였던 종교 및 정신의 목적을 충분히 담당할 수 있기 때문에 모종삼은 유학을 종교와 철학을 겸비한 학설체계로 보고 있다.495)

모종삼은 유가 전통을 개인과 사회의 도덕윤리와 종교의 통일체로 규정하고 있다. 그는 기본적으로 유가를 인문교人文教로 보고, 종교와 인문(문화)은 불가분不可分한 것으로, 인문주의와 종교가 합일된 것으로 보고 있다.

이른바 인문교는 도덕적 종교로, 도덕이면서 동시에 종교이다. 비록 기독교나 불교와는 다르지만 유학은 분명히 종교적 차원을 지니고 있다고 모종삼은 말한다. 그러나 모종삼은 이전의 유학 종교론자, 예를 들면 강유위康有爲 같은 사람들에 대해서는 반대한다. 그들은 유학을 교

495) 白詩朗 著, 彭國翔 譯, 『普天之下 : 儒耶對話中的典範轉化』, 石家莊, 河北人民出版社, 2006年, 제161-162쪽 참조 바람.

주교主·교의敎義·교회 조직 등이 있는 일반적 형태의 종교로 만들려는 시도를 하기 때문이다. 모종삼은 유학의 종교성을 강조하여 유학 비종교론非宗敎論의 관점에 대해 반대한다. 동시에 그는 유학이 가진 종교성의 특징이 다른 보통의 종교와 같은 것으로 만들려고 하는 유학 종교론자들의 주장과는 분명하게 다르다는 점을 말하고 있다.[496)]

모종삼은 『중국철학의 특질中國哲學的特質』에서 유교儒敎가 일반적 종교 형식이 되지 못하는 관건은 인격화人格化된 상제上帝 개념에 있다고 말한다. 그는 비록 인격신의 의미를 가지고 있는 상제 혹은 천天이 중국에 결코 없었던 것은 아니지만, 유가는 결코 의식 전부를 객관적 천도天道를 초월적 상제로 전환하는데 집중하지 않고, 다만 그것을 형식적으로만 놓아두고 철학적 체계를 세운 것으로 본다.

유교는 도덕 의식을 바로 직시하여 그 교의가 상제 혹은 신이 중심이 되어 전개되는 것이 아니라, 어떻게 천도를 구현하여 덕을 성취할 것인가 하는 문제를 중심으로 하여 발전되었다.[497)] 모종삼은 이 문제에 대해 『원선론圓善論』 제6장 제1절의 「인격화된 상제 개념의 형성이 가지는 허환성(人格化的上帝一概念之形成之虛幻性)」에서 매우 깊이 있는 분석을 하고 있다.

그는 무한성無限性으로서의 개체 존재인 상제(神)는 다만 사람의 정식情識 작용이 만든 허환성虛幻性에 불과하다고 말한다. 이 때문에 "원선이 가능한 까닭을 말하려면, 반드시 무한지심無限智心을 말하여야 하는데 기독교의 노선에 반드시 의거할 필요는 없다"[498)]고 하였다.

모종삼은 칸트가 말한 상제의 본질은 바로 무한지심으로, 사람은 모두 이런 무한지심을 지니고 있음을 분명하게 말한다. 사람이 무한지심을 가지고 있다고 말하는 것은 바로 사람의 무한성과 신성神聖을 인정

---

496) 苗潤田, 「牟宗三儒學宗教論研究」, 濟南, 『孔子研究』 2000年 第6期, 제118쪽.

497) 牟宗三, 『中國哲學的特質』, 臺北, 學生書局, 1998年 再版, 제134-135쪽 참조 바람.

498) 牟宗三, 『圓善論』, 臺北, 學生書局, 1985年, 제244쪽.

하는 것이나 마찬가지이다. 즉 “사람이 무한심을 본체로 삼아 무한한 존재가 될 수 있다”는 가능성을 인정한 것이다.[499] 사람이 유한有限하면서도 무한할 수 있는 이유는 도덕 실천 때문이다.

본문은 크게 세 가지 문제를 중심으로, 모종삼이 말하는 유학의 종교성이라는 문제에 대해 살펴보려고 한다. 우선 그의 종교에 대한 일반적 관점으로는 궁극적 관심으로서의 종교와 문화적 원동력으로서의 종교라는 문제에 대해 살펴보려고 한다. 두 번째의 문제는 도덕이면서 종교인 인문교로서의 유학 종교론의 관점에 대해 분석하고, 세 번째로는 원교圓教의 가능성으로서의 무한지심이라는 관점을 통하여 그의 유학 종교의 주장을 상세하게 논의하려고 한다.

2. 모종삼의 종교에 대한 기본 관점 : 궁극적 관심과 문화적 원동력으로서의 종교

종교의 본질 혹은 기본 특징이 무엇인가라는 문제에 대해서는 현재까지 여전히 통일적 · 표준적인 정의定義가 없기 때문에 여러 가지 다양한 입장들이 출현한다. 일반적으로 이야기하는 종교의 가장 중요한 기본 특징 중의 하나는 바로 “종교는 신앙의 기초 위에서 성립된다”는 것이다.

종교 문제를 토론할 때 대부분 문제의 핵심은 “당신은 무슨 종교를 믿습니까”라는 물음으로 쉽게 바뀔 가능성이 크다. 이런 상황에서 종교의 본질이 무엇인가에 대해서 더 이상 토론을 진행할 방법이 없다. 종교의 본질을 토론할 경우 종교에 대한 이런 일상적인 태도 · 습관 및 적절하지 않은 방법은 쉽게 우리들로 하여금 종교에 대한 애매하고 맹

499) 牟宗三, 『現象與物自身』, 臺北, 學生書局, 1975年, 제452쪽.

목적인 이해를 낳게 만든다.500)

종교는 도대체 어떤 기본 특징을 가지고 있는가? 우선 철학 · 과학 등의 의식 형태와는 달리 종교는 신앙의 기초 위에서 성립된다. 종교 연구에 있어서 비록 종교에 대한 정의나 종교의 본질에 대한 여러 가지 다양한 의견들을 말하지만, 종교는 신령神靈에 대한 신앙이라는 관점에 대해서는 대부분 별다른 이의異議를 제기하지 않을 것으로 보인다. 논쟁이 되는 것은 오히려 무엇을 믿음의 대상으로 삼는가라는 문제이다.

둘째로 종교는 또 하나의 중요한 특징을 가지고 있는데, 그것은 엄밀한 조직 · 고정된 종교 직업을 가진 자(즉 성직자)와 규범화된 종교 의례 등을 가지고 있다는 점이다.

셋째로 종교의 다른 중요한 특징은 내세來世의 행복을 추구하는 것에 있다. 심리학적 근원으로 말하면, 종교의 출현은 사람은 모두 이익을 추구하고 손해를 피하려는 본성에서 나온 것으로 보아도 틀린 말은 아닐 것이다.501)

종교를 언급하면, 대부분의 사람들은 인류의 경험 세계를 초월하여 외재外在하는 인격신人格神과 조직화組織化된 교회와 전문적인 성직자 및 확정確定되어 있는 성전聖典 등을 생각하고 아울러 이것들이 종교를 구성하는 필수 불가결한 부분이라고 생각한다. 어떤 종교를 막론하고 신과 사람의 관계가 가장 핵심적인 문제이기 때문이다.

역사에 나타난 종교는 매우 많지만 신인神人 관계로 말하면, 사람의 능력은 유한有限하고 신은 전지전능하기 때문에 사람은 신을 믿고, 신을 숭배한다. 종교의 영어에 해당하는 'religion'은 원래 라틴어 'religare'라는 말에서 나왔는데, 그것은 '연계連繫'의 의미로 인간과 신의 상호 관계를 가리킨다. 종교의 일반적 의미는 이 설명에 비교적 가

---

500) Frederick Ferre, *Basic Modern Philosophy of Religion*, New York, Charles Scribner's Sons, 1967년, 제30-31쪽 참조 바람.

501) 賴永海 編著, 『宗教學概論』, 南京, 南京大學出版社, 2004年, 제54-55쪽을 참조 바람.

깝다. 그러므로 종교 철학자 루이 포이만Louis Pojman은 "대다수 종교의 핵심적 주장은 한 분의 전능全能하고 인애仁愛한 신에 집중되어 있고, 그가 이 세계와 일체를 창조하였다는 것이다."502)

신의 존재와 인간 사이의 문제가 우리가 분명하게 대답하여야 하는 가장 중요한 주제일지도 모른다. 간약 신이 존재한다면 인간에게 가장 중요한 일은 바로 그 사실을 인정하는 동시에 최대한 신과 신의 계획을 많이 이해하는 것에 있다. 이어서 언급해야 할 것은 신은 분명히 우리들의 세계와 자신에 대한 이해에 분명히 어떤 영향을 미친다는 사실이다. 만약 신이 존재한다면 이 세계는 우연적인 것이 아니며, 순수한 우연과 필요성이 결합하여 생긴 산물産物이 아니라, 이성과 정감情感을 가지고 있는 존재자存在者가 만들고 기획한 공간으로 인격적人格的인 목적성目的性을 가지고 있는 장소이다.

우리들은 결코 정의를 위하여 고독하게 분투하는 것이 아니라, 이 세계를 사악한 것으로 부터 구원하려고 계획하고 있는 일자一者의 무궁한 힘과 합하여야 한다. 가장 핵심이 되는 중요한 키포인트는 우리들은 그에게 갚아야 될 빚을 지고 있고, 절대적인 사랑과 숭배를 그라는 어떤한 사람Someone에게 돌려야 하는 것이다.

이 관점에 이어서 나오는 것은 우리들의 자아 이해와 관련된 여러 가지 문제로, 예를 들면 우리들이 마땅히 가지고 있어야 할 생활 방식 및 사후死後에도 계속 살 수 있다는 희망같은 것 등이다."503) 이처럼 종교에 대한 전통적 관점은 사람의 일상 생활을 지배하는 초인적(超人的)인 외부의 힘에 대한 신앙일 뿐만 아니라, 인간들의 사후 행복을 추구하는 희망인 동시에 일련의 엄격한 조직 · 고정적인 성직聖職과 규범적

502) Louis. P. Pojman 著, 黃瑞成 譯, 『宗教哲學』, 北京, 中國人民大學出版社, 2006年, 제8쪽.

503) 哈佛燕京學社 主編, 李明輝, 「從康德啓蒙心態』, 臺北, 文化藝術出版社, 2007年, 제226쪽 참조 바람.

인 의례儀禮 체계를 구비하고 있는 것 등이다.

하지만 다른 문명의 접촉과 이해에 따라 점차 글로벌한 의식을 구비한 서양의 종교학자들은 이전의 전통적인 종교에 대한 정의定義를 자연스럽게 수정하여, 종교에 대해 포용성을 지닌 종교 본질에 대한 관점이 출현하게 된다. 예를 들면, 폴틸리히Paul Tillich는 종교와 문화의 관계를 "궁극적 관심ultimate concern" "문화는 종교의 표현형식이며 종교는 문화의 내용"이라고 말하고, 종교 다원론자인 존 힉John Hick의 "초월에 대한 인류의 대답human responses to the transcendent" 및 스트렁Frederick Streng의 "궁극적인 전환의 방법means of ultimate transformation"504) 등은 모두 이전의 서양의 일신교一神教에 근거한 종교관의 표현을 수정하고 있다.

그리고 스미스W. C. Smith가 종교 이외에 다시 종교성religiosity의 관점을 제기한 이유는 인류가 지니고 있는 보편적 '종교성'이 종교의 핵심 부분임을 강조하려는데 있다.505) 서양의 종교학자들이 부인하지 못하는 것은 다른 문명 중에 서양의 일신교一神教의 정신적 전통이 가지고 있는 협의의 종교적 관점과는 다른 강한 종교성을 가진 체계가 존재하고 있다는 사실이다.506)

모종삼은 종교 사상에 대한 전문적 저술이 있는 것은 아니지만, 종교에 관한 논의는 이미 여러 저작 가운데 흩어져 있다. 종교에 대하여 모종삼은 자신의 독창적 이해와 관점을 가지고 있다. "보통 사람들이 생각하는 종교는 마땅히 기독교를 전형적인 것으로 삼는다. 중국의 유석

---

504) John Hick, *Human Responses to the Transcendent*. New Haven . New Haven: Yale University Press, 1989; Frederick Streng, *Understanding Religious Life*, Third edition. Belmont, California: Wadsworth, 1985.

505) W. C. Smith, *The Meaning and End of Religion*. New York: Harper & Row Publishers, 1978을 참고 바람.

506) 서양 종교학자들의 종교의 정의에 관한 새로운 관점에 대해서는 彭國翔,『儒家傳統-儒教與人文主義之間』, 北京, 北京大學出版社, 2007年, 제270-271쪽을 참조 바람.

道儒釋道 삼교는 이와는 다른 유형이다."[507] 만약 종교에 대한 이해를 기독교를 중심으로 하는 관점으로 한정짓는다면, 유가 전통의 주류主流는 종교적 전통이라고 말하기는 어려울 것이다. 유가 전통에는 결코 인류의 경험 세계를 넘어서는 신도 없고, 유학자 또한 신학자로 볼 수가 없다.

모종삼은 "서양에서 종교 문제는 당연히 고대 유태교 사상 체계 가운데서 파생되어 나오는 기독교를 가리켜 말한다. 인도는 바로 힌두교와 불교이다. 중국에는 이전에 비록 이와 같은 유형의 종교는 없었지만, 도가와 유가의 학문은 모두 종교의 작용을 가지고 있기 때문에 종교라고 부를 수 있다. 왜냐하면 그들이 해결하려고 하는 것은 모두 종교성의 궁극적 관심의 문제에 속하기 때문이다."[508] 여기에서 모종삼이 말하는 '궁극적 관심'은 반드시 보편성Universality과 항구성Eternity을 가지고 있고 또 궁극성窮極性을 가지고 있다고 말한다.[509]

모종삼은 종교를 문화를 창조하는 동력으로 생각하고, 만약 하나의 문화를 이해하려면 반드시 문화적 동력에 해당하는 그 종교에서 부터 이해하여야 하지 단지 과학과 민주정치를 통해서는 이해할 수가 없다고 보았다. 그러므로 그는 "각 민족의 문화적 동력은 각기 다르지만 모두 원초적Primary인 동시에 또한 최종적Final이다. 여기에서 고금古今이 따로 있는 것은 아니다. 이 방면의 문제는 바로 근대에서 말하는 '궁극적 관심'의 문제이다. 그것은 인류의 근본 방향과 지혜라는 문제에 속한다. 그것은 정치 경제처럼 '현실적으로' '관심'을 가지는 것이 아니라, '궁극적으로' '관심'을 가지게 만드는 것이다.[510]

'문화적 동력'의 문제는 고도의 문화를 성취한 모든 민족들이 가지고

507) 牟宗三, 『生命的學問』, 臺北, 三民書局, 2007年, 3版, 제119쪽.

508) 牟宗三, 『時代與感受』, 臺北, 鵝湖出版社, 1998年版, 제400-401쪽.

509) 『時代與感受』, 제400쪽.

510) 牟宗三, 『中國文化的省察』, 臺北, 聯經出版社, 1984年, 제102쪽과 제107쪽 참조 바람.

있는 것으로, 각 민족 문화의 내용과 방향은 바로 이 문화의 원동처原動處에서 결정된다. 모종삼은『중국철학의 특질』에서 종교가 인류의 문화 발전의 중요 작용이라는 점을 매우 강조한다.

모종삼은 "하나의 문화는 그것의 가장 기본적인 내재적 정신을 가지지 않을 수 없다. 이것은 문화를 창조하는 동력이며, 또한 문화가 어떤 특수성을 가지게 만드는 것이다. 이런 관점에 의하면 문화 생명의 기본적 동력은 분명히 종교에 있다고 말할 수 있다. 중국 문화를 이해하는 것도 마찬가지로 중국 문화의 원동력인 유교를 통하여 이해해야 한다"[511]고 하였다.

그는『생명의 학문』에서 이런 견해와 유사한 관점을 말하고 있다. "우리가 이 시대를 살면서 만약 스스로가 중국 문화의 발전의 길이라는 책임을 담당하려고 생각한다면 서양 문화에 대해 정시하지 않을 수 없고, 과학 문제에 대해 정시하지 않을 수 없고, 정체政體 문제에 대해서나 종교 문제에 대해서 관심을 가지지 않을 수 없다."[512]

모든 문화는 그것의 문화생명의 기본 동력을 가지지 않을 수 없는데, 이런 문화 생명의 기본 동력 혹은 내재적 정신이 바로 종교이다. 이들 관점들은 모두 문화의 동력과 내재작용으로서의 종교의 중요성에 대해 말하고 있다. 모종삼의 궁극적 관심의 문제와 문화적 동력으로서의 종교에 대한 관점은 기본적으로 틸리히 · 힉 · 스털링의 종교에 대한 견해와 큰 차이가 없다.

그러면 종교가 해결해야하는 궁극적 관심의 문제는 도대체 어떤 내용을 가지고 있는가? 이에 대해 모종삼은 "이 궁극적 관심의 문제에 관해서는 각 종교의 관점은 다르지만 대체적으로 보면 모두 사람으로 하여금 어떻게 진정한 사람이 되는가 또는 어떻게 완전한 인격perfect

511)『中國哲學的特質』, 제125쪽.

512) 牟宗三,『人文講習錄』, 臺北, 學生書局, 1986年, 제4쪽.

personality을 성취할 수 있는가 라는 문제들이다."[513] "중국문화 중의 궁극적 관심의 문제는 어떻게 덕을 이루며, 어떻게 인격을 이룰 것인가 라는 것이다. 빈부귀천을 막론하고 모두 이와 같다. 그러므로 이것은 하나의 보편성의 문제를 지니고 있다"[514]라고 하였다.

궁극적 관심의 문제는 보편성을 가지고 있는 것으로, 사회에서 어떤 사업을 성취하였든지 간에 모두 예외 없이 먼저 자신의 인품人品을 완성하는데 노력하여야 한다. 실제로 어느 정도의 수준에 도달할 수 있는가 라는 것에 관계없이 마음은 반드시 그것을 향해 있다. 이것이 바로 궁극적 관심의 문제이다.

유가 문화 중의 궁극적 관심의 문제는 어떻게 덕을 이루고, 어떻게 인격을 성취할 것인가라는 문제에 집중되어 있다. 빈부와 귀천을 막론하고 모두 똑 같다. 그러므로 이것은 보편성을 가지고 있는 문제이다.

이런 성덕成德의 근거가 바로 중국 문화의 원동력이다. 여기에서 모종삼은 중국 고대에서 이야기하는 천天 혹은 천명天命이 비록 인격신의 경향이 전혀 없는 것은 아니지만, 그러나 천이나 상제上帝의 인격적 요소가 유가들이 말하는 핵심은 아니라고 말한다. 왜냐하면 이런 경향은 급속하게 저급低級한 미신迷信으로 변화하기 때문이다. 이에 대해 그는 "이런 천이나 신을 전통적인 중국의 철학적 개념으로 말하면 모두 기氣에 속하는 것이다"[515]라고 말한다.

> 이들 저급한 미신 중의 천신天神은 실제로 유태교 사상 체계 중의 인격신人格神과 서로 비교할 수가 없다. 왜냐하면 유태교 사상 체계 속의 인격신은 중국의 철학적 개념으로 말하면 '리理'에 속하는 것이기 때문에 서양 사람들로 하여금 궁극적인 관심을 가지도록 만든다.[516]

---

513) 『時代與感受』, 제401쪽.

514) 『時代與感受』, 제402쪽.

515) 『時代與感受』, 제404쪽.

모종삼은 "인을 실천하여서 천의 도리를 아는 것(踐仁以知天)"을 강조하는데, 여기에 바로 중국 역사 문화의 원동력이 있다고 말한다. 그는 "공자에 의하면 이것이 바로 사람의 본질과 주재가 된다는 것이다. 사람은 높은 곳에 자리하고 있는 외재적 인격신으로서의 천을 앙모仰慕하거나 기구祈求할 필요 없이 단지 우리의 생명 속에 본래부터 가지고 있는 도덕심으로서의 인仁을 몸소 실천하면 된다. 그것은 구체적인 생활 속에 있는 부자유친, 군신유의 부부유별, 장유유서, 붕우유신 등에 천의 모든 것이 다 포함되어 있다고 말한다. 이것이 바로 인을 실천하여서 천의 도리를 아는 것(踐仁以知天)이라는 말이다. 만약 생명 가운데의 인仁을 실천할 수 없으면 분명히 천을 알지 못하게 될 것이다. 만약 생명 가운데의 인을 실천할 수 있으면 천인天人은 본래 일체一體로 불가분不可分한 것임을 알게 될 것이다"[517]라고 하였다. 이 때문에 공자가 중국의 역사 문화 중에서 가지는 특수한 지위와 중요한 의미는 바로 이것을 통해 형성되는 것이다. 즉 공자는 중국의 역사 문화가 가야할 방향을 제시하고, 원동력이 무엇인가를 잘 지적해 주고 있다고 말한다.

모종삼은 종교적 신앙의 대상을 신성神聖과 완전함으로 보고 있다. 그는 다음과 같이 말한다.

> 세상 사람들은 대체적으로 신앙을 가지는 것을 바로 종교라고 생각하는 것 같다. 만일 어떤 이론이나 주의主義를 믿는다고 한다면 그가 믿는 어떤 이론이나 주의가 바로 그 사람의 종교라고 하는 말은 문제가 될 수밖에 없다. 종교적 신앙의 대상은 단지 신성함과 완전함으로 이 말은 결코 틀린 말이 아니다. 어떤 이론이나 주의는 단지 어떤 측면 혹은 어떤 문제에 대한 사상적 설명을 위한 접근 방법 · 태도 혹은 입장일 뿐이다.[518]

516) 『時代與感受』, 제404쪽.
517) 『時代與感受』, 제404쪽.
518) 『生命的學問』, 제82쪽.

종교는 일반적인 어떤 이론이나 주의 혹은 사회적 의식 형태와는 다르다. 왜냐하면 종교는 단순한 하나의 신념 체계일 뿐만 아니라, 사람으로 하여금 가치의 근원으로 향상向上 발전하게 만들기 때문이다. 일반적인 어떤 이론이나 주의는 단지 어떤 측면 혹은 어떤 문제에 대한 사상적 설명을 위한 접근 방법 · 태도 혹은 입장일 뿐이다.

모종삼은 종교가 가지고 있는 중요한 작용은 바로 "종교는 사람으로 하여금 정신 향상의 계기를 계발啓發하고 정신 생활의 길을 지도하는 데"[519] 있다고 말하고 또 "성인이 말하는 가르침(教)을 일반적으로 말하면 사람의 이성을 계발할 수 있고, 사람으로 하여금 그 이성을 운용運用하여 도덕적 실천이나 해탈의 실천 혹은 그 생명을 순정純淨하게 하고 성결聖潔하게 하는데 힘쓰게 하여 최고의 이상적 경계에 도달하게 하는 것을 말한다"[520]고 하였다.

종교적 신앙은 사람만이 가지는 현상이다. 이런 현상은 바로 사람의 궁극적 관심을 표현하는 것으로, 사람의 궁극적 관심은 사람으로 하여금 자신의 생명을 통하여 자신을 초월하는 것에 힘쓰도록 만든다. 모종삼은 "종교 의식은 본래 자아 초월적인 의식으로 또한 초월적 정신이라고 할 수 있다"[521]고 하였다.

이처럼 종교는 사람의 정신을 향상向上하는 계기를 제공하여, 사람들에게 향상적向上的인 자아 초월의 신념을 가지도록 만들고, 사람들의 정신 생활을 분명하게 지도指導하는 역할을 한다. 모종삼은 이것이야 말로 종교가 종교인 중요한 근거와 책임이라고 말한다.

---

519) 『中國哲學的特質』, 제128쪽.

520) 『圓善論』, 제267쪽.

521) 『人文講習錄』, 제4쪽.

3. 모종삼의 유학 종교론에 대한 관점 : 도덕이면서 종교인 인문교

모종삼은 비록 유가가 형태상으로는 보통의 종교는 아니라고 인정했지만, 유가는 분명히 종교 정신과 종교적 정서를 가지고 있다고 보았다. 이 때문에 종교의 내재적 진리와 종교의 외재 형식은 나누어 보아야 한다고 말한다. 그는 아래와 같이 말한다.

> 종교는 두 방면에서 볼 수 있는데 하나는 사事이고, 다른 하나는 리理이다. 사의 방면으로부터 보면, 유가는 보통 말하는 종교가 아니다. 왜냐하면 그것은 보통 종교의 의식儀式을 구비하지 않았기 때문이다. 그것은 종교 의식을 일상 생활 궤도 가운데의 예악禮樂으로 전환하였다. 하지만 리理의 방면으로부터 보면 유가는 고도의 종교성을 가지고 있을 뿐만 아니라, 또한 매우 완벽한 종교 정신을 가지고 있는데, 그것은 도덕 의식과 도덕 실천을 그 가운데의 종교 의식과 종교 정신에 집중시키고 있다.522)

여기에서 말하는 사事는 종교의 외재 형식, 예를 들면 종교 의식 등을 들 수 있다. 리理는 종교 의식이나 종교 정신을 말한다. 사(종교형식) 방면으로 보면 유학은 종교가 아니라고 할 수 있다. 일반적으로 유학을 종교로 보지 않는 가장 큰 이유는 대부분 서양의 종교를 기준으로 대비對比하기 때문이다. 이것은 다만 형식상으로 관찰한 것으로, 유가는 교회 조직이 없을 뿐만 아니라 성직자도 없으며 또한 특수한 종교적 의식이 없기 때문이다. 이런 '사'의 입장에서 보면 유가는 종교로 보이지 않는다.523)

유가가 종교인지 아닌지를 판단하는 근거는 결코 외재적인 사事의 측면에 있는 것이 아니라, 리理에 있다. 즉 유가가 사람들에게 궁극적 관

---

522) 모종삼, 『中國哲學的特質』, 제128쪽.

523) 蔡仁厚, 『新儒家的精神方向』, 제54쪽.

심을 제공하였는지, 또는 일상생활에서 올바른 책임을 다하였는지, 인간의 정신적 방향을 향상시키는 계기를 열어주어 정신 생활의 길을 지도 하였는가[524] 라는 측면에서 보면 유가는 분명히 고도의 종교성을 가지고 있을 뿐만 아니라 매우 완전한 형태의 종교정신을 가지고 있는 것으로 보아야 한다고 모종삼은 말한다.

모종삼은 종교와 비종교의 본질적인 구별은 결코 외재형식에 있는 것이 아니라, 종교가 가진 의미에 있다고 생각하기 때문에 종교의 리理라는 측면에서 말하면 유가는 종교성을 갖추고 있다고 말한다.

유가가 종교적 전통을 가지고 있는가 라는 문제에 대해 채인후는 다음과 같이 말한다.

> 일반인들은 유가를 종교라고는 생각하지 않는다. 그렇게 보는 이유는 첫 째로는 민국民國 초년初年에 강유위康有爲, 진환장陳煥章 등의 공교 운동의 실패로 말미암아 정서상의 반감과 심리적인 금기禁忌가 형성되었고 또 다른 하나는 대부분 서양 종교를 기준으로 하여 말하기 때문이다. ...... 사실 형식이나 형태는 본래 다양하다. 우리들은 종교의 다양성을 제한할 이유가 없고, 또 종교는 반드시 어떤 특정한 형태를 가지고 있어야 한다는 점을 주장해서는 안 된다. 하물며 종교의 리理로 말하면 유가는 분명히 종교성을 갖추고 있고, 또한 일반적인 종교가 표현하는 작용을 표현할 수 있고, 일반적 종교가 지고 있는 책임을 부담하고 있다. 유가가 말하는 도덕은 항상 종교적 의미를 함유하고 있어서 단순한 도덕에 그치지 않는다. 단순한 도덕은 다만 지금의 삶의 세계에만 머물러 있지만 유가의 교의教義가 중요하게 여기는 것은 지금의 삶의 세계에만 한정되지 않고 동시에 죽음과 제사의 문제도 매우 중요하게 여긴다. ...... 유가의 성격은 철학인 동시에 도덕이며 또한 종교라고 할 수 있다.[525]

524) 모종삼은 종교의 두 가지 책임 혹은 작용에 대해 말하고 있다. 그는 종교의 두 가지 책임에는 두 가지가 있다고 말한다. 그 중 하나는 일상 생활의 올바른 궤도를 벗어나지 않는 책임이다. 두 번째는 인간의 정신적 방향을 향상시키는 계기를 열어주어 정신 생활의 길을 지도하는 것이라고 말한다. 『中國哲學的特質』 제126-133쪽 참조 바람.

계몽 사상과 과학주의의 영향으로 말미암아 20세기 초기 대부분의 중국 지식인들은 유학이 종교라는 점을 부정하였다. 왜냐하면 그들은 종종 종교와 미신을 섞어서 말하거나 심지어는 동일한 것으로 보았기 때문이다. 그러나 공자는 『논어』에서 "하늘에 죄를 지으면 기도할 곳이 없다"526), "천명을 두려워 함"527), "하늘이 나에게 덕을 주셨다"528), "나를 알아주는 것은 하늘일 것이다"529)라고 한 적이 있다. 이런 구절 중에는 당연히 공자의 초월 의식이나 종교적 정서가 담겨 있다. 유가철학의 성격은 당연히 도덕을 가지고 있고 동시에 종교적 의미도 함유하고 있다.

'유학은 종교가 아니라는 유학비종교론儒學非宗教論'의 관점은 당군의唐君毅, 모종삼, 장군매張君勱, 서복관徐复觀 네 사람이 공동으로 발표한 『위중국문화경고세계인사선언為中國文化敬告世界人士宣言』에 이르면 근본적인 변화를 하게 된다. 이 선언문의 제5절의 「중국 문화 중의 윤리 도덕과 종교정신」에서 말하는 "중국 민족의 종교적 초월 감정과 종교적 감정은 그것이 중시하는 윤리 도덕과 같은 근본을 가진 문화에서 기원하기 때문에 윤리 도덕의 감정과 하나로 합일되어 있어서, 분리할 수 없다"530)고 말한다.

여기에서는 주로 유가 전통에 대해 말하는데 유가의 윤리 도덕과 종교적 감정의 일체적 연속성을 강조한다. 다시 말해 유가 전통에서 종교와 문화(인문)는 상즉相卽해서 나눌 수 없고, 문화인 동시에 종교라는 것이다. 만약 유가 사상이 인문주의人文主義라면 이 또한 종교적 경향을 지니고 있는 인문주의로, 그것은 종교와 통한다.531) 모종삼 역시 이와 유

525) 채인후, 『新儒家的精神方向』, 제54-55쪽.

526) 『논어』 「八佾」 "獲罪於天, 無所禱也"

527) 『논어』 「季氏」 "畏天命"

528) 『논어』 「述而」 "天生德於予"

529) 『논어』 「憲問」 "知我者其天乎"

530) 唐君毅, 『中國文化與世界』, 『唐君毅全集』, 臺北, 學生書局, 1991年, 卷4, 제19쪽.

531) 唐君毅, 『中華人文與當今世界』 下册, 『唐君毅全集』 卷8, 臺北, 學生書局, 1990年, 제

사한 관점을 가지고 있는데, 윤리 도덕과 종교 정신을 일체로 하고 있는 것으로 이를 인문교人文教라고 말한다.532) 인문교는 바로 도덕종교道德宗教이고, 도덕과 종교의 합일을 의미한다.

인문교의 함의에 대해 모종삼은 아래에서 더욱 분명하게 말하고 있다.

> 인문교가 교教가 되는 이유는 아래로는 일상 생활의 궤도軌道로 구체화되고, 위로는 하나의 초월적이면서도 보편적인 도덕 정신 실체로 인정할 수 있기 때문이다. 이 실체는 하늘과 조상, 성현에 제사지내는 것을 통해 종교적 의식意識을 지닌 '신성神性의 실재'나 '가치의 근원'이 된다. 기독교의 신은 예수만을 숭배의 대상으로 삼기 때문에 인문세계와 단절된다. 그러나 인문교 중의 실체實體는 천天·조상·성현으로 이루어진 전체 체계를 종교적 의미의 숭배 대상으로 삼기 때문에 인문세계와 단절되지 않는다. 이것이 인문교가 되는 까닭이기 때문에 어떻게 고등高等하고 완벽한 종교가 되지 않겠는가? 다만 여기에서 말하는 종교가 서양 전통 중에서 말하는 종교religion가 아닐 뿐이다.533)

모종삼은 인문교와 기독교의 가장 다른 점은, 기독교는 단지 상제에 귀의할 뿐으로 인문세계를 인정할 수 없다는데 있는 것으로 생각했다. 기독교는 예수에만 집중하고 있지만, 유가가 천·조상·성현의 인격에

58-94쪽 참조 바람.

532) 모종삼은 서양철학 중의 유심론(唯心論)은 도덕종교를 인정한다고 말한다. "서양철학 중의 유심론은 도덕종교를 인정하고 또 설명하고 있다. 일반적으로 도덕종교를 말하고 인정하는 사람들은 대부분 철학적으로 유심론의 입장을 가지고 있다."(『生命的學問』, 제82쪽) 이명휘(李明輝)는 모종삼이 여기에서 말하는 유심론은 분명히 칸트철학을 포함하고 있고 주로 칸트철학을 가지고 말하는 것으로 보인다고 말한다. 왜냐하면 칸트 본인은 분명히 도덕종교에 대해 말하고 있기 때문이다. 칸트가 인정하는 종교는 이성(理性), 더욱 엄격하게 말해서 실천이성(實踐理性)이라는 기초위에서 성립되고 혹은 방식을 바꾸어 말하면 그것은 '이성신앙(理性信仰)' 혹은 '도덕신앙(道德信仰)'의 기초위에서 성립되기 때문이다. 칸트는 종교를 '도덕종교(道德宗教)'라고 말한다. 더 나아가 말하면 인간의 이성은 보편적 효력(效力)을 지니고 있기 때문에 이성의 기초 위에 성립된 종교 역시 분명히 보편적이다.(哈佛燕京學社 主編, 李明輝, 「從康德的"道德宗教"論儒家的宗教性」, 『儒家傳統與啓蒙心態』, 南京, 江蘇教育出版社, 2007年, 제200-201쪽 참조 바람.)

533) 모종삼, 『生命的學問』, 제86쪽.

제사지내는 행위는 인문세계의 일이기 때문에 인문세계와 단절되지 않는다고 말한다.

유가는 신을 중심으로 전개하지 않으며, 천도天道를 구현하여 어떻게 덕을 이룰 것인가 하는 문제가 중심이 된다. 여기에서 유가는 도덕과 종교를 하나로 연속시키고 융합한다. 중국 문화의 주류인 유가는 도덕 정신을 구비하고 있을 뿐만 아니라, 종교 정신과 종교적 정서도 함께 지니고 있다. 이런 도덕종교로서의 인문교는 천도의 초월적 의미를 결코 가볍게 보지 않는다. 이런 의미에서 유가는 부단한 후천적 수양 공부를 통하여 자신의 내재 본질을 끌어올려 천도의 초월적 의미를 깨달아 성인 혹은 대인大人의 경계에 도달하려 노력한다.

이로부터 유가와 기독교가 다른 점을 알 수 있는데, 즉 모종삼이 말하는 인문교의 특징은 인문 세계 안에서 인문 가치와 종교적 신성감神聖感을 동시에 추구한다는 것에 있다. 이와 같은 종교가 바로 인문교로 "그 진실한 의미는 개인의 유한한 생명 가운데에서 무한하고 완벽한 의미를 얻는 것에 있다"[534] 이런 관점에서 인문교도로서의 유자儒者들은 천도의 초월적 의미를 깨달은 후에, 성인의 단계에 도달할 수 있는 신념을 가질 수 있게 되는 것이다.

> 이런 신념은 바로 자아 초월에 대한 신념이다. 마치 신과 같은 성인이 우주의 공동 창조자가 될 수 있는 이유는 결코 이 초월자가 모두 사람이라는 것이 아니라, 이 사람이 초월자와의 진실하고 정성스런 대화對話를 통하여 궁극적인 전환을 실현하기 때문이다.[535]

이 때문에 종교로서의 유학은 인륜일용人倫日用의 예악禮樂으로부터 출발하여, 내성內聖의 수양을 기초로 삼아, 부단한 후천적 수양의 공부를 통

534) 牟宗三, 『心體與性體』(第一冊), 臺北, 正中書局, 1968年, 제6쪽.

535) 杜維明 著, 段德智 譯, 『論儒學的宗教性』, 武漢, 武漢大學出版社, 1999, 제110쪽.

해 사람의 본성과 천도가 일체가 되는 경계에 도달할 수 있게 된다. 이런 경계는 현실속의 사람이 가진 유한성을 초월하는 완벽한 경계로, 사람이면서 천天인 경계境界이고, 도덕이면서 종교가 되는 경계이다.

모종삼은 도덕적 종교의 의미에 대해 매우 명확한 기술記述을 하고 있다.

> 이 내성지학內聖之學은 또한 성덕지교成德之教라고 할 수 있다. 성덕成德의 최고 목표는 성聖·인자仁者·대인大人이며, 그 진실한 의미는 개인의 유한한 생명 가운데에서 무한하고 완벽한 의미를 얻는데 있다. 이것은 종교이면서 도덕인 것으로 인류를 위해서 도덕적 종교를 세운 것이다. 이것은 불교의 사리적捨離的 정신을 중심으로 삼는 멸도滅度 종교와 다르고, 또 기독교의 신을 중심으로 하는 구속적救贖的 종교와도 다르다. 유가에서 보자면 도덕은 유한한 범위 내에서 머무는 것이 아니고, 서양에서 도덕과 종교를 대립하는 두 단계로 보는 것과는 다르다. 도덕은 무한과 통한다. 도덕적 행위가 근거하는 실체에 도달하려는 도덕적 행위는 무한이다.536)

이른바 도덕종교의 의미는 사람으로 하여금 성인이 되게 하고, 현인이 되게 하는데 있을 뿐만 아니라, 또한 개인의 유한한 생명 가운데에서 무한하고 완전한 의미를 얻게 하는데 있다. 이와 같은 유가 사상은 도덕 체계일 뿐만 아니라, 도덕 실천과 종교적 초월 정신을 통일하는 형이상학을 포함하고 있다. 도덕적 종교라는 말은 바로 이런 의미와 관련된다.

위에서 말한 것처럼, 도덕적 종교인 유학은 서양의 관점과는 달리 종교와 도덕의 특수한 상호관계를 포함하고 있다. 여기에서 말하는 종교와 도덕의 특수한 상호관계는 바로 어떻게 유한한 도덕 행위를 통하여 초월적 종교의 경계에 도달할 수 있는가하는 문제이다. 즉 어떻게 유한

536) 『心體與性體』(第一册), 제6쪽.

한 도덕 행위에 무한하고 완벽圓滿한 의미를 부여할 수 있는가 하는 문제이다.

유가가 바로 종교이기 위해서는 반드시 신성과 완전함 즉 초월적이고 궁극적인 종교적 보편성의 문제를 언급하여야 하는 동시에 유한적 도덕 행위와 배타적으로 충돌하지 않는 관계를 가지고 있어야만 한다. 이 때문에 모종삼은 인문주의 자체는 하나의 종교 체계를 이루기에는 부족하다고 말한다.

모종삼은 "인문주의는 종교가 될 수 없다. 주의主義는 단지 정치 경제와 도덕 및 예술은 말할 수 있다. 신앙의 대상은 다만 신성과 완전함으로 어떤 주의라고 말할 수는 없다"537) 라고 하였다. 이른바 주의主義는 보편적인 것이 아니라 단지 어떤 방면 혹은 어떤 문제에 대한 방법과 입장일 뿐이다. 유가가 강조한 인륜倫常은 결코 하나의 주의 혹은 이론이 아니다. 현실 생활 속의 인륜 체계는 결코 종교가 되기에 부족하다. 그러므로 그는 다음과 같이 말한다.

> 반드시 인륜을 버리고 떠나지 않으면서 인륜을 통하여 '신성神性의 실재'나 '가치의 근원' 즉 보편적 도덕 실체를 깨닫고 인정한 후에 종교가 될 수 있다. 이 보편적 도덕 실체를 우리들은 '출세간법出世間法'이라고 말하지 않고 다만 초월적 실체라고 말해야 한다. 그러나 초월이면서 내재內在하여 서로 떨어지지 않고, 내재이면서 또 외재外在하여 떨어지지 않는다.538)

모종삼은 종교와 도덕의 이중성을 함께 가지고 있는 보편적 도덕 실체인 천도의 초월이면서 동시에 내재하는 성격에 대해 말한다. 이어서 그는 아래와 같이 말한다.

537) 『生命的學問』, 제86쪽.
538) 『生命的學問』, 제83쪽.

천도는 높고 높은 위에 있어서 초월적 의미를 가지고 있다. 천도가 사람에 내재하여 사람의 성性이 되는데, 이 때 천도는 바로 내재적Immanent이다. 이 때문에 칸트가 즐겨 사용하는 개념을 가지고 말하면, 천도는 한편으로는 초월Transcendent이면서, 다른 한 편으로는 내재(Immanent 와 Transcendent 는 서로 반대되는 개념이다)한다고 할 수 있다. 천도가 초월이면서 또 내재하는 이 때, 종교와 도덕의 의미를 함께 지니고 있다고 할 수 있다. 종교는 초월의 의미를 강조하고 도덕은 내재의 의미를 중시한다.539)

초월과 내재는 서로 상반된 개념으로, 구체적으로 말하면 신과 인간, 천국과 인간 세상의 양극적兩極的 대립을 표현한다. 그러나 모종삼은 유가 사상에 근거하여 초월과 내재는 서로 융통融通할 수 있고, 그들은 바로 천도라는 실체가 본래 가지고 있는 두 가지 규정 또는 일체의 양면이라고 말한다. 천도의 초월과 내재를 통하여 도덕과 종교의 성격을 함께 가지고 있는 도덕종교의 의미에 대해 이야기하고 있다. 천도의 초월하면서 또 내재한다는 관점에 의해서 인간은 무한한 내재적 잠재력을 가지게된다. 이런 내재적 잠재력을 발휘하여 인간은 자신의 유한성을 초월할 수 있는 것이다.

4. 모종삼의 무한지심에 대한 관점 : 원교의 가능 근거로서의 무한지심

모종삼은 "인간은 유한하면서도 무한할 수 있다"라는 관점을 매우 강조한다. 이 말이야 말로 모종삼 철학과 유가의 종교성을 이해하는데 있어서 반드시 파악하고 있어야할 가장 관건이 되는 핵심적 명제이다. 이른바 인간이 무한할 수 있는 가능성은 바로 무한지심無限之心에 있다.

---

539) 『中國哲學的特質』, 제30쪽.

보통 사람들이 이 무한지심을 가질 수 있느냐 하는 것이 바로 유가와 기독교를 본질적으로 구분하게 만들어주는 핵심이다.

"인간은 유한하면서도 무한할 수 있다"라는 명제는 유가라면 누구나 실현하려고 노력하는 하나의 이상이다. 이것을 종교로 말하면 이른바 도덕종교인 인문교이고, 학學으로 말하면 '내성지학內聖之學'이고, 교教로 말하면 '성덕지교成德之教'이다.

'교'에 대해 모종삼은 "성인이 말하는 것이 교인데 일반적으로 말하면 사람의 이성을 계발하여 사람으로 하여금 그 이성을 운용하여 도덕적 실천에 종사하게 하거나 해탈의 실천, 그 생명을 순정純淨하게 하거나 혹은 성결聖潔하게 하는 실천을 통하여 최고의 이상적 경계에 도달하게 하는 것을 교라고 말한다"[540]고 하였다. 이처럼 그는 사람이 도덕적 실천을 통하여 무한한 종교 경계에 도달할 수 있음을 인정하였다. 이것이 바로 도덕적 종교이다.

> 도덕은 무한과 통한다. 도덕 행위는 유한하지만 도덕 행위가 근거하는 실체에 도달하려는 도덕 행위는 무한하다. 사람은 때와 장소에 구애됨이 없이 이 실체를 깨닫고 드러냄으로써 도덕 행위의 '순수함 또한 그침이 없는(純亦不已)' 단계에 이를 수 있다. 이를 통하여 그 개인 생명은 비록 유한하고 그 도덕 행위 또한 유한하지만, 그러나 유한은 바로 무한이며 그것은 이미 종교 경계이다. 실체를 깨닫고 드러내어 덕을 이루는데(이른바 盡心 혹은 盡性) 이 성덕成德의 과정은 무궁무진한 것이다. 완전圓滿할 수 없다고 말 한다면 영원히 완전할 수 없고, 아무도 성인의 경지에 이르렀다고 자처할 사람은 없다. 그러나 원만할 수 있다고 말 한다면, 당장 실체를 깨달아 드러내면 곧 원만하게 되므로, 성인의 경지는 또한 어느 때나 이를 수 있다. 해탈을 말하고자 한다면 이것이 곧 해탈이고, 구원을 말하고자 한다면 이것이 곧 구원이다. 신앙을 말하고자 한다면 이것이 곧 신앙으로, 이것은 안으로부터 신앙信仰하는 것이지, 외재하는 어떤 대상을 신앙하여

540) 『圓善論』, 제267쪽.

기도를 통해 구원과 은총에 의지하는 것이 아니다. '성인인가 성인이 아닌가'의 문제는 여기에서 별 상관이 없다. 핵심이 되는 것은 자각적으로 도덕을 실천하고, 본심과 성체性體를 토대로 철저히 자신의 생명을 맑고 투명하게 하는데 있다. 이것은 무궁하고 끝이 없는 과정이다. 모든 도덕적 종교의 특성이 가진 깊은 뜻은 모두 여기에 있고, 모든 내성의 학문에 관한 이론 역시 오로지 이곳으로부터 전개된다.541)

종교적 신앙은 바로 사람의 궁극적 관심을 표현하는 것으로 사람의 궁극적 관심은 그 자신의 도덕이다. 그 개인의 자연적 생명은 비록 유한하지만, 그 정신 생명은 도리어 무한할 수 있다. 유가의 이른바 도덕이 무한한 종교적 경계를 향해 넓게 펼칠 수 있는 가능성은 도덕 행위가 근거하는 실체 혹은 본질이 무한하기 때문이다. 다시 말하면 도덕과 종교의 통일성은 그 도덕 근거의 동일성으로부터 나온다. 만약 누구라도 진심진성盡心盡性하여 그 도덕을 이루려는 노력을 부단히 행한다면 성인의 단계에 언제라도 도달할 수 있다. 이 때문에 모종삼은 유가를 자기 구원이 가능한 자력교自力教라고 말한다.

모종삼이 말하는 인문교의 분명한 특징은 자력갱생自力更生 혹은 자력교自力教의 중요성에서 찾을 수 있다. 이 자력교에 대해 모종삼은 "주체의 문을 열어서 자아를 완성하며 다른 것에 기대어 구하지 않을 수 있는 것이 바로 자립교이며, 주체를 열지 못하고 다른 것에 기대어 자기를 완성하는 것이 바로 타립교他立教이다"542)라고 하였다. 그는 무한지심을 본체로 삼아 주체의 문을 열어서 자아를 완성하고, 다른 것에 기대어 구하지 않을 수 있는 것이 바로 자립교라고 하였다.

이 자립교가 바로 사람의 무한심을 본체로 삼아 무한자無限者의 길로 갈 수 있게 한다. 사람이 비록 유한하지만, 무한할 수 있게 해주는 것이

541) 『心體與性體』(第一册), 제6쪽.

542) 『時代與感受』, 제421쪽.

바로 도덕적 실천이다. 이런 도덕 실천이 의미하는 것은 우리 스스로를 구원하는 과정이다. 우리는 반드시 우리의 본성 혹은 본체에 의지하여 자기 스스로를 구원하여야 한다. 이것이 바로 무한하고 절대적인 신성神聖을 인간 자신의 내재적 본질과 본성으로 삼는 것을 말한다.

실재實在로 말하면 이 본성이 바로 최고의 실재이며, 정신으로 말하면 이 본성이 바로 가장 진실하고 가장 내재적인 정신이다. 이와 같은 본성性體心體이 바로 우리들의 진실하고 진정한 주체성이며, 이 주체성 속에 신성이 존재하고 있다. 이런 관점에 의하면 인간이 무한지심 혹은 절대 정신을 가질 수 있다는 사실은 다름아닌 인간이 무한성과 신성을 가질 수 있다는 점을 인정하는 것이나 마찬가지이다.[543]

자기 구원을 내용으로 하는 자력교가 가능하기 위해서 가장 중요한 것은 역시 인간이 가지고 있는 무한심無限心이다. 모종삼은 여기에서 인간에 내재하고 있는 인간의 무한성이라는 문제를 더욱 철저하게 강화하고 체계화시킨다.

모종삼의 여러 저작들을 살펴 볼 때, 후기로 갈수록 인간에 내재한 심성 본체가 강화되어 초월적인 것보다는 내재적인 것이 우월성을 가지거나, 심지어는 천도관天道觀이 심성론心性論에 예속되는 경향까지도 보여 주고 있다. 특히 이런 인간의 무한성의 문제를 가장 현저하게 보여주는 관점은 바로 "무한지심(혹은 無限心)"으로 『현상여물자신現象與物自身』이나 『원선론圓善論』 등에서 많이 언급되고 있다.

모종삼은 1985년 출판한 『원선론圓善論』에서 무한지심의 문제를 집중적으로 논의하고 있다. 그가 여기에서 말하는 원선(summum bonum, 最高善)이 의미하는 것은 도덕과 행복의 통일이었다. 모종삼은 원선 문제의 해결이 바로 철학 체계의 궁극적 완성이라고 생각하였다.[544] 원

---

543) 鄺錦論, 「從牟宗三思想的觀點看宗教與絕對精神」, 第四屆當代新儒學國際學術會議發表論文, 台北, 1996年, 제4쪽.

544) 『圓善論』, 序言 ii

선 중에서 가장 중요한 핵심은 어떻게 복을 덕에서 통일시킬 수 있는가 하는 것을 보증하는 것에 있다. 칸트는 최고선을 덕복德福 간의 정확한 비례라는 말로 정의하였다.[545]

칸트와 모종삼, 이 두 명의 철학가는 "원선이 어떻게 가능한가"라는 문제에 대해 답이 다르다. 칸트는 도덕적 신학의 도움을 받아 영혼불멸과 신을 통하여 말하고, 모종삼은 무한지심의 개념을 통하여 이 문제를 논증하고 있다.

> 칸트의 관점에 의하면 원선(최고선)이 가능하기 위해서는 반드시 신의 존재를 인정해야 한다. 신은 원선이 가능한 근거이다. 왜냐하면 원선 중에서 복福이라는 측면은 존재--나의 존재 및 모든 자연존재와 관련되는데 신은 이 존재의 창조자이다.[546]

원선의 두 가지 기본 요소는 덕과 복이다. 덕은 주로 주체 자신의 수행에 달려있으며, 덕은 개체의 구체적 존재와 더 많이 관련되어 있다. 그러나 이런 원선이 현실 세계 가운데에서 출현하기는 쉽지 않다. 만약 우연히 이것을 가졌다하여도 또한 필연적인 것은 아니다. 왜냐하면 덕과 복은 분석 관계가 아니기 때문이다. 복으로 인해 덕을 가지는 것은 자연히 불가능한 것이며, 덕으로 인해 복을 가지는 것 또한 보장될 수 없기 때문이다.

칸트는 덕과 복의 조화로운 일치를 위하여 최종적으로 신의 존재를 요청하는 방향으로 나아간다. 모종삼은 칸트가 존재를 인격신으로서의 상제에게 양도하는 것을 이성으로부터 이탈한 것으로 생각하였다. 이것은 결국 칸트가 원선의 문제를 해결하는 과정에서 즉, 감정적 집착情執이나 허환虛幻인 '정식情識'의 방향으로 나아가게 된다고 모종삼은 말

545) 牟宗三 譯注, 『康德的道德哲學』, 台北, 學生書局, 1982年, 제351쪽.
546) 『圓善論』, 제243쪽.

한다.

모종삼은 『원선론』에서 무한성의 개체 존재인 신은 도리어 인간의 정식작용에 의해 나온 것이며 허환하다고 보았다. 그는 "원선이 가능한 까닭은 무한한 지심智心이면 가능하다고 보고, 달리 기독교의 방식에 의존할 필요 없이 이 무한적 지심을 인격화人格化하면 개체성의 무한 존재가 될 수 있다"[547]고 말한다.

모종삼은 칸트의 방향과는 전혀 다른 무한지심의 이성적 노선을 세우고 있다. 칸트의 최고선 이론은 두 개의 기본적인 전제를 가지고 있다. 그 중 하나는 무한지심은 신에 대한 본질적 규정으로 사람은 이것을 가질 수 없다고 말한다. 두 번째로 인간은 현실적으로 의지의 신성성神聖性에 이를 수가 없고, 다만 끊임없이 이것을 향해 나아갈 뿐이다. 이 두 가지는 실은 하나의 근본적인 문제로 귀착된다. 그것은 바로 인간의 유한성有限性이다. 유한성은 인간의 가장 본질적인 규정이라고 할 수 있다. 칸트의 최고선에서 말하는 이론 체계는 실은 이런 근본적인 전제에서 나온 것이라고 할 수 있다.

모종삼과 칸트가 최종적으로 길을 달리하는 것은 바로 근본적인 전제가 다르기 때문이다. 무한지심에 대해 말하면, 모종삼은 그것을 인간의 본심本心이라고 생각했다. 무한지심을 사람들이 가지고 있기 때문에 사람은 의지의 신성성에 도달하는 것이 가능하다고 보았다.

이처럼 모종삼의 원선론은 무한성이라는 근본적인 전제 위에서 성립된다. 그의 원선론이 이런 형태로 나타나는 이유는 "사람은 비록 유한하나 무한할 수 있다"라는 관점에서 응용된 것이라고 할 수 있다. "사람은 비록 유한하나 무한할 수 있다"는 것은 모종삼 철학의 근본적인 전제 혹은 농축적인 표현이라고 할 수 있다.[548]

547) 『圓善論』, 제244쪽.

548) 이런 관점은 『現象與物自身』 중에서 체계적인 전개를 하고 있다.

신이 자연 사물을 창조한 것은 무한적인 지智와 의意, 즉 무한한 지심 때문이며, 무한지심은 바로 신의 본질적 규정이다. 이 때문에 실제로 무한지심은 자연을 창조하고 존재를 책임지는 것에 불과하지, 무한지심은 결코 대상화對象化 · 실체화 · 인격화하여서 외재적 신이 될 필요가 없다.[549] 칸트가 말하는 신 개념의 본질 규정이 무한지심임을 명확히 규정한 후에, 모종삼은 한 걸음 더 나아가 이 무한지심을 사람이 가질 수 있다는 점에 대해 말하고 있다.

무한지심의 확립은 모종삼이 원선론을 세우는 가장 중요한 첫 번째 조건이다. 유가의 입장에서 무한지심은 바로 통상적으로 말하는 인심仁心 · 본심本心 · 심체心體 · 성체性體 혹은 양지良知이다. 양지良知와 천도天道가 동일한 성을 갖추고 있고, 본질상으로는 동일한 본체의 다른 호칭이므로 양지는 체體이다. 심心은 또한 '활동하면서 동시에 존재하는 것(即活動即存在者)'이기 때문에 도덕적 본체일 뿐만 아니라, 또한 모든 존재의 본체이다. 바꾸어 말하면 양지는 본체론의 관점에서 도덕과 존재를 동시에 책임지고 있다. 이 본체의 확립은 개체가 도덕 수양을 하는데 있어서 절대적으로 완전한 세계에 도달하는데(덕행의 純亦不已) 내재적 근거를 제공하며 또한 존재와 도덕의 조화와 일치에 어떤 가능성을 제공한다.

모종삼이 보기에 무한지심은 이미 추상적인 이념이 아니며, 또한 칸트가 말하는 의미의 요청이 아니라, 실존적으로 체험 내지 깨달아 드러내는 인심仁心 · 본심本心 · 양지가 여기에 해당한다. 원선이 가능한 것은 칸트처럼 신의 존재와 영혼의 불멸을 통하여 보증되는 것이 아니라, 부단한 자신의 노력을 통하여 달성되는 경계이다. 이렇게 본다면 무한지심에 대한 인정은 원래 실천 상의 일에 속하는 것으로, 이런 인정은 결코 어떤 대상을 이지적理智的으로 이해하려는 것이 아니다. 만약 그것을

549) 『圓善論』, 제242-243쪽.

무한성의 개체 존재로 인격화하는 것은 바로 그것을 하나의 허망한 대상으로 만들려고 하는 것과 같다.

실천 공부의 궁극적 관심 혹은 목적은 보편적인 궁극적 진실을 깨닫고 파악하는데 있다. 모종삼은 유석도儒釋道 삼교는 모두 실천이라는 측면으로부터 무한지심을 인정하지만, 모두 그것을 인격화하지 않는다고 말한다. 이 때문에 원선의 가능성의 근거를 삼교의 노선에 근거해서 말하는 것은 모두 이성적 결정으로 조금의 정식작용도 없다. 무한지심을 개체화, 실체화하고 인격화하는 방법을 버리고 "단지 무한지심으로 원선이 가능한 근거를 설명할 뿐이다."[550] 모종삼은 이것이야 말로 원선 문제를 해결하는 유일한 바른 방법으로 원교圓敎만이 이를 잘 드러내 준다고 말한다.

모종삼은 교敎를 사람으로 하여금 그 이성을 운용하여 도덕적 실천에 종사하게 하거나 해탈의 실천을 통하여 최고의 이상적 경계에 도달하게 하는 것으로 정의하고 있다. 비록 여러 가지 다른 형식의 교敎가 존재하며, 각각의 의미와 취지 또한 천차만별이지만, 대체적으로 말하면, 교는 개체의 존재에 궁극적 측면의 의미를 제공하며 또한 어떻게 이런 의미를 얻을 수 있는가 하는 방법론상의 지침을 제공한다. 이런 의미로 말하면, 유석도 및 서양의 기독교는 모두 교敎라고 할 수 있다.

모종삼은 완전한 의미상의 교는 최소한 성덕成德과 행복 양 측면의 함의를 포함하고 있어야 한다고 생각하였다. 이른바 성덕에 대해서 모종삼은 만약 원교圓敎의 개념을 분명히 알면 원선圓善의 개념은 자연히 드러날 것이라고 말한다. 그는 칸트가 말하는 최고선의 개념은 중국 철학의 원교의 측면에서 설명될 수 있다고 주장한다. 칸트가 말하는 최고선의 개념을 모종삼이 원선으로 부르는 것은 불교에서 말하는 원교에서 의미를 차용하여 사용하는 경우이다.[551]

---

550) 『圓善論』, 제255쪽.

여러 철학 체계 속에는 각기 다른 학설이나 가르침이 있을 수 있는데, 불교에서는 가장 완벽한 체계의 가르침을 원교라고 말한다. 원교는 원만圓滿한, 완벽한 교를 말한다. 불교의 판교判教에 근거해서 말하면, 최고의 경계는 원교이다. 모종삼은 만약 원교의 개념을 명확하게 이해한다면 원선의 개념은 매우 자연스레 파악할 수 있다고 말한다.

> 원교로부터 칸트 철학 체계 중의 최고선-완벽한 선(원선)에 대해 생각할 수 있다. 원교라는 개념은 원선 문제의 해결에 도움을 준다. 이 해결은 불가의 원교, 도가의 원교와 유가 원교의 형식에 근거해 해결하는 것으로 이것과 칸트가 기독교 전통에 근거하여 해결하려는 방식과는 다르다. 만약 천태판교天台判教의 관점으로 말하면 칸트의 해결은 결코 원교 중의 해결이 아니라 별교別教 중의 해결이다.[552]

모종삼은 칸트의 최고선의 난제難題를 해결하는 방식에 대한 기독교적인 대답은 사람들이 받아들이기 어렵다고 보았다. 왜냐하면 칸트적인 의미에서의 인격신은 다만 신앙의 대상이기 때문이다. 이와는 반대로 모종삼은 "도덕 실천 중에서 필연적으로 존재를 인정하고, 그리하여 필연적으로 존재를 개선改善하는 기대와 희망을 담게 되기 때문이다"[553]라고 하였는데, 이런 존재를 개선하는 희망은 다른 것이 아니라 바로 행복에 대한 기대와 희망이다.

모종삼은 별교의 잘못은 심心법계와 구법계九法界를 완전히 단절시키는데 있다고 생각하였다. 이와 비슷하게 기독교 역시 신과 세계의 사이를 통할 수 없게 단절시켜 놓았다. 이 때문에 신은 세계를 창조한 후에 더 이상 세계를 바꾸지 않았다. 이럴 경우 기독교에 근거하는 신 개념

---

551) 牟宗三, 「圓善論指引」, 『鵝湖』 253호, 1996, 7月, 제1쪽 참고 바람.

552) 『圓善論』, 序 i.

553) 『圓善論』, 제270쪽.

으로 최고선의 난제를 해결하는 칸트의 방식은 별교와 동병상련同病相憐이라고 할 수 있다.554)

모종삼은 원선 문제의 해결에서 무한지심을 인격화하여 어떤 하나의 초월적인 외재 실체를 설정하는 것이 아니라, 바로 무한지심 자체의 관점에 근거하도록 한다. 이것은 인격화가 초래하는 허환성을 제거할 뿐만 아니라, 또한 무한지심의 진실한 의미가 인간의 실천 활동 속에서 구체적으로 드러나도록 만들고, 이로부터 무한지심이 구체화되고 진정으로 확립되게 만들어 준다. 인간에 내재한 본체로서 무한지심은 도덕을 책임질뿐만 아니라 동시에 존재를 책임질 수 있다.

원교는 단지 무한지심을 통해야 비로소 가능하고, 원선의 문제 또한 원교에서 도덕과 행복간의 분석分析도 아니고 또한 종합綜合도 아닌 상의상즉相依相卽하는 '궤휼적詭譎的 상즉관계相卽關係를 통하여야 비로소 해결될 수 있다. 여기에서 말하는 '궤휼적詭譎的'이라는 말은 '이상야릇하다' '괴상하고 기이하다'는 뜻으로 일반적인 상즉相卽관계가 아니라는 말이다.555)

> 덕복일치德福一致에 도달하고자 한다면 반드시 무한지심을 확립하여야 하고 다만 무한지심만으로 덕복일치의 문은 열 수 있지만 진정으로 덕복일치에 이를 수는 없다. 반드시 무한지심으로부터 원교에 이르러야 진정으로 덕복일치를 분명하게 볼 수 있다. 이 때문에 덕복일치는 교의 가장 중요한 키포인트이고, 원교는 바로 덕복일치를 진실로 가능하게 하는 궁극적인 완벽한 교이다. 덕복일치는 원선이고, 원교는 원선을 성취한다. 철학으로 말하면 그 체계는 여기에 이르러 그치는 것이다.556)

---

554) 陣榮灼, 「牟宗三對康德哲學的轉化」, 『康德與中國哲學的智慧』, 北京, 中國人民大學出版社, 2009年, 제135쪽.

555) 『圓善論』, 제274쪽. '상즉(相卽)'의 '卽'을 모종삼은 非分析的(모종삼은 非分解的으로 말함) 방법의 '卽'이라고 말한다. 분석적 '卽'은 예를 들면 "A는 A이다"라는 것이지만 여기에서 말하는 '卽'은 두 가지의 관계가 동일한 것을 의미하지는 않는다.

556) 『圓善論』, 제270쪽.

모종삼은 오직 이런 원교에서 덕복일치의 최고선의 난제를 진정으로 해결할 수 있다고 강조한다. 그는 무한지심이 덕복일치의 문을 열지만 결코 사람들로 하여금 덕복일치의 진실한 가능성을 분명하게 만들지는 못할 것으로 생각하였다. 이 문제를 해결하기 위해서는 반드시 무한지심으로부터 원교를 말하는 것으로 한 걸음 더 나아가야 한다. 즉 원교가 이루어져야 원선을 밝힐 수 있다고 말한다.

5. 소결

위에서 말한 것처럼, 모종삼은 비록 종교 사상에 대한 전문 저서는 없지만, 종교 문제에 관한 사색은 그의 방대한 철학 체계 속에서 흩어져 있다. 모종삼은 중국에는 비록 기독교와 같은 유형의 종교는 없지만, 유가철학은 종교적 작용 혹은 종교성宗教性을 갖추고 있으므로 일종의 종교로 볼 수 있는 것으로 생각한다. 왜냐하면 유가들이 말하는 것들은 모두 종교성의 궁극적 관심의 문제에 속하는 것들이기 때문이다.

모종삼은 유학을 도덕적 관점을 중심으로 하는 철학 체계로 보고 있다. 그러나 그는 결코 여기에 머물지 않고 유가철학 또한 기독교나 불교와는 구별되는 종교적 차원을 함유하고 있는 것으로 보고 있다. 말하자면 유학은 종교적 성격과 철학적 성격을 함께 가지고 있는 학설체계라는 것이다.

유가 전통에서 철학과 종교는 상즉相卽하여 불가분한 것으로, 도덕이면서 또한 종교이다. 유가 전통은 기독교가 서양에서 담당하는 그런 종교성 및 정신성의 목적을 충분히 담당할 수 있다. 그가 말하는 인문교라는 것은 도덕적 종교르, 도덕이면서 또한 종교라는 것이다. 그가 비록 적극적으로 유가의 종교성을 인정하였지만 그러나 이것은 결코 유학을 교주, 교의教義와 교회조직을 가지고 있는 일반적 형태의 종교로 만들려는 시도는 결코 아니다. 이런 문제에 대해 그는 과거 공교孔教를 세워 국교國教로 삼으려는 강유위와 그 추종자들에 대해 확실히 반대하였다.

모종삼은 유학을 인문교로 보고 있는데 그것은 인문주의와 종교의 합일을 의미한다. 유가의 이른바 인문교는 결코 종교의 저속화가 아니라, 유한하면서도 무한한 매우 특수한 종교형태이다. 이런 특수한 종교형태는 그 마음의 무한함을 자각하여 스스로를 완성하여 나가는 관점을 말한다.

모종삼이 말하는 인문교의 가장 분명한 특징은 자력구원自力救援 혹은 자립교自立教라는 성격이다. 인간의 자연적 생명은 유한하지만 인간의 정신적 생명은 오히려 무한하다. 인간이 유한하면서도 무한할 수 있는 것은 도덕적 실천 때문이다. 이런 도덕 실천은 우리들 스스로를 구원하는 과정을 의미한다. 반드시 자신의 본성 혹은 본체에 근거하여 자기 스스로를 구원해야한다. 이것은 바로 인간은 무한하고 절대적인 신성을 자신의 가장 내재적인 본질과 본성으로 삼고 있음을 말한 것이다. 모종삼은 『원선론』에서 이런 무한지심의 문제를 집중적으로 논의하고 있다.

칸트와 모종삼이라는 두 철학자는 "원선(최고선)이 어떻게 가능한가?"라는 물음에 대하여 각기 다른 대답을 하고 있다. 칸트는 도덕적 신학의 도움을 통하여 영혼불멸과 신에 기대어 실현할 수 있는 것으로 말하고, 모종삼은 무한지심의 개념을 중심으로 하여 논의를 전개하고 있다.

칸트가 말하는 신 관념의 본질이 무한지심이라는 것을 명확하게 지적한 후에 모종삼은 더 나아가 이 무한지심은 인간이 지니고 있는 것임을 분명하게 말하고 있다. 무한지심의 확립은 모종삼의 원선론이 성립하는 가장 중요한 전제이다.

인간은 무한지심을 가지고 있기 때문에 의지의 신성성神聖性에 직접 도달할 수 있다. 이처럼 모종삼의 원선론은 바로 무한성이라는 근본 전제 위에서 성립된다. 모종삼은 다만 원교의 관점에서만 덕복일치라는 원선의 문제가 진정으로 해결될 수 있음을 강조한다. 그는 무한지심이 덕복일치의 문을 열지만 결코 사람들로 하여금 덕복일치의 진실한 가능성을 분명하게 만들지는 못하는 것으로 생각한다. 이 문제를 해결하기 위해서는 반드시 무한지심으로부터 원교를 말하는 것으로 한 걸음 더 나아가야 한다. 이런 점에서 모종삼은 유가의 종교성을 강조하고 유학 비종교론을 부정하였다. 동시에 더욱 높은 차원에서 유학의 근본 특징과 종교성을 분석하여 유학을 브통 종교로 만들려는 유학 종교론과는 분명하게 다른 관점을 말하고 있다.

모종삼의 유학의 종교성에 관한 논의가 가지고 있는 의미는 매우 중요하다. 왜냐하면 유학이 가지고 있는 종교성에 관해 논하고 있지만, 이 문제는 사실은 유가철학이 가지고 있는 가장 핵심적인 철학적 본질에 대한 또 다른 방식에서의 논의라고 할 수 있다. 동시에 현재 유학이 처해 있는 과거, 현재와 미래에 대한 의미와 가치에 대한 논의이기도 하기 때문이다.

유가의 역사가 다른 사상 유파와의 충돌을 통해 자기 정체성을 확인하는 연속적 과정이라고 한다면, 현대의 유학이 직면하고 있는 가장 중요한 충돌의 실체는 기독교이다. 기독교는 단순한 믿음의 대상으로서의 종교가 아니라 서양의 철학과 과학기술을 만들어낸 문화적 원동력이다. 이런 관점에서 모종삼의 문화적 원동력 혹은 궁극적 관심으로서의 유가의 종교성에 대한 논의는 대단히 중요하다.

모종삼은 유가의 내재와 초월, 인문주의와 종교의 일본성一本性, 인간의 무한지심과 원선의 관점 등을 통하여 유가 철학 및 중국 철학의 특질이 어디에 있는가 하는 문제를 매우 빼어난 통찰력을 통하여 잘 보여주고 있다.

제11장

한계 이승희의 도덕적 종교관

1. 들어가는 말

주지하다시피 한계韓溪 이승희(李承熙, 1847-1916)는 한말 영남학파의 대표적인 학자인 한주寒州 이진상(李震相, 1818-1886)의 아들로 유교 종교화 운동을 전개한 학자이다. 유교 종교화 운동은 한계 이외에도 중국의 강유위(康有爲, 1858-1927)의 공교孔教를 시작으로 하여 한주학파 내의 진암眞菴 이병헌(李炳憲, 1870-1940)이나 백암白巖 박은식朴殷植 등에 의해서도 주장되었다.

이승희의 유교의 종교화 운동에 대한 관점은 유학儒學의 종교성宗教性이라는 문제를 생각하게 만드는 매우 흥미 있는 관점들을 제공해 주고 있다. 얼핏 보기에는 이승희의 유교 종교화의 관점이 중국의 강유위의 관점에 직접적인 영향을 받은 것처럼 보이나 분명히 차별성이 있다는 점을 간과해서는 곤란하다.[557] 특히 이런 부분을 본문에서는 분명하게

557) 이승희의 공자교 운동이 비록 중국 공교회와 긴밀한 관계 속에서 전개되지만 중국 공자교 운동의 주창자인 강유위 사상과는 특별한 영향 관계를 가지지 않을 뿐만 아니라 전혀 판이한 공자교 사상을 가지고 있다고 말한다. 이 문제에 대해서는 홍원식, 「한주

밝혀보려고 한다.

유학이 종교인가라는 문제는 최근 학계에서 줄곧 관심을 불러 일으켜 온 주제 중의 하나이다. 이 문제에 대한 논의는 멀리로는 마테오 리치를 포함한 선교사들을 시작으로 하여 19세기 말에서 20세기 초의 강유위, 엄복嚴復, 양계초梁啓超, 장태염章太炎 등의 학자들에 의해서 논쟁이 벌어졌고, 현대의 당군의唐君毅, 모종삼牟宗三, 두유명杜維明, 유술선劉述先, 에임즈Roger Ames 등의 학자들에 의해서도 적극적으로 논의되었다.

유학이 종교인가라는 이 문제는 본문이 본격적으로 다루려는 주제는 아니다. 여기에서 중점적으로 다루려는 문제는 유학을 종교화할 경우, 유학이 가진 종교적 성격을 어떻게 도출해 내는 가라는 주제에 초점을 두고 이 문제를 한계 이승희의 경우에 비추어보려고 한다.

구체적으로 본문은 한계의 유교 종교화 운동의 방향과 반기독교적反基督教的 성격에 대해 분석하고 그의 핵심적인 철학 명제인 '심즉리'心卽理의 관점을 통하여 도덕과 종교의 연속 또는 결합의 문제를 논의하려고 한다.

2. 유학 종교화 운동의 여러 양상

19세기 말과 20세기 초엽에 한국과 중국에서 전개된 유학을 종교화하려는 공교 운동은 물밀듯이 밀려오는 외세에 대응하려는 위기의식에서 출현한 자구책이라고 할 수 있다. 유학을 종교화하려는 시도가 다양한 목적을 내함內含하고 있지만 그 중에서 가장 중요한 것은 역시 자신들의 정체성을 다시 한 번 확인하고 새로운 시대에 적응하려는 유학의 비판적 극복이라는 점에서 공통성을 가지고 있다고 할 수 있다. 물론

학파의 공자교 운동」『한국학논집』 26, 대구, 계명대 한국학연구소, 1999, 12, 제33쪽 참조 바람.

그들이 주장하는 유학의 종교화라는 관점이 하나의 양상으로 일치되는 것은 아니지만 당시 그들이 직면해 있던 내우외환 속에서 한국이나 중국의 엘리트들은 유가가 가지고 있는 본질적인 의미 체계가 서세동점西勢東漸하는 외세에 대해서도 사회 질서와 문화적 정체성을 견지할 수 있는 가능성을 발견하고 이것을 현실적인 차원에서 새롭게 해석하려는 시도를 하고 있다.

아편전쟁 이후 유가들이 조우한 서양은 경제력과 군사력 면에서 그들을 완전히 압도하고 있는 식민주의자들이었다. 이런 상황에서 문화적 정체성 유지는 둘째이고 나라 자체가 존립하기 어려운 상태에까지 이르게 되었다는 것이다. 이런 위기에서 그들은 근대 체제에 적응할 수 있는 유학의 변혁을 시도하려는 노력을 하게 된다.

유학의 변혁과 중건重建이라는 관점과 현실의 타개라는 점에서 그들이 주목한 것은 바로 서양의 문명을 가능하게 만든 기본 동력動力인 기독교였다. 이런 배경에서 한국과 중국에서 전개된 유교 종교화의 운동은 몇 가지 양상으로 나눌 수 있다.

유학을 종교화하여 공교 운동의 기치를 가장 먼저 세운 사람은 중국의 강유위이다. 강유위는 서구의 부국강병의 근대 국가로 발전시킨 정신적인 원동력을 기독교에 있는 것으로 보았다. 중국 역시 부국강병하기 위해서는 중국의 정신적, 이념적 근간인 유학을 기독교와 같이 종교화할 것을 주장하고 공교 운동을 전개하였다. 여기에서 그는 서양 계몽운동 후의 정교분리政教分離의 방식을 모방하여 유가를 종교화하여 정치적 권력과 제도의 지지를 받았던 현실적 권력으로서의 유가를 초월하여 사회 질서와 국민 도덕에 대해서 실질적인 작용을 하는 기독교식의 공교를 새롭게 세우려는 시도를 한다.

강유위는 서양 교회 체제의 방식으로 유가를 새롭게 구조하려는 생각에서 공자를 교주로 삼고, 기독교의 형식을 빌려와 유가의 가치와 관점을 드러내려고 하였다. 강유위는 1898년 유교를 국교國教로 삼고 교회를 세우고 공자를 기년紀年으로 삼을 것을 청하는 글을 광서제光緒帝에게 올린다.558)

강유위는 이런 관점에 근거를 제공하기 위해 1981년에 고문 경전을 부정하고 금문경학今文經學을 주장하는『신학위경고新學僞經考』559)를 완성한 후에 이어서『공자개제고孔子改制考』를 1896년에 완성하는데 바로 무술변법戊戌變法 2년 전이다. 이 책들에 나타난 주제는 한마디로 공자는 더 이상 학문이나 도덕을 주재하는 인물이 아니라, 일체의 모든 진리를 장악하고 있는 교주教主의 형상形象으로 그려져 있다.

강유위는 당시 사회의 많은 제도적인 설계들이 현실을 구할 수 있는 역할을 담당할 능력이 없다고 보았기 때문에 대규모의 사회변혁이 진행되어야 한다고 생각하였다. 이런 변혁은 최소한의 충격을 필요로 하고 또한, 보다 쉽게 수용될 수 있는 합법적 근거 위에서 추진되어야 한다는 점에서 유학에 주목하지 않을 수 없었다. 이런 의도와 방식에 의한 유학의 종교화는 제도 개혁이고 사상적인 유신維新이라고 할 수 있다.

강유위는 기독교의 교회 제도의 여러 특징들을 종합하여 유가를 공교로 전환하고 공자를 교주로 만들어 놓았다. 그러나 이러한 강유위의 유학의 종교화라는 시도는 결국은 기독교의 제도를 빌려 유가라는 구제도를 새롭게 재건하는 데 그치는 결과를 낳았을 뿐이다.

이러한 유학의 종교화 운동은 우리나라에서도 일어나게 되는데 대표적인 사람으로는 한계 이승희, 백암 박은식, 위암韋菴 장지연張志淵, 진암眞菴 이병헌李炳憲, 해창海窓 송기식宋基植, 중산中山 박장현朴章鉉, 성당

558) 康有爲,「請尊孔聖爲國教立教部教會以孔子紀年而廢淫祀摺」,『康南海先生遺著彙刊』12, 臺北 : 宏業書局, 1976, 第27~32頁 참조 바람.

559) 1891년 전후에 금문 경학가 요평(廖平)을 만난 후에 많은 깨달음을 얻어 금문경학에서 운용할만한 많은 내용들을 발견하게 된다. 이런 내용들은 주로『신학위경고(新學僞經考)』와『공자개제고(孔子改制考)』등에 구현되는데 또한 유학 종교화의 중요 내용이 된다.

誠堂 박인규朴仁圭 등이 있다. 이들 유학 종교화 운동의 양상은 크게 세 방면으로 나눌 수 있다.

그 중 하나는 박은식의 관점으로 『유교구신론儒教求新論』을 통해 주자학의 폐해를 지적하고 양명학으로 이를 대체할 것을 주장하여 유학의 개혁에 적극적으로 나서게 된다. 그 후 그는 유학 개혁의 일환으로 강유위의 대동사상大同思想의 영향을 받아 유학의 종교화 운동에 뛰어들게 된다.

다른 하나의 중요한 관점은 바로 한계 이승희의 경우이다. 이승희의 경우는 강유위의 관점과는 크게 다른 주자학적인 관점을 그대로 견지한 공자교의 관점을 말하고 있다. 그는 심즉리心卽理의 관점에서 인격적 주체성에 근거하는 종교성을 발휘하는 관점을 말하고 있다. 그는 태극-상제-리理-심心이 모두 일치하는 개념으로 파악하여 강유위의 기독교에 바탕한 유학의 종교화 운동을 추종하는 것이 아니라, 오히려 주자학적인 전통적 규범을 공교 속에 계승하고 있다.[560]

이런 이승희의 공교운동을 도학자의 공교운동[561] 또는 주자학적 공교운동[562]이라고 말하기도 하고, 또 공교의 종교화라는 인상보다는 교학화라는 인상을 더 강하게 가지고 있는 것으로 말하기도 한다.[563] 이승희는 이른바 도덕적 종교관을 보여주고 있다. 도덕적 종교道德的 宗教 또는 도덕종교道德宗教라는 말은 도덕이면서 종교이고, 종교이면서 도덕이라는 의미이다.

이와는 다른 또 한 명의 대표적인 공교 운동가로는 진암 이병헌을 들 수 있다. 진암은 명백하게 강유위의 공교운동과 관련성을 가지고 있는

560) 금장태 저, 『한국유학사의 이해』, 서울, 민족문화사, 1994년, 제228-9쪽 참조.

561) 금장태 저, 『한국유학사의 이해』, 제227쪽.

562) 홍원식, 「한국 공자교 운동과 이승희」, 『공자학』 3, 한국공자학회, 1998, 제180쪽.

563) 신귀현, 「한말 영남 유학계의 유교 종교화 운동」, 『민족문화논총』 21, 영남대 민족문화연구소, 1998, 제448쪽.

데, 그는 『유교복원론儒敎復原論』을 지어 유학의 종교적 성격을 말하고 있다. 그는 유교의 전도를 위하여 교당을 설립하고 공자의 진영眞影을 봉안하여 교회식 유교로 전환하여야 할 것을 주장한다. 진암은 무려 다섯 번이나 중국을 방문하여 강유위와 접촉하여 그의 영향을 받게 된다. 강유위의 영향으로 말미암아 같은 한계학파이면서도 진암의 공교가 제도 개혁의 방향으로 근대에 적용하려는 시도를 한 반면, 이승희의 공교는 유학에 내포된 보편적 요소를 확장함으로써 근대에 적용하려는 점에서 차이가 있다.564)

3. 이승희의 유학 종교화 운동 방향과 반기독교적 성격

이승희의 유학 종교화 운동의 방향과 특색은 강유위처럼 기독교를 빌려오는 종교화의 방식을 따르지 않고, 유학에 내포된 보편적인 정신적 요소와 교화적敎化的 측면을 확장해서 적용하고 있다. 강유위의 경우, 그가 착안한 유학 종교화의 주된 관점은 현실의 고난과 어려움 속에서 종교가 제공하는 현실에 대한 정신적 초월과 안위安慰, 미래에 대한 희망을 통하여 현세의 고난을 극복하고 넘어서는 정신적 힘을 주는 종교의 본래적 기능보다는 서양의 기독교가 성취한 제도적 기능과 강력한 서양의 힘 뒤에 자리하고 있는 문화적 바탕으로서의 기독교가 지니고 있는 효용적 가치에 더 많은 관심을 기울이고 있었다.565)

강유위는 전통적인 유학의 상징인 봉건적인 세속의 현실적 권력과

564) 김종석, 「한계 이승희의 공자교 운동과 유교개혁론 문제」, 『철학논총』 제38집, 새한철학회, 2004, 제17쪽 참조.

565) 양계초(梁啓超)는 강유위가 기독교의 장점에 대해 "위로는 진리에 근거하고 있고 아래로는 실제 쓰임에 적절하고 무리를 구하는데 가장 효과적이다"라고 하였다고 기록하고 있다. 楊克己, 『民國康長素先生有爲梁任公先生師生合譜』, 臺北 : 商務印書館, 1972, 제268쪽 참조 바람.

제도를 버리고 세속 권리와 교회 권리를 나누고 있는 기독교의 제도를 빌려와 유가의 가치를 결합하여 외세와 기독교의 중국에 대한 영향을 억제하려는 의도에서 유학을 종교화하려고 하였다. 그러나 이런 억제의 방식은 오히려 기독교 형식 속에 유학을 집어넣게 되고 오히려 유학을 타도의 대상으로 만들어버리는 결과를 초래하게 된다. 이런 결과는 강유위가 종교의 성격을 규정하는 방향에서 나온 결과로 보인다.

강유위가 주로 생각하고 있는 유교 종교화의 기본적 방향과 성격은 유교를 교주, 교의, 교규, 교회 조직, 신앙 체계 및 다수의 교도 등이 있는 기독교와 같은 보통 형태의 제도적 종교로 만들려는 시도라고 할 수 있다.566)

이승희의 유교 종교화의 방향과 내용은 비록 운동과 조직이라는 측면에서는 강유위의 공교운동과 일정 부분 연결되지만 근본 방향에서는 판이하다. 이 중에서 역시 가장 큰 차이점은 주자학과 기독교라는 제도적 모형에 대한 관점에서 완전히 다르다.

물론 강유위 역시 한 명의 유자儒者이기는 하지만 성리학에 대해서는 분명히 비판적인 태도를 가지고 있다. 그는 공교를 복원하기 위해서는 장구훈고章句訓詁와 명물제도名物制度의 말단을 버리고 마땅히 의리義理를 구해야 한다고 말한다. 여기에서 말하는 의리는 심성心性을 말하는 것이 아니라 고인古人들이 창립한 법제를 의미하는 것이기 때문에 한학漢學이나 송학宋學은 모두 폐기하고 버려야 한다고 주장한다.567)

---

566) 강유위가 기독교의 형식을 빌려 왔다고 하여서 그가 기독교를 적극 지지하였다는 의미는 아니다. 오히려 그는 기독교가 불교보다 못하고 기독교에서 말하는 것들은 이미 유가가 다 가지고 있다고 말하여 유교보다 못하다고 말한다. 예를 들면 그는 『의대리유기(意大利遊記)』에서 "기독교는 하늘을 아버지로 삼아 모든 사람들이 사해(四海) 내가 모두 형제라는 사랑의 마음을 가지게 만든다. ...... 그러나 그것을 중국에 작용하려 해도 일체의 모든 설은 우리의 구교(舊教)가 이미 가지고 있는 것이다"(耶教以天爲父, 令人人有四海兄弟之愛心. ...... 但施之中國, 則一切之說, 皆我舊教之所有)라고 하였다.

567) 이런 관점은 양계초(梁啓超)의 『清代學術概論』에서 강유위의 『孔子改制考』의 내용을 요약하는 데에서 나온다.

강유위의 유교 종교화의 관점이 주자학을 비판하고 기독교를 모델로 하고 있는 반면에, 이승희는 반기독교적인 성격을 가지고 주자학적인 바탕 위에서 종교화 운동을 진행하고 있다. 이승희는 본질적으로 주자학적인 입장에서 반서양문화에 대한 기본적 입장을 말하고 있다. 그는 주리론主理論과 주기론主氣論의 구분을 통하여 서양 문화와 기독교를 비판한다. 그가 46세에 쓴 「태서격물설변泰西格物說辨」은 이승희의 서양 문명 전반에 대한 관점을 그대로 보여주고 있다.

> 리理라는 것은 기氣의 주인이고 리理가 있는 곳에는 기가 반드시 따라간다. 리와 기가 합하여 물이 이루어지는데 리가 아니면 변화가 이루어 질 수 없고 기가 아니면 형形이 이루어 질 수 없다. ...... 또한 주리主理와 주기主氣의 구분이 있는데 주리라는 것은 그 근본을 얻어서 그 차례가 순조롭기 때문에 기 또한 숨을 수가 없다. 주기라는 것은 그 말단을 쫓아서 그 차례가 거스르기 때문에 리는 드러날 수가 없다. 우리 성인의 이른바 격물치지라는 것은 바로 그 이치를 궁구하는 것이다. ...... 지금 서양의 이른바 격물의 학에 보이는 것은 기일 뿐이다.[568]

이승희는 주리론과 주기론을 구분하는 관점을 통하여 서양의 학문과 과학을 주기론으로 보고 있다. 이에 비해 동양의 학문의 성격을 주리론이라고 말한다. 그는 주리적인 탐구 방식을 통하여야 비로소 근본을 알 수 있는데 주자학의 격물치지가 바로 여기에 해당한다고 말한다.

만약 주기적인 방식에만 집착한다면 그것은 말단만을 쫓는 것으로 이렇게 될 경우 근본을 잃어버리게 된다고 말한다, 이러한 관점은 전형적인 주자학자이면서 퇴계학통에 속하는 이승희의 입장을 분명하게 보

---

568) 李承熙, 『韓溪遺稿』(六), 「泰西格物說辨」, 서울, 국사편찬위원회 편, 1980, 제162-3쪽. "理者氣之主也, 理之所在, 氣必隨之, 理與氣合而物成焉, 非理無以成其化, 非氣無以成其形. ...... 而又有主理主氣之分, 主理者, 得其本而其序順, 故氣亦莫之遁焉. 主氣者, 逐其末而其序逆, 故理却不能著焉. 吾聖人之所謂格物而致知者, 卽所以窮其理也. ...... 今泰西所謂格物之學, 所見者氣已而."

여주는 것이라고 할 수 있다.

이승희는 이른바 서양의 격물학格物學인 과학이 가지고 있는 문제점을 기를 주로 탐구하여서 비록 여러 가지 새로운 문명의 이기利器들을 만들어내었지만, 그것은 다만 기묘한 것만 궁구窮究한 것으로 리의 자연스러움에 근본하고 있지 않는 것으로 보아 작은 것에는 밝지만 큰 것에 어두워서 결국은 근본을 잃어버리게 될 것이라고 말한다.

이승희의 서양 문화에 대한 입장은 보기에는 일견 척사론적斥邪論的 관점을 견지하여 극히 수구적으로 보일 수도 있지만 문장의 내용으로 보면 서양 문물에 대해서도 상당한 식견을 가지고 있으며, 결코 폐쇄적이지 않은 태도로 문제에 접근하고 있는 것으로 보인다. 이처럼 서양 문명을 주기론으로 보는 이승희의 관점은 기독교를 대하는 그의 태도에서도 동일하게 나타난다.

이승희의 기독교에 대한 관점은 1902년 영국인 윌리엄슨(Williamson, 韋廉臣)이 쓴 「상제비태극론上帝非太極論」을 비판한 「위군상제비태극론변韋君上帝非太極論辨」에서 잘 나타난다. 윌리엄슨이 종교적 성격의 상제 개념은 유학에서 말하는 태극과 다르다고 하는 주장에 대해 주재하는 리 즉 태극이 바로 상제라는 주장을 펼치고 있다. 이승희는 윌리엄슨의 주장을 정리하고 나서 이 문제에 대해 다음과 같이 비판하고 있다.

> 윌리엄슨은 서양의 선비로 한문을 배워 그 문장이 이미 단단하고 미려美麗하고 또 우리 유가의 도의 근본을 궁구하여 그 득실得失을 상고하여 살폈는데 그 뜻이 더욱 기릴만하다. 그러나 그가 평소에 가진 안목에는 이미 뿌리 깊은 마음 속의 견해를 가지고 갑자기 얼음과 숯처럼 서로 용납할 수 없는 문자를 탐색하려고 한다. ...... 그가 말하는 주된 뜻은 대체로 이리理를 지각과 동정動靜이 없으며 주재主宰할 수도 없는 것으로 보고, 상제는 신령한 지혜와 기력氣力을 가지고 있으며 의지와 지혜를 가지고 조작할 수도 있는 신묘한 존재로 보고 있어서 우리 유가가 말하는 태극太極이 어떤 것인지도 모르고 또한 상제에 대해서도 잘못 알고 있는 것으로 보인

> 다. 지금 또 우리 유가의 뜻으로 말하면 천지 만물이 본래 각기 다른 천지만물인 것은 어떤 연유로 말미암아 그런 것인가? 여기에는 반드시 그렇지 않을 수 없는 까닭이 있기 때문이다. 이른바 반드시 그렇지 않을 수 없는 까닭이 바로 리이다. 이것이 어찌 형기形氣를 가진 것을 가리키겠는가?.[569]

윌리엄슨은 태극理을 지각과 동정이 없으며 주재할 수도 없는 것으로 보는 반면에, 상제는 신령한 지혜와 기력氣力을 가지고 있으며 의지와 지혜를 가지고 조작할 수도 있는 것으로 보고 있다. 이런 관점에 대해 이승희는 윌리엄슨은 태극이 어떤 것인지도 잘 모르고 상제에 대해서도 올바른 이해를 가지고 있지 못하다고 비판한다. 현상 세계의 만물이 각기 존재하는 것은 "반드시 그러하지 않을 수 없는 까닭不得不然之故" 즉 리가 있기 때문이라고 말한다. 여기에서 이승희는 리를 구체적인 어떤 모습을 가진 형기形氣로 보는 점에 대해 비판한다. 이것은 「위군상제비태극론변」에서 다루는 중요한 쟁점 중의 하나이다.

이승희는 리의 동정이나 조작은 현상 세계 속에서 드러나거나 감각할 수 있는 것이 아니지만 분명히 그런 작용을 하고 있음을 말한다. 왜냐하면 "동動에는 반드시 먼저 동의 이치가 있고 정靜에는 반드시 정의 이치가 먼저 있는데 그것이 동정하는 것은 반드시 이 이치로 말미암아 동정하는데 이것이 동정의 진체眞體가 아닌가?"[570]라고 하여 리의 보이지 않는 작용에 대해 말하고 있다.

이승희는 특별히 리의 동정과 조작을 "자연지동정自然之動靜"과 "자연

569) 李承熙, 『寒溪遺稿』(6), 「韋君廉臣英人上帝非太極論辨」, 제205쪽, "韋氏以西陸之士, 而讀漢文, 文章已鉅麗矣, 又究觀吾儒論道之大原, 考查其得失, 其意尤美矣, 然其平生眼, 已有骨髓之見, 而遽欲尋覓於氷炭不相入之文字, ... 其大意, 則槩以此理爲無知覺無動靜, 不能主宰之物, 而以上帝爲有靈慧有氣力, 能用意智造作之神, 所以於吾儒所謂太極, 不知爲何物, 而又疑其錯認上帝也. 今且以吾儒之意而言之, 天地萬物固是他天地萬物, 然是皆何由而然也, 其必有不得不然之故者, 卽此理也, 是豈有形氣可指耶."

570) 「韋君廉臣英人上帝非太極論辨」, 제206쪽. "動也必先有動底理, 靜也必先有靜底理, 其爲動靜者必有此理而動靜焉, 此非動靜之眞體乎?"

지조작自然之造作"571)이라고 말한다. 그는 이런 리를 천지 만물의 대근본大根本이고 대표준大標準이 되고 이것을 태극이라고 하였다.572) 여기에서 이승희는 이발설理發說과 리의 주재성主宰性573)에 근거하여 윌리엄슨이 태극理을 지각과 동정이 없으며 주재할 수도 없는 것으로 보는 입장을 명확하게 비판하고 있다.

이승희는 만약 윌리엄슨의 관점에 따르게 될 경우 그것은 마치 기가 리를 생生하는 꼴이 된다고 말한다. 왜냐하면 기독교의 상제인 여호와(耶華上帝)를 형기를 가진 존재로 볼 경우, 그는 눈과 귀가 있어서 지각하고, 손발이 있어서 조작할 줄 아는 형기적 존재에 불과한 것이라고 이승희는 말한다. 그러므로 그는 만약 상제를 형기적 존재로 보게 되면 리理가 이것에서 생生하는 것이 되어 이것은 마치 기가 리를 낳는 꼴이 되어 버린다고 말한다.574)

이처럼 이승희는 기독교가 신의 존재를 기 중심적인 관점에서 전개하고 있는 것으로 비판하고 있다. 그는 이런 기독교의 상제와 유가의 상제는 우연히 이름이 같을 뿐 내용에서는 판이하다고 말한다. 이것을 이승희는 『전국책戰國策』에 나오는 "증삼살인曾參殺人"575)의 고사를 빌

---

571) 「韋君廉臣英人上帝非太極論辨」, 제206쪽.

572) 「韋君廉臣英人上帝非太極論辨」, 제206쪽. "吾儒聖賢, 以此理爲天地萬物之大根本大標準, 故名之曰太極"

573) 이발설과 심의 주재 문제에 관한 이승희의 더욱 상세한 관점은 홍원식의 「韓國 孔子敎運動과 李承熙」(『공자학』 3, 1998, 한국공자학회) 제187-105쪽에서 잘 분석하고 있다. 또 한주 성리학의 이발설과 주재성에 관한 논의를 상세하게 논의하고 있는 논문으로는 이형성의 「寒州 性理學에 있어서 '主宰性' 重視와 그 意義」(『寒州 李震相의 삶과 學問世界』, 경북대학교 퇴계학연구소, 2005, 10)가 있다.

574) 「韋君廉臣英人上帝非太極論辨」, 제208쪽, "夫旣以上帝爲有形氣者, 而謂理生於是, 則是氣生理也"

575) 증삼과 이름이 같은 사람이 있었는데 어느 날 그가 살인을 하였다. 그러자 사람들이 증삼의 어머니에게 달려와 증삼이 사람을 죽였다고 하였으나 증삼의 어머니는 자신의 아들이 살인을 할리가 없다고 말하고 짜고 있던 베를 계속 짰다. 얼마 후, 또 한 사람이 뛰어 들어와 같은 이야기를 하여도 미동도 않고 베를 계속 짰다. 조금 후에 또 어떤 사람이 뛰어 들어와 증삼이 사람을 죽였다는 말을 하자 증삼의 어머니는 베틀의 북을 던지고 담을 넘어 달렸다. 이것은 증삼의 모친이 증삼의 사람됨을 믿고 있었지만 여러

려와 비유하고 있다. 즉 저자 거리의 사람이 본 살인자 증삼과 공자의 제자인 증삼은 다르다고 말한다.[576] 여기에서 우리는 이승희가 기독교적 상제 개념에 근거하여 유교의 종교화론을 전개하려는 것이 아님을 분명하게 발견할 수 있다. 그러면 이승희는 종교에서 가장 중요한 초월적인 신의 문제를 어떤 방식에서 해결하려고 하는가? 여기에서 이승희의 유교 종교화의 특성이 나타난다.

4. 이승희의 심즉리설心卽理說에 보이는 도덕과 종교의 결합

일반적으로 말해서 종교는 모두 그 인격화된 신앙 대상(上帝·天主·神)을 가지고 있다. 종교의 본질이 무엇인가 라는 물음에 대한 대답은 어떤 확고하게 통일되거나 표준적인 개념적 정의가 있는 것이 아니기 때문에 여러 가지 다양한 방식과 관점에 근거하여 논의하는 경우가 많다. 그러나 적어도 종교의 본질에 대해 말할 경우 가장 기본적인 특징은 역시 "종교는 신앙의 기초위에서 성립 된다"는 점일 것이다. 이 때문에 종교 문제를 말할 경우 "어떤 종교를 믿는가?" 라는 물음으로 쉽게 대체되어 버린다. 이런 종교에 대한 일상적 태도, 습관 및 부적절한 접근 방식이 종교가 가지는 성격에 대해 애매하고 맹목적인 이해를 낳게 만드는 것이다.[577]

비록 종교의 정의와 종교의 본질에 대한 여러 가지 논쟁이 있지만

사람이 같은 말을 되풀이 하게 되자 결국은 이 말을 믿게 되었다는 고사이다.

576) 「韋君廉臣英人上帝非太極論辨」, 제207쪽, "耶華上帝, 搏土爲人, 噓氣入鼻, 而成血氣之人, 果如是, 則其有耳目臟 胃以知覺, 有手足以造作, 固也. 其與吾儒所謂上帝者, 只是偶然同名而已, 何異於市上之人, 見殺人之曾參, 而枉走了機中之曾母也, 此上帝之非太極, 乃市人之非子輿也, 亦非爲謬說也."

577) Frederick Ferre, *Basic Modern Philosophy of Religion,* Charles Scribner's Sons, New York, 1967, pp.30-31.

"종교는 어떤 절대적인 존재에 대한 신앙"이라는 점에 대해서는 이의가 있을 수 없고, 다만 무엇을 믿는 가 하는 것이 문제가 될 뿐이다. 이처럼 모든 종교에서 가장 중요한 핵심은 신과 인간의 문제이다. 종교에 대한 이런 일반론적인 관점에서 이승희는 기독교적인 신(상제)관에 대해 반대하고 자신의 독특한 관점을 말하고 있다.

이승희의 기본적인 생각은 윌리엄슨의 「상제비태극론」을 비판한 「위군상제비태극론변」에서 제시된다. 여기에서 그는 태극을 상제로 보고 있다.

> 그러나 (상제는) 실제로 사지백체四肢百體와 이목耳目을 가지고서 높은 하늘에 임하는 것을 말하는 것도 아니고 또한 만물의 모든 형태를 만들거나 만사를 일으키는 것이 아니다. 천지의 본성은 깨끗하고 순정純正하여 유행하여 쉬지 않는 것은 늘 저절로 그러한 도리를 따르기 때문인데 만물과 만사가 그것으로 말미암아 생겨나지 않음이 없다. 이것은 이 하나의 리理가 저절로 그러한 것으로, 만물 만사를 능히 주재한다. 그러므로 이 리가 만물과 만사를 주재할 수 있는 것을 가지고 상제上帝라 부른다. 그런즉 앞서 말한 기의 신령함이 곧 이 주재자의 몸통이기는 하지만, 오로지 이 주재하는 리야말로 실로 진정한 상제이다. 이렇게 본다면, 이 주재하는 상제가 천지만물의 태극이 아니겠는가.[578]

이승희는 우선 유가에서 말하는 상제를 높은 하늘에 임해 있는(臨乎上) 사지와 이목을 가진 형기적形氣的 존재가 아님을 분명히 말하고 있다. 그는 유가의 상제를 리理 즉 태극과 연결시키고 있다. 우주 만물의 운행이 가능한 것은 리(理) 때문이고 이 주재하는 리가 바로 상제이고

578) 「韋君上帝非太極論辨」, 제206쪽. "然非謂眞有肢體耳目以臨乎上也, 亦非謂能彫刻萬形興作萬事也. 其混元冲眞, 流行不息, 一循其自然之故, 而萬物萬事, 無不由之而生成焉, 是則此一理之自然者, 有能主宰乎萬物萬事者也. 故又以此理之能主宰萬物萬事者, 而謂之上帝. 然則嚮所謂神氣之靈者, 乃此主宰者之軀幹, 而惟此主宰之理, 實眞正上帝也. 由此觀之, 此主宰之上帝, 非天地萬物之太極也."

태극이라고 말한다.

앞에서 말한 것처럼 리는 천지만물의 대근본大根本이고 대표준大標準이기 때문에 태극이라 부르고 주재라는 측면을 강조하여 상제라고 말한다고 하였다. 그는 또 "유가가 말하는 상제는 다만 종주宗主의 뜻만 취한 것이다. 천지 만물은 반드시 기를 부여받아서 생겨나지만 이 경우도 또한 천이 만물의 종주가 되는데, 다만 신령스런 기의 영명靈明함을 가리켜 상제로 높인 것이다. 오경五經에서 상제에게 천자가 교외에서 상제에게 제사를 지낸다고 말한 것이 모두 이것을 가리킨다"[579]고 하여 다시 태극과 리를 천天에 연결시키고 있다.

신령스런 기의 영명함도 그 주재가 되고 원인이 되는 것은 역시 리이기 때문에 유가에서 말하는 상제는 바로 주재하는 리라는 것이다. 여기에서 천, 리, 태극은 사실은 실질은 같으면서 이름만 다른 동실이명同實異名의 등치等値 관계를 형성하게 된다.

그런데 만약 여기에서 이승희가 천, 리, 태극을 형기적인 것이 아니라는 점만을 강조하고 여전히 초월적인 것으로 그대로 놓아두었다면, 그의 유교 종교관은 논리적으로 기독교와 크게 다를 바 없는 구조를 가지게 될 가능성이 크다. 여기에서 이승희는 '심즉리心卽理'의 관점에서 내재적인 심과 리 또는 태극과 연결시키는 관점을 보여주고 있는데 매우 흥미로운 논의를 진행하고 있다.

이승희의 유교 종교화라는 작업에 있어서 가장 중요한 요점은 바로 반기독교적이고 비인격신적인 관점에서 유학에 내포된 보편적인 도덕적 요소와 교화적敎化的 요소를 확장해서 유교 종교화라는 측면에 그대로 적용하고 있다는 점이다. 특히 여기에서 이승희의 강조점은 이발설理發說과 심즉리心卽理를 통한 심心의 주재성主宰性이라는 문제에 있다.

579) 「韋君上帝非太極論辨」, 제206쪽. "若夫吾儒所謂上帝, 則只取宗主之義焉. 蓋天地萬物, 必有其氣以生, 而天又萬物之所宗主也, 遂指其神氣之靈明者, 尊之爲上帝. 五經所言郊祀上帝, 皆指此也."

이런 점에서 이승희는 윌리엄슨이 말하는 리가 지각과 동정 및 주재성을 가지지 못한다는 점에 대해 강하게 비판하는 것이다.

앞에서 이미 언급하였고 뒤에서 다시 상술하겠지만, 이승희의 공교가 가진 특성은 강유위의 관점과는 다른, 오히려 유가적 또는 주자학적인 전통적 규범을 공교 속에 계승하고 있다는 점에 있다. 말하자면 초월적인 천, 상제나 태극을 내재화하여 인간에게 주재성을 부여하고 있다는 점이다. 이것이 바로 이진상과 이승희를 비롯한 한주학파의 핵심적 명제인 심즉리心卽理라는 명제이다.

이승희는 그의 심心에 관한 이론과 유교 종교화의 측면 모두에서 공히 일관되게 심의 주재성을 강조하고 있는데, 이 심의 주재성은 현실에 있어서는 주체적인 도덕적 판단과 도덕적 실천의 근거로 작용한다. 이런 이승희의 심즉리설은 한주 이진상의 관점을 그대로 계승하고 있다. 그러므로 이승희의 종교 사상의 철학적 근거는 이미 한주에서 시작되었다고 할 수 있다.

한주는 심을 '리의 주재'로 보지 않고 '기'로 여기는 사람들이 많지만 상제심上帝心이나 천심天心 등의 말을 보면 심이 리의 주재라는 사실을 알 수 있게 될 것이라고 말한다.[580] 한주는 심이 기氣가 아님을 주장하기 위해 소강절의 관점[581]에 근거하여 심이 태극임을[582] 수차례에 걸쳐 말하고 있는데, 그 핵심은 "심은 태극이 사람에게 존재하는 것"[583]이다. 이승희 역시 한주의 이런 관점에서 출발하여 심즉리의 주장을 강화하고 있다.

---

580) 『寒州全書』 3, 『理學綜要』, 卷6, 「心(理之主宰)第四上」, 제78쪽, "按: 世儒多以心爲氣, 而觀於上帝心, 天心之語, 尤可見心爲主宰之理."

581) 『性理大全』, 卷11, 『皇極經世書(5)』, 「觀物外篇(上)」, "心爲太極."

582) 『理學綜要』, 卷6, 「心(理之主宰)第四上」, 제86쪽, "心者, 人之太極也.",

583) 『寒州全書』 壹, 『寒州集』 卷34, 「心物動靜圖(幷敍○庚吾」, 제720쪽, "心者, 太極之在人者也."

퇴계 선생께서 그 말에 덧붙여 말씀하시기를 "심心이 태극이다"는 것은 바로 이른바 인극人極이다.……모든 사물의 이치는 바로 심이 본래 갖추고 있는 리理이다. 다만 심이 주재가 되어 각각 상황에 따라 응한다.……심 밖에 별개의 리가 있는 것도 아니고 리 밖에 별개의 심이 있는 것도 아니니, 이것이 어찌 이른바 심즉리心卽理가 아니고 무엇이겠는가.584)

이승희 역시 심을 태극으로 보는 소강절의 관점을 빌려와 심에 강한 주재성을 부여하고 있다. 우주적 태극과 인간의 태극 즉 심을 내용적으로 연결시키면서 심에 주재성을 인정하고 있다. 이것은 한주가 상제심上帝心과 천심天心의 관념을 '인간의 심'에 대입하여, 심의 주재성을 강조하려는 관점에서 나온 것으로 보인다. 이런 관점은 상제와 인간의 심리적 본성이 동일시되면서 인간을 피조물에 불과한 것으로 보는 기독교적 의미의 종교 개념과는 전혀 다른 종교의 특징을 가지게 된다.585) 왜냐하면 여기에서 말하는 심心은 단순한 심리학적인 의미의 심이 아니라, 그것은 우주적 태극이 내재해 있는 인극人極으로 현대 신유학자인 모종삼牟宗三의 표현을 빌리자면 일종의 무한심無限心 또는 무한지심無限智心과 매우 유사한 것이라고 할 수 있다.586)

기독교에서는 인간의 심은 유한심有限心으로 제한적일 수밖에 없는데 비해, 오직 신만이 무한심無限心을 가지고 있다고 말한다. 그러나 유가는 무한심을 인격화人格化하지 않고 무한성의 본체를 인격화하지 않는데, 그것을 인격화한 것이 바로 God이다. 유가는 바로 이런 체계를 말

584) 『韓溪遺稿』(六), 「宣錄條辨」, 185쪽. " 退陶夫子申之曰, 心爲太極, 卽所謂人極也. …… 但心爲主宰, 各隨其則而應之. …… 不是心外別有箇理, 理外別有箇心, 此豈非所謂心卽理者耶".

585) 김종석, 「한계 이승희의 공자고운동과 유교개혁론 문제」, 제8쪽 참조.

586) 모종삼은 방대한 그의 저서 속에서 '무한심'에 대해서 말하고 있는데 그의 마지막 저서라고 할 수 있는 『원선론(圓善論)』에서는 주로 '무한지심(無限智心)'으로 말하고 있고, 『현상여물자신(現象與物自身)』 속에서는 자유무한심(自由無限心)이라는 표현을 사용한다.

한다. 이런 무한심은 예를 들면, 공자가 말하는 인仁·맹자가 말하는 본심本心·『중용』의 성誠 등은 모두 무한심의 무한성無限性을 보존하고 있다고 할 수 있다.[587)]

이 무한심은 초월적이지만 그러나 동시에 사람에 내재해 있는데, 이것이 바로 인간의 도덕 본심이다. 이미 무한심이 곧 인간의 도덕 본심이라고 한다면 인격화된 신은 필요 없게 된다. 왜냐하면 사람은 도덕실천을 통하여 그 본심을 바로 드러낼 수 있기 때문이다.[588)]

이승희 역시 이런 태극 또는 리가 내재되어 있는 심을 매개로 초월超越과 내재內在가 연결되고, 도덕과 종교를 연결시키고 있다. 이른바 상반되는 두 개념간의 연결이 의미하는 것은 이미 초월이면서 또한 내재이고, 종교이면서 또한 도덕이라는 것이다. 이런 관점은 서양이나 기독교에서 이해하기 힘든 내용들이다.

유한적有限的 존재로서의 인간이 심의 주재성을 통해서 초월적인 신의 구원을 통하지 않고 인간 스스로를 구하고 스스로 무한無限할 수 있는 존재가 될 수 있다는 것이다. 이런 각도에서 이승희는 초월적인 기독교식의 상제(신)의 존재를 주기적主氣的이거나 형기적인 존재에 불과하다고 비판하는데, 모종삼 역시 기독교가 무한지심을 대상화·실체화·인격화 하는 것은 인간의 정식작용情識作用[589)]에 불과한 것이라고 말한다.[590)]

이승희는 태극理이 무형기無形氣의 존재이지만 지각하고 동정하며 주재하는 성격이 있음을 주장하고, 태극(리)이 참다운 상제神라고 말한다. 리의 구체적 내용이라고 할 수 있는 지각·동정·주재성을 심을 매개로

---

587) 牟宗三 지음, 정병석 옮김, 『동양철학과 아리스토텔레스』, 소강출판사, 2001, 제16장-제17장 참조 바람.

588) 牟宗三, 『現象與物自身』, 臺北, 學生書局, 1975년, 제451-455쪽 참조 바람.

589) 정식(情識)이라는 것은 불교의 용어로 미망(迷妄)한 마음을 가진 범부(凡夫)가 가지고 있는 견해를 말한다.

590) 牟宗三, 『圓善論』, 臺北, 學生書局, 1975년, 제243-244쪽 참조 바람.

확보하여, 리에 연결함으로써 천 · 태극 · 리 · 심은 상제(신)와 근원적 일치성을 확보하게 된다. 이것은 바로 한주학통의 '심즉리설'과 '유리론적 리발일도설'의 종교적 변용이라고 할 수 있다.591) 그러므로 한주는 초월적 존재를 인격화하는 기독교식의 방식을 버리고 현실 생활에서 윤리적 주재성을 배양하여 심의 주체적이고 능동적 수양을 강조한다.

한주나 이승희가 심즉리설을 통하여 심의 주재성을 강조한 것은 심에서 성性과 정情을 온전히 보존하여 인간의 참된 모습을 드러내어 인간의 도덕적 실천 활동을 주장하기 위한 것이다.592) 즉 인간의 주재적 작용을 강조하는 도덕적 실천을 통하여 공교 운동을 전개하려는 것이다.

5. 이승희의 도덕적 종교의 성격

이승희의 종교 자체에 대한 체계적인 문장이나 직접적이거나 정밀한 논의가 따로 존재하는 것은 아니다. 또한 종교에 관련된 언급들도 그렇게 쉽게 발견되지도 않는다. 이승희의 종교적 관점의 대략을 알 수 있는 문장은 고종 황제에게 1905년에 올린 「의진시사소擬陳時事疏」라는 글이다. 여기에서 그는 4가지의 시무책을 올렸는데 그 중 첫 번째가 바로 '인륜을 밝혀서 종교를 세운다'는 '명인륜이립종교明人倫以立宗教'이다.593) 그는 다음과 같이 말하고 있다.

> 온 나라의 백성들이 미쳐 날뛰면서 갑자기 동학東學의 기치를 세우다가 또 갑자기 서학西學에 입적入籍합니다. ......조금만 재주가 있거나 약간만 시국을 아는 자도 개화의 설을 주장하니……오호라, 가르침이 행해지지

591) 홍원식, 「한주학파의 공자교 운동」, 제39쪽 참조 바람.

592) 이형성, 「寒州 性理學에 있어서 '主宰性' 重視와 그 意義」, 제127쪽 참조.

593) 李承熙, 「擬陳時事疏」, 『韓溪遺稿(一)』, 국사편찬위원회, 1979, 제177-195쪽.

> 않는데 장차 어떻게 나라를 바로 세우겠으며, 근본이 서지 않았는데 말단이 무엇을 이어받겠습니까? 맹자가 사설邪說이 바른 것을 해치는 것에 대해 말할 때 다만 상도常道로 돌아가게 할 뿐이라고 하였습니다. 신臣의 그릇되고 망령됨으로도 역시 지금 우리나라의 가장 급한 일은 큰 인륜을 밝히는 것보다 우선적인 것이 없고 종교를 세우는 것보다 중대한 것이 없다고 생각합니다.[594]

이승희가 고종에게 올린 위의 글에서 종교를 세우는 일이 가장 급선무라고 말하는 이유는 당시의 급박한 현실에 대한 인식이 자리하고 있는 것으로 보인다. 당시의 혼란한 시기에 여러 가지 다양한 신념 체계와 새로운 사조가 당시의 현실을 마음대로 재단하는 사실을 맹자의 문구를 인용하여[595] 불변하는 상도常道로 돌아가야 할 것을 강조하고 있다. 여기에서 말하는 상도를 주자는 "만세에도 변하지 않는 상도"[596]라고 하였다. 이른바 "만세에도 변하지 않는 상도"가 의미하는 것은 오륜五倫을 포함한 유가적인 규범의 체계와 인의예지신仁義禮智信의 유가적 덕목을 말하는 것으로 보인다. 같은 글에서 이승희는 다음과 같이 말한다.

> 지금 우리나라가 자립하지 못하는 것은 실은 교화의 근본을 잃어버리고 옳고 그름을 나누는데 갈팡질팡 하였기 때문으로 그 마음을 스스로 세울 수 없는데 까지 이르렀습니다. ...... 천지의 올바른 본성에 근원을 두고 사람의 큰 윤리를 세웠는데 그것은 부자유친 · 군신유의 · 부부유별 · 장유유서 · 붕우유신을 말함이고, 그 덕은 인 · 의 · 예 · 지 · 신을 말하고, 그 행함

594) 「擬陳時事疏」, 『韓溪遺稿(一)』, 제185쪽. "擧國人民, 狂譫亂走, 忽建東學之幟, 忽入西學之籍. ...... 其薄有才藝粗通時局者, 倡爲開化之說……烏呼, 教之不行, 將何以國, 本之不立, 末於何傳, 孟子論邪說之害正, 只曰反經而已, 臣愚謬妄, 亦以爲我韓今日急務, 莫先於明大倫, 莫大於立宗教."

595) 『孟子』「盡心」下에서 나온 말임.

596) 朱熹, 『四書集註』 "萬世不易之常道也"

은 효 · 충 · 우 · 열 · 임 · 휼이다. 여기에다 예악으로 장식을 하고, 형정刑政으로 도우며, 농상農桑으로 봉양하며, 공상工商으로 자본을 대는데, 이로써 재물을 마련한다면 공평하고 여유가 있을 것이요 이로써 군대를 기른다면 의롭고 굳셀 것입니다. 본말을 겸하고 있고 경중에 순서가 있으니 이로써 가정과 나라와 천하가 모두 그 올바름을 얻게 되니, 이것이 우리의 영원한 종교이다. 천지는 변하여도 이 교는 변할 수 없습니다.597)

이승희는 나라가 자립하지 못하는 이유를 교화의 근본을 올바로 정립하지 못하였기 때문으로 본다. 그는 천지의 본성에 근거하여 도덕적인 오륜과 오덕 등 인륜을 근본으로 삼고 여기에다 예악禮樂 · 형정刑政 · 농상農桑 · 공상工商 등의 현실적 문제를 동시에 처리하면 모든 가정과 국가가 편안해 질 수 있다고 말한다. 이것은 다름 아닌 유가의 내성외왕內聖外王 또는 수신경세修身經世라는 유가적 이념에 해당하는 것이다. 말하자면 유가적 이념 자체를 하나의 종교로 보고 이것은 천지가 변하여도 변하지 않는 교教라고 말한다.

위의 인용문들에서 나타나는 이승희의 종교관은 철저히 오륜 · 오덕 등 세속적인 유가적 인륜 체계를 중심으로 구성되어 있다. 특히 여기에서 이승희는 공자교의 핵심이 바로 오덕五德에 있음을 강조한다.

이승희는 강유위를 이어 공교 운동을 활발하게 진행한 진환장陳煥章의 요청에 의하여 1914년 1월에 『공교잡지孔教雜誌』에 게재한 「공교교과론孔教教科論」에서 오덕을 오성五性과 관련지우고 있다. 오덕은 지知 · 인仁 · 용勇 · 경敬 · 성誠을 말한다. 본래 『중용』에서 지 · 인 · 용을 지칭하는 삼달덕三達德에다 이승희는 경敬과 성誠을 덧붙여 오덕이라고 규정

---

597) 「擬陳時事疏」, 『韓溪遺稿』(一), 제183쪽. "今我邦所以不能自立者實由自失教化之本, 眩於邪正之分, 至於不能自立其心也. 原天地之正性, 立人生之大倫, 曰父子有親, 君臣有義, 夫婦有別, 長幼有序, 朋友有信, 其德曰仁義禮智信, 其行曰孝忠友烈任恤. 於是乎禮樂以文之, 刑政以翼之, 農桑以養之, 工商以資之, 以之爲財則均而裕, 以之爲兵則義而壯, 本末兼擧, 輕重有序, 以之家國天下而皆得其正, 此吾萬世宗教也, 天地可變而此教不可易也.

한다. 여기에서 중요한 사실은 인간의 본성에 고유한 지智·인仁·의義·예禮·신信이 마음의 덕으로 표현된 것이 오덕이라는 점이다.

> 지知는 지智의 덕이고, 인仁은 인仁의 덕이고, 용勇은 의義의 덕이고, 경敬은 덕禮의 덕이고, 성誠은 신信의 덕이다. 이 다섯 가지는 인성에 고유한 것으로 마음의 덕이며 천하의 모든 행위와 모든 선은 하나 같이 여기에서 말미암는 것으로 공자가 평생 동안 강조하고 마음을 쏟은 것이라고 할 수 있다. ...... 후세 학자들이 빼어난 해석을 발명한 것도 이 다섯 가지를 벗어나지 못하고, 비록 서구에서 말하는 여러 종교의 대체적인 뜻도 모두 이를 벗어나서 그 설을 해명할 수 없는 것으로 보아 인성이 대동소이함을 알 수 있다. 지금 공자교를 세우려고 한다면 마땅히 우선 크게 세상에 밝히려 한다면 마땅히 지·인·용·경·성의 오덕을 분명히 하여 제1과목으로 해야 할 것이다.[598]

이승희는 지知·인仁·용勇·경敬·성誠의 다섯 가지는 인간 본성에 고유한 지智·인仁·의義·예禮·신信의 덕德이라고 말한다. 이승희는 현실 속에서 행해야 하는 모든 도덕적 행위와 선은 모두 이것에 근본 해야 한다고 말한다. 그러므로 후세 학자들이 행한 빼어난 해석이나 관점 역시 오덕을 벗어나지 못하고, 심지어 서구의 여러 종교가 말하는 뜻도 모두 이를 결코 벗어날 수 없다고 말한다.

이승희가 공교의 첫 번째 교과로 삼아야 한다고 주장하는 오덕은 결코 초월적 절대자에서 나오는 것이 아니라, 인간이 본래부터 가지고 있는 본성에서 나오는 것으로 보았다는 점은 매우 특기할 만하다. 이는 유교를 종교화했다고 해서 초월적 가치를 숭배하는 것이 아니라 인간

---

598) 李承熙, 『韓溪遺稿』(六), 「孔教教科論」, 제134쪽. "夫知, 智之德也, 仁, 仁之德也, 勇, 義之德也, 敬, 禮之德也, 誠, 信之德也. 五者, 人性之固有而心之德也. 天下百行萬善, 皆由此出, 乃吾夫子平生心法也. ...... 後世儒賢發明其妙詮者, 亦無能外此, 雖今西歐所云諸宗教大旨, 亦不能外此而伸其說, 此可見人性之大同, 今欲爲孔子設教, 當首明此知仁敬勇誠五德, 爲第一科."

본성에 기인하는 도덕적 가치를 절대화했음을 의미하는 것이다. 또한 이것은 공교가 서양 종교처럼 초월적 가치를 추구하는 것이 아니라, 인간적 가치를 종교화함으로써 대중을 참여시키고 그 힘을 빌리려 했다는 점에서 특색이 있다.[599]

이승희의 유가적 인륜 체계를 중심으로 하는 종교적 관점은 다른 일반적인 종교 특히 기독교와는 근본적으로 방향이 다르다. 기독교의 교의教義가 신神 중심으로 전개되었다고 한다면, 이승희의 경우는 세속적인 인륜적 체계들을 실천하는 것이 그 핵심이 있다는 점이다.

이승희는 유교를 종교화함에 있어서 결코 초월적인 인격적 존재나 유일자唯一者로서의 신神을 요청하지 않았다. 과연 이런 교의教義를 가진 체계를 종교라고 할 수 있는가?

20세기 이래로 유학이 종교인가라는 문제는 대부분의 유학 전문가들이 관심을 가지는 과제 중의 하나라고 하여도 틀린 말은 아닐 것이다. 우선 유학이 종교인가라는 문제에 대한 관건은 역시 종교에 대한 개념 정의일 것이다.

일반적으로 우리가 종교에 대해 가지는 첫 번째 이해는 역시 인간의 경험 세계를 초월하고 있는 인격신人格神과 조직화된 교회, 전문적인 성직자聖職者와 성경聖經이 갖추어져 있어야 하나의 종교가 성립된다고 보는 점이다. 이런 관점은 분명히 기독교와 유대교를 중심으로 하는 종교 개념이다.

그러나 현대의 글로벌한 의식을 가진 일련의 종교학자들은 기독교 중심의 종교에 대한 개념들을 수정하고 서양이 아닌 기타 문명 중에서도 서양의 일신교一神教와 다른 종교 형태가 있고, 또한 강력한 종교성宗教性을 가지고 있음을 말하고 있다.[600] 여기에서 우리는 폴 틸리히의

599) 김종석, 「한계 이승희의 공자교운동과 유교개혁론 문제」 제13쪽 참조 바람.

600) 이 문제에 관한 상세한 논의로는 앞 주) 504에서 주) 506을 참조 바람.

관점에 주목할 필요가 있을 것이다.

폴 틸리히는 종교를 '궁극적 관심'이란 말로 표현하고 "신앙은 궁극적으로 사람들이 관심을 가지는 상태를 말하고, 신앙의 동력動力은 바로 사람의 궁극적 관심의 동력이다"601) 라고 하여 신앙을 삶의 궁극적 의미에 관한 문제라는 것으로 말한다. 즉 궁극적인 관심을 경험할 때마다 바로 거기에 신성함이 존재한다는 것이다.

이런 점에서 종교라는 것은 그들이 가장 관심을 기울이거나 추구하는 어떤 것에 존재할 수 있다는 말이다. 그들이 처한 문화적 환경과 종교는 분리될 수 없는 것이기 때문에 그는 "문화는 종교의 표현 형식이고 종교는 문화의 내용이다"고 말하는 것이다. 그러나 '궁극적 관심'의 대상도 역시 분명히 갖추어야 할 조건은 있다. 그것은 바로 반드시 보편성과 영원성을 가지는 것이라야 한다.602) 만약 이런 각도에서 말하면 이승희가 말하는 "만세에도 변하지 않는 상도"로서의 인간 본성에 기인하는 도덕적 가치들인 오륜이나 오덕 역시 '궁극적 관심'에 해당하는 것이라고 할 수 있다. 이런 각도에서 이승희는 유가적 이념 자체를 하나의 종교로 설정하고, 이것은 천지가 변하여도 변하지 않는 교敎라고 말한다.

이런 각도에서 보자면 이승희의 종교적 특성은 일종의 '도덕적 종교道德的 宗教'로 도덕이면서 또한 종교이다. 그가 말하는 종교는 도덕적 기초 즉 도덕신앙道德信仰의 기초 위에 세워져 있는 것으로 유가의 윤리도덕과 종교 정신의 일체성一體性을 강조하고 있다. 유가 전통 중에서 종교와 문화(유학)는 서로 상즉相卽하면서 분리될 수가 없고, 하나의 문화 또는 철학이면서도 또한 종교라는 것이다.

이런 점에서 이승희는 유가 사상을 종교 성향이 강한 정신 체계이며,

---

601) Paul Tillich : *Dynamics of Faith*(New York : Harper & Row, 1957), p.1.

602) 이 점에 대해서 모종삼은 '궁극적 관심'은 반드시 보편성(Universality)과 영원성(Eternity)을 가지고 있어야 한다고 말한다. 그는 종교를 문화를 창조하는 동력이라고 말하고, 문화를 이해하려면 반드시 문화적 동력인 종교를 통하여 이해하여야 한다고 말한다. 牟宗三, 『時代與感受』, 臺北, 鵝湖出版社, 1998年版, 제400-401쪽 참조 바람.

이것은 곧 바로 종교와 통할 수 있는 것으로 보았다. 여기에서 이승희는 '상제' 개념의 형기적形氣的 인격화를 비판하고, 그것은 다만 주기적主氣的인 관점이라고 말하고 자신과 한주학통의 성리학적인 바탕위에서 도덕적 종교 형태의 유교 종교화 작업을 전개하였다.

6. 소결

이승희의 유교 종교화 운동은 이를 주창한 강유위의 관점과 분명히 구별되는 특성을 가지고 있다. 이 둘의 구별은 한 마디로 말하여 유학의 종교화라는 방향에 있어서 확연히 구별된다. 강유위가 기독교의 제도적인 측면에 근거하여 기독교적인 모식을 적극 수용하고 있다면, 이승희는 비록 운동적인 측면에서 강유위의 관점에 동조하지만 본질적으로는 유학이 가지고 있는 정신 수양적인 측면에서 유가의 종교성을 발견하려는 시도를 하고 있다.

이런 차이는 예를 들면 두유명杜維明이 언급한 제도적制度的 종교와 정신적 신념에 근거한 종교적 성격의 구분과 비슷하다. 여기에서 두유명은 정태적이고 객관 제도적인 측면을 피하고 정신적 신념으로부터 유학(爲己之學, 身心性命之學)은 종교성을 가지고 있다는 점을 천명하고, 아울러 세속주의와 신성한 신앙의 상호작용 관계를 말한다.[603]

이승희는 심즉리心卽理의 관점에서 인격적 주체성에 근거하는 종교성을 말하고 있다. 그는 태극-상제-리-심을 등치적인 개념으로 파악하여 주자학적인 전통적 규범을 공교 속에 계승하는 도덕적 종교관을 보여주고 있다.

이런 이승희의 유교 종교화 관점에 대한 평가는 여러 가지가 있을 수

603) 杜維明 : 『論儒學的宗教性 -- 對〈中庸〉的現代詮釋』, 武漢大學出版社, 1999년 7월, 제105쪽.

있을 것이다. 물론 왜 실패 하였는가 라는 결과가 모든 평가를 대신할 수 있는 것은 아니라고 본다. 적어도 유교 종교화 운동에 있어서 그가 가지고 있는 현실 인식과 관점을 일단 고려하고, 다시 그것을 유학에 대한 새로운 해석 또는 현실적 변용이라는 측면에서 본다면 그 의미나 본질적 성격이 나타날 것으로 보인다.

마지막으로 현대 학자들의 강유위와 진환장 등의 유교 종교론자들에 대한 평가를 통해서 이승희의 유교 종교화 운동의 본질을 간접적으로 평가할 수 있는 기회를 얻을 수 있을 것으로 본다. 대부분의 현대 학자들은 우선 유학은 교주, 교의, 교규敎規, 교회 조직, 그리고 다수의 교도敎徒 등이 있는 보통 형태의 종교가 아니라는 점을 우선 지적하면서 강유위 식의 유교 종교론자들은 유교가 하나의 교敎가 될 수 있는 본질 즉 유학은 도덕이면서 또한 종교였다는 본질을 이해하지 못하거나 무시하고 있다는 점이다.

이에 비해 이승희의 관점은 오히려 보다 높은 차원에서 유학 자체가 가지고 있는 철학적 본질과 종교적 성격을 보여줄 뿐만 아니라, 유학을 기독교식의 일신론적인 종교와 혼동하는 관점에 대해 비판한다. 이런 한계의 유학의 종교화 운동의 방향은 지금의 입장에서 보더라도 대단히 발전적이고 의미 있는 관점이라고 말할 수 있다.

제12장

공교운동에 보이는 교화적 종교관 : 康有爲와 朴章鉉을 중심으로

1. 들어가는 말

유학儒學이 종교인가 라는 문제는 최근에도 자주 논의되고 있는 중요한 토픽 중의 하나이다. 어쩌면 이 문제는 종교에 관한 정의가 분명하게 규명된 이후에야 비로소 논의되어질 수 있다. 왜냐하면 종교를 어떻게 정의하는가에 따라서 유학은 종교일 수도 있고 그렇지 않을 수도 있기 때문이다.

그러나 종교의 본질 또는 기본 특징이 아직까지 합의되고 있지 않은 상황에서 유학의 종교성에 관한 견해 또한 다양하게 제기될 밖에 없다. 이런 다양한 입장은 20세기 초 이후부터 우리나라나 중국의 근· 현대사에서 자주 등장한다. 이런 문제들이 가장 현저하게 나타나는 경우는 역시 유학의 종교화 운동 즉 공고孔敎 운동을 주장한 학자들의 경우이다.

유학을 종교화할 경우 가장 문제가 되는 것은 유학이 강조하는 교화적敎化的 성격의 도덕성道德性과 종교의 초월적超越的인 성격의 신성神性

간의 충돌을 어떤 방식으로 해결하는가에 있다고 할 수 있다. 다시 말하면 유학의 도덕적 교화敎化의 성격을 어느 정도로 유지하면서 종교의 초월적인 측면을 수용하는가의 문제로 압축된다.

여기에서는 이러한 문제의식에서 출발하여 특히 19세기 말에서 20세기 초에 이르는 시기에 중국과 한국에서 전개된 공교孔敎 운동을 주장한 강유위(康有爲, 1858~1927)와 중산中山 박장현(朴章鉉, 1908~1940)의 경우를 통하여 이 문제를 분석하려고 한다.

유학 종교화 운동은 강유위에 의해서 주도된 공교운동孔敎運動에서 출발한다. 그는 유학을 철학적 범주에서 종교 신앙의 차원으로 끌어 올리려 하였다. 그는 1898년 공자를 존숭尊崇하고 유교儒敎를 국교國敎로 삼으며, 교부敎部와 교회를 세우고 공자를 기년紀年으로 삼을 것을 청請하는 글을 광서제光緖帝에게 올린다.604) 마침내 중국 공자교孔子敎 운동은 강유위의 제자 진환장陣煥章에 의해 1912년 중국 공교회孔敎會가 설립되며, 1913년 국교화國敎化 운동, 1914년 원세개袁世凱에 의한 공자 제사 부활 등으로 이어진다.

박장현의 자字는 문경文卿이고 호는 중산中山이다. 그는 격동의 20세기 전반에 활동하면서 33세라는 너무나 짧은 일생을 살다갔지만 철학과 역사 분야의 독특한 업적을 남기고 간 인물이다. 박장현은 경북 청도군 이서면伊西面 수야리水也里에서 출생하였다. 그는 어릴 때부터 백부인 박재시朴在時에게 글을 배워 14세 때 이서면에 있던 보성학원에 입학하여 신학문을 배웠다.

그는 보성학원을 졸업한 1925년에 경남 창녕昌寧의 거유巨儒인 심재深齋 조긍섭(曺兢燮, 1873~1933)을 스승으로 모시고 8년 동안 그의 문하에서 전통 유학의 기초를 다졌다. 상투에 끈을 매어 놓고 졸음을 쫓으며 공부했다든가, 1년에 정월 초하루와 추석 겨우 두 번만 제사를 모시

604) 康有爲, 「請尊孔聖爲國教立教部教會以孔子紀年而廢淫祀拾」, 『康南海先生遺著彙刊』 12, 臺北, 宏業書局, 1976, 제27~32쪽 참조.

기 위해 창녕에서 고향에 와서 그것도 딱 하룻밤만 묵고 이내 돌아갔다는 이야기 등은 그의 학문에 대한 노력과 진지함을 잘 보여준다.605)

그는 26세 무렵에 안순환(安淳煥, 1871~1942)이 창립한 조선유교회朝鮮儒教會에서 운영하던 시흥始興의 명교학원明教學院에서 수학하였고, 30세 되던 해 고향마을에 '문화학당文化學堂'을 세워 학생들을 가르치기 시작하였다. 32세 때는 일본의 이송학사二松學舍 전문학교에 입학하여 일본 한학계漢學界의 주요 인물들과 교류한다.606)

1930년대 조국을 빼앗긴 암울한 시대 상황 속에서, 박장현은 어떻게 하면 길을 잃고 헤매는 일제 식민지하의 민중들에게 등불을 밝혀 줄 수 있는가 라는 문제에 학문적 관심을 집중하였다. 여기에서 그는 유학이 여전히 이 시대에 있어서도 보편적 가치를 지니고 있고, 이를 통하여 어두운 현실을 밝힐 수 있다는 생각을 가지고 있다. 그러나 그의 유학에 대한 관점은 결코 유학을 묵수墨守하여 과거로 돌아가려는데 있는 것이 아니라, 오히려 적극적인 자세로 종래 유교의 폐단을 혁파革罷하고 시대에 맞는 새로운 해석이 필요하다는 점을 주장한다.

박장현은 쇠퇴한 유교를 다시 일으키기 위해서는 비판적 계승과 창조적 진흥振興이 필요하다고 말하고 "이른바 진흥振興이란 것은 아관박대峨冠博帶를 말함도 아니고 송기사장誦記詞章을 말함도 아니다"607) 라고 하여 자신의 진흥의 방향을 분명히 하고 있다. 즉 외형적인 위엄을 중시하며 기껏 사장詞章이나 암송하면 선비의 직분을 다한다고 생각하는 구두성현口頭聖賢 또는 지상도학紙上道學이 넘치는 유교 사회의 폐습을 바로 잡기 위해서는 철저한 자기 반성과 개혁이 필요한 것으

605) 高光稙, 「중산 박장현」(박영석, 『민족사의 새 시각』 제9장 부록) 서울, 탐구당, 1986, 제380쪽.

606) 일본에 건너가 양명학의 전문가인 山田準과 주자학의 井上哲次郎 및 노장학(老莊學)의 小柳司氣太 등의 유명 학자들을 만나 학문적 교류를 한 것으로 보인다.

607) 『中山全書』下, 「吾道振興策」, "所謂振興者 非徒峨冠博帶之謂也 非徒誦記詞章之謂也."

로 보고 있다.

박장현이 말하고자 한 것은 시대에 맞는 학설을 이야기하여야 한다는 점이다. 아무리 훌륭한 학설도 시대가 지나면 그 가치가 없어지기 때문에 시효성時效性과 실효성實效性이 있어야 한다는 점이다. 시대에 따라 발상의 전환을 할 수 있어야만 참다운 유자儒者라고 생각했다.

박장현이 유학의 진흥을 위하여 혼신의 노력을 기울인 것은 단순히 옛 것을 그대로 복고하자는 것이 아니다. 유학 진흥을 위한 그의 방법은 한 마디로 말하여 '반본개신返本改新'이고, 그것의 내용은 공교운동으로 나타난다. 박장현의 유교 종교화 운동에 대한 관점은 유학의 종교성宗教性이라는 문제를 생각하게 만드는 매우 흥미 있는 관점들을 제공해 주고 있다.

본문은 유학을 종교화하려 할 경우 도덕성과 종교적 초월성이나 신성神性의 문제를 어떤 방식으로 처리하고 있는가 하는 점을 특히 강유위와 박장현의 경우를 통하여 살펴보려고 한다. 얼핏 보기에 강유위는 기독교의 종교적 관점과 제도를 가져와 공교운동을 펼쳐 신성神性의 문제를 강조하는 것처럼 보인다.

이에 비해 박장현의 경우는 공교운동을 말하지만 강위위와는 달리 제도적 측면의 운동에 대해서 소극적이라는 점에서 서로 반대되는 것처럼 보이지만, 오히려 도덕성과 신성의 문제를 보는 점에서는 상당 부분 일치하고 있다는 점을 밝히려 한다. 다시 말하면 두 사람 모두 신성보다는 도덕성이라는 점을 끝내 버리지 않는 교화적教化的 종교관을 보인다는 점에서 공통적인 시각과 내용을 가지고 있다. 이런 문제들의 논의를 통하여 강유위와 박장현의 교화적 종교가 가지고 있는 특성에 대해 분석하려고 한다.

2. 유학 종교화 운동에 보이는 유학의 문화적 정체성의 위기

중국과 한국에서 19세기 말과 20세기 초엽에 전개된 유학을 종교화하려는 공교운동은 물밀듯이 밀려오는 외세에 대응하려는 위기 의식에서 출현한 하나의 자구책이라고 할 수 있다. 공자교孔子教 운동의 기치를 세워 가장 먼저 유학을 종교화宗教化하려고 시도한 사람은 중국의 강유위이다.

유학이 곤경에 빠져있을 때 보수적 관점을 지니고 있었던 중국의 엘리트들은 유가의 의미 체계가 변란變亂 시기 중국의 사회 질서에는 부적합하다는 사실을 의식하고 유가를 교회화教會化하는 방식을 통하여 현실적 권력을 초월하여 사회 질서와 국민 도덕에 실질적인 작용을 할 수 있는 운동을 시도한다.

그들은 기본적으로 서구西歐를 부국강병富國强兵의 근대적 국가로 발전시킨 정신적인 원동력이 기독교에 있는 것으로 보고, 중국 역시 부국강병하기 위해서는 중국의 정신적, 이념적 근간인 유학을 기독교처럼 종교화하려는 관점에서 공교운동을 전개한다. 강유위는 기독교의 형식을 빌려 유가를 종교화하려는 생각에서 공자를 교주教主로 삼는 공교운동을 전개한다.

강유위는 1898년 유교를 국교國教로 삼아 교회를 세우고, 공자를 기년紀年으로 삼기 위한 관점에 근거를 제공하기 위해 1981년에 고문古文경전을 부정하고, 금문경학今文經學의 관점을 주장한다. 구체적으로 강유위는 1890년 사천四川의 요평廖平에게 영향을 받아 공양학公羊學을 연구하여 『신학위경고新學僞經考』와 『공자개제고孔子改制考』 등을 집필하여 유학의 종교화에 필요한 여러 관점들을 끄집어낸다. 이 책들에 나타난 공자孔子는 더 이상 학문이나 도덕을 주장하는 학자나 성인聖人이 아니라, 일체의 모든 진리를 장악하고 있는 종교 교주教主의 모습으로 그려져 있다.

『공자개제고』 등에서 강유위는 공자는 단순한 주공周公의 조술자祖述者가 아닌 유학의 창시자로서 새로운 왕조를 위하여 제도를 개정改正한 소왕素王으로 그려지고 있다.

이른바 옛 것에 의지하여 제도를 고친다는 '탁고개제托古改制'의 이론은 강유위의 정치 변혁과 유학 종교화의 주장에 이론적 근거를 제공한다. 그러나 제도 변혁에 관심을 기울이면 기울일수록 문제가 되는 것은 바로 유가 사상의 안정安定 문제이다. 여기에서 가장 중요한 것은 과거科擧를 폐지하고 서양의 정치와 서양의 학문을 교육하는 새로운 제도의 시행 중에서 유학이 현실적 조건에 적응할 수 있는 생장점生長點을 찾는 일이었다. 만약 이 문제가 해결되지 않으면 유학은 곧 바로 고사枯死할 수밖에 없는 것이다.

강유위는 무술변법戊戌變法의 실패 이후 해외에서 망명한 시기 동안 각국의 종교 활동을 직접 견문見聞한 이후 유학을 종교화하는 방식을 통하여 이 문제를 해결하려는 시도를 하게 된다.608) 여기에서 그는 유학의 정체성을 더욱 확고하게 하는 하나의 방법으로 유학의 종교화라는 공교회 운동을 몸소 주장하게 되는 것이다. 이런 결과로 그는 공자를 지성선사至聖先師에서 교주教主의 형상形象으로 전환하여 유학의 종교성을 확대하려는 시도를 한다.609)

유학을 종교화하려는 강유위의 기본적인 관점은 한 마디로 말하여 문화적 정체성의 위기와 구국救國이라는 현실의 급박한 상황에서 나온 것이라고 할 수 있다. 말하자면 서양의 정치와 학문을 교육하는 새로운 제도를 수입하는 동시에, 정신적인 측면에서 민족적 정체성을 더욱 확

---

608) 강유위는 "각국은 모두 종교를 가지고 있지만 우리만이 종교가 없는 유일한 나라이다(各國皆有教, 而我國無教之國)"(康有爲, 「孔教會序」)라고 하여 종교와 나라의 부강이라는 문제를 연결시키고 있다.

609) 于春松, 「淸末民初孔教會實踐與儒家現代轉化的困境」, 濟南, 『齊魯學刊』, 2005년, 3期, 제21쪽 참조.

고하게 하려는 방법으로 유교를 국교國教로 삼으려고 시도한다. 이런 점에서 그는 종교 특히 국교國教의 유무有無가 바로 국가의 존망存亡이라는 문제로 귀결된다는 논리를 전개하고 있다.

강유위는 「공교회서孔教會序」에서 유태인의 유태교猶太教와 관련시켜 말하고 있다. "유태인들은 다른 나라를 떠다니면서도 그들의 종교를 여전히 보존하고 있는데 지금까지 2000여년이나 된다. 종교가 있어야 종족種族이 지속적으로 존재할 수 있다"[610]고 하였다.

이러한 유학의 종교화 운동 혹은 공교孔教 운동은 우리나라에서도 발생하였다. 주지하다시피 이 운동을 대표한 사람으로는 한계 이승희, 백암 박은식, 위암韋菴 장지연張志淵, 진암眞菴 이병헌李炳憲, 해창海窓 송기식宋基植, 성당誠堂 박인규朴仁圭, 중산中山 박장현朴章鉉 등에 의해서 주도된다.[611]

20세기 초 한국의 상황은 서구 또는 근대화로 지칭되는 외세의 힘 앞에 중심을 잃어버리고 허둥대는 혼돈의 시기였다. 여기에서 기존의 유학적儒學的 세계관과 가치 체계 속에서 살아온 유학자들은 그들을 지탱해온 모든 세계관과 가치관이 한꺼번에 무너지는 엄청난 위기를 맞게 된다. 유가 문화의 정체성 위기는 바로 전통 문화의 위기인 동시에 민족의 위기를 의미하는 것이기 때문에 더욱 심각한 것이었다. 박장현은 이런 서세동점西勢東漸의 상황에서 현실에 대한 유학의 무력함에 대하여 다음과 같이 말한다.

> 서세西勢의 동점東漸 이후로 과학 · 물질의 학설이 팽배하여 예의禮義를

610) 康有爲, 「孔教會序」 ; 猶太人流離異國, 猶保其教, 至今二千年, 教存而人種得以持存.

611) 이들 유학 종교화 운동의 경향은 크게 세 관점으로 나눌 수 있다. 그 중 하나는 박은식의 관점으로 강유위의 대동사상(大同思想)에 영향을 받아 유학의 종교화 운동에 뛰어든 경우로 그는 양명학적인 입장에서 주자학을 대체할 것을 주장한다. 두 번째의 경우는 이승희의 경우이고, 세 번째의 경우는 진암 이병헌이다. 그는 유교의 전도(傳道)를 위하여 교당(教堂)을 설립하고 공자의 진영(眞影)을 봉안하여 교회식의 유교로 전환하여야 할 것을 강조한다.

> 버리고 공리功利를 숭상하며 이 백성을 몰아 금수의 지역에 들어가게 하는 데도 오도吾道의 위력으로는 그 세력을 물리칠 도리가 없다.612)

서양의 과학 문명과 물질 문명이 사람들로 하여금 예의를 버리고 공리를 따르게 만드는 현실 상황에 대한 유학의 대응이 무능함을 박장현은 크게 개탄하고 있다. 박장현은 서양 문명의 핵심을 과학과 물질 문명으로 보고, 그것을 가능하게 한 것을 공리주의라고 지목하고 있다. 이런 서양 문명에 대한 박장현의 관점은 결코 호의적이지 않다. 그는 기본적으로 이런 서양의 과학 문명과 물질 문명이 백성들을 금수의 영역으로 몰아가고 있다고 말한다. 서양 문명에 대한 그의 구체적 반감은 다음과 같다.

> 생각건대, 분연히 일제히 일어나 팔방八方에 인의仁義와 도덕을 제창하고 밝혀 사설邪說을 종식케 하고 물질을 축출하고 과학을 폐지하며 기타 평등·자유·공처共妻·공산共産·공리·경쟁競爭 등의 학설을 모두 쓸어내고 우리의 윤리와 예의의 가르침을 세상에 밝히는 것이 어찌 오늘의 급무急務가 아니겠는가?613)

> 와트와 프랭클린은 우주의 죄인이라 할만하다. 전신電信과 항해航海의 길이 열리면서 백성들은 더욱 어지러워졌다.614)

박장현은 인류를 고통에서 해방시킨 문명의 이기利器를 발명한 사람들을 오히려 "우주의 죄인"이라고 비판하는 입장은 아마도 자연과학에

---

612) 『中山全書』下, 「答趙惇卿」, "自西勢之東漸, 科學物質之說澎漲, 棄禮義尙功利, 率斯民也, 以入於禽獸之域, 而吾道之威力, 旣無以斥其勢."

613) 『中山全書』下, 「擬告山林」, "伏惟 奮然齊起, 倡明仁義道德於八域, 而使邪說有所息, 物質有所黜, 科學有所廢, 其他平等自由共妻共産功利競爭之說一切掃如, 而使吾倫理禮義之敎, 有所明於世者, 豈非今日之急務乎哉?"

614) 『中山全書』下, 「彝傳」, "瓦特與富蘭克令, 可謂宇宙之罪人矣, 電信航海之路達矣, 而民愈亂."

대한 불철저한 인식과 서구 근대 문명에 대한 이질적인 반감에서 나온 것으로 보인다. 물론 서구 문명을 거부한 첫 번째 이유는 유학적 세계관과 가치 체계에 철저하게 따르려는 유학자의 신념에서 비롯된 것으로 보인다. 그가 서구 문명을 비판하는 이론적 근거는 인의·예의·윤리·도덕 등의 개념인데 이러한 개념은 유교의 핵심적 덕목들이다. 과학이니 자유니 평등이니 공리니 여권女權 등의 관점들은 그가 신봉하는 유학의 원리와 어긋나기 때문에 배척할 수밖에 없었던 것으로 보인다. 한마디로 그는 철저한 유학자이다.615)

철저한 유학자인 박장현의 관점에서 과학이나 평등은 유학의 가치관을 무너뜨리는 방해 요소로 간주될 뿐이다. 이런 점에서 그는 공맹孔孟의 글이 사람들에게서 외면을 받는 주요한 이유가 윤리를 경시하고 공리주의를 중시하기 때문으로 보고 있다.616) 이런 상황에서 위기를 해소할 수 있는 방법은 유학적 세계관과 가치 체계를 더욱 철저하고 공고한 것으로 만들어 그것이 현실에서 구체적으로 실현되도록 하는 데 있는 것으로 박장현은 생각하고 있다. 여기에서 그는 유가의 성인聖人을 요청하고 대도大道가 행해지기를 염원한다.

> 지금 성인이 나오지 않고 대도大道가 행해지지 않으니, 민중들이 갈림길에서 곤궁困窮한 것이 이때보다 더 심한 적이 없다. 윤리가 땅에 떨어지고 도덕이 민멸泯滅된 것, 또한 오늘날보다 더 심한 적이 없다. 그러니 백성들이 성도聖道가 행해지기를 몹시 바라는 것이 큰 가뭄에 비를 바라는 정도일 뿐만이 아니다. 이러한 때를 당하여 진실로 윤리·도덕의 설說을 제창하여 그것을 밝히고, 그것을 가르치고, 그것을 고동鼓動시키고, 그것을 진작振作시킨다면, 형정刑政과 재리財利의 밑에서 오랫동안 곤궁했던 민중들

615) 송재소, 「中山 朴章鉉 研究 試論」, 금장태 외, 『中山 朴章鉉 研究』, 서울, 민족문화사, 1994, 제25쪽 참조 바람.

616) 『中山全書』下,「彜傳」 "古者重倫理而輕功利, 尙道德而賤機械, 今也反是. 孔孟之書, 見棄於今世也, 實胚胎於此."

이 즐거워하며 달려오기를, 마치 겨울잠 자는 벌레가 봄을 만난 듯, 길 잃은 자가 촛불을 얻은 듯이 할 것이다.617)

박장현은 현실이 위기에 빠진 원인을 "성인이 나오지 않고 대도가 행해지지 않기" 때문이라고 말한다. 즉 그는 윤리와 도덕의 부재不在가 바로 위기 상황을 초래한 것으로 보고 있다. 이런 위기 상황에서 그가 유학적인 성인과 도가 필요하다고 생각한 것은 기본적으로 다른 종교에 비하여 유교가 우월하다는 생각을 가지고 있기 때문이다. 박장현은 자신이 보고 있는 이런 생각이 자신의 주관적인 관점이 아니고, 서양 사람들 조차도 유학과 공자의 위대성에 대해 칭찬하고 있다는 점을 말한다.

서양의 철학자 비희례費希禮씨는 공교孔敎를 찬양하여 오백년 이후에 전 지구에 두루 행해질 것이라고 말하고, 또 사서四書와 육경六經을 번역하여 그 나라를 가르쳤다. 오직 동아시아 사람들은 오히려 자신을 하찮게 여기고, 저들의 학문을 배우고 있다. 사람들이 기이한 것을 좋아함이 너무 심하다. 제 밭은 버려두고 남의 밭에 가서 김매고 있으니, 어찌 지혜로운 자라고 할 수 있겠는가?618)

박장현은 독일의 선교사인 비희례(費希禮, Karl Fischer를 말함)가 공교孔敎를 찬양하고, 이것이 오백년 이후에는 전 지구에 두루 행해질 것이라는 말을 인용하고 있다. 즉 독일 사람인 비희례 즉 칼 피셔 같은 사람도 공교를 높이고 공부 하기에 바쁜데, 오히려 유가 문화권에 속해 있

617) 『中山全書』下, 「書感示諸友」, "今聖人不作, 大道不行, 民衆之困於岐路, 未有甚於此時. 倫理之淪頽. 道德之泯滅, 亦未有甚於今日. 而民之苦望聖道之行, 不啻若大旱之望雨也. 當此之時, 苟能倡倫理道德之說, 而明之教之, 鼓之動之, 振之作之, 則民衆之久困於刑政財利之下者, 趍向喜悅, 如蟄虫之當春, 與迷塗者之得燭也."

618) 『中山全書』下, 「彛傳」, "西哲費希禮氏贊揚孔教, 以爲五百年后當遍行全球, 又譯四書六經以教其國, 惟東亞之人反自少, 而學其學, 甚矣人之好異也, 捨已之用芸人之田, 豈智者哉?"

는 동아시아 사람들이 자신의 것은 버려두고 서양 학문을 배우려고 하는 현실에 대해 "제 밭은 버려두고 남의 밭에 가서 김매고 있는" 어리석음을 범하고 있다고 비판한다.

그는 또 다른 문장에서 "독일 사람인 화지안(花之安, Ernst Faber를 말함) 박사가 '공자의 도는 오백년 후에 온 세상에 두루 행해질 것이다'라 했고 또 칼 피셔費希禮가 '공자의 도는 한 나라에 있는 것이 아니라 만국萬國에 있으며 당시에 행해지는 것이 아니라 후세에 행해진다'라고 했다"619)와 같은 발언을 통하여 공자와 유학이 가진 객관적 가치와 의미에 대해 이야기하고 있다.

위에서 말한, 칼 피셔는 진환장陳煥章이 1913년에 쓴 『공교론孔教論』의 서문에서 공자의 정신이 중국인의 마음속에 깊게 자리하고 있을 뿐만 아니라, 장래에는 인류의 미래가 될 수 있을 것이라는 말을 하고 있다. 아마도 이런 내용들을 이야기하는 것으로 보아 박장현은 이미 강유위, 양계초梁啓超와 진환장의 글 등을 포함한 공교회孔教會와 관련되는 자료들을 상당히 많이 접한 것으로 보인다.

박장현은 강유위를 중심으로 하는 공교 운동의 영향을 받아 자신의 독특한 공교관孔教觀을 말하고 있다. 그는 「원대동原大同」이라는 문장에서 공교에 대해 말한다.

> 대동大同이란 무엇인가? 그 다른 것不同을 같게 하여 일자一者에 함께 돌아가는 것이다. 일자一란 무엇을 말하는가? 사람이 사람 되는 것이고, 국가가 국가 되는 것의 도리이다. 이것이 이른바 나의 종교教이다. 나의 종교는 바로 공교孔教이다. ...... 오직 공교는 이것과는 다른데, 그것이 가르치는 것은 성명性命이고, 윤리이고, 도덕이고, 인민人民이고 국가이다.620)

---

619) 『中山全書』下, 「原大同」, "獨逸博士花之安言曰, 孔子之道, 五百年後, 遍行全球. 又費喜禮氏曰, 孔子之道, 不在一國, 而在萬國, 不行當時, 而行於後世."

620) 『中山全書』下, 「文卿常草二」 「原大同」 "大同何, 同其所不同, 而同歸於一者也. 一者何, 人之所以爲人, 國之所以爲國之道也. 是則所謂吾教也, 卽孔教也. …… 惟孔教異於是, 其

박장현은 대동大同의 개념을 다른 것을 같게 하는 것이며, 다양성을 하나의 일치되는 것으로 돌아가게 하는 것(歸一)으로 보고, 이런 하나의 일치되는 것을 인간 됨과 국가 됨을 가능하게 해주는 도리道라고 말한다. 여기에서 그는 이런 도리를 구체적으로 규정하고 있는데, 그것이 바로 공교孔敎이고, 그것을 자신의 종교라고 말한다.

박장현은 공교와 다른 종교의 특성을 비교하여 공교의 특성을 명석하게 드러내준다. 곧 다른 종교(불교·기독교 등)는 미신을 근본으로 하고 의식衣食을 주창하는 것이라 보고, 진리가 밝아지면 미신은 소멸하고 정신이 존중되면 의식은 없어지게 된다고 하여, 미래에서는 타종교가 쇠퇴하고 유교가 융성할 수 있다는 신념을 보여주고 있다.[621] 여기에서 그는 공교의 특성을 초월적인 신성이 아닌, 성명性命과 윤리·도덕·인민·국가의 문제를 가르치는 현세적 가치에 근거한 교화적 성격에서 찾고 있다.

박장현이 유학의 부흥과 진흥振興을 위하여 혼신의 노력을 기울인 것은 단순히 역사적 흐름을 무시하고 옛 유학을 원형 그대로 되살리려는 복고주의자도 아니고, 또 근대화를 무조건 반대하고 자기 것만 높이는 국수주의國粹主義는 더 더욱 아니다. 박장현의 기본적인 생각은 유학 본래의 본원本源과 참된 정신을 이어 받아, 그것을 종교화하여 쇠퇴해가는 유교에 새로운 활력을 불어넣고 이를 토대로 나라의 위기를 극복하려는 방법적 시도이다.

강력한 서양의 도전 앞에서 그들이 가지고 있었던 역사적 사명은 어떻게 전통적인 유학의 문화적 인지認知 도식圖式과 사유 패러다임을 보존하는 동시에, 현대적인 서양의 도전에 대응할 것인가라는 것이었다. 여기에서 강유위나 박장현이 취한 방식은 분명한 차이가 있지만 기본

所教者惟是性命也, 倫理也, 道德也, 人民也, 國家也."

621) 금장태 외, 『中山 朴章鉉 硏究』, 서울, 민족문화사, 1994, 제11쪽 참조 바람.

적으로 유가들이 견고하게 가지고 있었던 유학의 문화적 정체성과 세계관에 근거한 새로운 발전 구상構想 즉 유학의 종교화宗教化라는 새로운 도식을 생각하고 있었던 것으로 보인다.

3. 강유위의 공교운동에 보이는 교화적 성격

강유위는 현재의 난국을 타개하기 위해서는 유학의 문화적 정체성을 훼손하지 않은 상태에서 사회 정치 체제를 원만하게 변화시키는 것이 필요하다고 보았다. 그러나 그는 결코 문화의 전체적인 측면에서 서양으로부터 모두 배울 것을 주장하지는 않았다. 심지어 그는 사회정치 체제 측면을 완전하게 변화시키는 이론 근거는 오히려 유학의 창시자인 공자가 일찍이 2천 년 전에 말한 개제改制의 핵심과 삼세설三世說에 이미 존재하고 있는 것으로 보고 있다.

강유위는 공자가 주장하는 대도大道가 바로 개제改制라고 말한다. 개제의 핵심은 끊임없이 때에 따라 변혁하는 것으로, 인류 사회가 거난세據亂世에서 승평세升平世에 이르는 것이고 다시 태평세太平世로 나아가는 것이라고 보았다.622) 강유위는 대동大同과 소강小康의 관계를 역전시켜서, 사회는 소강에서 대동으로 향한다고 생각하였다. 여기에서 그는 후한後漢의 공양公羊 학자인 하휴何休의 '장삼세張三世'의 역사관을 빌려와 거란세據亂世→승평세(升平世, 소강)→태평세(대동)의 순서로 사회가 발전해간다는 주장을 한다.

춘추시대에 공자는 이미 이런 뜻을 발견하였다고 강유위는 말한다. 강유위는 한 걸음 더 나아가, 서양 근대의 발전한 민주주의의 사회정치 체제가 바로 공자가 말하는 승평세升平世에 해당하는 것이고, 군주 입헌

622) 康有爲, 『論語注』 卷2 "春秋之義. 有據亂世, 升平世, 太平世."

제를 실행해야하는 처지에 있는 중국은 바로 거란세據亂世로부터 승평세升平世를 열어야하는 중요한 시점에 처해 있다고 말한다.623)

이런 강유위의 입장은 서양적인 사회정치 체제로 개량改良하는 원동력原動力의 내재內在 근거를 오히려 중국의 문화 전통 속에서 찾고 있는 것으로 보인다. 이뿐만 아니라 유학을 종교화하는 공교 운동의 관점에 있어서도 강유위는 마치 기독교를 모범으로 삼아 그것에 전적으로 기대는 것으로 보이지만, 그는 공교운동의 논리와 내재적 근거를 오히려 전통 유학 속에서 찾고 있다.

> 기독교는 천天을 아버지로 삼아 사람들로 하여금 온 사방의 형제들에 대한 사랑하는 마음을 가지도록 하였다. ... 그러나 이것을 중국에 적용하면 일체 모든 설은 우리가 옛날부터 이미 가지고 있는 것이다. 공교孔教에서 천을 말하는 것은 매우 상세하고, 개과천선改過遷善이나 정신을 밝게 하는 것 등이 갖추어지지 않는 것이 없다. 또한 불교로 이것을 보충하고 있다. 백성들의 감정이 이를 따르지 않는데 어찌 그것을 억지로 시행할 수 있겠는가?624)

강유위는 기독교가 공교보다 못한 점을 크게 두 가지로 보고 있다. 그 중 하나는 우선 중국의 상황에 적합하지 않다는 점과 기독교가 신권神權을 지나치게 강조한다는 점이다. 강유위는 기독교가 자신들의 전매특허처럼 강조하는 박애博愛 정신이나 신神에 대한 관점 등은 중국에 이전부터 이미 존재하고 있는 것이라고 잘라 말한다.

강유위의 공교 운동이 표방하는 것이 언뜻 보기에는 기독교를 모범으로 삼아 그것의 초월적인 성격을 빌려오는 것처럼 보이지만, 실제로

---

623) 康有爲,『春秋筆削大義微言考』卷11; 堯舜爲民主之聖. 春秋始于據亂立君主, 中于升平爲立憲君民共主, 終于太平爲民主.

624) 康有爲,『意大利遊記』; 耶教以天爲父, 令人人有四海兄弟之愛心. ...... 但施之中國, 則一切之說, 皆我舊教之所有. 孔教言天至詳, 言遷善改過魂明, 無不備矣. 又有佛教補之. 民情不順, 豈能強施?

그는 유학이 가지고 있는 핵심인 개과천선改過遷善 등의 도덕성의 세속적인 교화敎化의 성격을 통하여 종교의 초월적인 것을 대체하려고 하는 경향을 보여준다. 이처럼 강유위는 종교를 열심히 주장하지만 그의 종교관은 매우 세속적이다. 특히 강유위는 종교의 성격을 초월적인 측면을 통한 영혼의 안위安慰에서 찾지 않고 있다.

강유위는 불교와 기독교의 가치가 정신과 초탈이라는 점에 있지 않고 사회적 혹은 도덕적인 유효有效 역량力量에 있음을 강조한다. 그가 1904년에 쓴 『이태리 유람기意大利遊記』 중에서 우리는 강유위가 종교적 정신과 영성적靈性的 가치에 대해 거의 찬동하지 않고 있다는 점을 발견할 수 있을 것이다.[625] 그는 비판자들이 공자는 신도神道를 거의 말하지 않았기 때문에 유학은 종교가 아니라고 하는 점에 대해서 다음과 같이 말한다.

> 종교의 도는 다양하다. 신도神道를 종교로 삼는 자도 있고, 인도人道를 종교로 삼는 자도 있고, 인도와 신도를 합하여 종교로 삼는 자도 있다. 종교의 뜻을 요약하면 모두 사람으로 하여금 악을 제거하고 선을 행하게 하는 데 있을 뿐이다. ...... 옛날 사람들이 우매하여 아무것도 모르고 모든 만물은 귀신이라고 보았고, 성인은 자신의 영명함에 근거하여 이것을 안타깝게 여겨, 사람들이 두려워하는 것으로 악을 행하지 않게 하고, 우러러보는 것을 가지고 선함으로 옮겨가도록 하였다. 그러므로 태고太古의 종교는 반드시 귀신을 밝히는 데 있다. 그런데 불교와 기독교, 회교는 구설舊說에 근거하여 천당과 지옥을 만들어서 사람들을 유혹하였다. ...... 공자는 신권神權이 지나치게 창성함을 싫어하여 그것을 쓸어내 버렸다. ...... 고대에 백성을 다스리는데 신도를 이용하고 점진적으로 인도를 사용하는 것이 바로 문명의 진보이다. 그러므로 공자를 교주로 삼는 것은 이미 한 걸음 더 나아간 단계이다. ...... 사람의 인지 능력이 이미 점차 열리면서 신권 또한 점차적으로 사라지니, 공자가 바로 참으로 오늘날의 세상에 적합한

625) 蕭公權 著, 汪榮祖 譯, 『康有爲思想硏究』, 臺北, 聯經, 1988, 제105-106쪽 참조 바람.

것이다.[626]

위의 인용문은 일체의 초자연超自然과 초세속적超世俗的인 교의敎義를 받아들이지 않는 강유위의 관점을 분명하게 보여준다. 그는 공자가 신권神權을 제거해버리고 인도人道를 강조한 것을 높이 평가하여 유교가 종교의 영역으로부터 도덕 철학의 영역으로 들어가고 있음을 말하고 이것이야 말로 문명의 진보라고 말한다. 그러므로 개명開明한 지금의 시대에서는 공교孔敎가 가장 적합하다는 점을 강조한다.

여기에서 우리는 강유위가 말하는 종교의 성격과 역할이 무엇인지 어느 정도 짐작할 수 있을 것이다. 그는 기본적으로 종교의 핵심을 "사람으로 하여금 악을 제거하고 선을 행하게 하는 데 있을 뿐이다(使人去惡而為善而已)"라고 분명하게 말하고 있다. 구체적으로 말하면 강유위는 종교를 교육 또는 도덕적 교화敎化의 의미로 해석하고 있는 것으로 보인다.

강유위는 서양의 'religion'이라는 말을 일본인들이 '宗敎'라는 말로 번역한 것은 근본적으로 문제가 있다고 말한다. 즉 "종宗과 교敎라는 말은 서로 상관이 없다. 중국의 명사에 예로부터 조종祖宗이나 종묘宗廟라는 말은 있어도 종교라고 말한 것은 없었다. 일본인들이 이런 명사를 만든 것은 불학佛學에서 처음 시작된 것이다. ...... 당시 교敎라는 것은 다만 불교를 가리켜 말한 것이다. 종宗이라는 것은 오직 불교 속의 제 종파를 가리켜 말한 것이다. 교는 크고, 종은 작은 것으로, 교에다가 종을 붙인 것은 이미 크게 적합하지 않다"[627]고 하여 종교를 말하는 데

626) 康有爲, 『意大利遊記』 "夫敎之道多矣！有以神道爲敎者, 有以人爲敎者, 有合人神爲敎者. 要敎之爲義, 皆在使人去惡而爲善而已……古者民愚, 陰冥之中事事物物, 皆以爲神鬼, 聖者因其所明而怵之, 則有所畏而不爲惡, 有所慕而易向善. 故太古之敎, 必多明鬼. 而佛耶回乃因舊說, 爲天堂地獄以誘民……孔子惡神權之太昌而掃除之……治古民用神道, 漸進則用人道, 乃文明之進者. 故孔子之爲敎主, 已加進一層矣. …… 人智已漸開, 神權亦漸失, 孔子乃真適合於今之世者."

627) 康有爲, 「英國監布烈住大學華文總敎習齋路士會見記」 "夫宗之與敎, 二文本不相關. 中

는 '교敎'라는 글자 하나만 있으면 충분히 의미를 전달할 수 있다고 말한다.

강유위의 이런 관점은 공교를 초월적인 측면에서가 아니라, 유학이 가지고 있는 교화적敎化的인 측면을 통하여 구성하려는 의도를 보여주는 것이라고 할 수 있다. 강유위는 비록 서양의 교회주의의 관점을 빌려와 공교회를 설립하고 유자儒者를 목사로 만들려고 하였으나 그의 사유 구조는 전혀 종교적이지 않는 것 같다. 왜냐하면 그가 말하는 '교敎'는 서양에서 말하는 종교와는 다르기 때문이다. 이른바 공교는 실은 서양 종교의 출세적出世的 경향과는 완전히 다르다. 공교의 주된 핵심은 개제改制에 있고, 공자는 실은 '개제적 교주改制的 敎主'일 뿐이다.[628]

현세적現世的인 관점에서 종교를 바라보는 강유위의 관점은 그의 제자인 진환장의 경우에서 더욱 분명하게 구체화된다. 그는 "중국의 교(敎)라는 글자는 본래 세 가지의 의미를 담고 있는데 종교, 교육과 교화敎化이다. 오직 공교만이 이 세 가지를 겸하고 있는데 이것이 공교가 위대한 이유이다"[629]고 하여 공교가 가진 본질을 종교뿐만 아니라 교육과 교화를 겸한 것으로 분명하게 말하고 있다.

강유위는 기독교와 같은 서양의 종교는 초월적 성격을 강조하기 때문에 오늘날의 세계에는 적합하지 않다고 말한다. 왜냐하면 초월적인 종교 신앙이라는 것은 인류 사회가 아직 완전하지 못하기 때문에 출현한 것이라는 점이다. 태평세에 이르면 초월적인 종교는 그 기능機能을 다하여 사라진다고 말한다. 여기에서 강유위의 공리주의적功利主義的 종교관은 아주 재미있는 결론에 이르게 된다.

國自古名詞, 有言祖宗者, 有言宗廟者, 未有言宗教者. 日人之爲此名詞也, 始出於佛學者也. ...... 蓋當時教者, 係專指佛教言之. 專指佛教下諸宗派言之也. 教大宗小, 以宗加諸教上, 已大不適矣."

628) 汪榮祖, 『晚淸變法思想論叢』, 桂林, 廣西師範大學出版社, 2008년, 제45-46쪽 참조.

629) 陳煥章, 「孔教會序」 『孔教會雜志』 第一卷 "夫中國之教者, 本含三義, 曰宗教, 曰教育, 曰教化. 惟孔教兼之, 此孔教所以爲大也."

> 기독교는 하늘을 존중하고 사람을 아끼는 것을 선함을 가르치는 것으로 여기고, 죄를 회개悔改하는 것을 악을 피하는 것으로 삼았다. 태평의 시기에 사람들은 스스로를 아끼고 저절로 죄가 없고 천연天然의 자연함을 알기 때문에 천은 존중받지 않게 되고 무한한 여러 혼魂의 난립亂立도 공허함에 기대고 있다는 것을 알기 때문에 말일末日을 점치는 것도 믿지 않게 된다. 예수의 가르침은 대동大同 세계에 이르면 소멸된다. ... 대동세계의 태평함은 공자의 뜻이고 이때가 되면 공자의 삼세三世의 설은 이미 확실하게 행해진다, 병이 이미 제거되면 약을 쓸 필요가 없고 기슭岸에 이미 올랐다면 뗏목은 마땅히 버려야 한다.630)

강유위는 사람들의 도덕이 아직 완벽한데 이르지 못하고, 제도가 이상적인 상태에 이르지 못하였을 때는 종교가 여전히 필요하지만, 대동大同의 단계에 이르면 공교孔敎를 포함한 일체의 종교는 모두 필요 없게 된다고 말한다. 즉 종교는 다만 사회를 개선하고 발전시키는 도구에 불과하다는 것이다. 비록 강유위는 종교가 사람과 사회에 대해서 가지는 장점이나 영향에 대해서는 분명히 인정하고 있지만, 이런 관점 역시 종교에 대해서 어떤 신념이나 경건성에 근거하기 보다는 순수한 실용적인 고려만을 하고 있을 뿐이다.

기본적으로 강유위는 공자와 마찬가지로 종교를 통하여 정신이나 영혼의 위로를 얻으려는 것보다는 인류가 가지고 있는 능력으로 이를 대신하려 한다. 이런 점에서 강유위의 관점은 일종의 반종교적反宗敎的 회의주의懷疑主義이다. 이것은 이성적理性的 혹은 인도주의적人道主義的 입장의 자연적 결과로서 이런 입장이 나온다는 것을 알 수 있다. 여기에서 그는 기본적으로 공자와 일치한다.631)

630) 康有爲,『大同書』“耶教以尊天愛人為誨善, 以悔罪未斷為悚惡. 太平之世, 自能愛人, 自能無罪；知天演之自然, 則天不尊；知無量眾魂之難立待於空虛, 則不信末日之斷；耶穌之教 , 至大同則滅矣. 回教言國, 言君臣. 夫婦之綱統, 一入大同卽滅雖有魂學, 皆稱天而行, 粗淺不足徵信, 其滅更先. 大同太平則孔子之志也, 至於是時, 孔子三世之說已盡行（然則孔教亦可滅）……蓋病已除矣, 無所用藥；岸已登矣, 筏亦當捨.”

인지人智의 증가에 따라서 초자연물의 수는 반드시 줄어든다. 태고太古 시기에 영혼이 가장 많았고 중고中古 시기에는 감소되었다. 사람이 총명하면 총명할수록 신령神靈은 점점 줄어든다.632) 이런 까닭에 신도神道를 이용하여 원시인原始人을 조종하는 것은 상당히 유용有用하였으나, 사람의 인지 능력이 진보한 후에는 반드시 인도人道를 사용하였다. 사람의 지혜가 날로 발달하면 신권神權은 점차적으로 사람에 대한 속박束縛 능력을 잃어버리게 될 것이라고 굳게 믿었다.633) 이런 종교적 신성神性에 대한 도덕성道德性의 우위優位는 유교를 포함하고 있는 주요 종교에 대한 평가에서 잘 드러난다.

> 지금 천하의 교敎는 많은데 중국에는 공교가 있다. ...... 인도에는 불교가 있고 ... 유럽에는 예수교가 있다. 그 외에도 광범위하게 이교異敎도 수를 셀 수가 없을 정도로 많다. 그러나 나는 교에는 둘만 있을 뿐이라고 말한다.634)

강유위는 기본적으로 기독교는 공교나 불교에 비하면 많이 떨어진다고 보았다. 그는 기독교는 모두 불교에 기원을 두고 있는 것으로 보고 있다. 기독교가 공교보다 못한 점은 중국의 사회 상황과 합치하지 않는 이유뿐만 아니라, 더욱 중요한 것은 그것이 지나치게 신권神權을 강조하기 때문이라고 말한다. 강유위가 공교의 우월성을 강조하는 이유는 합리적인 측면의 우월성과 인간 관계와 도덕적 책임을 중요하게 여기기 때문이다.

강유위는 기본적으로 세계를 하나의 도덕적 체계로 간주하여 사람을

---

631) 蕭公權 著, 汪榮祖 譯, 『康有爲思想硏究』, 제155쪽 참조 바람.

632) 康有爲, 『中庸注』 제14쪽 참조.

633) 康有爲, 『意大利遊記』, 제66-68쪽 참조 바람.

634) 康有為, 「性學篇」, 載『康子內外篇』: 今天下之教多矣, 於中國有孔教 …… 於印度有佛教 …… 於歐洲有耶穌, ... 自餘旁通異教, 不可悉數. 然余謂教有二而已.

그 중심에다 놓고 있다. 공교를 주장하는 가운데 그가 사용하는 용어들은 대체로 유가 전통을 존중하고 유가의 윤리를 통하여 우주와 인생을 해석한다. 그는 또한 유학이 아닌 것에서 개념과 이론을 찾을 경우, 그것은 주로 불교이고 가끔씩 기독교의 논리를 이야기하기도 한다. 이것들은 기본적으로 유교의 사상 구조에 융합한다. 그가 만든 종교적 세계관은 덕성德性은 충족充足하지만 신성神性은 태부족이라고 할 수 있다.635) 강유위는 유가 윤리를 공교로 전환하려는 시도를 하였지만 그 속에서 말하는 종교관은 기본적으로 입세적入世的이고 또한 신성神性을 제거하는 경향이 농후하다.

결론적으로 강유위는 공교의 체계를 확립하는데 있어서 가능하면 유학 중에서 사용할 만한 사상을 응용하고 동시에 불교와 기독교 중에서 가용(可用)한 것을 빌려왔다. 비록 모든 종교는 평등하다는 것을 인정하지만, 유교가 학설상이나 실용상에서 우위성을 가지고 있음을 말하기 위해 유가의 도덕성을 항상 기독교의 신성보다는 우위에 두고 있다. 이런 점들은 결과적으로는 강유위의 공교 확립의 목표와는 부합하지 않았다. 말하자면 그는 종교를 도덕으로 보았을 뿐만 아니라 또한 신성 혹은 신권의 초월적 가치를 가능한 한 감소시켜 유학을 윤리로부터 종교로 전환시키는데 성공하지 못했다.

4. 박장현의 교화적 공교관

앞에서 말한 것처럼, 유학을 종교화하려는 공교 운동은 강유위에서 시작한다. 강유위의 기본적인 관점은 한 마디로 말하여 문화적 정체성의 위기와 구국救國이라는 현실 상황의 급박함에서 나온 것이라고 할

635) 蕭公權 著, 汪榮祖 譯, 『康有爲思想硏究』, 제155쪽 참조.

수 있다. 서양의 정치와 학문을 교육하는 새로운 제도를 수입하는 동시에 정신적인 측면에서 민족적 정체성을 더욱 확고하게 하려는 방법으로 유교를 국교화國敎化하려는 시도라고 할 수 있다.

여러 가지 다양한 사조가 난립하여 사람들을 혼란하게 만드는 시기에 가장 필요한 것이 바로 종교를 세워 구심점을 세우는 일이 가장 효과적임을 우리나라의 공교 운동가들 역시 인식하고 있었던 것이다.

박장현이 유학을 종교화하려는 시도가 다양한 목적을 포함하고 있지만 그 중에서 가장 중요한 것은 역시 자신들의 문화적 정체성을 다시 한 번 확인하고, 새로운 시대에 적응하려는 유학의 비판적 극복이라는 점에서 강유위와 일치한다. 다시 말하면 그가 종교에 주목한 것은 유학의 진리성에 대한 확신을 그대로 간직한 채 외세(外勢)에 의한 문화적 정체성의 상실과 국가의 존망이라는 위기 상황에서 서양의 기독교에 대응할 수 있는 실천적 신념 체계가 필요했던 것이다.[636]

당시 중국과 우리나라의 유교 종교화를 주장하는 학자들은 물밀듯이 밀려오는 외세에 대해서 유학이 본래 가지고 있는 본질적인 의미 체계를 상실하지 않으면서도 사회 질서와 문화적 정체성을 견지할 수 있는 가능성을 발견하고, 이것을 종교의 차원에서 새롭게 해석하려고 하는 점에서는 분명히 공통된 특징을 가지고 있는 것으로 보인다.

박장현은 유학에 새로운 활력을 회복하기 위한 노력을 적극적으로 보여주고 있는데 아마도 그것은 기독교나 불교의 신앙심에 자극을 받았던 것으로 보인다. 그는 먼저 자신의 시대에 유학이 쇠퇴한 원인에 대해 진지하게 분석한다. 이런 박장현의 생각을 가장 잘 보여 주는 중요한 문장으로는 『경서강설經書講說』이 있다.

오늘날 우리 도가 몰락한 것은 무슨 이유 때문인가? 불교가 융성하여서

---

636) 김종석, 「한계 이승희의 공자교운동과 유교개혁론 문제」, 『철학논총』, 제38집, 제16쪽 참조.

> 그러한 것인가? 예수교가 융성하여서 그러한 것인가? 회교回教가 융성하여서 그러한 것인가? 아니다. 그러면 세운世運이 승침升沈이 있어서 그러한 것인가? 아니다. 내가 보기에는 다만 성경聖經을 말하지 않아서 이런 상황에 이른 것이다. ...... 이른바 유자들이 성경의 본질을 탐구하지 않고 자질구레하게 훈고와 장구章句의 말단에 빠져 ...... 우리 유교의 정신과 진리가 허문허례虛文虛禮 속에 매몰되어 버렸다.637)

박장현은 유교의 몰락이 불교나 기독교 등이 융성하고, 세상의 운수가 그러하기 때문이 아니라, 주된 원인이 유교의 바깥이 아니라, 도리어 유교 자체에 있다고 말한다. 구체적으로 그는 유자들이 "성경의 진리를 강론하지 않고(不講聖經)" 자질구레하게 훈고와 장구의 말단에 빠져서 유교의 정신과 진리가 허문허례 속에 매몰되어 버렸다는 점을 비판하고 있다. 여기에서 말하는 유교의 진정한 정신을 박장현은 인의仁義와 도덕道德이라고 말한다.638)

박정현이 '성경의 본질' 또는 '유교의 정신과 진리'가 허문허례 속에 매몰된 것에 대해 한탄하는 이유는 유교의 전통에서 발생한 폐단을 개혁하기 위하여, 유교 정신의 본질인 동시에 경전의 본의인 인의仁義의 도덕道德을 실천하는 것으로 돌아 갈 것을 주장하기 위한 것이다. 여기에서 그는 오도誤導된 본질의 회복을 위한 유교 개혁론을 주장한다.

박장현이 주장하는 유교 진흥의 방향은 과거의 유학 전통으로 돌아가는 형태가 아니라, 적극적인 자세로 종래 유학의 폐단을 혁파革罷하고, 본래의 정신을 회복하는 반본개신返本改新에 있다. 이런 관점에서 우선 그는 당시 유학이 가지고 있는 병통에 대하여 구체적으로 말하고 있다.

---

637) 『中山全書』 下, 「文卿常草」 「經書講說」 "當今之時吾道之淪喪何以哉, 佛教之盛而然耶, 耶蘇教之盛而然耶, 回回教之盛而然耶, 曰否. 然則世運之有升沈而然耶, 曰否. 以余觀之, 唯不講聖經而至於此也. ...... 所謂儒者不講聖經之本質, 而區區於考據章句之末, ... 吾教之精神眞理埋沒於虛文虛禮之中."

638) 『中山全書』 下, 「文卿常草」 「經書講說」 "所謂精神者何, 卽仁義也, 卽道德也."

학문의 병통이 세 가지 있는데, 우선 편한 것만 따라 하는 것과 사장학詞章學·훈고학과 습관에 젖어 있는 것이다. 이 세 가지 병통을 제거하지 않으면 도에 나아갈 수 없다. 무릇 성현의 문호門戶를 보았다면 곧 용감히 나아간다는 한 가지 생각을 가져야 할 뿐이다. 어찌 두려워하고 어려워하는 생각을 가질 수 있겠는가?[639]

여기에서 박장현은 유학이 가지고 있는 문제점을 유학이 가진 본래의 학문적 목적이 도道를 실천함에 있는데도 불구하고, 사장학이나 훈고학에 빠져 지식을 위한 지식 놀음에 빠져서 참된 도에도 입문하지 못하는 데에 있는 것으로 보고 있다. 이런 유가들이 바로 구두성현口頭聖賢 또는 지상도학紙上道學[640]을 하는 자들이다. 그는 유학이 가지고 있는 궁극적 목표나 정신은 사변적·이론적인 것에 있는 것이 아니라, 실천적인 것에 있음을 분명히 말한다.

박장현은 유가가 학문을 하는 목적이 단지 문장을 외우거나 짓는 것에 그친다면 그것은 학문이 가지고 있는 궁극적 목적과 효용을 알지 못한 것이라는 것이다. 이른바 구두성현이나 지상도학이 바로 당시 유자들이 가지고 있는 가장 큰 고질병임을 지적한다. 이런 관점은 여러 곳에서 보인다. 특히 그는 문文과 도道를 대비하여 다음과 같이 말한다.

군자는 도에 힘쓰고 문文에 힘쓰지 않는다. 도가 충족하면 언어에 나타나는 것이 저절로 문장이 이루어지게 된다. 육경六經이라는 것이 바로 그 도와 문의 지극함인 것이다. 옛 학자들은 문에 나아가 도를 강구하였는데 지금의 학자들은 문에 나아가 문을 강구할 따름이다.[641]

---

639) 『中山全書』下, 「彝傳」, "爲學之患有三, 姑息因循也, 詞章訓詁也, 忸舊習之三患, 不除不可以進道也. 夫得見聖賢門戶, 直須有勇進一念而已, 豈有一毫畏難底意思."

640) 李顒 撰, 陳俊民 點校, 『二曲集』 卷19, 「雜著」「急務」, 北京, 中華書局, 1996, "作口頭聖賢, 紙上道學"

641) 『中山全書』下, 「彝傳」, '君子務道不務文. 道充發於言辭者自然成章. 六經也者其道文之至與. 古人學者卽文而講道, 今之學者卽文而講文而已."

박장현은 학문을 하는 근본적 목적이나 본질이 도를 구하는데 있음을 분명히 말한다. 도를 강구하면 문文은 저절로 이루어 질 것이라고 말한다. 그가 여기에서 말하는 좁은 의미의 문은 단순한 예藝의 의미나 책상 위의 학문紙上道學이라는 의미로 한정하고 있다. 그가 말하고자 하는 진정한 문은 도덕뿐만 아니라, 국가와 사회를 경영하는 경세적經世的 원리를 모두 포괄하고 있는 이른바 '도道를 실은 도구器'로서의 문이 되어야 함을 강조한다. 그가 말하는 참된 의미의 유자는 이런 문을 실천하는 사람들이다.

박장현은 「오도진행책吾道進行策」이란 글에서 쇠퇴한 유교를 다시 일으키기 위해서는 '일대진흥一大振興'이 없으면 안 된다고 말한 다음에 이어서 "이른바 진흥振興이란 것은 아관박대峨冠博帶를 말함도 아니고 송기사장誦記詞章을 말함도 아니다"642)라고 하여 자신의 진흥책의 방향을 분명히 밝히고 있다. 즉 외형적인 위엄을 중시하며 기껏 사장이나 암송하면 선비의 직분을 다한다고 행각하는 유교 사회의 폐습을 바로잡자는 것이다. 그러기 위해서는 철저한 자기 반성이 필요하다고 그는 생각했다.

> 우리나라의 경우에는 학자들이 수신修身이나 제가齊家도 행하지 못하면서 항상 치국 · 평천하를 말하고, 효제충신孝悌忠信의 실행에 힘쓰지 않으면서 단지 천인성명天人性命의 이론만 말합니다. 그렇기 때문에 논설論說에는 남음이 있으나 실행이 부족하여 백 가지를 알면서 그 중 한 가지를 실행할 수 있는 자가 드뭅니다.643)

위의 말은 가장 우선적이고 기초적인 문제도 해결하지 못하면서 즉,

---

642) 『中山全書』下, 「吾道振興策」, "所謂振興者, 非徒峨冠博帶之謂也, 非徒誦記詞章之謂也."

643) 『中山全書』下, 「答趙淳卿」, "我國則學者不能修齊, 而常譚治平, 不務孝悌忠信之行, 而只言天人性命之理, 故論說有餘, 而實行不足, 有百知而一能行者鮮矣."

기본적인 일신一身의 수양도 이루지 못하면서 치국평천하를 말하는 가유假儒 등을 비판하고 있다. 박장현은 유교의 참된 정신을 버리고 허문과 허례를 일삼아 실리實理에 힘쓰지 않는 자들을 거짓 유자라고 하였고 이단보다도 더 나쁜 도적으로 보았다. 그러므로 그는 유학의 혁신을 주장하며 윤리 도덕으로 민중을 교화시키려고 하였다. 여기에서 박장현은 공리공담을 반대하고 지행知行이 병행竝行되어야 함을 주장한다. 특히 그는 현실에 눈을 감고 소극적이고 도피적인 경향에 대하여 비판을 가한다. 유학을 개신하려는 것에서 중요한 것은 시의성時宜性과 실효성의 문제이다.

비록 그렇지만 현인과 군자는 대개 시대에 따라 학설을 말함으로써 세상을 구제하고 도를 밝혔다. 그렇기 때문에 맹자의 시대에는 맹자의 학설이 있었고 정주程朱의 시대에는 정주의 학설이 있었으며, 명청明清 시대에는 명청의 학설이 있었으니 그 까닭은 무엇인가? 호구狐裘가 비록 아름답지만 여름에 수요가 없는 것은 그것이 더위를 구제하지 못하기 때문이요, 반딧불이 비록 미물微物이지만 어두운 길에서 요긴한 것은 그것이 길 잃은 자를 비춰주기 때문이다. 이 때문에 간척干戚의 춤이 평성平城의 포위를 풀기에 부족하고, 지난 날 유전流傳된 학설이 지금의 사회를 바로잡고 구제하기에 부족하다는 것은 분명하다.[644]

위의 인용문에서 박장현이 이야기하려는 것은 '시대에 따라 그에 알맞은 학설을 이야기'해야 한다는 점이다. 호구狐裘가 아무리 귀한 옷일지라도 여름에는 오히려 거추장스러운 것처럼, 아무리 좋은 이론이나 학설도 시대가 지나면 그 가치가 없어진다는 의미이다. 이런 점에서 현

644) 『中山全書』下, 「學說」, "雖然賢人君子者, 盖因時倡說, 以救世明道也. 是故孟子之時, 有孟子之學說, 程朱之時, 有程朱之學說, 明清之時, 有明清之學說, 其故何也? 狐裘雖美, 而當夏無需, 以其不能救暑也. 螢火雖微而昏衢爲要, 以其爲迷者之照也.是以干戚之舞, 不足以解平城之圍, 而往日流傳之學說, 不足以匡救目今之社會也, 明矣."

실이야 어떻든 버려두고 이론에 묶여 서로 변론하고 공박만 하는 구두 성현이나 지상도학이 가진 한계와 모순에 대해 그는 주저 없이 비판하고 '시대에 따라 그에 알맞은 학설을 이야기'하여 시폐時弊를 구제하여야 함을 역설한다. 이런 점에서 그는 매우 현실적 사고를 가진 학자였다.

당시 대부분의 유림儒林들이 인습적因襲的인 사고에 젖어 현실적 대처 능력을 결여한 반면에 그는 과감하게 구습의 타파를 주장했다. 그는 "사람들이 항상 말하기를 전례前例를 따른다고 하는데, 이른바 전례라고 하는 것이 잘된 것이 아니고 용렬하고 고루한 것이라면, 어떻게 이 전례를 따라 용렬하고 고루한 것을 고칠 수 있겠는가?"[645]라 하여 단순히 권위를 가지고 있는 고례古例와 전례를 신성시神聖視하는 전통적 관념에 비판을 가했다. 그는 시대에 따라 발상의 전환을 할 수 있어야만 참다운 유자라고 생각했다.[646] 다시 말하면 "병에 따라 처방을 내리는(因病立方)" 방식이다.[647]

유학 개신을 위한 박장현의 노력이 목표로 하는 것은 지금의 현실 문제를 해결하기 위함이었음은 두말 할 필요가 없다. 박장현은 그가 활동했던 시대가 가지고 있는 가장 큰 문제는 다름 아닌 서세의 동점으로 인한 유학의 본질적 정신인 인의와 도덕의 상실 및 일제에 의하여 나라를 빼앗긴 데서 오는 패배감과 나약함이라고 보았다. 이러한 패배감과 나약함이 우리나라 유림들의 소극적이고 도피적인 성향과 결합하여 심각한 상황에까지 이르렀음을 지적하고 있다. 여기서 그는 유학의 개혁을 통하여 인의와 도덕의 회복을 꾀하는 한편, 강건한 국민정신을 고취

645) 『中山全書』 下, 「彝傳」, "人有恒言, 必曰循例. 所謂例者, 非爲善之例也, 乃庸陋例也, 因而循之, 庸陋何由而改乎."

646) 송재소, 「中山 朴章鉉 硏究 試論」, 금장태 외, 『中山 朴章鉉 硏究』, 서울, 민족문화사, 1994, 제33-4쪽 참조 바람.

647) 『中山全書』 下, 「雜誌」 참조 바람.

시키려고 했다. 패배의식과 절망으로부터 국민들을 구출하는 것이 급선무라 생각했던 것이다.[648)]

박장현은 민족의 자존과 회복이라는 목표의 달성은 단순한 무력이나 현실 정치의 참여를 통한 개혁으로는 분명히 한계를 가질 수밖에 없다고 생각하고, 오히려 정신적인 측면의 혁명이 우선되어야 한다는 사실을 절감하게 된다. 그는 이런 점에서 정신적인 측면에서의 개혁으로 마음의 다스림이 무엇보다 중요함을 말한다. 그는 무엇보다 마음의 다스림 즉 '치심治心'과 '입지立志'가 필요하고, '입지'를 통해 마음의 자존自尊을 수립하고 더 나아가서는 민족 자존의 형성을 도모하려 했던 것으로 보인다.

박장현은 천하의 모든 일들은 결국 나의 마음의 상태에서 결정됨을 강조한다. 어떤 측면에서 외부의 문제들 역시 어떤 마음을 가지느냐 하는 것에 달려있다는 말이다. 그러므로 그는 마음의 전일專一을 강조한다. "마음이 전일하여야 모든 변화에 대응할 수 있다. 마음이 두 갈래 세 갈래가 되면 한 가지 일도 대응할 수 없다"[649)]고 말한다. 그의 관점은 서세동점하는 현실 속에서 그에 대응하는 가장 우선적인 방법은 마음을 다스려 집중하는 것에서 시작해야 함을 말한다.

> 사람은 모름지기 넘실대는 파도 속에서도 스스로 정신을 차려야 한다. 그러면 군자라고 할 수 있을 것이다. 서양의 세력이 점차 우리나라로 오면서 뭇사람들은 마치 술에 취한 듯이 자신의 정신을 완전히 잃어 버렸다.[650)]

이런 박장현의 입장은 마치 중국의 현대 신유가인 웅십력熊十力이

648) 송재소, 「中山 朴章鉉 硏究 試論」, 제33쪽 참조 바람.

649) 『中山全書』 下, 「彝傳」, "心一而后可以應萬變, 心二三不可以應一事也."

650) 『中山全書』 下, 「彝傳」, "人須從淇波中自發精神可謂君子矣. 自西勢之東漸大衆如醉渾失自家之精神."

"마음의 개혁이 정치의 개혁보다 더욱 근본적이다(革政不如革心)"651)라는 주장과 매우 흡사하다. 실제로 이런 관점은 현대의 중국이나 한국의 학자들에게서 종종 발견되는 입장이기도 하다. 이른바 혁정革政에서 혁심革心으로의 전환이다. 이런 전환의 의미는 단순한 외왕外王의 좌절에 의한 내성內聖으로의 전환을 의미하는 것이 아니다. 이것은 다름 아닌 2000년간 유행하던 유학이 근대에 와서 왜 이렇게 무력하게 되었는가라는 근본적인 물음에 대한 반성과 대응이다.

박장현은 인간의 의미 세계와 정신적 경계를 새롭게 정립하고, 이를 통하여 서풍의 동점에 의한 전통 가치의 해체와 그것으로 말미암은 상실감을 유학의 종교화라는 방식을 통하여 회복하려고 한다. 종교를 세우는 일을 급선무라고 생각하는 이유는 당시의 급박한 현실에 대한 인식이 기본적으로 자리하고 있기 때문이다. 여러 가지 다양한 사조가 난립하여 사람들을 혼란하게 만드는 시기에 가장 필요한 것이 바로 종교를 세워 구심점을 세우는 일이 가장 효과적임을 인식하고 있었던 것이다.

박장현이 유학을 종교화하려는 시도가 다양한 목적을 포함하고 있지만, 그 중에서 가장 중요한 것은 역시 자신들의 문화적 정체성을 다시 한 번 확인하고 새로운 시대에 적응하려는 유학의 비판적 극복이라는 점에서 강유위와 일치한다. 다시 말하면 그가 종교에 주목한 것은 유학의 진리성에 대한 확신을 그대로 간직한 채 외세에 의한 문화적 정체성의 상실과 국가의 존망이라는 위기 상황에서 서양의 기독교와 같은 실천적 신념체계의 필요성이라는 점이다.652)

박장현은 『논어유집論語類集』의 서序에서 그의 독특한 종교관에 대한 언급들을 하고 있다. 우선 그는 공자를 대정치가·대학자·대교육가이

651) 熊十力, 『新唯識論』 中 『熊子眞心書』, 『熊十力論著集之一』, 北京, 中華書局, 1994, 제7쪽

652) 김종석, 「한계 이승희의 공자교운동과 유교개혁론 문제」, 『철학논총』, 제38집, 제 16쪽 참조.

면서 동시에 일종의 대종교가大宗教家로 간주하여, 종교가로서의 공자를 말한다. 그러나 그는 공교孔教는 예수나 불가들이 말하는 종교와는 다르다고 말한다.[653] 즉 박장현은 공자에도 분명히 종교적인 성격이 있지만, 기독교나 불교에서 말하는 종교와는 분명히 다르다는 점을 말하고 있다.

> 공자와는 다르지만 석가나 예수 제씨諸氏도 도를 행한 자취가 있으며 설교한 말이 있기는 하다. 그러나 내가 살펴보니 그것은 세상 바깥에 대한 관점으로서 인간 세계를 떠난 것이다. 그러므로 석가와 예수를 성聖이라 함은 옳지 않다. 성인이란 인도人道에 성聖이 되어야만 하는 것이다. 따라서 성인이라고 말할 수 있는 이는 오직 공자 한 사람 뿐이다.[654]

위의 말을 통해 보면 석가나 예수가 세상 바깥의 도리를 이야기한다는 점에서 인간 세계의 인도를 말하는 공자와는 다르다는 점을 말하고 있다. 박장현은 공자를 석가나 예수와 대비시켜 유학이 가지고 있는 핵심인 인仁 등의 세속적인 도덕적 교화의 성격을 통하여 종교의 초월적인 것을 대체하려고 하는 경향을 보여주고 있다. 이런 관점은 강유위의 관점과 매우 유사하다.

박장현은 여기에서 한걸음 더 나아가 다른 종교들이 말하는 교리의 내용이 인의仁義를 벗어나지 않고 있다고 말한다.

> 사람들이 기이한 것을 좋아함이 너무 심하다. 불교의 인과설因果說과 기독교의 사죄설赦罪說과 천도교의 강마설降魔說은 곧 유학의 복선화음福善禍淫의 뜻이며, 불교의 보도중생普度衆生과 기독교의 평등과 천도교의 인내

653) 『中山全書』下, 「論語類集」 序, "若論孔子則孔子者乃大政治家也, 大學者也·大教育家也, 又一種大宗教家也, 非耶佛輩所謂宗教者也."

654) 『中山全書』下, 「論語類集」 序, "異乎孔子而釋迦耶蘇諸氏, 雖有行道之跡說教之辭, 然以余觀之, 是世外觀而離乎人間者也. 是故釋迦耶蘇謂之聖則可, 謂之聖人則不可. 聖人者以其聖於人道也, 可以聖人稱者孔子一人而已."

> 천人乃天은 유학의 인의의 뜻이다. 저들은 이것만 전문으로 하였고 유학은 약간만 말했을 뿐이다.[655]

위의 인용문은 박장현이 다른 종교를 어떻게 보고 있는가 하는 점을 잘 보여주고 있다. 강유위와 마찬가지로 박장현 역시 공교의 우월성을 강조하는 이유는 합리적인 측면의 우월성과 인간 관계와 도덕적 책임을 중요하게 여기기 때문이다. 박장현은 기본적으로 세계를 하나의 도덕적 체계로 간주하여 사람을 중심으로 놓고 있다.

공교를 주장하는 가운데 그가 사용하는 용어들은 대체로 유가 전통을 존중하여 유가의 윤리를 통하여 우주와 인생을 해석한다. 그는 유가 윤리를 공교로 전환하려는 시도를 하였지만 그 속에서 말하는 종교관은 기본적으로 도덕적이고 입세적入世的이다. 이런 관점은 인도人道 또는 도덕적 교화의 체계를 종교로 대체하려는 것으로 이것을 문명이 진보한 것을 상징하는 것으로 보고 있다. 이것은 강유위의 관점과 완전하게 일치한다.

박장현의 유학종교화라는 작업에 있어서 가장 중요한 요점은 바로 비인격신非人格神의 관점에서 유학에 내포된 보편적인 도덕적 요소와 교화적 요소를 확장해서 유교 종교화라는 측면에 그대로 적용하고 있다는 점에 있다. 또한 그는 공자가 2000년 이전 사람들에게만 가르친 것이 아니라 오늘날 인류의 일상생활에도 절실하며, 이 시대의 승평세升平世에서나 장래의 대동세大同世에도 적합한 것이라 한다. 그만큼 공교의 시간을 넘어선 보편성에 대한 확신을 밝히고 있다.

그는 공교를 "고금에 소통하고, 동서양에 걸치는 변할 수 없는 하나의 큰 종교(通古今亘東西 不可易之一大宗教)"라고 정의한다. 여기서 그는

---

655) 『中山全書』下, 「彝傳」, "甚矣人之好異也, 佛之因果基督之赦罪天道之降魔, 是福善禍淫之意也. 佛之普度衆生基督之平等天道之人乃天, 是仁愛之意也. 彼則專門而我則一分說而已."

불교·기독교· 천도교 등 다른 종교는 공교의 한 요소를 이루는 것이요, 공교는 이들을 포섭하는 것으로 파악한다. 따라서 다른 종교는 신앙을 근본으로 하고 마귀를 굴복시키는 것을 응용하는 '혼란한 시대의 종교'라 결론짓는다.[656]

박장현의 종교관은 한 마디로 유교의 본래적 모습을 회복하는 것에서 찾는다. 비록 천지의 본성에 근원을 둔다고 하지만 철저히 세속적 가치인 도덕적 인륜을 종교의 중심적 가치로 삼고 있다. 즉 유학에 내재되어 있는 가장 본래적이고 보편적인 요소를 절대화하여 그것을 종교로 삼는다. 이 점에서 그는 기독교와 같은 유신론적인 종교가 강조하는 초월적인 신성神聖보다는 덕성德性을 우위에 두는 교화적 종교관을 분명하게 보여주고 있다.

박장현이 주장하는 공교의 핵심적 내용은 여전히 유학의 본래 정신과 개념을 전혀 버리지 않고 그것을 공고하게 보존하면서 교화라는 방식을 통한 종교화를 시도하는데 있다. 다시 말하면 유학을 종교화함에 있어 어떤 초월적인 신성을 부여하거나 강조하기 보다는 일상적 윤리를 하나의 신념 또는 신앙의 체계로 전환하려고 한다.

5. 소결

강유위의 유학 종교화의 주된 관점은 현실의 고난과 어려움 속에서 종교가 제공하는 현실에 대한 정신적 초월과 안위安慰, 미래에 대한 희망을 통하여 현세의 고난을 극복하고 넘어서는 정신적 힘을 주는 종교의 본래적 기능보다는 서양의 문명이 성취한 기독교의 기능과 강력한 서양의 힘 뒤에 자리하고 있는 문화적 바탕으로서의 기독교가 지니고

656) 금장태, 「朴章鉉에서 경학과 역사의 민족주의적 재구성」, 금장태 외, 『中山 朴章鉉 研究』, 서울, 민족문화사, 1994, 제14-15쪽 참조 바람.

있는 공리적이거나 효용적인 가치에 더 많은 관심을 기울이는데 있는 것으로 보인다. 이런 각도에서 강유위가 만든 종교적 세계관은 덕성은 충족하지만 신성은 태부족하다고 할 수 있다.

강유위는 유가 윤리를 공교로 전환하려는 시도를 하였지만 그 속에서 말하는 종교관은 기본적으로 입세적入世的이고 또한 신성神性을 제거한 경향이 농후하다. 또한 강유위는 공교의 체계를 확립하는데 있어서 가능하면 유학 중에서 사용할 만한 사상을 응용하고 유교가 학설이나 실용적인 측면에서 우위성을 가지고 있음을 말하기 위해 유가의 도덕성을 기독교의 신성보다는 항상 우위에 두려 하였다. 이 때문에 결과적으로는 그의 공교 확립의 목표와는 부합하지 않았다. 말하자면 그는 종교를 도덕으로 보았을 뿐만 아니라, 또한 신성 혹은 신권의 정신적 가치를 가능한 한 감소시켜 유학을 윤리로부터 종교로 전환시키는데 성공하지 못했다.

강유위는 기본적으로 종교를 다만 사회를 개선시키고 발전시키는 도구로 간주하고 있다. 기본적으로 강유위는 공자와 마찬가지로 종교를 통하여 정신이나 영혼의 위로를 얻으려는 것보다는, 인류가 가지고 있는 능력으로 이를 대신하려 한다. 이런 점에서 강유위의 관점은 일종의 반종교적反宗教的 회의주의懷疑主義이다.

박장현의 종교관은 한 마디로 유교의 본래적 모습을 회복하는 것에서 찾는다. 비록 천지의 본성에 근원을 둔다고 하지만 철저히 세속적 가치인 인의 등 도덕적 인륜을 종교의 중심적 가치로 삼고 있다. 즉 유학에 내재되어 있는 가장 본래적이고 보편적인 요소를 절대화하여 그것을 종교로 삼는다. 이 점에서 그는 기독교와 같은 유신론적인 종교가 강조하는 초월적인 신성보다는 도덕성을 우위에 두는 교화적 종교관을 분명하게 보여주고 있다.

박장현이 유학을 종교화하려는 공교운동의 목표 역시 강유위와 마찬가지로 공리적이다. 박장현이 주장하는 공교의 핵심적 내용은 여전히 유학의 본래 정신과 개념을 전혀 버리지 않고 그것을 공고하게 보존하면서 교화라는 방식을 통한 종교화를 시도하는데 있다. 다시 말하면 유학을 종교화함에 있어 어떤 초월적인 신성을 부여하거나 강조하기 보다는 일상적 윤리를 하나의 신념 또는 신앙의 체계로 전환하려고 한다.

현실의 어려움을 타개하기 위해서 전통적인 유학의 문화적 인지認知 도식圖式과 사유 패러다임을 버리지 않으면서 외부의 강력한 도전에 대응하는 방식으로 인의의 도덕을 밝혀 종교를 세우려는 것이다. 여기에서 강유위나 박장현이 취한 방식은 내용상으로는 약간의 차이가 있지만 기본적으로 유가의 문화적 정체성 내지 자아를 견고하게 지닌 가운데 새로운 문화적 발전 구상을 도모하는 것으로 보인다.

제5부

유가의 도덕적 죽음관을 통해 본 생사의 연속

제13장

유가의 죽음 담론을 통해 본 삶과 죽음의 연속

1. 어떻게 삶을 연속시킬 수 있는가?

사람들은 삶은 소중하게 여기면서도, 죽음의 문제에 대해서는 이야기를 회피한다. 우리가 삶을 중요하게 여긴다면, 죽음 역시 마찬가지로 중요하다. 왜냐하면 삶에서 가장 중요한 시점 중의 하나인 죽음을 외면하고서는 올바른 삶은 성취되기 어렵고, 올바른 삶 없이는 제대로의 죽음 역시 성취하기 어렵다. 이런 중요성에도 불구하고 죽음이나 생사학生死學에 대한 본격적인 논의는 최근에 와서 비교적 활발하게 연구되지만 여전히 제한적이다.

사람들은 인간의 죽음에는 다만 육신의 종결만이 있는 것으로 생각하여, 죽음과 관련된 철학적 문제들에 대해서는 도외시하고 있다. 인간의 죽음이란 문제에는 단순한 의학적인 죽음의 정의 외에 다양한 종교나 철학의 관점들을 통해 깊이 있게 다루어져야 할 것들이 많이 있다. 여기에서 이른바 'Thanatology'[657] 즉 '죽음학'이 출현한다. 소위 '죽

657) 이 말을 '죽음학'·'임종학'·'사망학'·'생사학' 내지는 '사생학'이라는 용어로 번역한다. '생사학'은 1842년에 그리스에서 시작된 '죽음에 관한 과학적 연구'를 말한다. 이

음학'은 죽음에 대한 인식, 정의 및 죽음과 관련되는 여러 현상과 삶을 함께 다루는 학문이다.

'죽음학'이라고 하여 만약 죽음의 현상만을 가지고 다룬다면, 이 신생新生 학문은 그 존재적 가치나 의미는 분명히 반감하게 될 것이다. 왜냐하면 '죽음학'의 대상을 죽음이라는 현상 하나로만 떼어놓고 다룰 경우, 그것이 가진 학문적 의미나 성격 역시 매우 제한적일 수밖에 없기 때문에 생명 전체를 통해 '죽음의 본질'을 연구해야만 한다.

죽음의 본질은 삶의 완성이고, 삶의 현상은 죽음의 실현이다. 죽음에 대한 물음은 결국 삶에 대한 물음과 연결된다. 삶의 의미는 태어나면 누구나 죽는다는 근본적인 사실로부터 명확히 드러난다. 반대로 삶에 대한 태도가 죽음에 대한 태도를 결정한다. 삶이 없으면 죽음도 없다. 삶과 죽음은 일체다.658) 이처럼 죽음을 생명의 전체적인 맥락에서 살펴보려는 관점에서 'Thanatology'는 '생사학生死學' 또는 '사생학死生學' 등으로 번역된다. 그러므로 '생사학' 또는 '사생학'은 형식적 명의名義로는 삶과 죽음의 문제를 다루지만, 구체적인 실제 내용은 죽음의 문제를 다루는 것이라고 말하여야 옳을 것이다.

죽음 문제를 유가 철학의 범위에 제한할 경우, 'Thanatology'는 분명히 생사학Studies of Life-and-Death으로 번역하는 것이 적합할 것으로 보인다. 서양에서 다루는 '죽음학'은 죽음에 대한 인식, 정의 및 죽음과 관련되는 현상들을 주된 논의 대상으로 삼지만, 유가는 기본적으로 삶과 죽음을 하나의 연속된 것으로 보기 때문이다. 즉 유가는 삶生을 통하여 죽음死을 보고, 또 죽음을 통하여 삶을 살피는 연속적連續的 생사관生

말의 어원은 '죽음(death)'의 뜻을 가지고 있는 접두어 'thanato'(그리스어: θάνατος는 아마도 어원의 의미가 '어둠(dark)' 또는 '구름이 잔뜩 껴 어두운 하늘(cloudy)'에서 비롯되었음)와, '연구'를 뜻하는 접미사 'logia'의 영어식 표기인 'logy'의 합성어이다. 이 문제에 대해서는 이시우, 「주역의 죽음담론을 위한 시론」『철학논총』 제69집, 2012 제3권 제440쪽 주10)을 참조 바람.

658) 이 문제에 대한 논의는 전병술, 「유가의 삶과 죽음에 대한 태도」『생명연구』 제22집, 서울, 서강대

死觀의 관점을 가지고 있다.

모든 인류가 공통적으로 가지는 고민 중의 하나는 바로 어떻게 죽지 않고 삶을 계속 연장延長시킬 수 있는가 라는 문제이다. 특히 초월적인 세계나 영혼불멸을 인정하지 않는 유가의 입장에서 이 문제는 더욱 해결하기 힘든 난제難題 중의 하나라고 할 수 있다. 여기에서 그들이 생각한 것은 도덕적 삶이라는 방식을 통해서 죽음이라는 피하기 힘든 자연적 현상을 초월하거나 해소하려는 방향에서 길을 찾으려 하는 것 같다.

유가들 역시 어느 누구보다도 생명의 가치를 귀하게 여기고 강조하는 존생주의자尊生主義者이고 중생주의자重生主義者지만, 그들은 생명보다는 도의道義·지조志操와 도덕적 인격을 더욱 귀중하게 여긴다. 후자를 위해서는 유가들은 그렇게 아끼고 귀하게 여기는 자신의 생명을 기꺼이 던질 수 있다.

도의道義(예를 들면 仁이나 義)를 얻기 위해 삶을 기꺼이 버릴 수 있는 유가들은 죽어서도 여전히 살아있는 경지를 추구한다. 말하자면 유가는 "죽어서도 영원히 존재하는(死而不朽)659)" "죽더라도 명성이 살아있는(死且不朽)660)" 삶과 죽음의 연속 상태를 추구한다. "죽어서도 영원히 존재하는(死而不朽)" 방식을 통하여 죽음을 초월하려고 한다. 이것이 가능하기 위해서는 살아서의 도덕적인 품덕品德이 기준이 된다. 그러므로 유가에게 있어서 진정한 죽음은 심장이 정지된 자연적 죽음이 아니라, 도덕적으로 죽은 것이야말로 진정으로 죽은 것이다.

유가는 삶生을 통하여 죽음死을 보고, 또 죽음을 통하여 생을 살피는 이른바 연속적 관점에서 생사의 문제를 말하고 있다. 즉 유가에서 죽음의 의미는 그가 생전에 행하였던 것으로부터 평가되기 때문에 유가들은 "하늘의 운행이 굳건하니, 군자는 그것을 본받아서 스스로 힘쓰고

---

659) 『左传』「襄公」二十四年에 나오는 말임.

660) 『左传』「僖公」三十三年에 나오는 말임.

쉼이 없는(天行健, 君子以自彊不息)" 것처럼 평생 동안 끊임없는 도덕적 실천에 온 힘을 쏟아야 한다.

유가는 죽음이라는 자연적 필연성의 실존 문제를 도덕적 필연성의 문제로 전환시켜 놓고 있다. 여기에서 삶과 죽음은 도덕적 필연성 혹은 사명이라는 관점을 통하여 연속된다. 왜냐하면 생사의 명命은 비록 인력人力으로 바꿀 수 있는 것은 아니지만, 이런 관점은 사람들이 살아있을 때 인륜과 도덕을 온 몸으로 실천하도록 만드는 작용을 하게 만들고, 또 죽음을 맞이하여서도 도덕적 사명使命을 완성하는데 조금의 어떠한 주저함도 없애주기 때문이다. 여기에서 자연의 필연성은 도덕적 필연성으로 변하여 유가들로 하여금 살아있을 때의 충실함과 죽을 때의 당당함을 얻게 만들어 준다.

본문에서는 이런 유가의 죽음과 생사관에 대한 문제를 살펴보기 위해서, 우선 유가에서 말하는 존생尊生과 죽음, 죽음 현상에 대한 유가의 관점, 유가의 예禮에 보이는 생사관, 불후와 죽음의 초월 등의 문제를 통하여 삶과 죽음이 어떤 방식으로 연속되는지를 살펴보려 한다.

2. 유가의 尊生과 죽음 : 存事沒寧

유가는 분명히 생生 또는 생명을 중시하는 존생尊生의 철학이다. 『주역』은 특히 이런 생의 문제를 매우 중요하게 다룬다. 그러므로 『주역』은 '생생生生'하는 것을 『주역』의 본질로 보고[661], 또 천지가 가지고 있는 가장 위대한 작용을 생 또는 생명이라고[662] 말한다. 이런 생명을 강조하고 높이는 존생尊生의 핵심은 당연히 "생생"이라는 두 글자에 있다.

---

661) 『周易』「繫辭傳」"生生之謂易"

662) 『周易』「繫辭傳」"天地之大德曰生"

이른바 존생은 바로 우주와 인간의 본래적인 상태 및 본질적인 속성을 설명하는 것이라고 할 수 있다.

이런 운행불식運行不息하는 우주관에 따라, 그 속에서 존재하는 인간의 삶의 태도 역시 생생불식生生不息하고 적극적이어야 한다. 그것은 바로 생생불식하는 천도의 운행을 본받은 것으로, 건괘乾卦 「상전象傳」에서 말하는 "하늘의 운행이 굳건하니, 군자는 그것을 본받아서 스스로 힘쓰고 쉼이 없다"663)는 말에 해당한다.

"하늘의 운행이 굳건하다(天行健)"는 것은 하늘의 운동 또는 작용이 굳건하다는 것(健)을 말한다. 여기에서 "굳세다(健)"는 의미는 하늘의 운행이 조금의 차질이나 중지됨이 없음을 말한다. 예를 들면 하늘은 사계절과 주야의 교체를 잠시도 중지하거나 순서를 바꾼 적이 없이 줄기차게 운행해 오고 있다. 그러므로 모범적인 사람(君子)은 건괘가 말하는 천도가 굳세게 운행하는 모습을 본받아 스스로 분발하여 행동해야 할 것을 말하고 있다. 군자 역시 하늘을 본받아서 스스로 노력하는데 굳세어 쉼이 없다면 강건이라는 천天의 생생生生의 덕을 함께 공유할 수 있게 된다는 것이다.

이처럼 유가들이 말하는 우주는 생명력으로 가득 차 있고 이것을 가능하게 하는 것이 바로 천天이나 도道이다. 천이나 도가 바로 우주 만물과 인류 생명의 본원本源이다. 유학에서는 이런 생생의 존재 원리에 순응하는 것을 가치의 근원으로 여겼다.

인간이 천지를 본받고, 천지와 덕을 짝하고, 천성을 크게 넓혀 인간에게 품부된 바와 잠재적 능력을 온전히 발휘하여, 강건불식剛健不息하는 정신을 지니게 된다. 이것이 바로 유가의 존생尊生의 전통이다.664) 그러면 생명을 중시하는 존생철학尊生哲學으로서의 유가는 죽음에 대해

---

663) "天行健, 君子以自强不息"

664) 郭齊勇, 「儒學的生死關懷及其當代意義」『中國哲學史』, 北京, 中國人民大學書報資料中心, 1995, 8월, 제104쪽 참조 바람.

어떤 태도를 가지고 있는가?

> 계로季路가 귀신 섬기는 일에 대하여 묻자, 공자는 "미처 사람도 제대로 섬기지 못하면서 어찌 귀신을 섬길 수 있으리오"라고 하였다. 또한 "감히 죽음에 대하여 여쭙겠습니다"고 하자, "아직 삶도 제대로 모르면서 어찌 죽음을 알겠는가" 라고 답하였다.665)

귀신과 죽음의 문제에 대해 공자는 유보적 입장을 취하면서, 현실 속에서 살아가는 사람을 중시하고, 삶을 아끼고, 생명을 귀하게 여긴다는 느낌을 준다. 즉 현실의 인간 관계나 삶의 문제가 우선이고, 귀신이나 죽음이라는 문제는 그 다음 단계의 문제로 보는 것 같다. 공자가 귀신과 죽음에 대해 적극적인 해명을 하지 않고, 사람과 삶의 문제로 환원시킨 까닭은 '귀신'과 '죽음'에 대한 관심을 '인간'과 '삶'에 대한 관심으로 집중시켜, 공동체의 질서와 조화를 이루어야 하고, 이러한 사명을 완수하면 죽음도 기꺼이 받아들일 수 있게 된다고 보는 것 같다.

공자는 "아침에 도를 듣는다면 저녁에 죽어도 좋다"666)고 하고 "뜻있는 선비와 어진 사람은 살기 위해 사람다움을 헤치지 아니하며 내 몸을 죽여서라도 사람다움을 완성한다"667)라고 하였다. 즉 죽음이란 가치를 실현하기 위해 노력하다 갖닥뜨리게 되는 삶의 자연스런 결과일 뿐이며 나아가 더 적극적으로는 사람다움의 실현을 위해 스스로 택하는 길이기도 하다.668) 그러나 위의 공자의 말에서 사람과 귀신, 삶과 죽음의 문제가 완전히 다른 차원의 별개의 문제로서 단열斷裂되어 있는 것으로 보지 않는 것 같다.

665) 『論語』「先秦」"季路問事鬼神. 子曰, "未能事人, 焉能事鬼?" 曰, "敢問死." 曰, "未知生, 焉知死?"

666) 『論語』「里仁」"朝聞道, 夕死可矣"

667) 『論語』「衛靈公」"志士仁人, 無求生以害仁, 有殺身以成仁."

668) 전병술, 「유가의 삶과 죽음에 대한 태도」 제12쪽 참조 바람.

물론 개체의 생존이란 측면에서 보면, 삶도 있고 죽음도 있지만, 유가가 말하는 우주 대생명의 큰 흐름으로 보면, 죽음은 다만 또 다른 삶의 형식이라는 것이 유가의 일반적인 관점이다.

유가의 생명 의식과 삶에 대한 태도는 우주 정신에서 근원한다. 인간은 우주 가족 중의 일원이고, 우주 정신이 바로 생명 정신이다.[669] 이 때문에 유가에서 말하는 죽음은 "생생불식生生不息"이라는 생명의 큰 작용 속에서 다루어져, 결코 죽음을 삶과 완전히 다른 차원의 것으로 간주하지 않는다. 삶과 죽음이라는 두 개의 세계와 두 가지 상태는 소통할 수 없는 것이 아니라, 생명정신을 통하여 연결시킬 수 있는 것으로 보고 있다.[670] 유가들이 '생생지리生生之理'의 입장에서 삶과 죽음을 어떻게 연속시키고 있는가에 대해 살펴보도록 하자.

> 낮과 밤이 바로 삶과 죽음이다. 삶의 도리를 알면 죽음의 도리를 알게 된다. 사람을 섬기는 도리를 다 하는 것이 바로 귀신을 섬기는 도리를 다 하는 것이다. 삶과 죽음, 사람과 귀신은 하나이면서 둘이고, 둘이면서 하나인 것이다.[671]

정이천程伊川은 삶과 죽음을 주야晝夜가 바뀌는 것과 같은 도리라고 말한다. 또 삶의 도리를 알면 죽음의 도리를 알 수 있기에, 삶과 죽음은 같은 원리라는 것이다. 즉 낮과 밤이 바뀌는 생생生生의 이치(生生之理)를 알면 생사 문제도 모두 알 수 있다고 말한다. 특히 여기에서 정이천이 삶과 죽음에 관한 문제를 낮과 밤의 이치와 같은 것이라고 말하는 점에 주목할 필요가 있다. 왜 주야와 생사를 같은 이치라고 말하는가? 이 문제는 수시隨時의 도리와 관련이 있는 것으로 보인다. 먼저 『주역』

---

669) 郭齊勇, 「儒學的生死關懷及其當代意義」 제104쪽 참조 바람.

670) 鄭曉江, 『善死與善終』, 昆明, 雲南人民出版社, 1999, 제43쪽 참조 바람.

671) 『論語集註』 「先進」 "程子曰: 晝夜者, 死生之道也. 知生之道, 則知死之道; 盡事人之道, 則盡事鬼之道. 死生人鬼, 一而二, 二而一者也."

의 수괘隨卦 「상전象傳」의 말을 살펴보도록 하자.

> 못 속에 우뢰가 있는 것이 수괘隨卦니, 군자가 그것을 본받아서 날이 저물어 가면 집에 들어가서 편안히 쉰다.672)

"날이 저물어 가면 집에 들어가서 편안히 쉰다(嚮晦入宴息)"는 말에서, "향嚮"은 "향向"과 같은 뜻으로 '향회嚮晦"는 "향만向晩" 즉 "날이 저 물어 감"의 뜻과 같다. "연식宴息"은 바로 휴식의 뜻이다. 수괘隨卦의 "수隨"는 "따르다"는 뜻을 가지고 있다. 시의時宜에 따라야 하는 것을 강조하고 있는 것으로, 이것은 「단전」의 "때를 따르는 의미는 크도다(隨時之義大矣哉!)"는 것과 의미가 상통한다.673) 즉 낮에는 열심히 일하고, 밤에는 집에 돌아가서 휴식하는 것이 수시隨時의 도리이다. 이에 대해 정이천은 『이천역전伊川易傳』에서 다음과 같이 말한다.

> 군자는 낮에는 스스로 굳세게 해서 쉬지 않고 어두워질 때가 되면 들어가서 방안에 거처하여 편안히 쉬어 그 몸을 편안하게 하니, 때에 따라 기거해서 그 마땅한 데에 맞춘다. 『예기』에 '군자가 낮에는 집안에 있지 않고 밤에는 바깥에 있지 않는다'고 하였는데 이것이 바로 때를 따르는 도이다.674)

정이천은 여기에서 낮에는 열심히 일하고, 밤에는 연식宴息 즉 휴식하는 것이 때에 맞는 이치라고 말한다. 여기에서 우리는 이천이 앞에서 주야의 도리와 생사의 도리는 같은 것이라고 말한 의미를 어느 정도는 파악할 수 있을 것이다. 그것은 바로 살아있을 때 즉 낮에는 쉬지 않고

672) 隨卦「象傳」"澤中有雷, 隨, 君子以嚮晦入宴息."

673) 정병석 역주, 『주역』 상편, 서울, 을유출판사, 2010, 제304쪽 참조 바람.

674) "君子晝則自强不息, 及嚮昏晦, 則入居於內, 宴息以安其身, 起居隨時, 適其宜也. 禮, 君子晝不居內, 夜不居外, 隨時之道也."

열심히 노력하고, 밤이 되면 안식하는 수시隨時의 도리이고, 이것이 바로 생생의 이치이다. 이처럼 죽음을 연식宴息 즉 휴식으로 보고 있는 관점은 유가들의 문장에서 자주 발견된다. 『순자荀子』「대략大略」은 다음과 같이 말하고 있다.

> 자공이 공자에게 물었다. "저는 공부에 지쳤습니다. 이제 쉬면서 임금이나 섬기고 싶습니다." 공자가 말하였다. "『시경』에 '아침저녁으로 온순히 공경하고, 신중히 일하네'라는 구절이 있네. 임금을 섬기는 일은 쉽지 않은 일인데, 어떻게 임금을 섬기면서 쉴 수가 있다는 것이냐?" "그렇다면 저는 그만 쉬면서 부모님이나 섬기고 싶습니다." 공자가 말하였다. "『시경』에 '효자의 효도가 다함이 없으니, 영원토록 복을 내리시겠네'라고 하였네. 부모를 섬기는 것도 어려운 일인데, 부모를 섬기면서 어떻게 쉴 수가 있다는 것이냐?"…… "그렇다면 저는 쉴 곳이 없다는 말입니까?" 공자가 말하였다. "무덤의 봉분을 바라보아라. 높다랗고 우뚝하고 그릇을 엎어놓은 것 같구나! 저것을 보면 쉴 곳을 알 수가 있을 것이다." 자공이 말하였다. "위대하도다. 죽음이여! 군자가 여기서 휴식하게 되고, 소인도 여기에서 일을 쉬게 되는구나."[675]

공자와 자공의 대화를 통해 보면, 인간에게 있어서 휴식은 죽음 이후에나 가능한 것으로 보는 것 같다. 물론 「대략」편이 순자의 말을 제자들이 요약하여 집록集錄한 것이기 때문에[676] 내용의 신뢰성이나 정확성에 대해서는 완벽하게 판단할 수는 없지만, 유가의 생사관에 대한 매우 흥미 있는 관점을 담고 있다. 공자는 몇 번이나 "어떻게 쉴 수가 있다는 것이냐(焉可息哉)"는 말을 하면서 죽은 후에야 쉴 수 있다는 것을

---

675) 『荀子』「大略」"子貢問於孔子曰, 賜倦於學矣, 願息事君, 孔子曰, 詩云, 溫恭朝夕, 執事有恪. 事君難, 事君焉可息哉? 然則賜願息事親. 孔子曰詩云, 孝子不匱, 永錫爾類. 事親難, 事親焉可息哉? ...... 然則賜無息者乎? 孔子曰, 望其壙, 皐如也, 巓如也, 鬲如也. 此則知所息矣. 子貢曰, 大哉, 死乎! 君子息焉, 小人休焉.".

676) 王先謙 撰, 『荀子集解』下, 제485쪽 참조 바람.

암시적으로 내비친다.

공자가 직접 죽음을 언급하고 있지는 않지만, 무덤을 가리키는 공자의 말에 자공은 "천지는 삶으로써 나를 수고롭게 하고, 죽음으로써 나를 편안하게 함을 비로소 알게 되었다. 그러므로 그는 '위대하도다. 죽음이여! 군자가 여기서 휴식하게 되고, 소인도 여기에서 일을 쉬게 되는 구나' 라고 탄식한다. 사람은 구차하게 살 수 없고, 또한 헛되이 죽을 수 없는 것을 말한다"[677]는 『순자집해荀子集解』의 주석은 장자莊子가 「대종사大宗師」에서 말하는 "무릇 천지는 나에게 형체를 주어, 삶으로써 나를 수고롭게 하고, 늙음으로써 나를 편안케 하며, 죽음으로써 나를 쉬게 한다"[678]는 말을 생각나게 만든다.

여기에서 공자가 말하려는 핵심은 현실에서 인간이 천도天道를 본받아 자신들의 이상인 내성외왕內聖外王을 실천하기 위해 쉬지 않고 끊임없이 실천하고 행하여야 하는 자강불식自强不息을 말하는데 있는 것이지, 장자처럼 기화적氣化的인 관점에서 생사를 보는 입장과는 다르다.

인간의 도리를 행하는 데에는 죽음 이후에야 겨우 그침이 있는 것이지, 살아있을 때에는 쉼이 없는 것이다. 물론 죽어서 휴식을 얻게 되는 과정이 다르고, 평가도 다르지만, 결국 군자의 죽음이나 소인의 죽음이 모두 휴식이라는 점에서는 동일하다는 것을 말하고 있다. 공자는 군자나 소인이나 할 것 없이 모두 죽음을 통해서만 휴식을 얻을 수 있음을 말한다. 죽음을 휴식으로 보는 입장으로 가장 유명한 말을 한 사람은 장재張載이다.

> 부유함·귀함·복·은택은 나의 삶을 두텁게 하고, 가난·천함·근심하고 걱정함은 그대를 옥을 만들듯 단련시켜 이루게 할 것이다. 살아있을 때는

---

677) 王先謙 撰, 『荀子集解』 下, 제 511쪽. "於是子貢悚然警惡, 始知大塊勞我以生, 逸我以死. 作而歎曰..'大哉, 死乎! 君子息焉, 小人休焉.' 言人不可苟生, 亦不可徒死也."

678) 『莊子』 「大宗師」 "夫大塊載我以形, 勞我以生, 佚我以老, 息我以死."

도리에 따라 일을 할 것이며, 죽었을 때는 편안히 쉴 것이다.679)

장재의 "살아있을 때는 도리에 따라 일을 할 것이며, 죽었을 때는 편안히 쉰다"는 말은 분명히 현세의 치열한 삶의 장면을 연상시키고 있지만, 삶과 죽음을 넘어서는 달관적達觀的, 초월적인 경지를 보여주는 말이다. 삶의 치열함이나, 육신의 죽음이라는 두려움마저 평정平靜하고 담담淡淡한 안정安寧으로 만들어 버린다. 부유함·귀함·복·은택과 가난·천함·근심하고 걱정함은 모두 하늘이 나에게 준 것이고, 그것들이야 말로 나를 성장시키고 완성하게 만드는 매개와 동력이라는 것이다. 물론 편안히 죽음에 들기 위해서는 하늘을 우러러 한 점 부끄러움이 없도록 자신을 끊임없이 단련하여 자강불식하여야 한다는 조건은 있다.

이런 관점은 사람들이 살아있을 때 인륜 도덕을 온 몸으로 실천하도록 하여 유가들로 하여금 살아있을 때의 충실함과 죽을 때의 당당함을 얻게 만들어 준다. 이것은 일종의 삶으로 죽음을 규정하는 방식이고, 동시에 죽음에 직면하여, 죽음을 빌려서 삶을 돌아보게 만든다. 여기에서 삶과 죽음은 이원 대치의 제한성을 벗어나 하나로 통일되고 연속되는 것이다.680)

3. 죽음의 현상에 대한 유가의 관점 : 遊魂爲變

일반적으로 죽음은 생명이 중지된 것으로, 병리적이거나 생리적인 현상으로 나타난다. 그러나 인간의 죽음 현상에 대한 논의나 관심이 가장 현저하게 드러내는 것은 문화적 함의이다. 전통 유가의 죽음에 대한 태도

679) 張載, 『正蒙』 「乾稱」 "富貴福澤, 將厚吾之生也. 貧賤憂戚, 庸玉汝于成也. 存, 吾順事, 沒, 吾寧也."

680) 郭齊勇, 「儒學的生死關懷及其當代意義」 제106쪽 참조 바람.

가 우선적으로 드러나는 것은 그것의 자연성이 아니라, 도덕성이다. 대다수의 유가들은 도덕의 각도로부터 죽음의 의미와 가치를 말한다.

죽음을 말하는 '사死'는 갑골문에서는 ''로 표기되었다.[681] 즉 살이 빠져나간 앙상한 뼈 즉 백골을 의미하는 '알(歺)'과 꿇어앉아 있는 사람을 뜻하는 '인人'으로 이루어져 있다. 갑골문 ''은 백골이 드러난 시체 앞에 사람이 꿇어앉아 있는 모습을 상형하고 있다.

『설문해자說文解字』는 "'사死'는 다한다[澌]는 뜻이다. 사람이 떠나는 것이다. '歺'과 '人'으로 이루어져 있다"고 말한다. 『설문해자』는 '사死'의 의미를 소멸消滅의 뜻인 사멸澌滅로 보고 있다. 생명이 소멸되었다는 자연적 현상으로서의 죽음을 의미하는 '사' 이외에도, 한자에는 죽음을 의미하는 여러 가지 글자들이 있다. 예를 들면, 임금의 죽음을 뜻하는 붕崩이나 수명壽命을 다 하였다는 종終 등이 있는데, 대체로 나이, 지위 또는 도덕의 유무에 따라 다르게 표현되는 것으로 보인다.

> 백성 중에 병이 든 자는 따로 나누어 치료하고, 죽거나死 명을 다한 자終는 그 원인을 기록하여 의사에게 보낸다.[682]

> 서민이 죽은 것을 '사死'라고 한다."[683]

> 군자가 죽은 것을 '종終'이라 하고, 소인이 죽은 것을 '사死'라고 한다."[684]

죽은 자死와 명을 다한 자終의 구별에 대해 후대의 주석가들은 '사死'를 명을 다하지 못하고 젊은 나이에 죽은 것을, '종終'은 나이가 들어

---

681) 『殷墟文字甲編』 제1165片. 馬如森, 『殷墟甲骨文引論』, 吉林, 東北師範大學出版社, 1993, 제384쪽 참조 바람.

682) 『周禮』「春官、疾醫」"凡民之有疾病者, 分而治之, 死終, 則各書其所以, 而入于醫師."

683) 『禮記』「曲禮」下 "庶人曰死."

684) 『禮記』, 「檀弓」"君子曰終, 少人曰死."

죽은 것으로[685] 나누기도 한다. 서민이 죽은 것과 소인이 죽은 것을 '사'라 하고, 군자가 죽은 것을 '종'으로 나눈 것은 분명히 자연적 현상 또는 생리적 현상으로서의 죽음이 아닌, 문화적인 배경에서 죽음을 보는 관점이다. 즉 '사'와 '종'으로 죽음을 구분하는 이런 관점은 이미 사회적 관념 또는 도덕의 유무有無, 즉 삶의 이치로부터 죽음을 보기 시작하는 것이라고 할 수 있다. 그러면 유가들은 죽음이라는 현상을 어떻게 설명하는가? 죽음에 대한 유가들의 가장 일반적인 관점은 기氣의 흩어짐을 통하여 설명한다. 인간의 생사 문제를 이야기한 것으로는 『주역』의 「계사전」을 들 수 있다.

> 사물의 처음 시작되는 것으로 거슬러 올라가 살피고, 사물의 마치는 것으로 돌이켜 생각하기 때문에 삶과 죽음에 대한 이치를 알 수 있다. 정精과 기氣가 응취凝聚하여 물物의 형체形體가 되고, 혼魂이 떠돌면서 변화가 생겨난다. 이 때문에 귀신의 실제 상태를 아는 것이다.[686]

"사물의 처음 시작되는 것으로 거슬러 올라가 살피고, 사물의 마치는 것으로 돌이켜 생각한다(原始反終)"는 말은 시작이 어떻게 하여 생겼는가 하는 것을 근원으로 올라가 추측하여 밝히는 것을 말한다. 끝으로 돌아가 돌이켜 본다고 하는 것은 그 끝은 어떻게 하여 여기서 끝나는가 하는 것을 미루어 밝히는 것을 말한다.

"사생死生"은 죽거나 태어나거나 하는 것을 말하는데, 이것은 모든 사물이 성하게 되거나 쇠퇴하거나 또는 흥하거나 망하거나 하는 일까지 모두 포함한 말이다. 이것은 시작을 미루어서 마지막을 돌이켜보는 것으로 음양 순환의 이치를 설명하고 있다.

기철학적인 입장에서 사생死生의 설은 음양 변화의 합合과 분리에 지

---

685) 『周禮注疏』 "少者曰死, 老者曰終."

686) "原始反終, 故知死生之說, 精氣爲物, 遊魂爲變, 是故知鬼神之情狀."

나지 않음을 알 수 있다.[687] 사람의 시작을 궁구窮究해보면, 그것은 음양의 기가 응취하여서 형체를 이룬 것에 불과하다. 사람의 죽음을 살펴보면 음양의 기가 흩어진 것에 지나지 않는다. 그러므로 귀신은 음양 변화의 왕래굴신往來屈伸에 불과하다. 순수한 기인 "정기精氣"는 순수하고 뒤섞인 것이 없는 원기元氣를 말한다. 정기가 응축되어 사물이 이루어진다.

"유혼游魂"이란 모였던 기가 흩어지는 것을 말한다. 어떤 것의 몸 안에 깃들어 있는 원기가 혼인데, 그 세력이 쇠하여 여기저기 헤매고 있는 것이 바로 "유혼"이다. 정기가 응취하여 어떤 사물이 생겨나고, 유혼이란 모였던 기가 흩어져 사라져 변하는 것을 고찰하면 귀신의 정상을 알 수 있다는 말이다.

처음 형태를 이룰 때는 음과 양의 적절한 조화가 되어 있는 순수한 원기가 있어서 이것이 시초가 되어 인간의 형태를 이루어 태어난다. 이것이 바로 "정精과 기氣가 응취하여 물의 형체가 되는" 것이다. 그것이 노쇠하여 생명이 끝나려고 할 때가 되면 원기가 완전히 쇠하여 떠돌고 방황하는 것과 같은 상태가 되어 완전히 다른 형태의 것으로 변화한다. 이것이 바로 "혼魂이 떠돌면서 변화가變 생겨난다"는 말이다.[688]

위의 『계사전』의 관점보다 『예기禮記』는 더 명확하게 죽음의 현상에 대해 이야기하고 있다.

> 혼기는 하늘로 돌아가고, 형백은 땅으로 돌아간다.[689]

정기精氣는 음양의 응축된 기를 가리키는 것으로서 이것이 뒤엉켜 모여서 사물이 이루어지며, 유혼이란 그 모였던 기가 흩어지는 것을 말한

687) 정병석 역주, 『주역』 하권, 2011년, 제527-8쪽 참조 바람.

688) 정병석 역주, 『주역』 하권, 제528쪽 참조 바람.

689) 『禮記』 「交特牲」 "魂氣歸于天, 形魄歸于地."

다. 그 흩어지는 변화 과정은 바로 혼魂이 하늘로 올라가고, 백魄이 땅으로 내려가는 것으로 이해되었다. 이런 관점을 더욱 명확하게 이야기하는 사람이 바로 장재와 주자이다.

> 기가 사람에게 있어서, 살아서는 떨어지지 않고, 죽어서는 떠돌며 흩어지는 것을 일러 혼이라 하고, 모여서 형체와 바탕을 이루다가 비록 죽더라도 흩어지지 않는 것을 일러 백이라 한다. 바닷물이 응결되면 얼음이 되고 떠오르면 거품이 되지만, 얼음의 재질과 거품의 성질은 그 존재함과 그 사라짐에 대해 바다는 관여하지 않는다. 이를 미루어 보면, 죽음과 삶의 설을 족히 궁구할 수 있다.[690]

> 제자가 생사와 귀신의 이치에 대하여 묻자 주희가 대답하였다. ...... 사람이 태어나는 것은 정기精氣가 모이기 때문이다. 사람은 많은 기를 가지고 있지만, 반드시 그 기가 다 하는 때가 있다. 기가 다하게 되면 혼기魂氣는 하늘로 돌아가고 형백形魄은 땅으로 돌아가서 죽게 된다. 사람이 죽으려 할 때, 열기가 위로 올라오는데 혼이 위로 올라가는 것을 말한다.[691]

장재와 주자를 포함한 유가들은 죽음이라는 현상을 인간의 혼魂과 백魄이 분리되는 것으로 말한다. 이것은 물론 고대에 형성된 기 개념과 무관하지 않다. 인간의 내쉬고 들이쉬는 기가 혼이고, 인간의 육체적 기가 백이다. 만약 혼이 백으로부터 분리될 경우 신체는 더 이상 생명을 유지하지 못하게 된다.

유가들은 인간을 정신과 육체로 분리하여 정신의 주재자(혼을 말함)와 육체의 주재자(백을 말함)가 있다고 하고, 이 혼백이 일치되어 있을 때를 살아있는 상태로 보고, 혼과 백이 나누어진 것을 죽음의 상태로 본다.

---

690) 『正蒙』「動物」“氣於人, 生而不離, 死而遊散者謂魂, 聚成形質, 雖死而不散者謂魄. 海水凝則氷, 浮則漚, 然氷之才, 漚之性, 其存其亡, 海不得而與焉. 推是足以究死生之說.”

691) 『朱子語類』 권3 「鬼神」“問生死鬼神之理., ... 人所以生, 精氣聚也. 人只有許多氣, 須有箇盡時; 盡則魂氣歸於天, 形魄歸于地而死矣. 人將死時, 熱氣上出, 所謂魂升也;

결국 육체의 호흡이 정지하게 되면 함께 있던 혼과 백이 분리되어, 혼은 하늘로 그리고 백은 땅 아래로 돌아간다. 이것이 죽음이다.[692]

이러한 혼기와 형백 관념은 바로 유가의 죽음에 대한 의식, 즉 상례喪禮와 제례祭禮의 절차와 그것이 가지는 의미의 구현 과정과 긴밀하게 연결되어 있다.

4. 유가의 禮에 보이는 생사의 연속 : 愼終追遠

죽은 사람은 자신의 슬픔을 드러내지 못하지만, 살아있는 사람에게는 형언할 수 없는 큰 슬픔과 그리움을 안겨준다. 이런 슬픔과 그리움이 구현된 것이 상례喪禮와 제례祭禮이다. 상례는 죽은 사람을 보내는 슬픔을 예에 맞게 표현한 것이며, 제례는 죽은 사람을 추모하고 그리는 예법禮法이다. 이를 증자曾子는 "삶의 마감을 신중히 하고 먼 조상을 추모하면, 백성의 덕이 두터워질 것이다"[693]고 하여 "신종추원愼終追遠"으로 표현한다.

정신적인 힘과 신체적인 힘에 해당하는 혼백魂魄이 흩어져 버린, 즉 죽은 사람을 위해서 예를 바친다는 것이 무슨 의미가 있는가? 주자는 『주자어류朱子語類』「귀신鬼神」 편에서 제사의 합리성에 대한 다양한 논리들을 제공해 주고 있다.

> 그러나 사람이 죽어 비록 결국은 흩어지지만, 또한 곧바로 다 흩어지지는 않기 때문에 제사 지낼 때 느껴서 오는 이치가 있다. 세대가 먼 선조는 그 기가 있는지 없는지는 알 수 없다. 그러나 제사를 지내는 사람이 그의 자손이라면, 결국 같은 하나의 기이기 때문에, 감응하여 통하는 이치가 있

692) 加地伸行 저, 김태준 역, 『유교란 무엇인가』, 서울, 지영사, 1996, 제29쪽.

693) 『論語』「學而」 "愼終追遠, 民德歸厚矣"

다. 그러나 이미 흩어진 것은 다시 모이지는 않는다.694)

조상에 대한 제사는 "근본에 대하여 보답하고 시원을 돌아보는(報本反始)"695) 의미를 가지고 있다. 여기에서 말하는 근본이나 시원은 당연히 자신을 있게 해준 조상을 말한다. 위의 주자의 말은 기는 흩어지지만, 세대가 가까운 조상은 물론이고, 세대가 먼 선조와도 감응하는 이치가 있다고 말한다. 주자는 조상과의 감응을 리理를 통하여 혼백이 감응하여 오는 것에 대해 말하고 있다.

> 조상의 정신과 혼백이 이미 흩어졌더라도, 자손의 정신과 혼백에는 저절로 어떤 이어지는 것들이 있다. 그러므로 제사의 예를 지낼 때 자신의 정성과 공경을 다하면 바로 조상의 혼백이 이르게 할 수 있다. 이런 것은 본래 설명하기 어렵다. 흩어져 버리면, 아무것도 없는 것 같이 보인다. 만약 자손이 정성과 공경을 다하면 조상의 혼백이 감응하여 오는 것은 역시 리가 항상 여기에 있기 때문이다.696)

주자는 "자손의 정신과 혼백에는 저절로 자연히 어떤 이어지는 것들이 있다"라고 하였는데, 그러면 도대체 무엇이 이어져 연속된다는 것인가? 이 문제에 대해 주자는 천지 음양의 기는 사람이나 다른 만물이 모두 가지고 있는 것으로, 기가 모이면 사람이 되고, 흩어지면 귀鬼가 된다. 그 기는 흩어져 버려도 천지 음양의 리는 생생生生하여 무궁하다고 말한다.697) 즉 오래 된 조상의 경우, 혼백의 기는 흩어졌다 할지라도,

---

694) 『朱子語類』 권3 「鬼神」 "然人死雖終歸於散, 然亦未便散盡, 故祭祀有感格之理. 先祖世次遠者, 氣之有無不可知. 然奉祭祀者既是他子孫, 必竟只是一氣, 所以有感通之理. 然已散者不復聚."

695) 『禮記』 「交特牲」

696) 『朱子語類』 권3 「鬼神」 "祖考之精神魂魄雖已散, 而子孫之精神魂魄自有些小相屬. 故祭祀之禮盡其誠敬, 便可以致得祖考之魂魄. 這箇自是難說. 看既散後, 一似都無了. 能盡其誠敬, 便有感格, 亦緣是理常只在這裡也."

리는 생생하여 무궁하기 때문에 감응이 가능하다고 말한다. 이것이 리를 통한 선조와 후손 간의 감응과 연속에 대한 관점이라면, 주자는 다시 기의 입장에서 조선祖先과 후대를 연결시킨다.

> 천지로 말하면 다만 하나의 기일 뿐이다. 일신一身으로 말하면, 나의 기는 바로 조상의 기이고, 또한 다만 하나의 기일뿐이기 때문에 감感하면 반드시 응應한다.[698]

"나의 기는 바로 조상의 기"라는 말이 의미하는 것은 무엇인가? 조상과 나와의 생명적 연속을 기를 통해서 표현한 것으로 보인다. 조상과 나는 하나의 기를 공유共有하고 있기 때문에 감응感應이 가능하다는 것이다. 한 걸음 더 나아가 말하면, 나의 생명은 사실은 아버지의 생명이고, 조부의 생명이며, 참으로 아득한 조상의 생명이 된다는 것이다. 비록 조상은 죽었으나 그 연결은 단절되지 않고 연속되는 것이다. 그러므로 『소대례小戴禮』에서는 다음과 같이 말한다.

> 내 육신은 부모의 유체遺體이다. 부모의 유체를 움직이는데 감히 공경하지 않을 수 있는가?[699]

> 내 육신은 부모의 가지枝이다. ...... 자기 육신을 공경하지 못하는 것은 부모를 상傷하게 하는 것이다. 부모를 상하게 하는 것은 근본根幹을 다치게 하는 것이다. 근본이 다치게 되면 가지도 따라서 없어진다.[700]

---

697) 『朱子語類』 권3 「鬼神」 "只是這箇天地陰陽之氣, 人與萬物皆得之. 氣聚則爲人, 散則爲鬼. 然其氣雖已散, 這箇天地陰陽之理生生而不窮."

698) 『朱子語類』 권3 「鬼神」 "自天地言之, 只是一箇氣. 自一身言之, 我之氣卽祖先之氣, 亦只是一箇氣, 所以才感必應."

699) 『小戴禮』 「祭義」 "身也者, 父母之遺體也, 行父母之遺體敢不敬呼"

700) 『小戴禮』 「祭義」 "身也者, 親之枝也. ...... 不能敬其身, 是傷其親. 傷其親, 是傷其本. 傷其本, 技從而亡."

부모와 자식의 사이는 외모 뿐만 아니라 기질 상에서도 유사한 점이 많은 것이 사실이다. 이는 현대 과학의 입장을 통해서도 충분히 이해할 수 있다. 생물학의 유전遺傳 법칙에 의하면, 자식은 부모로부터 각각 23개의 염색체를 가져오고, 유전자는 부모에서 온 것이기 때문에 부모를 근간根幹으로, 자녀를 부모의 지엽枝葉으로 비유하는 것은 상당히 합당한 것으로 보인다. 물론 여기에서 이야기하려는 핵심은 유전이나 염색체 등의 과학적 논의를 하려는 것은 아니다. 그 보다는 나의 생명이 가지고 있는 도덕적 책무責務라는 문제이다.

한 사람의 생명은 단순히 개체로서의 자연 생명에 그치지 않고 중요한 도덕적 책무를 가진 존재이다.

여기에서 말하는 도덕적 책무는 무엇인가? 한 사람의 자연 생명은 조상과 부모 및 후손後孫이라는 혈연 관계 전체 속에서 그 존재 의미를 가진다. 유가 철학은 자연 생명의 보전을 효孝라는 문제와 연결하여 강조한다. 혈연관계의 중심에는 가족이 있으며, 그 중 부모와 자식의 관계가 중심축이다.

부모와 자식의 관계를 중심에 두고, 앞으로는 과거의 조상과 뒤로는 미래의 후대가 하나로 연결되는 혈연관계는 바로 효의 시간적 연속성이란 의미를 함축하고 있다. 즉 한 개체의 생명은 가까이로는 부모로부터 받은 것이지만, 멀리로는 조상 대대로 이어져 내려온 것이다. 혈연관계 속에서 한 사람은 자연 생명의 전수자와 전달자의 역할을 동시에 맡고 있는 매개자이다.701)

어떤 측면에서 말하면, 지금 내가 여기에 존재하고 있다는 것은, 실은 까마득한 예전에도 분명히 살아 있었다는 것이다. 왜냐하면 나의 생명은 사실은 아버지의 생명이고, 조부의 생명이며, 참으로 아득한 조상의 생명이기 때문이다. 이는 '혈맥血脈' 또는 '피의 사슬'이라고 해도 무

701) 정상봉, 「죽음은 도덕생명의 마감이다」, 『철학, 죽음을 말하다』, 서울, 산해, 2004년, 제319-20쪽 참조 바람.

방하다. 이와는 대조적으로, 한편으로는 자손과 일족一族이 있으며, 백 년 뒤, 천년 뒤, 만 년 뒤로, 만일 자손과 일족이 이어지면 자신은 개체로서는 죽더라도, 육체가 죽은 뒤에도 자손의 생명과 이어짐으로써 계속 살아갈 수가 있다.[702]

이런 혈연적 연결이라는 배경 위에서 나의 먼 조상과 언제든지 감응할 수 있고, 나 역시 수 십대 이후의 후손을 통해 삶의 영역 속에 머무를 수 있는 것이다. 여기에서 현재의 나에게는 조상의 제사를 지내고, 부모를 공경하고, 후손을 이어주는 세 가지의 책무가 주어진다. 이 세 가지의 책무가 모두 효이다.

맹자는 "불효에는 세 가지가 있는데, 가장 큰 불효는 뒤가 없는 것이다"[703]라고 하여 일족을 연속시켜야 하는 '전종접대傳宗接代'의 책무를 그르치는 일을 가장 큰 불효不孝로 보았다. 유가는 효를 매개로 하여 죽음을 '생명의 연속'으로 해석한다. 왜냐하면 제사를 통하여 죽은 조상을 삶의 영역 속으로 끌어와서 연속적 관계를 지속하기 때문이다.[704]

번지樊遲의 효에 대한 물음에 공자는 "살아계실 때에도 예에 맞게 섬기고, 돌아가셔도 예에 맞게 장사지내고, 예에 맞게 제사 지내는 것이다"[705]고 하였다. 살아있는 자와 죽은 자의 시간적 간격에도 불구하고, 죽은 자는 예를 통하여 죽음 이후에도 여전히 삶의 영역으로 들어와 지속적으로 존재한다. 특히 유가들은 예 가운데서도 제사가 가장 중요하다고 말한다.

> 대체로 사람을 다스리는 도리는 예보다 더 급한 것이 없다. 예에는 오경五經이 있지만 제사보다 더 소중한 것은 없다. ...... 제사란 봉양하는 것을

702) 加地伸行 저, 김태준 역, 『유교란 무엇인가』, 제32쪽 참조 바람.
703) 『孟子』「離婁」"不孝有三, 無後爲大"
704) 가지 노부유키, 이근우 옮김, 『침묵의 종교 유교』, 경당, 2002년, 제82-84쪽 참조 바람.
705) 『論語』「爲政」"生事之以禮, 死葬之以禮, 祭之以禮."

> 좇아서 효도를 계속하는 것이다. ...... 대체로 제사에는 십륜十倫이 있다. 귀신을 섬기는 길을 보여 주고, 군신의 의리를 보여 주고, 부자의 인륜을 보여주고, 귀천의 등급을 보여 주고, 친소親疎의 차이를 보여 주고, 작록爵祿과 포상褒賞을 베푸는 것을 보여 주고, 부부의 분별을 보여 주고, 정사政事의 균등한 것을 보여 주고, 장유長幼의 차서次序를 보여 주고, 상하의 나눔을 보여 준다.706)

조상에 대한 제사는 어디까지나 도덕의 실천일 뿐, 제사를 통하여 어떤 복을 얻으려는 것이 아니다. 그러므로 그들은 제사를 통하여 열 가지의 도덕적 윤상倫常 체계를 보여 주려 한다. 그러므로 유가가 강조하는 상례나 제례는 결코 귀신과 죽음의 문제에 속하는 것이 아니라, 살아있는 사람의 도덕적 문제로서 어디까지나 삶의 영역에 속하는 문제이다.

5. 유가의 도덕적 생사관을 통한 죽음의 초월 : 死而不朽

유가는 도가와는 달리 삶으로 죽음을 보고, 죽음을 인생이 끝나는 그 당시의 가치로 평가한다. 죽음은 생명이 중지된 병리적이거나 생리적인 현상이지만, 유가가 관심을 두고 말하는 인간의 죽음은 주로 문화적, 도덕적 차원에서 두드러지게 나타난다. 즉 전통 유가가 죽음에 대해 우선적으로 가지는 태도는 그것의 자연성이 아니라, 도덕성이다.

대부분의 유가들은 도덕의 각도나 관점으로부터 죽음이 가지는 의미에 대해 이야기하길 즐겨하고, 도덕을 통해 죽음을 초월하려는 시도를 한다. 한 마디로 삶이 가지는 궁극적 관심과 의미를 통해 죽음을 바라

---

706) 『禮記』, 「祭統」 "凡治人之道, 莫急於禮. 禮有五經, 莫重於祭. ...... 祭者, 所以追養繼孝也. 夫祭有十倫焉. 見事鬼神之道焉, 見君臣之義焉, 見父子之倫焉, 見貴賤之等焉, 親疎之殺焉, 見爵賞之施焉, 見夫婦之別焉, 見政事之均焉, 見長幼之序焉, 見上下之際焉."

보는 관점이라고 할 수 있다.

전통 유가가 삶과 죽음을 연속시켜서 보는 이유는 그들이 창세創世나 피안彼岸 등의 초자연超自然 혹은 초월적인 종교 문제에 대해서 크게 관심을 가지고 있지 않는 것과 관련이 있는 것으로 보인다.

공자 이전의 중국 상고上古시대에는 제帝·천天·천명天命 등의 소박한 초월적 종교 신앙이 있었던 것은 사실이다. 은상殷商시대의 제왕들은 자신들의 정치적 권위와 지배를 합리화하기 위해 단지 씨족신氏族神에 불과한 제帝의 지위를 끌어올렸다. 주대에 이르면 은상이 신봉하던 제는 점점 중성화되고 보편화되어서 천天에 자리를 내어 준다.

은상의 제나 주의 천을 막론하고, 모두 유태교나 예수교 전통에서 신봉하는 God처럼 우주 일체를 창조하는 무한한 신의 힘은 가지지 못하다. 이것은 중국 상고 시대의 종교가 유일신의 종교로 변화하지 못하고, 천명관과 천도론으로 전환했는가를 설명해준다. 종교의 초월성은 점차적으로 감퇴하고, 이를 이어서 천명의 내재화內在化와 우주화宇宙化로 변화되고, 송명 이학에서 강조하는 생생지화生生之化에 이르게 된다. 동시에 중국 상고 시기의 영혼관에서 말하는 혼백 이론은 분명히 인도교나 불교에서 말하는 윤회전생輪廻轉生의 관점이 종교 신앙의 흡인력을 가지고 있는 것과는 완전히 다르다.707)

천명의 내재화에 따라 유가들의 영원함에 대한 희구 역시 내재적인 노선으로 나아가지 않을 수 없게 된다. 죽음의 문제 역시 인본주의적인 내재적 도덕의 노선으로 발전한다.

공자는 "사람이 도를 넓힐 수 있지, 도가 사람을 넓히는 것이 아니다"708)라는 인본주의적 입장에서 종교적 초월성을 지니고 있는 천에 대해서 사변적인 추측을 하지 않고, 다만 "천이 무엇을 말하겠는가? 사

707) 傅偉勳 著, 『死亡的尊嚴與生命的尊嚴』, 北京, 北京大學出版社, 2006년, 제87쪽 참조 바람.

708) 『論語』「衛靈公」"人能弘道, 非道弘人"

시가 행하고 만물이 생한다. 천이 무엇을 말하겠는가?"709)라고만 말한다. 공자는 비록 천에 대해서 말하지 않지만, 천명 즉 하늘이 인간에게 부여한 사명은 굳게 믿었다. 이런 사명은 바로 천도와 인도를 실현하는 도덕적 사명이다. 여기에서 우리는 공자 본인이 가지고 있는 견고한 인본주의적인 종교적 신념을 볼 수 있다.710)

소위 인본주의적인 종교적 신념 즉 인문 종교 또는 도덕 종교의 입장에서, 유가들은 생사 문제를 해결하는 관건을 도덕 가치의 실현에서 찾고 있다. 이런 관점이 추구하는 것은 바로 죽어서도 불후不朽하는 길이다.

불후라는 말은 "가장 높은 단계의 것은 큰 덕을 세워 있는 것이고, 그 다음은 큰 공을 세워있음이며 그 다음은 훌륭한 말을 남겨 두는 것입니다. 그것들이 오래 되어도 소멸되지 않으면 그것을 영원히 썩지 않는 불후라 하는 것입니다"711)라는 것에서 나왔다. 사람이 생전生前의 노력을 통하여 입덕立德·입공立功·입언立言하면 살아있을 때의 업적이 후세에 전달될 수 있고, 명성이 오래토록 남아있는 상태에 이를 수 있다. 유가들은 이런 것을 통하여 죽음을 초월할 수 있다고 말한다. 명대明代의 라륜羅倫712)은 다음과 같이 말한다.

> 태어나면 반드시 죽는 것은 성현이나 보통의 사람이나 다를 바가 없다. 죽어서 없어지지 않고, 천지와 함께 오래 가고, 일월과 함께 빛나는 것은 오직 성현일 뿐이다.713)

---

709) 『論語』「陽貨」"天何言哉? 四時行焉, 百物生焉, 天何言哉"

710) 傅偉勳 著, 『死亡的尊嚴與生命的尊嚴』 제87쪽 참조 바람.

711) 『左傳』 襄公二十四年 "大上有立德, 其次有立功, 其次有立言. 雖久不廢, 此之謂不朽."

712) 羅倫(1431-1478)은 明代의 학자로 字는 應魁였는데, 彛正으로 고쳤고, 호는 一峰이며, 시호는 文毅다. 의리를 중시했으며 청렴하여 청빈한 생활을 했다. 嘉靖 초에 左春坊諭德에 추증되었다. 저서에 「一峰集」이 있다.

713) 『一峰詩文集』 "生而必死, 聖賢無異於衆人也. 死而不亡, 與天地併久, 日月幷明, 其唯聖賢乎!"

성현의 개체적 자연 생명은 사라져 없어졌어도 여전히 살아있다고 말하는 것은 그의 생전의 이상, 인격 및 사적이 천추만대에 칭송되고 있다는 말이다. 즉 몸은 죽었어도 그의 정신이나 업적은 일월과 함께 빛난다는 말이다. 구체적으로 이런 불후의 경우를 『사기정의史記正義』는 『대대례기大戴禮記』의 말을 빌려와 이야기하고 있다.

> 재아宰我가 공자에게 "제가 영윤榮伊에게 황제皇帝는 300년을 살았다는 말을 들었습니다. 황제가 사람입니까? 어떻게 300년까지 살 수 있습니까?" 이에 대해 공자께서는 "황제는 온 힘과 마음을 쓰고 보고 들은 바를 부지런히 사용하고, 수화水火와 재물을 절용節用하니, 살아서는 백성들이 그로부터 이득을 얻은 것이 백 년이고, 그가 죽고서 백성들이 그의 신령함을 경외敬畏하는 데 백 년이 걸리고, 그가 이 세상에 없어지고 난 뒤에도 백성들이 여전히 그의 가르침을 따르는 데에 백 년이니 모두 300년이다"라고 말씀하셨다.714)

공적이 있는 사람의 명성은 죽어서도 왜 없어지지 않는가 하는 문제를 실제의 예를 들어 말하고 있다. 즉 300년을 살았다고 하지만, 황제가 생존한 것은 채 100년이 되지 않았을 것이다. 그럼에도 300년을 살았다고 하는 것은 바로 그가 사회와 사람들에게 미친 영향의 시간을 의미한다.

유가가 말하려는 "사이불망死而不亡"의 상태가 되기 위해서는 생전에 성취한 도덕 인격의 배양이나 사업의 개척에 달려 있다. 유가가 궁극적으로 도달하려는 목표는 천명 혹은 정명正命의 관철에 있다. 여기에서 말하는 정명은 바로 바른 명命이다. 공자에게 있어서 죽음이란 인간의 의지에 의해서 조절되는 그런 영역이 아니었다. 이런 도도한 명의 운행

714) 『史記』 제1책, 北京, 中華書局, 1959, 제9쪽의 『史記正義』를 인용하였음. "宰我問於孔子曰 : '予聞榮伊曰黃帝三百年. 請問黃帝者人耶 ? 何以至三百年 ?' "孔子曰 : '勞勤心力耳目, 節用水火材物, 生而民得其利百年, 死而民畏其神百年, 亡而民用其教百年, 故曰三百年也."

에 낙담하거나 판단을 유보하는 공자와 그의 제자들의 모습은 『논어』에서도 발견된다.

> 이런 병에 걸릴 리가 없는데 명命인가보다! 이런 사람이 이런 병에 걸리다니! 이런 사람이 이런 병에 걸리다니! 라고 탄식하였다.715)

> 죽고 사는 것은 명에 달려 있고 부유해지고 귀하게 되는 것은 하늘에 달려 있다'716)

앞의 말은 공자가 제자 백우伯牛가 병에 걸려 죽어갈 때, 창문으로 그의 손을 잡고 한 말이고, 뒤의 말은 공자의 말을 듣고 자하子夏가 한 말이다. 공자의 이런 관점을 이어 받은 맹자孟子 역시 명을 죽음의 문제와 관련시킨다.

> 그렇게 하지 않았는데도 그렇게 되는 것은 천天이요, 이르게 하지 않았는데도 저절로 이르는 것은 명이다.717)

> 명 아님이 없으나 그 바른 명을 따라야 한다. 그러므로 명을 아는 사람은 위험한 담장 밑에 서지 않는다. 그 도를 다하고 죽는 자는 바른 명이고 죄를 저질러 죽는 자는 바른 명이 아니다.718)

앞의 말에서 '그렇게 하지 않았는데도 그렇게 되는 것'이나 '이르게 하지 않았는데도 저절로 이르는 것'은 인간의 의지와는 아무 상관이 없는 영역이다. 여기에 해당되는 대표적인 경우가 바로 죽음이다. 아래의

---

715) 『論語』「雍也」“亡之, 命矣夫! 斯人也而有斯疾也! 斯人也而有斯疾也!”

716) 『論語』「顔淵」“死生有命, 富貴在天”

717) 『孟子』,「萬章」上, “非人之所能爲也. 莫之爲而爲者, 天也, 莫之致而至者, 命也.”

718) 『孟子』,「盡心」上, “莫非命也, 順受其正, 是故知命者不立乎巖牆之下. 盡其道而死者, 正命也, 桎梏死者, 非正命也.”

문장은 바른 명과 바르지 못한 명을 구분하는 일이 우선 중요하게 된다. 그리고 바른 명대로 실천한 뒤 그 결과를 기다릴 뿐이다. 즉 삶에 대한 욕심이나 죽음에 대한 두려움을 넘어서서 바른 실천을 한 다음 그 결과가 삶이든 죽음이든 두려워하지 않는다.719) 그러므로 유가는 도덕적 인격을 견지하기 위해서는 언제든지 자신의 생명을 버릴 수도 있고, 결코 구차하게 삶을 도모하지 않는다.

> 뜻있는 선비와 인仁한 사람은 살기 위해 인을 해치지 아니하며, 몸을 죽여서라도 인을 완성한다.720)
>
> 사는 것도 내가 바라는 것이고 의로움 또한 내가 바라는 것이다. 하지만 이 두 가지를 함께 얻을 수 없다면 차라리 삶을 버리고 의로움을 취할 것이다. 사는 것 또한 내가 바라는 것이기는 하지만 하고자 하는 것이 사는 것 보다 더 중요하기 때문에 구차하게 삶을 구걸하지 않는다. 죽음 또한 내가 싫어하는 것이지만 죽기보다 싫은 것이 있다. 그렇기 때문에 비록 환난을 당하는 한이 있어도 피하지 않는 바가 있다.721)

인간은 누구나 죽음을 두려워한다. 인간은 자연적 생명과 도덕적 생명을 동시에 가지고 있는 존재로 자신의 가치를 실현하며 살아가는 존재이기 때문에 그들은 자연적인 생명보다는 사회적, 도덕적 가치를 더욱 중요하게 여긴다. 그들이 가장 두려워 하는 것은 생물학적 죽음이 아니라, 도덕적으로 죽는 것이다. 이 때문에 유가는 도덕적 가치와 자연적 생명이 충돌할 경우, 주저 없이 자신의 생명을 버릴 수 있다. 이를 통하여 그들은 죽음을 초월하고 불후할 수 있는 것이다. 즉 죽어서도

---

719) 김교빈, 「죽음에 대한 유교의 이해」, 『철학연구』 제75집 2006년 겨울호, 제6-8쪽 참조 바람.

720) 『論語』, 「衛靈公」 "志士仁人, 無求生以害仁, 有殺身以成仁."

721) 『孟子』, 「告子」 "生亦我所欲也, 義亦我所欲也, 二者不可得兼, 舍生而取義者也. 生亦我所欲, 所欲有甚於生者, 故不爲苟得也. 死亦我所惡, 所惡有甚於死者, 故患有所不辟也."

삶의 공간에서 사라지지 않는다.

6. 소결

생명의 불후를 추구하는 것이 유가 생사관의 핵심이다. 개체적 자연 생명으로서의 개인이 사후에도 불후할 수 있는가의 여부는 유가가 근본적으로 고려하는 입장은 아니다. 유가가 참으로 관심을 두고 있는 것은 사회적, 문화적인 의미를 지닌 이른바 '삼불후三不朽', 즉 입언·입공·입덕이다. 유가가 연속적 생사관을 통하여 강조하려는 것은 결코 개체적 자연생명의 불후가 아니라, 생생生生이라는 다양한 생사 연속의 지평을 통한 죽음의 초월에 있다.

유가가 죽음을 초월하는 생사 연속의 다양한 지평은 크게 세 가지로 나누어 볼 수 있다. 그 중 하나는 효이다. 개인의 자연 생명은 비록 끝이 나지만, 생명은 오히려 혈맥血脈을 통하여 끊어지지 않고 이어진다. 이것이 바로 "비록 죽었으나 여전히 살아있는" 것으로 관건은 바로 조상을 모시고, 후손을 이어가는 효의 실천에 있다.

두 번째는 개체의 생명을 사회 국가라는 대생명 속에 집어넣어 치국평천하하여 자신의 이름을 역사 속에 기록하는 사회적 불후이다. 이것은 "비록 죽었으나 여전히 영광스러운" 것이다.

세 번째는 천인天人을 소통하는 것이다. 소아小我의 생명을 우주의 대생명 속에 집어넣어 영원함을 얻는 것이다. 이것은 "비록 죽었으나 영원히 존재하는 것"이라고 할 수 있다.[722] 이 세 가지 중 어느 하나를 이루기 위해서 필요한 것은 바로 도덕 또는 내성외왕內聖外王의 실천 여부이다.

---

722) 鄭曉江 外 主編, 『解讀生死』, 北京, 社會科學文獻出版社, 2005, 제30쪽 참조 바람.

유가에게 있어서 죽음은 역시 이별을 의미한다. 그러므로 그들은 이별을 어느 누구보다도 슬피 곡哭하며 보낸다. 그러나 그들은 죽음으로 이별한 대상이 이 세계를 떠난 것으로 생각하지 않는 것 같다. 그들은 죽은 자를 그들의 혈맥 속에서나, 역사를 통해서나, 예禮를 통해서 생사를 연속시켜, 늘 삶의 영역 속에 남겨두고 있다.

제14장

공자의 도덕적 생사관
: 莊子와의 비교를 통하여

1. 들어가는 말

우리에게 죽음은 가급적 언급을 피해야 하는 말 중의 하나이다. 이것은 삶에 비해서 중요성이 덜한 것은 물론이고 심지어 '4'라는 숫자까지도 의식적으로 사용하지 않는 문화적 현상을 통해 보면 더욱 더 쉽게 이해가 될 것이다. "죽음은 예나 지금이나 사람들에게 있어서 무섭고 두려운 사건이며, 비록 우리가 여러 면에서 죽음의 공포를 극복한 것처럼 보이나 죽음의 공포는 여전히 인류 공통의 것으로 남아 있다."723) 이처럼 철저하게 배제되어야 하는 죽음이 두렵다고 하여 무조건 피하거나 적대시할 수만은 없다.

죽음의 엄연한 사실을 더 이상 부정하지 못하면 우리는 죽음에 도전함으로써 그것을 초극하여야 한다. 왜냐하면 죽음은 결코 재앙이 아니라 죽음이 가지고 있는 두려움이 오히려 우리 자신의 본래적 모습을 되

723) 퀴블러로스 지음. 성염 옮김, 『인간의 죽음』, 분도출판사, 제18쪽.

돌아보고 앞으로의 미래를 재점검하는 기회를 마련하여 우리 자신이 가질 수 있는 최고의 성취를 이루도록 도와주기 때문이다.

죽음을 삶의 조건이자 동반자로 받아들이는 한 죽음은 존재론적 의미를 갖는 것으로서 단순한 지식의 대상 이상이 된다. 죽음에는 우리가 삶의 의미를 소중하게 생각하고 그 의미를 되새겨보도록 하는 그런 삶을 완성하게 하는 힘을 가지고 있다.[724] 여기에서 죽음의 문제는 단순히 금기하고 두려워하는 차원에 머물지 않고, 그것은 우리의 삶에서 어떤 의미를 가지고 있는 가라는 근본적인 물음으로 전환된다. 말하자면 죽음에 대한 생각은 바로 어떻게 잘 살 것인가 하는 문제로 전환되고 집약된다.

죽음을 생각하는 것은 단순히 죽음을 생각하는 것이 아니라 삶을 생각하는 것이다. 이런 의미에서 죽음 준비는 단순히 죽음을 준비하는 것이 아니라 삶을 준비하는 것이다. 삶을 이치에 맞게 살아보기 위해 죽음을 생각해 보라는 것이다. 그러므로 죽음의 철학은 곧 삶의 철학이외에 다른 것일 수 없다고 말한다. 달리 말하면 잘 살고 올바르게 살아야 잘 죽을 수 있다는 것이다.[725]

죽음의 철학이 바로 삶의 철학이기 때문에 대부분의 철학자들 역시 죽음을 두려워하거나 피하지 않고 이 불가피한 문제를 정면에서 파악하여 이야기한다. 중국의 유가와 도가 역시 예외는 아니다. 이 중에서도 공자와 장자는 죽음의 문제를 독특한 생사관生死觀을 통하여 이야기하고 있다. 비록 공자가 죽음의 문제에 대해서 직접적인 토론을 회피하는 느낌을 줄 지 모르나, 장자의 경우는 죽음을 가장 중요한 철학적 문제 의식 중의 하나로 삼고 있다.

여기에서는 『논어』와 『장자』에 보이는 생사관의 문제를 중심으로 하

---

724) 정동호, 「죽음에 대한 철학적 성찰」『철학, 죽음을 말하다』, 산해, 제47쪽 참조.

725) 오진탁 지음, 『죽음, 삶이 존재하는 방식』, 청림출판, 제9쪽 참조.

여 "죽음에 대한 태도", "죽음과 운명", "죽음과 불사不死, 불후不朽, 내세來世" 등의 문제들을 집중적으로 분석하려고 한다. 두 철학자가 말하는 관점들의 분석과 비교를 통하여 유가와 도가 철학이 가지고 있는 죽음관의 특징과 생사학적 단서들을 살펴보려고 한다.

2. 덕복의 불일치와 죽음에 대한 유 · 도가의 대응

『사기史記』의 「열전列傳」은 「백이열전伯夷列傳」으로부터 시작한다. 이 문장이 유명한 이유는 중국의 유가나 도가가 가지고 있는 중요한 인생관과 세계관의 문제를 죽음을 통하여 직시하고 있을 뿐만 아니라, 동시에 불교가 왜 중국인들에게 호소력 있게 받아들여지게 되었는가 하는 문제까지도 이야기하고 있기 때문이다.

> 어떤 사람이 말하기를 천도天道는 공평무사公平無私하여 항상 착한 사람의 편이 된다고 하였다. 백이와 숙제 같은 사람은 착한 사람이 아닌가? 그들은 이와 같이 덕을 쌓고 깨끗한 행동을 하였음에도 굶어 죽었다. 또 공자의 70명 제자 중에 오직 안회顔回만이 호학好學하는 사람으로 추천되었다. 그러나 안회는 항상 궁핍하여 거친 음식조차 배불리 먹지 못하고 끝내는 요절하였다. 하늘이 착한 사람에게 주는 보답은 어떻게 되었는가? 도척은 매일 죄 없는 사람을 죽이고 사람의 고기를 먹고 포악하여 제멋대로 하여 수 천 명의 무리를 이끌고 천하를 횡행橫行하면서도 결국에는 천수를 다하였는데 이것은 어떤 도덕을 따랐기에 이러한가? 이런 것들은 특별히 크고 분명하고 현저한 예例에 불과하다. 만약 요즘 세상으로 말하면 바른 길을 가지 않고 오직 법을 어기고 금지하고 있는 것을 일삼으면서도, 죽을 때까지 편안하게 즐기고 부유함이 대대손손 끊어지지 않으니 ...... 나는 만약 무슨 천도를 말한다면 그것이 과연 옳은 것인지 그른 것인지 심히 의심이 든다.[726]

사마천은 『사기』에서 천도가 공평무사해서 착한 사람의 편을 들어서 복을 주고 나쁜 사람은 벌을 주어 응징하여야[727] 함에도 불구하고, 거꾸로 정의正義를 위하여 지극하게 선한 삶을 살았던 백이와 숙제는 아사餓死하고, 안회는 가난하게 고생하다 요절하게 만들면서 오히려 온갖 만행을 저질렀던 도척은 모든 호사스러움을 누리면서 편안히 천수를 누리도록 한 것에 대해 분노하고 있다.

여기에서 사마천은 천도가 과연 옳은 것인지 또는 그른 것인지 라는 의심을 노골적으로 표명하고 있다. 이런 도덕과 행복이 현실적으로 일치하지 않고 모순되어 서로 충돌한다는 사마천의 문제 제기는 여러 가지 중요한 철학적 문제들과 관련되어 있다.

현실 세계에서 인생을 올바르게 살고 싶다는 희망과 행복하게 살고 싶다는 마음은 쉽게 양립兩立하기 힘들다. 이 문제에 대한 철학적 대응은 크게 몇 가지로 나누어 생각해 볼 수 있다. 우선 공자는 백이와 숙제의 행동을 묻는 제자의 물음에 대해 다음과 같이 말한다.

> (자공이 들어가서 공자를 뵙고) 백이와 숙제는 어떤 사람입니까? 하고 물었다. 공자 말씀하시기를 옛날의 현인이지 라고 말씀하셨다. 자공이 그들은 (자신들의 운명을) 원망하였습니까? 하고 물었다. 공자께서 그들은 인을 구해서 인을 얻었으니 무슨 원망을 하겠는가 라고 말씀하셨다.[728]

공자의 입장을 한 마디로 말하면 도덕을 실천하여 얻는 만족감을 행

---

726) 『史記』, 「伯夷列傳」, 或曰"天道無親, 常與善人." 若伯夷·叔齊可謂善人者非邪? 積仁絜行如此而餓死! 且七十子之徒, 仲尼獨薦顔淵爲好學. 然回也屢空, 糟糠不厭, 而卒蚤夭. 天之報施善人, 其何如哉? 盜蹠日殺不辜, 肝人之肉, 暴戾恣睢, 聚黨數千人橫行天下, 竟以壽終. 是遵何德哉? 此其尤大彰明較著者也. 若至近世, 操行不軌, 專犯忌諱, 而終身逸樂, 富厚累世不絶. ...... 余甚惑焉, 儻所謂天道, 是邪非邪?

727) 『書經』 「商書」 "天道福善禍淫'

728) 『論語』 「述而」, "伯夷叔齊何人也?" 曰, "古之賢人也." 曰, "怨乎?" 曰, "求仁而得仁, 又何怨?

복으로 여기는 관점이다. 여기에서 백이와 숙제가 평생 추구한 것이 인仁이었고 마침내 그것을 성취하였기 때문에 비록 비참하게 죽었으나 더 이상 여한이 없을 것이라고 단정한다.

유가의 덕복불일치의 관점이 가지고 있는 가장 큰 문제점 중의 하나가 바로 모든 것을 도덕의 입장으로 바라보는 일종의 '도덕본위론'이다. 여기에서 행복의 문제는 독립적인 지위를 가지지 못하고 행복은 도덕에 종속되어 버린다. 여기에는 결코 어떤 다른 보상, 예를 들면 내세에서 받을 보응報應의 문제에 대해서는 조금의 언급도 없다.

공자의 이런 관점은 스토아 학파에서 말하는 행복이 목표가 아니라, 도덕을 목표로 삼을 때 행복이 달성된다는 관점과 유사하다.[729] 이런 공자의 관점에 대해 사마천은 역사적인 사실들에 근거하여 적극적으로 반론을 제기하여 유가의 행복론이 가진 한계를 비판하고 있다.

그러면 장자는 백이와 숙제의 죽음과 덕복의 불일치 문제에 대해 어떤 입장을 가지고 있는가? 그는 공자와는 확실히 다른 평가를 하고 있다.

> 자신의 몸을 망치기만 하고 참된 도를 얻지 못하는 자는 사람들을 부릴 수 있는 자가 아니다. 호불해, 무광, 백이, 숙제, 기자, 서여, 기타, 신도적 등은 모두 다른 사람들을 위해 애를 쓴 것이고, 또 다른 사람의 즐거움을 자신의 즐거움으로 여긴 사람들로 자신의 즐거움을 즐긴 사람들이 아니다.[730]

장자는 보통 사람들이 감히 하지 못하는 일을 한 비범한 사람으로 평

729) 자연 세계는 이성의 법칙에 따라 질서 있게 조화를 이루는 결정론적 세계지만, 이와 반대로 인간 세계는 고통이나 질병 등이 만연하는 세계이다. 여기에서 인간은 일상적인 행복을 기대하기 어려우며 이른바 세속적인 성공과 행복의 성취는 우리의 능력밖에 존재한다. 따라서 스토아 학파는 행복을 능력의 발휘보다는 인간의 욕구를 억제함으로써 가능한 것으로 보고 있다. 행복이 목표가 아니라, 도덕을 목표로 삼을 때 행복이 달성된다고 말한다.

730) 『莊子』「大宗師」"亡身不眞, 非役人也. 若狐不偕. 務光. 伯夷. 叔齊 .箕子. 胥餘. 紀他. 申徒狄, 是役人之役, 適人之適, 而不自適其適者也."

가되는 백이, 숙제나 기자 등은 사실은 역사에 자신의 헛된 이름을 올리려는 생각에 내몰려 자신이 가지고 있는 온전한 생명을 희생시킨 것으로 보고 있다. 말하자면 다른 사람의 칭찬과 가송歌頌에 자신을 억지로 적응適應시킨 결과이다. 여기에서 장자는 이름과 도의의 명예를 쫓아 굶어 죽은 백이·숙제나 재물과 이익을 탐내다 죽은 도척 모두 천성天性을 손상시킨 점에서는 동일 유형 혹은 동일한 수준에 있을 뿐이라고 말한다.731)

장자는 인간이 추구하는 개별적인 행복의 조건이나 문제들을 초월하여 더 큰 도道의 자연스러움과 명命에 편안하게 맡겨야 진정한 덕과 복의 일치가 자연스럽게 달성될 것으로 보고 있다.

장자는 「인간세人間世」에서 "그 어떻게 할 수 없음을 알고 명命에 편안해 하는 것이 덕德의 지극함이다"732)라고 말한다. 그는 명命을 결정론적으로 규정하고 있지는 않지만 죽음과 삶, 빈궁함과 부귀 영달 등은 우리의 의지로 완벽하게 제어할 수 있는 것이 아니기 때문에 지나치게 몸과 마음을 쓰면서 안달할 필요가 없이 초월해서 달관해야 할 것을 말하고 있다.

장자가 백이·숙제의 죽음에 대해 비판적인 이유는 그들의 외재적인 도덕적 신념이나 주장 등이 개인에게 주어진 천성과 진실한 도를 해치고 있는 것으로 보기 때문이다. 여기에서 그는 인위적이거나 상대적인 생각이나 주장에 근거한 행복 추구를 초월하여 도의 자연스러움에 맡길 것을 말하고 있다. 개인적인 행복에 대한 초월과 달관이라는 장자의 관점 역시 사마천의 한탄을 직접적으로 해결하기에는 여전히 부족한 것으로 보인다.

사마천이 제기한 이 문제를 해결하는데 있어서 보다 효과적인 대응

731) 『莊子』「駢拇」"伯夷死名於首陽之下, 盜跖死利於東陵之上, 二人者, 所死不同, 其於殘生傷性均也."

732) 『莊子』「人間世」"知不可奈何, 而安之若命, 德之至也"

방법은 사후死後 세계 즉 내세來世를 설정하는 것에 있는 것으로 보인다. 내세의 설정은 분명히 죽음의 공포나 현세에서의 고통을 감소시켜 주는 역할을 한다. "내세에 대한 생각은 인간의 괴로움과 고통을 감소시켜 주었다. 천당에서는 보상을 받는다. 이승에서 많은 괴로움을 받을수록, 용기와 고마운 마음, 끈기와 품위를 가지고 견디기만 한다면, 보상이 그만큼 크다."[733] 기독교의 천당지옥설이나 불교의 윤회설은 모두 이런 관점과 무관하지 않다. 특히 덕복불일치德福不一致의 문제는 칸트의 윤리학에서는 가장 중요한 주제 중의 하나이기도 하다.[734] 이런 상황에서 중국인들은 육조六朝 이후 삼세보응설三世報應說이나 윤회설로 무장한 불교를 통해서 현세의 고통에 대한 보상을 찾으려 노력하게 된다.[735]

이에 비해 "결코 보상을 바라지 않으면서 사람답게 산 결과가 죽음이라면 흔쾌히 받아들일 수 있는"[736] 유가나 "생사를 마치 낮과 밤이 바뀌는 자연스러운 것으로"[737] 보는 도가는 내세나 사후의 세계, 삶과 죽음의 관계나 죽음과 명命의 관계에 대해서는 어떻게 말하고 있는가?

또 그들은 숭고하거나 정의를 위한 죽음에 대한 상응할만한 대가는 어떤 방식으로 보상받아야 한다고 보고 있는가? 불사不死에 대한 관점은 무엇인가? 이런 문제들을 공자와 장자의 관점을 중심으로 살펴보도록 하자.

---

733) 퀴블러로스. 『인간의 죽음』, 제29-30쪽.

734) 칸트는 이 문제를 최고선의 문제와 관련하여 말하고 있다.

735) 이런 관점에 대한 논의는 森三樹三郎 지음, 임 병덕 옮김, 『중국사상사』, 온누리, 제147-150쪽 및 제172-175쪽 참조 바람.

736) 김교빈, 「죽음에 대한 유교의 이해」, 『철학연구』 제75집 2006년 겨울호. 제2쪽.

737) 『莊子』 「至樂」, "生死爲晝夜".

3. 공자의 도덕적 생사관을 통해 본 죽음의 문제

1) "未知生, 焉知死"와 '處死之道'

유가의 생사관을 이야기 할 경우 가장 대표적으로 언급되는 구절 중의 하나가 바로 『논어』「선진先進」편에서 말하는 "미지생, 언지사未知生, 焉知死"라는 구절일 것이다. 계로(季路; 子路)가 공자에게 질문한 귀신 섬기는 문제와 죽음에 대한 공자의 이 대답이 의미하는 것은 무엇인가? 몇몇 주요한 주석들을 중심으로 살펴보도록 하자.

> 자로가 귀신 섬기는 법을 묻자, 공자께서 '사람도 잘 섬기지 못하는데 어찌 귀신을 섬기겠느냐'고 말씀하시자, 다시 '감히 죽음에 대해 묻겠습니다'고 하자 공자께서 '삶도 아직 다 모르는데 어찌 죽음을 말하겠느냐'고 말씀하셨다.738)

공자는 자로의 귀신 섬기는 일과 죽음에 대한 물음에 직접적인 대답은 하지 않고 있다. 다만 표면적으로 보면 귀신 섬기는 일보다는 사람 섬기는 일이 급선무이고, 삶을 알고 난 후에야 죽음에 관한 이야기를 하는 것이 좋을 것이라고 말하는 것으로 보인다. 이에 대한 여러 주석서의 관점도 다양하다.

『논어주소論語注疏』는 진군陳群의 관점을 빌려와서 다음과 말하고 있다.

> 귀신과 죽음에 관한 일을 밝히기가 어렵고 말해보았자 무익하므로 대답하지 않았다.739)

---

738) 『論語』「先進」"季路問事鬼神. 子曰, 未能事人, 焉能事鬼? 曰, 敢問死. 曰, 未知生, 焉知死?"

739) 『論語注疏』"鬼神及死事難明, 語之無益, 故不答"

또 황간黃侃은 『논어집해의소論語集解義疏』에서 매우 농후한 불교적 색채를 보여주고 있다.

> 외교外教에는 삼세三世의 뜻이 없는데 이 구절에는 보인다. 주공이나 공자의 가르침은 다만 현재만을 설명하였고 과거와 미래에 대해서는 말하지 않고 있다[740]

황간은 유가의 경우 현재만 말하기 때문에 자로가 물으려고 하는 귀신 섬기는 일이나 죽음의 문제는 이미 현재의 범위를 넘어선 것이기 때문에 대답할 수 없었던 것이라고 말한다. 주자는 『논어집주論語集註』에서 유가 본연의 관점으로 말하고 있다.

> 귀신 섬기는 법에 대해 물은 것은 제사를 받드는 뜻을 물은 것이요, 죽음은 사람에게 반드시 생길 수밖에 없는 것이니, 알지 않으면 안 되는 것으로 모두 절실한 물음이다. 그러나 정성과 공경심으로 사람을 섬길 수 있는 자가 아니면 반드시 귀신을 섬기지 못할 것이고, 시초를 근원해서 생生을 알지 못하면 반드시 종終으로 돌아가 죽음을 알지 못할 것이다.[741]

주자의 관점은 한 마디로 말해 생生을 분명히 알지 못하면 죽음도 알지 못한다는 논리이다. 생의 도리를 알아야 죽음이 가지고 있는 도리까지 알 수 있다는 관점이다. 이는 단순한 삶의 죽음에 대한 우위를 강조하려는 것이 아니라, 배움에서의 순서라는 입장에서 말하고 있는 것으로 나름대로 설득력이 있는 주석으로 보인다.

그런데 여기에서 소개한 몇 가지 주석들이 공통적으로 이야기하는 내용은 "미지생, 언지사未知生, 焉知死"라는 구절에서 "사死"를 모두 사후死

---

740) 『論語集解義疏』 "外教無三世之義, 見乎此句也. 周孔之教唯說現在, 不明過去未來."

741) 『論語集註』 "問事鬼神, 蓋求所以奉祭祀之意. 而死者人之所必有, 不可不知, 皆切問也. 然非誠敬足以事人, 則必不能事神; 非原始而知所以生, 則必不能反終而知所以死."

後의 문제로 보고 있다는 점이다. 이 문제에 대해 청대 유보남劉寶楠의 『논어정의論語正義』에서는 청대 조우趙佑의 관점을 다른 의견 없이 그대로 수록하고 있다. 이는 아마도 조우의 의견을 매우 높게 평가하기 때문으로 보인다.

아래에서는 『논어정의論語正義』에 인용되지 않는 조우趙佑의 『사서온고록四書溫故錄』의 관점을 소개하고 분석해 보도록 하겠다.

> "사람도 잘 섬기지 못하는데 어찌 귀신을 말하겠느냐? 삶도 아직 다 모르는데 어찌 죽음을 말하겠느냐?" 이것이 바로 공자께서 자로가 물은 것에 대한 답인데 지극히 간명簡明하다고 말할 수 있다. 그런데 주에서는 "귀신과 죽음에 관한 일을 밝히기가 어려워 말해보았자 무익하므로 대답하지 않았다"고 그릇되게 말하고 있다. 이것은 위魏의 진군陳群의 설인데 하안何晏이 채택하였고 형병邢昺은 성인은 유익하지 않은 일에 대해서는 말하지 않는다고 하였고 심지어 주자의 집주마저도 오류를 벗어나지 못하고 있다. 이런 잘못이 생기게 된 것은 "사事"라는 글자를 너무 가볍고 소략하게 처리하였기 때문인데, 다만 자로가 귀신에 대해 쓸데없이 물은 것으로만 말한다. 귀신에 대해 쓸데없이 물은 것이라면 공자는 왜 재아宰我의 물음에 대해 상세하게 말해주고 자로에게는 그렇게 인색하였는가? 또 죽음에 대해 묻는 것을 모두 "사후의 일"로 잘못 생각한다면 인도人道를 버리고 귀신 쪽으로만 말한 것이니, 현자가 어찌 이런 생각을 하였겠는가?[742)]

여기에서 조우는 기존 주석들이 대부분 자로가 '귀신鬼神 섬김'을 물은 것에 대해 '쓸데없는 것'으로, "죽음"의 문제에 대해서는 모두 사후

742) 趙佑, 『四書溫故錄』『續修四庫全書 · 經部』四書類 166號, 上海古籍出版社 제491쪽. "未能事人, 焉能事鬼? 未知生, 焉知死? 此夫子所以正答子路之問也, 可謂至簡明矣. 而注謬云, 鬼神與死事難明, 語之無益, 故不答. 此魏陳群之說, 何氏採之, 邢疏遂謂, 聖人不道無益之事, 集註不免出入其間. 其誤由輕略事字, 若子路之空問鬼神也者. 然既空問鬼神, 子猶祥以語宰我, 而何吝於二路? 又誤認問死爲死後之事, 則捨人道而涉鬼神, 賢者豈出此哉?"

死後의 일로 보는 관점에 대해 비판하고 있다.

'귀신鬼神 섬김'을 '쓸데없는 것'으로 보는 관점에 대해 조우는 『예기禮記』「제의祭義」에서 "재아宰我가 저는 귀와 신에 대해 그 이름을 자주 들었으나 그것들이 무엇을 말하는 것인지를 모르고 있습니다 라고 하였다. 이에 대해 공자께서 기氣라는 것은 신神이 성盛하여 드러난 모습이고 백魄은 귀가 성하여 드러난 모습이니 귀와 신을 합하여 제사지내는 것이 교화의 극치라고 하셨다"[743] 라는 말을 통하여 공자가 이 문제를 결코 쓸데없는 것으로 간주하지 않았기 때문에 재아에게 상세하게 설명하였음을 말하고 있다.

특히 조우는 공자가 말하는 '사死'를 '사후지사死後之事'의 의미로 해석하는 기존의 주석들에 대해 비판하고 그것은 공자가 말하려고 하는 문제의 초점과 중심을 잃어버린 것으로 보고 있다.[744]

자로가 공자에게 죽음에 대해 물으려고 한 것은 결코 사후 세계의 객관적 존재 상황이나 인식에 관하여 말하는 '사후지사死後之事'가 아니라, '처사지도處死之道'를 알려고 하는 것임을 분명하게 말하고 있다.[745] 여기서 말하는 '처사지도處死之道'는 살아있는 우리의 자아와 생사生死문제에 대한 주체적 관조觀照 및 결단과 관련 있는 태도를 말한다.[746] 이것은 현대적 의미의 생사학적인 태도와 매우 유사한 함의를 가지고 있는 것으로 보인다. 이 때문에 이런 죽음의 문제에 대한 자아의 주체적인 태도로서의 '처사지도'는 죽음이라는 문제만을 대상으로 삼을 뿐만 아니라, 더 나아가 삶에 대한 전면적인 성찰과 반성을 더욱 더 요구하고 있다.

---

743) 『禮記』「祭義」"宰我曰, 吳聞鬼神之名, 不知其所謂. 子曰, 氣也者, 神之盛也, 魄也者, 鬼之盛也. 合鬼與神, 教之至也."

744) 趙佑의 『四書溫故錄』의 관점을 통하여 공자의 죽음 문제를 분석하는 문장으로는 釋慧開의 『儒佛生死學與哲學論文集』, 紅葉文化事業公司, 제1-62쪽 참조 바람.

745) 『四書溫故錄』"進而問死, 欲知處死之道也."

746) 釋慧開, 『儒佛生死學與哲學論文集』, 제14쪽 참조 바람.

2) 살신성인과 명

"미지생, 언지사未知生, 焉知死"의 핵심이 '사후지사死後之事'에 있는 것이 아니라 '처사지도處死之道'에 있음을 알 수 있었는데, 이는 공자가 사후死後 문제에 대해서는 무관심함을 알 수 있다. 왜냐하면 공자가 관심을 가지는 부분은 죽음 자체나 죽음 이후에 대한 존재론적 관심이나 본질 규명 보다는 죽음이 가지고 있는 '의미적'인 측면에 있기 때문이다. 먼저 죽음을 단순한 지식의 문제가 아니라, 의미의 문제로 전환시키고 죽음이 우리의 삶에서 어떤 의미를 가지고 있는가 하는 문제를 다시 집중적으로 부각시켜 죽음을 삶의 완성으로 승화시키려고 하기 때문이다. 이런 점에서 죽음은 결코 생명 활동의 끝이 아니라 도道나 인仁의 추구 과정에서 맞이하게 되는 신체의 종결일뿐이다. 이에 대해 공자는 다음과 같이 말한다.

> 아침에 도를 듣는다면 저녁에 죽어도 좋다.[747]
>
> 뜻있는 선비와 인仁한 사람은 살기 위해 인仁을 해치지 아니하며 몸을 죽여서라도 인仁을 완성한다.[748]

여기에서 공자는 죽음의 도덕성을 강조하고 있는 것으로 보인다. 아침에 삶의 도리를 깨우쳤다면 저녁에 죽어도 마음 편할 것이라는 것이다. 여기에서 삶과 죽음은 결코 별개의 것이 아니다. 왜냐하면 무엇을 위해 살아야 하고, 인생의 목표가 무엇인가를 이해한다면, 무엇을 위해 죽어야 하는가 라는 것도 분명해지기 때문이다.

구체적으로 말하면, 인仁이 인생의 목적이기 때문에 그것을 위해 희생하였다면 사람들은 그것을 올바른 죽음이라고 말한다. "죽음이란 도

747) 『論語』「里仁」"朝聞道 夕死可矣"

748) 『論語』, 「衛靈公」"志士仁人, 無求生以害仁, 有殺身以成仁."

의 실현을 위해 힘써 일하다 맞닥뜨리게 되는 삶의 자연스러운 결과였을 뿐이며 더 적극적으로는 사람다움의 실현을 위하여 스스로 택하는 길이기도 하였다. 따라서 이러한 경우의 명命은 사명使命으로 이해되기도 한다."749) 이러한 죽음은 자신의 힘으로 주체할 수 없는, 어쩔 수 없는 죽음이 아니라 스스로 선택한 죽음일수도 있다. 이런 죽음을 공자는 명命과 관련하여 설명한다.

공자 이전의 상고 시기에는 소박한 의미의 종교적, 초월적인 성격을 가진 개념들이 있었다. 그것들이 바로 제帝, 천天, 천명天命, 명命 등이다. 이후 이런 초월적인 성격의 개념들은 점차 내재화되고 우주론적인 개념으로 변화한다. 명命 역시 예외는 아니다.

공자는 명命의 성격을 두 가지로 나누어 보고 있다. 하나는 죽음과 운명이 관련되어 있다는 입장이고, 다른 하나는 죽음과 사명이 관련되어 있다는 입장이다. "죽고 사는 것은 명에 달려 있고 부유해지고 귀하게 되는 것은 하늘에 달려 있다"750)는 말이나 제자 백우伯牛가 문둥병으로 보이는 병에 걸려 죽으려 했을 때 찾아가 "이럴 리가 없는데 명命인가보다! 이런 사람이 이런 병에 걸리다니. 이런 사람이 이런 병에 걸리다니"751)라는 곳에서 말한 명命은 모두 인간이 자신의 의지나 노력에 따라 마음대로 조정할 수 없는 숙명이나 운명과 관련이 있는 것으로 보인다.

천명天命이 사명使命의 의미로 쓰여 진 경우는 이전부터 있었다. 예를 들면 인간이 천자로 되는 것은 천의 명령에 의한 것이고 다른 말로하면 천의 사명을 받은 것이라고 할 수 있다. 이 사명이라는 관점은 천이 인격성을 상실한 후에도 계속 남아 있다.

숙명이나 운명의 의미로 사용되는 명命의 의미에는 "더 이상은 어떻

---

749) 김교빈, 「죽음에 대한 유교의 이해」, 제5-6쪽.

750) 『論語』, 「顔淵」 "死生有命, 富貴在天"

751) 『論語』, 「雍也」 "亡之, 命矣夫! 斯人也而有斯疾也! 斯人也而有斯疾也!"

게 할 수 없다"는 소극적인 인간의 한계성과 연관되기 싶다. 이에 비해 사명使命의 경우는 "이것은 무조건 해 내어야 한다"라는 적극적인 태도를 보여준다.[752] 그러므로 어떤 사명을 달성하기 위해서는 분투하다가 목숨을 버려도 결코 아깝지 않은 "'살신성인殺身成仁" 또는 "사생취의舍生取義"(삶을 버리고 옳음을 취한다)[753]의 관점을 보여주기도 한다. 그러므로 "아침에 도를 듣는다면 저녁에 죽어도 좋다"고 하거나 "인을 구해서 인을 얻었으니 무슨 원망을 하겠는가" 라고 하여 죽음의 도덕성을 강조하고 있다.

3) 제사와 불후

공자는 분명히 "미지생, 언지사未知生, 焉知死"를 말하여 사후의 문제에 대해서는 크게 관심을 두지 않고 죽음의 문제를 다만 삶과의 관련성 속에서만 다루려고 한다. 사후의 세계에 대해 관심도 없고 알 수도 없는데 왜 제사를 말하는가? 논어 속에서 공자는 제사와 관련된 많은 이야기를 하고 있다. 이런 공자의 제사와 귀신에 대한 관점은 "귀신을 공경하지만 멀리 한다(敬鬼神而遠之)"는 말을 통해서 분명하게 나타난다.

먼저 여기서 말하는 '경敬'의 의미는 우선 "상을 치를 때는 형식적으로 잘 치르려고 하기 보다는 차라리 슬퍼하는 것이 더 낫다"[754]고 하여 형식보다는 진심으로 경건함을 표시하는 의미로 보인다.

> 조상에게 제사를 지낼 때는 조상이 진짜 거기에 살아 계시는 듯이 하셨으며, 신에게 제사를 지낼 때에는 마치 신이 마치 거기에 계신 듯이 하셨다. 공자께서 말씀하시길 내가 직접 제사에 참여하지 못하면 마치 제사하지 않은 것과 같다(다른 사람을 보내지 않았다).[755]

---

752) 森三樹三郎, 『중국사상사』 제32쪽 참조.

753) 『孟子』, 「告子」

754) 『論語』 「八佾」 "喪, 與其易也寧戚."

공자는 제사를 지내는데 있어서 가장 중요한 것을 경건함이라고 말한다. 제사를 지낼 때 마치 조상이 바로 앞에 있는 듯이 하여야 하고, 제사를 지낼 경우 반드시 직접 참여하고 다른 사람을 대신 보내지 않았다고 말한다. 이처럼 귀신을 경건하게 대하는 태도 이외에 공자는 다시 또 귀신을 멀리 할 것을 말한다. 이는 서로 모순되는 느낌을 주는데, 이것은 도대체 무엇을 말하려 하는 것인가?

귀신을 공경하는 이유는 귀신을 공경하기 위한 것이 목적이 아니라, 그 보다는 오히려 인간사를 온전히 처리하기 위해 귀신을 공경할 뿐이라고 말한다. 공자는 '사람을 섬기는 일'과 '귀신을 섬기는 일'에서 '사람을 섬기는 일'을 분명히 우선으로 삼았다. 그러므로 "사람도 잘 섬기지 못하는데 어찌 귀신을 섬기겠느냐"고 말하는 것이다.

공자의 상례喪禮와 제사에 대한 기본적인 관점은 "죽은 부모를 위해 온 슬픔을 다해 상을 치르고, 조상의 제사를 공경함으로 지내면 백성들의 풍속이 자연스레 후덕한 곳으로 돌아갈 것이다"[756]라는 말에서 찾을 수 있다. 이 말을 통해 보면 제사나 상례를 극진히 하는 이유가 정말 귀신이 있어서가 아니라, 다분히 현실의 교육적이거나 정치적인 내용과 결코 무관하지가 않다는 점이다.

금방 죽은 사람은 물론이고 죽은 지 이미 오래된 즉 제사를 지내는 사람과 시간적으로 멀리 떨어진 조상도 빠트리지 않고 제사를 지내는 과정을 통해, 그들은 면면綿綿히 끊어지지 않고 하나로 연속된다. 여기에서 비록 조상의 육신은 죽어서 없어졌으나 그 정신은 여전히 불후不朽하여 살아서 함께하고 있다.

이런 정신 불후不朽의 공유共有와 연속連續은 자신의 조상뿐만 아니라 위대한 성현과도 연결된다. 유가들은 육신肉身의 불사不死에 도달하는

---

755)『論語』「八佾」"祭如在, 祭神如神在. 子曰, 吾不與祭, 如不祭."

756)『論語』「爲政」"愼終追遠, 民德歸厚矣."

것은 현실적으로 모두 실패할 수밖에 없음을 누구보다 잘 알고 있었기 때문에 정신적인 측면에서의 불후不朽를 도모한다.

> 가장 높은 단계의 것은 큰 덕을 세워 있는 것이고, 그 다음은 큰 공을 세워있음이며 그 다음은 훌륭한 말을 남겨 두는 것입니다. 그것들이 오래 되어도 소멸되지 않으면 그것을 영원히 썩지 않는 불후不朽라 하는 것입니다.757)

빼어난 도덕적 인품은 대代를 이어서 칭송되고, 훌륭한 공업功業은 수많은 백성들에게 많은 혜택을 대대로 미치고, 빼어난 언론言論 역시 초역사적 가치를 지니고 있다. 유가의 궁극적 목표는 천명의 실현 또는 관철貫徹에 있는데 이런 천명의 관철은 인도仁道 혹은 내성외왕의 실현에 지나지 않는다. 개인의 사후死後 불후不朽 여부는 근본적으로 유가가 고려하는 사항들이 아니다. 유가가 고려하는 것은 역사문화적歷史文化的 의미를 가지는 이른바 '삼불후三不朽' 즉 '입덕立德' '입공立功' '입언立言'의 사회적, 공동체 내에서의 실현에 두고 있다.

이런 관점을 가장 잘 보여주는 예가 바로 "제나라의 경공은 말이 무려 4000필이 있었지만 그가 죽을 때 백성들은 그가 덕을 가지고 있다고는 생각하지 않았다. 백이와 숙제는 수양산 아래에서 굶어 죽었으나 사람들은 아직까지 그를 칭찬한다"758) 라는 말이다. 생전에 가지고 있었던 재물이나 권세에 대해서는 사람들은 말하지 않고, 그가 한 도덕적 행위와 구세제민救世濟民의 활동만이 불후하여 대대손손 전달되는 것이다. 유가들은 이런 점에서 덕복불일치의 불공정함과 억울함을 어느 정도 보상받고 있는 것으로 보인다.

---

757) 『左傳』 襄公二十四年 "大上有立德, 其次有立功, 其次有立言. 雖久不廢, 此之謂不朽."

758) 『論語』 「季氏」 "齊景公有馬千駟, 死之日, 民無德而稱焉. 伯夷叔齊餓于首陽之下, 民到于今稱之."

4. 장자의 氣化的 생사관을 통해 본 죽음의 문제

1) 死生一條의 생사관

장자는 「제물론齊物論」에서 "도통위일道通爲一"설에 근거하여 생生과 사死는 상호 전환하는 것으로 보아, 결코 다른 이질적인 차이를 가지고 있는 것으로 보지 않는다.

> (사물은) 생겨나자마자 죽어가고 죽어가자마자 생겨난다. 가可하면서도 불가不可하고, 불가不可하면서도 가可하다. 시是는 비非에 의지하고 비非는 시是에 의지한다. 이 때문에 성인은 시비 가운데에서 진실을 찾는 것이 아니라, 천에 비추어 볼 뿐이다.[759)]

"생겨나자마자 죽어가고 죽어가자마자 생겨난다"는 것은 만물은 생겨나지만 반드시 소멸하여 없어지는 데로 돌아간다는 말이다. 어떤 개념이든지 모두 자기의 부정적인 측면을 자신 속에 포함하고 있기 때문에 삶의 개념은 곧 죽음의 요소를 포함하기 마련이다. 삶의 과정은 죽어가는 추세를 포함하고 있다. 사물의 생사生死는 순간적으로 전환하여 정해진 한계가 없기 때문에 생사를 변별辨別할 필요가 없다. 장자는 여기서 한 걸음 더 나아가 생사의 상대성을 비판한다.

> 살아있는 것을 기뻐한 것이 미혹되어 있는 것이 아닌 것을 내 어찌 알겠는가? 죽는 것을 싫어한 것은 마치 어릴 때에 고향을 떠나 나이가 들어서도 돌아올 줄을 모르는 것과 같은 것임을 내 어찌 알겠는가? 여희는 애艾땅의 국경을 지키는 사람의 딸이었다. 진나라 사람들에게 잡혔을 때에는 눈물로 옷깃을 적셨으나 진나라 궁전에 가서 왕과 같은 침대를 사용하고 맛있는 고기 요리를 먹고는 이전에 눈물 흘린 것에 대해 후회하였다. 죽은

---

759) 『莊子』 「齊物論」 "方生方死, 方死方生, 方可方不可, 方不可方可. 因是因非, 因非因是. 是以聖人不由, 而照之於天."

사람도 당초 살려고 발버둥 쳤던 것을 후회하고 있을 지도 모른다.760)

장자는 죽는 것을 싫어하는 사람들의 태도를 "어릴 때에 고향을 떠나 나이가 들어서도 돌아올 줄을 모르는" 것으로 말하여 마치 현재의 상황에 빠져서 귀향歸鄕을 잊어버린 사람으로 비유하고 있다. 장자는 또 여희가 옛날에 집을 떠나올 때 통곡하였던 것을 후회하는 비유를 통해서 생전生前에 사람들이 죽음에 대해서 가졌던 두려움과 증오심에 대해서 후회할 가능성이 있음을 말한다. 그러나 장자는 에피쿠로스처럼 지나치게 삶을 강조하여 "죽음을 두려워 할 필요는 없다. 왜냐하면 죽은 후에는 아무것도 모르기 때문이다"라는 식으로 죽음에 대한 두려움을 피해가는 이야기는 하지 않는다.761)

장자는 유가와 마찬가지로 천당이나 정토淨土, 지옥을 인정하지 않으면서 죽기 전에는 알 수 없는 사후死後에 대해서는 회의적인 태도를 가지고 있다. 그러나 그는 사후死後에는 즐거움이나 행복은 전혀 없고 다만 고통만 있을 것이라는 보통 사람들의 일방적인 신념을 부정한다. 오히려 장자는 사후死後에 오히려 인간 세상 보다 더욱 큰 지락至樂이 있을 수 있는 가능성을 우화를 통하여 재미있게 표현하고 있다.

장자가 초나라로 가는 길에 해골 바가지를 보았다. 바싹 말라빠진 것이

---

760) 『莊子』「齊物論」"予惡乎知說生之非惑邪! 予惡乎知惡死之非弱喪而不知歸者邪! 麗之姬,艾封人之子也, 晉國之始得之也, 涕泣沾襟., 及其至於王所, 與王同筐牀, 食芻豢,而後悔其泣也. 予惡乎知夫死者不悔其始之蘄生乎!"

761) 에피쿠로스 학파는 삶을 긍정하고 삶의 충만과 삶의 활기와 그리고 삶의 지칠 줄 모르는 힘을 긍정한다. 그래서 그들은 스스로 활동적으로 되고, 삶의 어두운 면을 뛰어 넘어, 이 삶의 어두운 면 때문에 손해를 입지 않으며, 따라서 자유롭게 삶을 긍정적으로 받아들이게 된다. 죽음에 대한 생각마저도 이들을 방해할 수가 없다. "죽음은 우리들과 상관없는 것이다"--우리들은 살아 있는 한, 죽음이란 없다. 그리고 일단 죽음이 다가오면, 우리들은 이미 있지가 않다.--라고 하는 어리석은 증명의 배후에는, 오직 긍정적인 것만 보고, 그 하루 동안이라도 정말로 그것을 이용하는 삶에 대한 기쁜 긍정이라고 하는 매우 값진 것이 감춰져 있다. 요하네스 힐쉬베르거 저, 강성위 옮김, 『서양철학사』(上), 이문출판사 제344쪽 참조.

형상만 있었다. 장자는 말 채찍으로 그것을 두드리면서 물었다. "그대는 삶을 탐내어 도리를 잃고 놀다가 이렇게 되었는가? 혹은 전쟁으로 말미암아 싸움에 실패한 죄로 사형을 당하여 이렇게 되었는가? 혹은 어떤 나쁜 일을 저질러서 부모와 처자에게 수치를 남길까 부끄러워서 자살이라도 해서 이렇게 되었는가? 혹은 헐벗고 굶주리다가 이렇게 되었는가? 혹은 살다가 나이가 다하여 이렇게 되었는가?" 이렇게 말을 마치고, 장자는 해골 바가지를 당겨 베고 누워 있었다. 밤중에 해골 바가지는 장자의 꿈에 나타났다. "그대의 말은 변사와 같았네. 그러나 그대가 한 여러 이야기는 모두 이 인생의 걱정거리네. 한번 죽으면 아무것도 없는 것이네. 그대는 죽음의 이야기를 듣고 싶은가?" "그렇네." "죽음의 세상에는 위로는 임금이 없고, 아래로 신하도 없으며 또한 사시의 변천도 없다네. 그래서 그저 조용한 하늘과 땅과 함께 목숨을 같이하는 걸세. 그래서 거기에는 임금의 즐거움도 그것을 넘어서지 못하는 걸세." 그러나 장자는 그 말을 미더워하지 않고서 말했다. "내 사명司命을 시켜, 그대의 형상을 다시 만들고 그대의 뼈와 살과 살갗을 만들어 그대의 부모 처자와 그대 마을의 친구들에게 돌려보내고자 하는데, 그대는 그렇게 되고 싶은가?" 해골 바가지는 깊은 시름에 잠기어서 말했다. "내가 무엇 때문에 임금의 즐거움을 버리고 다시 인간의 괴로움을 가지려 하겠는가?[762]

장자가 위에서 말하려고 하는 관점은 결코 고통스런 현세를 버리고 고통 없는 죽음의 세계로 갈 것을 종용하려는 것은 결코 아니다. 장자는 다만 사람들이 가지고 있는 사후의 공포와 걱정을 이완시키려는데 그 초점이 있다.[763] 그리고 다른 한편으로는 사후의 이야기를 통해 현

---

762) 『莊子』「至樂」"莊子之楚, 見空髑髏, 髐然有形, 撽以馬捶因而問之,曰 : 夫子貪生失理, 而爲此乎? 將子有亡國之事,斧鉞之誅 ,而爲此乎! 將子有不善之行, 愧遺父母妻子之醜,而爲此乎? 將子有凍餒之患,而爲此乎? 將子之春秋故及此乎? 於是語卒, 援髑髏,枕而臥. 夜半,髑髏見夢曰 : 子之談者似辯士. 視子所言, 皆生人之累也, 死則无此矣. 子欲聞死之說乎? 莊子曰 : 然」髑髏曰 : 死, 无君於上, 无臣於下. ,亦无四時之事, 從然以天地爲春秋, 雖南面王樂, 不能過也. 莊子不信,曰 : 吾使司命復生子形, 爲子骨肉肌膚, 反子父母妻子閭里知識, 子欲之乎? 髑髏深矉蹙頞曰 : 吾安能棄南面王樂而復爲人間之勞乎!"

763) 王煜 著,『老莊思想論集』, 聯經出版事業公司, 1979, 제233쪽 참조.

실의 모순, 고통과 참담함을 고발하려는 생각이 있었던 것으로 보인다.[764] 이런 이야기들을 통해서 장자가 이야기하려는 것은 바로 "생사가 구별이 없이 한 가닥으로 이어져 있다"는 "사생일조死生一條"의 생사관이다.

'사생일조'가 의미하는 것은 삶과 죽음은 동일한 사슬 속에 있는 각각의 일환一環이라는 것이다. 이처럼 생사가 한 가닥으로 이어져 있다는 사실을 깨달아야 비로소 생사의 속박에서 벗어날 수가 있다고 말한다.[765] 질적으로 삶과 죽음은 동일한 사슬 혹은 계열을 이루어 삶은 그 사슬 혹은 계열의 한 계기이고 죽음 역시 한 계기에 해당하는 것으로 보고 있기 때문에 여기에서 생生을 좋아하고 죽음을 싫어하는 잘못된 신념이나 감정에서 빠져 나올 수 있다는 것이다. 이런 "사생일조死生一條"의 생사관이 가능한 배경에는 생사를 기氣의 취산聚散으로 보는 기화론적 생사관氣化論的 生死觀이 자리하고 있다.

2) 기화론적 생사관과 安命論

장자는 기氣가 천지 사이에 충만해 있고 천지의 만물은 모두 하나의 기氣에 의해서 구성되어 생멸生滅하는 것으로 말하고 있다. 이 때문에

---

764) 여기에서 장자는 해골에게 죽은 자 세계의 자유와 안락을 말하게 함으로써 산 사람 세계의 부자유와 고통-압제자의 지배에 괴로워하고 침략 전쟁의 희생이 되고, 기아에 쪼들리고, 형륙에 위협당하고, 쓰레기처럼 생명이 꺼져가는 전국 시대 민중의 가혹한 현실-을 부르짖고 있다. 거기에서는 인간이 무엇보다도 싫어하고 두려워하는 죽음조차도 살아서 겪어야 하는 고통보다는 더 즐거운 것이다. "죽음은 두려움과 치욕이 많은 것보다 낫다"고 하고 있다. 그리고 "죽으면 위로는 임금도 없고, 아래로는 신하도 없다"고 하여 권력도 국가도 지배도 없고, 따라서 착취도 형륙도 압제도 없는 죽은 자의 세계를 해골에게 노래하게 한 장자는, 민중에게는 국가란 착취의 기관임이 틀림없고, 권력이란 형륙이며, 지배란 곧 압제인 전국 시대의 고통스런 현실을 응시하여, 살아 있는 자의 세계에서 국가의 반인간성과 권력의 반생명성, 지배의 계급적 독선성을 준엄하게 비판하고 있는 것이다. 장자에게 있어서 해골이란 전국 시대의 죽음과 공포로 가득 찬 가혹한 현실의 상징이며 그 현실을 사는 인간의 참담함과 고통에 대한 소리 없는 대변자였다. 후쿠나가 미쓰지 지음, 임헌규·임정숙 옮김, 『난세의 철학』, 민족사, 제57쪽 참조 바람.

765) 『莊子』「至樂」"胡不直使彼以死生爲一條, 以可不可爲一貫者, 解其桎梏, 其可乎?"

"바야흐로 또 조물자造物者와 더불어 짝이 되어 천지의 근원인 하나의 기에서 노닌다"766)라고 말하여 인간 역시 이런 기氣의 상태에서 나온 것임을 말하고 있다.

> 그 처음을 잘 살펴보면 본래 생生이 없었고. 생이 없었을 뿐만 아니라 본래 형이 없었소. 생生이 없었을 뿐 아니라 본래 기가 없었소. 미묘하여 알 수 없는 사이에 섞여서 변하여 기가 있게 되었고, 기가 변하여 형체가 있게 되었고, 형체가 변하여 생이 있게 되었소.767)

형체는 기氣에서 말미암아 생기고 생은 형체로 말미암아 시작하기 때문에 인간의 생사生死나 만물의 있고 없음은 모두 기가 모이고 흩어지는 변화의 결과라고 말한다. 장자는 전체 만물은 모두 하나의 기氣이고 "천하를 통 털어 하나의 기만 있을 뿐이다"라고 하여 인간의 생사도 기의 취산에 불과하다고 말한다.

> 삶은 죽음과 같은 동류同類이고 죽음은 삶의 시작인데 누가 그런 맥락을 알겠는가? 사람의 삶은 기가 모인 것으로 모이면 삶이고 흩어지면 죽은 것이다. 만약 삶과 죽음이 동류라면 내가 무엇을 두려워하겠는가? 그러므로 만물은 일체이고 그 중 스스로 좋다고 생각하는 것은 신기한 것이고 스스로 나쁘다고 생각하는 것은 냄새나고 썩은 것으로 본다. 냄새나고 썩은 것이 다시 신기한 것으로 변하고 신기한 것이 다시 냄새나고 썩은 것으로 된다. 그러므로 천하를 통 털어 하나의 기만 있을 뿐이라고 말하는 것이다.768)

---

766) 『莊子』「大宗師」"彼方且與造物者爲人,而遊乎天地之一氣"

767) 『莊子』「至樂」"察其始而本无生, 非徒无生也而本无形, 非徒无形也而本无氣. 雜乎芒芴之間, 變而有氣, 氣變而有形, 形變而有生, 今又變而之死, 是相與爲春秋冬夏四時行也."

768) 『莊子』「知北遊」"生也死之徒, 死也生之始, 孰知其紀! 人之生, 氣之聚也.,聚則爲生, 散則爲死. 若死生爲徒, 吾又何患! 故萬物一也, 是其所美者爲神奇, 其所惡者爲臭腐., 臭腐復化爲神奇, 神奇復化爲臭腐. 故曰通天下一氣耳, 聖人故貴一."

생사는 다름 아닌 기의 변화로 기가 모여 삶이 있게 되지만 기가 흩어지면 죽게 된다. 삶과 죽음은 전혀 다른 것이 아니라 마치 계절이 바뀌듯 기의 흐름 가운데 있는 변화에 불과하다면 우리는 죽음을 두려워할 필요가 없다. 대체로 세속적인 관점에 의해 삶은 신기神奇한 것인 반면, 죽음은 냄새나고 썩은 것이라는 인상을 가지게 되면 자연적으로 삶을 좋아하게 되고 죽음을 싫어할 수밖에 없을 것이다. 그러나 이런 신기한 것과 냄새나는 것들이 기의 취산에 의해 서로 전환한다는 것을 알게 된다면, 즉 삶과 죽음은 기의 취산이라는 동일한 층차에 있기 때문에 서로 꼬리를 물고 순환한다는 것을 이해한다면 더 이상 죽음에 대해 두려워하거나 싫어할 이유는 없게 될 것이다.[769] 이런 관점은 장자의 아내가 죽자 문상을 간 혜시惠施가 두 다리를 뻗고 술동이를 두드리면서 노래를 부르고 있는 장자를 비판하는 이야기를 통해 잘 나타난다.

혜시가 아내와 함께 살면서 자식을 같이 키우다가 늙어서 마침내 죽게 되었으니 곡을 하지 않는 것이야 그럴 수도 있겠지만, 항아리를 두드리면서까지 노래하는 짓은 좀 심하지 않은가? 라고 힐난하자, 장자는 다음과 같이 답했다. 그렇지 않다. 내 아내가 죽은 처음에는 어찌 나라고 슬퍼하는 마음이 없었겠는가! 하지만 그 처음을 돌이켜보건대 본래 삶이란 없었다네. 단지 삶만 없었을 뿐만 아니라 원래 아무런 형체도 없었다. 또한 어떤 형체도 없었을 뿐만 아니라 기氣조차도 원래 없었다. 언제 무엇인지 알 수 없는 가운데 뒤섞여 있다가 변화가 일어나서 기가 생겨나고 기가 변해서 형체가 생겨나고 형체가 변해서 삶이 있게 된 걸세. 지금 또다시 변화가 일어나서 아내는 죽게 되었으니, 이는 춘하추동의 사계절과 마찬가지이지. 아내는 지금 천지라는 커다란 방에 편안히 누워있거늘, 내가 구슬프게 우는 것은 명命에 통하지 못한 것이란 생각이 들어 곡을 멈춘 것이네.[770]

---

769) 傅偉勳 著, 『死亡的尊嚴與生命的尊嚴』, 北京大學出版社, 제95쪽 참조.

770) 『莊子』「至樂」"惠子曰, 與人居, 長者老身, 死,不哭., , 亦足矣, 又鼓盆而歌, 不亦甚乎!

장자는 인간의 삶은 본래 없었지만, 기에 의해서 형체가 생기고 이 형체가 변화해서 삶이 있게 되었고 또다시 이 삶이 변화를 일으켜 죽음에 이르게 되었기 때문에 생사는 다만 기氣의 변화일 뿐으로 슬피 울 필요가 없다고 말한다. 만약 죽음 때문에 슬피 우는 것은 "명命에 통하지 못한 것"이라고 말한다. 여기에서 말하는 명이란 '인간의 힘으로는 어쩔 수 없는 것', '그 까닭을 알지 못하면서도 그렇게 되는 것'으로 인간의 죽음이 바로 여기에 해당한다. 따라서 생사란 명의 유행流行이므로, 우리는 죽음을 순순히 받아들이고 또 명에 편안히 의탁해야 한다(安之若命)고 말한다.

> 죽음과 삶, 빈궁함과 부귀영달, 현명함과 어리석음, 비난과 명예, 굶주림과 목마름, 추위와 더위, 이런 것들은 사태의 변화이며 명命의 운행이다.. 낮밤으로 우리들 앞에 번갈아 갈마들지만 우리의 앎은 이것들의 시작을 알지 못한다. 그러므로 이런 것들로 마음의 조화 상태를 어지럽게 해서는 안 되고, 이런 것들에 대한 생각이 마음속에 끼어들게 해서도 안 된다.[771)]

생명이 보존되고 없어짐, 일의 궁색함이나 통달함, 인품의 좋고 나쁨, 심지어는 배고픔과 갈증, 추위와 더위가 교대로 변화하는 것도 모두 어떻게 할 수 없는 명命의 운행이니 인간은 그 처음과 끝을 헤아려 예측할 수 없다. 모든 것은 명이고 명은 인간의 힘으로도 어찌할 수 없는 것이다. 명은 모든 것이 이미 결정되어 있다고 보는 결정론적 개념과는 거리가 있다.

莊子曰, 不然. 是其始死也, 我獨何能无概然! 察其始而本无生, 非徒无生也而本无形, 非徒无形也而本无氣. 雜乎芒芴之間, 變而有氣, 氣變而有形, 形變而有生, 今又變而之死,是相與爲春秋冬夏四時行也. 人且偃然寢於巨室, 而我噭噭然隨而哭之, 自以爲不通乎命, 故止也."

771) 『莊子』「德充符」"死生存亡, 窮達貧富, 賢與不肖, 毁譽, 飢渴寒暑, 是事之變, 命之行也. 日夜相代乎前, 而知不能規乎其始者也. 故不足以滑和, 不可入於靈府."

결정론적 개념이 아니라는 것은 바로 이후의 변화와 진행 경로에 대한 것이 우리의 예측 범위를 벗어나 있음을 말한다. 이렇게 예측 범위를 벗어나 있기 때문에 그것의 진행 경로에 우리 의지를 개입시켜 희망하는 결과를 산출하려는 시도는 불가능하다. 말하자면 명은 어떤 것이 이미 예정되어 있다는 의미가 아니다, 그것이 어떻게 전개되는지 원인을 모른다는 의미에 더 가깝다.

장자에서 명이 대부분 '알 수 없다'든가 '간섭할 수 없다'는 의미의 술어를 수반하는 이유도 여기에 있다. 따라서 명은 자연의 변화하는 질서 가운데 그 원인을 알 수 없거나 인간의 능력으로 그 변화를 간섭할 수 없는 부분을 강조하는 개념으로 이해하는 것이 더 타당할 것으로 보인다.[772]

「달생達生」에서는 일찍이 명命을 "내가 그렇게 된 까닭을 모르는데도 그러한 것이 명이다"[773]고 했다. 명은 어떤 방법으로도 그렇게 된 까닭(所以然)을 인식할 수 없는 것이고, 원인을 설명할 수 없다는 것이다.[774] 여기에서 말하는 명에는 필연적인 뜻도 있고 또 우연적인 의미도 있다. 우리가 아무리해도 죽음을 피할 수 없다는 것은 본래적 필연성을 피할 수 없음을 말한다. 그러나 우리가 언제 이 세상에 오고 언제 죽음을 맞느냐 하는 것은 운명의 우연성으로 우리가 어떻게 해 볼 수 없는 것들이다. 장자의 이런 태도는 숙명론적인 것이 아니라 안명론적安命論的이다.

여기에서 말하는 안명의 의미는 명을 어떤 예정된 결정성으로 이해하는 태도가 아니라, 우리의 삶과 끊임없이 관계를 맺고 있는 상관성으로 이해하여 그 상관성 속에 자신을 편히 맡기는 태도를 말한다. 이를 가능하게 하기 위해서는 도道라는 세계의 본성에 대한 통찰이 있어야

772) 박원재, 「장자, 죽음은 삶과 평등하다」『철학, 죽음을 말하다』, 제302쪽 참조.

773) 『莊子』「達生」 "不知吾所以然而然"

774) 리우샤오간 씀, 최진석 옮김, 『장자철학』, 소나무, 제96쪽 참조.

가능하다.

죽음을 포함한 세계 내의 상관자들은 명이라는 형식으로 우리와 항상 관계하고 있으며 우리는 그것을 억지로 삶의 영역 속에 끌어 오려고 하지 않고 오히려 그 자체로 놓아두고 초연하게 바라보려는 것이 장자의 생각이다.775) 여기에서 장자는 사람의 생명을 천지 조화라는 큰 흐름 속에서 놓아두고 있기 때문에 생사로 인해 슬퍼하지도 기뻐하지도 않는다. 죽음은 다만 개체 생명이 종결되어 대자연 속으로 다시 귀향歸鄕하는 것이기 때문이다.

3) 不死不生

장자가 말하는 인간의 최고 단계는 명命의 유행에 편안히 맡겨 두는 것으로, 이것을 덕德의 지극함이라고 말한다. 이것은 자포자기하는 것이 아니라 만물의 실상이 무엇인가를 알고 명의 전개에 의탁함으로써 오히려 그것을 달관하고 초월할 수 있게 한다는 것이다. 그러므로 장자는 "죽고 사는 것은 명命이다. 그것은 마치 밤과 낮의 교대가 일정한 것처럼 자연적이다. 사람은 거기에 관여할 수가 없으니, 그것이 만물의 실상이다"776) 라고 말한다. 생사生死의 변화를 명으로 또는 만물의 실상(物之情)으로 표현하고 있다. 여기에서 생사는 동일한 것으로 더 이상 삶은 좋아하고 죽음은 싫어하는 것은 없게 된다.

> 생사는 큰 문제이기는 하지만 이 때문에 마음속에 무슨 변화가 생기는 것은 아니다. 비록 하늘과 땅이 무너져 내리더라도 마음속에 잃어버리는 것이 없다. 사물의 거짓 없는 진실을 분명하게 살펴서 알고 있으므로 사물과 함께 따라 변화하지는 않을 것이다. 만물을 변화에 맡겨둔 채 자신은 도道의 근본을 지키고 있을 뿐이다.777)

775) 박원재, 「장자, 죽음은 삶과 평등하다」 제306쪽 참조.

776) 『莊子』「大宗師」"死生, 命也, 其有夜旦之常, 天也. 人之有所不得與, 皆物之情也."

도道의 근본(宗主)을 지키는 사람은 외부 세계의 어떤 변화에도 아랑곳하지 않고 개의하지 않는다. 자신을 포함해서 일체를 변화에 맡겨두고 있지만 자신은 도의 근본을 지키고 있기 때문에 생사의 변화에 영향을 받지 않는다는 것이다. 여기에서 장자는 생사의 동일(齊生死)에서 나아가 불사불생不死不生의 단계를 이야기한다.

> 나는 여느 때처럼 도를 지키면서 그에게 가르치기를 3일 후 그는 천하를 바깥에 두고 잊어 버렸다. 천하를 이미 바깥에 두고 잊어버리고 계속해서 가르치기를 7일 후 그는 만물을 바깥에 두고 잊어 버렸다. 만물을 이미 바깥에 두고 잊어버리고 계속해서 가르치기를 9일 후 그는 살아있다는 것을 잊어 버렸네. 살아있음을 바깥에 두고 잊어버린 후에 조철朝徹의 단계에 이르게 되었다. 조철의 단계에 이르자 견독見獨할 수 있었다. 견독한 후에 고금古今을 초월할 수 있었다. 고금을 초월한 후에 불사불생不死不生의 단계에 들어갈 수 있었다.778)

불사불생不死不生의 단계에 들어가기 위해서는 ① 천하를 잊어버리고 ② 만물을 잊어버리고 ③ 살아있음을 잊어버리고 ④ 조철朝徹 ⑤ 견독見獨 ⑥ 고금을 초월하여야 불사불생不死不生의 단계에 들어갈 수 있다고 말한다. 이 불사불생은 바로 지인至人의 마음이 천균天鈞이나 천지의 제물齊物의 경계에서 노니는 것을 말한다. 즉 살아있음을 잊으면 크게 깨달을 수 있고 크게 깨달았다면 절대적인 도를 볼 수 있다는 것으로서, 우주와 더불어 그 요원, 광활함을 같이 하고 그 무한 영원함을 같이 하여 죽고 사는 것이 없는 영원한 존재가 된다는 것이다. 그러나 여기에서 장자가 말하는 불사不死의 의미는 결코 영혼 불사의 의미를 말하

---

777) 『莊子』「德充符』“死生亦大矣, 而不得與之變, 雖天地覆墜, 亦將不與之遺. 審乎無假而不與物遷, 命物之化而守其宗也.”

778) 『莊子』「大宗師』“吾猶告而守之, 三日而候能外天下. , 已外天下矣, 吾又守之, 七日而後能外物. , 已外物矣, 吾又守之, 九日而後能外生., 已外生矣, 而後能朝徹., 朝徹而後能見獨., 見獨,而後能无古今., 无古今,而後能入於不死不生.”

는 것은 아니다. 그 보다는 개인의 주관적인 체험에 관해서 말하는 것으로 보는 것이 옳을 것이다.[779]

> 도道의 근본을 지키는 사람은 어떤 일도 두려워하지 않는다. 용사는 혼자서 아주 용감하게 적진 속으로 뛰어든다. 용맹을 떨치고자 하는 자도 이와 같거늘, 하물며 천지를 관장하고 만물을 쌓고 다만 육신을 객사로 삼고 눈이나 귀의 감각을 헛된 것으로 간주하여 지혜가 아는 바를 하나로 통일하여 마음이 일찍 죽은 일이 없는 사람에게 있어서야![780]

도의 근본을 지키는 사람들 예를 들면 이른바 지인至人이든 진인眞人이든 장자가 말하는 성인들은 이미 도와 하나가 되어 생사의 대립을 넘어서서 신체를 잊어버리고 마음도 죽음을 느끼지 못하는 단계에 이른 것을 말한다. 여기에서 이런 사람의 신체는 오히려 물과 불에도 손상받는 바가 없다고 말한다.

"지인至人은 물속에서도 숨이 막히지 않고 불을 밟아도 뜨겁지 않으며 만물이 아주 높은 곳에 가서도 두려워하지 않습니다. 어떻게 해서 이런 경지에 이르는지 가르쳐 주십시오, 관윤이 이것은 순수한 기를 지키기 때문이라고 말했다"[781]라고 하였다. 이런 순수한 기(純氣)는 만물발생의 최초의 상태 즉 원기元氣의 상태를 말한다. 여기에서 말하는 원기의 상태는 원래 주어진 최선의 상태를 말한다.

주어진 삶을 제대로 살지 못하는 것은 참된 도를 따르지 않고 자신만의 특정한 가치에 매몰되어 생명력을 고갈시켰기 때문이다. 이런 상태의 보존, 이런 상태의 회복, 이런 상태의 유지야 말로 자발적이고 자연적인

---

779) 리우샤오간, 『장자철학』, 제245-6쪽 참조.

780) 『莊子』「德充符」"夫保始之徵, 不懼之實. 勇士一人, 雄入於九軍. 將求名而能自要者, 而猶若是, 況官天地, 府萬物, 直寓六骸, 象耳目, 一知之所知, 而心未嘗死者乎!"

781) 『莊子』「達生」"至人潛行不窒, 蹈火不熱, 行乎萬物之上而不慄. 請問何以至於此? 關尹曰 : 是純氣之守也, 非知巧果敢之列."

생명력을 유지하는 기반이다.

장자는 이런 상태로 진입을 하기 위해서는 많은 수양을 하여야 하는데, 그런 수양 후에는 덕이 "최초初"의 상태와 같아진다고 한다.[782] 그 최초의 상태가 바로 원기 내지는 순기의 상태이다.[783] 여기에서 가장 중요한 것은 역시 인위적인 감정이나 인위적인 규범을 보태지 않아야 한다는 것이다. 이런 순기만 따르면 되는 쉬운 방법이 있음에도 불구하고 생사에 대한 엉뚱한 시비호오是非好惡의 감정을 연루시키는 익생益生을 사람들은 주장한다고 장자는 비판한다.

5. 공자와 장자의 죽음 논의에 보이는 생사학적 의미

우리가 삶을 소중하게 여긴다면 마찬가지로 죽음을 정시해야 한다. 아무리 우리가 노력하여 잘 삶이라는 목표를 완수하여도 그것은 영원히 지속될 수 없다. 인간은 누구나 죽을 수밖에 없기 때문이다. 인간의 삶에서 가장 중요한 시점 중의 하나인 죽음을 외면하고서는 잘 삶을 성취할 수 없고, 잘 삶 없이는 제대로의 죽음 역시 성취하기 어렵기 때문이다.

이런 죽음의 중요성에도 불구하고 죽음에 대한 이해나 잘 죽음에 대한 논의는 거의 드물고 그 범위 역시 매우 좁다. 예컨대 오늘날 우리가 이해하는 죽음에 대한 논의를 현대 의학에서는 생명의 잉태를 정자와 난자의 결합이라는 식으로 말하는 것과 마찬가지로 죽음 역시 육체의 죽음으로만 한정하고 있다.

인간의 죽음에는 순전히 육체적인 것의 종결만이 있는 것이 아니라,

---

782) 『莊子』「天地」"性修反德, 德至同於初"

783) 최진석, 「도교의 생사관」, 『철학연구』 제75집 2006년 겨울호. 제65-66쪽 참조. 이 논문에서 최진석은 순기를 도교의 장생(長生)이론과 연결하고 있다.

영혼이나 정신 등의 문제들이 지속될 수 있다는 사실은 완전히 도외시하고 있다. 이런 문제들은 단순한 생물학적인 죽음 정의 외에 다양한 종교나 철학의 관점들을 통해 깊이 있게 다루어져야 할 것들이다. 이런 점에서 공자와 장자의 죽음 문제에 대한 논의 속에는 오늘날 우리들이 충분히 참고할 만한 여러 가지 깊이 있는 의미들을 함축하고 있다.

중국 전통 철학 중에서 유가와 도가는 삶과 죽음의 문제에 대해 뚜렷한 대비적 모습을 보여 주는 동시에, 상호 보충이 가능한 요소들을 가지고 있다. 공자가 죽음의 문제에 대해 가지는 첫 번째 태도는 바로 자아와 생사에 대한 주체적 관조觀照, 결단과 관련 있는 '처사지도處死之道'이다. 이것은 다른 말로 표현하면 "어떻게 잘 죽을 수 있을까?" 라는 죽음을 준비하는 태도로, 오늘날의 생사학生死學의 과제와 일맥상통하는 것이라고 할 수 있다.

죽음을 준비한다는 말은 바로 지나온 날을 돌아보고 남은 시간동안 내가 어떻게 잘 살 수 있을까 라는 문제로 바꿔 놓을 수 있다. 잘 삶을 위해서는 오히려 죽음을 생각해야 한다. 죽음 준비를 잘 하지 않고, 잘 죽음에 대해서 생각하지 않고 어떻게 삶을 제대로 파악하고 영위할 수 있을까? 이런 점에서는 "미지생, 언지사未知生, 焉知死"가 아니라 오히려 "미지사, 언지생未知死, 焉知生"으로 말해야 옳을 것이다. 그러나 공자의 진의는 죽음에 관한 논의 자체가 결국은 삶의 문제를 이야기해야 하는 것이기 때문에 내용적으로 삶의 문제를 먼저 진지하게 고민한 후에 죽음의 문제를 이야기해야 한다고 보고 있다.

특히 이런 "미지생, 언지사未知生, 焉知死"라는 공자의 대답은 질문을 던진 자로子路에게 적합한 맞춤식의 인재시교적因材施教的인 대답으로 보인다. 왜냐하면 공자는 자로가 평시에 보여 준 강한 기질과 행동이 앞서는 성질로 혹 온당한 죽음을 얻지 못할 까하는 걱정을 하였기 때문이다.[784] 실제로 자로는 비참한 죽음을 당해 공자로 하여금 슬피 곡哭

하게 만든다.[785]

만약 자로가 보다 일찍 공자가 말한 '처사지도'의 진의를 파악하여 자신의 삶을 반성하고 계획하였다면 비참한 죽음은 없었을 수도 있기 때문이다. 이런 자로의 죽음과는 달리 공자는 백이·숙제의 죽음에 대해서는 도덕을 추구하여 성취한 삶의 결과 혹은 완성으로 간주한다.

다른 이의 죽음에 임해서 공자와 장자가 보여주는 가장 뚜렷한 차이는 "죽음 앞에서 공자는 곡哭하고, 장자는 노래 부른다"는 대비적 상징성일 것이다. 이 말은 언뜻 보면, 마치 공자는 죽은 사람을 그리며 슬피 소리 내어 우는 반면에, 장자는 마치 죽음을 기다렸다는 듯이 좋아서 쾌재를 부르는 것으로 보일 수 있다. 이 말이 의미하는 것은 우선 공자와 장자의 죽음에 대한 확연한 태도의 차이라고 할 수 있다.

공자는 인문주의적人文主義的 각도에서 죽음을 삶의 각도나 도덕성의 측면에서 제어하여(以生制死) 죽음을 삶의 완성으로 승화하려한다. 반면에 장자는 기화론적氣化論的 각도에서 인간의 죽음을 철두철미하게 자연의 변화로 이해하는 죽음의 자연성自然性을 말한다.

장자는 인간과 자연 사이에 추호의 간격도 인정하지 않는 생사일조生死一條를 말하고, 죽음은 대괴大塊 즉 대자연으로 귀향歸鄕하는 것이기 때문에 곡哭을 멈추고 오히려 노래한다. 특히 장자는 죽음을 대하는 방식이 적어도 삶으로 죽음을 보는 관점에 대해 비판하고, 최소한 생사여일生死如一 내지 죽음으로 죽음을 보기를(以死觀死) 말한다. 삶과 죽음을 구분하지 않아야 생사의 속박에서 해탈할 수가 있기 때문이다. 생사의 속박은 바로 삶을 좋아하고 죽음을 싫어하여(好生惡死) 인위적으로 '익생益生'하려는 것에서 나온다.

장자가 죽음을 기의 변화 형식으로 보는 것에는 문제가 없으나, 생명

784) 『論語』「先進』"若由也, 不得其死然."

785) 『禮記』「檀弓上」"孔子哭子路於中庭, 有人弔者而夫子拜之. 旣哭, 進使者而問故. 使者曰, "醢之矣!" 遂命覆醢."

의 가치와 생활의 의미를 무시하고 사람들의 개별적인 삶의 품질을 동일한 것으로 취급하는 것을 잘못되고 소극적인 것으로 비판하는 경우가 있다.[786] 이것은 기를 지나치게 유물론적으로 해석한 경우이다.

장자는 분명히 순기純氣의 보존을 위한 정신적 노력을 통해 삶의 품질이 전혀 다른 사람들에 대해서도 분명히 이야기하기 때문이다. 이런 관점들은 후대의 유가들이 장자의 사상을 받아들이기에 크게 이질감이 없었던 이유 중의 하나이다. 이런 점에서 개체의 도덕적 품질을 각별히 따지는 유가의 죽음관과는 결코 배척적이지 않다. 실제로 신유가들은 장자의 기화적氣化的 죽음관을 자신들의 영역으로 끌어 들인다.

중국철학을 대표하는 유가나 도가는 도덕과 기의 자연성이라는 관점을 통해서 도덕과 행복의 일치나 현세에 대한 보상 등의 문제를 해결하려는 시도를 하지만 실은 효과적으로 해결해 주지 못하였다. 이렇게 되는 가장 큰 이유는 그들이 영혼불멸이나 사후의 세계를 설정하지 않았기 때문이다. 그들은 이런 문제를 현상 세계의 한계 내에서 해결하려고 하는데, 유가는 역사와 공동체의 평가를 통해서 보상을 받으려 하고, 도가는 달관과 초월이라는 정신적 체험을 통해서 성취하려고 한다.

죽음을 보는 눈이 각기 다른 이유는 삶을 보는 방식이 다르기 때문이다. 공자나 장자가 죽음을 대하고 죽음을 준비하는 방식은 기독교나 불교와는 다르다. 기본적으로 그들은 내세나 영혼불멸을 이야기하지 않는 대신에 고도의 정신성을 강조한다. 이 고도의 정신성은 심성 수련 혹은 체인體認을 통하여 그 목적에 도달할 수 있는 것이지만, 일반인들이 쉽게 도달하기 힘든 경지를 요구한다.[787] 이럼에도 불구하고 우리는 공자와 장자의 죽음 논의를 통해서 제대로 잘 죽는 것이 무엇이고 그 의미가 무엇인가를 나름대로 발견할 수 있었다.

---

786) 리우샤오간, 『장자철학』, 제244쪽 참조.

787) 傅偉勳 著, 『死亡的尊嚴與生命的尊嚴』 제96쪽 참조.

특히 장자는 죽음을 자연의 섭리로 보아, 죽음이 가지고 있는 두려움과 위협을 기꺼이 받아들이고 친숙하도록 만들어 준다. 이는 삶의 집착을 벗어나 죽음에 대해 달관하도록 만들어 오히려 제대로 된 죽음을 준비하도록 해 주기 때문이다.

또 죽음을 삶의 완성으로 보고 있는 공자나 유가의 관점에 주목할 필요가 있다. 공자가 "미지생, 언지사未知生, 焉知死"라고 말한 부분이 직접적으로 죽음의 문제를 비껴간 것으로 볼 수도 있지만, 적어도 이 세상을 떠나기 전까지는 "생리학적인 사실인 죽음을 도덕적 필연성으로 전환시켜 삶의 의미와 삶의 과제에 충실하여야 할 것을"[788] 분명하게 말하고 있다는 점에 주의할 필요가 있다. 왜냐하면 현재의 인생을 자신의 준엄한 사명이나 책임으로 보지 않고, 다른 방식을 통해 사후의 더 멋진 세계로 도피하려고 하는 일부 종교적 경향에 대해서 경종을 울리고 있다는 점에서 대단히 의미 심장한 생사학적 가치를 지니고 있다.

788) 니체의 80년대 유고에서 나온 말로 정동호, 「죽음에 대한 철학적 성찰」 제69쪽에서 재인용함.

제15장

포은 정몽주의 의리 정신과 죽음의 의미

1. 들어가는 말

고려 말의 포은圃隱 정몽주鄭夢周라는 인물이 가진 형상形象은 한 마디로 말하면, 쓰러져 가는 사양斜陽 국가인 고려를 위해서 목숨을 버린 지고至高의 충신으로, 절의節義 정신을 원형 그대로 실천한 인물로 그려진다. 포은이 사람들에게 투영되는 가장 큰 이미지는 만인萬人과 만세萬世가 본받아야 할 불사이군不事二君의 절의정신과 올바른 것을 지키기 위해서는 목숨까지도 바치는 사생취의舍生取義의 순절殉節이라는 역사적 사건일 것이다. 이런 포은의 형상은 실제 역사의 인물을 넘어서서 어느 정도는 신화화神話化 되면서 가장 존숭尊崇받는 위인 중의 한 사람이라는 단계에 까지 이르게 된 것으로 보인다.

포은이 과연 이런 평가 혹은 대접을 받는 것이 올바른 것인지, 그렇지 않으면 전혀 근거가 없는 왜곡인가 라는 문제를 분석하는 것이 본문의 핵심 주제는 결코 아니다. 이 문제보다는 포은은 왜 부귀 영화를 누릴 수 있는 편안한 길을 버리고 더 이상의 희망도 없이 꺼져가는 고려의 운명을 온 몸으로 짊어지고 죽음의 길을 주저 없이 선택하였는가? 어떤 무엇이 포은으로 하여금 현실적 편안함을 주저 없이 팽개치고, 조금의 망설임이나 두려움 없이 죽음을 받아들이도록 하였는가? 포은이 순절殉節이라는 선택을 할 수 있었던 것은 그가 가지고 있었던 의리정신義理精神, 더 크게 말하면 성리학적性理學的인 학문 정신이 그렇게 만든 것으로 보인다.

본문이 이야기하려는 가장 핵심적인 문제 의식을 간단히 말하면, 포은이 절의를 위해서 죽음을 택하게 되는 철학적인 배경 혹은 근거가 무엇인가 라는 것이다. 이 문제 이외에 또 하나의 주요한 논점은 포은의 죽음이 가지고 있는 철학적 의미를 어떻게 보아야 할 것인가라는 것이다. 이런 문제 의식과 논점을 충실히 수행하고 분석하기 위해서는 당연히 포은이 남긴 여러 저작들을 면밀히 살펴보아야 할 것이다.

현존하고 있는 『포은집圃隱集』은 그의 사후死後 저작들이 대부분 망실된 가운데 여러 곳에 산발적으로 흩어져 있던 작품들을 모아 편찬한 것이기 때문에 포은의 성리학적 세계나 유학에 대한 관점을 충분히 파악하기가 어려운 것이 사실이다. 그나마 대부분은 시문이나 짧은 잡저雜著 등으로 문집이 구성되어 있는 관계로 포은의 구체적인 사상 체계를 분명하게 살펴보는 데는 한계가 있을 수밖에 없다.

더욱 아쉬운 것은 300여 편의 시 중에서도 성리性理를 논하는 시詩는 겨우 몇 편에 불과하다[789]. 이런 제약에도 불구하고 문집의 서문과 후대의 여러 기록들을 잘 살펴보면 포은이 가지고 있는 성리학과 유학에 대한 기본 관점이나 해석의 체계들은 충분히 짐작하고 유추해 볼 수는 있다.

---

789) 『高麗名賢集』『遁村先生遺稿』『師友淵源錄』, 성균관대학교 대동문화연구원, 1980년. 第466쪽에 "일찍이 포은선생의 글을 상고해 보니 시는 모두 303편이었는데 그 중에서 성리에 관해 쓴 것은 겨우 네 편이다(嘗考圃隱先生文, 詩凡三百三篇, 其中性理之作只四篇)"라는 말이 있다.

이런 맥락에서 본문은 우선 포은이 성리학의 성격을 무엇으로 보고 있는가 하는 문제에 대해 논의한 후에 그의 철학적 핵심이라고 할 수 있는 실천적 의리정신의 본질과 성격에 대해 자세하게 분석하려고 한다. 이런 문제의 분석을 통하여 포은의 순절의 문제를 유가의 죽음이라는 문제와 관련하여 논의하고, 포은 정신이 가지고 있는 불후不朽 문제에 대해 논의하려 한다.

2. 포은의 성리학에 대한 관점, 默識心融하여 實踐躬行하기

포은을 이야기 할 경우 대부분의 사람들은 그를 한 명의 충신으로 여긴다. 그러나 포은에 대한 평가는 결코 여기에만 머물지 않고 그를 우리나라 성리학(道學)의 시조(東方理學之祖)로 존숭尊崇한다.[790] 그러나 아쉬운 것은 포은의 성리학이 가지고 있는 깊이나 규모에 대해서 구체적으로 알 수 없다는 점이다. 이렇게 되는 결정적 이유는 그가 저작한 성리학에 관한 구체적 논설論說들을 상세하게 참열參閱하여 논구論究할 수 없기 때문이다.

현존하는 『포은집圃隱集』[791]은 포은 사후死後 여러 곳에 흩어져 있던

790) 예를 들면 가장 먼저 목은(牧隱) 이색(李穡)이 언급하였고, 이를 근거로 하여 기대승(奇大升), 이퇴계, 변계량(卞季良)과 송시열(宋時烈) 역시 그렇게 보고 있다.

791) 여기에서 말하는 『포은집(圃隱集)』은 『포은선생집(圃隱先生集)』, 『포은선생문집(圃隱先生文集)』, 『포은선생속집(圃隱先生續集)』,『포은시고(圃隱詩藁)』 등을 모두 포함한 개념으로 사용한다. 『포은집(圃隱集)』은 1439(世宗 21년)년 초간본(初刊本)이 발간된 이후, 1903년 진주 옥산(玉山)서원에서 목판본이 발간될 때까지 개성(開城)을 중심으로 한 황해도 지역과, 영천 · 봉화 · 진주의 서원을 중심으로 한 경상도 지역에서 모두 14종이 발간되었다. 전국 36개 기관에 소장되어 있는 『포은집』은 206종 481책이다. 국외에 흩어진 『포은집』을 가장 많이 소장하고 있는 곳은 일본이다. 모두 26종 78책의 『포은집』이 일본에 현존하고 있다. 이중 관심을 끄는 것은 초간본이 확실시되는 봉좌문고(蓬左文庫)에 소장되어 있는 『포은시고(圃隱詩藁)』이다. 지금 국내외에 현존하는 『포은집』은 모두 281종 691책이다. 이 문제에 대해서는 양진호의 「圃隱集의 국내외 현존 현황 및 과제」(『포은학연구』 제2집, 포은학회, 2010)라는 논문을 참고하기 바람.

작품들을 모아 편집한 것으로 그 내용들은 대부분 시문詩文들로 구성되어 있다. 아마도 많은 내용들이 실전失傳된 것으로 추측된다. 그러므로 포은이 가지고 있는 성리학이나 유학儒學에 대한 주장이나 학문적 경향을 직접적으로 분석하거나 논의하는 것은 현실적으로 어렵다.

그렇다면 어떤 관점에서 또 무슨 근거를 가지고 포은을 '동방 이학의 비조'라고 칭하는가? 실제로 이것은 너무나 당연하고 반드시 필요한 문제 제기라고 할 수 있다. 그러나 이런 문제제기는 결코 포은이 그런 학문적 깊이나 경지境地에 도달할 인물이 전혀 못 된다는 의미가 아니라, 그것을 증명할 만한 실체적實體的 증거로서의 논저論著나 주장을 발견하기가 어렵다는 말이다.

이런 상황에서 포은의 성리학이 가지고 성격을 이해하기 위해서는 방법적으로 우선『포은집』과 후인들의 기록에 나타난 성리학과 관련되는 언급들을 분석할 필요가 있다.

먼저 포은의 성리학에 대한 깊이가 어느 정도인가 하는 문제에 대해 이야기하여야 하는데, 유학 경전이나 성리학에 대한 조예가 어느 정도였는가 하는 것은 아래의 문장이 잘 보여주고 있다.

> 당시 우리나라에 들어 온 경서로는 다만『주자집주朱子集註』뿐이었는데, 공의 강설講說은 빼어나고 다른 사람들의 생각을 훨씬 뛰어 넘었으므로 듣는 사람들이 상당히 의심하였다. 뒤에 운봉雲峯 호씨胡炳文의『사서통四書通』을 보게 되니 공이 논하였던 내용과 꼭 들어맞지 않는 것이 없어서 여러 선비들이 탄복하였다. 목은은 자주 이것을 칭찬하여 "달가達可가 이치를 논한 것은 이렇게 저렇게 말하여도 이치에 맞지 않는 것이 없으니 동방이학의 비조로 추대할 만하다"고 하였다.792)

792)『高麗史』권117 列傳 30 鄭夢周 "時經書至東方者, 唯朱子集註耳. 夢周講說發越, 超出人意, 聞者頗疑. 及得胡炳文四書通, 無不脗合, 諸儒尤加嘆服. 李穡亟稱之曰, '夢周論理, 橫說竪說, 無非當理.' 推爲東方理學之祖."

위의 인용문은 포은이 주자학에 대해 얼마나 정통精通하였는가 하는 점을 잘 말해 주고 있다. 즉 당시 사람들이 주자학을 이해하는데 있어서 대부분 주자의 『사서집주四書集註』에 근거하였으나 포은은 이런 단계를 이미 훨씬 넘어서고 있는 것으로 추측된다. 위에서 나오는 호병문(胡炳文 : 1250 - 1333)은 원대元代의 가장 대표적인 주자학자로 특히 『주역』 연구에 빼어난 업적을 낸 것으로 평가되지만,793) 동시에 주자의 『사서집주』 연구에 탁월한 성과를 거두었는데 그 중의 하나가 바로 『사서통四書通』이다.

『사서통』은 1326년에 출판되었는데 당시의 여러 다양한 학설들을 모두 수집하여 주자의 관점에 맞추어 취사取捨하고 정리하여 후대에 주자학을 연구하는 사람들에게 있어서 가장 필요한 참고서 중의 하나가 된다. 이 책에는 모두 54명의 학자들의 주석을 인용하여 정밀하게 분석하고 있기 때문에 그 가치를 인정받아 『사고전서四庫全書』에 수록된다. 포은의 사서四書에 대한 이해가 당시의 정평定評있는 주석들을 모아 수록한 호병문의 『사서통』의 관점들과 어긋나지 않았다는 사실은 그의 학문적 수준이나 깊이가 어느 정도였는지를 충분히 짐작하게 만든다.

다음은 포은이 구체적으로 유학의 경전들을 어떻게 이해하고 있는가에 대한 삼봉三峰 정도전鄭道傳의 이야기를 살펴보도록 하자.

> 선생은 『대학大學』의 강령과 『중용中庸』의 궁극적인 원리에 있어서 도를 밝히고 도를 전하는 뜻을 얻었고, 『논어論語』와 『맹자孟子』의 정미精微한 곳에서는 조존操存 · 함양涵養의 요체와 체험 · 확충의 방법을 얻었으며, 『주역周易』에 관해서는 선천先天 · 후천後天이 서로 체體와 용用이 됨을 알았고, 『서경書經』에서 정일精一과 집중執中이 제왕이 전수한 심법心法임을 알았으며, 『시경詩經』의 경우는 민이民彝와 물칙物則의 가르침에 근본

793) 그의 유명한 『주역』 관련 저서로는 『주역본의통석(周易本義通釋)』이 있다. 여기에서 말하는 '통석(通釋)'이라는 말은 주자의 『주역본의(周易本義)』를 중심으로 하여 여러 학자들의 주석을 참고하여 한 구절 한 구절 고증한다는 말이다.

하고, 『춘추春秋』는 도의道誼와 공리功利의 나뉨을 분변하였다. 우리나라 500년 동안에 이런 정도의 이치에 도달한 사람이 몇이나 되겠는가? 유생들이 각각 자기의 학식을 고집하고 사람들마다 이설을 제기하였으나 그 물음에 따라 명확히 분석하고 설명하여 약간의 착오도 없었다.[794]

위에서 인용된 삼봉의 말을 통해 보면 포은은 이미 유가의 대표적인 경전들이 가지고 있는 대체적 틀이나 흐름을 소상하게 이해하고 있을 뿐만 아니라, 핵심적 요의要義를 분명하게 파악하고 있는 것으로 보인다. 이 때문에 삼봉은 포은만큼 유학 전반에 대한 이해와 깊이를 가진 인물을 당시로는 찾기가 힘이 든다고 말한다.

그런데 여기에서 포은이 이해하고 있는 사서오경의 핵심적인 내용들, 예를 들면 수양 방법으로서의 함양涵養이나 도통道統과 관련된 심법心法 등의 언급들은 주자학의 핵심적인 문제들에 대해 관통하고 있고, 선천이나 후천으로 『주역』을 보는 관점은 이미 북송北宋에서 시작된 신유학의 관점들을 전체적으로 이해하고 있는 것으로 보인다.

다음은 포은이 유학이 가지고 있는 성격을 어떻게 이해하고 있는가에 대한 정도전의 언급을 살펴보도록 하자.

어느 날 여강인驪江人 민자복閔子復이 나에게 말하기를 "내가 정선생 달가를 뵈었더니, 사장詞章은 말단의 학예學藝일 뿐이고, 이른바 신심身心의 학문이 있는데 그 말이 『대학』과 『중용』 두 책에 갖춰져 있다 하시기에 이제 이순경(李順卿, 李存吾의 자)과 함께 이 두 책을 가지고 삼각산의 절에 가서 공부하려고 하는데 자네는 이를 아는가?"라고 하였다. 내가 이 말을 듣고 두 책을 구하여 읽고서 비록 깨닫지는 못했지만 자못 스스로 기뻐하였다.[795]

---

794) 『三峰集』 권3, 「圃隱奉事稿序」, "先生於大學之提綱, 中庸之會極, 得明道傳道之旨, 於論孟之精微, 得操存涵養之要, 體驗擴充之方, 至於易, 知先天後天相爲體用, 於書, 知精一執中爲帝王傳授心法, 詩則本於民彝物則之訓, 春秋則辨其道誼功利之分. 吾東方五百年, 臻斯理者幾何人哉. 諸生各執其業, 人人異說, 隨問講析, 分毫不差."

포은은 사서오경에 두루 능통할 정도로 유학에 대한 공부가 깊었던 것은 분명하다. 그는 사장詞章은 말단의 학예學藝일 뿐이고, 진정한 유학의 핵심은 인간의 심신心身을 닦는데 있고, 그런 내용이 『대학』과 『중용』에 있다고 말한다. 이 말은 포은이 유학의 핵심과 그 특성을 어떻게 보고 있는가 하는 점에서 매우 중요하다.

우선 포은은 유학을 단순히 기송사장記誦詞章796)으로 보는 것에 대해 반대하고 그것은 단순한 말단의 기예技藝에 불과할 뿐이고, 어디까지나 핵심은 심신心身의 도야陶冶와 실천을 통한 완성에 있음을 분명히 말하고 있다. 이러한 점은 함부림(咸傅霖, 1360-1410)이 쓴 포은의 행장에도 잘 나타나 있다.

그는 "젊어서부터 큰 뜻을 가졌고 학문을 좋아하여 게으름을 보이지 않았으며 많은 책을 널리 보고 날마다 『대학』과 『중용』을 외웠다. 이치를 궁구하여 앎을 지극히 했고 자신을 돌이켜 실천하여 참된 것이 쌓이고 힘쓴 것이 오래됨에 홀로 염락濂洛797)의 전수받지 못한 깊은 뜻까지도 터득했다"798)고 말한다. 즉 포은의 학문을 한 마디로 요약하면 "이치를 궁구하여 앎을 지극히 했고 자신을 돌이켜 실천하는" 궁리치지窮理致知와 반궁실천反躬實踐에 있다고 할 수 있다.

권채(權採, 1399-1438) 또한 "(포은의) 학문은 묵식심융默識心融을 핵심

795) 『三峰集』 권3, 「圃隱奉事稿序」, "一日驪江閔子復謂道傳曰, 吾見鄭先生達可曰, 詞章末藝耳, 有所謂身心之學. 其說具大學中庸二書, 今與李順卿携二書, 往于三角山僧舍講究之, 子知之乎. 予旣聞之, 求二書以讀, 雖未有得, 頗自喜.

796) 기송(記誦)은 입으로 암기하여 외우는 것을 말하고, 사장(詞章)은 시가(詩歌)와 문장(文章)을 연마하는 것을 말한다. 이 말은 인격을 완성하려는 실천이나 도덕적 수양과는 다른 학문을 말할 때 쓰는 말이다. 이 말은 주자(朱子)의 『대학장구서(大學章句序)』에 보인다.

797) 송대 유학의 주요 4대파를 일컫는 말이다. 정확하게 말하면 염락관민(濂洛關閩)의 학(學)이다. 즉 중국 송대(宋代)의 주돈이(周敦頤)·정호(程顥)와 정이(程頤)·장재(張載)·주희(朱熹) 등의 학문체계를 말한다.

798) 咸傅霖, 「行狀」, 『圃隱集』 4. "少有大志, 好學不倦, 博覽羣書, 日誦中庸大學. 窮理以致其知, 反躬以踐其實, 眞積力久, 獨得濂洛不傳之秘."

으로 삼고 실천하여 몸소 행하는 것을 근본으로 삼았다"[799]라고 하였다. "묵식심융默識心融"이라는 말은 주자의 『논어집주論語集註』「위정爲政」편에 보이는 것으로, 공자가 제자 안회顔回를 평가하는 말[800]에 대한 주자의 주석註釋으로 "묵묵히 이해하여 깨닫는 것이 마치 흰 눈이 햇빛에 녹아내리듯이, 진정한 자신의 것으로 서서히 되어 가는" 뜻으로 해석하였다. 『논어집주』의 말을 분석해 보도록 하자.

> 그는 공자의 말씀을 들으면 묵묵히 이해하여 마음으로 깨달아 닿는 곳마다 막힘이 없이 환하여 스스로 조리가 있었다. 그러므로 종일토록 말을 하여도 다만 어기지 않아 어리석은 사람으로 보일 뿐이었는데, 물러간 뒤에 그의 사생활을 살펴보니 일상의 모든 행동과 말 즉 동정動靜과 어묵語默하는 사이에 다 공자의 도를 모드 드러내어 평탄히 행해서 의심함이 없었다. 그런 뒤에야 그가 어리석지 않다는 것을 아신 것이다.[801]

즉 안회는 공자의 말씀을 단순히 표피적인 지적知的 이해에만 그치는 것이 아니라, 그것이 가지고 있는 진정한 의미를 자신의 것으로 만들어 진지하게 실천하는 데에 궁극적 목적을 두고 있다는 말이다. 공자의 말씀이나 학문이 배우는 자의 마음속에서 소화되지 않은 채 단순히 표피적表皮的인 이해의 단계에만 그친다면 그것은 결코 진정한 앎이 될 수가 없다는 말이다. 즉 안다고 하는 것은 반드시 몸소 실천하여야踐履躬行 진정으로 안다고 할 수 있다. 이른바 '지행합일知行合一'이다.

학문적 지식이 자신의 마음속에서 소화되지 않고, 자신의 것으로 만들지 못할 경우, 학문적 신념에 근거한 어떤 행동이나 실천은 불가능하

799) 權採, 「圃隱先生詩卷序」, 『圃隱集』 卷首. "其爲學也, 以默識心融爲要, 以踐履躬行爲本."

800) 『論語』 「爲政」 "吾與回言終日, 不違如愚. 退而省其私, 亦足以發, 回也不愚."

801) "其聞夫子之言, 默識心融, 觸處洞然, 自有條理. 故終日言, 但見其不違如愚人而已. 及退省其私, 則見其日用動靜語默之間, 皆足以發明夫子之道, 坦然由之而無疑, 然後知其不愚也."

기 때문이다. 권채의 이런 표현은 포은의 학문관의 특색인 실천적 의리정신과 절의節義 정신을 이해하게 만드는 매우 중요한 단서를 제공해 주고 있다.

3. 포은의 실천적 의리정신

위에서 우리는 포은의 성리학에 대한 기본 관점이 "자신을 돌이켜 실천하는" 반궁실천反躬實踐에 있음을 살펴보았다. 그러면 포은은 무엇을 "실천하여 몸소 행하여야(踐履躬行)" 한다고 말하는가? 말하자면 실천궁행實踐躬行의 구체적인 내용이 무엇인가 라는 문제이다. 포은의 말을 살펴보자.

> 유자의 도는 모두 일용평상日用平常의 일로 음식과 남녀(食色)는 모든 사람이 함께 하는 것이니, 지극한 이치가 그 가운데 존재하는 것입니다. 요순堯舜의 도道 또한 여기에서 벗어나지 않습니다. 일상의 움직이고 정지하고 말하고 침묵하는 사이에서 그 올바름을 얻는 것이 바로 요순의 도이니, 본래 너무 높아 실행하기 어려운 것이 아닙니다. 저 불교佛教의 가르침은 그렇지 않으니, 친척을 버리고 남녀 관계를 끊으며 홀로 바위굴 속에 앉아 풀로 옷을 해 입고 나무를 먹으며 공空과 적멸寂滅을 보는 것을 으뜸으로 삼으니 이것이 어찌 평상의 도리이겠습니까?[802]

위의 인용문에서 보이는 포은의 언급은 매우 중요하다. 왜냐하면 매우 강한 실천적實踐的 의리정신義理精神을 가지고 있는 조선 도학道學[803]

---

802) 『圃隱集』 권4, 「本傳」"儒者之道, 皆日用平常之事, 飮食男女, 人所同也, 至理存焉. 堯舜之道, 亦不外此. 動靜語黙之得其正, 卽是堯舜之道, 初非甚高難行. 彼佛氏之教則不然, 辭親戚絶男女, 獨坐巖穴, 草衣木食, 觀空寂滅爲宗, 是豈平常之道."

803) 중국철학에서 도학(道學)이란 명칭은 성리학과 외연(外延)을 거의 함께 공유(共有)하는 개념으로 분명히 존재하지만, 한국철학에서 만큼 보편적으로 사용되는 것은 아니다.

의 기본적 방향을 드러내고 있기 때문이다. 포은은 기본적으로 유자儒者가 지켜야 할 요순堯舜의 도리는 결코 요원한 것이 아니라고 말한다. 음식남녀飮食男女의 일상 생활 속에서 '지극한 이치至理'가 존재한다고 말한다. 이른바 '지극한 이치至理'가 의미하는 것은 올바른 행동과 바름을 지키는 일상의 도리(平常之道)를 말한다. 이런 관점에서 그는 불교의 공관空觀을 비판한다.

주자학 혹은 성리학의 성립이라는 것은 수당隋唐이래 성행한 불교로부터의 독립과 절연絶緣의 과정이기도 하다. 이런 허무적멸虛無寂滅의 공관으로부터 일상적인 도리로의 전환이라는 철학적 사명 의식은 포은에게도 동일하게 적용된다. 포은이 말한 누구나 현실 속에서 실천 가능한 '지극한 이치至理' 즉 올바른 행동과 바름을 지키는 "일상의 도리"가 무엇을 의미하는지 이 문제에 대해 살펴보도록 하자.

이른바 주자학에서 말하는 리理는 실천적인 도리인 동시에 자연세계의 물리物理이다. 즉 자연임과 동시에 당연當然으로, 자연법칙과 도덕적 규범은 연속連續해 있다. 그러나 이런 연속은 대등한 연속이 아니라 물리가 도리에, 자연 법칙이 도덕적 규범에 종속되어 있는 구조를 만들어 낸다. 이런 주자학의 연속성은 자연을 도덕에 종속시킬 뿐만 아니라 역사마저 도덕에 종속시키는 명분론名分論을 만들어 낸다. 즉 자연, 역사, 문화를 모두 도덕적 지상 명령 아래 놓아두고 있는 독특한 철학 체계를

도학이란 개념이 유학 경전에서 처음 출현한 것은 『대학』이지만("如切如磋者 道學也 如琢如磨者 自修也"), 이 시기에 일반적으로 사용된 개념은 아니었다. 도학이 가지고 있는 본질을 분명하게 이야기하고 광범위하게 사용한 시기는 역시 성리학의 발전과 궤를 같이하는 송대(宋代) 이후로 볼 수 있다. 도학의 개념적 성격과 범위를 분명하게 확정하고 있는 자료로는 원대(元代)에 이루어진 『송사(宋史)』이다. 중요한 것은 『송사』에 「도학전(道學傳)」 4권 이외에 별도로 「유림전(儒林傳)」 8권이 있는데 여기에서 이 둘을 성격적으로 구분하고 있다는데 있다. 말하자면 일반 유림과 도학자를 엄격하게 구분하여 기술하고 있다. 그 기준은 역시 도통(道統) 의식이다. 「도학전」에 수록된 인물들은 북송오자(北宋五子), 주자, 장식(張栻), 이정(二程)과 주자의 문인들이다. 엄밀하게 말하면 「도학전」이 수록한 기준은 결코 유학적 이념의 실천이라는 의리적 성격보다는 이론적 체계나 학통(學統)이라는 차원에서 이루어진 것으로 보인다. 이런 점에서 조선 유학의 관점과 완전하게 일치하는 것은 아니다.

구축하고 있다. 여기에서 개인의 일상적 도덕적 실천은 모든 정치적, 역사적 가치의 전제 조건이 되면서 도리의 실천은 곧 바로 명분名分의 문제와 연결되어 버린다.[804)]

명분은 어떤 사람이 자신의 특정한 상황 또는 처지에서 판단하고 행동할 때 제시되는 자신의 조건에 맞는 정당성이고 명목名目이며, 그 명목에 합당한 본분이다. 명분은 사람에게 도덕적 당위성을 부여하며, 명분과 본분 사이를 일치시키며 사회 질서를 확립시키는 규범이 된다. 이러한 명분은 인간 개인의 행위나 국가사회의 모든 집단의 결정이 그 목적에 맞게 실행되어야 한다는 행위의 정당성을 조건으로 제시한다. 특히 유교사회의 전통에서는 이 명분적 정당성이 의리 사상과의 연관성 속에 이해되고 있음에 주목할 필요가 있다.[805)] 명분으로서의 도리는 구체적으로는 군신·부자·형제·부부·붕우 사이의 도덕으로 표현된다. 이런 입장은 공자의 정명론正名論을 통하여 가장 먼저 주장되지만, 주자는 더욱 분명하게 이 문제에 대해 언급하고 있다.

> 천하의 일에는 모두 도리가 없을 수 없습니다. 군신君臣된 자에게는 군신의 도리가 있고, 부자父子된 자에게는 부자의 도리가 있고, 부부된 자와 형제된 자 및 친구된 자에게도 ...... 모두 각각 도리가 없을 수 없습니다.[806)]

주자는 군신·부자·형제·부부·붕우 사이에서 도리가 없을 수 없고, 그것은 하나의 규범으로 표현된다고 말한다. 이른바 삼강三綱과 오상五常으로 표현되는 강상적綱常的 규범의 체계이다. 이 중에서 가장 중요한

---

804) 守本順一郎 지음, 김수길 옮김, 『동양정치사상사연구』, 동녘, 제27쪽 참조 바람.

805) 금장태, 『유교사상의 문제들』, 여강출판사, 제41쪽 참조 바람.

806) 朱熹, 『朱子大全』 上, 卷十四 「行宮便殿奏箚」 二. "夫天下之事莫不有理, 爲君臣者有君臣之理, 爲夫婦爲兄弟爲朋友, ... 亦莫不各有理

것은 역시 군신·부자·부부 사이의 규범이다. 이들 사이의 덕목이 바로 충忠·효孝와 열烈이다. 충·효와 열의 덕목은 일상 속에서 실천되는 것이지만, 이것들을 실천할 때 위기를 만나면 생명을 바쳐서라도 이 규범들을 지켜내어야 한다.

국가 존망의 위기를 당하거나 왕위찬탈의 위기를 당했을 때 생명을 바쳐 이를 막는 것이 바로 명분에 합당한 순절殉節의 의리정신이다. 만약 이 위기를 막지 못하면 마땅히 침략자나 찬탈자에게 저항하며, 타협을 거부하는 것이 절의節義를 지키는 길이 된다[807]는 것이다. 여기에서 우리는 포은이 왜 부귀영화를 누릴 수 있는 편안한 길을 팽개치고, 더 이상의 희망도 없이 꺼져가는 고려의 운명을 온 몸으로 짊어지고 죽음의 길을 주저 없이 선택 하였는가 하는 의문에 대해 분명한 답을 찾을 수 있을 것이다. 그것은 바로 명분에 합당한 순절殉節의 의리 정신이다. 이런 포은의 순절의 의리 정신을 서애西厓 유성룡柳成龍은 핵심적으로 잘 정리하고 있다.

> 포은 정선생이 의리지학義理之學으로 모든 유생을 위하여 제창하니 당시의 사람들이 모두 그를 대종大宗으로 삼았다. ......끝까지 힘을 다하여 국가가 존재하면 함께 존재하고, 국가가 망하면 함께 죽었으니, 그 충성됨이 지극하였으며 앞으로는 고려 오백년의 강상綱常의 중함을 자임自任하였고, 뒤로는 조선 억만년의 절의節義의 가르침을 열어 놓았으니 선생의 공은 위대하다.[808]

서애가 강조하는 포은의 위대한 공은 크게 의리지학義理之學과 절의의 가르침(節義之教)으로 요약할 수 있다. 즉 포은이 주장한 유학적 내용

---

807) 금장태, 『유교사상의 문제들』, 제49쪽 참조 바람.

808) 『圃隱集』 圃隱集跋, "圃隱鄭先生, 以義理之學, 爲諸儒倡, 當時翕然宗之. ...... 盡瘁宣力, 國存與存, 國亡與亡, 其忠盛矣 任高麗五百年綱常之重於前, 啓朝鮮億萬載節義之教於後, 先生之功大矣."

혹은 특성을 의리지학으로 규정하고, 포은이 후손들에게 몸소 보여준 가르침이 바로 절의정신에 있음을 말하고 있다. 그러면 여기에서 말하는 의리지학義理之學의 '의리'란 구체적으로 어떤 뜻을 가지고 있는가?

오늘날 우리가 사용하는 의리라는 말과 포은이 목숨과 바꾼 의리정신은 같은 뜻을 가지고 있는가? 포은이 그토록 지키고자 한 의리가 조폭들이나 철없는 고교생들 간에 주고받는 그런 의리인가? 의리에 대한 잘못된 이해 그리고 그로 인해 생기는 잘못된 행위들이 우리 사회에 끼친 영향은 매우 심각하다. 이런 폐해는 의리정신의 근본적 의미를 올바로 이해하지 못하기 때문이다.809)

의리라는 말의 사전적인 의미는 "사람으로서 마땅히 행하여야 할 올바른 도리"이다. 의리라는 말에서 이理는 이치 혹은 도리道理라는 뜻이다. 의義라는 말을 사전에서는 가). 마땅함(宜) 나). 착함(善) 다). 올바른 거동이나 모습(儀) 라). 사실적인 뜻이나 의미의 뜻으로 나누어 말한다. 여기에서 라)를 제외한 세 가지는 모두 도덕성 혹은 올바른 행실에 바탕 하는 것으로, 바르지 못한 것(不正)과 악한 것(不善)을 멀리하고 정도正道를 실현하려는 것과 관련된다.810) "사람으로서 마땅히 행하여야

---

809) 친구 사이의 기본 규범은 의리를 지키는 것이고, 의리를 저버리는 행위는 친구 관계만이 아니라, 모든 인간 관계와 사회적 질서를 해치는 것으로 생각하기 쉽다. 말하자면 의리를 아랫사람이 윗사람을 끝까지 추종하거나 불량배나 범죄 집단이 자신의 조직을 배반하지 않는 행위를 말하는 경우가 흔히 있다. 이러한 의리 개념은 결코 포은이나 유교적 전통의 의리 개념이 아니다. 이것은 일제의 영향 속에서 변질된 의리로서 전통적 의리 개념과 분명히 구분된다. 일본의 윤리 전통에서 가장 중요하게 생각하는 두 가지 덕목은 기리(義理, きり)와 닌죠오(人情, にんじょお)이다. 일본인들은 이 중에서도 의리를 사회관계에서 가장 중요한 덕목으로 보고 있다. 일본에서 의리라는 말은 전통적으로 가족이나 친지 혹은 영주와 농노와 같은 구체적인 인간 관계 안에서 요구되어 온 덕목이다. 이 덕목은 현대에 들어와서는 직장이나 관료들 사이에서의 상사와 부하 직원의 관계에서도 여전히 통용되고 있다. 요즈음 우리 사회에서 통용되고 있는 이런 "소규모의 인간 관계에서 통용되고 있는 인간적 도리"라는 의미의 의리 개념은 우리 전통 사상에서 말하는 의리가 아니라, 일제 강점기에 들어온 용어일 가능성이 높은 것으로 보인다. 이 문제에 대해서는 김영진, 『철학적 병에 대한 진단과 처방』, 철학과 현실사, 제51-59쪽 참조. 또 이승환, 『유가사상의 사회철학적 재조명』, 고려대학교 출판부, 제121쪽 참조 바람.

810) 라)의 사실적인 뜻이나 의미의 뜻에 해당하는 것 역시 의리이다. 한대(漢代)의 고증학

할 올바른 도리"라는 뜻의 의리 개념은 결코 우리가 일반적으로 사용하는 의리 개념과는 차이가 크다.

말하자면 "유가적 전통의 의리 개념은 개인적으로 동료들 사이에 지키는 신의信義요, 사회적 역사적으로 불의에 대한 저항 정신을 의미하는 것이다. 곧 의리는 정당성을 추구하는 원리로서 이해利害에 대한 반대개념이다. 따라서 의리를 지키기 위해서는 이해 관계에 이끌려서는 안 되고, 자신이 생명을 잃는 희생을 치르더라도 신의를 지켜야 하는 것이다."[811)]

유가의 전통적 의리는 불의를 용납하지 않는 강직한 실천정신으로 이것이 절의정신으로 구현된다. 여기에서 말하는 절의는 이해관계를 벗어나 올바른 도리를 굽히지 아니하고 굳게 지키는 정신을 말한다. 구체적으로 절의는 부부간의 관계에서는 정절貞節로, 친구 사이에서는 믿음(信)으로, 국가와의 관계에서는 충忠의 덕목으로 표현된다.

위의 분석을 통하여 우리는 포은의 불사이군不事二君의 절의정신이 단순히 경직되고 융통성 없는 봉건적 유교 윤리의 고수固守에서 나온 것이 아니라, 성리학 본래의 의리지학이 내함內含하고 있는 본질적 특성과 이념理念에서 연유하고 있음을 발견할 수 있었다.

의리의 실천이라는 도학적 지평地平 위에 굳건하게 자리하고 있는 포은으로 하여금 다른 왕조를 선택하게 한다는 것은 이미 생각의 변경邊境을 완전히 벗어난 것으로 일말의 여지도 불용不容하는 그런 문제였을 것이다.

포은이 보기에 왕조의 변혁이라는 사건은 단순한 역사 발전의 역정歷程이나 흐름이 아니라, 그것은 어디까지나 도덕적 의리의 판단 문제에 속하는 것으로 인식하고 있었던 것이다. 그러므로 포은이 목숨이 위협

에 반대한 송대(宋代)의 경전이 가지고 있는 철학적 의미를 탐구하는 것을 의리(義理)로 부르는 경우이다.

811) 금장태, 『한국 유학의 탐구』, 서울대학교 출판부, 제12쪽.

받는 절박한 상황에서도 전혀 흔들리지 않고 고려 왕조에 끝까지 충성을 바칠 수 있었던 것은 그의 인격적 기반이었던 의리 정신 때문이다.

4. 포은의 죽음, 성리학적인 삶의 한 형태

나라가 기울어가는 위난危難의 상황에서 포은은 자신의 목숨마저도 버리는 순절殉節을 통해서 '불사이군'이라는 절의정신을 단호하게 표현하였다. 자신의 목숨을 버린다는 상황에서 어느 누군들 갈등이 없겠는가? 아래의 글은 포은의 '불사이군'에 대한 신념이 반석磐石같음을 그대로 보여 주고 있다.

> 지극히 쇠퇴하고 꽉 막힌 때를 만나 어찌할 수 없게 되자, 이에 사람들에게 이르기를, "남의 신하가 되어 어찌 감히 두 마음을 품겠는가? 나는 이미 나의 처할 바가 있다" 하였다. 대저 한 몸으로 오백년 끝의 운명을 당하여 흰 칼날을 밟게 되었는데도 피하지 않고 그 늠름함이 엄한 서리가 뜨거운 태양과 그 빛을 다툴 정도였으니, ... 큰 절개에 임하여 뜻을 빼앗을 수 없는 군자인 것이다. 진실로 깊은 수양이 평소부터 있지 않았다면 어찌 이처럼 확고할 수 있겠는가![812]

고려 말이라는 혼돈의 시기를 살아가고 있었던 대부분의 사람들은 절대 권력을 쥐고 있는 이성계에게 한 걸음 더 접근하려고 하거나, 투항하려는 생각을 가지지 않는 사람은 거의 없었을 것이다. 이런 상황에서 대의명분大義名分과 불사이군을 말하는 사람들은 어쩌면 현실을 모르

812) 盧守愼, 「圃隱先生詩集序」『圃隱集』卷首. "會衰否之極, 莫可如何, 乃諭人曰, '受人國豈敢二心, 吳已有所處'. 夫以一身當五百末運, 蹈白刃而不之避, 凜然與嚴霜烈日爭光, 正所謂託六尺之孤, 寄百里之命, 臨大節而不可奪之君子人也. 苟非所養之熟有素, 焉得所守之確如是!"

거나, 삶이 가지고 있는 존엄한 가치를 바르게 이해하지 못하는 사람으로 조롱받는 것이 너무나 당연할지도 모른다. 이 때문에 주변의 사람들은 포은에게 사세부득事勢不得한 상황을 인정하고, 이성계와 같은 길을 가기를 진지하게 권유하였을 것이다. 그러나 포은은 "남의 신하가 되어 어찌 감히 두 마음을 품겠는가? 나는 이미 나의 처할 바가 있다"고 하면서 고려 왕조와 운명을 같이 하였으니, 이런 포은이야말로 올곧은 절개節槪를 가진 군자라고 할 수 있을 것이다.

포은의 이런 의리 정신은 결코 권력화權力化된 객관적 규범 체계에 어쩔 수 없이 내몰린 것이라기보다는, 개인의 인격적 수양이라는 기반에 강하게 근거하고 있다. 그러므로 소재蘇齋 노수신盧守愼은 "진실로 깊은 수양이 평소부터 있지 않았다면 어찌 이처럼 확고할 수 있겠는가!"라고 찬탄한다. 소재蘇齋의 이 말은 포은의 사생취의舍生取義의 절의정신이 그의 자강불식自强不息의 수양에서 나왔음을 언급한 것이다. 실제로 포은의 이런 수양에 대한 관점들은 그의 성리적性理的 성격을 가진 시편詩篇들을 통하여 분명하게 드러난다.

> 오직 하늘의 운행은 하루에 구간리를 달리네
> 잠시라도 쉼이 있다면 만물은 곧 자라지 못하리
> 가는 것이 이와 같으니 바쁘게 움직여 그침이 없구나
> 한 생각에 병통이 생기면 혈맥이 가운데에서 막히네
> 군자는 이것을 두려워하여 저녁까지 두려운 듯이 힘쓰고 힘쓰리
> 극진히 노력을 쌓으면 하늘의 존재와 마주 대하리라. 813)

「척약재명惕若齋銘」이란 이 시는 포은의 도덕적 수양의 진지함이 어느 정도인가 하는 점을 여실如實하게 잘 보여주고 있다. "척약惕若"이라

813) 『圃隱集』 卷三 惕若齋銘, "惟天之行, 日九萬程. 須臾有間, 物便不生. 逝者如斯, 衮衮無已. 一念作病, 血脉中否. 君子畏之, 夕惕乾乾. 積力之極, 對越在天."

는 말은 『주역』 건괘乾卦 구삼九三 효사爻辭에 나오는 "군자가 종일토록 굳세고 굳세어서 저녁까지도 여전히 두려운 듯이 행동하면 비록 위태로우나, 허물은 없을 것이다(君子終日乾乾, 夕惕若, 厲无咎)"라는 말에서 나왔다.

"척惕"이란 '근심하다' '걱정하다'의 뜻으로 '두려워 삼가는' 것을 말한다. 구삼효가 전체 괘에서 가지고 있는 위치는 하괘下卦와 상괘上卦가 교체하는 중간에 자리하고 있어서 이른바 위태로운 자리이다. 또 하괘下卦의 상(上, 구삼을 말함)에 자리하여 작은 성공(小成)을 이루어 자칫 자만하거나 방심할 가능성이 높기 때문에 늘 마음가짐을 조심스럽고 신중하게 가지고, 시종일관 노력하여야 함을 말한다.

이 시의 구절들에 보이는 내용들은 『주역』 뿐만 아니라 『논어』(逝者如斯)와 『시경詩經』(對越在天) 등을 인용하고 있는데, 그의 유가 경전에 대한 이해가 어느 정도인지를 잘 보여주고 있다. 그러나 여기에서 가장 중요한 핵심은 역시 생생불식生生不息 하는 천지자연의 운행 질서를 본받아, 인간 역시 자강불식自强不息하여야 함을 강조하는 말일 것이다.

이런 자강불식하는 수양의 과정에 "한 생각에 병통이 생기면(一念作病)" "혈맥이 가운데에서 막히는(血脉中否)" 상황이 발생한다고 말한다. "한 생각에 병통이 생긴다"는 말은 사사로운 욕심이 끼어든다는 의미로 이럴 경우 혈맥이 가운데에서 막히게 되는 결과를 초래하게 된다. 이것은 사욕私慾이 끼어들게 되면 천리天理의 유행流行이 중단되어 버리기 때문에 끊임없는 자기 성찰과 경계警戒가 필요하다는 성리학적 관점을 그대로 보여주고 있다.[814]

이런 자기 성찰과 수양을 극진히 하였을 때 "하늘의 존재와 마주 대할 수 있는(對越在天)" 천인합일天人合一의 단계에 들어설 수 있음을 포은은 강조하고 있다. 이처럼 종교적 신앙처럼 철저하게 무장되어 있

814) 『論語集註』「子罕」"天地之化, 往者過, 來者續, 無一息之停, 乃道體之本然也. 然其可指而易見者, 莫如川流. 故於此發以示人, 欲學者時時省察, 而無毫髮之間斷也"

는[815] 포은의 의리정신은 이성계와의 협력을 근본적으로 불가능하게 만들어 버린다.

그러므로 포은의 죽음이라는 사건 또는 실존적實存的 결단은 그가 가진 성리학적 신념을 여과 없이 드러낸 것으로, 그것은 다만 그의 성리학적 삶의 한 형태일 뿐이다. 포은에게서 보편적인 의리의 정당성에 등을 돌리고, 이익과 현실에 타협하고 순응하는 그런 삶은 도덕적 양심의 완전한 마목痲木을 의미하는 것으로, 일종의 도덕적 사망을 스스로 선언한 것이나 마찬가지이기 때문에 차라리 생生을 버리고 의義를 취하는 것이다. 춘정春亭 변계량卞季良의 글을 살펴 보도록 하자.

> 천지나 고금의 이치를 찾아본다면, 사람이 생긴 이치와 애당초 말할 만한 크고 작음이나 유구하고 짧은 것이 무엇이 있겠는가. 고인古人은 이 점을 알았기 때문에 평상시에 깊은 연못가에 서 있는 것처럼, 얇은 얼음을 밟는 것처럼 전전긍긍戰戰兢兢하지 않은 적이 없다가도, 갑자기 큰 변을 당하였을 경우에는 삶을 버리면서도 돌아보지 않고 자신을 죽여서도 후회하지 않는 것은 또한 이것을 온전하게 하고자 할 뿐이니[816]

포은은 죽음을 삶의 한 형태로 보고, 죽음을 다만 삶의 연장으로 보는 연속적 생사관을 말하고 있다. 어떻게 도덕적으로 사람답게 사느냐가 가장 중요한 문제이고, 다만 사람답게 바르게 산 결과가 죽음이라면 그것은 언제든지 받아들일 수 있고, 어떠한 원망이나 후회를 하지 않겠다는 말이다. 이런 포은의 순절은 기본적으로 유가가 가지고 있는 삶에

---

815) 한 예로 금장태 교수는 "하늘의 존재와 마주 대할 수 있는(對越在天)"이라는 구절을 "하늘에 계신 신령의 존재와 마주하는" 말로 번역하여 성리학적 수양론의 극치에서 초월적 존재로서 신(神) 내지 상제(上帝)를 만나는 신앙적 체험을 확인하고 있는 것으로 말하고 있다. 『한국유교의 과제』, 서울대학교 출판부, 2004년, 제66쪽 참조 바람.

816) 卞季良, 『圃隱集』 圃隱先生詩藁序 "天地也古今也, 苟求其所以然, 則與人之所以爲人者, 初豈有大小久近之可言也哉. 古之人有見乎此者矣, 未嘗不淵冰戰兢於平居之日, 而卒然遇夫大變也, 則有捨生而不顧, 殺身而無悔焉者, 盖亦欲以全夫此而已."

서 죽음이 어떤 의미를 가지고 있는가 하는 문제를 다시 생각하도록 만든다. 이런 포은의 관점은 『논어』에서 백이伯夷와 숙제叔齊의 죽음에 대한 공자와 제자의 물음을 통하여 더욱 구체적으로 드러난다.

> (자공이 들어가서 공자를 뵙고) 백이와 숙제는 어떤 사람입니까? 하고 물었다. 공자 말씀하시기를 옛날의 현인이지 라고 말씀하셨다. 자공이 그들은 (자신들의 운명을) 원망하였습니까? 하고 물었다. 공자께서 그들은 인을 구해서 인을 얻었으니 무슨 원망을 하겠는가 라고 말씀하셨다.[817)]

공자의 입장을 한 마디로 말하면 도덕을 실천하여 얻는 만족감을 행복으로 여기는 관점이다. 여기에서 백이와 숙제가 평생 추구한 것이 인仁이었고, 마침내 그것을 성취하였기 때문에 비록 비참하게 죽었으나 더 이상의 여한은 없을 것으로 보고 있다. 포은 역시 죽음을 삶의 완성으로 승화시켜 죽음을 결코 생명 활동의 끝이 아니라, 의리의 실천 과정에서 맞이하게 되는 신체의 종결 과정으로만 보고 있는 것 같다. 다시 서애의 글을 살펴보자.

> 편안함과 위험스러움에 따라 그 마음을 달리하지 않고 자신의 힘이 닿는 대로 하다가 이루지 못하게 되자 몸을 바쳐서도 원망과 후회가 없었으니 어찌 이른바 되지 않을 줄 알면서 하는 것이 아니겠는가?[818)]

포은은 현실적인 안위安危나 삶에 대한 욕심 및 죽음에 대한 두려움을 넘어서서 보편적인 의리의 정당성을 추구하는 성리학적 입장에 철저하게 충실하려고 하기 때문에, 그 결과가 삶이든 죽음이든 결코 두려

---

817) 『論語』「述而」, "入曰, 伯夷叔齊何人也? 曰, 古之賢人也. 曰, 怨乎? 曰, 求仁而得仁, 又何怨?"

818) 柳成龍, 『圃隱集』 圃隱集跋, "不以夷險貳其心, 旣竭其力之所至, 不得則以身殉之, 無所怨悔, 豈所謂知其不可而猶且爲之者耶."

위하지 않는 것이다. 중요한 것은 의리의 정당성을 완성하는데 있지, 살기 위해 이것을 버리지 않는다는 것이다. 이 문제에 대해서 공자 역시 분명하게 이야기하고 있다.

> 뜻있는 선비와 인仁한 사람은 살기 위해 인을 해치지 아니하며 몸을 죽여서라도 인을 완성한다.[819]

여기에서 삶과 죽음은 결코 별개의 것이 아니다. 왜냐하면 무엇을 위해 살아야 하고, 인생의 목표가 무엇인가를 이해한다면, 무엇을 위해 죽어야 하는 가라는 것도 분명해지기 때문이다. 구체적으로 말하면, 인仁이 인생의 목적이기 때문에 그것을 위해 희생하였다면 사람들은 그것을 올바른 죽음이라고 말한다.[820]

"죽음이란 도의 실현을 위해 힘써 일하다 맞닥뜨리게 되는 삶의 자연스러운 결과였을 뿐이며 더 적극적으로는 사람다움의 실현을 위하여 스스로 택하는 길이기도 하였다."[821] 이러한 죽음은 자신의 힘으로 주체할 수 없는, 어쩔 수 없는 죽음이 아니라 스스로 선택한 죽음일수도 있다.[822] 의리적 당위성을 달성하기 위해서 분투하다가 목숨을 버려도 결코 후회하지 않는 "살신성인殺身成仁" 또는 "삶을 버리고 옳음을 취한다舍生取義"[823]의 관점을 포은의 순절을 통하여 생생하게 살펴볼 수 있었다.

현실세계 속에서 도덕적으로 살고 싶다는 희망과 행복하게 편안한 삶을 살고 싶다는 소망은 항상 충돌하기 때문에 이 둘은 동시에 양립兩

---

819) 『論語』, 「衛靈公」 "志士仁人, 無求生以害仁, 有殺身以成仁."

820) 정병석, 「論語와 莊子에 보이는 죽음관」, 『동양철학연구』 제55집, 2008, 8, 제57쪽 참조.

821) 김교빈, 「죽음에 대한 유교의 이해」, 『철학연구』 제75집 2006년 겨울호, 제5-6쪽.

822) 정병석, 「論語와 莊子에 보이는 죽음관」 제57쪽 참조.

823) 『孟子』, 「告子」.

立하기가 어렵다. 인류의 가장 큰 염원 중의 하나인 도덕과 행복의 일치라는 각도에서 많은 사람들은 포은의 죽음에 대해 고개를 저을 것이다. 그들은 모든 것을 도덕의 관점으로 바라보는 유가의 '도덕본위론道德本位論'이 가진 잔인함 또는 과도함은 개인의 행복에 대해 어떤 보장도 언급하고 있지 않고, 현실적 행복은 다만 도덕에 종속되어 전혀 독립적인 지위를 가지지 못하고 있다는 사실에 쉽게 실망하고 고개를 돌려 버린다.

포은의 순절이 가지고 있는 정신적 의미는 단순히 이런 아쉬움으로만 끝맺을 것인지 그렇지 않으면 어떤 다른 보응報應이 기다리고 있는지 음미해 볼 필요성이 있을 것이다.

5. 포은의 죽음과 불후 그리고 보응

왕조의 변혁이라는 도도한 역사적 흐름 앞에 선 포은에게 있어서 '불사이군'이라는 명제는 선택의 대상이 아니라, 목숨을 던져서라도 실천해야만 하는 하나의 절대적 사명使命이었다. '불사이군'이라는 절대적 사명의 완수를 위해 헌신獻身한 포은의 순절정신은 단순히 사회적 규범체계에서 나온 것이라기보다는 도덕적 기반에서 출발한 것이라고 할 수 있다.

그러나 도덕적으로 살다간 결과가 어떠한 보상도 없고 오히려 비참한 죽음으로 되돌아온다면, 그 누가 도덕적인 삶을 살려고 하겠는가? 선善한 자에게 복을 주고 사악한 자에게 벌을 주는 것이 하늘의 도리天道 아닌가? 이런 현실을 바로 보지 못하는 천도天道의 불공정不公正 함에 대해 사마천司馬遷은 불만을 터뜨리고 있다.

사마천은 『사기史記』에서 천도가 공평무사해서 착한 사람에게 복을 주고 나쁜 사람은 벌을 주어 응징하여야[824] 함에도 불구하고, 거꾸로 정의를 위하여 지극하게 선한 삶을 살았던 백이와 숙제는 아사餓死하도록 하고, 안회는 가난하게 고생하다 요절하게 만들면서 오히려 온갖 만행을 저질렀던 도척盜蹠은 온갖 호사스러움을 누리면서 편안히 천수를 누리도록 한 것에 대해 분노하고 있다. 사마천은 천도가 과연 옳은 것인지 또는 그른 것인지 라는 의심을 노골적으로 표명하고 있다.[825]

이런 도덕과 행복이 현실적으로 일치하지 않고 모순되어 서로 충돌한다는 사마천의 문제 제기는 여러 가지 문제들을 생각하게 만든다.[826] 포은 역시 천도가 항상 공평무사하지 못하다는 점에 대해 이야기한 적이 있다.

홍건적을 물리친 공을 세운 김득배金得培가 김용金鏞의 모해謀害를 받아 억울한 죽음을 당하여 상주尙州에서 효수梟首되자, 사람들은 눈치를 보며 시신조차 수습하지 못하였다. 이 사건은 포은으로 하여금 현실이 가진 한계와 모순을 직접 체험하도록 만든 계기가 된다.

김득배는 포은의 과거 시험 감독관이었기 때문에 그는 문생門生의 예우를 갖추고, 자신이 시신을 거두어 제사를 지내게 해 달라고 왕에게 상주上奏하여, 제문祭文을 쓰고 장사를 지냈다. 그는 제문에서 다음과 같이 쓰고 있다.

> 아아. 하늘이여, 이 사람이 어떠한 사람입니까? 대개 듣기에 선행善行에 복을 주고 음행淫行에 화를 주는 것은 하늘이요, 착한 이에게 상을 주고 악한 이에게 벌을 주는 것은 사람이라 하니, 하늘과 사람이 비록 다르다 하더

---

824) 『書經』「商書」"天道福善禍淫".

825) 『史記』, 「伯夷列傳」, "或曰天道無親, 常與善人. 若伯夷·叔齊可謂善人者非邪? 積仁絜行如此而餓死! 且七十子之徒, 仲尼獨薦顔淵爲好學. 然回也屢空, 糟糠不厭, 而卒蚤夭. 天之報施善人, 其何如哉? 盜蹠日殺不辜, 肝人之肉, 暴戾恣睢, 聚黨數千人橫行天下, 竟以壽終. 是遵何德哉? 此其尤大彰明較著者也. 若至近世, 操行不軌, 專犯忌諱, 而終身逸樂, 富厚累世不絶. ...... 余甚惑焉, 儻所謂天道, 是邪非邪?"

826) 정병석, 「論語와 莊子에 보이는 죽음관」 제49쪽 참조.

라도 그 이치는 같도다. 옛사람이 말하기를 "하늘이 그 이치가 정해지면 사람한테 이기고, 사람이 많으면 하늘한테 이긴다" 하였으니, 이 또한 무슨 이치인가. 옛날에 홍건적이 마구 들어옴에 임금의 수레가 멀리 피난 갔으니 국가의 운명이 실낱에 매단 듯이 위태로웠는데, 오직 공이 맨 먼저 대의大義를 외쳐서 원근에서 메아리처럼 호응하였다. 몸소 일 만 번이나 죽을 각오로 꾀를 내어서 능히 삼한三韓의 왕업王業을 회복하였으니, 지금 사람들이 이 땅에서 먹고 이 땅에서 잠 잘 수 있는 것이 누구의 공입니까? 비록 그 죄가 있다 하더라도 공功으로 덮어주어야 옳고, 죄가 공보다 무겁다면 반드시 돌아와 죄를 다스려야 옳은데, 어찌하여 말馬에 땀이 마르지 아니하고 개선凱旋의 노래도 마치기도 전에 태산 같은 공을 가진 사람의 피로 칼날을 적시게 만드는가? 이것이 내가 피눈물을 흘리면서 하늘에 묻는 바 입니다. 나는 그 충혼忠魂과 장백壯魄이 천추만세에 반드시 구천 아래에서 피눈물을 마시리라는 것을 압니다. 오호라 운명이구나. 어찌합니까. 어찌합니까.[827)]

포은은 착한 자에게 복을 주고 사악한 행동을 하는 자에게 재앙(禍)을 주는 천도天道와 착한 이에게 상을 주고 악한 이에게 벌을 주는 인간사회의 정의가 올바로 작동하지 못하는 현실에 대해 매우 실망하여 하늘에 반문反問하고 있다. 이런 포은의 천도에 대한 실망과 회의는 천도 자체를 부정하겠다는 말은 결코 아니다. 포은은 분명히 김득배의 충혼장백忠魂壯魄이 영원히 살아서 천도와 정의가 올바로 실현되기를 기다리고 있을 것이란 말을 암시적으로 표현하고 있다. 즉 김득배의 몸은 비록 죽었으나 그의 충혼장백과 정신은 영원히 죽지 않고 불후不朽할 것이라는 포은의 믿음을 그대로 나타내고 있는 말로 해석할 수 있다. 이

827) 『圃隱集』 卷之三 雜著, 「祭金得培文」. "烏呼皇天, 此何人哉. 盖聞福善禍淫者天也, 賞善罰惡者人也, 天人雖殊, 其理則一. 古人有言曰, 天定勝人, 人衆勝天, 亦何理也. 往者紅冦闌入, 乘輿播越, 國家之命, 危如懸綫. 惟公首倡大義, 遠近響應, 身出萬死之計, 克復三韓之業. 凡今之人, 食於斯寢於斯, 伊誰之功歟. 雖有其罪, 以功掩之可也, 罪重於功, 必使歸服其罪, 然後討之可也. 奈何汗馬未乾, 凱歌未罷, 遂使泰山之功, 轉爲鋒刃之血歟, 此吳所以泣血而問於天者也. 吾知其忠魂壯魄, 千秋萬歲, 必飮血於九泉之下. 烏呼命也. 如之何如之何."

런 정신의 불후라는 문제야 말로 유가의 덕복일치德福一致가 가지고 있는 모순을 해결할 수 있는 중요한 실마리를 담고 있다.

포은의 순절이 의미하는 것은 비록 그의 몸은 죽었으나 순절의 정신은 여전히 불후하여 살아서 우리와 함께하고 있다는 점이다. 이런 포은의 순절이 담고 있는 불후의 정신에 대하여 변계량은 다음과 같이 말하고 있다.

> 유구한 고금古今 속에 사람이 한 순간을 살다가 가니 그 시간이 얼마나 짧은가? 그러나 형체는 비록 작지만 천지에 참여하여 가히 병립竝立할 수 있고, 시간이 비록 짧지만 고금을 관통하여 불후不朽할 수 있으니 이는 필시 형체에 의지하지 않아도 서고, 죽어도 없어지지 않는 것이 있기 때문이라.828)

비록 포은의 육신은 죽어서 없어졌으나 그 정신은 여전히 불후하여 지금까지도 살아서 우리와 함께하고 있음을 말하고 있다. 이런 정신 불후의 공유共有와 연속連續이 의미하는 것은 포은 역시 육신의 불사不死에 도달하는 것은 현실적으로 모두 실패할 수밖에 없음을 누구보다 잘 알고 있었기 때문에 오히려 정신적, 도덕적인 측면에서의 불후를 도모한 것으로 보인다.

앞에서 말한 것처럼, 유가들에게 있어서 개인 사후死後의 불후 여부는 근본적으로 그들이 중요하게 생각하지 않는다. 다만 그들이 관심을 두는 것은 초역사적 의미를 가지고 있는 이른바 '삼불후三不朽' 즉 '입덕立德' '입공立功' '입언立言'이다. 기본적으로 유가들은 죽은 사람에 대한 평가는 결코 생전에 가지고 있었던 재물이나 권세가 아니라, 그가 행한 도덕적

828) 卞季良, 『圃隱集』 圃隱先生詩藁序 "古今久矣, 而人乃一瞬於其間, 時孰近焉. 形雖甚小, 而有可以參天地而並立者焉. 時雖甚近, 而有可以貫古今而不朽者焉, 是必有不依形而立, 不隨死而亡者矣."

실천과 구세제민의 활동만이 그 대상이라는 점을 잘 알고 있었기 때문이다. 유가들은 이를 통하여 덕복불일치의 불공정함과 억울함을 어느 정도 보상받고 있는 것으로 보인다.[829] 포은 역시 마찬가지이다.

정당한 의리를 실천하기 위해 노력하였으나 보응報應은커녕 죽음만이 포은을 맞이하였다는 박복薄福한 현실에 비해 그에 대한 후대의 평가는 결코 가혹한 것은 아니었다. 그는 충절忠節 뿐만 아니라, 정몽주→길재→김숙자→김종직→김굉필→조광조의 계보로 이어지는 도통道統의 수위首位에 자리하는 영광을 맛보게 된다. 이런 입장을 가장 분명하게 말한 사람의 대표적인 문장 하나를 소개해 보도록 하자. 고봉高峰 기대승奇大升의 말이다.

> 고려 말기에 정몽주는 충효의 큰 절의가 있었고, 정자程子와 주자朱子의 학문을 배워 동방 이학의 조종이 되었는데, 불행하게도 고려가 망하려는 때를 당하여 살신성인殺身成仁 하였습니다. 우리 왕조에 들어와서 정몽주의 학문을 전수하여 익힌 사람은 김종직으로, 학문은 연원이 있고 행실 또한 방정했으며 후진을 가르치는데 온 지성을 다하였습니다. (...) 또 김굉필이 있는데 김종직의 제자이다. 김종직은 대체로 문장을 숭상했으나 김굉필은 실천에 힘을 썼던 사람이었습니다. (...) 조광조는 또 김굉필의 제자인데 독실한 공부가 있어 세상의 도를 구하려 하고, 이욕利欲의 근원을 막으려고 하였습니다.[830]

포은이 조선사상사에서 차지하는 위상은 한국 도학道學의 시조이면서 연원淵源이 된다는 것이다. 고봉은 포은을 정주학程朱學 즉 이학理學

---

829) 정병석, 「論語와 莊子에 보이는 죽음관」 60쪽 참조.

830) 『王朝實錄』, 宣祖, 권1, 즉위년, 10월, "高麗末, 鄭夢周有忠孝大節, 以程·朱之學爲學, 爲東方理學之祖, 不幸値高麗將亡之際, 殺身成仁, 入我朝, 而傳習鄭夢周者, 金宗直也. 學有淵源, 行又端方, 誨諭後學, 用其至誠. (...) 又有金宏弼, 是宗直弟子也. 宗直則大抵尙文章, 而宏弼則力行之人也. (...) 趙光祖, 又金宏弼弟子也. 有篤學工夫, 欲挽回世道, 防其利欲之源."

을 이어 받은 동방 이학의 조종(東方理學之祖)으로 삼아, 그를 연원淵源으로 하여 학맥이 전수傳受되어 가는 도학道學의 도통道統을 구체적으로 말하고 있다. 이런 관점에 대한 다른 의견이 있는 것도 사실이다.[831] 포은을 절의와 도학의 연원으로 보는데 흔들림 없는 지위를 유지시켜 준 사람은 퇴계이다.[832]

여기에서 도통의 계보나 연원에 대한 갑론을박을 소개하는 것이 본 논문의 주제는 아니다. 다만 중요한 것은 왜 도통을 이야기하려고 하는가 라는 문제이다. 도통의 확립이 중요한 이유는 전체 사회가 공유하여야 할 보편적 이념과 가치 지향을 어떻게 확립하고 또 그것을 어떻게 영속永續시켜 나갈 것인가라는 문제와 관련이 있기 때문이다. 이런 점에서 포은을 도통의 첫 머리에 위치시키고 있다는 사실은 그의 절의정신이 어떠한 가치를 가지고 있고 또 그것을 어떻게 평가하고 있는가 하는 점을 분명하게 보여주기 때문이다.

6. 소결

포은을 비롯한 절의파로 상징되는 온건 보수파와 이방원李芳遠, 정도전 등 급진 혁명파와의 대립 투쟁은 혁명파의 승리로 끝났다. 절의파의 포은은 새 왕조의 건국 3개월 전인 그 해 4월 이방원이 보낸 자객에게

831) 대표적으로 남명(南冥) 조식(曺植)이 포은의 출처(出處)에 대해 문제 제기를 하고 있다. 이와 같은 맥락으로 인조(仁祖) 때의 장유(張維, 1587~1638)도 정몽주의 출처에 대해 "정몽주는 능히 죽음으로써 나라에 몸을 바쳤으나, 우왕과 창왕이 폐위 또는 죽음을 당할 때 능히 절의를 수립하지 못하고 아홉 공신의 대열에 끼었으니, 이것이 첫째로 의심스러운 것이다"(『谿谷集』, 권2, "圃隱能以死殉國, 而禑昌之廢戮, 不能有所樹立, 至列於九功臣, 此一可疑也.")라고 하여 의문을 제기하고 있다.

832) 『退溪全集』, 권4, 「臨皐書院」, "포은의 거센 바람 우리나라에 떨치니, 사당도 학궁도 우람하고 그윽하네, 공부하는 모든 선비에게 말하노니, 연원과 절의 둘 다 으뜸이 될 만하네.(圃翁風烈振吾東, 作廟渠渠壯學宮, 寄語藏修諸士子, 淵源節義兩堪宗)"

피살되었고, 고려 충신들은 개국에 반대하는 과정에서 유배 또는 희생되거나 절의를 지켜 은거隱居의 길을 택하였다. 현자는 혼탁한 시대에는 은거해야 하고, 어지러운 나라를 피해야 하고, 예禮가 쇠하여도 피해야 한다고 말한다.[833] 절의파의 은거도 『논어』의 이 구절과 무관하지 않는 것으로 보인다.

절의와 도학의 연원으로 추앙받는 포은은 분명히 성리학에 밝은 학자로 보인다. 그 보다는 포은은 철저하게 성리학적인 삶을 살았고 그의 절의를 향한 죽음 역시 너무나 성리학적이다. 그러나 동방이학의 비조로 추앙받는 포은은 성리학적 논의를 담은 실체를 우리들에게 보여주지 못하고 있다는 점에서 그를 우리나라 성리학의 시조로 보는 관점에 대해 어떤 사람들은 의난疑難한다. 그러나 우리는 이 문제를 포은의 죽음이라는 신화화神話化가 초래한 일종의 병폐로만 보아서는 곤란하다. 분명히 포은의 극적인 순절이 가져다 준 맹목적인 또는 다분히 목적적인 신화화神話化의 흔적이 없는 것은 아니다. 그러나 여기에서 우리는 하나의 새로운 관점에서 이 문제를 생각해 볼 필요도 있다는 생각이 든다.

어떤 측면에서 성리학이 표방標榜하고 있는 핵심적 혹은 궁극적 목표는 바로 지행합일知行合一을 통한 실천의 완성에 있다. 단순한 이론의 논의나 획득은 다만 실천을 위한 전주前奏에 불과하고, 그 이론이 가지고 있는 의미에 따라 몸소 실천하여야 비로소 완전한 앎에 도달하였다고 할 수 있다. 이런 관점에서 보면 포은이야 말로 가장 이상적인 도학자이다.

이런 포은의 실천적 의리 정신은 국가나 사회가 위태롭거나 불의와 부조리한 현상을 드러낼 때마다 이를 견제 비판하는 정신사적 전통으로 작용하는 데 중요한 역할을 하였을 뿐만 아니라, 지금의 시점에서도 여전히 시효성時效性과 실효성實效性을 가지고 활동하는 정신적, 의미적 실체라고 할 수 있을 것이다.

---

833) 『論語』「憲問」"子曰 賢者避世 其次避地 其次避色 其次避言 子曰 作者七人矣."

결 론

인간과 자연의 연속성, 만물의 연속성을 의미하는 연속적 세계관이야 말로 유가 철학의 사유 구조를 형성하는 기점起點이다. 그 바탕에 기氣의 연속적 존재가 자리하고 있다는 연속성의 세계관을 통하여 유가철학의 체계는 성립된다고 할 수 있다. 말하자면 연속성이 유가철학 전체의 모형적인 사유 체계가 되어 세계관·자연·도덕·정치·역사·종교적 관점을 형성하는 데에 결정적인 영향을 끼치게 된다는 말이다.

유학의 역사 속에서 나타나는 연속성의 구체적 형태는 인간과 자연의 연속성을 말하는 천인합일, 도덕과 정치의 연속, 고금古今의 역사적 연속성, 도덕과 종교의 연속, 도덕을 매개로 한 생사生死의 연속 등의 몇 가지 중요한 연속성의 유형들과 그 특징들에 대해 살펴보았다.

유가에서는 아리스토텔레스나 라이프니쯔와 같은 연속성에 대한 치밀한 개념적 분석이나 논증은 발견하기가 어렵다. 다만 그들은 대우주로서의 천지와 소우주로서의 인간 사이의 일체성을 기의 연속을 통하여 전제하고 난 다음에 연속적 상관 관계가 가지고 있는 실천적 의미를 강조하는데 초점을 두고 있다. 말하자면 유가가 강조하는 연속 혹은 연속성의 전제 혹은 핵심은 다만 인간과 자연의 연속, 만물의 연속이라는 존재론적 측면의 확장擴張이라고 할 수 있다. 존재하는 모든 형식 가운데에 있는 기의 연속적 존재를 바탕으로 하여 이것이 사유 구조와 모든 인문적 영역 속에 관통하고 있음을 의미한다.

연속성의 구조에서 세계 중의 대응하는 양극兩極, 예를 들면 천인天人이나 심신心身 등은 결코 단절된 것이 아니고 상관相關되는 연속적 관계를 구성한다. 이런 연속성의 관계가 상관적 사유를 낳는다. 상관적 사유 방식은 우선 우주 및 세계의 각종 범주는 기본적으로 모두 동질적이고, 우주 및 각종 범주는 서로 영향을 준다는 것이다. 그들은 이런 상관적 사유를 통하여 전체와 부분이 어떻게 연속되고 있는가하는 것에 초점을 두고 있다.

유가의 연속적 세계관이 우선적으로 가정하는 것은 부분을 통하여 전체를 포괄할 수 있다는 점이다. 즉 부분의 현상 혹은 사물의 성질을 파악하기만 한다면, 이에 근거하여 전체 현상 혹은 사물의 성질을 파악할 수 있다는 것이다. 말하자면, 부분으로서의 개별적인 자아와 전체로서의 만물이 서로 같은 본질을 가지고 있음을 가정한다. 예를 들면, 맹자의 "만물은 모두 나에게 갖추어져 있다(萬物皆備於我矣)"는 것은 바로 나와 만물이 같은 본질을 함께 가지고 있다는 가정에서 출발하여 인간과 자연 및 만물의 연속을 말한다. 말하자면 이 두 가지의 본질은 상호 소통하고 이로부터 부분으로서의 나를 관찰하기만 한다면 전체로서의 만물을 이해할 수 있다는 말이다.[1)]

물론 역逆으로 말하면 부분의 의미가 들어날 수 있는 것 또한 전체의 맥락 속에서 설명되어질 수 있다. 이 때문에 부분과 전체 사이에는 상호 연속과 소통의 관계가 성립된다. 이런 부분과 전체의 상호 연속 또는 소통이라는 상황에서 유가의 연속적 세계관과 상관적 사유체계가 형성된다. 여기에서 유가의 가장 중요한 특징인 반신수덕反身修德의 실천적 경향이 자연스럽게 강조되는 것이다.

유가는 대부분 실천주의자로 만물을 정합整合하는 과정에서 또 다른 동일률同一律의 방법을 운용하여 즉卽·시是·위지謂之의 형식으로 두 가

1) 黃俊傑, 『孟子』, 臺北, 東大圖書公司, 1993. 제103쪽 참조 바람.

지 원래 다른 개념에 속하는 형이상학적 개념들을 연속시켜 등호等號 관계로 만들어 버린다. 이런 천지 만물의 정합 작업 속에서 도덕 실천의 단계를 하나로 만듦으로서, 유가의 연속성의 철학체계는 구체적이고 견실한 것으로 변하게 된다. 이런 유가의 즉卽의 등호 소통의 방법은 내성內省의 체험으로부터 얻은 결론이다. 유가들의 내성 체험의 공부는 완전히 소아小我와 대아大我 사이의 등호 소통위에서 구체화 되어서 천인天人 사이의 상관적 전체가 가진 의미를 파악하도록 만들었음을 앞에서 분석해 보았다.

이 책은 유가철학이 가지고 있는 모형적 사유 구조 혹은 특징을 연속성이라는 관점에서 분석하는데 특징이 있다. 물론 이런 시도가 유가철학을 어떤 한 측면으로 유형화하여 왜곡할 위험성이 있는 것은 사실이다. 또 어떤 측면에서는 초점이 불일치할 가능성도 분명히 있다. 이런 위험성에도 불구하고, 유가철학이 가지고 있는 특징을 연속성이란 관점을 통하여 전체적으로 총괄하는 동시에 그것이 가지고 있는 장점과 단점을 동시에 입체적으로 살펴 볼 수 있다는 점에서는 나름대로의 의미가 충분히 있다고 생각한다.

연속성이라는 말은 분명히 유가철학이 가지고 있는 전체적인 구조와 본질적 특성들을 고스란히 드러내는 중요한 관점에는 틀림이 없다. 연속성이라는 유가의 철학적 특성은 현대의 고고학적인 성과들을 통해서도 그 근거를 확인할 수 있었고, 특히 정도전은 불교와의 대비적 관점에서 유학의 특성을 연속이라는 관점에서 규정하고 있다.

유가가 우주를 하나의 연속체로 해석한 것은 결코 인간이 뚜렷한 자아의식을 가지지 못하여 인간과 외재세계를 분리하지 못하는 원시적 존재론의 단계에 머물러 있는 것은 아니다. 유학의 연속적 세계관이나 상관적 사유방식을 단순히 인과적因果的 논리에 근거하고 있지 않다고 하여서, 저등底等한 문화라든가, 논리전論理前의 미분화未分化된 미개인의 사유로 보아 여전히 원시 시대에 보편적으로 존재하였던 원시 사유의 단계에 머물러 있다고 보는 관점은 문제가 된다.

만약 유가가 인간과 자연 만물을 동일한 하나의 생명으로, 일체적인 존재 연속이라는 관점에서 해석하는 것을 단순히 원시적 사유라고 단정하는 것은 문제가 됨은 이미 서론에서 분석하였다. 비록 인간과 자연의 일체라는 원시 존재론의 잔영이 천인합일의 형태로 남아 있는 것은 사실이지만, 유가들은 우주 속의 모든 존재들이 생명을 가지고 있다는 만물유령론이나 인간과 자연이 혈연적인 친족관계라는 등의 원시적 사유의 관점들을 이미 철학적인 우주론과 도덕적 심성론의 차원으로 끌어 올려 논의하고 있다.

자연과 인간의 연속적인 구조를 설명하는데 있어서 출발점은 기이다. 자연과 인간의 연속적인 세계를 설명하는데 있어서, 기의 개념은 매우 중요할 뿐만 아니라 아주 유효하게 사용된다. 그러나 더욱 근원적인 입장에서 인간과 자연의 연속적인 관계 즉 천인합일의 관점을 체계적, 일원적으로 설명하여야 할 필요성을 가지게 되면서 심성론과 형이상학적인 측면으로 끌어올려 해석하는 경향 중의 하나가 바로 이기심성론을 중심으로 하는 성리학이다.

인간과 천은 같은 구조를 가지고 있고, 천은 대우주이고 인간은 소우주이다. 유가의 세계관과 인식 방식은 전일적全一的 연속성의 특질을 가지고 있는데, 기본적으로는 일체 사물을 더 이상 나눌 수 없는 전체로 보고 있다. 이 때문에 인간 세계의 질서·심성지리心性之理·우주 질서는 사실은 하나로 묶여져 있는 연속적 전체라고 할 수 있다. 우주 질서 · 심신성명心身性命의 도리·도덕적 질서 및 현실의 정치 사회 질서가 하나로 묶여서 서로 연속되어 있다.

앞에서 우리는 유가의 생명이 넘치는 연속적 세계관의 내용과 그것이 가진 현대적 의미에 대해 분석하여 보았다. 이런 관점은 그리스 초기의 탈레스와 이오니아 학파 및 근대의 라이프니츠· 셸링· 헤겔과 베르그송 등에도 나타나는데, 그들 역시 '우주에는 생명이 있다"고 주장한다. 그러나 서양 철학자들이 유가와 다른 것은 그들은 "우주의 생명과 인간의 도덕을 하나로 연결하고 있지 않다"는 점이다. 반면 유가는 처음부터 "인륜과 인덕仁德은 그 우주적인 의미와 가치를 그 속에 가지고 있다"고 말한다. 이 말은 우주론과 도덕성의 연속성을 말하는 것이지만, 실은 이보다는 우주론에서의 도덕성이 지니고 있는 우위성을 말하는 것으로 보아야 할 것이다. 즉 유가의 세계관에서 사물의 궁극적 기원 혹은 목적의 함의를 지니고 있는 태극이나 리理도 사물의 운동법칙이나 존재 구조의 원리 측면을 말하기보다는 인륜 도덕 법칙의 성격을 더 많이 가지고 있기 때문이다. 아울러 천天·성性·명命은 물론이고 천지와 만물까지도 인간의 도덕적 관심과 깊은 관련을 가진다.

이런 경향은 송대에 이르면 더욱 강하게 된다. 예를 들면 주자 철학의 근본 관념인 '리'의 성격은 리가 사물에 내재하여 동정動靜의 '원리'를 이룬다는 의미에서 자연법칙이지만 본연本然의 성으로서 인간에 내재될 때는 오히려 인간 행위의 규범이 된다. 이런 맥락으로 말하면, 리는 물리임과 동시에 도리이고, 자연임과 동시에 당연當然으로 자연법칙과 도덕규범은 연속해있다. 그런데 유가가 말하는 이런 연속은 대등한 연속이 아니라, 물리가 도리에, 자연법칙이나 역사가 도덕규범에 완전히 종속되어 있다는 의미에서의 연속이다.

유학의 연속성의 체계는 자연을 도덕에 종속시키고 나아가 역사적 발전마저도 도덕적 법칙의 테두리 안에 한정시키는 후과(後果)를 낳는다. 그러므로 유가의 연속성의 철학 체계는 자연·역사·문화를 도덕적인 지상 명령 아래 자리하게 만드는 구조를 형성하게 되어 자연·역사·정치, 법률이 독립하지 못하게 만들어 버린다. 우주론에서의 도덕성이 지니고 있는 우위성이나 도덕의 지상 명령 아래 자연·역사·문화를 위치하게 만드는 종속적 연속성이 유가철학의 특징이라면, 도덕과 정치의 관계는 인과적인 연속의 관계라고 할 수 있다. 즉 개인의 도덕적 수양이 모든 정치적·사회적 가치의 전제 조건이고, 도덕과 정치는 결코 분리되는 것이 아니고 다만 도덕의 직접적 실현이고 결과일 뿐이다.

유가철학은 모두 역사적 연속성 속에서 서로 호응하고 상관하는 유기적 연속성을 가지고 있기 때문에 여기에서 고립된 철학을 발견하기는 힘들다. 유가의 이런 역사적 연속성을 가장 분명하게 보여주는 것이 바로 '도통道統'이다. 후대의 신유학자들은 도통 개념에 하나의 철학적 구조를 제공하여 자신과 고대와의 철학적 연속성을 확인한다. 그들이 철학적 연속성을 확인한다는 의미는 단순한 계승의 차원에만 머문다는 의미가 아니라, 그 도道의 계속적인 창조적 발전을 의미한다. 이른바 도의 계속적인 창조적 발전이라는 말은 일단 상속된 전통적 유산을 더욱 풍요롭게 보존하려는 것을 말한다.

'신유학'의 '신新'이 뜻하는 것은 본질적인 변화라는 의미가 아니라, 새로운 이론의 체계화 혹은 보완을 의미한다. 이것은 바로 철학적 전통에 대한 '자기화自己化'이고 '현실화'로, 종래의 유학 체계를 철학적으로 이론화, 체계화하려는 것을 말한다. 그러나 신유가의 철학적 전통에 대한 혁신은 여전히 "어떻게 자신의 노력을 통하여 성인이 되는가"라는 절대불변의 유가적 진리에 충실하고 있다. 그들의 혁신은 결코 전통을 벗어나려고 기도한 것이 아니라, 다만 전통적인 유가철학을 자기화하여 더욱 진지하게 그것의 참된 의미를 해석하고 이해하려는 것에 있고, 유가의 철학적 전통(철학사)에 대한 전술傳述과 해석 방법을 절묘하게 형성하였기 때문에 어떤 의미에서 그들은 동시에 '스스로의 전통의 창조자'라고 할 수 있다.

유학의 역사는 결코 정체적停滯的이거나 단열적斷裂的이지도 않고, 발전적이고 연속적連續的이다. 유학은 마치 하나의 유기체가 환경에 적응하는 것처럼 그 구조와 내용을 끊임없이 재구성하여 진화하고 발전해 왔다. 이런 연속적이고 발전적인 역사 속에서 유학은 점점 진화하여 더욱 고도의 철학적인 이론 체계를 갖추어 왔다.

이런 연속적인 발전 속에서 우리가 눈여겨보아야 할 것은 유학은 다른 이학異學들에 대해서 무조건 배타적이거나 독선적이지 않았다는 것이다. 유가는 그들의 정체성을 결코 자신들의 것 속에서만 정립하거나 확인하지는 않았다. 늘 외부로부터의 도전에 대한 응전應戰을 통하여 그들의 정체성을 확인하고, 새롭게 돌아보고 다시 조절하여 부단히 새로운 발전을 하여 왔다. 실제로 선진유학先秦儒學에서 송명宋明 유학으로의 발전 과정을 통하여 도교나 불교의 도전에 대한 유가의 흡수와 자기 혁신은 이런 점을 잘 보여주고 있다.

16세기 이후 유학은 또 다른 서학西學인 기독교의 도전에 노출되어 있었다. 서학이 유학을 변화시키려 할 때 근대 유가들의 첫 번째 반응은 자신들이 가지고 있는 유가 문화의 고유 관념과 가치 척도를 표준으로 하여 서양의 문명을 자신들의 인지 구조와 언어 개념으로 인식하고 이해하려고 하였다. 그들은 철저하게 기존의 인지 구조나 도식에 부합시켜 해석하고 이해하는 동화同化의 기제만을 작동시켰다고 할 수 있다.

사서삼경만을 읽은 유가 사대부들의 입장에서는 부득불 자신들의 전통적인 인지 구조와 언어 개념을 운용하여 서양의 문화와 사물을 인식하고 이해할 수밖에 없었을 지도 모른다. 강력한 서양의 과학기술 문명에 대해 유가들 역시 참으로 질기고도 견고한 그들의 유가적 자아의식과 문화적 인지구조를 보여 준다. 유가들은 지나치다 싶을 정도의 강제적인 동화의 인지 방법을 통하여 근대 서양의 여러 가지 이질적인 신기新奇 사물들을 그들의 전통적 범주, 개념 속에 나누어 집어넣고 이해하려고 한다.

서양의 도전 앞에서 유가들이 가지고 있었던 역사적 사명은 어떻게 전통적인 유학의 문화적 인지 도식과 사유 패러다임들을 연속적으로 보존하면서 동시에 현대적인 서양의 문화를 흡수할 수 있는가 라는 것이었다. 여기에서 정통 유가들이 취한 방식은 양자택일의 전면적 교체가 아니라 취사선택의 체용體用의 문화적 구상이었다. 이런 방식은 기본적으로 유가들이 견고하게 가지고 있었던 문화적 우월감 또는 자존심에서 나온 문화적 발전 구상에서 나온 것으로 보인다.

마테오 리치가 중국에서 유가의 정신세계를 변화시켜 영혼을 구원하려는 직접적인 선교 전략을 수정할 수밖에 없었던 이유는 바로 유가의 세계관이 신적神的인 것과 인간적인 것, 초월적인 것과 내재적인 것 사이의 강한 연속성 속에 놓여 있었기 때문이다. 유가와는 달리, 신의 완벽한 타자성他者性이 인간세人間世와는 절대적인 차별성을 가지는 것으로 보는 기독교의 관점은 유가적인 세계에서는 결코 착근하기가 쉽지 않았던 것이다.

유가는 도덕과 종교를 하나로 연속시키고 융합한다. 유가 전통에서 철학과 종교는 상즉相卽하여 불가분한 것으로, 도덕이면서 또한 종교이다. 그러므로 중국 문화의 주류인 유가는 도덕 정신을 구비하고 있을 뿐만 아니라, 종교 정신과 종교적 정서도 함께 지니고 있다. 이런 도덕적 종교로서의 인문교人文教는 부단한 후천적 수양 공부를 통하여 자신의 내재 본질을 끌어올려 천도의 초월적 의미를 깨달아 성인 혹은 대인의 경계에 도달하려고 노력한다. 여기에서 유가의 종교적 성격은 기독교와 다르다.

이른바 인문교의 특징은 인문 세계 안에서 인문 가치와 종교적 신성감神聖感을 동시에 추구한다는 것에 있다. 이와 같은 종교가 바로 인문교로 개인의 유한한 생명 가운데에서 무한하고 완벽한 의미를 얻는 것에 있다. 여기에서 인문교도人文教徒로서의 유자儒者들은 천도의 초월적 의미를 깨달은 후에 성인의 단계에 도달할 수 있는 신념을 가질 수 있게 되는 것이다.

유가철학은 기독교가 서양에서 담당하는 그런 종교의 역할을 담당하고 있다. 현대신유가 특히 모종삼이 말하는 인문교는 도덕적 종교로, 도덕이면서 또한 종교라는 것이다. 이것은 인문주의와 종교의 합일을 의미한다. 유가의 이른바 인문교는 결코 종교의 저속화가 아니라, 유한하면서도 무한한 매우 특수한 종교 형태이다. 이런 특수한 종교 형태는 그 마음의 무한함을 자각하여 스스로를 완성하여 나가는 관점을 말한다. 인문교의 가장 분명한 특징은 자력구원自力救援 혹은 자립교自立教라는 성격이다.

인간의 자연적 생명은 유한하지만, 인간의 정신적 생명은 오히려 무한하다. 인간이 유한하면서도 무한할 수 있는 것은 도덕적 실천 때문이다. 도덕 실천은 우리들 스스로를 구원하는 과정을 의미하고, 반드시 우리들의 본성 혹은 본체에 근거하여 우리 스스로를 구원해야한다. 이것은 바로 인간은 무한하고 절대적인 신성神性을 자신의 가장 내재적인 본질과 본성으로 삼는 것을 말한다. 도덕적 실천을 통하여 무한한 종교 경계에 도달할 수 있다고 인정하였다. 이것이 바로 도덕적 종교이다. 이런 의미에서 도덕적 종교 즉 인문교는 바로 양심교良心教의 다른 이름에 지나지 않는다..

유가는 기본적으로 삶과 죽음을 하나의 연속된 것으로 보고 있다. 즉 유가는 삶을 통하여 죽음을 보고, 또 죽음을 통하여 생을 살피는 이른바 연속적 관점에서 생사의 문제를 말한다. 유가의 생사에 대한 관점은 인간과 천지 만물은 연속적 일체라는 관점의 확대라고 할 수 있다.

유가철학에서 영혼불멸의 관점은 발견되지 않는다. 혼백魂魄의 개념이 영혼 불멸의 관점으로 오인할 가능성이 높지만, 성격에서는 분명히 다르다. 유가는 사람의 삶을 혼과 백의 결합된 것으로 보고, 죽음은 혼백이 나누어져 하나는 하늘로, 다른 하나는 땅으로 돌아가는 일종의 이원적二元的 영혼관을 말한다. 혼과 백이 최후에 돌아가는 곳은 다름 아닌 천지의 기이기 때문에 이것은 결코 영원히 존재하는 개체가 아니다.2)

유가는 죽음이라는 자연적 필연성의 실존 문제를 도덕적 필연성의 문제로 전환시켜 놓고 있다. 여기에서 삶과 죽음은 도덕적 필연성 혹은 사명이라는 관점을 통하여 연속된다. 왜냐하면 생사의 명命은 비록 인력으로 바꿀 수 있는 것은 아니지만, 이런 관점은 사람들이 살아있을 때 인륜과 도덕을 온 몸으로 실천하도록 만드는 작용을 하게 만들고, 또 죽음을 맞이하여서도 도덕적 사명을 완성하는데 조금의 어떠한 주저함도 없애 주기 때문이다. 여기에서 자연적 필연성은 도덕적 필연성으로 변하여 유가들로 하여금 살아있을 때의 충실함과 죽을 때의 당당함을 얻게 만들어 준다.

유가는 "죽어서도 영원히 존재하는" 방식을 통하여 죽음을 초월하려고 한다. 이것이 가능하기 위해서는 살아서의 도덕적인 품덕品德이 기준이 된다. 유가에게 있어서 진정한 죽음은 심장이 정지된 자연적 죽음이 아니라, 도덕적으로 죽은 것이야말로 진정으로 죽은 것이기 때문이다. 이처럼 유가에서 말하는 죽음은 "생생불식生生不息"이라는 생명의 큰 작용 속에서 다루어져, 결코 죽음을 삶과 완전히 다른 차원의 것으로 간주하지 않는다. 삶과 죽음이라는 두 개의 세계와 두 가지 상태는 소통할 수 없는 것이 아니라, 연속되는 것으로 보고 있다.

기본적으로 유가들은 생명의 가치를 어느 학파보다도 귀하게 여기고 강조하는 존생적尊生的·중생적重生的 관점을 가지고 있지만, 그들은 자연적 생명보다 도의道義·지조와 도덕적 인격을 더욱 귀중하게 여긴다. 후자를 위해서는 유가들은 그렇게 아끼고 귀하게 여기는 자신의 자연적 생명을 기꺼이 던질 수 있다. 인의를 얻기 위해 삶을 기꺼이 버릴

---

2) 余英時 著, 『中國思想傳統的現代詮釋』

수 있는 유가들은 죽어서도 여전히 살아있는 경지를 추구한다. 유가는 "죽어서도 영원히 존재하는死而不朽" "죽더라도 명성이 살아있는死且不朽" 삶과 죽음의 연속적인 상태를 이상적인 것으로 추구한다.

유가는 현실 세계와 현존적現存的 자신을 중심으로 하여 내외·상하上下·전후前後·내재와 초월을 연속시킨다. 이들에게 있어서 현세적 세계와 초월적 세계의 구분은 결코 분명하게 단절되어 있지 않다. 그들은 초월적인 세계마저도 자신 속에 내재화시키는 길을 택하고 있다. 이 길은 결코 어떤 초월적 실체에게 기대는 것이 아니라, 내재초월의 길로 그것은 분명한 자신의 일로 여긴다. 유가들이 이해하는 우주의 주재자는 인간 위에서 군림하는 압도적 존재로서의 종교적 신이 아니라, 본질에서 인간과 다를 바 없는 이성적이고 도덕적인 어떤 것이었다.

자연과 인간의 연속·도덕과 정치의 연속·옛날과 지금의 연속·도덕과 종교의 연속이나 삶과 죽음의 연속이라는 측면이 가지는 유가철학의 관용성이나 조화라는 측면은 분명히 보편적 철학 속에서도 확고한 지위를 차지할 수 있을 가능성은 충분하다. 다만 이 두 가지 영역 사이에 존재할 수밖에 없는 긴장과 분리 역시 중요하다는 사실을 인정하여야 할 것이다. 유가는 자연과 인간·도덕과 정치·옛날과 지금·도덕과 종교·삶과 죽음 사이의 일방적이거나 종속적 연속이 중요한 것이 아니라 둘 사이의 대등한 조화와 분리를 전제로 하는 기능적functional 연속성이 더욱 중요하다는 사실을 의식하여야 할 것이다.

유가가 연속과 조화 또는 합일을 강조한다고 하여 두 가지 영역 사이의 실질적 동질성同質性에 대한 일치conformity를 말하려고 한다면 이것은 문제가 될 수밖에 없다. 각각의 개별적 영역이 기능적機能的으로 통일되는 '이질적 연속성'이 더욱 중요하다. 기능적 통일이라는 것은 결코 여러 가지 다양한 원소들의 동질성을 구성하려고 하지 않는다. 여러 구성 부분의 다양성과 다른 형식을 허용할 뿐만 아니라 필요로 하고 있다. 왜냐하면 이것은 일종의 변증법적 통일이고 대립의 공존共存이기 때문이다.

유가가 말하려는 연속이나 조화는 자칫 잘못하면 통일성統一性과 전체성全體性에 봉사만하는 지배의 논리로 작동할 가능성이 크다. 유가는 연속을 연속 속에서만 이해하려고 하지 말고 분리의 충돌 속에서 연속을 이해하려는 노력을 하여야 한다. 즉 이일理一 속의 연속만을 보지 말고, 분수分殊 간의 연속이 더욱 중요하다는 사실을 분명히 파악하여야 할 것이다. 그러므로 우리가 연속에 대해 우려하는 것은 연속이 가지고 있는 지배의 논리라는 도구화 될 위험성에 대한 것이지, 연속이 가지고 있는 본질적 의미와 유효성 자체를 부인하려는 것은 결코 아니다. 연속적 사유에 필요한 것은 결코 분화分化되어 지지 않은 연속성이 아니라, '화이부동和而不同'의 연속성이다. 즉 서로 조화하면서도 각각 기능의 자유를 발휘하는 연속을 말하는 사유방식이다.

유가의 연속성의 세계관을 형성하는데 결정적인 역할을 한 것은 바로 기氣이다. 그러나 이 기는 결코 유가의 전유물이 아니라, 유가 이외의 다른 제자백가들이 함께 공유共有하고 있는 것이라고 할 수 있다. 기의 사상을 제자백가들이 공유하고 있다는 각도에서 보자면, 유가와 다른 학파 사이에는 분명히 갈등과 대립이 없을 수 없지만, 갈등보다는 절충과 조화가 가능한 철학들이 공존共存할 수 있는 가능성이 그 바탕에 자라잡고 있는 것으로 보인다. 이런 점은 분명히 본질적인 상이함 때문에 쉽게 화합할 수 없는 사상들이 경쟁하고 있는 서양과는 다른 점이 있는 것으로 보인다.

참고문헌

원전류

『谿谷集』『高麗名賢集』『高麗史』『管子』『國語』『老子』『論語』『論語注疏』『論語集註』『論語集解義疏』『譚嗣同全集』『大戴禮記』『大學』 『陶山全書』『孟子』『明儒學案』 『佛氏雜辨』『四庫全書總目提要』『史記』『四書溫故錄』『四書集注』『三峰集』『象山先生全集』『尙書』『尙書大傳』『尙書引義』『書經』『說文解字』『性理大全』 『小戴禮記』『荀子』『荀子集解』『愼子』『陽明全書』『禮記』『王朝實錄』『二程集』『張文襄公全集』『莊子』『正蒙』『左傳』『周易』『朱子大全』『朱子文集』『朱子語類』『中山全書』『春秋繁露』『太平御覽』『退溪全集』『圃隱集』『韓非子』『寒州全書』『華西集』

단행본

가지 노부유키, 이근우 옮김, 『침묵의 종교 유교』, 경당, 2002년.
加地伸行 저, 김태준 역, 『유교란 무엇인가』, 서울, 지영사, 1996.
康有爲, 『康南海先生遺著彙刊』12, 臺北, 宏業書局, 1976.
姜允明 著, 『心學的現代詮釋』, 臺北, 東大圖書公司. 1988.
高懷民 저, 정병석 역, 『주역철학의 이해』, 서울, 문예출판사, 1995.
금장태 외, 『中山 朴章鉉 硏究』, 서울, 민족문화사, 1994.
금장태 저, 『한국유학사의 이해』, 서울, 민족문화사, 1994.
금장태, 『유교사상의 문제들』, 여강출판사.
금장태, 『한국 유학의 탐구』, 서울대학교 출판부.

김영진, 『철학적 병에 대한 진단과 처방』, 철학과 현실사.
勞思光 著, 鄭仁在 譯, 『中國哲學史』, 탐구당, 서울, 1990.
勞思光 著, 『中國文化路向問題的新檢討』, 東大圖書公司, 1993년.
唐君毅, 『生命存在與心靈境界』, 臺北, 臺灣學生書局, 1977.
唐君毅, 「中國文化與世界」, 『唐君毅全集』卷8, 臺北, 學生書局, 1991.
唐君毅, 『中西哲學思想之比較硏究』, 臺北, 宗淸, 1978.
唐君毅, 「中華人文與當今世界」下册, 『唐君毅全集』卷8, 臺北, 學生書局, 1991.
杜維明, 『論儒學的宗教性 -- 對〈中庸〉的現代詮釋』, 武漢大學出版社, 1999. 7.
杜維明 著, 段德智 譯, 『論儒學的宗教性』, 武漢, 武漢大學出版社, 1999.
杜維明 著, 曹幼華, 單丁 譯, 『儒家思想新論』 南京, 江蘇人民出版社, 1996.
羅光, 『新儒家論叢』,, 臺北, 學生書局, 1979.
羅義俊 編, 『評新儒家』, 上海, 上海人民出版社, 1991.
賴永海 編著, 『宗教學概論』, 南京, 南京大學出版社, 2004.
Louis Pfister, 馮承鈞 譯, 『在華耶蘇會士列傳及書目』, 北京, 中華書局, 1995.
Louis. P. Pojman 著, 黃瑞成 譯, 『宗教哲學』, 北京, 中國人民大學出版社, 2006.
리쩌허우 저, 정병석 역, 『중국고대사상사론』, 서울, 한길사, 2005.
리처드 니스벳 지음, 최인철 옮김, 『생각의 지도』, 김영사, 2004.
小野澤精一, 福永光司, 山井湧 編, 전경진 역, 『기의 사상』, 원광대학교 출판국, 1987.
馬如森, 『殷墟甲骨文引論』, 東北師範大學出版社, 1993.
牟宗三, 『道德的理想主義』, 臺北, 學生書局, 1985.
牟宗三, 『生命的學問』, 臺北, 三民書局, 2007.
牟宗三, 『時代與感受』, 臺北, 鵝湖出版社, 1998.
牟宗三, 『心體與性體』, 臺北, 正中書局, 1985.
牟宗三, 『歷史哲學』, 臺北, 學生書局, 1984.

牟宗三,『圓善論』, 臺北, 學生書局, 1985.
牟宗三,『人文講習錄』, 臺北, 學生書局, 1986.
牟宗三,『政道與治道』, 臺北, 廣文書局, 1979.
牟宗三,『中國文化的省察』, 臺北, 聯經出版社, 1984.
牟宗三,『中國哲學的特質』, 臺北, 學生書局, 1998.
牟宗三,『現象與物自身』, 學生書局, 臺北, 1975.
牟宗三 譯註,『康德的道德哲學』, 臺灣學生書局, 1983.
牟宗三 著, 정병석 옮김,『동양철학과 아리스토텔레스』(原題 : 四因說演講錄), 소강출판사, 2001.
閔仕君 著,『牟宗三道德形而上學研究』, 巴蜀書社, 2005.
房德鄰, 『儒學的危機與嬗變』, 臺北, 文津出版社, 1991.
白詩朗 著, 彭國翔 譯,『普天之下 : 儒耶對話中的典範轉化』, 石家莊, 河北人民出版社, 2006.
福澤諭吉,『文明論之概略』『福澤全集』 第四卷, 東京, 國民圖書株式會社.
傅偉勳,『批判的繼承與創造的發展』, 臺北, 東大圖書公司, 1986.
傅偉勳 著,『死亡的尊嚴與生命的尊嚴』, 北京大學出版社.
謝大荒,『易經語解』, 大中國圖書公司, 臺北, 1986.
森三樹三郎 지음, 임 병덕 옮김,『중국사상사』, 온누리.
徐復觀 著,『儒家政治思想與民主自由人權』, 臺北, 學生書局, 1988.
釋慧開,『儒佛生死學與哲學論文集』, 紅葉文化事業公司.
成中英,『知識與價值』, 臺北, 聯經出版社, 1986.
守本順一郎 지음, 김수길 옮김,『동양정치사상사연구』, 서울, 동녘, 1985.
송영배,『서양철학의 교섭과 동서양 사유 방식의 차이』, 서울, 논형, 2004.
蕭公權 著, 崔明 譯,『중국정치사상사』, 서울, 법문사, 1988.
蕭公權 著, 汪榮祖 譯,『康有爲思想研究』, 臺北, 聯經, 1988.
守本順一郎 지음, 김수길 옮김.『동양정치사상사연구』, 동녘.
顏炳罡 著,『牟宗三學術思想評傳』, 北京圖書館出版社, 1998.
安樂哲,『和而不同: 比較哲學與中西會通』, 北京大學出版社, 2002.
楊國榮,『科學的形上之維』, 上海, 上海人民出版社, 1999.

楊克己, 『民國康長素先生有爲梁任公先生師生合譜』, 臺北, 商務印書館, 1972.
楊伯峻『春秋左傳注』(下), 臺北, 源流出版社. 1982.
楊儒賓, 『中國古代天人鬼神交通的四種類型及其意義』, 臺北, 國立臺灣大學中國文學研究所博士論文, 1986.
楊儒賓 黃俊傑 編, 『中國古代思維方式探索』 臺北, 正中書局, 1996.
梁治平, 『尋求自然秩序中的和諧』, 上海, 上海人民出版社, 1991.
楊慧傑 著, 『天人關係論』, 臺北, 水牛出版社, 1989.
嚴復, 『嚴幾道詩文鈔』, 臺北, 文海出版社, 1969.
余英時, 『 從價值系統看中國文化的現代意義』, 臺北, 時報文化, 1992.
列維-布留爾 著, 丁由 譯, 『原始思維』, 商務印書館, 北京, 1985.
吳森 著, 「比較哲學與文化」, 臺北, 東大圖書公司 1978.
吳怡,『中國哲學的任務』, 臺北, 中央圖書供應會, 1976.
오진탁 지음, 『죽음, 삶이 존재하는 방식』, 청림출판사.
王煜 著, 『老莊思想論集』, 臺北, 聯經出版事業公司, 1979.
요하네스 힐쉬베르거 저, 강성위 옮김, 『서양철학사』(上), 이문출판사.
汪榮祖, 『晚清變法思想論叢』, 桂林, 廣西師範大學出版社, 2008.
熊十力, 『讀經示要』, 臺北, 明文書局, 1984.
韋政通, 『中國思想史』, 水牛出版社, 臺北, 1986.
劉述先, 『朱子哲學思想的發展與完成』, 臺北, 學生書局, 1982.
이승환, 『유가사상의 사회철학적 재조명』, 고려대학교 출판부.
李承熙, 『韓溪遺稿』, 서울, 국사편찬위원회 편, 1980.
이영자 著, 『법화천태사상 연구』, 동국대학교출판부, 2002.
李顒 撰, 陳俊民 點校, 『二曲集』, 北京,中華書局, 1996.
李澤厚, 『中國古代思想史論』, 臺北, 漢京文化事業公司, 1987.
李澤厚, 『中國近代思想史論』, 北京, 人民出版社, 1979.
李澤厚, 『歷史本體論』, 北京, 三聯書店, 2002.
李澤厚 著, 『實用理性與樂感文化』, 北京, 三聯書店, 2005.
李天綱, 『中國禮儀之爭』, 上海, 上海古籍出版社, 1998.

임석진 외 편저, 『철학사전』, 서울, 중원문화, 2009.
朱維錚 主編, 『利瑪竇中文著譯集』, 上海. 復旦大學出版社, 2001.
張光直, 『美術 · 神話與祭祀』, 稻香出版社, 1994.
줄리아 칭 지음, 최효선 옮김, 『유교와 기독교』, 서울, 서광사, 1993.
張灝, 『幽暗意識與民主傳統』, 臺北 聯經出版社, 1992.
장회익, 『삶과 온생명』, 서울, 솔, 1988.
程石泉, 『易學新探』, 臺北, 黎明文化事業公司, 1989.
정병석 역주, 『주역』 상.하편, 서울, 을유출판사, 2010.
鄭曉江, 善死與善終, 昆明, 雲南人民出版社, 1999.
鄭曉江 外 主編, 『解讀生死』, 北京, 社會科學文獻出版社, 2005.
조셉 니담 저, 이석호·이철주 · 임정대 역, 『중국의 과학과 문명』 II, 서울, 을유문화사, 1986.
주광열, 『과학과 환경』, 서울, 서울대 출판부, 1986.
蕭功秦, 『儒家文化的困境』, 四川人民出版社, 1986.
曾昭旭, 『良心教與人文教』, 臺北, 臺灣商務印書館, 2003.
G. 레이코프, M, 존슨 지음, 노양진, 나익주 옮김, 『삶으로서의 은유』, 서광사, 1995.
陳榮捷, 『朱學論集』, 臺北, 學生書局, 1982.
陳義海, 「中西實學之辨」 『中國哲學』 2003년 4기.
蔡仁厚, 『新儒家的精神方向』, 臺北, 學生書局, 1984.
카이즈카 시게키 지음, 박연호 옮김, 『孔子』 , 서광사, 서울, 1991.
퀴블러로스 지음. 성염 옮김, 『인간의 죽음』, 분도출판사.
T. Venturi 編, 羅漁 譯, 『利瑪竇書信集』, 臺北, 光啓出版社. 1986.
彭國翔, 『儒家傳統-儒教與人文主義之間』, 北京, 北京大學出版社, 2007.
한국 철학사상연구회편, 『철학대사전』, 동녘, 1989.
項退結, 『現代中國形上學』, 臺北, 黎明文化公司, 1978.
허버트 핑가레트 저, 송영배 옮김, 『공자의 철학』, 서울, 서광사, 1993.
黃俊傑, 『孟學思想史論』, 東大圖書公司, 臺北, 1991.
黃俊傑, 『孟子』, 臺北, 東大圖書公司, 1993.

후쿠나가 미쓰지 지음, 임헌규·임정숙 옮김, 『난세의 철학』, 민족사.
H.요나스 지음, 이진우 옮김, 『책임의 원칙 : 기술 시대의 생태학적 윤리』, 서울, 서광사, 1994.

영문 단행본

Charles A Moore, Ed., *The Status of the individual in East and West,* Honolulu, University of Hawaii Press, 1968.
Ernst Cassirer, *An Essay On Man,* New Haven and London, Yale University Press, 1944.
Frederick C. Copleston, *Philosophies & Cultures,* Oxford, Oxford University Press, 1980.
Frederick Ferre, *Basic Modern Philosophy of Religion,* Charles Scribner's Sons, NewYork, 1967.
Frederick Streng, *Understanding Religious Life. Third edition. Belmont,* Calif: Wadsworth, 1985.
John Hick, *An Interpretation of Religion: Human Responses to the Transcendent. New Haven,* Yale University Press, 1989.
Joseph Needham, *Science and Civilization* Vol.2, Cambridge : Cambridge University Press, 1956.
K. C. Chang, *Art, Myth and Ritual: The Path to political Authority in ancient China,* Massachusettes Havard University Press, 1983.
Paul Tillich, *Theology of Culture. Edited by Robert C. Kimball, New York* : Oxford University Press, 1959.
Piaget, *The development of thought : equilibration of cognitive structures.* New york: Viking 1975.
Piaget, *The origin of intelligence in children,.* London: Routledge & Kegan Paul Ltd 1966.
Stephen C. Pepper, *World Hypothesis,* University of California

Press, 1970.
Wing- Chit Chan, *A Source Book in Chinese Philosophy,* New York, Princeton : Princeton University, 1969.

논문류

葛榮晉, 「程朱的格物說與明淸的實測之學」『中國哲學』 1998년 12기.
郭齊勇, 「儒學的生死關懷及其當代意義」『中國哲學史』, 北京, 中國人民大學書報資料中心, 1995. 8.
김교빈, 「죽음에 대한 유교의 이해」, 『철학연구』 제75집, 2006년 겨울호.
김종석, 「한계 이승희의 공자교 운동과 유교개혁론 문제」, 『철학논총』 제38집, 새한철학회, 2004.
杜維明, 「試探中國哲學中的三個基調」, 『鵝湖』71號, 1981, 臺北, 鵝湖雜誌社.
牟宗三, 「圓善論指引」, 『鵝湖』, 253호, 1996.
苗潤田, 「牟宗三儒學宗教論硏究」, 濟南, 『孔子硏究』, 2000年 第6期.
박상환, 「천인합일적 사유의 인식론적 고찰」, 동서철학연구, 53집, 한국동서철학회, 2009.
박원재, 「장자, 죽음은 삶과 평등하다」『철학, 죽음을 말하다』, 산해.
박정심, 「신기선의 유학경위를 통해 본 동도서기론의 사상적 특징」『역사와 현실』 60호.
傅佩榮, 「儒家思想的演變 下」, 제16권, 10기, 臺北, 『哲學與文化』, 1989.
신귀현, 「한말 영남 유학계의 유교 종교화 운동」, 『민족문화논총』 21, 영남대 민족문화연구소, 1998.
楊森富, 「唐元兩代基督教興衰原因之硏究」, 劉小楓 主編 『道與言』, 上海三聯書店, 1995.
梁治平, 「法辨」, 北京, 『中國社會科學』, 北京, 1982년 제4기.
F.카프라, D.슈타인들-라스트, 좌담 「과학과 종교의 대화」, 김기협 번역, 『과학사상』, 서울, 범양사출판부, 1997년 봄호.
오석원, 「華西의 義理思想과 斥邪衛正思想」 제14쪽, 華西學會, 『華西學論

叢』 창간호, 2004. 11.

于春松, 「淸末民初孔敎會實踐與儒家現代轉化的困境」, 濟南, 『齊魯學刊』, 2005년, 3期.

嗚展良, 『東亞近世世界觀的形成』, 臺北, 臺灣大學出版中心, 2007.

劉大椿, 「中國有機論思維與西方科學思維的互補性」, 哲學與文化, 22권제1기 1995. 1.

Willard J. Peterson, *Fang I-Chih: Western Learning and the "Investigation of things"*, De Bary ed, The Unfolding of Neo-Confucianism, 1975, Columbia University Press.

유인희, 「동아시아통합철학사 서술의 관점에 대한 반성의 문제 - 이택후의 『秦漢思想簡議』가 말해주는 동아시아철학사 서술의 문제」, 『한국사상사학』 제12집.

李明輝, 「從康德的"道德宗教"論儒家的宗教性」, 『儒家傳統與啓蒙心態』, 南京, 哈佛燕京學社 主編, 2007.

이상명, 「연속 합성의 미로」, 『철학』 111호, 2012 여름.

이 승환, 「유가는 법치에 반대했는가?」, 서울, 『철학과 현실』, 1992년 여름호 통권 제13호이시우, 「주역의 죽음담론을 위한 시론」 『철학논총』 제69집, 2012.

이진우, 「기술시대의 환경윤리」, 대구, 『문화비평』, 1992, 겨울호.

이창일, 「동아시아 우주론의 해체와 통합」, 『동양고전연구』, 동양고전연구회, 44권, 2011.

李澤厚, 「再談實用理性」 『原道』, 社會科學出版社, 1994年 10月, 第1輯

李澤厚, 「中日文化心理比較試說略稿」 『原道』, 貴州人民出版社, 1999年 4月, 第5輯.

이형성, 「寒州 性理學에 있어서 '主宰性' 重視와 그 意義」, 『寒州 李震相의 삶과 學問世界』, 경북대학교 퇴계학연구소, 2005, 10.

張光直, 「中國古代史在世界史上的重要性」, 『考古學專題六講』, 臺北, 稻香出版社, 1988.

張光直, 「連續與破裂 : 一個文明起源新說的草稿」, 『九州學刊』, 第1卷 第一

期, 1988. 9.
張立文, 「 內聖心性之學與科學民主-新外王所面臨的困境」, 濟南, 『孔子硏究』, 1993.
전병술, 「유가의 삶과 죽음에 대한 태도」『생명연구』 제22집, 서울, 서강대 생명문화연구소, 2011.
정동호, 「죽음에 대한 철학적 성찰」『철학, 죽음을 말하다』, 서울, 산해, 2004.
정병석, 「유가의 성왕이념에 대한 비판적 검토」, 『철학연구』 제61집, 대한철학회, 1997.
정병석, 「論語와 莊子에 보이는 죽음관」, 『동양철학연구』 제55집, 2008. 8.
정병석, 「유학의 종교성에 대한 모종삼의 관점」, 『유교사상연구』, 한국유교학회, 제44집, 2011. 6.
정상봉, 「죽음은 도덕생명의 마감이다」, 『철학, 죽음을 말하다』, 서울, 산해, 2004.
陳强立, 「論近百年來儒家的文化發展構想」『鵝湖』 17권 제10기, 1992. 4.
진교훈, 「생태학적 위기와 윤리학의 상관성에 관한 연구」, 『철학논총』, 서울, 한양대 철학회, 1993, 창간호.
陳來, 「道德的生態觀」, 『中國哲學史』, 1999年 第二期, 中國哲學史學會.
陳夢家, 「商代的神話與巫術」『燕京學報』 1936, 第20期.
최진석, 「도교의 생사관」, 『철학연구』 제75집 2006년 겨울호.
彭高翔, 「康德與牟宗三之圓善論試說」『鵝湖』, 266호, 1997.
哈佛燕京學社 主編, 李明輝, 「從康德的“道德宗教”論儒家的宗教性」, 『儒家傳統與啓蒙心態』, 南京, 江蘇教育出版社, 2007.
홍원식, 「한국 공자교 운동과 이승희」, 『공자학』 3, 한국공자학회, 1998.
홍원식, 「한주학파의 공자교 운동」『한국학논집』 26, 대구, 계명대 한국학연구소, 1999. 12.

찾아보기

ㅇ

ㅈ